Die Domänenfrage in Thüringen

AF824921

Rechtshistorische Reihe

Herausgegeben von den Prof. Dres.
H.-J. Becker, W. Brauneder, P. Caroni, A. Cordes, B. Diestelkamp, G. Dilcher, J. Eckert †,
H. Hattenhauer, R. Hoke, D. Klippel, G. Köbler, G. Landwehr, G. Lingelbach, M. Lipp, K. Muscheler,
H. Nehlsen, G. Otte, T. Repgen, St. Saar, K.O. Scherner, M. Schmoeckel, J. Schröder, R. Schröder,
W. Schubert, D. Schwab, E. Wadle, J. Weitzel, D. Willoweit

Band 334

Peter Lang
Frankfurt am Main · Berlin · Bern · Bruxelles · New York · Oxford · Wien

Ronald Hoffmann

Die Domänenfrage in Thüringen

Über die vermögensrechtlichen Auseinandersetzungen mit den ehemaligen Landesherren in Thüringen nach dem Ersten Weltkrieg

Peter Lang
Europäischer Verlag der Wissenschaften

Bibliografische Information der Deutschen Nationalbibliothek
Die Deutsche Nationalbibliothek verzeichnet diese Publikation in der Deutschen Nationalbibliografie; detaillierte bibliografische Daten sind im Internet über <http://www.d-nb.de> abrufbar.

Zugl.: Jena, Univ., Diss., 2006

Die vorliegende Arbeit wurde von
Prof. Dr. Gerhard Lingelbach zur Aufnahme
in die Reihe empfohlen.

27
ISSN 0344-290X
ISBN 3-631-55850-3

© Peter Lang GmbH
Europäischer Verlag der Wissenschaften
Frankfurt am Main 2006
Alle Rechte vorbehalten.

Das Werk einschließlich aller seiner Teile ist urheberrechtlich geschützt. Jede Verwertung außerhalb der engen Grenzen des Urheberrechtsgesetzes ist ohne Zustimmung des Verlages unzulässig und strafbar. Das gilt insbesondere für Vervielfältigungen, Übersetzungen, Mikroverfilmungen und die Einspeicherung und Verarbeitung in elektronischen Systemen.

www.peterlang.de

Gewidmet meiner Mutter

Vorwort

Die vorliegende Arbeit wurde im Februar des Jahres 2006 von der Rechtswissenschaftlichen Fakultät der Friedrich-Schiller-Universität Jena als Dissertation angenommen.

Mein besonderer Dank gebührt meinem verehrten Doktorvater, Herrn Professor Dr. Gerhard Lingelbach, für die Anregung zur Bearbeitung dieses Themas und die mit wertvollen Ratschlägen geförderte Betreuung der Arbeit wie auch für seine Unterstützung, mit der er mich seit meiner Studienzeit begleitet hat. Zu besonderen Dank bin ich auch Herrn Professor Dr. Walter Pauly für die schnelle Erstellung des Zweitgutachtens verpflichtet.

Die Arbeit erforderte die Durchsicht umfangreicher Archivbestände sowie historischer Gesetzesmaterialien. Für ihre große Hilfe dabei danke ich dem Thüringischen Hauptstaatsarchiv Weimar, den Thüringischen Staatsarchiven in Altenburg, Gotha, Greiz, Meiningen, Rudolstadt, der Thüringischen Universitäts- und Landesbibliothek in Jena, der Herzogin-Anna-Amalia-Bibliothek in Weimar sowie dem Bayerischen Hauptstaatsarchiv in München.

Für die technische Hilfe bei der Aufbereitung der Landkarten danke ich Herrn Lars Wilhelmj in Erfurt. Besonderer Dank gebührt weiterhin Herrn Dipl.-Kfm. Bernhard Schroeter (Köngen) sowie Herrn Torsten Pappler (Erfurt) für ihre langjährige Förderung und Hilfe.

Für die großzügige Druckkostenunterstützung danke ich den Rechtsanwälten Marc Engel, Alexander Kaesebier und Dr. Ansgar Sonntag in Leipzig.

Inhaltsverzeichnis

Abkürzungsverzeichnis

a.A.	anderer Auffassung
ä.L.	ältere Linie
Abs.	Absatz
ADB	Allgemeine Deutsche Biographie
AöR	Archiv des öffentlichen Rechts
Art.	Artikel
Aufl.	Auflage
BayHStA	Bayerisches Hauptstaatsarchiv
Bd. / Bde.	Band / Bände
begr.	begründet
betr.	betreffend
BGB	Bürgerliches Gesetzbuch
bzw.	beziehungsweise
ca.	cirka
cap.	capitulum
d.	der
DBP	Deutsche Bauernpartei
DDP	Deutsche Demokratische Partei
Dep.	Departement
Diss.	Dissertation
DJZ	Deutsche Juristen Zeitung
DNVP	Deutschnationale Volkspartei
DRiZ	Deutsche Richter Zeitung
Ds.	Drucksache
DVP	Deutsche Volkspartei
FA	Finanz-Archiv
f.	folgend
ff	folgende
FG	Festgabe

FinMin.	Finanzministerium
fl.	Gulden (florin)
Fn.	Fußnote
FS	Festschrift
Fst.	Fürstentum
G.	Gesetz / e
Gem.	Gemeinschaftlich / Gemeinsamer
Ghzg.	Großherzogtum
Grenzboten	Die Grenzboten, Zeitschrift für Politik, Literatur und Kunst
Grünhuts Zeitschrift	Grünhut's Zeitschrift für das Privat - und Öffentliche Recht der Gegenwart
GS.	Gesetzsammlung
GV.	Gebietsvertretung
GV.-Verh.	Verhandlungen der Gebietsversammlung
GVOBl.	Gesetz- und Verordnungsblatt
h.M.	herrschende Meinung
ha.	Hektar
Halbbd.	Halbband
Heidelberger Jahrbücher	Heidelberger Jahrbücher der Literatur
HRG	Handwörterbuch zur deutschen Rechtsgeschichte
Hrsg.	Herausgeber
Hzg.	Herzogtum / Herzogtümer
i.d.F.	in der Fassung
i.H.v.	in Höhe von
iVm.	in Verbindung mit
j.L.	jüngere Linie
Jb.	Jahrbuch
JFG	Jahrbuch für Entscheidungen in Angelegenheiten der freiwilligen Gerichtsbarkeit und des Grundbuchrechts
JöR	Jahrbuch des öffentlichen Rechts der Gegenwart

JR	Juristische Rundschau
JustizMin.	Justizministerium
JW	Juristische Wochenschrift
Kgr.	Königreich
km	Kilometer
KPD	Kommunistische Partei Deutschlands
Kritische Vierteljahres-schrift	Kritische Vierteljahresschrift der deutschen Gesetzgebung und Rechtswissenschaft
lit.	litera
Loc.	Location
LT.	Landtag
LT.-Verh.	Verhandlungen des Landtages
LV.	Landesversammlung
LV.-Verh.	Verhandlungen der Landesversammlung
LZ	Leipziger Zeitschrift für Deutsches Recht
MdL	Mitglied des Landtages
MdR	Mitglied des Reichstages
MGH	Monumentis Germaniae Historicis
Mio.	Million / Millionen
N.F.	Neue Folge
NDB	Neue Deutsche Biographie
NJW	Neue Juristische Wochenschrift
NSDAP	Nationalsozialistische Deutsche Arbeiterpartei
o. Vorn.	ohne Vorname
o.g.	oben genannte
o. J.	ohne Jahresangabe
o. N.	ohne Name
o. O.	ohne Ort
OLG	Oberlandesgericht
p.a.	per anno

Präs.abt.	Präsidialabteilung
qkm	Quadratkilometer
r	recto[1]
Reg.Bl.	Regierungsblatt
RG	Reichsgericht
RGZ	Entscheidungen des Reichsgerichts in Zivilsachen
RM	Reichsmark
RMdI	Reichsminister des Innern
RMdJ	Reichsminister der Justiz
Rn.	Randnummer
RS	Rückseite
RT.	Reichstag
RT.-Verh.	Verhandlungen des Reichstags
RV	Verfassung des Deutschen Reiches vom 11.8.1919
S.	Seite
S.-A.	Sachsen-Altenburg
S.-C.	Sachsen-Coburg
S.-C.u.G.	Sachsen-Coburg und Gotha
S.-G.	Sachsen-Gotha
S.-H.	Sachsen-Hildburghausen
S.-M.	Sachsen-Meiningen
S.-R.	Schwarzburg-Rudolstadt
S.-S.	Schwarzburg-Sondershausen
S.-W.-E.	Sachsen-Weimar-Eisenach
SED	Sozialistische Einheitspartei Deutschlands
SGV	Sammlung der Gesetze und Verordnungen für Sachsen-Meiningen
SMAD	Sowjetische-Militär-Administration Deutschland

[1] Aufgrund der speziellen Zitiervorschrift im ThHStAW erfolgt eine unterschiedliche Zitierweise zu den der anderen benutzen Archiven.

sog.	sogenannt
Sp.	Spalte
SPD	Sozialdemokratische Partei Deutschlands
StaatsMin.	Staatsministerium
Stat.Archiv	Statistisches Archiv
SVO	Sammlung der landesherrlichen Verordnungen im Herzogthum Sachsen-Meiningen
ThHStAW	Thüringisches Hauptstaatsarchiv Weimar
ThStA	Thüringisches Staatsarchiv
Thür.	Thüringen/Thüringer/Thüringischer/Thüringisches
u.a.	unter anderem
u.ä.	und ähnliche
USPD	Unabhängige Sozialdemokratische Partei Deutschlands
v	verso
v.	von
vgl.	vergleiche
VO	Verordnung/en
VS	Vorderseite
z.B.	zum Beispiel
z.T.	zum Teil
ZfdR	Zeitschrift für deutsches Recht und deutsche Rechtswissenschaft
ZfP	Zeitschrift für Politik
ZgStW	Zeitschrift für die gesamte Staatswissenschaft
Ziff.	Ziffer
ZNR	Zeitschrift für neuere Rechtsgeschichte
ZVThürGA	Zeitschrift des Vereins für Thüringische Geschichte und Altertumskunde
ZVThürG	Zeitschrift des Vereins für Thüringische Geschichte (Fortsetzung der Zeitschrift des Vereins für Thüringische Geschichte und Altertumskunde)

Vorspruch

Es ist an der Zeit, sich mit einem wichtigen Thema der thüringischen Kleinstaaten und damit der Landesgeschichte im 19. und 20. Jahrhundert zu befassen, das bisher weder in den rechtlichen Grundlagen noch in der juristischen Literatur ausführlich untersucht wurde: die Vermögensauseinandersetzungen zwischen den thüringischen Staaten und ihren Landesherren.

Die im 19. Jahrhundert einsetzende Diskussion über das Eigentum an den Domänen, d.h. ob Staatseigentum oder Eigentum der fürstlichen Familie, wurde auch und vor allem in den thüringischen Staaten geführt. „Es ging hier um eine wirtschaftliche und rechtliche Frage ersten Ranges.“[2] Die sogenannte „Domänenfrage“ setzte in den 30-er Jahren des 19. Jahrhunderts ein, wurde von verschiedenen Etappen geprägt und erst kurz vor dem Ende der Monarchie beendet. Dabei stellten die zum Domänenvermögen gehörenden großen Waldbesitzungen eine, wenn nicht sogar die wichtigste Einnahmequelle dar. Die Auseinandersetzung über Eigentum und Ertragsverteilung beschäftigte Landtage und Fürstenhäuser der thüringischen Staaten jahrzehntelang. Diese Streitfrage wurde in der staatsrechtlichen Literatur des 19. und Anfang des 20. Jahrhunderts noch ausführlich behandelt,[3] in der heutigen Zeit dagegen nur noch vereinzelt.[4] Die größte Resonanz in der wissenschaftlichen Literatur erfuhr dieses Problem bei dem Domänenstreit im Herzogtum Sachsen-Meiningen, der deswegen auch ausführlich untersucht wird.

Auch in der Belletristik spiegelte sich das Leben in einer Residenz mit ihren finanziellen Sorgen wider: So schildert *Thomas Mann* in seinem Roman „Königliche Hoheit“[5] aus dem Jahr 1909 die Sünden einer großherzoglichen Staatsverwaltung ausführlich als Kritik des Landtages und der Bevölkerung dezent, aber deutlich: Er spricht von „*altüberlieferter Verschuldung*“, die als „*Privatangelegenheiten der Souveräne*“ üblich war und zur Zerrüttung der Staatsfinanzen führte, und von der großherzoglichen Staatsforstverwaltung, die sich „*am Wald versündigt*“ habe, obwohl der „Dominalbesitz“ 750.000 Mark und die Zivilliste eine halbe Million Mark betrüge.

Die vorgelegte Arbeit beschränkt sich auf den Zeitraum der Jahre 1815 bis 1945; es werden die Enteignungen des Jahres 1948 nur kurz dargestellt, da sie im unmittelbaren Zusammenhang der Geschehnisse seit dem Jahr 1945 stehen.

---

[2] Hattenhauer, S. 93.

[3] Siehe vor allem Zoepfl, § 485, S. 697 ff; Zachariä, Staatsrecht, § 206, S. 410 ff; Meyer/Anschütz § 94, S. 320.

[4] Huber, Bd. 2, S. 530 ff.

[5] Nach dem Zeugnis des Sohnes von Thomas Mann, dem Historiker Golo Mann, habe sein Vater niemals höfisches Leben genauer kennengelernt (Reichold, S. 129).

Die Vereinbarungen zwischen dem Freistaat Thüringen und den Häusern Sachsen-Meiningen, Sachsen-Coburg und Gotha sowie Sachsen-Weimar-Eisenach seit dem Jahr 2000, waren – obgleich von ebenso großer Bedeutung – nicht Gegenstand der Arbeit.

Der Sturz der Monarchie im Jahre 1918 bedeutete für die nun republikanisch regierten thüringischen Kleinstaaten, die lange währenden Vermögensauseinandersetzungen jetzt neu zu ihren Gunsten zu entscheiden, wenn sie sich selbst nicht mangels finanzieller Mittel in Frage gestellt sehen wollten. So suchten sie nach schnellen und erfolgreichen Abschlüssen über die Vermögensauseinandersetzung. Das Interesse der ehemaligen Landesherren richtete sich auf den Abschluss von erträglichen Vereinbarungen, die ihnen ausreichende Mittel zum standesgemäßen Auftreten, zur Versorgung ihrer Familien und zur Unterhaltung ihrer verbliebenen Besitzungen gewährleisteten. Fast in jedem thüringischen Staat kam es zu neuen Vereinbarungen. Kurze Zeit danach begannen jedoch erneut Streitigkeiten, die nunmehr vom Land Thüringen ausgetragen werden mussten und die erst im Jahre 1934 beendet wurden. Zwischen den Jahren 1945 und 1948 erfolgten dann Beschlagnahmen und entschädigungslose Enteignungen. Diese Vorgänge wirken zum Teil noch bis in die heutige Zeit herein und mussten bei den schon erwähnten Vereinbarungen seit dem Jahr 2000 mit berücksichtigt werden.

Ziel der Arbeit ist, die Entwicklung der Domänenfrage, der Gesetze und Vereinbarungen dazu in den thüringischen Staaten bis zum Ende der Monarchie zu untersuchen. Der Schwerpunkt der Untersuchung ist die Darstellung der Auseinandersetzungen nach der Revolution des Jahres 1918 sowie in den 20-er und 30-er Jahren des 20. Jahrhunderts. Es zeigt sich, dass bemerkenswerte Auffälligkeiten der Abschlüsse im 19. Jahrhundert sich im 20. Jahrhundert fortsetzen. Den Vorgängen um die entschädigungslose Enteignung des Vermögens des Hauses Sachsen-Coburg und Gothas im Jahre 1919 mit dem sich anschließenden jahrelangen Rechtsstreit wird besondere Aufmerksamkeit gewidmet, insbesondere deswegen, da nur wenige Veröffentlichungen darüber existieren. Dabei konnten neue Quellen erschlossen werden, die ein differenzierteres Bild der Abläufe zeigen.

Mit den Domänenstreitigkeiten in den thüringischen Staaten beschäftigten sich mehrere in der Arbeit verwendete Veröffentlichungen, überwiegend in den Jahren um 1848/1849, die den Streitstand und die verschiedenen Abschlüsse untersuchten. Die erste zusammenfassende Darstellung der geschichtlichen Entwicklung die Domänen und der Vereinbarungen in den einzelnen deutschen Staaten erschienen im Jahr 1918 durch *Friedrich Wilhelm Rudolf Zimmermann*.[6] Die erste umfassende Publikation der vermögensrechtlichen

---

[6] Zimmermann, FA 35. Bd.

Auseinandersetzung bis zum Jahr 1945 ist die Arbeit von *Otmar Jung*, der allerdings nicht die thüringischen Staatsarchive nutzen durfte.[7]

Die vorliegende Untersuchung beruht auf zwei großen Quellenkomplexen: Zum einen auf den gedruckt vorliegenden Verhandlungen der Landtage der thüringischen Einzelstaaten und des Landes Thüringen. Zum anderen wurden die Bestände des thüringischen Hauptstaatsarchivs Weimar und der thüringischen Staatsarchive Altenburg, Gotha, Greiz, Meiningen und Rudolstadt ausgewertet. Die Akten des thüringischen Finanz- und Justizministeriums im Hauptstaatsarchiv stellten sich dabei als besonders ergiebig dar. Beide Quellenbestände erlauben es, die verschiedenen Gesetzgebungsprozesse und das Zustandekommen der zahlreichen Vereinbarungen näher zu untersuchen.

Als hilfreich erwies sich die von Prinz *Reuß* gewährte Einsichtnahme in die Archivbestände seines Hauses im Staatsarchiv Greiz. Dagegen war es aufgrund der abschlägigen Entscheidung der Mitglieder des Hauses Sachsen-Meiningen nicht möglich, die Akten des herzoglichen Hofmarschallamtes einzusehen. Der Generalbevollmächtigte der Stiftung der Herzog von Sachsen Coburg und Gotha'schen Familie – Herr Rechtsanwalt *Behn* – unterstützte die Arbeit durch die Bereitstellung von Materialien sowie mit Auskünften über geschichtliche Hintergründe.

Die in drei Kapitel gegliederte Untersuchung stellt den Ablauf und Ergebnisse der vermögensrechtlichen Auseinandersetzung für jeden thüringischen Staat und sein Fürstenhaus detailliert dar. Da es bisher keine geschlossene Auflistung der betreffenden Gesetze gibt, werden auch diese von der Arbeit mitumfaßt. Sinnvoll erschien es, am Anfang der Arbeit die thüringischen Herrscherhäuser, die einzelnen Staaten, die letzten Herrscher in ihrem historischen Kontext kurz zu erläutern, um zur anschaulicheren Darstellung der späteren Entwicklungen zu kommen. Gleiches gilt für die verschiedenen Bestandteile und Begriffe des fürstlichen Vermögens. Die Begriffe „Fürstenhaus“ und „Herrscherhaus“ werden hierbei als synonyme Begriffe verwendet. Das 4. Kapitel fasst die Ergebnisse der Untersuchung zusammen. Die Arbeit versteht sich in diesem Sinn auch als ein Beitrag zur Rechtsgeschichte der thüringischen Staaten und ihrer Fürstenhäuser im 19. und 20. Jahrhundert sowie des Landes Thüringen.

---

[7] Jung, S. 28 f.

1. Kapitel: Die thüringischen Staaten bis zum Jahr 1918 – ein Überblick

I. Die thüringischen Herrscherhäuser

1. Das Haus Reuß – die Fürstentümer Reuß ältere und jüngere Linie

Der Stammvater des ältesten Geschlechts in Thüringen war *Erkenbert*, Herr *von Weida* (gestorben vor dem Jahr 1143).[8] Die Reußen gingen aus einem Ministerialengeschlecht hervor, das von Kaiser *Friedrich I. Barbarossa* (1152-1190) im Umfeld von Plauen und der Weißen Elster zu Reichsvögten eingesetzt worden war. Der Ursprung beider Linien liegt bei *Heinrich I. Reuß* (*Ruthenus* – vor dem Jahr 1295 gestorben).[9] Zu Ehren des Kaisers *Heinrich VI.* (1165-1197) hießen fortan alle männlichen Nachkommen *Heinrich*. Der Name Reuß (Russe) geht auf den Vogt von Plauen *Heinrich* (1238-1303) zurück, entweder durch seinen Aufenthalt in Russland oder durch Vermählung mit einer russischen Ehefrau bestimmt. Seit dem Jahre 1290 wurde „*Reuß*" der bleibende Familienname.[10] Seit dem Jahr 1546 waren die Reußen reichsunmittelbare Grafen.[11]

Das damalige Hausrecht legte fest, dass alle Söhne einer Linie gleichermaßen erbberechtigt sein sollten. Damit begann eine Periode der Landesteilungen, die zur Zersplitterung der Gebiete führte. Der unmittelbare Stammvater der beiden Linien, Graf *Heinrich III.* „*der Friedsame*"[12] starb im Jahre 1535. Seine drei Söhne teilten dann im Jahr 1564 das Land in drei Herrschaften:

- *Untergreiz* (ältere Linie), - *Obergreiz* (mittlere Linie, im Jahre 1616 erloschen), - *Gera* (jüngere Linie).

In beiden Linien kam es zu erneuten Teilungen, so dass gegen Ende des 17. Jahrhundert zehn selbständige Linien des Hauses Reuß nebeneinander existierten.[13] Nachdem das Haus Reuß sich durch die vielen Teilungen bis zur „*Selbstpreisgabe ausgetobt*"[14] hatte, erkannte man die Notwendigkeit der Einführung der Primogenitur. Allerdings wurde diese durch den **Geschlechtsverein vom 10.11.1668**[15] [16] der zu diesem Zeitpunkt existierenden Linien Reuß noch nicht eingeführt. Dieser Vertrag enthielt aber sehr umfangreiche Regelungen für die Mitglieder des fürstlichen Hauses und ihre

---

[8] Stammlinie bei Wilberg, S. 179 ff.
[9] Ignasiak, S. 153.
[10] Schulze, Hausgesetze, 2. Bd., S. 253 ff.
[11] Patze/Schlesinger/Tümmler, 5. Bd., 1. Teil, 2. Teilbd., S. 730.
[12] Zur Unterscheidung gab es sehr viele Beinamen, siehe Wilberg, S. 178 ff.
[13] Patze/Schlesinger/Huschke, 5. Bd., 1. Teil, 1. Teilbd., S. 563.
[14] Flach, ZVThürGA, 43. Bd., N.F. 35. Bd., S. 21.
[15] Abgedruckt bei Schulze, Hausgesetze, 2. Bd., S. 266 ff.
[16] Alle erstmalig erwähnten Gesetze sind fett hervorgehoben.

Versorgung. Auch in dem **Nebenrecess vom 13.11.1668**[17] kam man nur überein, dass weitere Teilungen nicht mehr stattfinden sollten und über die Wichtigkeit der Primogenitur weiter beraten werden sollte (Ziff. 3). Man legte in dieser Vereinbarung die Zählweise der vielen männlichen Angehörigen mit dem Namen *Heinrich* fest (Ziff. 2). Zu dem Namen *Heinrich* wurde die Zahl hinzugefügt, welche die Söhne in der Reihe der männlichen Geburten innerhalb der Familie Reuß (jüngere und ältere Linie) einnahmen. So kam es dazu, das der Fürst *Heinrich XIV. Reuß j.L.* (1832-1913) hieß und sein erstgeborener Sohn und Erbprinz *Heinrich XXVII. Reuß j.L.* (1858-1928).[18] Durch das Fehlen einer Unteilbarkeitsregelung konnte eine Speziallinie der jüngeren Linie im Jahre 1678 noch eine weitere Teilung vornehmen. Erst im **Hausvertrag vom 3., 4. und 5. 9. 1690**[19] wurde der Grundsatz der Unteilbarkeit der Erbfolge nach dem Recht der Erstgeburt für alle Speziallinien festgelegt. Weiterhin sollte die Linealerbfolge im Fall des Aussterbens innerhalb der jeweiligen Linie und zwischen der älteren und jüngeren Linie (Ziff. III.) gelten. Von nun an gab es keine Teilungen mehr, sondern nur noch Verschmelzungen innerhalb der beiden Linien. Der Geschlechtsverein aus dem Jahr 1668 und der Hausvertrag aus dem Jahr 1690 stellen wichtige Kodifikationen des fürstlichen Hausrechts dar und waren Vorbild für die Familienverträge anderer deutscher Fürstenfamilien.[20]

Begründer der **älteren Linie** war Graf *Heinrich XIV. Reuß „der Ältere“* (1506-1572).[21] In den folgenden Jahrhunderten teilte sich diese Linie in mehrere Zweige auf. Im Jahre 1768 wurden dann unter der Herrschaft *Heinrichs XI.* (infolge des Aussterbens der einzelnen Linien) alle Teile der älteren Linie vereinigt.[22] *Heinrich XI. Reuß ä.L.* (1722-1800) ist als erster aller Reußen von Kaiser *Joseph II.* im Jahre 1779 in den Fürstenstand erhoben worden,[23] damit gab es seit dem Jahr 1779 das „Fürstentum Reuß ältere Linie“. Aufgrund der sehr engen Beziehungen Fürst *Heinrichs XIII. Reuß ä.L.* (1747-1817) zum Kaiserreich Österreich verließen alle zur Zeit des Wiener Kongresses existierenden reußischen Fürstentümer diesen Kongress als souveräne Bundesfürsten des Deutschen Bundes, obwohl sie alle vorher Mitglieder des Rheinbundes gewesen waren.

---

[17] Abgedruckt bei Schulze, Hausgesetze, 2. Bd., S. 319 ff.

[18] Die ältere und die jüngere Linie zählten jeweils gesondert: die ältere zählte bis 100 und begann wieder mit eins; die jüngere begann mit jedem Jahrhundert wieder mit eins (Schulze, Hausgesetze, Bd. 2, S. 257).

[19] Abgedruckt bei Schulze, Hausgesetze, 2. Bd., S. 337 ff.

[20] Patze/Schlesinger/Huschke, 5. Bd., 1. Teil, 1. Teilbd., S. 564.

[21] Schulze, Hausgesetze, 2. Bd., S. 263 ff.

[22] Schlotter, S. 2.

[23] Patze/Schlesinger/Tümmler, 5. Bd., 1. Teil, 2. Teilbd., S. 730; Schulze, 2. Bd., S. 264.

Der Stammvater aller Sonderlinien der **jüngeren Linie** war *Heinrich „Posthumus“* (1572-1635). (Der Name leitet sich daraus ab, dass er zwei Monate nach dem Tode seines Vaters geboren wurde.[24]) Seine Söhne teilten das Gebiet in die Herrschaften Gera, Schleiz, Saalburg und Lobenstein auf. In der Linie Reuß-Schleiz führte *Heinrich I.* bereits mit der **Disposition vom 1.12.1679**[25] die Primogenitur ein. Als ihm danach noch ein zweiter Sohn geboren wurde, wich er von der Primogenitur ab, ohne diese aber aufzuheben. Im **Testament vom 25.5.1687**[26] richtete er das sogenannte *„Paragium Reuß-Köstritz“* für *Heinrich XXIV.* – als Abfindung für diesen Sohn – ein (wobei die Primogenitur weiter galt). Die Landeshoheit für das Paragium blieb aber weiterhin bei Reuß-Schleiz.

Im 19. Jahrhundert starben die Linien Gera und Lobenstein aus.[27] Am 1.10.1848 dankte Fürst *Heinrich LXXII. von Reuß-Lobenstein und Ebersdorf* (1797-1853) zugunsten seines Vetters Fürst *Heinrich LXII. von Reuß-Schleiz* ab. Aufgrund der o.g. Hausverträge übernahm jetzt das fürstliche Haus Reuß-Schleiz die Landesherrschaft. Sie verlegte ihre Residenz nach Gera und nannte ihr gesamtes Gebiet fortan „Fürstentum Reuß jüngere Linie“.[28] Alleiniger Herrscher des Fürstentums Reuß j.L. war nun Fürst *Heinrich LXII. Reuß j.L.* (1789-1867). Im **Hausgesetz für das Fürstliche Haus Reuß jüngerer Linie vom 12.7.1893** wurde das Recht des jeweiligen Inhabers des Paragium Köstritz, d.h. den Titel Fürst zu tragen, bestätigt (Art. 2, Ziff. 2)[29] und festgelegt, dass der Grundbesitz des Paragiats Köstritz ein Teil des fürstlichen Hausvermögen war, aber ein besonderes Fideikommiß bildete (Art. 30). Der bekannte Botschafter des Deutschen Reichs – Prinz *Heinrich VII. Reuß-Köstritz* (1825-1906) – stammte aus der Köstritzer Linie.[30]

Im Deutschen Reich des Jahres 1871 existierten also die Fürstentümer Reuß ältere und jüngere Linie.

2. Die ernestinische Linie – das Großherzogtum Sachsen-Weimar-Eisenach und die Herzogtümer Sachsen-Altenburg, Sachsen-Coburg und Gotha, Sachsen-Meiningen

Seit dem 11. Jahrhundert herrschten die Wettiner, eines der ältesten regierenden Häuser in Europa, über Gebiete, die ungefähr die heutigen Ländern

[24] Marwinski, Zweite Sammlung, S. 127 ff.
[25] Abgedruckt bei Schulze, Hausgesetze, 2. Bd., S. 323 ff.
[26] Abgedruckt bei Schulze, Hausgesetze, 2. Bd., S. 330 ff.
[27] Schulze, Hausgesetze, 2. Bd., S. 258 ff.
[28] Patze/Schlesinger/Facius, 5. Bd. 2. Teil, S. 82 f.
[29] Seit dem Jahr 1860 durfte der jeweilige Inhaber des Paragiums den Fürstentitel führen. Das entsprechende Schreiben ist bei Schulze, Hausgesetze 2. Bd., S. 358 ff abgedruckt.
[30] Patze/Schlesinger/Tümmler, 5. Bd., 1. Teil, 2. Teilbd., S. 735.

Sachsen, Thüringen und Sachsen-Anhalt ausmachen. Seit dem Jahr 1423 mit der Kurfürstenwürde des Herzogtums Sachsen belehnt, gehörten sie zu den wichtigsten Fürstengeschlechtern des Alten Reiches.[31]

Durch den **Hauptteilungsvergleich im Jahr 1485**[32] kam es zur Aufteilung des Gebietes auf zwei Brüder: Kurfürst *Ernst von Sachsen* (1441-1486) stellte zukünftig die „Ernestiner" Linie („ältere" Linie) und Herzog *Albrecht von Sachsen* (1443-1500) die „Albertiner" Linie („jüngere" Linie). Kurfürst *Ernst* erhielt damit, neben dem Kurfürstentum Sachsen (mit Wittenberg), Gebiete im mittleren und südlichen, Herzog *Albrecht* im nördlichen Thüringen. Im schmalkaldischen Krieg verlor Kurfürst *Johann Friedrich* (1503-1554) im Jahr 1547 die Kurwürde, die dann auf die Albertiner überging. Diesen gelang es, ein einheitliches Territorium zu entwickeln.

Die Ernestiner dagegen begannen, ihre verbliebenen Gebiete ständig zu teilen. Der Hauptteil ihrer Geschichte ist der ihrer Landesteilungen.[33] Ursache dafür war das Fehlen der Primogenitur mit dem Verbot von Landesteilungen. Durch die ständigen Teilungen entstand nun eine Vielzahl von verschiedenen ernestinischen Linien, die z.T. auch wieder erloschen.[34] Im Jahre 1640 kam es zu einem neuem Teilungsvertrag und der Bildung von drei Linien. Nachdem eine ausgestorben war, bildeten sich ab dem Jahr 1672 die Häuser Sachsen-Weimar und Sachsen-Gotha.[35]

a) Das Haus Sachsen-Weimar

Dieses Haus teilte sich ab dem Jahr 1672 in die Linien Sachsen-Weimar, Sachsen-Eisenach und Sachsen-Jena. Die Linie Sachsen-Weimar führte die Primogenitur, nach erfolgter kaiserlicher Bestätigung, als **Primogeniturordnung vom 29.8.1724**[36] ein. Nachdem auch die zweite Linie ausgestorben war, bildete sich im Jahr 1741 das Herzogtum Sachsen-Weimar-Eisenach. Es war Mitglied im Rheinbund, wurde aber wegen seiner Verdienste auf Seiten der Verbündeten im Jahre 1815 zu einem Großherzogtum. Das Grundgesetz über die landständige Verfassung aus dem Jahr 1816 war eine der ersten Verfassungen im Deutschen Bund.[37] Das Großherzogtum Sachsen-Weimar-Eisenach war ab dem Jahr 1871 ein Bundesstaat des Deutschen Reiches.

---

[31] Übersicht zum ernestinischen Gesamthaus und zu den verschiedenen Ländern bei Wilberg, S. 142 ff.

[32] Abgedruckt bei Schulze, Hausgesetze 3. Bd., S. 74 ff.

[33] Schulze, Hausgesetze 3. Bd., S. 16 ff.

[34] Näheres dazu bei Patze/Schlesinger/Huschke, 5. Bd., 1. Teil, 1. Teilbd., S. 6 ff.

[35] Patze/Schlesinger/Huschke, 5. Bd., 1. Teil, 1. Teilbd., S. 174 ff.

[36] Abgedruckt bei Schulze, Hausgesetze 3. Bd., S. 220 ff.

[37] Schulze, Hausgesetze 3. Bd., S. 22 ff.

b) Das Gesamthaus Sachsen-Gotha

Der Stifter des sogenannten Gesamthauses Sachsen-Gotha war Herzog *Ernst I.*, genannt der „*Fromme*" (1601-1675). Sein Wirken in Schul-, Religions-, Staats- und Verwaltungsangelegenheiten machten ihn weit über seine Landesgrenzen hinweg bekannt.[38] Allerdings führte er das Erstgeborenenrecht nicht ein. In seinem **Testament vom 31.8.1654**[39] empfahl er eine gemeinschaftliche Regierung unter Vorsitz des ältesten Sohns. Für den Fall einer Landesteilung sollte diese in gleiche Teile erfolgen. Wie die Regierungsgemeinschaft und das Verhältnis der Söhne untereinander zu erfolgen hatte, legte er in seiner **Regimentsverfassung vom 9.11.1672**[40] und in der **Erläuterung vom 27.8.1674**[41] fest. Nach seinem Tod schlossen der älteste Sohn und vier der jüngeren Brüder den **Haupterbvergleichsrecess vom 24.2.1680**[42] ab. Nach diesem Vertrag erhielten die vier jüngeren Brüder Landesteile zugewiesen, die dadurch die Linien Sachsen-Römhild, Sachsen-Eisenberg, Sachsen-Hildburghausen und Sachsen-Saalfeld gründeten. Weiter wurde vereinbart, dass innerhalb dieser Linien keine weiteren Teilungen mehr stattfinden sollten. Kurz darauf erfolgten die letzten beiden Teilungen zwischen dem ältesten Sohn und den anderen zwei Brüdern. Durch den **Hauptrecess vom 8.6.1681**[43] wurde die Linie Sachsen-Meiningen gegründet und durch den **Hauptvergleich vom 24.9.1681**[44] die Linie Sachsen-Coburg. Somit existierten sieben Linien des Sachsen-Gothaischen Hauses. Die Linien Sachsen-Coburg, Sachsen-Eisenberg und Sachsen-Römhild erloschen aber bereits mit dem Tod ihre Stifter. Die verbliebenen vier Linien werden im Folgenden etwas näher beschrieben.

aa) Die Linie Sachsen-Gotha-Altenburg

Herzog Friedrich I. (1646-1691) – der älteste Sohn von Herzog Ernst dem Frommen – führte am 22.4.1685 die Primogenitur in seinem Herzogtum ein.[45] Sein Enkel Herzog Friedrich III. (1772-1804) erreichte, dass die mittlerweile noch existierenden vier Linien den sogenannten **Römhilder Recess vom 28.7.1791**[46] abschlossen. In diesem Hausgesetz wurden die wechselseitigen Verhältnisse und die Aufrechterhaltung der Linealerbfolge für den Fall einer Nachfolge festgelegt. Das Herzogtum war Mitglied des Rheinbunds und dann

---

[38] Schulze, Hausgesetze 3. Bd., S. 30.
[39] Abgedruckt bei Schulze, Hausgesetze 3. Bd., S. 96 ff.
[40] Abgedruckt bei Schulze, Hausgesetze 3. Bd., S. 121 ff.
[41] Abgedruckt bei Schulze, Hausgesetze 3. Bd., S. 143 ff.
[42] Abgedruckt bei Schulze, Hausgesetze 3. Bd., S. 147 ff.
[43] Abgedruckt bei Schulze, Hausgesetze 3. Bd., S. 171 ff.
[44] Abgedruckt bei Schulze, Hausgesetze 3. Bd., S. 188 ff.
[45] Schulze, Hausgesetze 3. Bd., S. 32.
[46] Abgedruckt bei Schulze, Hausgesetze 3. Bd., S. 237 ff.

des Deutschen Bundes. Im Jahr 1826 starb diese Linie aus, was zur letzten großen Gebietsveränderung in den ernestinischen Ländern führte.

bb) Die Linie Sachsen-Meiningen

Der Stifter dieser Linie – Herzog *Bernhard I.* (1649-1706) – erklärte in seinem Testament vom 12.11.1688, dass keine weiteren Landesteilungen mehr stattzufinden hätten. Die Primogenitur wurde aber nicht eingeführt.[47] Dies erfolgte erst durch die **Primogeniturordnung vom 12.3.1802.**[48] Auch das Herzogtum Sachsen-Meiningen gehörte dem Rheinbund und dem Deutschen Bund an. Die landständige Verfassung wurde im Jahre 1824 in Kraft gesetzt.

cc) Die Linie Sachsen-Hildburghausen

In diesem Herzogtum wurde durch die **Primogeniturordnung vom 24.6.1704**[49] das Erstgeborenenrecht eingeführt. Zusammen mit dem **Testament vom 11.1.1705**[50] stellten diese beiden Urkunden das Hausgesetz dieser Linie dar. Das Herzogtum war ebenfalls Mitglied des Rheinbundes und des Deutschen Bundes. Aufgrund der im Jahre 1826 stattgefundenen Umverteilung der Länder der ernestinischen Linie trat der letzte Herzog *Friedrich von Sachsen-Hildburghausen* fast sein gesamtes Gebiet an das Herzogtum Sachsen-Meiningen ab und begründete die Linie Sachsen-Altenburg.

dd) Die Linie Sachsen-Coburg-Saalfeld

Nach dem Aussterben der Linien Sachsen-Coburg, Sachsen-Römhild und Sachsen-Eisenberg entstand die Linie Sachsen-Coburg-Saalfeld. Der regierende Herzog legte am 12.10.1733 die Primogenitur testamentarisch fest.[51] Dieses Testament erhielt später noch die zwei sog. **Erläuterungskonstitutionen vom 18.5.1735**[52] und **vom 4.4.1736**[53] und wurde mit der **Primogeniturordnung vom 2.11.1746**[54] nochmals ergänzt. Das Herzogtum gehörte dem Rheinbund und dem Deutschen Bund an. Im Jahre 1821 trat die ständische Verfassung des Herzogtums Sachsen-Coburg-Saalfeld in Kraft.

---

[47] Schulze, Hausgesetze 3. Bd., S. 36.
[48] Abgedruckt bei Schulze, Hausgesetze 3. Bd., S. 246 ff.
[49] Abgedruckt bei Schulze, Hausgesetze 3. Bd., S. 203 ff.
[50] Schulze, Hausgesetze 3. Bd., S. 36.
[51] Schulze, Hausgesetze 3. Bd., S. 50.
[52] Abgedruckt bei Schulze, Hausgesetze 3. Bd., S. 225 ff.
[53] Abgedruckt bei Schulze, Hausgesetze 3. Bd., S. 228 ff.
[54] Abgedruckt bei Schulze, Hausgesetze 3. Bd., S. 225 ff.

ee) Die letzte Gebietsveränderung in den ernestinischen Landen

Durch den Tod des letzten Herzogs von Sachsen-Gotha-Altenburg (Herzog *Friedrich IV.*) im Jahre 1825 kam es zu einem Streit über seine Nachfolge.[55] Herzog *Bernhard Erich Freund von Sachsen-Meiningen* (1800-1882) beanspruchte sämtliche gothaischen und altenburgischen Besitzungen aufgrund der Gradualerbfolge, die ihn begünstigte. Die im Römhilder Rezeß festgelegte Linealerbfolge erkannte er nicht an, da diese unbestimmt war und Ausnahmen zuließ.[56] Dagegen forderten die Linien Sachsen-Hildburghausen und Sachsen-Coburg-Saalfeld eine Aufteilung nach der Linealerbfolge. Eine Einigung konnte man nicht erzielen. Erst durch die Vermittlung von König *Friedrich August I. von Sachsen* schloss man den **Teilungsvertrag vom 12.11.1826**[57], in dem Gebiete ausgetauscht wurden und das Herzogtum Sachsen-Altenburg neu entstand. Es existierten seitdem die Herzogtümer Sachsen-Altenburg, Sachsen-Coburg und Gotha und Sachsen-Meiningen. Alle drei waren Bundesstaaten des Deutschen Reichs.

3. Das Haus Schwarzburg – die Fürstentümer Schwarzburg-Rudolstadt und Schwarzburg-Sondershausen

Das Geschlecht der Schwarzburger gehört zu den ältesten deutschen Dynastien. Ahnherr soll ein Sohn des fränkischen Königs *Lothar* – Graf *Gundar* – gewesen sein, der im 8. Jahrhundert die Käfernburg bei Arnstadt errichtet hatte. Seine Nachkommen siedelten im Tal der Schwarza und der Saale und errichteten im 11. Jahrhundert als Residenz die Schwarzburg.[58] Im Jahr 1123 werden die Grafen *von Käfernburg* als Grafen *von Schwarzburg* mit Graf *Sizzo* (ca. 1097-1160) urkundlich erwähnt. Damit beginnt die Geschichte der Schwarzburger, die weitere Gebiete erobern, u.a. Frankenhausen und Sondershausen im nördlichen Thüringen.[59] Der Leitname der Schwarzburger wurde *Günther*.

Im 13. Jahrhundert kam es durch Erbfolgen zu verschiedenen Gebietsteilungen und es bildeten sich mehrere Linien heraus.[60] Im Mittelalter gehörten die Schwarzburger zu den bedeutenden Geschlechtern in Thüringen, wobei *Günther XXI. von Schwarzburg-Blankenburg* im Jahr 1349 für einige Monate deutscher König war. Graf *Günther XL.* (1499-1552, genannt *„der Reiche“*,

---

[55] Sehr ausführlich dazu Pölitz, Jahrbücher der Geschichte und Staatskunst, 1831, 2. Bd., S. 115 ff.
[56] Patze/Schlesinger/Tümmler, 5. Bd., 1. Teil, 2. Teilbd., S. 695 ff.
[57] Einzelheiten bei Schulze, Hausgesetze 3. Bd., S. 35 f.
[58] Schwartz, S. 2; Jacobson/Bärninghausen/Oelgeschläger, S.190 ff; Brachelli, Staatenkunde, S. 170.
[59] Schulze, Hausgesetze, Bd. 3, S. 322.
[60] Wilberg, S. 183 f.

-auch *„der mit dem fetten Maule"*) vereinigte alle Gebiete wieder.[61] Da sich die Brüder im Streit über die Einkünfte nicht einigten, erfolgte im Jahr 1583 eine Teilung sämtlicher schwarzburgischen Gebiete in drei Linien. Im Teilungsvertrag des Jahres 1599 (sog. **Ilmscher Hauptrecess**[62]) entstanden die Grafschaften Schwarzburg-Rudolstadt und Schwarzburg-Sondershausen, genannt nach den beiden Residenzstädten. Im Jahr 1681 teilte sich die sondershäuser Linie noch einmal (in Schwarzburg-Sondershausen und Schwarzburg-Arnstadt), während innerhalb der rudolstädter Linie keine Teilung mehr erfolgte.[63] Die Grafen *von Schwarzburg* galten immer als reichsunmittelbare und reichsständische Landesherren und zählten zum sog. Hohen deutschen Adel.[64] Im Jahre 1697 ernannte Kaiser *Leopold I.* die Grafen *von Schwarzburg-Sondershausen* und *Schwarzburg-Arnstadt* zu Reichsfürsten.[65] Für die rudolstädter Linie erfolgte diese Erhebung erst im Jahre 1710. In diesem Jahr führte man auch in Schwarzburg-Rudolstadt die Primogenitur ein.[66] Die beiden Linien des Hauses Schwarzburg schlossen am **7.9.1713** ihren **Erb- und Sukzessionsvertrag** ab.[67] In diesem Vertrag wurde u.a. die Teilung des Gesamthauses in zwei Linien anerkannt, die Geltung der Primogenitur in beiden Teilen und das gegenseitige Erbrecht beim Erlöschen einer Linie (Ziff. V.). Mit Aussterben der Linie Schwarzburg-Arnstadt im Jahre 1716 erfolgte eine Zusammenführung dieses Gebietes mit der Linie Schwarzburg-Sondershausen. Durch die Erhebung der Grafen von Schwarzburg in den Reichsfürstenstand entstand Streit mit dem Kurfürstentum Sachsen, dessen Ursache darin lag, dass die Wettiner auf dem Gebiet der Schwarzburger etliche Lehensrechte hatten und daher von den Schwarzburgern die Anerkennung als Landesfürsten verlangten. Erst im Jahr 1719 konnte eine Klärung erreicht werden, wonach das Kurfürstentum Sachsen das Fürstentum Schwarzburg-Rudolstadt und dessen vollständige Landeshoheit anerkannte. Mit den anderen thüringischen Häusern der sächsischen Linie wurden im Jahre 1731 gleiche Vereinbarungen geschlossen.[68] Ab dem Jahr 1754 hatten sie Sitz und Stimme im Reichsfürstenrat.[69] Beide Fürstentümer traten dem Rheinbund bei und waren dann Mitglieder des Deutschen Bundes. Fürst *Friedrich Günther von Schwarzburg-Rudolstadt* (1793-1867, Regierungszeit von 1814-1867) erließ am 8.1.1816 als erster deutscher Bundesfürst in Erfüllung des § 13 der Wiener

---

[61] Schulze, Hausgesetze, Bd. 3, S., 323 ff.
[62] Schwartz, S. 3.
[63] Patze/Schlesinger/Huschke, 5. Bd., 1. Teil, 1. Teilbd., S. 552.
[64] Schulze, Hausgesetze, Bd. 3, S. 327.
[65] Langbein, S. 4.
[66] Schwartz, S. 3.
[67] Abgedruckt bei Schulze, Hausgesetze 3. Bd., S. 340 ff.
[68] Schulze, Hausgesetze, Bd. 3, S. 329 ff.
[69] Patze/Schlesinger/Huschke, 5. Bd., 1. Teil, 1. Teilbd., S. 557.

Bundesakte eine ständische Verfassung.[70] Der Landtag trat im Jahr 1821 zum ersten Mal mit 16 Abgeordneten zusammen.[71] Im Kaiserreich des Jahres 1871 existierten die Fürstentümer Schwarzburg-Rudolstadt und Schwarzburg-Sondershausen.

II. Die Bestandteile des fürstlichen Vermögens

Im Folgenden werden Bestandteile und die Entstehungsgeschichte des fürstlichen Vermögens dargestellt.

Bei den Auseinandersetzungen über das Vermögen der ehemaligen Landesherren sind verschiedene Begriffsbezeichnungen und Inhalte zu beachten; sie sollen im Folgenden zum Verständnis der Problematik näher erläutert werden. In erster Linie handelt es sich dabei um die Begriffe **Domäne** (Kammergut, Kammervermögen, domanium u.ä.) sowie **Zivilliste** (zusammen mit dem Begriff Krondotation). Diese Begriffe haben einerseits einen unterschiedlichen Bedeutungsgehalt und ihre geschichtliche Entwicklung verlief unterschiedlich, andererseits stehen sie aber auch in einer Art Wechselbeziehung zueinander. Die Wechselbeziehung lag in den thüringischen Staaten in einer „Vermischung“ dieser Begriffe in den abgeschlossenen Vereinbarungen.[72] Diese Wechselbeziehung führte gerade in den thüringischen Staaten bis zum Jahr 1918 zu einer Fülle diesbezüglicher Vereinbarungen zwischen den jeweiligen Staaten und ihren Landesherren. Nach der Revolution im Jahre 1918 und den Abdankungen der Landesherren bewirkten diese Regelungen erhebliche Probleme bei den jeweiligen Vermögensauseinandersetzungen. Diese speziellen Vereinbarungen werden noch ausführlich dargestellt und erläutert.[73]

Desweiteren sind die Eigentums- und Besitzverhältnisse von Begriffen wie **Apanage, Paragium, Sustentation, Wittum, Schatullgut, Hausvermögen, Familienfideikommiß** und **Hausallodium** bestimmt. Auch diese besonderen Vermögensteile stehen zu den o.g. im Zusammenhang und verlangen eine knappe Erläuterung. Im Rahmen dieser Begriffserläuterungen wird zum Teil auf besonderen Verhältnisse in den thüringischen Staaten hingewiesen.

Zum besseren Verständnis der Problematik ist auch eine Darstellung der geschichtlichen Entwicklung dieser Vermögensteile notwendig. Die Darstellung erfolgt getrennt von den Begriffserläuterungen und beschränkt sich in der gebotenen Kürze auf die maßgeblichen Umstände. In den verschiedenen Zeiten der Diskussionen über die Vermögensbestandteile wurde regelmäßig auf die

---

[70] Zusammen mit der **VO v. 8.1.1816** für die neue Gestaltung der ständischen Verfassung, Pölitz, Bd. 1, S. 1064 f.

[71] Zu den Landtagen des Fürstentums siehe Lengemann, Schwarzburg-Rudolstadt, S. 26 ff.

[72] Siehe auch 1. Kap. II. 4.

[73] Vgl. 1. Kap. III. 1. bis 8.

geschichtliche Entwicklung Bezug genommen, um den jeweiligen Standpunkt zu belegen.

1. Begriffserläuterungen

a) Domäne, Kammergut, Kammervermögen, domanium

Das Wort **Domäne** leitet sich aus dem lateinischen dominium (mlat. Domanium) her und ist im 17. und 18. Jahrhundert aus dem französischen domaine (altfranzösisch demaine) zuerst im Königreich Preußen gebraucht worden und dann in die Rechtssprache eingegangen. Etymologisch wird Domaine abgeleitet von dominium oder domanium für Eigentum, insbesondere Herrschafts-Recht oder für Herrengut.[74] Der Begriffsinhalt ist unterschiedlich und hat sich mehrfach gewandelt. Weitere übliche Bezeichnungen dafür waren Kammergut, Kammervermögen, Kämmereivermögen, zum Teil wurde auch von „Domänen- und Kammergut" gesprochen.[75] Insbesondere im 19. Jahrhundert wurde Domäne als Sammelbegriff gebraucht, da Wissenschaft und Rechtspraxis die anderen Begriffe in unterschiedlichster Bedeutung benutzten.[76] Eine der letzten und grundlegendsten Abhandlungen zu dieser Problematik verwendet den Begriff domanium, da dieser Ausdruck besser sei als der „*verdeutschte*" Begriff der Domäne und des Begriffes Kammergutvermögen. Unter Domäne würde bei einer Begriffsbegrenzung nur der Feldgutbegriff gemeint sein und zu Missverständnissen führen. Der Begriff Kammergut sei durch seine geschichtlich bedingte Beziehung nicht vorzugswürdig.[77] Obwohl diese Überlegungen nachvollziehbar sind, ist der allgemein übliche Begriff der Domäne[78] den anderen vorzuziehen und wird daher im Folgenden verwendet.

Unter Domäne wird ein „werbendes Vermögen" verstanden, das sowohl den Zwecken des Landesherren bzw. der landesherrlichen Familie und denen des Staates oder der Landeshoheit zu dienen bestimmt ist.[79] Als „werbendes Vermögen" versteht man ein Vermögen, das finanzielle Nutzungen zu erbringen geeignet ist und solche Nutzungen tatsächlich erbringt, wobei auch eine zeitweilige oder nicht dauerhafte finanzielle Nutzung in Betracht kommen kann.[80] Überwiegend bestand dieses Vermögen aus Grundbesitz, der nach der Art der Nutzung in Feldgutbesitz und Forstbesitz unterschieden werden konnte. Den

---

[74] Neusser-HRG, Bd. 1, Sp. 750 ff ; v.Rotteck, Art. Domaine, S. 87.
[75] Willoweit-HRG, Bd. 2, Sp. 584 f ; v.Schulze-Gävernitz, Fürstenrecht, S. 1367.
[76] Meyer/Anschütz § 94, S. 320.
[77] Zimmermann, FA 35. Bd., S. 396 ff.
[78] v.Treitschke, Art. Domänen, S. 162 ff; Meier, Art. Domänen, S. 556 ff; Rintelen, Art. Domänen, S. 513 ff; v.Jagemann, Art. Domänen, S. 585 ff; Fauser, Art. Domänen, S. 259 ff; Wygodzinski, Art. Domänen, S. 682 ff.
[79] Vgl. v.Rotteck, Art. Domaine, S. 88 f.
[80] Zimmermann, FA 35. Bd., S. 397; v.Treitschke, Art. Domänen, S. 162.

Begriff Domäne als Grundbesitz einzuschränken ist nicht möglich, da andere Vermögensgegenstände und -rechte (z.B. Bergwerke, Kapitalien, Regalien) in Betracht kommen konnten. Ein weiterer Aspekt des Domänenbegriffs ist die Zusammenfassung einer Vermögensmasse, die schon lange Zeit bestand und eine dementsprechende geschichtliche Entwicklung hatte. Diese „Vorbedingung“ der geschichtlichen Entwicklung steht in enger Beziehung zu der besonderen Eigenart der Domänen, d.h., sie bezieht sich auf den besonderen doppelten Zweck, dem das Domänenvermögen bestimmt war und den es tatsächlich zu erfüllen hatte. Bei dieser Doppelzweckbestimmung handelte es sich um die Art der Verwendung der erzielten Nutzungen aus den Domänen. Diese Nutzungen sollten einerseits dem Unterhalt des Landesherren und der landesherrlichen Familie dienen. Dieses Vermögen bildete in tatsächlicher und rechtlicher Hinsicht die materielle Grundlage für die Stellung des Landesherrn. Das Verhältnis des Vermögens zu dem Landesherren und seiner ausgeübten Landeshoheit führte zu einer Anerkennung der Geltung des öffentlichen Rechts für dieses Vermögen schon im 19. Jahrhundert.[81] Es ging um die grundlegende Ausstattung der landesherrlichen Stellung des Staatsoberhauptes. Allgemein anerkannt war eine staatliche Verpflichtung für den Unterhalt der gesamten Hofhaltung (z.B. Ausgestaltung und Unterhaltung seiner Schlösser, Garten- und Parkanlagen, Besoldung der Hofbeamten usw.). Andererseits sollten die Domänen der unmittelbaren Erfüllung der Aufgaben des Staates oder der Landesherrschaft dienen. Das Anwachsen der staatlichen Aufgaben erforderte im Laufe der geschichtlichen Entwicklung einen immer größer werdenden Nutzungsanteil aus den Domänen.[82]

Im 19. Jahrhundert kam es im Rahmen der Verfassungsbewegungen zu Vereinbarungen über die Verteilung der Einnahmen aus dem Domänenvermögen zwischen dem jeweiligen Staat und seinem Landesherren, eng verbunden mit der Frage, wer der Eigentümer dieses Vermögens war. Am Ende des Kaiserreiches im Jahre 1918 gab es in den thüringischen Staaten die unterschiedlichsten Vereinbarungen. Zur Verdeutlichung soll hier nur in Umrissen diese Vielschichtigkeit dargestellt werden (Näheres unter 1. Kap. III. 1.-8.): Es kam zu einer Aufteilung des Domäneneigentums zwischen Staat und Herrscherhaus (so in den Herzogtümern Sachsen-Altenburg und Sachsen-Gotha). Zum Teil wurde keine Entscheidung über die Eigentumsfrage getroffen und nur eine Regelung über die Nutzungsverteilung vereinbart (Herzogtum Sachsen-Meiningen). In allen übrigen Staaten wurde dem Herrscherhaus das Eigentum an den Domänen zugesprochen. Es erfolgten aber sehr differenzierte Vereinbarungen über die Verwaltung, Nutzungsverteilung oder Unterhaltszahlungen.

---

[81] v.Rotteck, Art. Domaine, S. 87.
[82] v.Rotteck, Art. Domaine, S. 89.

Soweit der Landesherr bzw. seine Familie Eigentümer der Domänen war, bestand in der wissenschaftlichen Literatur ein Streit über die rechtliche Qualität dieses Verhältnisses. Nach einer Ansicht war die fürstliche Familie eine juristische Person im Sinne das Privatrechts, d.h. selbständiges Vermögenssubjekt und als solche Eigentümerin der Domänen.[83] Nach anderer Ansicht[84] waren die Domänen ein Fideikommiß der regierenden Familie, an welchen dem jeweiligen Landesherrn Eigentum, den weiteren Familienmitgliedern eventuelle Erbrechte zustanden.[85]

Die Bewirtschaftung der Domänen erfolgte durch Selbstverwaltung (Administration) oder Pacht (Erb- oder Zeitpacht).[86] Die Selbstverwaltung wurde dann für spezielle Zwecke für günstiger gehalten, z.B. für Gestüte und landwirtschaftliche Versuchsstationen.[87] Die Erbpacht war nur vereinzelt, vor allem aber im Königreich Preußen zu Beginn des 17. Jahrhundert verbreitet, wurde dann aber wieder rückgängig gemacht.[88] Die gebräuchlichste Form war die Zeitpacht.[89]

b) Zivilliste

aa) Allgemeines

In der wissenschaftlichen Literatur des 19. Jahrhundert und zu Beginn des 20. Jahrhundert wurde überwiegend als **Zivilliste** derjenige Teil der Staatsausgaben bezeichnet, der in einem monarchischen Staat durch das Staatsbudget für Unterhalt und Bedürfnisse des Fürsten und seines Hofes ausgewiesen war und dessen unbeschränkter Verfügung unterlag.[90] Diese Auffassung setzte sowohl eine verfassungsrechtliche Regelung als auch eine verfassungsmäßige Ausweisung dieser staatlichen Leistungen für das Staatsoberhaupt im Staatshaushaltsplan voraus. Eine andere Ansicht ging von den unterschied-

---

[83] Beseler, System § 172, S. 699 ff; Gierke, S. 148 f, 400, 625; Gierke, Grünhut's Zeitschrift, Bd. 5 (1878), S. 540 ff u. 557 ff; Rehm, Fürstenrecht, S. 103; Lade, S. 31; v.Schulze-Gävernitz, Fürstenrecht, S. 1362; Brie, Art. Landesherrliches Haus, S. 718.

[84] Held, S. 182 f; Mejer, Grünhuts Zeitschrift, Bd. 5 (1878), S. 229 ff u. Bd. 6 (1879), S. 201 ff; Gerber, Privatrecht, § 222, S. 138 ff.

[85] Die Erwähnung dieses besonderen Streits erfolgt nur aus Vollständigkeitsgründen. Zu diesem Problem vgl. Mizia, S. 175 ff.

[86] Fauser, Art. Domänen, S. 264; informativ für die geschichtliche Entwicklung der Domänennutzung sind Hüllmann, S. 7 ff und Seelig, Archiv der politischen Ökonomie und Polizeiwissenschaft, N. F. Bd. 9, S. 27 ff.

[87] v.Rotteck, Art. Domaine, S. 98; Wydgodzinski, Art. Domänen, S. 685.

[88] Meier, Art. Domäne, S. 559 f; v.Dietze, Art. Domänen, S. 580.

[89] v.Rotteck, Art. Domaine, S. 98; Rintelen, Art. Domänen, S. 534 ff.

[90] Welcker, Art. Civilliste, S. 251; v.Treitschke, Art. Civilliste, S. 515 ff; Schwarz, Art. Civilliste, S. 537; Meyer/Anschütz § 94, S. 322; Meyer, Art. Civilliste, S. 37 f; v.Schulze-Gävernitz, Fürstenrecht, S. 1367; Mischler, Art. Civilliste, S. 48 ff.

lichsten Regelungen in den deutschen Staaten aus und verstand unter Zivilliste die volle Erfüllung der finanziellen Verpflichtungen für den standesgemäßen Unterhalt des Landesherrn. Diese Verpflichtung würde unabhängig von staatsrechtlichen Grundlagen und Ausweisung dieser Leistungen in einem Staatshaushaltsplan bestehen. Erforderlich sei lediglich eine geregelte Unterhaltspflicht. Nur durch diese „weite" Begriffsbestimmung könnte der Begriff Zivilliste einheitlich für die deutschen Staaten Verwendung finden. Trotz der rechtlichen Auseinandersetzungen über die Domänen in vielen deutschen Einzelstaaten und insbesondere in den thüringischen, gäbe es zusätzlich noch Regelungen über Einkünfte aus Zivillisten, somit würde es an der o.g. erforderlichen Trennung zwischen Zivilliste und Domänen fehlen.[91] Nachvollziehbar ist die zuletzt genannte Ansicht vor allem wegen der sehr unterschiedlichen Handhabung der Zivilliste in der Gesetzgebung der thüringischen Staaten. So wurde der Begriff „Zivilliste" im Herzogtum Sachsen-Altenburg ausdrücklich verwendet (§ 5 lit. a des Gesetzes v. 29.4.1874).[92] Dagegen wurde in einigen Verfassungen oder den betreffenden Gesetzen anderer thüringischer Staaten der Ausdruck Zivilliste nicht benutzt, obwohl eine feste Summe für den Bedarf des Herrschers aufgeführt war. Nicht immer wurde der Begriff Zivilliste in den Verfassungen und Sondergesetzen, in denen ein Verzicht des Herrschers auf Gewährung spezieller Staatsmittel für ihn vorlag, verwendet. Meist wurde, lediglich von Betrag, Summe, vereinzelt auch von Domanialrente gesprochen.[93] Im Ergebnis ist nach beiden Ansichten die Bedeutung des Begriffes Zivilliste gleich. Am Ende des Kaiserreiches beschäftigte sich *Zimmermann* in zwei bis heute regelmäßig zitierten Aufsätzen mit der Domänen- und Zivillistenentwicklung sehr ausführlich. Sein „neuer" Ansatz zur Begriffsbestimmung der Zivilliste kam aber durch die Ereignisse des Jahres 1918 nicht mehr zum Durchbruch.

bb) Besonderheiten der Zivilliste

Die Zivilliste bildete die finanzielle Verpflichtung des Staates seinem Oberhaupt gegenüber. Diese Fürsorgepflicht oblag dem Staat als solchen, das Staatsoberhaupt war somit Unterhaltsberechtigter. Diese Verpflichtung beruhte auf einer Regelung durch Verfassung oder ein Gesetz und die Ausweisung eines Geldbetrages im Staatshaushaltsplan (so die damalige h. M.). Der Zweck der Zivilliste war, den Unterhalt des Staatsoberhaupts zu bestreiten.[94] Dabei handelte es sich um einen Unterhalt, der der gehobenen Stellung des Staatsoberhauptes und dem Ansehen des Staates, den er zu vertreten hatte,

---

[91] Zimmermann, Zivilliste, S. 47, 53, 63 f.
[92] GS. S.-A. 1874, S. 9-17.
[93] Knetsch, S.12 f.
[94] Welcker, Art. Civilliste, S. 251; Rehm, Fürstenrecht, S. 341 ff.

entsprechen sollte und musste.[95] Weiterer Begriffsbestandteil war die freie Verfügung des Staatsoberhauptes über die Zivilliste. Dieser konnte nach seinem Belieben mit den ihm zur Verfügung gestellten Mitteln verfahren. Notwendige Folge davon war, dass alle Ersparnisse, die aus den nicht ausgeschöpften Beträgen der Zivilliste gemacht wurden, ausschließlich privates Eigentum des Herrschers blieben. Zum Teil gab es gesetzliche Vorschriften, die besondere Ausgaben durch den Herrscher festlegten, ihn damit in seiner Verfügung „beschränkten". Allerdings lagen diese Beschränkungen schon im Zweck der Zivilliste selbst. Anderseits fehlten derartige Beschränkungen in einigen thüringischen Staaten. Überwiegend erfolgte nur eine Zahlung von Geld, z.T. auch durch Zuweisung von Naturalien.[96]

Eine Art der Zivilliste wurde als **Krondotation** bezeichnet. Diese umfasste im wesentlichen Immobilien oder deren Benutzung (z.B. Schlösser, Parkanlagen), teilweise Mobilien, die mit der besonderen Stellung des Staatsoberhauptes in Verbindung standen (z.B. Kunstgegenständen). Dadurch sollte auch die gehobene Stellung nach außen sichtbar gemacht werden.[97] Mit der Unterhaltung dieser Objekte wurde meist die Zivilliste ausdrücklich belastet.[98]

Die thüringischen Staaten regelten die Zivilliste sehr unterschiedlich: So gab es überhaupt keine Unterhaltszahlungen durch den Staat. Auch gab es Geldzahlungen und Überweisungen aus den Domänenerträgen mit sehr unterschiedlichen Ausgestaltungen. Z.T. wurde durch Abtrennung eines Teils der Domänen mit dessen Erträgen zur vollen Verfügung des Herrschers der Zweck einer Zivilliste erreicht.

c) Apanage, Paragium, Sustentation, Wittum

Unter **Apanage** versteht man ein Rechtsinstitut, das dem standesgemäßen Unterhalt der nichtregierenden Mitglieder des Herrscherhauses regelt. Dieser Unterhalt wurde auch apanagium proprium (bei Versorgung mit Naturalien) und apanagium improprium oder paragium (Besitzüberlassung mit dem Recht der Nutzungsziehung) genannt. Ab dem 17. Jahrhundert wurde der französische Begriff Apanage gebräuchlich.[99] Ihren Ursprung hatte die Apanage in der Einführung der Primogeniturordnung, mit der die Herrscher die Unteilbarkeit ihres Gebietes bekräftigten.[100] Primogenitur bedeutet, dass der Erstgeborene

---

[95] Zimmermann, Zivilliste, S. 56.
[96] Zimmermann, FA 35. Bd., S 471.
[97] v.Treitschke, Art. Civlliste, S. 521.
[98] Zimmermann, Zivilliste, S. 70 f.
[99] Pfitzer, Art. Apanage, S. 592.
[100] Meier, Art. Apanage, S. 129 ff; Zimmermann, Zivilliste, S. 86 ff.

(sog. **Agnaten**, d.h. Männer des Mannesstammes[101]) in der ersten Linie jedem anderen, ohne Berücksichtigung der Nähe des Grades der Verwandtschaft mit dem Stammvater, vorgezogen wird.[102] Die Frauen und ihre Nachkommen (sog. **Kognaten**, d.h. Nachkommen von Töchtern) waren von der Erbfolge ausgeschlossen. Den damit von der Thron- und Erbfolge ausgeschlossenen Familienmitgliedern musste daher eine Entschädigung gewährt und gleichzeitig deren standesgemäßer Unterhalt gesichert werden.[103] Diese Verpflichtung wurde bereits in der Goldenen Bulle des Jahres 1356 erwähnt (cap. 25 § 5).[104]

Ursprünglich gab es zwei Formen der Erfüllung der Apanageverpflichtung: Bei der ersten Form stand im Vordergrund die Abfindung. Sie geschah durch Überweisung von kleineren Grundbesitzungen u.U. mit einem beschränkten Hoheitsrecht unter der Oberhoheit des Herrschers.[105] Diese Form wurde als **Paragium** bezeichnet. Dieser Ausdruck wurde auch für den betroffenen Grundbesitz selbst gebraucht, so z.B. „Paragium Köstritz".[106] In dieser Weise wurden einzelne Linien der Herrscherfamilie ausgestattet, in der sich der Besitz weitervererbte, um bei einem Aussterben wieder an den Herrscher zurückzufallen. Da diese Art der Abfindungsform aber der Primogeniturordnung zuwiderlief, wurde sie fast völlig aufgegeben und z.T. in den Hausgesetzen[107] der fürstlichen Familien auch verboten.[108] Die Paragiatsgüter blieben im Eigentum des regierenden Hauses und bildeten kein Sondervermögen der Paragiatslinie, sie genossen aber wirtschaftliche Selbständigkeit.[109] Diese Selbständigkeit wurde im Fall des Hauses Reuß j.L. besonders kenntlich gemacht. Ab dem Jahr 1860 wurde dem jeweiligen Inhaber des Paragiums ausdrücklich gestattet, den Fürstentitel zu führen, während den nichtregierenden Mitgliedern des Hauses Reuß lediglich das Prädikat Prinz zukam. Die zweite Form war die Gewährung einer festen Geldrente, für die der Begriff Apanage gebraucht wurde. Diese Rente konnte als Individualrente persönlich für das einzelne Familienmitglied gezahlt werden, wobei die Rente mit dem Tod erlosch. Möglich war auch, den Gesamtbetrag für die einzelne Linie des

---

[101] Hagemann-HRG, 1. Bd., Sp. 62 f.
[102] Pfitzer, Art. Apanage S. 592.
[103] Pölzl, Art. Fürst, S. 8; Schwarz, Art. Apanage, S. 139 f; Rintelen, Art. Apanage, S. 559.
[104] MGH-Goldene Bulle, S. 82 f [Qui (primogenitus elector) tamen apud alios fratres et sorore se clementem et pium exhibebit continuo iuxta datam sibi a Deo graciam et iuxta suum beneplacitum et ipsius patrimonii facultates.].
[105] Meyer/Anschütz, § 95, S. 327.
[106] Siehe 1. Kap. I. 1.
[107] Zu Hausgesetzen allgemein vgl. v.Schulze-Gävernitz, Fürstenrecht, S. 1355 ff; Rehm, Fürstenrecht, S. 84 ff; Erler-HRG, 1. Bd., Sp. 2026 ff.
[108] v.Schulze-Gävernitz, Fürstenrecht, S. 1368.
[109] Rehm, Fürstenrecht, S. 355.

Herrscherhauses auszuzahlen.[110] Später wurden sämtliche Familienmitglieder, abhängig von einem bestimmten Verwandtschaftsverhältnis, apanageberechtigt. Damit wurde der Begriff der Apanage für alle Arten der Unterhaltsgewährung genommen.[111] Die Versorgung der weiblichen Mitglieder des Herrscherhauses gehörte zunächst nicht zur Apanage, sondern hatte den Charakter einer Alimentation mit verschiedenen Möglichkeiten.[112] Die Töchter des regierenden Herrschers erhielten ab einem gewissen Alter, solange sie nicht verheiratet waren, eine Geldzahlung. Diese wurde **Sustentation** (Unterhaltung, Unterstützung, Verpflegung) genannt. Im Fall der Heirat bestand ein Anspruch auf eine Aussteuer (auch Mitgabe, Brautschatz, Nadelgeld genannt). Den Witwen des Herrschers und den prinzlichen Witwen wurde regelmäßig ein besonderes **Wittum** ausgesetzt.[113] Dieser Betrag konnte sich nach dem Ehevertrag richten oder nach der eingebrachten Aussteuer.

Die Verpflichtung zur tatsächlichen Leistung der Apanage wurde in den thüringischen Staaten sehr verschiedenartig geregelt: Zum überwiegenden Teil waren die Herrscher allein apanageverpflichtet. In einem Fall gab es eine Teilung dergestalt, dass der Herrscher sämtliche Apanagen für das männliche Geschlecht und seine Agnaten zu tragen hatte, wobei der Staat einen Teil der Kosten für die weiblichen Abkömmlinge übernahm. Im dritten Fall war der Staat allein verpflichtet, sämtliche Apanagen zu tragen.

d) Schatullgut, Hausvermögen, Familienfideikommiß und Hausallodium

Als **Schatullgut** bezeichnet man das Privatvermögen des Herrschers. Dieses bestand aus privatrechtlichen Erwerbungen und Ersparnissen und aus Ersparnissen aus der Zivilliste. Über dieses Vermögen konnte der Herrscher, nach Maßgabe der Hausgesetze, sowohl zu Lebzeiten verfügen als auch Verfügungen von Todes wegen treffen.[114] Daneben besaßen manche Herrscherfamilien noch ein besonderes Gut. Dieses wurde als **Hausvermögen** bezeichnet und beruhte auf unterschiedlichen rechtlichen Grundlagen. Zum einen handelte es sich um als sog. Hausgut (Stammgut) im engeren Sinn, dessen Eigentümer das landesherrliche Haus als Korporation war. Unter dem Begriff *„landesherrlichen Haus“* versteht man die Gesamtheit der ein und derselben fürstlichen Hausgewalt unterworfenen (im engeren Sinn) und die Gesamtheit der von ein und demselben Stammvater Abstammenden (Agnaten und Kognaten) mit den

---

[110] Meier, Art. Apanage, S. 129; Meyer/Anschütz § 95, S. 327.

[111] Zimmermann, Zivilliste, S. 86 ff; Pfitzer, Art. Apanage, S. 593.

[112] Pölzl, Art. Fürst, S. 18 ff.

[113] Pölzl, Art. Fürst, S. 18 ff; Meyer/Anschütz, § 95, S. 328; v.Schulze-Gävernitz, Fürstenrecht, S. 1368.

[114] Pölzl, Art. Fürst, S. 9; Stier-Somlo, Art. Monarchie, S. 112; Zimmermann, FA 35. Bd., S. 418.

Ehefrauen und Witwen und den durch besondere Rechtsakte Gleichgestellten (im weiteren Sinn).[115] Über Verfügungen, Verwaltungen, Nutzungen und mögliche Rentenansprüche von Agnaten und Kognaten gab es ausdrückliche Regelungen in den jeweiligen Hausgesetzen.[116] Zum anderen existierte das sog. **Familienfideikommiß** der regierenden Familie. Im deutschen Recht versteht man darunter Vermögenswerte, die aufgrund der privaten Willensbildung ihres Stifters zu einem Sondervermögen zusammengefasst und für unveräußerlich erklärt wurden.[117] Das Familienfideikommiß war von dem Vermögen des jeweiligen Inhabers getrennt und damit dem allgemeinen Vermögensrecht entzogen. Ziel war, durch Erhalt eines wirtschaftlichen Vermögens dauerhaft Ansehen und herausragende soziale Stellung des Stifters zu erhalten. Weiterhin bestand die Möglichkeit des **Hausallodiums**[118] (auch allodiales Hausvermögen genannt). Dieses war weder hausgutmäßig noch fideikommissarisch gebundenes Korporationsvermögen, sondern unbeschränktes Privatvermögen.[119]

2. Geschichtliche Entwicklung der Domänen

Die Domänenentwicklung erfolgte in einem langen Zeitraum, der nachfolgend in Abschnitten dargestellt wird.

Der älteste Zeitraum (im Früh- bis Beginn des Hochmittelalters) steht in einem engen Zusammenhang mit der Herausbildung der Landeshoheit aus dem Reichsamt. In dieser Zeit bestanden die später so bezeichneten Domänen aus verschiedenen Teilen, die im wesentlichen Grundbesitz darstellten. Diese Teile beruhten aber auf unterschiedlichen rechtlichen Grundlagen. Neben dem schon vorhandenen Grundbesitz des Gutsherrn (dem späteren Landesherrn) erhielt er auch ihm zugewiesenen Grund und Boden. Diese Zuweisung stellte einen Ausgleich für seinen Amtsaufwand für übernommene Verwaltungsaufgaben dar. Hinzu kamen Lehensbesitzungen aus den Vermögensbeständen des Reiches, die der Grundherr aufgrund des Lehensverhältnisses erhält.[120] Die von Kaiser *Karl dem Großen* geschaffene innere Verwaltungsordnung des Reiches bestand in der Hauptsache darin, dass er für die einzelnen Gebietsteile und Gaue eigene Verwalter oder Gaugrafen einsetzte.[121] Neben weiteren Geschäften oblag ihnen die Verwaltung des kaiserlichen Gutes. Teilweise erhielten sie eigenen Besitz von Grund und Boden in ihrem Verwaltungsbezirk und waren somit in doppel-

---

[115] Rehm, Fürstenrecht, S. 96 ff.

[116] Pölzl, Art. Fürst, S. 9; Rehm, Fürstenrecht, S. 324.

[117] Erler-HRG, 1. Bd., Sp. 1072 f.

[118] Allod bedeutet Vermögen.

[119] Arndt, Art. Fürstenrecht, S. 568; Rehm, Fürstenrecht, S. 325; Brie, Art. Landesherr, S. 712 ff.

[120] Willoweit, S. 37 f.

[121] Kimminich, S. 57.

ter Weise mit Grundbesitz ausgestattet. Später kam in Form des Lehens weiterer kaiserlicher Grundbesitz hinzu. Der deutsche Kaiser als Oberhaupt war zu diesem Zeitpunkt ein sehr großer Landherr, da er als Oberhaupt diesen Grundbesitz im ganzen Reichsgebiet besaß. Es war anerkannt, dass er diesen Grundbesitz in entsprechender Weise für sich behalten und nutzen konnte.[122] Im weiteren Verlauf waren die Amtsverwalter bestrebt, das Amt zu einer selbständigen Berechtigung herauszubilden. Es bildete sich die *Anfänge der Landeshoheit* heraus. Es kam ihnen darauf an, ihre Macht zu festigen als Grundlage für weitere Machterweiterung. Zunächst wurde die Erblichkeit des Amtes durchgesetzt, wodurch die eigene Berechtigung des Amtsverwalters zur Anerkennung kam. Aus dem Amtsverwalter wurde nach und nach ein Landherr. Dementsprechend gestaltete sich seine Stellung zum Domänenbesitz um. Es kam zu einer Einheitlichkeit hinsichtlich der o.g. verschiedenen Besitzungen, die letztlich zu einer Aufhebung zwischen Eigen- und Amtsbesitz führte. Es entstand ein einheitliches Familiengut, das in einem gewissen Umfang jedoch für staatliche Zwecke mitbestimmt war.[123] Hier beginnt der Ursprung der Domänen. Die Doppelnatur zeigte sich einerseits im persönlichen Interesse des Landherrn und andererseits in der Nutzung für das staatliche Interesse. Trotz der jetzt entstandenen Einheitlichkeit beruhten die Domänen von vornherein auf zwei verschiedenenartigen Besitzverhältnissen. Nur ein Teil war von Anfang an im Eigentum des Landherrn. Der andere Teil war ursprüngliches Eigentum der zentralen Staatsgewalt (Kaiser), das nach späterer Begrifflichkeit als Staatsgut zu betrachten war. Problematisch war deshalb besonders (im Zusammenhang mit der Diskussion im 19. Jahrhundert über die Eigentumsverhältnisse an den Domänen), dass neue Erwerbungen zum jetzt vorliegenden einheitlichen Familiengut auf privatrechtlicher Grundlage erfolgten, also wieder Privatbesitz des Landesherrn darstellten.[124]

Im folgenden Zeitraum (ab dem 13. Jahrhundert) kommt es zur Herausbildung der *Landeshoheit* mit den entsprechenden Territorien.[125] Erste Schritte dieser Entstehung waren die Auflösung der alten Gauverfassung und die Erblichkeit der Herzogtümer und Grafschaften.[126] Aus dem ursprünglichen Landherrn wurde nun ein *Landesherr*, der diese neue Stellung ausbaut. Seit dem 13. Jahrhundert wurden die Fürsten offiziell als Landesherren (domini terrae) bezeichnet.[127] Die Landesherren regelten nunmehr die Erbfolge innerhalb

---

[122] Zimmermann, Zivilliste, S. 28.
[123] Zimmermann, FA 35. Bd., S. 406 f.
[124] Zimmermann, Zivilliste, S. 36.
[125] Zur inneren Gestalt der Landesherrschaft siehe Willoweit-Deutsche Verwaltungsgeschichte, Bd. 1, S. 66 ff.
[126] Schulze, Staatsrecht I., S. 66.
[127] Kimminich, S. 114.

ihrer Familie. Zum Teil geschah dies nach den Regeln der Primogeniturfolge, um das Hoheitsgebiet als Einheit zu erhalten. Andere Landesherren ordneten Gebietsteilungen den unmittelbaren Nachkommen zu. Es kam zu einem neuartigen Herrschaftsdenken, das von der Vorstellung beherrscht war, dass der Fürst über ein Territorium mit allen seinem Zubehör, Eigenleuten, Gerichten und sonstigen Rechten allein zu gebieten hatte. In dieser umfassenden Herrschaftsmacht durfte er in keiner Weise beeinträchtigt werden. Aus dem Wort „dominium" ist diese Entwicklung erkennbar, da dieser Begriff jetzt mehr und mehr im Sinne von „Eigentum" Verwendung findet.[128]

In der zweiten Hälfte des 13. Jahrhundert begann ein unaufhaltsamer Territorialisierungprozess, der das überkommene Herrschaftsgefüge in Deutschland erfasste. Dieser Ausbau von Landesherrschaften erwies deren Überlegenheit gegenüber den weiträumig aufgefächerten und lückenhaften Herrschaftsstrukturen des Reiches. Die politischen Ziele der Landesherrschaft richteten sich vorrangig auf Konsolidierung und Expansion der gewonnenen Macht. Neben Erwerb von Herrschaftsrechten kam es aber auch zu Landesteilungen, die die Einnahmesteigerungen wieder verringerten. Die Fürsten- und Grafenwürde wurde als Konsequenz der Territorialgewalt begriffen. Die Versuche einzelner Landesherren, die Primogenitur durchzusetzen, gelten neben dem Ziel, das Prestige der Dynastie zu steigern, auch als Indiz für ein langsam aufkommendes Staatsbewusstsein.[129] Seit dem 14. Jahrhundert bestand bei den Landesherren (die auch als Familien des hohen Adels bezeichnet werden[130]) das Bedürfnis, ihre häuslichen Verhältnisse selbständig und unabhängig zur allgemeinen Rechtsentwicklung zu regeln. Insbesondere im Familien- und Erbrecht musste die bestehende Hausmacht auf Dauer gesichert werden. Durch die jetzt entstehenden Hausstatuten und Hausgesetze bildete sich die wichtigste Quelle eines neuen Standesrechts heraus. Dieses wird später als Privatfürstenrecht bezeichnet.[131] Besonders wichtige Regelungen betrafen: Die Bevorzugung der männlichen Nachkommen als ausschließliches agnatisches Prinzip unter vollständigem Ausschluss der Töchter und deren Nachkommen; die Unveräußerlichkeit sämtlicher Hausbesitzungen, seit dem 17. und 18. Jahrhundert als Familienfideikommiß bezeichnet; die Unteilbarkeit der Besitzungen, wobei dieses Prinzip in Konflikt mit dem Interesse männlicher Nachkommen auf Teilung des Vermögens kam; das Recht der Erstgeburt, als

---

[128] Willoweit, S. 73; Mitteis/Lieberich, S. 267 ff.

[129] Willoweit S. 83 f, 91.

[130] Rehm, Fürstenrecht, S. 159; zu diesem Begriff siehe Mizia, S. 43 f.

[131] v.Schulze-Gävernitz, Fürstenrecht, S. 1355 ff; Arndt, Art. Fürstenrecht, S. 566; Das private Fürstenrecht regelte die Persönlichkeits- und Vermögensrechte, diese Autonomie wurde durch Art. 57 EGBGB ausdrücklich festgelegt.

notwendige Konsequenz der Unteilbarkeitsanordnung.[132] Erst in der Einführung der Primogeniturordnung fand die fürstliche Hausverfassung ihren Abschluss. Zwar ordnete die Goldene Bulle aus dem Jahr 1356 nur für die Kurfürstentümer die Unteilbarkeit und zugleich die Primogenitur an. Jedoch bestand für die anderen Fürstenhäuser ein Bedürfnis, diese Regelungen zu übernehmen. In den thüringischen Fürstenhäusern führte das ausdrückliche Fehlen der Primogenitur zu einer erheblichen Zersplitterung der Gebiete.[133]

In der Folgezeit vereinigten die Landesherren noch vorhandene Reichsdomänen mit ihren Domänen.[134] Die Verbindung zwischen der sich entwickelnden Landeshoheit und den Domänen erfolgte dadurch, dass der finanzielle Aufwand, der dem Landesherren aus seiner Stellung erwuchs, in vollem Umfang aus den Nutzungen der Domänen bestritten werden musste und diese seine alleinige Einnahmequelle darstellten. Das bedeutete letztlich ein völlig freies Verfügungsrecht des Landesherrn über die Domänen.[135] Mit dem Wandel der Landesherrschaft zum Territorialstaat kam es zu einer Verselbständigung der territorialen politischen Herrschaft gegenüber der Person des Herrschaftsinhabers. Mit Verwaltungsinstitutionen, Primogeniturordnung und einer landständigen Politik, die sich am Gesamtinteresse des Territoriums orientiert, wurde das Territorium vom jeweiligen Herrscher unabhängig. Der Staat galt als Objekt eines eigentumsrechtlichen und exklusiven politischen Herrschaftsanspruchs des Fürsten.[136]

Im sich anschließenden Zeitraum (ab dem 16. Jahrhundert) bildet sich der *Patrimonialstaat* heraus. Patrimonialstaat meint „väterliches Erbe oder Eigentum“ und bedeutete in diesem Zusammenhang, dass der Staat dem jeweiligen Landesherrn gehörte.[137] Daneben bedeutete es aber auch eine neue politische Stellung der Landesherrschaft.[138] Dies führte zu einer neuen Auffassung von den Pflichten des Staates gegenüber dem Gebiet und seiner Bevölkerung. Es kam zu einer Erweiterung der Staatsaufgaben,[139] die nur durch den Staat erfüllt werden konnten. Die Formel vom Fürsten, „der keinen Höheren anerkennt“, setzte sich immer mehr durch. Bereits die Kommentatoren verwendeten diese Bezeichnung zur Kennzeichnung der Position des Territorialherren, der nicht mehr innerhalb einer vielschichtigen Lehensordnung steht, sondern seine Herr-

---

[132] Pfitzer, Art. Apanage, S. 592.
[133] Siehe 1. Kap. I.
[134] v.Rotteck, Art. Domaine, S. 92.
[135] Zimmermann, Zivilliste, S. 22.
[136] Willoweit, S. 126.
[137] Stier-Somlo, Art. Monarchie, S. 108.
[138] Willoweit, S. 91.
[139] Zur Verwaltungsorganisation in den Territorien siehe Willoweit-Deutsche Verwaltungsgeschichte, Bd. 1, S. 289 ff.

scherordnung aus eigener Rechtsposition ableitete.[140] Mit der Rezeption des römischen Rechts kamen diese Gedanken nach Deutschland und dienten den Territorialherren zur Begründung ihrer Herrschaftsansprüche, deshalb betrachteten sie den Staat als Patrimonium. Die Erweiterung der staatlichen Aufgaben führte zu einer neuen Bedeutung für die Domänen. Neben der Unterhaltsbestimmung für den Landesherrn und seiner Familie mussten aus den Domänen fortan auch die Staatsaufgaben erfüllt werden. Die doppelte Zweckbindung der Domänen entstand. Weitere Folge der Anerkennung des Staates war die Loslösung der Domänen von der Person des Herrschers, diese wurden jetzt als Teil der Landeshoheit angesehen. Die öffentlich-rechtliche und die privatrechtliche Persönlichkeit des Landesherrn erscheinen in dieser Zeit in finanzieller Hinsicht ungetrennt. Sämtliche öffentlich-rechtlichen und privatrechtlichen Einkünfte flossen dem Landesherrn zu, die dieser nach freiem Ermessen uneingeschränkt für seinen Bedarf und die staatlichen Aufgaben verwenden konnte. Als oberster Grundsatz für das finanzielle Verhältnis zwischen Staat und Staatsoberhaupt galt, dass der Staat für den gesamten Lebensbedarf und Haushalt seines Oberhauptes als dessen Vertreter aufzukommen hatte. Als Folgeerscheinung kam es zu größeren finanziellen Anforderungen an die Domänen, da neben der Kostensteigerung für die Staatsaufgaben gleichzeitig der Unterhalt des Landesherrn durch steigende Repräsentationspflichten immer mehr wuchs. Diese doppelte Verpflichtung konnten die Domänen nicht mehr erfüllen.[141] Die zusätzlichen neuen Einnahmequellen waren vor allem Regalien und Sporteln. Die Regalien gründeten sich von vornherein allein auf die Landeshoheit und waren ausschließlich auf den Staatszweck und die Staatsverpflichtung ausgerichtet. Gleiches galt für die Einverleibungen, als Folge der Säkularisation im Zuge der Reformation, auch diese waren Staatsbesitz.

Daneben bildeten sich langsam die Anfänge der Besteuerung heraus.[142] Allerdings war die Besteuerungsbefugnis des Landesherrn eingeschränkt und an die Bewilligung der Landstände gebunden.[143] Als allgemein anerkannter Grundsatz dieser Zeit galt, dass dem Staatsoberhaupt nicht allein das Recht der Besteuerung zustand. Dieses Recht konnte er nur mit Zustimmung der Landstände ausüben.[144] Es kam zu einer Abgrenzung zwischen der Finanzwirtschaft des Staates und der des Staatsoberhauptes.[145] Die Landstände nutzten ihr Bewilligungsrecht gegenüber ständigen neuen Steuerforderungen als Mittel zur

---

[140] Kimminich, S. 200 ff; Willoweit, S. 96.
[141] Zimmermann, FA 35. Bd., S. 408 ff.
[142] Stier-Somlo, Art. Monarchie, S. 112.
[143] Kimminich, S. 117.
[144] Willoweit, S. 130 f; v.Treitschke, Art. Domänen, S. 165.
[145] Zimmermann, Zivilliste, S. 23 ff.

Erweiterung ihrer Machtbefugnisse. Sie verlangten zum Ausgleich für ihre Steuerbewilligungen die Mitverfügung über die Domänen. In dieser Zeit wurde anerkannt, dass die Domänen in ihrem Bestand erhalten werden sollten und Veräußerungen und bleibende Belastungen nur mit Genehmigung der Landstände erfolgen konnten.[146] Daneben forderten die Landstände eine ständige Mitwirkung an der Verteilung der Einkünfte aus den Domänen für Staatsaufgaben und für den Landesherrn. Die gezahlten Steuern flossen in eine besondere, von den Landständen verwaltete Kasse, die sog. Landkasse. Diese Kasse und die aus ihr erworbenen Vermögensobjekte wurden als Landesvermögen bezeichnet.[147] Die fortlaufende Verwaltung der Domänen blieb aber ausschließlich bei dem Landesherren und seiner Beamtenschaft. Dadurch wurden die Nutzungen der Domänen uneingeschränkt allein an die fürstlichen Kassen (sog. Kammerkassen) abgeliefert und von diesen vereinnahmt. Gleiches geschah mit den Einnahmen aus den Regalien. Das Verhältnis der fürstlichen Kasse zu den Landkassen wurde durch das Subsidiaritätsprinzip bestimmt: Erst wenn die Einkünfte aus den Domänenerträgen nicht mehr ausreichten, trat nach der Bewilligung durch die Landstände die Verpflichtung zur Zahlung der Steuern durch die Untertanen ein. Nur in diesem Fall übernahmen die Landkassen die dem Fürsten obliegende Verpflichtungen.[148] Die Steuern flossen den sogenannten landständischen Kassen zu. Trotz der rechtlichen Eigenart der Regalien (dem Beruhen auf Hoheitsrechten) erfolgte eine Vereinnahmung in die fürstlichen Kassen unter dem Ausdruck „Kammergut". Hinzu kamen noch die rein im Privateigentum des Landesherrn stehenden Schatullgüter. Die in ihrer Eigenheit völlig unterschiedlichen Vermögensarten Domänen, Regalien, Schatullgüter wurden alle von der fürstlichen Kammer verwaltet und ebenfalls als „Kammergut" bezeichnet.[149] Es bildete sich in dieser Zeit die volle und uneingeschränkte Souveränität der Landesherren heraus. Die Souveränität, die zur Umschreibung der rechtlichen Qualität des Staates diente, wurde zur Eigenart der Fürsten. In dieser Trägerschaft des Souveräntitätsrechts liegt die spezifische Eigenart der deutschen Verfassungsgeschichte. Es bedeutet höchste Herrschergewalt im Inneren und Unabhängigkeit nach außen. Diese Entwicklung fand im Anschluss an den Westfälischen Frieden vom Jahr 1648 ihren Abschluss.[150] Der Begriff der *Landeshoheit* fand weite

[146] v.Rotteck, Art. Domaine, S. 92; Willoweit, S. 94; Mußgnug, S. 48 ff.
[147] Meyer/Anschütz, § 94, S. 321; Stier-Somlo, Art. Monarchie, S.112.
[148] Jensen, S. 35.
[149] Siehe v.Rotteck, Art. Domaine, S. 87: bereits in der Überschrift werden neben Domaine auch Staatsgut, Kammergut und Krongut verwendet. (Aus diesem Grund der Mehrdeutigkeit hält Zimmermann, FA 35. Bd., S. 418 diesen Begriff aus nachvollziehbaren Gründen für ungeeignet.).
[150] Kimminich, S. 215; Willoweit, S. 144 ff.

Verbreitung. Er entspricht im 18. Jahrhundert dem Selbstbewusstsein des absoluten Fürsten besser als der veraltete Begriff der „*Obrigkeit*".[151]

Zu Beginn des 19. Jahrhundert kam es zu einer endgültigen Auseinandersetzung zwischen Staat und Landesherrn bezüglich der Domänen. In dieser Zeit entstehen die konstitutionellen Monarchien in Deutschland. Einen wesentlichen Einfluss auf die Verhältnisse bezüglich der Domänen hatte der Reichsdeputationshauptschluß vom 25.2.1803.[152] In dieser Phase wesentlicher Umgestaltung im Alten Reich kommt es zu erheblichen Bestandsvergrößerungen und -veränderungen der Domänen aufgrund der umfassenden Säkularisierung, durch Einziehung der geistlichen Besitzungen zugunsten der Landeshoheit.[153] Durch diese Besitzverschiebungen wurde die Auflösung der alten Reichsverfassung unmittelbar eingeleitet.[154] Die Aufgaben der Landeshoheit der säkularisierten Gebiete übernahmen jetzt die neuen bzw. erweiterten Staaten. Diese Besitzungen wurden mit den bisherigen Domänen vereinigt. Ebenso übertrug man den gesamten Vermögensbesitz der geistlichen Fürstentümer mit der Territorialhoheit der geistlichen Landesherren auf den erwerbenden Staat.[155] Die Einzelheiten der Vermögensübertragung regelten die §§ 34-36 und 60-61 des Reichsdeputationshauptschlusses vom 25.2.1803.[156] Auf diese Weise wurde die Landeshoheit der Einzelgebiete formell zur wirklichen und vollkommenen Staatshoheit. Diese Zuführung des früheren kirchlichen Besitzes war allein in der Landeshoheit begründet,[157] änderte aber nichts an dem Doppelzweck der Domänen. Dass diese Einziehung auf der Landeshoheit beruhte, verstärkte aber die öffentlich-rechtliche Eigenart der Domänen weiter. Dies galt auch für die gleichzeitig erfolgende Mediatisierung, d.h. die Einbeziehung reichsunmittelbarer weltlicher Herrschaften in die jeweiligen landesfürstlichen Territorien.[158]

Die Auflösung des Reiches im Jahre 1806 durch Kaiser *Franz II.* führte zum Abschluss der Domänenentwicklung. Die Landeshoheitsgebiete wurden durch den Wegfall des Reiches zu völlig selbständigen Staaten. Materiell lag darin keine Veränderung, da die Landeshoheit der einzelnen Gebiete durch die Entwicklung bereits mit den Grundlagen eines Staates ausgestattet war und alle Aufgaben den Zeitverhältnissen entsprechend erfüllte.[159] Die zu voller Anerkennung und Selbständigkeit gelangten Landeshoheitsgebiete waren bestrebt,

---

[151] Willoweit, S. 149.
[152] Willoweit, S. 198 ff.
[153] Kimminich, S. 281.
[154] v.Aretin-HRG, 4. Bd., Sp. 1263.
[155] Schroeder, S. 448; Hufeld, S. 20.
[156] Huber, Dokumente, Bd. 1, S. 16 ff.
[157] v.Rotteck, Art. Domaine, S. 93.
[158] Willoweit-HRG, 3. Bd., Sp. 412 ff.
[159] Zimmermann FA 35. Bd., S. 420.

alle Kennzeichen eines Staatswesens für sich einzuführen. Durch das Streben nach verfassungsrechtlichen Verhältnissen sollte das Staatswesen in eine klar abgrenzbare und fest gesicherte Lage gebracht werden. Die Macht des Monarchen sollte durch die Normen einer geschriebenen Verfassung beschränkt werden. Dabei sollten und mussten die Parlamente mitwirken, die Unabhängigkeit der Gerichte und durch in Verfassungen aufgezählte Grundrechte gewährt werden.[160] Gefördert wurden diese Bestrebungen auch durch Art. 13 der Verfassung des Deutschen Bundes des Jahres 1815: *„In allen Bundesstaaten wird eine landständige Verfassung stattfinden.“*[161] Die Verfassungsbewegung wurde damit auf die Bundesstaaten verlagert. Diesen Verfassungen oblag es auch, die näheren Bestimmungen und Abgrenzungen über das Staatsgut zu treffen. Daher musste es zu Regelungen über das Verhältnis der Domänen zum Staat kommen.[162] Den Ansprüchen des Staates standen die des Landesherrn gegenüber. Die doppelte Zweckbestimmung der Domänen bedeutete ein Recht des Staates an den Nutzungen der Domänen, u.U. auch ein Recht auf das Eigentum an diesen. Ihre öffentlich-rechtliche Stellung bedingte eine Einbeziehung in die jeweiligen Verfassungen. Dies führte dazu, dass von Anfang an die Domänen in die verfassungsrechtlichen Verhandlungen der einzelnen Staaten einbezogen wurden und sich zu einer heftigen Streitfrage entwickelten.[163]

Die wichtigsten Fragen bei den Verhandlungen über die verfassungsrechtliche Ordnung der Domänenverhältnisse lauteten: Sind die Domänen als Staatsgut zu betrachten? Wie ist die Berechtigung des Staates an den Domänen einzuschätzen und im Einzelnen abzugrenzen? Welche Bedeutung lag in dem aufgrund der Zweckbestimmung unbestreitbaren Nutzungsrecht des Staates an den Domänen? Wie ist dieses Nutzungsrecht in den Regelungen zum Ausdruck zu bringen? Letztlich spitzten sich diese Probleme auf die Frage zu: Wer ist Eigentümer der Domänen, der Staat oder der Landesherr und seine Familie? Die Interessen der Beteiligten liefen in entgegengesetzte Richtungen durch die bedeutenden finanziellen Auswirkungen dieser zu treffenden Entscheidungen. Es kam in dieser Frage zu einem stark beachteten wissenschaftlicher Streit in der Mitte des 19. Jahrhundert, der sich an der Domänenfrage im Herzogtum Sachsen-Meiningen entzündete.[164] Der Staatsrechtler *Moser* vertrat schon im Jahr 1773 die Auffassung, dass die Domänen (als Kammergüter bezeichnet)

---

[160] Kimminich, S. 327.
[161] Huber, Dokumente, Bd. 1, S. 84 ff.
[162] Mußgnug, S. 85 ff.
[163] Zum Finanzverfassungsrecht in den Thüringischen Fürstentümern vgl. Mußgnug ZNR 2002, S. 290 ff.
[164] Die Einzelheiten dieses Streits werden im 1. Kap. III. 5. b) bb) ausführlich dargestellt.

Privatgüter der Landesherren seien.[165] Eine Ansicht, die als liberal bezeichnet wurde, betrachtete die Domänen als Staatsgut.[166] Nach anderer Ansicht waren die jeweiligen Fürsten Eigentümer der Domänen, kraft der Landeshoheit und nur in Verbindung mit solcher.[167] Nach einer weiteren Ansicht waren die Domänen Privateigentum der regierenden fürstlichen Familie.[168] Bereits ab dem Jahr 1856 wurde darauf hingewiesen, dass dieser Streit nicht mit Bezug auf das Gemeine Recht zu lösen sei. Nur durch eine Untersuchung der speziellen Verhältnisse des einzelnen Territoriums könne man diesen Streit beenden. Dabei müsse das Staatsgut (ehemaliges Reichsgut, Regalien und säkularisiertes Kirchengut) vom Privatgut getrennt werden.[169] Schon zur Zeit des Streites wurde aber auf die Unmöglichkeit der Aufteilung der Domänengrundstücke wegen der Schwierigkeiten der vorangegangen historischen Entwicklungen hingewiesen. Eine Lösung sei nur durch einen Vergleich möglich, beruhend auf einer Schätzung, was Privateigentum des Fürsten und was Staatsgut sei.[170] Auch die Literatur zu Beginn des 20. Jahrhundert wies auf eine Vergleichslösung hin, die die alleinige Möglichkeit für die Auseinandersetzung mit dem Domänenvermögen bilden würde. Eine Aussonderung von Erwerbstiteln sei praktisch nicht durchführbar aufgrund der fehlenden Kenntnis vom Ursprung der verschiedenen Güter.[171] Noch im Jahre 1918 wurde die Streitfrage über das Eigentum an den Domänen als offen und nicht lösbar bezeichnet.[172]

In allen thüringischen Staaten schloss man bis zum Jahre 1918 Vereinbarungen oder Gesetze ab, die die Eigentumsverhältnisse an den Domänen und deren Nutzung mehr oder weniger zur Zufriedenheit der Beteiligten regelten. In seinem im Jahre 1918 erschienenen Aufsatz meinte *Zimmermann*, dass dieser jetzige Stand (im Jahr 1918) als endgültig angesehen werden könne.[173] Er sollte bald eines Besseren belehrt werden. Die Vereinbarungen über die Domänen

---

[165] Moser, Landeshoheit, S. 206 ff.

[166] Klüber, §§ 332, 333, S. 520 ff; Pölzl, Art. Fürst, S. 10; v.Rotteck, Art. Domaine, S. 93 für die säkularisierten Güter, Bluntschli, S. 67; Beseler, § 76, S. 271 f; Reyscher, ZfdR 2. Bd., S. 37, 55 ff.

[167] Zachariä, Staatsrecht, §§ 207, 208, S. 417 ff; Held, S. 186 ff; v.Gerber, Staatsrecht, S. 81 f; Böttiger, S. 13.

[168] Zoepfl, Staatsrecht, § 485, S. 697 ff; Krätzer, S. 84, 96; Schneider, Kammergüter, S. 36 f; Vollert, Kammervermögen, S. 14; Vahlkampf, S. 14; Hunnius, S. 9; Albrecht, Domänenwesen, S. 3 (noch 1905); Schulze, Staatsrecht, § 86, S. 199 (Schulze verneinte aber ein Recht der landesherrlichen Familie, das gesamte Domänenvermögen als reines Privatvermögen zu beanspruchen. Auf den Einnahmen der Domänen ruhte auch die Verpflichtung zum Mittragen der Regierungslasten, S. 203 f).

[169] Mohl, Staatswissenschaften, S. 305; v.Treitschke, Art. Domänen, S. 166 f.

[170] v.Rotteck, Art. Domaine, S. 93.

[171] Meyer/Anschütz, § 94, S. 322.

[172] Zimmermann, FA 35. Bd., S. 432.

[173] Zimmermann, FA 35. Bd., S. 525.

bildeten die Grundlage für die Regelungen über die Zivilliste.[174] Daher wird im Folgenden ausführlich Entwicklung und Gestaltung der Zivilliste untersucht.

3. Die Zivilliste und ihre Entwicklung

a) Geschichtliche Entwicklung der Zivilliste

Der Beginn der Zivilliste lag in jener Zeit, in der sich die landeshoheitlichen Gebiete in Deutschland herausbildeten.[175] Im Rahmen der Entwicklung der Landeshoheit blieb unbestritten, dass dem Landesherrn auch ein Anspruch auf seinen Unterhalt zustand. Dieser Unterhalt wurde auch von den Landständen anerkannt, da dieser Unterhaltsanspruch sich bereits in der Doppelfunktion der Domänen herausgebildet hatte. Daneben verstärkte sich das Bedürfnis auf eine budgetmässige Behandlung der staatlichen Finanzverhältnisse.

Im Königreich Preußen erkannte man recht früh, dass bei einem Streben des Herrschers nach Landeshoheit bis hin zur Staatshoheit klare finanzielle Regelungen und eindeutige Abgrenzungen des Domäneneigentums nur von Vorteil sein konnten. Im Jahre 1713 kam es unter dem absolutistisch herrschenden König *Friedrich Wilhelm I. von Preußen* zu einer vollständigen und endgültigen Auseinandersetzung zwischen Herrscher und Staat. Das Edikt über die Inalienabilität der alten und neuen Domänengüter vom 13.8.1713 erklärte alle Domänen zu Staatseigentum. Danach wurden alle erworbenen und zu erwerbenden Länder, Leute, Güter und Einkünfte der Krone und Kur auf ewig einverleibt, der Unterschied zwischen Domänen und Schatullgütern aufgehoben und beiden die Natur „rechter" Domanial-, Kammer- und Tafelgüter samt der denselben in den Rechten anhaftenden Inalienabilität beigelegt. Das Allgemeine Preußische Landrecht von 1794 bestätigte diese Übertragung des Domäneneigentums in Staatseigentum ausdrücklich (im Titel 14, Teil II, § 11, 12, 25). Demgegenüber bestand die Verpflichtung des Staates, durch eine Zivilliste für den Unterhalt des Herrschers und dessen Familie zu sorgen.[176] In der preußischen Gesetzessprache kam der Ausdruck Zivilliste nicht vor. Es wird nur von „Einkünften des Herrschers" gesprochen. Später wird der Begriff der Kronfideikommiß-Rente benutzt.[177] Bemerkenswert an diesem Vorgang ist, dass er fast einhundert Jahre vor den Vereinbarungen in den übrigen deutschen Staaten lag.

Erst mit dem Übergang zur konstitutionellen Monarchie kommt es in den Verfassungen und Gesetzen zu Regelungen der Domänen und dabei zwangsläufig zur Einbeziehung der Zivilliste in diese Vereinbarungen. Mit der Klarstellung, dass der Staat Eigentümer der Domänen sei, musste gleichzeitig

---

[174] Welcker, Art. Civilliste, S. 251.

[175] Siehe 1. Kap. II. 2.

[176] Meyer/Anschütz § 94, S. 323.

[177] Meier, Art. Civilliste, S. 468; Meyer/Anschütz, § 94, S. 323, Fn. 10.

eine Regelung über die Unterhaltspflicht für den Herrscher und dessen Familie getroffen werden. Auch dort, wo es keine Regelungen über das Eigentum an den Domänen gab oder der Herrscher ausdrücklich zum Eigentümer der Domänen erklärt wurde, gab es Vereinbarungen, die den Charakter einer Zivilliste hatten.

b) Ursprung des Begriffes Zivilliste

Der Begriff und Name Zivilliste (ältere Schreibweise Civilliste) ist in England entstanden.[178] Zur Zeit der *Stuarts* (1603-1688) erhielt der jeweilige Herrscher bei Regierungsantritt in einem fest bestimmten Umfang Einkünfte zur freien Verfügung gestellt. Ursache dafür war, dass der König sich nicht mehr in der Lage sah, aus seinen Mitteln alle staatlichen Ausgaben zu bestreiten. Aus diesen Mitteln mussten aber neben den Unterhaltskosten des Königs und seiner Familie die Kosten für die Zivilverwaltung und die sehr hohen Kosten für Flotten und Herr bestritten werden. Mit Übernahme des Königsthrones durch die *Oranier* (1689) wurden die Flotten- und Heereskosten herausgelöst und zur jährlichen Bewilligung dem Parlament übergeben. Der König erhielt weiterhin eine bestimmte Summe zur Verfügung gestellt, woraus er die Kosten seiner Hofhaltung, seiner Familie und die Kosten der Zivilverwaltung (civil government) zu bestreiten hatte. Deswegen wurden diese Überweisungen „civil list revenues" genannt, abgekürzt „civil list". Daneben besaß der König noch Einkünfte aus erblichen „revenues".[179] Mit dem Regierungsantritt der Königin *Victoria* (1819-1901) kam es zum Abschluss dieser Entwicklung. Sie verzichtete auf alle bisherigen erblichen Einkünfte, wobei die Kosten der Zivilverwaltung schon vorher abgesetzt worden waren. Dafür erhielt sie eine bestimmte Jahressumme aus den Staatseinkünften, die zum ausschließlichen königlichen Unterhalt bestimmt waren und zu ihrer freien Verfügung standen. Für den Staat bestand die volle und alleinige Verpflichtung zur Gewährung dieses Unterhalts. Diese britische Regelung entsprechen der unter 1. Kap. II. 1. b) dargestellter Definition und gelten im übrigen in Großbritannien bis heute. Zwar war der Ausdruck „civil list" ursprünglich von anderer Bedeutung, aber er wurde wohl schon verwendet, als die Ausgaben für die Zivilverwaltung, die der König zu tragen hatte, sich verringerten. Offenbar wurden unter diesem Begriff immer mehr die Aufwendungen für die Bedürfnisse der Krone gesehen, so dass „Civilliste" sich als Name für diese Geldsummen einbürgerte.[180]

---

[178] v.Treitschke, Art Civilliste, S. 516 f; Meier, Art. Civilliste, S. 468.
[179] v.Treitschke, Art Civilliste, S. 517; Meyer/Anschütz, § 94, S. 322.
[180] Zimmermann, Zivilliste, S. 27 ff.

4. Das Verhältnis zwischen Domänen und Zivilliste in den thüringischen Staaten

Nach der obigen Darstellung des Begriffes kann von einer Zivilliste erst dann gesprochen werden, wenn die Domänen vollständig in Staatseigentum gelangten und der Herrscher vom Staat für seinen Unterhalt Bezüge erhält. Diese sollte er aus allgemeinen Staatsmitteln erhalten, ohne dass diese mit Domäneneinkünften auch nur in Beziehungen stehen. Zwischen Einkünften aus den Domänen und Zivilliste bestand somit eine strikte Trennung.[181]

In den thüringischen Staaten existierte jedoch eine Art Wechselbeziehung zwischen Domänen und der Zivilliste. Dies lag zum einen daran, dass es trotz der jeweiligen Vereinbarungen kein vollständiges Staatseigentum an den Domänen gab. Zum anderen gab es in einigen Staaten Vereinbarungen, bei denen die Domänenfragen und die Zivilliste gemeinsam geregelt wurden, wobei trotz Zahlungen des Staates der Begriff Zivilliste nicht verwendet wurde. Hier lag also keine Trennung, sondern eine wechselseitige Einbeziehung vor.[182]

5. Die Bedeutung der Waldwirtschaft im 19. Jahrhundert in den thüringischen Staaten

Ein sehr ansehnlicher Teil der Domänen waren Waldgrundstücke. Da in der Mitte des 19. Jahrhunderts der Rohstoff Holz in der industriellen Nutzung große Bedeutung erhielt, was neben einer Werterhöhung auch zu einer wirtschaftlicheren Produktion führte, sollen einige Bemerkungen zur forstwirtschaftlichen Nutzung des Waldes in Ergänzung des Themas der Arbeit an dieser Stelle erfolgen.

Die Forstwirtschaft unterscheidet sich von allen anderen Wirtschaftszweigen durch die Langfristigkeit ihrer Produktionsabläufe.[183] Bis auf wenige Ausnahmen liegt der Produktionszeitraum in Mitteleuropa zwischen 50 bis 250 Jahren, im Durchschnitt aber über 100 Jahre.[184] Wegen dieser langen Zeiträume zwischen Aufforstung und dem Holzeinschlag („Umtrieb“) ergeben sich wirtschaftliche Vorteile, da die Gewinnung des Holzes nicht an bestimmte Erntetermine gebunden ist und sich konjunkturell bedingte Verringerung der Nachfrage relativ leicht überdauern lässt. Das zentrale Problem der Forstwirtschaft ist aber die lange Dauer der Produktionszeit. Entscheidungen über Produktionsziele bei der Aufforstung von Wald müssen in Unkenntnis der

---

[181] Zimmermann, Zivilliste, S. 65 ff.

[182] Zum Verhältnis der Zivilliste, der Landeseinwohnerzahl und dem Gesamtstaatsbedarf siehe Günther, S. 21 f, 148: Daraus ergibt sich, dass die Umlagequoten umso höher waren, je kleiner die Staaten waren. Z.B. Ghzg. S.-W.-E.: 6,3 %; Hzg. S.-M.: 11,6 % und Fst. S.-S.: 21,5 %.

[183] Windhorst, S. 11 ff.

[184] Plochmann, ZfP 1985, S. 195, 196.

Marktbedingungen zum Zeitpunkt der Ernte getroffen werden, daher ist das grundlegende Merkmal der Forstwirtschaft das der Marktanpassung. Ein profitabler Waldbau benötigt wegen der langen Wachstumszeiten einen noch größeren Flächenbedarf als Ackerbau und Viehzucht.[185]

Seit der Mitte des 19. Jahrhunderts war das sogenannten Zeitalter des Agrar- und Forstkapitalismus angebrochen.[186] Zu den wichtigsten Fragen wurden jetzt Rentabilität und Gewinnorientierung. Der einsetzende Wirtschaftsliberalismus führte schon in den ersten Jahrzehnten zu forstwirtschaftlichen Konzepten, die auf privatwirtschaftlichen Maximen beruhten. Der Holzvorrat im Wald wurde als Kapital betrachtet und der Forstbetrieb unterlag dem Bemühen, daraus Nutzen zu ziehen. In dieser Zeit ging zwar der Brennholzbedarf durch den Übergang zur Kohle als Heizmaterial zurück. Im weiteren Verlauf des 19. Jahrhunderts stieg jedoch der Holzverbrauch durch Bevölkerungswachstum und Industrialisierung sprunghaft an, weil neben dem immer stärkeren Bedarf in der Bauindustrie auch viel Holz für Eisenbahnschwellen, als Grubenholz sowie in der Papierindustrie benötigt wurde. Die stärksten Konsumenten für Holz waren der Kohlebergbau und die Holzkohlenhochöfen. Eine nachhaltig arbeitende Forstwirtschaft hatte nach einem stetigen und gleichmäßigen Zuwachs des Holzaufkommens zu streben, denn die Preise für Nutzholz erhöhten sich sprunghaft und führten zu erheblichen Gewinnen.[187] In dieser Zeit bekamen daher die Domänenwälder eine enorme wirtschaftliche Bedeutung. Die aus ihrer wirtschaftlichen Nutzung erzielten Einnahmen stiegen derart an, dass der Streit über die Rechte an den Domänen vor allem vom wirtschaftlichen Aspekt geprägt war.

---

[185] Windhorst, S. 11 ff.

[186] Zur gewerblichen Nutzung in der vorindustriellen Zeit siehe Hasel, Forstgeschichte, S. 161 ff.

[187] Hasel, Forstgeschichte, S. 163, 78 f; Plochmann, ZfP 1985, S. 195, 198; Hasel in FS-Abel, S. 77 ff.

III. Das Domänenwesen in den einzelnen thüringischen Staaten zwischen den Jahren 1815 bis 1918

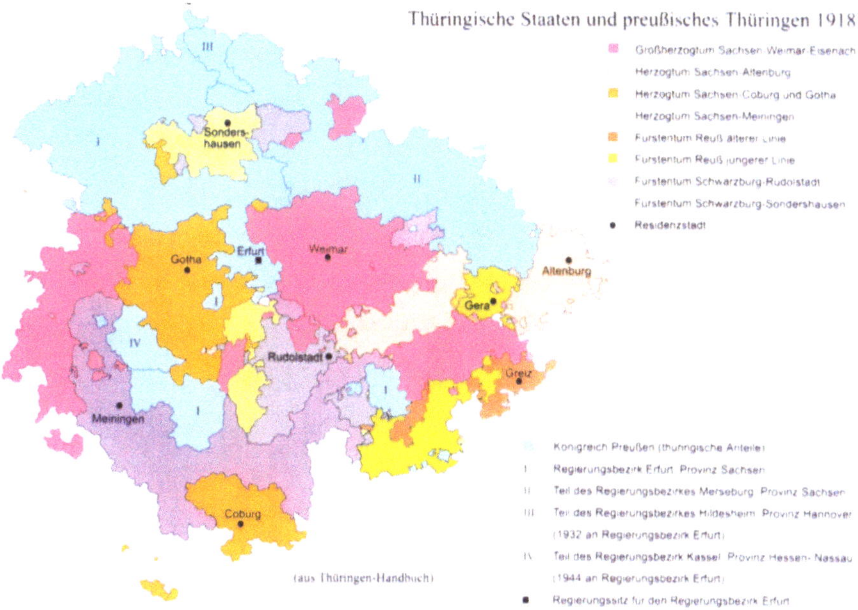

(aus Thüringen-Handbuch)

1. Das Fürstentum Reuß ältere Linie

a) Vorbemerkungen zum Fürstentum

Hauptstadt: Greiz (23.118 Einwohner um 1905)[188]
Landesherr: Fürst *Heinrich XXII. Reuß ä.L.* (28.3.1846-19.4.1902)
Er regierte von 1867 bis 1902 und war verheiratet mit *Ida,* Prinzessin *zu Schaumburg-Lippe* (1852-1831). Für seinen Sohn Fürst *Heinrich XXIV.* (20.3.1878-13.10.1927), regierungsunfähig wegen schwerer geistiger Behinderung, regierte Fürst *Heinrich XIV. Reuß j.L.* (1902-1908) als Regent. Danach übernahm Fürst *Heinrich XXVII. Reuß j.L.* bis zum Jahr 1918 die Regentschaft in Personalunion.

Landesfläche : 316 qkm,
Einwohner : 70.603 (im Jahre 1908)[189]

---

[188] Mast, S. 156.
[189] Hof- und Staatshandbuch Sachsen-Meiningen, S. 102; Brachelli, Statistische Skizze, S. 95 f.

Das Fürstentum Reuß ältere Linie war der kleinste Fürstenstaat in Deutschland, außerdem so zersplittert, dass Reisende beständig das Territorium anderer Herrschaftsgebiete durchqueren mussten, um die eigenen Landesteile zu erreichen.[190] Das Land war dicht besiedelt, auf einen Quadratkilometer kamen 213 Einwohner, es war das zweitdichtest besiedelte Gebiet in Deutschland nach dem Königreich Sachsen. Im 19. Jahrhundert entwickelte sich Greiz zu einem bedeutenden Standort der Textilindustrie und der Maschinenfabrikation.[191] Das Fürstentum lag an der äußersten südöstlichen Grenze Thüringens mit ca. 40 km Länge und einer wechselnden Breite von 5 km bis 15 km.

Fürst *Heinrich XXII. Reuß ä.L.* galt als die originellste Fürstengestalt des Bismarckreiches.[192] Sein Vater, Fürst *Heinrich XX. Reuß ä.L.* (1794-1959), war ein absolutistisch regierender Landesherr, und seine Mutter *Caroline* (geborene Prinzessin *von Hessen-Homburg,* 1819-1872) erzog ihn streng konservativ, partikularistisch und antipreußisch[193]. Die Preußenfeindlichkeit hatte ihre Ursachen im Beitritt der Fürstin *Caroline* im Jahr 1866 auf die Seite Österreichs (wie es der Tradition des Fürstenhauses entsprach) und Preußen das winzige Land besetzte und sie verpflichtete, eine Kriegsentschädigung zu zahlen,[194] dem Norddeutschen Bund beizutreten sowie mit Preußen eine Militärkonvention abzuschließen[195]. Es kam im September des Jahres 1866 zu einem Friedensvertrag mit dem Königreich Preußen, der den Bestand des Fürstentums und damit die künftige Regierung des Fürsten sicherte.[196] Der Fürst stand dem Militär äußerst ablehnend gegenüber. Selbst ohne militärische Ausbildung – *Heinrich XXII. Reuß ä.L.* war der einzige Bundesfürst, der nie Soldat war –,[197] ließ er keine Garnison in seiner Residenzstadt zu und wehrte alle Versuche ab, in die preußische Armee einzutreten. In Wien und nicht in Berlin lag für ihn das deutsche Kaiserreich.[198] Der einzige Sohn unter seinen sechs Kindern war geistig so schwer geschädigt, dass er als Nachfolger nicht in Betracht kam.[199] Der Fürst wurde als untadeliger, charakterfester und willensstarker Landesherr

---

190 Reichold, S. 48.

191 Brachelli, Staatenkunde, S. 197; Bis 1866 gab es 66 Fabriken mit ca. 6.000 Beschäftigten (Klein, S. 19).

192 Reichold, S. 84; siehe Klein, S. 4 ff zum neueren Forschungsstand zu Heinrich XXII Reuß ä.L.

193 Patze/Schlesinger/Facius, 5. Bd. 2. Teil, S. 239 f.

194 Als Beitrag zur preußischen Witwen- und Invalidenkasse waren 100.000 Taler zu zahlen, wovon die Fürstin Caroline die Hälfte aus ihrem Privatvermögen übernahm (Klein, S. 14).

195 Patze/Schlesinger/Facius, 5. Bd. 2. Teil, S. 132, 209.

196 Klein, S. 14.

197 Patze/Schlesinger/Facius, 5. Bd. 2. Teil, S. 240.

198 Reichold, S. 85.

199 Klein, S. 27 f; Seine zweitjüngste Tochter Hermine (1887-1947) heiratete 1922 als verwitwete Prinzessin Schönaich-Carolath den früheren Kaiser Wilhelm II. in seinem Exil in Doorn – diese sicher nie erwartete Verbindung erlebte der Fürst aber nicht mehr.

eingeschätzt, dem Änderungen und Reformen zuwider waren. Zugleich gab es doch Züge dieses als starrsinnig und unbelehrbaren geltenden Landesherrn, die bemerkenswert sind.[200] Schon als Erbprinz arbeitete er am Entwurf einer Verfassung mit. Als Fürst nahm er im Rahmen des deutschen Bundesrates seine Aufgaben sehr ernst; er verlangte die Vorlage aller Bundesratsdrucksachen zur persönlichen Prüfung und entschied meistens gegen preußische Vorhaben.[201] Im Jahre 1870 wollte er der bundesgesetzlichen Regelung der Ausgabe von Banknoten zuvorkommen, lizenzierte schnell eine Bank in Greiz und ermächtigte sie zur Ausgabe von maximal zwei Millionen Talern. *Bismarck* zwang ihn zur Rücknahme der Entscheidung. Als dann im Jahr 1879 das neue Gerichtsverfassungsgesetz in Kraft getreten war, blieben auch im winzigen Fürstentum die drei Amtsgerichte erhalten. Auch ein Landgericht wollte der Fürst behalten (obwohl die Norm für ein Einzugsgebiet bei 250.000 Einwohnern lag). Die Oberlandesgerichte waren im Allgemeinen nicht mehr Sache der kleinen Herrscher, für fast alle thüringischen Staaten und die preußischen Gebietsteile entschied das Thüringische Oberlandesgericht Jena (Eine Ausnahme machte das Fürstentum Schwarzburg-Sondershausen). Sobald er meinte, das Reich mische sich in die Entscheidungsbefugnis seines Bundesstaates ein, beauftragte er seinen Vertreter im Bundesrat, gegen die Reichsgesetzesvorlagen zu stimmen: So verweigerte das Fürstentum Reuß älterer Linie die Zustimmung zur Heeresvorlage (1892), zur Flottenvorlage (1899, 1900), zur China-Expedition und als einziger Bundesstaat zum Verbot der Sozialdemokratie (1878)[202]. Mit seiner Stimme verhalf er dem Königreich Sachsen zum Sitz des Reichsgerichts in Leipzig, das nach Vorstellung von anderen Bundesstaaten seinen Platz in Berlin haben sollte.[203] So blieb Fürst *Heinrich XXII. Reuß ä.L. „absolut reichsunwillig“* und schwamm gegen den Strom, wo er nur konnte. Er verabscheute die Nationalliberalen als Verfechter des zentralen Reichsgedankens, dabei besaßen diese im Landtag und Gemeinderat die Mehrheit. Nur in überregionalen Zeitungen, u.a. im Simplicissimus, beschäftigte man sich häufig mit seinem skurrilen Verhalten und machte seine Widerspenstigkeit lächerlich. Er war eben *„Heinrich der Unartige“*.[204] Obwohl die ältere Linie im Mannesstamm erlosch, blieb das Fürstentum als selbständiges Staatswesen erhalten. Aus reichsverfassungsrechtlichen Gründen war nur eine Personalunion mit der jüngeren Linie möglich,[205] eine Vereinigung war ausgeschlossen, da die Ver-

---

[200] Patze/Schlesinger/Facius, 5. Bd. 2. Teil, S. 240.

[201] Reichold, S. 170 f.

[202] Das Königreich Preußen brach daraufhin die diplomatischen Beziehungen zum Fürstentum ab (Klein, S. 44 f).

[203] Klein, S. 42 ff.

[204] Reichold, S. 84, 231f; Klein, S. 45.

[205] Strupp, JöR 6 (1912), S. 293.

fassung vom 16.4.1871[206] die Existenz der einzelnen Bundesstaaten sicherte. Sein Vetter Fürst *Heinrich XIV. Reuß j.L.* übernahm als nächster Verwandter die Regentschaft. Dieser war aufgeschlossen für den Erlass liberaler Vorschriften und die Beseitigung reaktionärer Gesetze. Unter seinem Nachfolger, seinem Sohn Fürst *Heinrich XXVII. Reuß j.L.*, zog wieder eine konservative Entwicklung ein.[207]

b) Die Regelung der Domänenfrage

aa) Entwicklung und Stand bis zum Jahr 1918

Im Jahre 1809 war die finanzielle Lage des regierenden Fürsten (*Heinrich XIII. Reuß ä.L.*) desaströs. Grund dafür waren Schuldenlasten aus vergangenen Jahren und Lasten des Krieges des Jahres 1806. Deshalb stand er vor dem völligen Zusammenbruch seines Privat- und Hausvermögens. Seinem Hilfeersuchen an die Landstände im Fürstentum wurde entsprochen und er erhielt eine jährliche Beihilfe von 8.000 Talern, teils zur Zinsendeckung, teils zur Schuldentilgung. Als Gegenleistung verlangten die Stände die grundsätzliche Sicherstellung der Verwendung der Beihilfe und die Unveräußerlichkeit des Domänenvermögens.[208] Dies führte zur Entstehung des **Landesgrundgesetzes vom 15.3.1809.**[209] In diesem sollten die Bedürfnisse des Landes durch die von den Ständen zu bewilligenden Steuern gedeckt werden und die allmähliche Verringerung der Staatsschulden war vorgesehen (§§ 1-5). Zum Domänenvermögen (als landesherrliches Cameralvermögen bezeichnet) gehörten die Schlösser, alle Domänengüter, die Geld- und Naturalabgaben der Untertanen sowie die Naturaldienste der Untertanen (§ 6). Die Einnahmen dienten zum standesgemäßen Unterhalt des regierenden Herrn und zur Bestreitung des Verwaltungs- und sonstigen Aufwandes (§ 7). Das gesamte Domänenvermögen war unveräußerlich, mit genau festgelegten Ausnahmefällen (§ 8). Den Ständen wurde ein gewisses Aufsichtsrecht über dieses Vermögen zuerkannt (§ 9). Die privaten Schulden des fürstlichen Hauses wurden anerkannt, ihre Verzinsung zugesichert (§§ 11-16) und ihre Ablösung durch die von den Ständen hierzu bewilligte Beihilfe von 4.000 Talern in Aussicht gestellt (§ 18). Beim Regierungswechsel im Jahre 1817 auf Fürst *Heinrich XIV. Reuß ä.L.* bewilligten die Stände neben der früheren Beihilfe zum Schuldentilgungsfonds eine ihm (bereits als Erbprinz) gewährte Sustentation von 2.580 Talern und 16 Groschen zusätzlich. (Fürst *Heinrich XIV. Reuß ä.L.* hatte aufgrund der nach wie vor

---

[206] Reichsverfassung von 1871, Huber, Dokumente, Bd. 2, S. 384 ff.

[207] Patze/Schlesinger/Facius, 5. Bd. 2. Teil, S. 132, 242.

[208] Schmidt, S. 16 f.

[209] Denkschrift Reuß-Greiz, S. 16 ff. Diese Denkschrift befindet sich im ThHStAW. Das Landesgrundgesetz von 1809 kann nicht als eine Verfassung im herkömmlichen Sinn angesehen werden.

schlechten finanziellen Lage des fürstlichen Hauses mit dem Gedanken des Thronverzichtes gespielt.) Daraufhin erklärte sich Fürst *Heinrich XIV. Reuß ä.L.* zur Übernahme der Thronfolge bereit.[210] Das Fürstentum Reuß ältere Linie bekam auch nach dem Jahr 1815 keine neue landständische Verfassung.[211]

Erst im Jahre 1848 erhielt das Fürstentum eine neue Verfassung, die u.a. die Wahl eines Landtages vorsah.[212] Der Landtag erhob die Forderung, das landesherrliche Kammervermögen (Domänen) dem Lande gegen die Gewährung einer Zivilliste abzutreten. Diese Forderung lehnte der Fürst ab.[213] Im Oktober des Jahres 1849 wurde dem Landtag die „Denkschrift, die Rechtsverhältnisse des Fürstlich Reuß-Greizischen Kammervermögens, und die Frage wegen Abtretung desselben an das Land gegen Gewährung einer Civilliste betreffend" übergeben. In dieser Denkschrift wurde das Eigentum des fürstlichen Hauses am Domänenvermögen ausdrücklich hervorgehoben.[214] Die Verhandlungen zwischen Fürst und Landtag führten zum Abschluss des **Staatsvertrages vom 30.6.1851**.[215] In ihm wurde das als Kammervermögen bezeichnete Domänenvermögen, das aus Schlössern, Domänengrundstücken und den bisher in die Kammerkasse geflossenen Zinsen, Renten, Naturalabgaben und Einnahmen aus Grundherrlichkeit und den Regalien bestand (§ 1), an den Staat abgetreten (§ 2). Der Staat übernahm dafür alle darauf haftenden Verbindlichkeiten (§ 7) und zahlte für diese Abtretung eine jährliche Zivilliste von 36.000 Talern (§ 9). Ausdrücklich wurde festgestellt, dass dieses Vermögen das Haus-, Domanial- und Familiengut des fürstlichen Hause sei und dass die Rechtsverhältnisse desselben durch die reußischen Haus- und Familienverträge und das Grundgesetz vom 15.3.1809 bestimmt würden (§ 1). Dadurch wurde auch die Erbberechtigung der Agnaten des Fürstenhauses, also auch von Reuß jüngerer Linie, auf dieses Vermögen voll anerkannt.[216]

Mit dem Regierungsantritt von Fürst *Heinrich XXII. Reuß ä.L.* kam es zu einer Änderung der bisherigen Regelungen. Durch die **Verfassung vom 28.6.1867**[217] wurde der Staatsvertrag vom 30.6.1851 aufgehoben (§ 17) und die Rechtsverhältnisse an den Domänen (als Kammervermögen bezeichnet) neu geregelt: Das Domänenvermögen bestand aus dem Haus-, Domanial- und Familiengut des fürstlichen Hauses. Der Staat hatte keinen Anspruch mehr auf Ertrag und Nutznießung dieses Vermögens. Daher war der Staat auch von jeder Verbindlichkeit der auf diesem Vermögen ruhenden Ausgaben und Leistungen

---

[210] Schmidt, S. 18.
[211] Pölitz, 1. Bd., S. 1095.
[212] Zu den Landtagen im Fürstentum Reuß ä.L. siehe Seela, S. 62 ff.
[213] Schmidt, S. 18.
[214] Denkschrift Reuß-Greiz, S. 13.
[215] Ein Exemplar befindet sich im ThStA Greiz, Kammer Greiz, Kap. 63 Nr. 184, Bl. 1-39.
[216] Schmidt, S. 18 f.
[217] GS. Reuß ä.L. 1867, S. 29-54.

(z.B. Wittum, Apanagen etc.) befreit. Der Landesherr verzichtete auf jede Beihilfe, insbesondere auch auf die früher bewilligten Sustentationsgelder (§ 17). Dem Landesherrn wurde die Verwaltung des Kammervermögens überlassen. Verfügungen über die Substanz des Kammervermögens sowie die Nutzung und Verwaltung bestimmten sich nach den agnatischen Verhältnissen und den Bestimmungen der Familienverträge des reußischen Gesamthauses. Die entgegenstehenden Bestimmungen des Landesgrundgesetzes vom 15.3.1809 wurden aufgehoben (§ 18). Das Privatvermögen (Schatullgut) des Landesherrn beurteilte sich nach § 20. Nach diesen Regelungen waren die Domänen Privateigentum des fürstlichen Hauses, das nur durch die reußischen Hausgesetze vom 10.11.1668 und vom 3., 4. und 5.9.1690 bestimmte Erbberechtigungen der Agnaten beschränkt war. Eng im Zusammenhang zu den Vereinbarungen über die Domänen steht der zwischen der Landesregierung und der fürstlichen Kammer am **21.4.1868** abgeschlossene sogenannte **Intradenvertrag.**[218] Intraden bedeutet soviel wie Einkünfte, insbesondere aus Grundvermögen. Dieser Vertrag, dem der Landtag zustimmte und Fürst *Heinrich XXII. Reuß ä.L.* genehmigte, ist nie veröffentlicht worden.[219] Die fürstliche Kammer überließ dem Staat verschiedene Einkünfte und erhielt für diesen Verzicht eine jährliche Entschädigung. Weiterhin übernahm der Staat die Zahlung verschiedener Steuern für den Fürsten und man einigte sich u.a. über bestimmte Unterhaltungen und Kostenübernahmen.

Im *Ergebnis der Domänenregelung* überließ man das vollständige Eigentum, die Verwaltung und die Nutzungen an den Domänen dem Landesherrn bzw. der landesherrlichen Familie, ohne dass der Staat eine Kompensation erhielt. Dafür brauchte der Staat auch keinerlei Unterhaltszahlungen an das fürstliche Haus zu leisten. Diese Regelung war einzigartig in den thüringischen Staaten. Sie wurde nur deshalb für möglich gehalten, weil „... *in einem gebietlich beschränkten Staatswesen sich das alte patriarchalische Verhältnis des grossen Grundherren mit der Durchbildung zum wirklich modernen Staat noch mehr und mehr die Waage hält.*“[220]

bb) Der Wert der fürstlichen Domänen

Das Domänenvermögen umfasste sechs Kammergüter von 420 ha und vier Forstreviere von 4.700 ha sowie 2,3 Mio. Mark Kapital.[221] Insgesamt wurde der Wert mit etwa 25 Mio. Mark veranschlagt.[222]

---

[218] ThStA Greiz, Kammer Greiz, Kap. 50 Nr. 41, Bl. 22-29.
[219] Schlotter, S. 95.
[220] Zimmermann, FA 35. Bd., S. 482.
[221] Thür. FinMin. an den RMdI v. 11.1.1926 (als Manuskript gedruckt: "Die Entwicklung und der gegenwärtige Stand der Auseinandersetzungen zwischen den ehemaligen Thüringi-

2. Das Fürstentum Reuß jüngere Linie

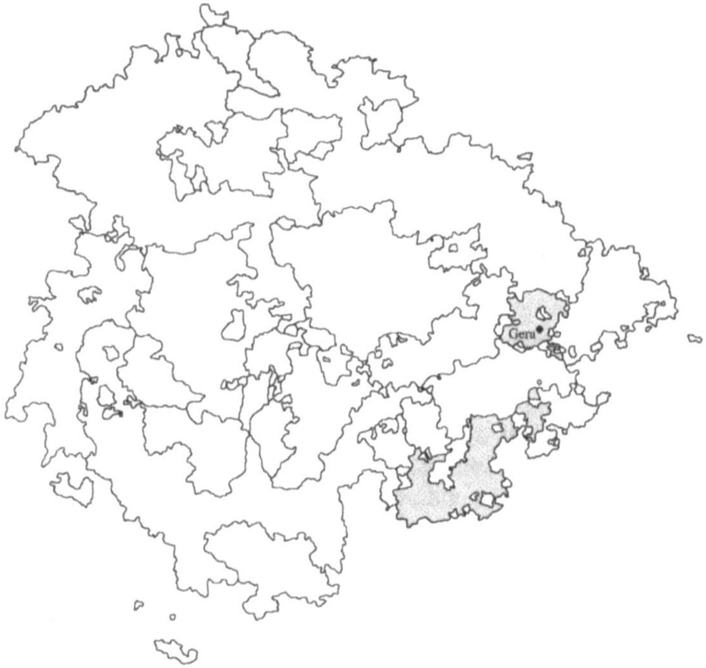

a) Vorbemerkungen zum Fürstentum

Hauptstadt: Gera (46.909 Einwohner, die größte Stadt im nichtpreußischen Teil Thüringens)[223]

Landesherren:

Fürst *Heinrich XIV. Reuß j.L.* (28.5.1832-29.3.1913) regierte von 1867 bis 1913. Er war verheiratet mit *Agnes,* Herzogin *von Württemberg* (1835-1886) und (morganatisch) *Friederike Graetz,* Frau *von Saalburg* (1851-1907).

Fürst *Heinrich XXVII. Reuß j.L.* (10.11.1858-21.11.1928), Regent: 1892 bis 1913, regierte von 1913 bis 1918. Er war verheiratet mit *Elise,* Prinzessin *von Hohenlohe-Langenburg* (1864-1929). Erbprinz: *Heinrich XLV. Reuß j.L.* (1895 geboren, galt seit dem Jahr 1945 als verschollen und wurde durch Beschluss

---

schen Staaten und den dort früher regierenden Landesherren."); ThHStAW, Landtag v. Thür. Nr. 32/4, Bl. 10r [= S. 21 des Manuskriptes].

[222] Jung, S. 198.

[223] Hof- und Staatshandbuch Reuß jüngere Linie, S. 73 ff; Mast, S. 156.

des Amtsgericht Büdingen vom 5.1.1962 mit Wirkung zum 31.12.1953 für tot erklärt.[224])

Landesfläche: 824 qkm
Einwohner: 144.584 (im Jahre 1908)[225]

Fürst *Heinrich XIV. Reuß j.L.*: Der Fürst war zwar „preußisch-militärisch" geprägt durch seinen mehrjährigen Dienst beim 1. Preußischen Garderegiment zu Fuß (in Potsdam) und betrachtete die preußische Politik als unterstützenswert. Er achtete jedoch auf Eigenständigkeit seines Kleinstaates gegenüber preußischen Machtansprüchen. Er war ein beliebter Landesvater, sorgte für die Sammlung der Literatur zur Geschichte der Reußenlandes und des Fürstlichen Hausarchivs, förderte die Wirtschaft und gründete auf eigene Kosten zwei Erholungsheime für Fabrikarbeiter. Im Jahre 1892 übergab er mit 60 Jahren die Regierungsgeschäfte seinem Sohn und lebte im Ruhestand. Trotzdem hielt er es für seine Pflicht, die Regentschaft für das Fürstentum Reuß ä.L. zu übernehmen.[226]

Fürst *Heinrich XXVII. Reuß j.L.*: Er hielt wie sein Vater treu zum Reich und zur Verfassung seines Landes. Sein offener und ehrlicher Charakter, verbunden mit großer Pflichterfüllung und Sparsamkeit, machte ihn bei der Bevölkerung beliebt.[227] Für Musik und Theater war er sehr aufgeschlossen. Im Jahre 1902 ließ er in Gera aus eigenen Mitteln das neue Hoftheater erbauen und auch unterhalten und trat später selbst als Regisseur hervor.[228] Die Linie Reuß-Köstritz (Paragiat Köstritz), eine Seitenlinie der jüngeren Linie, besteht heute als einzige des Gesamthauses Reuß im Mannesstamm weiter.[229]

b) Die Regelung der Domänenfrage

aa) Entwicklung und Stand bis zum Jahr 1918

Auch die Fürstenhäuser der jüngeren Linie Reuß waren bis Mitte des 19. Jahrhundert verschuldet. Für die gemeinsame Verwaltung der Domänen der noch vorhandenen Häuser der jüngeren Linie Reuß war das sogenannte „gemeinschaftliche Rentamt" geschaffen worden.[230] Fehlbeträge des Rentamtes

---

[224] Genealogisches Handbuch, Fürstliche Häuser, Bd. 10, 1978, S. 164.
[225] Hof- und Staatshandbuch Sachsen-Meiningen, S. 102.
[226] Patze/Schlesinger/Facius, 5. Bd. 2. Teil, S.132, 241 f, 279.
[227] Patze/Schlesinger/Facius, 5. Bd. 2. Teil, S. 243.
[228] Reichold, S. 103.
[229] Reichold, S. 208 mit Fn.117; Genealogisches Handbuch, Fürstliches Häuser, Bd. 10, S. 163.
[230] Schmidt, S. 19 f. Die Denkschrift von Schmidt enthält auf S. 36 ff eine „*Kurze Darstellung der Rechtslage in der Domänenfrage*". Als Autor wird Kandler aufgeführt, der der

mussten stets durch die Steuerkassen der Landstände gedeckt werden. Um das Jahr 1830 verlangten die Landstände, dass das Rentamt als Behörde des Staates eingerichtet werden sollte, ohne damit Erfolg zu haben. Eine landständische Verfassung gab es nicht.[231]

Im Jahre 1843 kam es zu einem Abkommen zwischen dem Landesherrn und den Ständen, dabei erkannten die Stände das Rentamt als fürstliche Behörde an. Weiterhin wurde vereinbart, dass die Steuerkassen Fehlbeträge des Rentamtes auszugleichen hätten und die Stände verzichteten auf Erträge von bestimmten Rittergütern. Der sich konstituierende Landtag des Jahres 1848[232] verlangte, dass die fürstlichen Domänengüter zu Staatsgütern erklärt und an den Staat abgetreten werden sollten. Die Fürsten *Heinrich LXXII. von Reuß-Lobenstein und Ebersdorf* und *Heinrich XLII. von Reuß-Schleiz* waren dazu bereit, wenn ihnen eine Zivilliste gewährt würde.[233] Nach der Bildung des Fürstentums Reuß jüngere Linie (siehe 1. Kap. I. 1.) erklärte der neue Landesherr Fürst *Heinrich LXII. Reuß j.L.* sich bereit, die Verwaltung der Domänen gegen die Gewährung einer Zivilliste an den Staat abzutreten vorbehaltlich der Rückgabe beim Eintritt der Mediatisierung des fürstlichen Hauses. Das Eigentumsrecht der Domänen sollte aber ausdrücklich dem fürstlichen Haus zustehen. Landtag und Fürst einigten sich auf eine diesbezügliche Regelung, die in das **Staatsgrundgesetz vom 30.11.1849**[234] aufgenommen wurde: "*Das sämmtliche innerhalb des Landes gelegene Domanial-, Haus- und Familiengut an Gütern, Forsten und Zubehör wird dem Staat zur Verwaltung abgetreten. Der Fürst bekommt dagegen eine Zivilliste für sich und sein Fürstliches Haus. Das Nähere wird im Wege der Vereinbarung festgesetzt*" (§ 64). Diese Bestimmung kam jedoch nicht zur Durchführung und wurde in das **Revidierte Staatsgrundgesetz vom 14.4.1852**[235] nicht übernommen. Statt dessen trafen landesherrliche Verordnungen Bestimmungen über die Domänenverwaltung. Mit den **Verordnungen vom 24.7.1852**[236], **vom 23.12.1853**[237] und **vom 7.7 1854**[238] wurde die Verwaltung der fürstlichen Domanial- und Familienfideikommissgüter in die Hand einer besonderen Behörde gelegt, die als „Fürstliche Kammer" bezeichnet wurde (in § 1 der VO v. 24.7.1852 heißt es: „*Die Verwaltung Unseres gesammten Domanialvermögen und die Berechnung des*

---

letzte Hofkammerpräsident war. Schmidt und Kandler stehen bezüglich der Diskussion am Eigentum der Domänen auf Seiten des Landesherrn.

231 Pölitz, 1. Bd., S. 1095.

232 Zu den Landtagen im Fürstentum Reuß j.L. siehe Seela, S. 34 ff.

233 Vgl. LT.-Verh. Reuß j.L. 1871-74, „B" Nr. 20, S. 120.

234 GS. Reuß j.L. 1849, S. 53-74.

235 GS. Reuß j.L. 1852, S. 385-403.

236 GS. Reuß j.L. 1852, S. 128-130.

237 GS. Reuß j.L. 1853, S. 215-216.

238 GS. Reuß j.L. 1854, S. 267-268.

nutzbaren Ertrages... .“). Sie war dem Fürsten unmittelbar unterstellt, zwar dem Ministerium unmittelbar untergeordnet, von diesem aber unabhängig (§ 1 der Verordnung vom 23.12.1853). Eine Rechenschaftspflicht gegenüber dem Landtag bestand nicht. Der Sitz der Kammer war in Schleiz,[239] wobei die Verordnungen den Sitz nicht erwähnten. Trotz dieser Regelungen fehlte nach wie vor eine ausdrückliche Vereinbarung, wem das Eigentum an den Domänen zustand. Auch das **Gesetz vom 20.6.1856**[240] stellte in § 8 nur fest, dass das „*...Fürstliche Stammeseigenthume den Hausgesetzen gemäß erblich im Mannesstamme ...*“. Der Landtag erhob keinen Widerspruch gegen diese Verordnungen, aber die Domänenfrage wurde in den folgenden Landtagsverhandlungen immer wieder behandelt. Der Landtag verlangte, dass der Landesherr entweder einen jährlichen Beitrag zu den Kosten der Landesverwaltung zahlen sollte oder das Domänenvermögen der staatlichen Besteuerung zu unterwerfen habe.[241] Im Landtagsabschied vom 3.11.1853 erklärte sich der Fürst bereit, sämtliche Domänen (die sich in seinem Eigentum befanden) der staatlichen Besteuerung zu unterwerfen.[242] Das **Gesetz vom 22.6.1868**[243] zog den Fürsten in Ansehung seines gesamten Einkommens aus inländischem Grundbesitz zur Einkommenssteuer heran (§ 5).

Im Jahre 1867 begann eine erneute Diskussion über die Domänensituation. Der Landtag stellte den Antrag, dass das Ministerium wegen der Gewährung einer namhaften Beihilfe zu den Kosten der Landesverwaltung mit der fürstlichen Kammer in Verhandlungen treten sollte. Die Angelegenheit blieb jedoch liegen bis zum Jahr 1874.[244] Dann regte der Landtag die Frage an, welches Rechtsverhältnis für den Staat gegenüber dem Domänenvermögen Bestand habe.[245] Es kam daraufhin zu jahrelangen Verhandlungen, bei denen sich die jeweiligen Rechtsansichten gegenüberstanden. Der Landtag meinte, es bestehe weiterhin eine Verpflichtung der Domänen, zu den Staatslasten beizutragen. Die Regierung bestritt diese Meinung. Sie berief sich auf das Eigentumsrecht des fürstlichen Hauses und auf die vorgelegten Abrechnungen der Jahre 1852/53 und 1865 gegenüber dem Landtag. Danach seien die Regelungen über das Verhältnis zwischen Landes- und Kammerkasse und damit auch die Domänenfrage endgültig geklärt. Der Landtag beauftragte im Jahre 1876 den Juristen *Endemann*[246] mit der Erstellung eines Rechtsgutachtens[247]. Darin kam

---

[239] Schmidt/Kandler, S. 37; Zimmermann, FA 35. Bd., S. 484.
[240] GS. Reuß j.L. 1856, S. 107-114.
[241] Schmidt/Kandler, S. 37.
[242] Schmidt, S. 20.
[243] GS. Reuß j.L. 1868, S. 231-247.
[244] Schmidt/Kandler, S. 38.
[245] LT.-Verh. Reuß j.L 1871-74, „B“ Nr. 20, S. 120 ff und „C“ Nr. 33, S. 241 ff.
[246] 1825-1899, ordentlicher Professor in Jena von 1862-1876 und Oberappellationsrat, ordentlicher Professor in Bonn von 1876-1896.

dieser zu dem Ergebnis, dass die Domänenfrage durch die bisherigen Abmachungen noch nicht vollständig geregelt worden sei. Er empfahl jedoch, der Landtag möge sich durch einen Vergleich mit der Regierung verständigen, da eine Feststellung über das Eigentumsrecht an den Domänen im gerichtlichen Verfahren keinen Erfolg haben würde. Die Denkschrift des Oberappellationsrates *Vollert*[248] erkannte dagegen das volle und unbeschränkte Eigentumsrecht des fürstlichen Hauses an seinen Domänengütern an. Ebenso stellte sich die von der Regierung beauftragte Juristenfakultät der Universität Leipzig im Jahre 1878 auf den Standpunkt von *Vollert*.[249] Der Landtag bzw. das Land habe weder einen erzwingbaren Rechtsanspruch auf das Eigentum an den Domänen noch auf einen Beitrag aus dem Domänenvermögen zu den Kosten der Staatsverwaltung. Nach langen Verhandlungen einigten sich beide Seiten. Fürst *Heinrich XIV. Reuß j.L.* erklärte sich bereit, eine Mio. Mark zur Bildung eines Landes-Domanialfonds zu zahlen und die Regierung legte am 12.11.1880 einen entsprechenden Gesetzentwurf vor,[250] dem der Landtag am 18.11.1880 zustimmte.[251] Nach dem **Gesetz vom 23.11.1880**[252] war das Domänenvermögen (als landesherrliches Fideikommißvermögen bezeichnet) für alle Zeiten reines Privatvermögen des fürstlichen Hauses (§ 3), an dem der Staat keine Ansprüche, mit Ausnahme der durch Gesetze begründeten Ansprüche gegenüber anderem Privateigentum, hatte. Die Verwaltung blieb dem fürstlichen Haus weiterhin überlassen. Als Ausgleich für diese Aufgabe von Ansprüchen am Domänenvermögen erhielt der Staat eine einmalige Kapitalabfindung von einer Mio. Mark. Diese Abfindung wurde auf einem Teil des Domänenvermögens hypothekarisch als Landesdomanialfonds eingetragen (§ 1) und mit jährlich 4 % aus der Kammerkasse verzinst (§ 2). Somit standen sämtliche Erträge der Domänen ohne jegliche Beteiligung des Staates dem Herrscher zu. Demgegenüber bezogen der Fürst und die fürstliche Familie keine Einkünfte aus Staatsmitteln. Außerdem wurde aufgrund des Gesetzes vom 23.11.1880 zwischen dem Ministerium und der fürstlichen Hofkammer der **Vertrag am 29.11.1880** geschlossen, der die Einzelheiten der Landesdomanialfonds regelte.[253] Zum fürstlichen Domänenvermögen gehörte auch der Grundbesitz des Paragiums Köstritz als einem Teil des fürstlichen Hausvermögens (Art 30 des Hausgesetzes v. 12.7.1893).

---

[247] Endemann, S. 74 ff, 85.
[248] Vollert, Domänenfrage Reuß j.L., S. 59 f.
[249] Rechtsgutachten Domänenfrage Reuß j.L., S. 86 ff, 94.
[250] LT.-Verh. Reuß j.L. 1881-1883, „A" Nr. 16, S. 131 ff.
[251] LT.-Verh. Reuß j.L. 1881-1883, „C" Nr. 9, S. 69.
[252] GS. Reuß j.L. 1880, S. 233-235.
[253] In der Akte des ThStA Greiz, Verwaltungsarchiv Osterstein Nr. 1526 (nicht foliert) befindet sich der Originalvertrag; zu den Einzelheiten siehe auch die Akte ThStA Greiz, Ministerium Gera Nr. 669.

Im Ergebnis wurde das Eigentum, die Verwaltung und die volle Nutzung des Domänenvermögens dem Landesherren bzw. der landesherrlichen Familie gegen eine einmalige Abfindungszahlung überlassen.

Fürst *Heinrich XIV. Reuß j.L.* setzte das fürstliche **Hausgesetz Reuß jüngerer Linie vom 12.7.1893** in Kraft (mit Nachträgen vom 18.9.1897, vom 26.2.1898 und vom 4.7.1902). In diesem traf man u.a. Regelungen über die Apanagen (Art. 36-42), Sustentationen und Aussteuern (Art. 43-44) und Wittümer (Art. 45-49). Diese Regelungen galten nicht für die Paragiatslinie Reuß-Köstritz, da hier die spezielleren Vorschriften des Hausvertrages vom 1.6.1883 zwischen Reuß j.L. und Reuß-Köstritz galten.

bb) Der Wert der fürstlichen Domänen

Das Vermögen umfasste 16.214 ha, davon 11.234 ha Wald.[254] Sein Wert betrug 60 Mio. Mark.[255]

---

[254] Thür. FinMin. an den RMdI v. 11.1.1926 (als Manuskript gedruckt: "Die Entwicklung und der gegenwärtige Stand der Auseinandersetzungen zwischen den ehemaligen Thüringischen Staaten und den dort früher regierenden Landesherren."); ThHStAW, Landtag v. Thür. Nr. 32/4, Bl. 9r-9v [= S. 19 f des Manuskriptes].

[255] Gem. LT.-Verh. Reuß 1919, „B" Nr. 36, S. 126; Gem. LT.-Verh. Reuß 1919, „C" Nr. 9, S. 50, 52 .

3. Das Herzogtum Sachsen-Altenburg

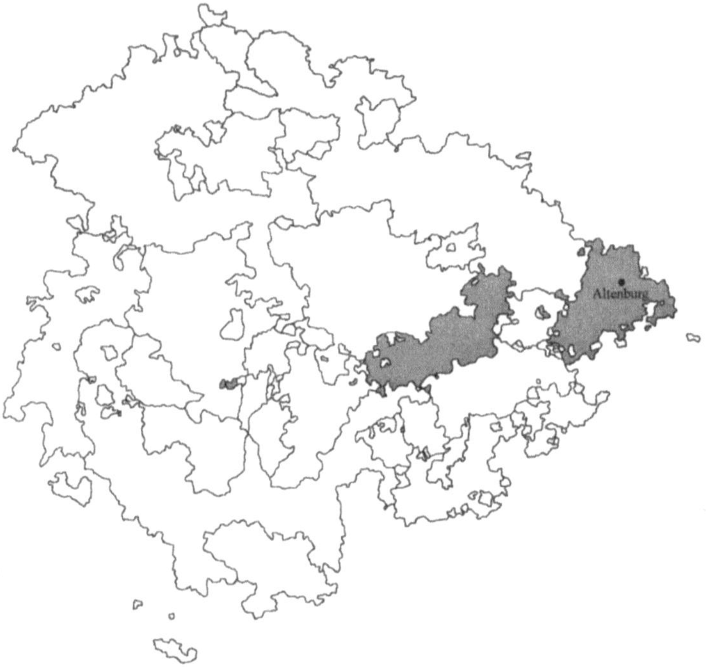

a) Vorbemerkungen zum Herzogtum

Hauptstadt: Altenburg
Landesherren:
Herzog *Ernst I.* (16.9.1826-7.2.1908) regierte von 1853 bis 1908. Er war verheiratet mit *Agnes* Prinzessin *von Anhalt-Dessau-Köthen* (1824-1897).
Herzog *Ernst II.* (31.8.1871-22.5.1955) regierte von 1908 bis 1918. Er war verheiratet mit *Adelheid*, Prinzessin *zu Schaumburg-Lippe*, (1871-1971, geschieden 1920) und (morganatisch) *Marie Triebel* (1893-1957). Mit Erbprinz *Georg Moritz* (1900-1991) starb das Haus Sachsen-Altenburg aus.

Landesfläche: 1.323 qkm[256]
Einwohner: 206.508 (im Jahre 1908)[257]

[256] Mast, S. 149.
[257] Staatshandbuch Sachsen-Altenburg, S. 155 ff.

Das Herzogtum bestand aus zwei Teilen: dem Ostkreis um die Residenzstadt und dem Westkreis um Eisenberg, Stadtroda und Kahla. Es war ein wirtschaftlich blühendes Land, das im Ostkreis als industrialisiert bezeichnet werden konnte. Altenburg hatte sich in der zweiten Hälfte des 19. Jahrhunderts zu einer wichtigen Industriestadt entwickelt (Nähmaschinenbau, Textil- und Metallwaren und Spielkartenherstellung).[258] Das 19. Jahrhundert machte die Altenburger Residenz (nicht zuletzt mit seinem Landesmuseum [Lindenaumuseum] und Hoftheater) auch zu einem bemerkenswerten Mittelpunkt der Kultur in Thüringen.[259]

Herzog *Ernst I.* wurde als *„stramm preußisch"*, aber schlicht und leutselig beschrieben.[260] Als er hochbetagt und kinderlos mit 82 Jahren starb, wurde sein Neffe *Ernst II.* Nachfolger.

Herzog *Ernst II.* galt als der beliebteste der damals regierenden thüringischen Fürsten. Bis zum Regierungsantritt war er Oberstleutnant im Stab des 1. Preußischen Garderegiments zu Fuß in Potsdam.[261] Im 1. Weltkrieg kämpfte er tapfer, hochverehrt und beliebt bei seinen Soldaten. Als einziger Bundesfürst erhielt er wegen persönlicher Tapferkeit den Orden „Pour le mérite".[262] Gleichzeitig rühmte man ihn als sehr klug und voller geistiger Interessen, vor allem auf naturwissenschaftlichem Gebiet. Dem Theater wandte er sich ebenfalls sehr interessiert zu. Im Jahre 1918 hatte er sich „in die Wälder", d.h. in sein Jagdschloss Hummelshain zurückgezogen.[263] Ab dem Jahr 1919 lebte er auf Schloss „Fröhliche Wiederkunft" in Wolfersdorf.[264]

b) Die Regelung der Domänenfrage

aa) Entwicklung und Stand bis zum Jahr 1918

Für das Herzogtum Sachsen-Gotha-Altenburg verlieh Herzog *August von Sachsen-Gotha-Altenburg* (1772-1822) mit der **Erklärung vom 5.6.1818**[265] der Landschaft einige Rechte, die aber nur die Domänenverwaltung betrafen. Die Stände erhielten Rechte zur Einsicht in die Kammeradministration, für eine Mitwirkung zur Feststellung des Kammeretats und bei der Verwendung der

---

[258] Ignasiak, S. 219.
[259] Jacobsen/Bärninghausen/Brandsch, S. 68.
[260] Reichold, S.78.
[261] Reichold, S. 259, 100, 102.
[262] Thüringen im und nach dem Weltkrieg, 1. Bd., S. 247 ff.
[263] Jacobsen/Bärninghausen/Brandsch, S. 68.
[264] Im Jahre 1945 flohen die meisten Adelsfamilien vor der am 2.7.1945 in Thüringen einrückenden Roten Armee in die anderen Besatzungszonen, als einziger blieb Ernst II. Mit 84 Jahren starb er *„in dürftigsten Verhältnissen, von den Almosen seiner ehemaligen Landeskinder lebend"* (Reichold, S.101).
[265] Pölitz, 1. Bd, S. 779 f; ausdrücklich wird in dieser Erklärung erwähnt, dass diese Rechte bisher noch nicht gesetzlich bestanden.

etatmäßigen Einnahmeüberschüsse *„zum Landes Besten"*. Ohne Zustimmung der Landstände durfte der Etat nicht überschritten werden und im Fall von durch ungewöhnliche Zeitumstände hervorgerufenen Ausgaben waren diese von der Landschaft allein zu bestreiten. Trotz dieser Rechte betrachtete sich Herzog *August* als alleiniger Berechtigter über das Domänenvermögen.[266] Ursache dieser Erklärung waren ständige Kompetenzstreitigkeiten zwischen Kammer und Landschaft wegen Bestreitung notwendiger Aufwendungen.[267] Auch mit dem Teilungsvertrag vom 12.11.1826[268], nach dem das daraufhin gebildete Herzogtum Sachsen-Altenburg mit seinem Kammervermögen an Herzog *Friedrich von Sachsen-Hildburghausen* ging, blieben diese gewährten Rechte in Kraft.[269]

Das **Grundgesetz** für das Herzogtum Sachsen-Altenburg **vom 29.4.1831**[270] legte in § 18 fest, dass das jetzige und künftige Domänenvermögen Eigentum des herzoglichen Hauses war. (§ 1 der 2. Beilage zum Grundgesetz vom 29.4.1831 sprach ebenfalls von den bestehenden Patrimonial-Eigentumsrechten des herzoglichen Hauses an den gesamten Kammervermögen und Regalien. Bereits der § 75 des **Ediktes vom 18.4.1831**[271] erwähnte, dass die Kammer für *„die Verwaltung Unsers Domanial-Eigenthums ..."* zuständig wäre.) Der § 18 des Grundgesetzes bestimmte, dass der gesamte Reinertrag des Domänenvermögens dem herzoglichen Haus vorbehalten blieb. Zusätzlich gewährte das Land eine Kammerhilfe für die Kosten der Hofhaltung des Landesherren und der Unterhaltung der herzoglichen Familie, die für jede Finanzperiode und jeden Bedarf neu festzulegen seien. Der Reinertrag aus den Domänenvermögen und die Kammerhilfe bildeten zusammen die Zivilliste.[272] Die Höhe der Zivilliste überstieg somit den gesamten Domänenertrag und führte zu erheblichen Einnahmen des Herzogs bzw. des herzoglichen Hauses. Nach § 19 bestimmte der regierende Herzog, welche Beträge der Zivilliste für den Unterhalt oder die Privatkasse der Familienmitglieder bereitgestellt werden sollten. Das herzogliche Haus besaß als Privateigentum verschiedene Fideikommisskapitalien. So wurde z.B. das Josephinische Fideikommiß ausdrücklich erwähnt. Dieses Fideikommiß wurde am 17.5.1786 in Hildburghausen durch den ehemaligen Reichsgeneralfeldmarschall Prinz *Joseph Friedrich von Sachsen-Hildburghausen* gestiftet und umfasste Tafelsilber, Kapital und ein bebautes Grundstück am Josephsplatz in Altenburg.[273] Daneben bezog der Herzog noch

---

[266] Heinze, ZgSTW 1863, S. 212, 280.
[267] Albrecht, Domänenwesen, S. 48.
[268] Siehe 1. Kap. I. 2. b) ee).
[269] Albrecht, Domänenwesen, S. 49.
[270] GS. S.-A. 1831, S. 71-180.
[271] GS. S.-A. 1831, S. 15-58.
[272] Hier ist der Unterschied zur o.g. Definition der Zivilliste besonders sichtbar.
[273] ThHStAW, Thür. JustizMin. Nr. 2087, Bl. 25r-50r, 10r-20r.

weitere Einkünfte, die Schatullgut genannt wurden (§ 21), sie standen unter unbeschränkter Disposition des Landesherrn und beurteilten sich nach privatrechtlichen Grundsätzen (§ 22). Genauso geregelt wurden die Versorgung der Gemahlin und des Wittums (§§ 23, 24), die Einkünfte des Erbprinzen und der nachgeborenen Prinzen (§§ 25-31) und die Versorgung und Ausstattung der Prinzessinnen (§§ 32, 33). Die Verwaltung des Domänenvermögens erfolgte getrennt von der Landschaft durch eine besondere Behörde, die sog. Kammer (§ 2 der 2. Beilage des Grundgesetzes). Der Geschäftsbereich der Kammer bestimmte sich nach § 75 des Ediktes vom 18.4.1831. Der Landschaft wurden bestimmte Rechte wie Mitaufsicht, Mitbeschließung über die Verwaltung des Domänenvermögens und über die Verwendung des Ertrages weiterhin eingeräumt (§§ 3 ff der 2. Beilage des Grundgesetzes).

Bereits im Jahre 1832 anlässlich der Etatberatungen forderte die Landschaft die Vereinigung der Kammer mit der Obersteuerkasse (dies war die Kasse der Landschaft).[274] Grund war zum einen, Einsparungen zu erzielen, zum anderen hatte der Herzog nach § 13 der 2. Beilage des Grundgesetzes das alleinige Verfügungsrecht über die Verwendung von Kammerüberschüssen, sobald außerordentliche Zuschüsse seitens des Landes zur Kammerkasse nicht weiter nötig waren und das Domänengut schuldenfrei sein würde. Die Landschaft glaubte, dass bei Eintritt dieses Zeitpunktes ihr Recht zur Kontrolle der Kammerverwaltung aufhören würde. Die Ansprüche des herzoglichen Hauses auf die Domänen- und Zivillisteneinkünfte sollten aber nicht beeinträchtigt werden. Die landschaftlichen Erklärungsschriften empfahlen der Kammer Sparsamkeit und Einschränkungen selbst in den persönlichen Bedürfnissen des Herrschers. Seitens des Herzogs gab es eine Entschließung, den Vorschlag der Landschaft in Erwägung zu ziehen. Eine praktische Umsetzung des Vorschlags durch den Herzog erfolgte aber nicht.[275]

Im Jahre 1848 verlangte man in vielen Petitionen die Überweisung der Domänen an den Staat. Die zu teure Landesverwaltung sollte eingeschränkt und vereinfacht werden. Ein weiterer Grund waren auch die hohen Zahlungen aus den Domänenerträgen und die Kammerhilfe an den Herzog.[276] Mit dem **„Höchsten Reskript" vom 20.3.1848** wurde nur die Vereinigung der Verwaltung des Domänenvermögens mit dem Landesvermögen gegenüber der Landschaft in Aussicht gestellt. Das Eigentumsrecht an den Domänen sollte aber nicht aufgegeben werden.[277] Am 30.11.1848 entsagte Herzog *Joseph* zugunsten seines Bruders *Georg* der Regierung. Herzog *Georg* war zunächst nur bereit, die Zivilliste auf 115.000 Taler zu verringern, ohne das Eigentum an

[274] Hässelbarth, S. 10 f.
[275] Albrecht, Domänenwesen, S. 71 f.
[276] Zimmermann, FA 35. Bd., S. 492.
[277] Pernice, S. 4 f.

den Domänen und Regalien aufzugeben. Die Landschaft nahm dieses Angebot aber nicht an. Es kam dann im Dezember zu Verhandlungen zwischen einem Landtagsausschuss und Vertretern der Staatsregierung. Als Ergebnis beschloss der Landtag am 21.12.1848 die Vereinigung des Kammer- und des Steuervermögens und die Festsetzung einer Zivilliste. Der Herzog genehmigte diese Beschlüsse durch sein **Reskript vom 22.12.1848.**[278] Es erfolgte dann der Abschluss des **Vertrages vom 29.3.1849**, nach dem das Kammer- und Obersteuervermögen vereinigt sowie die Höhe der Zivilliste neu festgestellt wurde. Nach Buchstabe **A** des Vertrages trat der Herzog alle Rechte am Domänenvermögen (als Domanialvermögen bezeichnet) und anderen Einkünfte (aus § 18 des Grundgesetzes vom 29.4.1831) an den Staat ab. Für den Fall einer Beendigung der Regierung sollten die Regelungen des Grundgesetzes vom 29.4.1831 und der 2. Beilage wieder aufleben. Die Klausel wurde für den Fall einer Mediatisierung des Herzogtums aufgenommen. Für die Abtretung der Domänen erhielt der Herzog eine Zivilliste in Höhe von 100.000 Talern (Buchstabe **C** des Vertrages). Der Anspruch des herzoglichen Hauses auf das Patrimonial-Eigentumsrecht an dem Domänenvermögen sollte durch diesen Vertrag in keiner Weise berührt werden (Buchstabe **M** des Vertrages).[279] Der Landtag genehmigte am 4.4.1849 diesen Vertrag[280], der am 17.7.1849 vom Herzog ratifiziert wurde. Zu diesem Vertrag vom 29.3.1849 traten der Erbprinz *Ernst von Sachsen-Altenburg* und die Brüder des Herzogs *Georg* (die Prinzen *Joseph, Friedrich und Eduard*) als Agnaten bei.[281] Am 6.12.1849 wurde der Vertrag in Gesetzesform veröffentlicht.[282] Allerdings protestierten im Frühjahr des Jahres 1853 Herzog *Bernhard Erich Freund von Sachsen-Meiningen*, Erbprinz *Georg von Sachsen-Meiningen*, Prinz *Moritz von Sachsen-Altenburg* und Prinz *Albert von Sachsen-Coburg-Gotha* (der Prinzgemahl von Queen *Victoria*) gegen den Vertrag vom 29.3.1849 und erklärten diesen wegen Verletzung ihrer Rechte für ungültig.[283] Seit dem Jahr 1853 erschienen auch mehrere Schriften, zum Teil anonym verfasst, in denen ausdrücklich das Eigentum des herzoglichen Hauses an den Domänen gefordert wurde[284] und behaupteten, dass der Vertrag vom 29.3.1848 ungültig sei.[285] Im gleichen Jahr erschien auch das Gutachten des Hallenser Juristen *Pernice*, das dieser im Auftrag von *Her-*

[278] LT.-Verh. S.-A. 1848, S. 1192.
[279] Der Widerspruch zwischen den Festlegungen in den Buchstaben A und M führte zu erheblichen Diskussionen.
[280] LT.-Verh. S.-A. 1849, S. 265 ff.
[281] GS. S.-A. 1849, S. 232, 238-240.
[282] GS. S.-A. 1849, S. 232-236.
[283] Pernice, Beilagen S. 15 ff.
[284] Domänenfrage Sachsen-Altenburg, S. 38 ff; Gersdorf, Territorialgeschichte Sachsen-Altenburg, S. 45.
[285] Betrachtungen Sachsen-Altenburg, S. 22; Domänenfrage Sachsen-Altenburg, S. 45 ff.

zog Georg von Sachsen-Altenburg angefertigt hatte. Auch für ihn waren die Domänen fideikommissarisches Privatvermögen des herzoglichen Hauses und der Vertrag vom 29.3.1849 nichtig. Er empfahl aber eine Verhandlungslösung mit dem Landtag, um diesen Vertrag zu beseitigen.[286] Im November des Jahres 1853 legte die Staatsregierung dem Landtag einen Gesetzesentwurf zur Regelung der Domänenangelegenheit vor. Nach Beratungen einigte man sich auf einen Entwurf, dem der Landtag am 30.12.1853 zustimmte.[287] Nach Zustimmung der Agnaten erfolgte die Veröffentlichung als Gesetz am 18.3.1854. Im **Gesetz vom 18.3.1854**[288] wurde ausdrücklich das Eigentum des herzoglichen Hause an dem Domänenvermögen festgestellt (Buchstabe A, Ziff. 1). Weiterhin sollte eine Übersicht des Domänenvermögens durch die herzogliche Behörde aufgestellt werden (Buchstabe A, Ziff. 2). Die Verwaltung des Domänenvermögens wurde den Staatsfinanzbehörden übertragen, die Nutzungen und Erträge flossen in die Hauptfinanzkasse (Buchstabe B, Ziff. 1). Als Äquivalent für diese Überweisung erhielt der Herzog eine Zivilliste von 128.000 Taler (Buchstabe B, Ziff. 2, 3 und 4).

Aufgrund der Steigerung der Domäneneinkünfte stellte der Herzog am 15.11.1858 es in das Ermessen des Landtages, in Verhandlungen über eine Erhöhung der Zivilliste zu treten.[289] Die Erhöhung der Zivilliste um 15.000 Taler ab dem 1.1.1859 erfolgte durch die **Novelle vom 23.12.1858.**[290] Durch den **Rezeß vom 29.12.1859**[291] (veröffentlicht als Patent am 1.2.1860) trat der Herzog für sich und sein Haus eine Reihe von Regalien und Gerechtsamen staatsrechtlicher Natur (z.B. Straßen,- Münzen- und Salzregal), die bis dahin Eigentum des herzoglichen Hauses waren, an den Fiskus ab. Als Gegenleistung sollte das Eigentum des herzoglichen Hauses nicht mit besonderen staatsrechtlichen Verpflichtungen behaftet werden. Erst im Jahr 1867 begann man mit einer Aufstellung des Domänenvermögens, die bereits im Gesetz vom 18.3.1854 gefordert worden war.[292] Aufgrund weiterer Verhandlungen wurde die Zivilliste durch die **Novelle vom 14.1.1869**[293] erhöht. Die Zivilliste betrug nunmehr jähr-

---

[286] Pernice, S. 11, 69.
[287] LT.-Verh. S.-A. 1851-1853, S. 689 ff.
[288] GS. S.-A. 1854, S. 126-130.
[289] Albrecht, Domänenwesen, S. 127 ff.
[290] GS. S.-A. 1858, S. 135.
[291] GS. S.-A. 1860, S. 7-11.
[292] Albrecht, Domänenwesen, S. 138 ff; Er erwähnt eine Denkschrift des Landtages v. 11.3.1867, die eine Übersicht über das gesamte Domäneninventar enthielt, die Rechte des Herzogs an den Domänen bezweifelte und den Rezeß v. 29.12.1859 für ungültig hielt. Die Gegenschrift der Regierung erschien am 16.10.1867 (Albrecht, Domänenwesen, S. 141-147).
[293] GS. S.-A. 1869, S. 27-30.

lich 158.000 Taler (§ 1) und Überschüsse aus den Domäneneinkünften wurden jeweils hälftig zwischen dem Herzog und dem Land geteilt (§ 2).

Seit dem Jahr 1870 beriet man über eine endgültige Klärung der Domänenfrage, da die bisherigen Ergebnisse für den Staat keine befriedigende Lösung gebracht hatten, und besprach verschiedene Modelle.[294] Im Herbst des Jahres 1873 legte die Staatsregierung einen Gesetzentwurf vor, dem der Landtag am 5.12.18/3 zustimmte. Das nach Zustimmung der Agnaten im April des Jahres 1854 veröffentlichte Gesetz führte zu einer endgültigen Regelung der Rechtsverhältnisse an den Domänen. Nach dem **Gesetz vom 29.4.1874**[295] wurde das gesamte Domänenvermögen zwischen dem herzoglichen Haus und dem Land aufgeteilt und beide Parteien erhielten ihren Anteil als ausschließliches Eigentum. Nach § 1 bekam das herzogliche Haus zwei Drittel des Domänenvermögens (§ 2 iVm. Beilage B), dass waren ca. 13.100 ha Fläche. Das Land erhielt ein Drittel (§ 2 iVm. Beilage C), ca. 6.700 ha Fläche. Die Teilung der Domänen erfolgte am 1.10.1874 (§ 3). Die Verwaltung des jeweiligen Domänenanteils erfolgte getrennt durch die jeweils zuständigen Behörden.[296] Der Anteil des herzoglichen Hauses bekam die Eigenschaft eines Haus- und Familienfideikommiß unter dem Namen „Domänen-Fideikommiß des Herzoglichen Hauses Sachsen-Altenburg" (§ 4 lit. a). Der Anteil des Landes wurde Teil des Staatsvermögens (§ 4 lit. c). Mit der Teilung erlosch das Recht des regierenden Herzogs auf den Bezug einer Zivilliste und alle anderen Leistungen, die dem Staatsfiskus für die Hofhaltung und den Unterhalt der herzoglichen Familie oblagen (§ 5 lit. a). Die Leistungen, die der regierende Herzog gegenüber Mitgliedern seines Hauses hatte (Existenz und Umfang dieser Verbindlichkeiten bestimmten sich nach dem Grundgesetz, hilfsweise nach den Hausgesetzen), mussten aus den Erträgen des Domainen-Fideikommisses erfüllt werden (§ 5 lit. b). Aufgrund dieser Regelung erloschen auch die Ansprüche des Landes auf Heranziehung der Nutzung der Domänen zu Staatszwecken.[297]

Ergebnis der Domänenregelung war somit die sachliche Aufteilung der Domänen zwischen Landesherr bzw. landesherrlicher Familie und dem Staat. Beide Seiten verwalteten und nutzten ihren Domänenanteil selbständig und hatten diesen zu uneingeschränkter (im Rahmen der für jede Seite geltenden Gesetze bzw. Hausgesetze) freier Verfügung. Der Staat leistete keine Zahlungen zu Unterhalts- und Hofhaltungszwecken.

---

[294] Albrecht, S. 157 ff führt wirtschaftliche Gründe an, die zu einer Neuverhandlung geführt hätten.
[295] GS. S.-A. 1874, S. 9-17.
[296] Siehe dazu die **Gesamt-Ministerial-Bekanntmachung vom 23.9.1874** (GS. S.-A. 1874, S. 71-72).
[297] Hässelbarth, S. 187.

bb) Der Wert der herzoglichen Domänen

Das Domänenfideikommiß umfasste fünf geschlossene landwirtschaftliche Güter von ca. 1.070 ha und zwölf Forstreviere von ca. 12.200 ha.[298] Im Jahr 1919 ging das Land Sachsen-Altenburg[299] von einem „Kriegkonjunkturwert" des Domänenfideikommiß von ca. 100 Mio. Mark bzw. einem Normalwert von 75 Mio. Mark aus.[300]

4. Das Herzogtum Sachsen-Coburg und Gotha

a) Vorbemerkungen zu den Herzogtümern

Hauptstädte: Coburg (22.488 Einwohner im Jahre 1905)
Gotha (39.947 Einwohner im Jahre 1905)

---

[298] Thür. FinMin. an den RMdI v. 11.1.1926 (als Manuskript gedruckt: "Die Entwicklung und der gegenwärtige Stand der Auseinandersetzungen zwischen den ehemaligen Thüringischen Staaten und den dort früher regierenden Landesherren."); ThHStAW, Landtag v. Thür. Nr. 32/4, Bl. 5v [= S. 12 des Manuskriptes].

[299] LT.-Verh. S.-A. 1919-1921; 1. Abt., S. 118.

[300] Im Jahre 1932 ging das Land Thüringen von einem Wert von 27 Mio. RM aus (ThHStAW, Thür. FinMin. Nr. 7942, Bl. 66r-73r.

Landesherren:
Herzog *Ernst II.* (21.6.1818-22.8.1893) regierte von 1844 bis 1893. Er war verheiratet mit *Alexandrine,* Prinzessin *von Baden* (1820-1904).
Herzog *Alfred*, Herzog *von Edinburgh* (6.8.1844-30.7.1900) regierte von 1893 bis 1900 und war verheiratet mit *Maria* Alexandrowna, Großfürstin *von Russland* (1853-1920).
Vom Jahr 1900 bis zum Jahr 1905 erfolgte die Regierung durch *Ernst* Erbprinz *zu Hohenlohe-Langenburg* (1863-1950) als Vormund von Herzog *Carl Eduard.*
Herzog *Carl Eduard,* Herzog *von Albany* (19.7.1884-6.3.1954) regierte von 1905 bis 1918. Er war verheiratet mit *Victoria Adelheid,* Prinzessin *zu Schleswig-Sonderburg-Glücksburg* (1885-1970).
Landesfläche: 1.977 qkm (Hzg. Coburg: 562 qkm, Hzg. Gotha: 1415 qkm)[301]
Einwohner: 242.400 (Hzg. Coburg: 71.500, Hzg. Gotha: 170.000)

Nach dem **Staatsgrundgesetz für die Herzogtümer Sachsen-Coburg und Sachsen-Gotha vom 3.5.1852**[302] war das Herzogtum „*ein unter der Regierung des Herzoglichen Hauses von Sachsen-Coburg und Gotha vereinigtes, untrennbares Ganzes...*“ (§ 1). In Wirklichkeit war es nur ein unvollkommener Einheitsstaat, da jedes Herzogtum in wichtigen Punkten noch seine staatliche Selbständigkeit besaß. Diesem Dualismus entsprach auch der offizielle Name: „das Herzogtum Sachsen-Coburg **und** Gotha“. Der Anfall Gothas an Coburg im Jahre 1826 hatte nur eine Personalunion zur Folge. Mehrfache Versuche des Herzogs, die Personalunion in eine Realunion – also eine vollständige politische, finanzielle und administrative Vereinigung – zu ändern, scheiterten am Widerstand der beiden Landtage.[303] Erst durch das Staatsgrundgesetz vom 3.5.1852 gelang es, einige wenige gemeinsame Angelegenheiten zu regeln. Es gab verfassungsmäßig coburg-gothaische (gemeinschaftliche) Angelegenheiten und gothaische und coburgische (Spezial)angelegenheiten. Jedes Herzogtum behielt, wenn auch der Herzog beide Länder durch das Staatsministerium regierte, seine eigene selbständige Verfassung und Verwaltung, insbesondere in der Staatsfinanzierung. Ebenso ging jedes Herzogtum in der Gesetzgebung seinen eigenen Weg.[304] Neben dem Landtag für das Herzogtum Coburg und dem Landtag für das Herzogtum Gotha gab es den gemeinschaftlichen Landtag, der aus den Mitgliedern beider Landtage gebildet wurde (§ 73 des Staatsgrundge-

---

[301] Mast, S. 150; Hof- und Staatshandbuch Sachsen-Coburg und Gotha, S. 49 ff.
[302] GS. S.-G. 1852 (Gemeinschaftliche GS. für die Hzg. S.-C.u.G. Nr. 2), S. 1-80.
[303] Lammert, ZVThürGA, 31. Bd. N.F. 23. Bd., S. 529.
[304] Forkel, S. 114.

setzes vom 3.5.1852 in der Fassung vom 31.1.1874).[305] Auch alle späteren Versuche von Herzog *Ernst II.* auf eine Vereinigung der beiden Herzogtümer Sachsen-Coburg und Sachsen-Gotha zu einem Staat scheiterte an der Ablehnung der beiden Landtage.[306]

Die Landesteile Coburg und Gotha unterschieden sich in vieler Hinsicht: geographisch – die Coburger sind Franken, die Gothaer „echte“ Thüringer;[307] wirtschaftlich – in Gotha waren Stahlerzeugnisse, Fahrzeugindustrie, Schuhwaren; in Coburg Korbflechtereien und Spielwaren[308] – und in der Bevölkerungszahl – Gotha hatte fast dreimal so viele Einwohner wie Coburg. Coburg war der Stammsitz des Landesherrn, berühmt durch seine engen Verbindungen zum englischen Königshof und zu anderen europäischen Königshäusern.[309] Prinzen aus Coburg regierten in Belgien, Portugal, Bulgarien und Großbritannien. *Bismarck* nannte das Haus Coburg das *„Gestüt“* Europas.[310]

Herzog *Ernst II.* hatte im Jahre 1844 die Regierung übernommen. Sein jüngerer Bruder *Albert* war der Prinzgemahl der britischen Queen *Victoria* und dessen zahlreiche Nachkommen verbanden sein Haus wiederum in direkter Linie mit den Hohenzollern und dem russischen Zarenhaus der Romanows.[311] Er gehörte zu den populären und markanten Landesherren Thüringens. Er teilte Bismarcks Bestreben zur Einigung Deutschlands, nahm aber andererseits von Preußen verfolgte Liberale (z.B. *Gustav Freytag*), Publizisten und Politiker auf. Er trat als Protektor für Sänger-, Turner- und Schützenfeste auf und wurde deswegen auch *„Schützen-Ernst“* genannt.[312] Als der Herzog im deutsch-französischen Krieg im Jahre 1870/71 ein Korpskommando übernehmen wollte, lehnte dies der preußische Generalstabschef *v.Moltke* ab, da *„sich ein preußischer Offizier wohl nicht unter die Befehle des Schützenkönigs stellen könne“*.[313] Auch in der Außenpolitik versuchte er, Einfluss zu nehmen: Im Jahre 1866 wollte er zwischen Preußen und Österreich vermitteln oder sogar gegen *Bismarck* vorgehen, als dieser ihm nicht mehr liberal genug erschien. Er unterstützte, oft aus seinem Privatvermögen, Einrichtungen der Wissenschaft und Kultur. So förderte er den Museumsbau in Gotha, die berühmte Forschungsbibliothek in Gotha, die Kunstsammlungen, den Verleger *Perthes* bei der Kartographie und nahm an einer Forschungsexpedition nach Äthiopien mit

---

[305] GS. S.-C. 1874 (Gemeinschaftliche GS. für die Hzg. S.-C.u.G. Nr. 311), S. 25-30.
[306] Frühwald, S. 105 ff.
[307] Quarck, S. 14.
[308] Reichold, S. 51.
[309] Reichold, S. 70.
[310] Ignasiak, S. 213.
[311] Lesenswert zu Prinz Albert ist das Buch von Netzer.
[312] Patze/Schlesinger/Facius, 5. Bd. 2. Teil, S. 224 f.
[313] Patze/Schlesinger/Facius, 5. Bd. 2. Teil, S. 202.

dem Zoologen *Brehm* teil.[314] Er komponierte selbst eine Oper, die *Franz Liszt* in Gotha aufführte und gewährte dem Walzerkönig *Johann Strauß* Asyl. Der Herzog pflegte noch die biedermeierlichen Verhaltensweisen in seinem gemütlichen Umgang mit Jägern, Schützen und Bürgern.[315] Intelligent und begabt, aber wenig diszipliniert und Stimmungen unterworfen, wurde ihm ein Geltungsbedürfnis,[316] das nicht nur den Kaiser irritierte, vorgeworfen.[317] Neuere Arbeiten beurteilen ihn dagegen positiver. Dabei wird ihm ein ambivalenter Charakter, gepaart mit Herrschaftsverstand und liberal-konstitutionellen Vorstellungen, bescheinigt.[318]

Herzog *Alfred*: Da die Ehe des Herzogs *Ernst II.* kinderlos blieb, wurde der 49-jährige Sohn seines Bruders *Albert* und Queen *Victoria* von England, Herzog *Alfred von Edinburgh* Thronfolger. Allerdings starb er bereits nach sieben Jahren.[319] Er brachte nur geringes Interesse für den Kleinstaat in Thüringen auf. So beherrschte er nur mühsam die deutsche Sprache, das Herzogtum Gotha war ihm als *„kommunistisch"* zuwider und für seine Landeskinder blieb er der *„Engländer"*.[320] Seine einzige Freude in Thüringen blieb die Jagd. Höfische Verpflichtungen waren ihm lästig. Seine Frau *Maria*, Tochter des Zaren *Alexanders II.* von Russland, residierte dagegen gern.

Herzog *Carl Eduard*: Durch den Tod des Erbprinzen *Alfred* im Jahre 1899[321] suchte man erneut nach einem Thronfolger bei den englischen Verwandten, trotz der gegenteiligen scharfen Reaktion in Deutschland. Die Wahl fiel auf Herzog *Carl Eduard von Albany*, einem Enkel der Queen *Victoria* und Sohn der deutschen Prinzessin *Helene von Waldeck-Pyrmont*, was durch das **Gesetz vom 15.7.1899**[322] gesetzlich geregelt wurde. Der 16-jährige kam auf Wunsch Kaiser *Wilhelm II.* nach Deutschland, ebenfalls kaum der deutschen Sprache mächtig. Während der ersten fünf Jahre, bis zur Volljährigkeit, musste er sich durch einen Vormund und Regenten vertreten lassen (Erbprinz *Ernst zu Ho-*

---

314 Ignasiak, S. 215, Patze/Schlesinger/Facius, 5. Bd. 2. Teil, S. 225 ff.
315 Patze/Schlesinger/Facius, 5. Bd. 2. Teil, S. 227; Reichold, S.213.
316 Reichold, S. 80; Frühwald, S. 250 f.
317 So schrieb er 1887 seine dreibändigen Memoiren, die aber wenig Quellenwert wegen der Entstellungen und Irrtümer besitzen (Patze/Schlesinger/Facius, 5. Bd. 2. Teil, S.225 ff.); Für Frühwald stimmen dagegen seine Darstellungen von 1848/49 im wesentlichen mit den Quellen überein (S. 251).
318 Müller, Revolutionserfahrungen, S. 618.
319 Reichold, S. 79.
320 Patze/Schlesinger/Facius, 5. Bd. 2. Teil, S. 228 f.
321 Zu den Hintergründen siehe Sandner, S. 153 ff.
322 GS. S.-C. 1899 (Gemeinschaftliche GS. für die Hzg. S.-C.u.G. Nr. 617), S. 46-48.

henlohe-Langenburg[323]). Diese Jahre verbrachte er überwiegend am Berliner Kaiserhof, studierte in Bonn (Mitglied des Corps Borussia) und diente im 1. Preußischen Garderegiment zu Fuß in Potsdam.[324] Kaiser *Wilhelm II.* wollte aus dem künftigen Herrscher eines wichtigen Bundeslandes einen „national gesinnten Deutschen" machen. Verheiratet mit einer Nichte der Kaiserin wurde er tatsächlich für den Kaiser ein loyaler Bundesfürst, der sich jedoch den thüringischen Anforderungen nicht gewachsen zeigte. Seine nur neun Jahre währende Regierungszeit vor dem Ersten Weltkrieg brachte ihm wenig Ansehen sowohl hinsichtlich seiner Regierungsmaßnahmen als auch seiner Persönlichkeit ein. Der Vergleich mit seinem Vorgänger *Ernst II.* und seinem Vormund fiel für den sehr jungen Landesherrn ungünstig aus.[325] Sein Staatsminister war der erfahrene und konservative *v.Bassewitz.*

Die ständige Rivalität der beiden Landesteile spitzte sich in dieser Zeit weiter zu. *Herzog Carl Eduard* zog zunehmend Gotha den unfreundlicheren Coburgern vor. Im Jahre 1905 verlagerte man den Schwerpunkt der Verwaltung mit den meisten Hofbehörden in die Residenzstadt Gotha. Da der überwiegende Teil der Domänen des Herzogtums in diesem Teil lag, wurde eine eigene Domänenverwaltung aufgebaut, was noch schwerwiegende Folgen in der Zukunft haben sollte. In Gotha erklärte der SPD-Abgeordnete *Bock* anlässlich der Thronbesteigung schon mahnend, er erwarte keinen „gnädigen", sondern einen gerechten neuen Herren.[326] Herzog *Carl Eduard* zeigte aber maßlose und eigensinnige Züge, seine Leidenschaft war die Jagd. Gleichzeitig galt seine Aufmerksamkeit der Luftfahrt und der Automobilindustrie.[327] Während des Ersten Weltkrieges nahm er an den Märschen und Kämpfen des 6. Thüringischen Infanterie-Regiments Nr. 95 (das in den beiden Herzogtümern seinen Standort hatte) teil, musste sich aber nach einem Jahr wegen eines schweren Rheumaleidens zurückziehen und erfüllte nur noch protokollarische Aufgaben.[328] Seine Herkunft als Engländer wurde während des Ersten Weltkrieges schwieriger. Mit dem **Gesetz vom 12.3.1917**[329] wurde das Staatsgrundgesetz vom 3.5.1852 und das Gesetz vom 15.7.1899 hinsichtlich der Thronfolge abgeändert. Danach verloren Mitglieder des herzoglichen Hauses, die einem nichtdeutschen Staat angehörten, das Recht der Regierungsnachfolge, wenn ihr Heimatstaat Krieg gegen das deutsche Reich führte (§ 2). Der gleiche Passus wurde auch durch das **Gesetz vom**

---

[323] 1863-1950.
[324] Sandner, S. 195.
[325] Patze/Schlesinger/Facius, 5. Bd. 2. Teil, S. 229 ff; Reichold, S. 94 f.
[326] Reichold, S. 230.
[327] Patze/Schlesinger/Facius, 5. Bd. 2. Teil, S. 231.
[328] Patze/Schlesinger/Facius, 5. Bd. 2. Teil, S. 293.
[329] GS. S.-G. 1917 (Gemeinschaftliche GS. für die Hzg. S.-C.u.G. Nr. 907), S. 29-30.

10.7.1917[330] in das **Hausgesetz vom 1.3.1855**[331] übernommen (§ 3). Zugleich wurde auch Art. 23 des Hausgesetzes vom 1.3.1855 geändert, wonach sich die Erbfolge an dem Domäneneigentum nach denselben Bestimmungen, die das Staatsgrundgesetz für die Regierungsnachfolge vorsah, bestimmt (§ 5). Die gleiche Bestimmung galt für die Erbfolge des Hausallodiums (§ 6). Das Ergebnis dieser Gesetzesänderungen war, dass die Erbfolge an beiden Vermögensmassen untrennbar mit der Regierungsnachfolge verbunden wurde. Die englischen Verwandten des Herzogs *Carl Eduard* wurden somit von der Regierungsnachfolge und der Erbfolge von bestimmten Vermögensteilen[332] der Herzogtümer Coburg und Gotha ausgeschlossen.[333] Der englische König *Georg V.* legte daraufhin im Jahr 1917 den Namen Sachsen-Coburg-Gotha ab und nahm den Namen *Windsor* an.[334] Diese Entscheidung veränderte nicht nur das Ansehen des Herzoghauses, sondern auch das Verhalten des Herzogs. Vom Zwiespalt glitt er in betont deutsche Gesinnung.[335]

b) Die Regelung der Domänenfrage

Die Rechtsverhältnisse an den Domänen beruhten für jedes Herzogtum auf eigenen gesetzlichen Grundlagen. Es gab ein coburgisches, ein gothaisches und ein coburg-gothaisches Domänenvermögen. Die Domänen waren Eigentum des Herzoglich Sachsen-Gothaischen Gesamthauses (Art. 20, Ziff. 1 iVm. Art 21-32 des Hausgesetzes vom 1.3.1855). Das Staatsgrundgesetz vom 3.5.1852 enthielt nur im § 117 eine Festlegung über die Domänen. Danach war die Veräußerung oder Belastung von Bestandteilen des Staats- oder Domänenguts (mit geringfügigen Ausnahmen) Gegenstand der Gesetzgebung. Da das Staatsgrundgesetz vom 3.5.1852 unbeschränkt für den vereinigten Bundesstaat galt, war sowohl für das Herzogtum Coburg als auch für das Herzogtum Gotha die Veräußerung von Domänenbestandteilen an die Zustimmung des jeweiligen Landtages geknüpft. Für beide Herzogtümer gab es unterschiedliche Entwicklungen und Ergebnisse, die im Folgenden dargestellt werden.

---

330 GS. S.-C. 1917 (Gemeinschaftliche GS. für die Hzg. S.-C.u.G. Nr. 909), S. 51-54.
331 GS. S.-G. 1855 (Gemeinschaftliche GS. für die Hzg. S.-C.u.G. Nr. 35), S. 287-319.
332 Einzelheiten zu den Vermögensteilen siehe 1. Kap. III. 4. b) aa) und bb).
333 Siehe dazu ThStA Gotha, Staatsministerium, Dep. I, Loc. 1a Nr. 49 und Loc. 1b Nr. 67 sowie das lesenswerte Manuskript von Heinz Wiegand, „Thron- und Erbfolgestreit im Hause Sachsen-Coburg-Gotha 1914-18“, das sich auch im ThStA Gotha befindet.
334 Patze/Schlesinger/Facius, 5. Bd. 2. Teil, S. 294; Reichold, S. 229.
335 Patze/Schlesinger/Facius, 5. Bd. 2. Teil, S. 467 f.

aa) Herzogtum Sachsen-Coburg

(1) Entwicklungen und Stand bis zum Jahr 1918

Das Herzogtum Coburg war im letzten Drittel des 18. Jahrhundert so verschuldet, dass eine kaiserliche Finanzkommission ab dem Jahr 1773 den Etat überwachte und alle Ausgaben genehmigen musste. Im Jahre 1799 betrug die Staatschuld 1,261 Mio. Taler.[336]

Die ständische **Verfassung des Herzogtums Sachsen-Coburg vom 8.8.1821**[337] bestimmte, dass das Domänenvermögen (als Domanial-Vermögen bezeichnet) dem regierenden herzoglichen Haus als Eigentum gehörte und die Erträge für die Erhaltung des Regentenhauses, für die Administrationskosten und den übrigen Bedarf verwendet werden sollten (§ 76). Die Stände erhielten die Befugnis zur Beschäftigung mit dem Erhalt des Domäneneigentums (§ 63 lit. b) und zur Beratung über die Verwendung der Domäneneinnahmen (§ 76). Die Verwendung der Domäneneinkünfte führte hinsichtlich ihres Umfanges zu erheblichen Meinungsverschiedenheiten zwischen dem Herzog und den Ständen. Zum einen, weil die Domänenschulden von der Staatsschuldenkasse übernommen worden waren und zum anderen beanspruchten die Stände einen angemessener Beitrag der Einkünfte zur Verzinsung und Tilgung der Domänenschulden.[338]

Nach längeren Verhandlungen zwischen Herzog und Landtag kam es zum **Gesetz vom 29.12.1846.**[339] Danach bildeten die Domänen, als Fideikommiß gebunden, ein unveräußerliches Familieneigentum des herzoglichen Hauses (Art. 1). Die Hälfte des jährlichen Domänenertrages (abzüglich aller Verwaltungskosten u.a.) diente zur Unterhaltung des herzoglichen Hauses und Hofes (Art. 4). Die andere Hälfte wurde an die Staatskasse als Beitrag zur Tilgung der Staatsschulden überwiesen. Nach der Tilgung sollte sich der Staatsanteil auf ein Drittel verringern (Art. 5). Die Verwaltung der Domänen erfolgte durch eine herzogliche Behörde und ohne Einmischung der Stände (Art. 8). Von den Einkünften, die dem herzoglichen Haus zur Verfügung standen, mussten die Apanagen, Sustentationsgelder, Mitgaben und Wittümer bestritten werden, so dass der Staatskasse keinerlei Ausgaben für den Herzog und das herzogliche Haus oblagen.[340]

Nach dem Jahr 1852 kam es zu einer Veränderung der Domänenverwaltung: Mit der **Verordnung vom 29.6.1852**[341] übernahm die Landesregierung als her-

---

[336] Netzer, S. 30 ff.
[337] GS. S.-C. 1821, S. 28-62.
[338] Forkel, S. 135; Frühwald, S. 45 ff.
[339] GS. S.-C. 1846, S. 320-324.
[340] Forkel, S. 135.
[341] GS. S.-C. 1852, S. 159-162.

zogliche Behörde die Verwaltung der Domänen (Art. 1 und 2).[342] [343] Das **Einführungsgesetz vom 1.6.1852**[344] (zum Staatsgrundgesetz vom 3.5.1852) bestätigte das Gesetz vom 29.12.1846 (Art. 2, Ziff. 1). Die im Jahr 1846 vereinbarte Schuldentilgungsperiode wurde durch das **Gesetz vom 21.2.1855**[345] bis zum Jahre 1919 verlängert. Von diesem Zeitpunkt an sollte die Staatskasse ein Drittel der Domäneneinkünfte erhalten (Art. 1). Der Grundetat, nach dem sich der Beitrag der Domäneneinkünfte zur Staatskasse berechnete, betrug 164.540 fl. (**Gesetz vom 30.6.1855**[346]). Mit dem **Regulativ vom 27.9.1858**[347] wurden die Vorgaben der Art. 21 ff des Hausgesetzes vom 1.3.1855 umgesetzt. (Nach Art. 20 des Hausgesetzes vom 1.3.1855 bildeten die coburgischen Domänen einen Teil des Eigentums des Herzoglich Sachsen-Gothaischen Gesamthauses. Der Art. 21 bestimmte, dass über den Bestand des Domainenguts besondere Verzeichnisse angelegt werden, die ausnahmsweise Veräußerung von Domänen bestimmte sich nach Art. 24 ff).

Das **Gesetz vom 4.9.1907**[348] hob den Art. 5 des Gesetzes vom 29.12.1846 und das Gesetz vom 21.2.1855 auf (§ 1). Die Staatskasse erhielt jetzt dauernd die Hälfte des Reinertrages der Domäneneinkünfte zur Bestreitung der Staatslasten. Zahlungen der Staatskasse an den Herzog oder das herzogliche Haus erfolgten auch weiterhin nicht. Mit dem **Nachtrag vom 4.9.1907**[349] wurden die jetzt geltenden gesetzlichen Bestimmungen für das Herzogtum Sachsen-Coburg in Art. 31 des Hausgesetzes vom 1.3.1855 übernommen. Eine weitere Einnahme für die Staatskasse Coburg war die Zahlung eines Viertels *„des Reinertrages aus den Schmalkaldener Forsten“* durch das **Gesetz vom 11.3.1912.**[350] Eine einschneidende Veränderung bedeutet die Änderung der Erbfolge: Mit dem **Gesetz vom 10.4.1917**[351] wurde die Erbfolge der Domänen im Herzogtum Coburg nach den Vorschriften des Staatsgrundgesetzes vom

---

[342] Mit dem **Gesetz v. 18.5.1855** (GS. S.-C. 1855, S. 214-215) wurden die bisherige Staatskasse und die Kammer- und Rentämter aufgehoben. Zum Zweck der Verwaltung und Erhebung der Staatseinnahmen wurde eine Staatskasse in Coburg errichtet. Durch die **Verordnung v. 19.5.1855** (GS. S.-C. 1855, S. 221-223) errichtete man ein sog. Domainenamt, das der Landesregierung als herzoglicher Behörde unmittelbar unterstand.

[343] Das **Gesetz v. 17.6.1858** (GS. S.-C. 1855, S. 509-528) hob die Landesregierung auf (§ 47) und die Geschäfte der Finanzverwaltung gingen auf das Staatsministerium über. Somit unterstand das herzogliche Domänenamt der Staatsregierung (Bereich Finanzverwaltung).

[344] GS. S.-G. 1852 (Gemeinschaftliche GS. für die Hzg. S.-C.u.G. Nr. 1), S. 1-4.

[345] GS. S.-C. 1855, S. 85-87.

[346] GS. S.-C. 1855, S. 229-232.

[347] Sammlung Domaingut Coburg, S. 155 ff. Dieses gedruckte Exemplar befindet sich im ThHStAW.

[348] GS. S.-C. 1907, S. 129-132.

[349] GS. S.-C. 1907 (Gemeinschaftliche GS. für die Hzg. S.-C.u.G. Nr. 762), S. 133-134.

[350] GS. S.-G. 1912 (Gemeinschaftliche GS. für die Hzg. S.-C.u.G. Nr. 819), S. 17-18.

[351] GS. S.-C. 1917, S. 49-50.

3.5.1852 (in der Fassung vom 12.3.1917) geregelt. Die englischen Verwandten der Linie Coburg-Gotha verloren dadurch ihr Erbrecht an den coburgischen Domänen. Im Jahre 1918 betrugen die Einkünfte des herzoglichen Hauses aus der Hälfte des jährlichen Reinertrages der coburgischen Domänen 279.500 Mark.[352]

Im *Ergebnis der Domänenenregelung* ist festzuhalten: Das Eigentum und die Verwaltung der Domänen standen dem Landesherr bzw. der landesherrlichen Familie zu. Die Nutzungen des Domänenvermögens wurden zwischen Herrscher und Staat hälftig geteilt. Der Herrscher erhielt keine Zuwendungen vom Staat und musste von seinen Einnahmen alle Kosten des Hofes und des Unterhaltes der herzoglichen Familie bestreiten.

(2) Der Wert der herzoglichen Domänen

Die Domänen hatten eine Fläche von ca. 6.132 ha, davon 5.232 ha Wald. Der Wert wurde mit ca. 25 Mio. Mark veranschlagt.[353]

bb) Herzogtum Sachsen-Gotha

(1) Entwicklung und Stand bis zum Jahr 1918

Bereits in den 30-er und 40-er Jahren des 19. Jahrhunderts, im Rahmen der Verhandlungen über eine Verfassung für das Herzogtum, verlangten die Stände vom Herzog Übertragungen aus dem Grundbesitz des herzoglichen Vermögens, um aus den Erträgen notwendige Staatsaufgaben zu erfüllen zu können, jedoch ohne Erfolg.[354]

Die folgenden Jahre brachten einen erbitterten Streit zwischen Herzog und Landtag, der nachstehend dargestellt wird: Nach der Bildung der konstituierenden Versammlung am 2.10.1848 sollte der Entwurf einer Verfassung erarbeitet werden. Bereits am 14.10.1848 forderten die Abgeordneten vom Herzog eine Klärung über das *„als Staatsgut anzuerkennde Cammervermögen...“*.[355] Nach anfänglichem Widerstand ließ Herzog *Ernst II.*[356] daraufhin am 24.10.1848 seine Bereitschaft, das Domänenvermögen als Staatsgut anzuerkennen, erklären. Dies sollte aber keinen Verzicht auf die Eigentumsrechte des herzoglichen Haus darstellen, falls es zu einer Regierungsniederlegung kommen sollte.[357] Die Einschränkung beruhte auf Rechten der Agnaten, die der Herzog nicht übergehen wollte und konnte. Erst nach langen Verhandlungen

---

352 Günther, S. 147 f.
353 Verh.-LV. S.-C. 1919, S. 155.
354 Weidner, S. 94 ff.
355 LT.-Verh. S.-G. 1848-49, S. 40 f.
356 Sein Bruder Albert war ein entschiedener Gegner einer Neuregelung über die Domänen (Weidner, S. 119 – der hier aus Mangel an Quellen aus den Memoiren von Ernst II. zitiert.).
357 LT.-Verh. S.-G. 1848-49, S. 87 f.

kam es mit dem Herzog zu einer Übereinkunft. Im Januar des Jahres 1849 beriet der Landtag über den Entwurf einer Verfassung. In den §§ 12-17 des Entwurfs sollte der Staatshaushalt geregelt werden. Im Verfassungsentwurf wurde die Eigentumsfrage der Domänen jedoch nicht berührt.[358] Die Domänen sollten unter die Garantie des Landtags gestellt werden (§ 17 des Entwurfes), ihre Verwaltung sollte mit der Verwaltung der Steuern vereinigt werden (§ 14 des Entwurfes) und die Einkünfte sollten mit den Steuern in eine Finanzkasse fließen (§ 15 des Entwurfes). Diese Einkünfte hatten für die Bedürfnisse des herzoglichen Hauses und Hofes (§ 15 lit. a des Entwurfes) bis zur Vereinbarung über die tatsächlich zu zahlenden Unterhaltungskosten, die Deckung der Allodialrente (§ 15 lit. b) und die Kosten des gesamten Staatsverwaltung (§ 15 lit. c des Entwurfes) zu dienen. Dem Landtag reichten diese Vorschläge nicht aus. Die Ansprüche des Landes am Domänenvermögen sollten grundsätzlich gesichert werden. Vor allem der Abgeordnete *Brückner*[359] hielt die Domänen für Staatseigentum. In der Beilage A zum Landtagsprotokoll vom 2.1.1849[360] behauptete er u.a., dass die Herzöge die Domänen des Herzogtums Gotha infolge ihrer Eigenschaft als Landesherrscher und nicht als Privatpersonen erworben hätten. Daher sei das Domänenvermögen Staatsgut. Allerdings hätte der Fürst, bei einem durch politische Umstände verursachten Aufhören der Verbindung zwischen Volk und Fürst, Ansprüche gegen den Staat auf Überlassung eines Teils der Domänen.[361] Am 8.1.1849 teilte Herzog *Ernst II.* dem Landtag mit, dass das Domänenvermögen als Staatsgut angesehen und bezeichnet werden könne, zur Bestreitung der Ausgaben für das herzogliche Haus eine feste Jahresrente von 100.000 Talern festgesetzt werde und für den Fall einer Mediatisierung eine Lösung gefunden worden sei.[362]

Als Ergebnis der Verhandlungen wurden dem Landtag 17 Paragraphen vorgelegt, die später in die Verfassung eingefügt werden sollten.[363] Der Landtag nahm am 13.1.1849 diese 17 Paragraphen an.[364] Mit Inkrafttreten des **Staatsgrundgesetzes für das Herzogtum Sachsen-Gotha**[365] am **26.3.1849** wurden nach § 48 des Staatsgrundgesetzes die Vereinbarungen zwischen Herzog und Landtag als Beilage III. ein wesentlicher Bestandteil des Staatsgrundgesetzes. In der **Beilage III.** waren die o.g. 17 Paragraphen wortwörtlich übernommen.

---

[358] Zu dem Entwurf der §§ 12-17 der Staatsregierung und den Gegenvorschlägen des Landtagsausschusses siehe
LT.-Verh. S.-G. 1848-49, S. 363 ff.
[359] 1807-1887 (Berbig-ADB, 47. Bd., 276 ff).
[360] LT.-Verh. S.-G. 1848-49, S. 369 ff.
[361] LT.-Verh. S.-G. 1848-49, S. 392.
[362] LT.-Verh. S.-G. 1848-49, S. 411.
[363] LT.-Verh. S.-G. 1848-49, S. 421-425.
[364] LT.-Verh. S.-G. 1848-49, S. 440.
[365] GS. S.-G. 1849, S. 141-194.

Das bisherige Domänenvermögen (als Cammer- und Domänenvermögen bezeichnet) wurde zu Staatsgut erklärt (§ 1 der Beilage). Der Herzog erhielt zur freien Benutzung einige Schlösser nebst Zuwendungen (§ 13) und als Ausgleich einen Jahresbetrag von 100.000 Talern (§ 16). Für den Fall, dass das herzogliche Haus aufhören sollte zu regieren, sollte das Domänenvermögen ohne den § 1 der Beilage beurteilt werden (§ 17). Der Inhalt des § 17 bedeutete, dass im Fall einer Mediatisierung das Domänenvermögen kein Staatsgut mehr sein würde. Die Abgeordneten akzeptierten diese recht unklare Vereinbarung, die im Fall einer Mediatisierung zu großen Problemen geführt hätte, jedoch war zu diesem Zeitpunkt eine solche Gefahr nicht mehr sehr groß.[366] (Der Herzog war froh, wegen des Feldzugs in Schleswig-Holstein nicht mehr mit dem Landtag verhandeln zu müssen.[367]) Am 25.3.1849 richtete der Herzog noch ein Schreiben an den Landtag. Darin behielt er für sich und seinen Bruder *Albert* die Ansprüche auf das Domänenvermögen und die Allodialrenten und verwahrte sich dagegen, durch die Zustimmung zur Beilage III. dafür den Agnaten gegenüber verantwortlich zu sein.[368] Der Landtag wiederum verwahrte sich gegen dieses Reskript vom 25.3.1849, weil für den Landtag der Herzog gegenüber dem Landtag als Verhandlungspartner voll legitimiert wäre.[369] Am 5.5.1849 erhielt das Staatsministerium den schriftlichen Protest der Agnaten Prinz *Albert*, Herzog *Ferdinand*, und König *Leopold*. Neben einigen politischen Bestimmungen über die Stellung der Fürsten wurden alle Verfügungen der Beilage III. angefochten.[370] Sie warfen dabei Herzog *Ernst II.* vor, das neue Staatsgrundgesetz vereinbart zu haben, ohne dass die Agnaten diesem förmlich zugestimmt hätten. Der Landtag verwahrte sich am 17.7.1849 auch gegen den Protest der Agnaten und verwies auf die Legitimation des Herzogs.[371]

In den nächsten Jahren gab es mehrfache Versuche, für beide Seiten eine annehmbare Lösung zu finden. Während der Landtag die Beilage III. als rechtswirksam ansah, gingen der Herzog und sein Ministerium von einer Unwirksamkeit infolge fehlender Zustimmung der Agnaten aus. Im Jahre 1850 erschien eine ministerielle Denkschrift („Darlegung“),[372] die versuchte nachzuweisen, dass das gesamte Domänenvermögen fideikommissarisches Eigentum des herzoglichen Hauses sei.[373] Danach sei der Herzog zur Zustimmung zur Beilage III. nicht berechtigt gewesen, da die Agnaten nicht

---

[366] Weidner, S. 214.
[367] Samwer, S. 9.
[368] LT.-Verh. S.-G. 1848-49, S. 812 f.
[369] LT.-Verh. S.-G. 1848-49, S. 831.
[370] Abgedruckt in: Darlegung, S. 1 ff.
[371] LT.-Verh. S.-G. 1848-49, S. 1225 f.
[372] Samwer benennt als Autor den Regierungsrat Gustav Mönich (S.2).
[373] Darlegung, S. 7 ff.

zugestimmt bzw. Herzog *Ernst II.* nicht dazu ermächtigt hätten.[374] Das Ministerium machte zur Regelung der Domänensituation zwei Vorschläge: Zum einen wurde eine Teilung der Domänen in Staatsvermögen und fürstliches Gut angeregt oder alternativ dazu blieben die Domänen fideikommissarisches Eigentum des herzoglichen Hauses, es sollte aber eine Verteilung der Einnahmen, nach einem bestimmten Verhältnis erfolgen.[375] Der Abgeordnete *Brückner* überreichte am 11.12.1851 dem Landtag[376] seine Denkschrift: „Über den Protest der hohen Agnaten des herzoglichen Hauses Sachsen-Coburg-Gotha gegen das Staatsgrundgesetz des Herzogthums Gotha vom 25. März 1849, soweit sich dieser Protest auf finanzielle Bestimmungen bezieht". Diese Denkschrift konnte nicht eingesehen werden. Bereits im Jahr 1924 war sie nicht mehr auffindbar.[377] Nach *Samwer* vertrat *Brückner* auch dort seine Ansichten über die Eigentumslage des Staates an dem Domänenvermögen.[378] Eine Einigung konnte aber nicht erzielt werden, die Verhandlungen darüber sollten noch Jahre dauern.

Herzog *Ernst II.* legte dann einen Entwurf vor, der die Teilung der Domänen zwischen Land und herzoglicher Familie nach einem bestimmten Verhältnis vorsah.[379] Danach sollten Grundvermögen mit einem jährlichen Reinertrag von 100.000 Talern sowie bestimmte Schlösser, Sammlungen u.a. schuldenfreies Domänenvermögen der herzoglichen Familie werden. Das übrige Domänenvermögen, belastet mit sämtlichen Schulden, sollte Landeseigentum werden. Der Landtag lehnte diesen Vorschlag im Januar des Jahres 1852 aufgrund der für das Land sehr nachteiligen Regelung ab.[380] Dem vom 19.4.1852 bis 15.6.1852 existierenden Landtag legte dann die Staatsregierung am 12.6.1852 ein Verzeichnis über die Bestandteile des Domänenverzeichnisses vor. Der Landtag lehnte es aber ab, dieses Verzeichnis zu prüfen. Der Berichterstatter des Landtages *Brückner* erreichte, dass als Grund der Ablehnung der Protest der Agnaten gegen die Beilage III. angegeben wurde und die vor Feststellung der Beilage III. gültig gewesenen Rechtsnormen über die Beziehungen des Kammervermögens zum Staat nicht mit Anerkennung der Agnaten festgestellt worden sein.[381] Als Anhang zu den Ausführungen des Berichterstatters wurde in dem Landtagsprotokoll vom 14.6.1852 eine „Zusammenstellung verschiede-

---

[374] Darlegung, S. 15.
[375] Darlegung, S. 17 ff.
[376] LT.-Verh. S.-G. 1850-52, S. 448.
[377] Schreiben vom 12.12.1924 des Archivs in Gotha an das Thür. Finanzministerium (ThHStAW, Thür. FinMin. Nr. 7955, Bl. 218r-219r). In den Verhandlungen des Landtags am 7.12.1901 wird diese Schrift noch erwähnt (LT.-Verh. S.-G. 1901-04, S. 104).
[378] Samwer, S. 2.
[379] LT.-Verh. S.-G. 1850-52, S. 467 ff.
[380] LT.-Verh. S.-G. 1850-52, S. 474 ff, 477.
[381] LT.-Verh. S.-G. 1852, S. 107 f, 114.

ner geschichtlicher Ergebnisse und Rechtsnormen über das Verhältnis des Cammer- und Domänenvermögens des Herzogthums Gotha zum Staate" abgedruckt[382]. Der Verfasser ist nicht ersichtlich. *Samwer* ging aber davon aus, dass *Brückner* auch der Autor war.[383] Auch in dieser Zusammenstellung wurde davon ausgegangen, dass die Domänen Staatseigentum wären[384].

Am **3.5.1852** trat das **Staatsgrundgesetz für die Herzogtümer Coburg und Gotha** in Kraft.[385] Nach diesem wurden bestimmte Angelegenheiten (staatliche Repräsentation und auswärtige Angelegenheiten) gemeinsame Angelegenheiten, während alle übrigen als besondere Angelegenheiten jedes einzelnen Herzogtums galten. Das Staatsgrundgesetz vom 3.5.1852 bildete bis zum Jahre 1918 die staatsrechtliche Grundlage des Herzogtums Sachsen-Coburg und Gotha. Besondere Verfassungen für Coburg und Gotha gab es nicht mehr.[386] Nach dem **Einführungsgesetz vom 1.6.1852**[387] zum Staatsgrundgesetz vom 3.5.1852 blieb die Beilage III des Staatsgrundgesetzes vom 26.3.1849 weiterhin bestehen (Art. 2, Ziff. 2). Nach Veröffentlichung des Einführungsgesetzes mussten innerhalb von sechs Wochen Neuwahlen zu den Landtagen stattfinden (Art. 4). Somit wurde der Landtag von Gotha am 15.6.1852 aufgelöst.[388] Im Mai des Jahres 1853 teilte Herzog *Ernst II.* dem gemeinschaftlichen Landtag mit, dass sich Prinz *Albert* weigere, das Staatsgrundgesetz wegen der noch geltenden Domänenregelung anzuerkennen.[389] Der neu gewählte Landtag des Jahres 1853 setzte dann am 2.8.1853 einen Ausschuss zur Beratung der Domänenfrage ein, der am 20.11.1854 einen ausführlichen Bericht[390] vorlegte und dem Landtag Vorschläge zur Regelung der Domänen unterbreitete.[391] Die Mehrheit des Ausschusses erkannte den Protest der Agnaten als begründet an. Man hatte sich in Verhandlungen mit dem herzoglichen Haus darüber geeinigt, dass das Domänenvermögen als Privateigentum des herzoglichen Hauses gelten sollte und die Einkünfte geteilt werden sollten. Nicht geeinigt hatte man sich aber über die Höhe, die das herzogliche Haus erhalten sollte. Ihre Zustimmung zu dieser Vereinbarung machten die Agnaten davon abhängig, dass die Verwaltung und Kontrolle sowie die Beteiligung des Staates an den Ein-

---

382 LT.-Verh. S.-G. 1852, S. 108-113.
383 Samwer, S. 2.
384 LT.-Verh. S.-G. 1852, S. 109.
385 GS. S.-G. 1852 (Gemeinschaftliche GS. für die Hzg. S.-C.u.G. Nr. 2), S. 1-80.
386 Forkel, S. 115.
387 GS. S.-G. 1852 (Gemeinschaftliche GS. für die Hzg. S.-C.u.G. Nr. 1), S. 1-4.
388 Samwer, S. 15.
389 Roob, Verfassungsgeschichte, S. 131.
390 LT.-Verh. S.-G. 1853-56, S. 474 ff.
391 Bericht des Landtagsausschusses, LT.-Verh. S.-G. 1853-56, Beilage zum Protokoll vom 20.11.1853,
S. (1)-(13).

künften auf die Dauer der Regierung des herzoglichen Hauses beschränkt würden. Der Grund war die Sicherung des Vermögens im Fall von möglichen Mediatisierungsbestrebungen anderer Staaten.[392] Im Fall der Mediatisierung würde das herzogliche Haus 74 % aller im Herzogtum befindlichen Waldungen erhalten.[393] Bereits die Denkschrift aus dem Jahre 1850 hatte sich ausführlich mit dem Fall einer Regierungsbeendigung beschäftigt und als Grund mit aufgeführt, warum das Domänenvermögen vollständig als Privateigentum des herzoglichen Hauses gelten sollte.[394] Auf Empfehlung des Ausschusses nahm der Landtag am 1.12.1854 dessen Vorschläge an.[395] Offenbar war für die Abgeordneten eine Vereinbarung über die Verteilung der Einnahmen wichtiger als die Eigentumsfrage am Domänengut. Dazu kam das Bestreben, endlich eine langfristige Vereinbarung zu treffen, die einen Abschluss der langjährigen Querelen bringen sollte. Am 1.3.1855 wurden die Landtagsbeschlüsse von Herzog *Ernst II.* genehmigt und die Agnaten stimmten ebenfalls zu. [396] (Im Jahre 1854 war auch eine anonyme Schrift erschienen, nach der die Domänen Eigentum des herzoglichen Hauses seien und die Vereinbarung von 1849 für Regierungsnachfolger, wegen fehlender Zustimmung der Agnaten, keine verbindliche Kraft habe.[397]) Das Ergebnis war das **Gesetz vom 1.3.1855.**[398] Durch dieses Gesetz wurde die Beilage III. zum Staatsgrundgesetz vom 25.3.1849 aufgehoben (Art. 1). Der „**Vergleich über Ausscheidung des Domainguts und Staatsgut aus dem bisherigen Cammer- und Domainenvermögen im Herzogthum Gotha**" zwischen Herzog *Ernst II.* und Prinz *Albert* für das herzogliche Haus und dem herzoglichen Staatsministerium vom 1.3.1855 galt (nach Art. 2 des Gesetzes vom 1.3.1855 als **Anlage A** benannt) als Gesetz. Das bisherige sog. Cammer- und Domainenvermögen wurde geteilt und in seinen wesentlichen und nutzbaren Bestandteilen mit der Bezeichnung „Domänengut" als fideikommissarisches Eigentum des Gothaischen Gesamthauses bestimmt (§§ 1 A; 2; 6 des Vergleichs). Als „Staatsgut" wurde die dem Staatsdienst gewidmeten Gebäude und Liegenschaften, die Straßen und anderen Einrichtungen für Landeszwecke und bestimmte landesherrliche Bezüge festgelegt (§§ 1 B; 3 des Vergleichs). Eine Teilung der Substanz des Domänenvermögens fand danach gerade nicht statt. Daneben wurde auch der „**Vertrag über die Verwaltung und Nutzung des Domainenguts im Herzogthum Gotha zwischen Herzog Ernst II. und Prinz Albert für das**

---

[392] Roob, Domänenfrage, S. 53.
[393] Ausschussbericht, LT.-Verh. S.-G. 1853-56, S. 474 ff = (a-d).
[394] Darlegung, S. 18 f.
[395] LT.-Verh. S.-G. 1853-56, S. 500 ff.
[396] Die Originalurkunden der Consenserteilungen befinden sich im ThStA Gotha, Staatsministerium, Dep. I, Loc. 1a Nr. 10, Bl. 305 und 314 f.
[397] Versuch einer Beantwortung, S. 6, 11 (Diese Schrift befindet sich im ThHStAW).
[398] GS. S.-G. 1855, S. 215-272.

herzogliche Haus und dem herzoglichen Staatsministerium" vom 1.3.1855 (nach Art. 2 des Gesetzes vom 1.3.1855 als **Anlage B** bezeichnet) Gesetz.[399] Die Verwaltung der Domänen (mit Ausnahmen) erfolgte durch das Staat (§ 1). Der Herzog erhielt von dem Reinertrag 100.000 Taler für sich und das herzogliche Haus. Das Land erhielt 36.000 Taler zur Erfüllung von Staatsaufgaben. Ein gegebenenfalls vorhandener Überschuss sollte zwischen Herzog und Land hälftig geteilt werden (§ 5). Der Vertrag galt nur solange, wie ein Mitglied des herzoglichen Gesamthauses über das Herzogtum Gotha regierte. Ausdrücklich wurde vereinbart, dass im Fall der Beendigung der Regierung jeglicher Beitrag zu den Staatslasten entfiele und dass die Verwaltung und Nutznießung des gesamten Domänenguts durch das herzoglichen Haus erfolgen würde (§ 8). Von den ihm zur Verfügung stehenden 100.000 Talern hatte der Herzog die Apanagen, Sustentationsgelder und Ausstattungen der Prinzen und Prinzessinnen zu bestreiten.[400] Die gothaische Staatskasse leistete keine Zahlungen an den Herzog oder das herzogliche Haus. In seinem im Jahre 1863 erschienenen Werk schrieb *Reyscher* über den Vergleich vom 1.3.1855 „*Es ist dies die absonderlichste Uebereinkunft, die jemals in einem fürstlichen Hause vorgekommen.*" Er kritisierte die getroffenen Vereinbarungen, erkannte aber an, dass beim Abschluss des Vergleichs an den Fall einer gezwungenen oder freiwilligen Mediatisierung gedacht wurde und man für diesen Fall die Domänen dem herzoglichen Haus sichern wollte.[401]

Das **Hausgesetz für das Herzoglich Sachsen-Coburg-Gothaische Haus vom 1.3.1855**[402] trat gleichzeitig in Kraft. Darin waren u.a. die Versorgungsbezüge der herzoglichen Familie geregelt. Die Apanage der Prinzen bestimmte sich nach Art. 98-106, die Sustentationen der unverheirateten Töchter nach Art. 107-108. Die Töchter des Herzogs erhielten bei Vermählung eine Mitgabe (Art. 109), in Art 110 und 111 waren die Bezüge für das Wittum geregelt. Die Kosten für die Apanagen, Sustentationsgelder, Mitgaben und Wittümer mussten aus den Einnahmen des Domänenvermögens bestritten werden (Art. 112).

Die Erwartungen des Landtags an die Vereinbarungen des Jahres 1855 waren wohl höher als die tatsächlichen Folgen. Während der Verhandlungen über eine vollständige Vereinigung der beiden Herzogtümer in den Jahren 1870 bis 1872 verlangte der gemeinschaftliche Landtag eine Revision der Regelungen über die Domänen und verknüpfte diese Forderung mit den Beratungen über die angestrebte Vereinigung. Die daraufhin von der Staatsregierung unterbrei-

---

[399] Die Anlagen A und B wurden ausdrücklich als unter dem Schutz des Staatsgrundgesetzes vom 1.3.1852 stehende Gesetze bezeichnet (Art. 2 des Gesetzes vom 1.3.1855).

[400] Die Einzelheiten der Überweisungen des Kapitals regelten das **Gesetz v. 1.3.1855** und der **Vertrag v. 1.3.1855** (GS. S.-G. 1855, S. 279-285).

[401] Reyscher, Rechte des Staates, S. 294 f.

[402] GS. S.-G. 1855 (Gemeinschaftliche GS. für die Hzg. S.-C.u.G. Nr. 35), S. 287-319.

teten Vorschläge wurden von diesem als nicht ausreichend bezeichnet. Als Konsequenz zog die Regierung die Gesetzesvorlage zur Vereinigung zurück.[403] Es blieb bei der Trennung der beiden Herzogtümer und auch die Domänenvereinbarung des Jahres 1855 blieb unangetastet. Im Jahre 1894 verlangten die Abgeordneten der SPD im Landtag eine Rückkehr zur Rechtslage des Jahres 1849, d.h. die Beilage III. zum Staatsgrundgesetz von 1849 sollte wieder in Kraft treten. Dieses Ansinnen wurde aber sofort zurückgewiesen. Die Forderungen über ein neues Abkommen verstummten aber nicht mehr. Über die Gründe der Unzufriedenheit an den Regelungen des Jahres 1855 gibt es nur einige Anhaltspunkte, so wird von besonders von Missgriffen durch die Verwaltung der Domänenforste gesprochen.[404] Hinzu kam, dass der nach dem Tode des Erbprinzen *Alfred* im Jahre 1899 erfolgte Verzicht englischer Agnaten[405] (des Herzogs *Arthur von Connaught* und seines Sohnes) auf die Thronfolge im Herzogtum selbst als Desinteresse an der Regierung gewertet wurde. Vor allem, da im Falle eines Regierungsverzichts **alle** Domänen unbeschränktes Eigentum der herzoglichen Familie werden würden (§ 8 der Beilage B des Gesetzes vom 1.3.1855). Diese Möglichkeit wurde jetzt für unbillig gehalten, da eine Verminderung der Repräsentationspflichten bei einem Regierungsverzichts ein wesentlich höheres Einkommen der herzoglichen Familie bedeutet hätte, ohne dass der Staat dagegen Einfluss hätte nehmen können.[406] Zudem bestand mit der Reichsgründung des Jahres 1871 keine Gefahr einer Mediatisierung mehr, da die Verfassung des Deutschen Reiches vom 16.4.1871 die Existenz der einzelnen Bundessstaaten sicherte. Die Nachbarstaaten Sachsen-Altenburg und Sachsen-Meiningen hatten schon in den 70-er Jahren des 19. Jahrhunderts neue Lösungen über die Verteilung der Einnahmen gefunden. Dies wollte man nun auch in Sachsen-Gotha erreichen. Im gemeinschaftlichen Landtag forderten die Abgeordneten der SPD daraufhin im Juli des Jahres 1899, dass die Thronfolgeregelung zugunsten des Herzogs *Carl Eduard* mit einer Neuregelung über die Domänen verbunden werden sollte. Der gemeinschaftliche Landtag lehnte diesen Antrag ab, da nur der Landtag des Herzogtums Sachsen-Gotha für eine derartige Änderung zuständig war.[407] Auch die Staatsregierung erkannte die Notwendigkeit einer Neuregelung an.

---

[403] Gem. LT.-Verh. S.-C.u. G. 1869-1872, S. 28 ff, 81 f; Einzelheiten siehe LT.-Verh. S.-G. 1901-1904, S. 104 f.

[404] Samwer, S. 23, ohne Einzelheiten zu erläutern; siehe dazu LT.-Verh. S.-G. 1901-04, S. 106: Der Abgeordnete Liebetrau erwähnte langjährige Prozesse zwischen dem herzoglichen Domänenamt und Gemeinden und unzählige Beschwerden über enorme Wildschäden.

[405] Im ThStA Gotha, Staatsministerium, Dep. I., Loc. 1a Nr. 39 befindet sich die Originalverzichtsurkunde. Zum Hintergrund des Verzichts siehe auch die Akten im ThStA Gotha, Staatsministerium, Dep.I., Loc. 1a Nr. 38 und die Beiakte zu den Nr. 38 und 39.

[406] Samwer, S. 23.

[407] Gem. LT.-Verh. S.-C.u. G. 1897-1900, S. 375 ff.

Im Januar des Jahres 1900 ließ sie im Auftrag des Herzogs eine Denkschrift über die Rechtsverhältnisse bezüglich der gothaischen Domänen anfertigen und den englischen Agnaten zustellen, da deren Zustimmung für eine Änderung der bestehenden Rechtsverhältnisse notwendig war. Dazu musste ihnen die politische und wirtschaftliche Situation in Gotha dargelegt werden, um ihnen die Bedeutung der Angelegenheit vor Augen zu führen.[408] Neben der Darstellung der geltenden Rechtslage führte diese Denkschrift die zahlreichen Beschwerden über die Wildschäden, den Streit zwischen Landtag und Staatsregierung über die Verwendung von Einnahmen aus den Domänen und die mehrfachen Versuche des Landtags, eine Neuvereinbarung zu erreichen, indem man diese Frage mit wichtigen Gesetzesvorhaben verknüpfte, auf. Über die Bestimmung, nach der alle Domänen Eigentum des herzoglichen Hauses werden würden, wenn dieses nicht mehr regieren sollte, heißt es, dass diese Bestimmung in weiten Kreisen der Bevölkerung als unbillig und besonders drückend für die Zukunft des Landes angesehen werde und hauptsächliche Quelle für herrschende Unzufriedenheit sei. Daher würde eine Änderung gerade dieser Vereinbarung verlangt werden. Wenn dieser Fall jemals eintreten würde, dann war nach Ansicht des Staatsministeriums „*...die Existenzfähigkeit des Herzogtums Gothas als selbständiger Staat aufs äußerste gefährdet und in Frage gestellt...*" Unter Hinweis auf die in den Jahren 1874 und 1871 in den Herzogtümern Sachsen-Altenburg und Sachsen-Meiningen getroffenen Vereinbarungen (die auch Bestimmungen für den Fall einer Regierungsbeendigung enthielten), empfahl die Denkschrift ebenfalls den Abschluss einer neuen Vereinbarung. Neben der Vermeidung von Streitigkeiten sollte auch der fehlenden Gefahr einer Mediatisierung Rechnung getragen werden. Hauptsächlich sollte aber nur eine Veränderung der Verwaltung vereinbart werden. Dazu wurden 15 Vorschläge („Punktationen" genannt) nebst Erläuterungen gemacht, wobei eine Änderung der Eigentumslage nicht vereinbart werden sollte. Im Hinblick auf die aufgezeigten Schwierigkeiten und zukünftigen Gefahren ist diese Denkschrift vor allem wegen ihres sachlichen Tons sehr bemerkenswert. Die aufgeführten Vorschläge scheinen die Arbeitsgrundlage der Staatsregierung für die nun beginnenden Verhandlungen gewesen zu sein.

Seit dem Februar des Jahres 1900 begannen zunächst vertrauliche Gespräche über ein neues Domänenabkommen. Der Landtag betraute dann in nichtöffentlicher Sitzung im März einen Ausschuss, der die Vorschläge der Regierung prüfen sollte. Ein Jahr später wurde ein Vertragsentwurf durch die Regierung diesem Ausschuss unterbreitet, der nach einer Prüfung darüber mit der Regierung verhandelte. Das Ergebnis war die Regierungsvorlage vom 30.11.1901, die einen Vertragsentwurf zur Abänderung des Domänenabkommens darstellen

---

[408] Diese Denkschrift wurde im Jahre 1928 in den Verhandlungen des thüringischen Landtags abgedruckt (4. LT.-Verh. Thür., 2. Abt., S. 266-277).

sollte, der aber nur die Grundsätze über eine Teilung enthielt. Nach diesem Entwurf sollte eine Aufteilung der Domänen zwischen herzoglichem Haus und Staat im Verhältnis drei Fünftel zu zwei Fünftel erfolgen. Der Landtag erörterte darüber am 7.12.1901 und stimmte zu.[409] Die Agnaten des herzoglichen Hauses hatten diesem Vertrag noch zuzustimmen, da durch das Hausgesetz vom 1.3.1855 ihre Rechte durch eine Teilung betroffen wären. Daneben war auch noch ein Teilungsplan herzustellen, um die tatsächliche Aufteilung in geographischer und wirtschaftlicher Hinsicht durchzuführen. Regierung und Landtag waren sehr zuversichtlich, dass in kürzester Zeit die Neuregelungen Wirklichkeit werden würden. In der Debatte am 7.12.1901 ist die beiderseitige Zufriedenheit deutlich zu bemerken. Im Frühjahr des Jahres 1902 war der Teilungsplan fertig. Mit Schreiben vom 6.3.1902 informierte die Regierung den Landtag, dass die Verkündung des Gesetzes vom 7.12.1901 nicht erfolgen könnte. Der Grund würde *„mit der rechtlichen Natur des Domänenguts und den Beziehungen der Herzoglichen Hauses zu seinen Agnaten zusammenhängen...*“. Aus dieser Formulierung ergab sich, dass bestimmte Agnaten dem Gesetz nicht zugestimmt hatten. Man erklärte aber, dass die gesetzliche Vermutung des § 109 des Staatsgrundgesetzes vom 1.3.1855 – wonach die Nichteinhaltung der Verkündungsfrist von acht Wochen als Verweigerung der Bestätigung des Gesetzes anzusehen ist – nicht gelten sollte. Der Landtag folgte daraufhin dem Vorschlag des Finanzausschusses, dass zunächst über ein Waldschutzgesetz und über ein die Berechtigungen und Vergünstigungen am Domänenwald regelndes Gesetz verhandelt werden sollte, da beide Gesetz im Zusammenhang mit der Domänenteilung stehen würden. Bis zum Vorliegen dieser beiden Gesetze sollten das Gesetz zur Abänderung des Domänenabkommens zurückgestellt werden. [410] Welche Agnaten nicht zustimmten und was ihre Beweggründe waren, lässt sich heute nicht mehr genau feststellen. Leider fehlen im Thüringischen Staatsarchiv Gotha mehrere Akten des Staatsministeriums über das Domänenabkommen, vor allem die der Jahre 1902 bis 1905.[411] In einer Akte des Thüringischen Staatsarchivs Meiningen findet sich der Schriftverkehr zwischen den Staatsministerien von Gotha und Meiningen über die Änderung der Domänenregelung zwischen den Jahren 1902 bis 1905. Der gothaische Staatsminister *Hentig* übersandte im April des Jahres 1902 seinem meiningischen Kollegen *v.Heim* – neben einer Denkschrift über die Rechtsverhältnisse an den gothaischen Domänen und den gedruckten Landtagsverhandlungen – den Entwurf einer Zustimmungserklärung, die Herzog

---

[409] LT.-Verh. S.-G. 1901-04, S. 97 ff und 120.
[410] LT.-Verh. S.-G. 1901-04, S. 220 f.
[411] ThStA Gotha, Staatsministerium, Dep. I., Loc. 1a Nr. 43 und die Beiakten.

Georg II. von Sachsen-Meiningen als Agnat unterzeichen sollte.[412] Das meiningische Staatsministerium antwortete auf Anweisung von Herzog *Georg II.* am 23.7.1902, dass sich der Herzog seine „Entschließung“ (d.h. seine Zustimmung zum geplanten Gesetz) vorbehalte, bis die vorgesehene Teilung der Domänen abgeschlossen sein würde.[413] Im Gegensatz zu Sachsen-Meiningen erteilte das Haus Sachsen-Altenburg im September des Jahres 1902 seine Zustimmung.[414]

Erst im Frühjahr des Jahres 1904 brachte die Regierung den „Entwurf eines Waldschutzgesetzes“ und den „Entwurf eines Gesetzes betreffend die Vergünstigung und Berechtigung an den Waldungen des Herzoglich Sachsen-Gothaischen Gesamthauses und des Herzoglich Sachsen-Coburg-Gothaischen Spezialhauses“ in den Landtag ein. Im zweiten Gesetzentwurf ging es um 434 einzelne Rechte, z.B. Viehweidungen in den Wäldern, Stockrodungen, Leseholzsammlungen, Brennholz, Verteilung von Quoten bei Brennholzsammlungen u.a., die geregelt werden mussten aufgrund des Übergangs eines Teils der Domänen an den Staat. Betroffen davon waren 75 Gemeinden und 75.000 Einwohner des Landes, dies entsprach ungefähr 35 % der Gesamtbevölkerung. Dies zeigt die Bedeutung der Domänenteilung sowie der damit verbundenen Auswirkungen und lässt die Schwierigkeiten bei der Entstehung eines derartigen Gesetzes erahnen. Am 18.4.1904 beriet der Landtag über diese Gesetz und nahm beide an.[415] Ebenfalls am 18.4.1904 beriet der Landtag über den „Entwurf eines Gesetzes betreffend die Ausscheidung des Staatsgutes aus dem Domänengut nebst Teilungsplan“, der auf dem Vertrag vom 7.12.1901 beruhte. In der Aussprache brachten mehrere Abgeordnete ihre Hoffnung deutlich zum Ausdruck, dass dieses Gesetz die Zustimmung der Agnaten nun endlich erhalten würde. Der Landtag nahm auch dieses Gesetz einstimmig an.[416] Jedoch erfuhren die Abgeordneten im Mai, dass sich der Regierungsverweser Erbprinz *Ernst von Hohenlohe-Langenburg* die Bestätigung und Verkündung des Gesetzes vom 18.4.1904 auch nach Ablauf der im Staatsgrundgesetz vorgesehenen Frist vorbehalten würde.[417] Was dies bedeutete, muss für die Abgeordneten auf der Hand gelegen haben – auch diesmal gab es Schwierigkeiten mit den Agnaten. Erst mit dem Schreiben des Erbprinzen *Ernst von Hohenlohe-Langenburg* vom 11.11.1904 wurden die Mitglieder des zuständigen Landtagsausschusses informiert, dass die Bestätigung und Ver-

---

[412] Schreiben vom 22.4.1902 mit Anlagen, ThStA Meiningen, Staatsministerium, Abt. Herzogl. Haus und Äußeres Nr. 1049, Bl. 5-25.

[413] ThStA Meiningen, Staatsministerium, Abt. Herzogl. Haus und Äußeres Nr. 1049, Bl. 27 RS und 32 RS.

[414] ThStA Meiningen, Staatsministerium, Abt. Herzogl. Haus und Äußeres Nr. 1049, Bl. 34.

[415] LT.-Verh. S.-G. 1901-1904, S. 401 ff und 421 ff.

[416] LT.-Verh. S.-G. 1901-1904, S. 423 ff.

[417] Das **Waldschutzgesetz** wurde am **19.7.1904** verkündet (GS. S.-G. 1904, S. 91-95).

kündung der anderen beiden Gesetze erst für die Zeit nach der Amtsübernahme durch den Herzog *Carl Eduard* – also erst im Jahre 1905 – erfolgen würde. Wörtlich hieß es dazu, „... *auch sind im Bereiche des erforderlichen agnatischen Einvernehmens nach dem 18. April 1904 Bedenken und Wünsche geltend gemacht wurden, deren baldige Erledigung nicht erwartet werden kann.*"[418] Welche Agnaten und aus welchen Gründen sie auch im Jahre 1904 „*Bedenken und Wünsche*" äußerten, ist nicht ermittelbar. Bedauerlicherweise fehlt im Thüringischen Staatsarchiv Gotha gerade die zugehörige Beiakte: „Die Zustimmung der Agnaten des Sächsischen Hauses zu dem Gesetz über die Abänderung des Domänenabkommens", die über die Vorgänge hätte Auskunft geben können.[419] Der Landtagsausschuss verlangte daraufhin, dass mit allen Mitteln diese Hindernisse beseitigt werden sollten und machte eindringlich auf die innenpolitischen Folgen eines Scheiterns aufmerksam. Staatsminister *Hentig* reichte als Konsequenz seinen Rücktritt ein, der am 18.11.1904 angenommen wurde. Bei einem Gespräch zwischen dem Regenten und Landtagsabgeordneten am 20.11.1904 sagte dieser zu, seine Bemühungen für einen Abschluss fortzusetzen, für ihn seien die am 18.4.1904 beschlossenen Gesetze ein gerechte Ausgleich zwischen den Beteiligten.

Am 24.11.1904 erschien im Meininger Tageblatt ein Artikel, der, aus dem „Hannoverschen Courier" zitierend, über die verweigerte Zustimmung zum gothaischen Domänengesetz und den Rücktritt des Staatsministers berichtete. Auch wird der Protest des Hauses Sachsen-Coburg-Gotha zum meiningischen Thronfolgegesetz aus dem Jahre 1896 erwähnt.[420] Wegen dieses damaligen Verhaltens ihm gegenüber würde jetzt Herzog *Georg II.* seine Zustimmung zum Domänenabkommen verweigern. Der Inhalt dieses Artikels entsprach aber nicht der Wahrheit, da Herzog *Georg II.* im Jahre 1902 seine grundsätzliche Bereitschaft zu einer Zustimmung signalisiert hatte. Das meiningische Staatsministerium sah jedoch keinen Anlass zu einer Berichtigung, da diese „*unzweckmäßig sei*". Mit diesem Vorgehen war der Herzog einverstanden, so dass keine Reaktion aus Meiningen erfolgte.[421] Warum Herzog *Georg II.* nicht zu einer Richtigstellung in der Presse bereit war, lässt sich nicht mehr feststellen.

In Eisenach kam es am 29.11.1904 zu einem Treffen, das zu einer Verständigung in den Streitfragen führte. Das Ergebnis dieser Verständigung war die Regierungsvorlage vom 6.2.1905 über den „Entwurf eines Gesetzes betreffend die Domänenteilung", über die der Landtag am 14.2.1905 beriet.[422] Dieser

---

[418] LT.-Verh. S.-G. 1904-1908, S. 103.
[419] ThStA Gotha, Staatsministerium, Dep. I., Loc. 1a Nr. 43.
[420] Siehe 1. Kap. III. 5. b) aa).
[421] ThStA Meiningen, Staatsministerium, Abt. Herzogl. Haus und Äußeres Nr. 1049, Bl. 35.
[422] LT.-Verh. S.-G. 1904-1908, S. 16 ff.

Entwurf beinhaltete die geänderte Fassung des Vertrages vom 7.12.1901 und des am 18.4.1904 beschlossenen Gesetzes, die jetzt zu einem Gesetz zusammengefasst wurden. Im Bericht des Finanzausschusses wurden die vielen Schwierigkeiten erwähnt sowie *„das Gebaren unverantwortlicher Ratgeber"* kritisiert, ohne aber konkrete Einzelheiten darzustellen. Man sollte aber über diesen dunklen Punkt der Landesgeschichte kein Wort weiter verlieren.[423] Auch der Staatsminister *Hentig* schilderte die Abläufe und Schwierigkeiten, er erwähnte die Probleme der Agnaten, ohne Einzelheiten zu nennen. Allerdings erklärte er, dass bei den Verständigungsproblemen zwischen Regierung, dem Regenten und dem herzoglichen Haus, „... *viele Mitglieder des Herzoglichen Hauses seit langen Jahren mit den Verhältnissen des Herzogtums nicht mehr so genau vertraut sind,* (als) *daß eingehende Verhandlungen mit ihnen über die Einzelheiten des Gesetzgebungswerkes hätten entbehrt werden können.*" Deshalb hatte man im Jahre 1901 zunächst die Grundsätze geklärt und dann einen Teilungsplan entworfen. Die von agnatischer Seite vorgebrachten Bedenken gegen Einzelheiten des Teilungsplans und den Inhalt des Gesetzes vom 18.4.1904 nannte er *„unerwartet"*.[424] Aus diesen vorsichtigen Äußerungen der Beteiligten ist zu schließen, dass der Protest wahrscheinlich von den englischen Agnaten kam, die die Verhältnisse in Sachsen-Gotha nicht kannten. Der Landtag nahm den Gesetzentwurf einstimmig an. Die Bestätigung und Verkündung waren seitens des herzoglichen Hauses erst für die Zeit nach dem Regierungsantritt von Herzog *Carl Eduard von Sachsen-Coburg und Gotha* in Aussicht gestellt worden. Dieser hatte aber schon dem Entwurf vor der Einbringung in den Landtag zugestimmt.[425] Die Häuser *Sachsen-Meiningen* und *Sachsen-Altenburg* stimmten im März des Jahres 1905 als Agnaten ebenfalls zu.[426]

Am 19.7.1905[427] kam es dann zum Vertragsabschluß zwischen Herzog *Carl Eduard* und dem Herzogtum Gotha. Mit dem **Gesetz vom 19.7.1905**[428] wurde dieser Vertrag zum Gesetz erhoben und die Anlage B des Gesetzes vom 1.3.1855 aufgehoben (§ 1). Einen Teil aus den Domänen des Hausfideikommisses erhielt das Herzoglich Sachsen-Gothaische Gesamthaus zur alleinigen Verfügung und ausschließlichen Nutzung (§ 2 lit. A). Der andere Teil wurde

---

[423] LT.-Verh. S.-G. 1904-1908, S. 103 f.
[424] LT.-Verh. S.-G. 1904-1908, S. 107 ff.
[425] LT.-Verh. S.-G. 1904-1908, S. 105.
[426] ThStA Meiningen, Staatsministerium, Abt. Herzogl. Haus und Äußeres Nr. 1049, Bl. 52-55.
[427] Am **19.7.1905** wurde auch das **Gesetz betreffend die Vergünstigung und Berechtigung an den Waldungen des Herzoglich Sachsen-Gothaischen Gesamthauses und des Herzoglich Sachsen-Coburg-Gothaischen Spezialhauses** verkündet und veröffentlicht (GS. S.-G. 1905, S. 77-80).
[428] GS. S.-G. 1905, S. 81-90.

dem Staat Sachsen-Gotha übereignet (§ 2 lit. B). Nach Abzug einiger Teile erhielt von der verbleibenden Hauptmasse der Domänen das herzogliche Haus Domänen mit einem jährlichen Reinertrag von 300.000 Mark und der Staat Domänen mit einem jährlichen Reinertrag von 108.000 Mark überwiesen (§ 4). Der verbleibende Rest wurde zwischen Herzogshaus und Staat hälftig aufgeteilt (§ 5). Als Ergebnis der Teilung bekam der Staat, von dem gesamten Domänengrundbesitz von ca. 33.000 ha (davon ca. 32.000 ha Wald), ca. 16.200 ha (davon 15.700 ha Wald) als Eigentum übertragen. Der Rest von ca. 16.800 ha Fläche verblieb dem herzoglichen Haus. Der Staat übernahm die Verpflichtung, solange ein Mitglied des Gesamthauses regierte, die Hälfte des Wittums und des Nadelgeldes an die herzogliche Domänenfideikommisskasse zu zahlen. Bei Regierungsaufgabe sollten Grundstücke mit einem jährlichen Reinertrag von 96.000 Mark an den Staat übereignet werden (§ 6). Die Verwaltung der Domänen erfolgte von jeder Seite gesondert (§ 7). Die Aktivkapitalien, die noch nicht aufgeteilt worden waren, teilte man in drei Fünftel für den Herzog und zwei Fünftel für den Staat (§ 14). Der Anteil des herzoglichen Domäneneigentums blieb fideikommissarisch (nach den Bestimmungen der Art. 21-30, 32 des Hausgesetzes vom 1.3.1855) gebunden (§ 15). Mit Inkrafttreten des Vertrages entsagte der Staat gegenüber dem herzoglichen Domänenfideikommiß allen Ansprüchen auf Mittragung an staatlichen Ausgaben und Verwaltungskosten. Der Herzog verzichtete dem Staat gegenüber auf alle Leistungen für die Hofhaltung und den Unterhalt der herzoglichen Familie (§ 23).[429] [430] Diese gewählte Lösung entsprach der bereits seit dem Jahr 1874 im Herzogtum Sachsen-Altenburg geltenden Vereinbarung – die Aufteilung der Domänen zwischen dem Herzog und dem Staat.[431]

Herzog *Carl Eduard* und das Herzogtum Gotha schlossen am 20.3.1917 einen Vertrag, der § 15 des Gesetzes vom 19.7.1905 änderte. Mit dem **Gesetz vom 20.3.1917**[432] wurde dieser Vertrag zum Gesetz erhoben. Jetzt bestimmte sich die Erbfolge an dem gothaischen Domänengut nach den Bestimmungen über die Regierungsnachfolge im Staatsgrundgesetz vom 3.5.1852.[433] Die englischen Verwandten der Linie Coburg-Gotha verloren somit auch ihr Erbrecht an den gothaischen Domänen.

---

[429] Siehe dazu auch die **Ministerialbekanntmachung v. 12.12.1908**, GS. S.-G. 1908, S. 105-107.

[430] Mit dem **Nachtrag v. 4.9.1907** (GS. S.-C. 1907 (Gemeinschaftliche GS für die Hzg. S.-C.u.G. Nr. 762), S. 133-134) wurden die jetzt geltenden gesetzlichen Bestimmungen über die Domänen ein Teil des Art. 31 des Hausgesetzes vom 1.3.1855.

[431] Aus der Akte im ThStA Gotha, Staatsministerium, Dep. I., Loc 1a Nr. 43, Bl. 56 ergibt sich, dass die Staatsregierung von Sachsen-Gotha an die Staatsregierung von Sachsen-Altenburg bezüglich der dortigen Vereinbarung aus dem Jahre 1874 angefragt hatte.

[432] GS. S.-G. 1917, S. 37-39.

[433] In der Fassung vom 12.3.1917.

Ergebnis der Domänenenregelung war die Aufteilung der Domänen zwischen Staat und Landesherrn bzw. landesherrlicher Familie. Beide Seiten hatten die jeweils unbeschränkte Verfügung und Nutzungsverwendung im Rahmen der für sie geltenden Bestimmungen. Der Staat zahlte, trotz des Verzichtes des Herzogs auf Unterhaltungskosten, einen bestimmten Betrag für das Wittum und das Nadelgeld.

(2) Das herzogliche Vermögen in den Herzogtümern Coburg und Gotha

Im Rahmen der Auseinandersetzungen über das herzogliche Vermögen nach dem Jahr 1918 spielten die verschiedenen Vermögensbestandteile und ihr Wert eine besonders große Rolle. Deshalb werden diese hier ausführlicher dargestellt.

Zum Hausvermögen gehörten neben den bereits aufgeführten **Domänengütern** in den Herzogtümern Coburg und Gotha (Art. 20, Ziff. 1 des Hausgesetzes vom 1.3.1855[434]) als Eigentum des Sachsen-Gothaischen **Gesamt**hauses noch weitere Teile:

- das **Lichtenberger Fideikommiß** (Art. 20, Ziff. 2),
- das **Greinburger Fideikommiß** (Art. 20, Ziff. 3),
- das **Ernst-Albert-Fideikommiß** (Art. 20, Ziff. 4),
- das **Hausallodium** (Art. 20, Ziff. 5),
- die **Oldislebener Senioratsstiftung** (Art. 20, Ziff. 6) und
- die sog. „**Schmalkaldischen Forsten**".

Diese Vermögensbestandteile waren Eigentum des Herzoglich-Sachsen-Coburg-Gothaischen **Spezial**hauses (Art. 20).

(a) Die Domänen des Hausfideikommisses

Diese Domänen stellten den wichtigsten Teil des Gesamtvermögens des herzoglichen Hauses dar.[435] Die Teilung im Jahre 1905 erfolgte aus diesem Domänenvermögen. Die Fläche umfasste 16.799 ha, davon 16.298 ha Wald.[436] Nach *Jung*[437] betrug der Friedenswert nach Reinerträgen ca. 22,3 Goldmark.

---

[434] Im Folgenden beziehen sich die Artikel immer auf das Hausgesetz vom 1.3.1855.

[435] „Landesregierung Gotha, Auseinandersetzung", S. 8.

[436] Thür. FinMin. an den RMdI v. 11.1.1926 (als Manuskript gedruckt: "Die Entwicklung und der gegenwärtige Stand der Auseinandersetzungen zwischen den ehemaligen Thüringischen Staaten und den dort früher regierenden Landesherren."); ThHStAW, Landtag v. Thür. Nr. 32/4, Bl. 6v [= S. 14 des Manuskriptes].

[437] Jung, S. 234; Jung berechnete diesen Wert aus dem Durchschnitt der Reinerträge 1908/09 bis 1913/13 mit einem Kapitalisierungsfaktor 25. Grund sei die Geldentwertung während des Krieges. In „Landesregierung Gotha, Auseinandersetzung", S. 4 wird die enorme Steigerung der Holzpreise während des Ersten Weltkrieges hervorgehoben, die der Grund für die hohen Einnahmen des herzoglichen Vermögens war (Jung, S. 233 Fn. 4). Die Werte hat Jung aus „Landesregierung Gotha, Auseinandersetzung, S. 8 entnommen.

(b) Das Lichtenberger- Greinburger Fideikommiß

Das Lichtenberger Fideikommiß beruhte auf der Teilnahme des Herzogs *Ernst I. von Sachsen-Coburg-Saalfeld* (1806-1844, dem späteren Herzog *Ernst I. von Sachsen-Coburg und Gotha*) an den Befreiungskriegen gegen *Napoleon*. Auf dem Wiener Kongreß wurde ihm dafür das Fürstentum Lichtenberg (bei St. Wendel im Saarland) zugesprochen.[438] Der Herzog wollte dieses Gebiet später jedoch gegen preußisches oder bayerisches Gebiet an den Grenzen seines Herzogtums umtauschen, was ihm ursprünglich auch zugesichert worden war.[439] Es kam zu keinem Gebietsaustausch und deshalb verkaufte er im Jahre 1834 das Fürstentum an Preußen für 2,1 Mio. Taler und erwarb davon verschiedene Besitzungen, die das Lichtenberger Fideikommiß bildeten.

Das Greinburger Fideikommiß bestand aus Gütern in Österreich (Art. 49 bis 59). Die Oldislebener Senioratsstiftung (Art. 72-73) wurde mit dem Erlös der Veräußerung des Senioratsamts Oldisleben an den Großherzog von Sachsen-Weimar-Eisenach im Jahre 1821 errichtet[440] und später mit dem Greinburger Fideikommiß verbunden. Das **Gesetz vom 29.3. 1873**[441] fasste das Greinburger Fideikommiß mit dem Lichtenberger Fideikommiß als Lichtenberger-Greinburger Fideikommiß zusammen. Nach dem **Höchsten Erlaß vom 20.1.1896**[442] [443]verwaltete das Fideikommiß eine Kommission (Art. 35 des Hausgesetzes) mit der Amtsbezeichnung „Verwaltung der Herzoglich Sachsen-Coburg-Gothaischen Haus-Fideicommisse, Abtheilung für das Lichtenberger Fideicommiss." Die Verwaltung dieses Fideikommisses erfolgte jetzt durch die für das Domänenfideikommiß zuständige Behörde in Gotha. Diese Besitzungen bestanden aus einem Gut im Regierungsbezirk Erfurt (Wandersleben) und aus Besitzungen in Posen und Österreich, zusammen 13.235 ha, davon 8.024

---

[438] Klüber, Acten, Bd. 6, Art. 49, S. 54; Bd. 8, S. 120 f; Bd. 9, S. 165.

[439] Klüber, Acten, Bd. 6, Art. 50, S. 54 .

[440] Schulze, Hausgesetze 3. Bd., S. 28 f.

[441] GS. S.-G. 1873 (Gemeinschaftliche GS. für die Hzg. S.-C.u.G. Nr. 303), S. 27-28.

[442] In den Gesetzessammlungen für Coburg und Gotha findet sich dieser Erlass nicht. Er wird aber erwähnt in dem 1896 in Gotha gedrucktem Exemplar: „Das Hausgesetz vom 1.März 1855 mit den Nachträgen und Ergänzungen bis zum 29. Februar 1896, bearbeitet im Herzoglichen Staatsministerium, Department für die Angelegenheiten des Herzoglichen Hauses". Dieses Exemplar befindet sich im ThHStAW, Thür. FinMin. Nr. 2144, Bl 53r-102v; der Erlass vom 20.1.1896 wird auf Bl. 66v und 69v erwähnt.

[443] Der **Nachtrag v. 29.2.1896** ergänzte deswegen das Hausgesetz, GS. S.-C. 1896 (Gemeinschaftliche GS für die Hzg. S.-C.u.G. Nr. 587), S. 8-10. Durch den **Nachtrag v. 21.3.1907** wurde der Art. 35 des Hausgesetzes vom 1.3.1855 geändert, GS. S.-C. 1907 (Gemeinschaftliche GS. Für die Hzg. S.-C.u.G. Nr. 753), S. 39-42.

ha Wald.[444] Der Friedenswert nach Reinerträgen wird auf 6,7 Mio. Goldmark geschätzt.[445]

(c) Das Ernst-Albert Fideikommiß

Dieses beruhte auf der Erbauseinandersetzung im Jahre 1826 bei der Neubildung der sächsischen Herzogtümer. Nach dem Römhilder Recess vom 28.7.1791 sollten die Lehngüter für den Fall, dass eine herzoglich sächsische Speziallinie im Mannesstamm ausstarb, als deren Hausallod (freies Eigentum) betrachtet werden. Beim Tode Herzog *Friedrich IV. von Sachsen-Gotha-Altenburg* (1774-1825) ging dieses Hausallod, vom Domänenvermögen ungetrennt, auf seine Nichte *Luise*[446] (verheiratet mit Herzog *Ernst I. von Sachsen-Coburg-Saalfeld*, ab dem Jahr 1826 *Ernst I. von Sachsen-Coburg und Gotha*) über. Diese trat es an ihre beiden Söhne *Ernst* und *Albert* ab, wofür ihr Ehemann ihr eine Rente von 12.000 Talern jährlich zusicherte.[447] Hintergrund waren die Scheidungsverhandlungen zwischen Herzog *Ernst I.* und seiner Frau *Luise*, die sich im Jahre 1824 getrennt hatten. Herzog *Ernst I.* wartete jedoch mit der Scheidung bis zum Aussterben der männlichen Erben der Linie Sachsen-Gotha-Altenburg im Jahre 1825, um die Ansprüche seiner Söhne noch vor der Scheidung geltend zu machen. Am 31.3.1826 erfolgte die Scheidung zwischen Herzog *Ernst I.* und seiner Frau.[448]

Im Rahmen der Landesteilungen des Jahres 1826 erhielt das Herzogtum Gotha mit Rücksicht auf die Allodialansprüche der beiden Prinzen *Ernst* und *Albert* mehr Domänenvermögen zugewiesen als ursprünglich vorgesehen.[449] Diese Ansprüche forderte der Herzog *von Nassau* als Vormund der Prinzen *Ernst* und *Albert* von Herzog *Ernst I.* ab dem Jahre 1827 bis 1832 mehrfach vergeblich ein.[450]

---

[444] Thür. FinMin. an den RMdI v. 11.1.1926 (als Manuskript gedruckt: "Die Entwicklung und der gegenwärtige Stand der Auseinandersetzungen zwischen den ehemaligen Thüringischen Staaten und den dort früher regierenden Landesherren."); ThHStAW, Landtag v. Thür. Nr. 32/4, Bl. 6v [= S. 14 des Manuskriptes].

[445] Jung, S. 233.

[446] Ihr Vater war der 1822 verstorbene Herzog August v. Sachsen-Gotha-Altenburg.

[447] Samwer, S. 11 f.

[448] Sandner, S. 41.

[449] Pölitz, Jahrbücher der Geschichte und Staatskunst, 1831, 2. Bd., S. 115, 137 f.

[450] Briegleb, S. 22 f; Moritz Briegleb (1809-1872) war Hofrat in Coburg, Mitglied des Landtags in Coburg und Abgeordneter der Nationalversammlung von 1848/49. Er war Bevollmächtigter des Prinzen Albert bei den Verhandlungen mit dem Staat in den Jahren 1851 (Briegleb, S. 126) und später für König Leopold I. von Belgien und für Königin Victoria tätig.

In der Akte im ThStA Gotha, Staatsministerium, Dep.I., Loc 1a Nr. 10, befindet sich ein umfangreicher Schriftwechsel zwischen ihm und dem Staatsministerium über den Verhandlungsstand im Domänenstreit. Sein Buch wurde bei den Verhandlungen zwischen dem

Erst mit den **Vertrag vom 24.9.1836**[451] sicherte Herzog *Ernst I.* seinen Söhnen vertraglich eine Jahresrente von 50.000 fl. zu (Ziff. 1), die auf den gothaischen Domänen ruhte (Ziff. 2), und die beiden Prinzen erhielten das Recht, bei erreichter Volljährigkeit ihren Anteil durch Überweisungen von Gütern und Grundbesitzungen als Eigentum abzulösen (Ziff. 5). Im Jahre 1849 weigerte sich jedoch der Landtag des Herzogtums Gotha, diese Verpflichtung aus Landesmitteln zu bezahlen, da er den Anspruch nicht für statthaft hielt.[452] Dagegen klagten Herzog *Ernst II.* und sein Bruder Prinz *Albert*. Das Gutachten der juristischen Fakultät der Universität Heidelberg vom 15.3.1851[453] gab den beiden Klägern Recht. Danach habe der Landesherr ohne Zustimmung der Stände über das Domänengut verfügen dürfen. Den Ständen wurden aber bestimmte Einreden zugestanden. Beide Seiten einigten sich dann im **Vertrag vom 18.9.1851**.[454] Danach wurde der Vertrag vom 24.9.1836 als verbindlich anerkannt (Ziff. I.). Herzog *Ernst II.* und Prinz *Albert* verzichteten auf 10.000 fl. Jahresrente (Ziff. II.). Für die verbliebenen 40.000 fl. konnten sie eine Ablösung in Grundvermögen verlangen. Diese Ablösung konnte aber erst nach Erledigung des Agnatenprotestes aus dem Jahre 1849 gefordert werden oder wenn zwei Jahre nach Vertragsschluss vergangen waren (Ziff. III.). Durch den **Vertrag vom 23.1.1854**[455] wurde, vorbehaltlich der Zustimmung des Landtages, die Ablösung der Jahresrente durch Zuweisung von Grundbesitz zwischen Herzog *Ernst II.* und Prinz *Albert* und dem Herzogtum Gotha beschlossen. Im April des Jahres 1854 beriet der Landtag über diesen Vertrag. Lesenswert sind dazu die Protokolle der Landtagsverhandlungen vom 7.4.1854 sowie der Bericht des zuständigen Landtagsausschusses[456]. Der Landtag wollte erreichen, dass die bisherigen Nutzungsrechte an den abzutretenden Waldungen (z.B. Leseholz und Stockroden) von den neuen Inhabern und deren Rechtsnachfolgern rechtsverbindlich zugesichert wurden. Es kam zum Abschluss eines **Nachtrages** zum Vertrag vom 23.1.1854, der diese Zusicherung enthielt. Der Landtag stimmte am 10.4 1854 daraufhin dem Vertrag vom 23.1.1854 zu.[457] Die Grundbesitzungen wurden aus dem Staatseigentum ausgegliedert und als Eigentum an Herzog *Ernst II.* und Prinz *Albert* überwiesen, die daraus das Ernst-Albert-Fideikommiß bildeten. In dieses Fideikommiß wurden weitere Kapita-

---

ehemaligen Herzog Carl Eduard und dem Freistaat Thüringen ab dem Jahr 1928 in den Schriftsätzen der Parteien regelmäßig zitiert, um die jeweiligen Ansprüche zu beweisen., (BayHStA, MA 104357, Bl 34 f, 180).

451 Abgedruckt bei Briegleb, S. 118 ff.

452 LT.-Verh. S.-G. 1848-49, S. 393.

453 Abgedruckt bei Briegleb, S. 76 f.

454 Abgedruckt bei Briegleb, S. 114 ff.

455 Abgedruckt in den LT.-Verh. S.-G. 1853-56, S. 433 f.

456 LT.-Verh. S.-G. 1853-56, S. 436 ff und Beilage B.

457 LT.-Verh. S.-G. 1853-56, S. 455 ff.

lien einverleibt, die *Ernst II.* und *Albert* aus der Erbschaft von der Herzogin *Charlotte Amalie von Sachsen-Meiningen* zugefallen waren.[458] Nach dem Höchsten Erlaß vom 20.1.1896 wurde die Verwaltung des Ernst-Albert-Fideikommisses vom 1.1.1896 an die Kommission zur Verwaltung des Lichtenberger Fideikommisses in Coburg übertragen. Die Kommission führte in allen diese Fideikommisse betreffenden Geschäfte die Amtsbezeichnung „Verwaltung der Herzoglich Sachsen-Coburg-Gothaischen Haus-Fideicommisse, Abtheilung für das Ernst-Albert-Fideicommiss". Der **Erlaß vom 21.3.1907**[459] änderte die Verwaltung des Ernst-Albert-Fideikommisses und der Oldislebener Senioratsstiftung (unter Aufhebung des Erlasses vom 20.1.1896). Die Verwaltung erfolgte jetzt durch die für die Verwaltung und Vertretung des Domänenfideikommisses zuständige Behörde in Gotha (§ 8). Das Ernst-Albert-Fideikommiß bestand aus 3.899 ha, davon 3.517 ha Wald[460]. Der Friedenswert nach Reinerträgen wurde auf ca. 2,4 Mio. Goldmark geschätzt.[461]

(d) Das Hausallod

Das Hausallodium bestand aus „dem Hausschmuck, Silberzeug, verschiedenen Kunstsammlungen, Gewehrkammern und allen beweglichen und unbeweglichen Werten und Gütern, welche sonst noch nach den Bestimmungen des unter dem 28. Juli 1791 errichteten Hausvertrages zum Allodialvermögen des Herzoglichen Hauses zu rechnen sind" (Art. 69).

Im Testament des Herzogs *Friedrich IV. von Sachsen-Gotha-Altenburg* aus dem Jahr 1824 sind ausdrücklich als Sammlungen aufgeführt:

- die Bibliothek,
- das Münz- und Medaillen-Cabinett,
- die Kunst- und Naturalien-Kammer,
- die Gemälde-Sammlung,
- die Sammlung von Handzeichnungen und Kupferstichen und dergleichen,
- die Antiken-Sammlung,
- das chinesische Cabinett,

---

[458] Thür. FinMin. an den RMdI v. 11.1.1926 (als Manuskript gedruckt: "Die Entwicklung und der gegenwärtige Stand der Auseinandersetzungen zwischen den ehemaligen Thüringischen Staaten und den dort früher regierenden Landesherren."); ThHStAW, Landtag v. Thür. Nr. 32/4, Bl. 11r [= S. 23 des Manuskriptes].

[459] GS. S.-C. 1907 (Gemeinschaftliche GS für die Hzg. S.-C.u.G. Nr. 754), S. 43-46.

[460] Thür. FinMin. an den RMdI v. 11.1.1926 (als Manuskript gedruckt: "Die Entwicklung und der gegenwärtige Stand der Auseinandersetzungen zwischen den ehemaligen Thüringischen Staaten und den dort früher regierenden Landesherren."); ThHStAW, Landtag v. Thür. Nr. 32/4, Bl. 6v [= S. 14 des Manuskriptes].

[461] Jung, S. 233.

- die der Kunstkammer einverleibte orientalische Sammlung und
- die Sternwarte auf dem Seeberg.

Nach Art. 77 des Hausgesetzes vom 1.3.1855 durften die zum Hausvermögen gehörenden wissenschaftlichen und Kunstsammlungen, die sich in den Herzogtümern Coburg und Gotha befanden, nicht aus der Stadt Coburg und der Stadt Gotha entfernt werden. Diese Sammlungen sowie Park und Anlagen in Gotha blieben der öffentlichen Benutzung gewidmet.[462]

(e) Die schmalkaldischen Forsten

Diese Gebiete lagen im ehemaligen kurhessischen Gebiet. Nach dem Krieg des Jahres 1866 schlossen König *Wilhelm I. von Preußen* und Herzog *Ernst II. von Sachsen-Coburg und Gotha* den **Vertrag vom 14.9.1866.**[463] Art. 1 dieses Vertrages übertrug dem Herzog die Schmalkaldischen Forsten und bestimmte, dass diese Forste die Eigenschaft eines integrierten Bestandteils des Domänengutes in den Herzogtümern Coburg und Gotha hatten und als „*fideikommissarisches Privat-Eigenthum des Herzoglich Sachsen-Gothaischen Gesamthauses*“ anzusehen waren. Grund der Übertragung war die Gewährung einer „*Entschädigung für die erbrachten Opfer*“ im Krieg des Jahres 1866 und „*ein Beweis der Anerkenntnis der getreuen Bundesgenossenschaft*“. Der Herzog übernahm gleichzeitig die Verbindlichkeit, seinen Staatsangehörigen im Krieg erlittene Schäden in Höhe von 100.000 Talern und Kosten zu ersetzen.

Die rechtlichen Verhältnisse bestimmte der **Nachtrag vom 6.12.1866.**[464] Die Art. 21-30 des Hausgesetzes vom 13.1855 sollten auch auf die Schmalkaldischen Forsten Anwendung (Art. 1) finden. Von den Reinerträgen der Domänen erhielt der Herzog die Hälfte, die coburgische und gothaische Staatskasse je ein Viertel (Art. 3). Für das Herzogtum Coburg galt dieser Stand bis 1918, bestätigt im **Nachtrag vom 11.3.1912.**[465] Bei den Verhandlungen über das Gesetz vom 19.7.1905 im Herzogtum Gotha sollte der Anteil der gothaischen Staatskasse auf ein Viertel des jährlichen Reinertrages der Schmalkaldischen Forsten abgelöst werden.[466] Diese Ablösung erfolgte durch die Erhöhung des auf den Staat berechneten Anteils am Domänengut. Als Berechnungsgröße wurde der durchschnittliche Reinertrag der Jahre 1895 bis 1900 genommen. Da sich nach-

[462] Die öffentliche Benutzung des Parks, der Anlagen und der Verbleib der Sammlungen in Gotha war der ausdrückliche Wunsch des Landtages im Jahr 1853 während der Verhandlungen mit dem Herzog, Samwer, S. 22.

[463] GS. S.-C. 1866 (Gemeinschaftliche GS. für die Hzg. S.-C.u.G. Nr. 172), S. 583-584.

[464] GS. S.-C. 1866 (Gemeinschaftliche GS. für die Hzg. S.-C.u.G. Nr. 172), S. 580-584.

[465] GS. S.-G. 1912 (Gemeinschaftliche GS. für die Hzg. S.-C.u.G. Nr. 819), S. 17-18.

[466] Thür. FinMin. an den RMdI v. 11.1.1926 (als Manuskript gedruckt: "Die Entwicklung und der gegenwärtige Stand der Auseinandersetzungen zwischen den ehemaligen Thüringischen Staaten und den dort früher regierenden Landesherren.“); ThHStAW, Landtag v. Thür. Nr. 32/4, Bl. 10v [= S. 22 des Manuskriptes].

träglich herausstellte, dass bei der Berechnung dieses Reinertrages die Zins- und Amortisationskosten einer auf den Schmalkaldischen Forsten ruhenden Amortisationshypothek als dauernde Last behandelt worden waren, wurde dem Staat später noch zugestanden, dass die gothaischen Staatskasse vom 1.4.1905 an jährlich 9.432 Mark aus dem Reinertrag der Schmalkaldischen Forsten erhielt, (Nachtrag vom 11.3.1912[467]). Da dieser Erwerb durch den Herzog von Coburg **und** Gotha erfolgte, kann dieses Domänenvermögen (im Gegensatz zu den alten Domänenvermögen in den Herzogtümern Coburg und Gotha) als „Coburgisch-Gothaisches Domänengut“ bezeichnet werden. Der § 117 des Staatsgrundgesetzes vom 3.5.1852 fand keine Anwendung, da hier die Bestimmungen des Hausgesetzes galten. Insbesondere entfielen die Mitwirkungspflichten und -rechte des Landtages.[468] Daher standen dem Herzog das Eigentum, die Verwaltung und die unbeschränkte Verfügung über diese Forste zu. Die Schmalkaldischen Forsten bestanden aus 8.797 ha Wald.[469] Der Friedenswert nach Reinerträgen wird mit 5,8 Mio. Goldmark geschätzt.[470]

(3) Der Wert der herzoglichen Domänen

Insgesamt umfasste das herzogliche Domänenvermögen 42.730 ha, davon 36.636 ha Wald.[471] Damit waren knapp 60 % des gesamten Waldbestandes[472] des Herzogtums Gotha Domäneneigentum des herzoglichen Hauses. Mit den auswärtigen Domänen zusammen verwaltete die herzogliche Hofkammer somit mehr Wald, als es im Herzogtum Gotha gab. Der Wert wird nach *Jung* mit 32,2 Mio. Goldmark berechnet.[473] Die herzogliche Hofkammer ging im Frühjahr des Jahres 1919 von einem Wert von 75 Mio. Mark aus.[474]

---

467 GS. S.-G. 1912 (Gemeinschaftliche GS. für die Hzg. S.-C.u.G. Nr. 819), S. 17-18.
468 Forkel, S. 137 f; Zimmermann, FA 35 Bd., S. 478.
469 Thür. FinMin. an den RMdI v. 11.1.1926 (als Manuskript gedruckt: "Die Entwicklung und der gegenwärtige Stand der Auseinandersetzungen zwischen den ehemaligen Thüringischen Staaten und den dort früher regierenden Landesherren."); ThHStAW, Landtag v. Thür. Nr. 32/4, Bl. 10v [= S. 22 des Manuskriptes].
470 Jung, S. 233.
471 Thür. FinMin. an den RMdI v. 11.1.1926 (als Manuskript gedruckt: "Die Entwicklung und der gegenwärtige Stand der Auseinandersetzungen zwischen den ehemaligen Thüringischen Staaten und den dort früher regierenden Landesherren."); ThHStAW, Landtag v. Thür. Nr. 32/4, Bl. 6v [= S. 14 des Manuskriptes].
472 19.815 ha von 33.595 ha Wald bei 140.046 ha Landesfläche.
473 Jung, S. 233 Fn. 4 und S. 234; Im Jahre 1919 ging die Landesversammlung von Sachsen-Coburg von einem Wert des gesamten Domänenvermögens von 50 bis 60 Mio. Mark aus (Verh.-LV. S.-C. 1919, S. 156).
474 ThStA Gotha, Staatsministerium, Dep. I., Loc. 1b Nr. 79, Bd. 1, Bl. 130 e (RS).

5. Das Herzogtum Sachsen-Meiningen

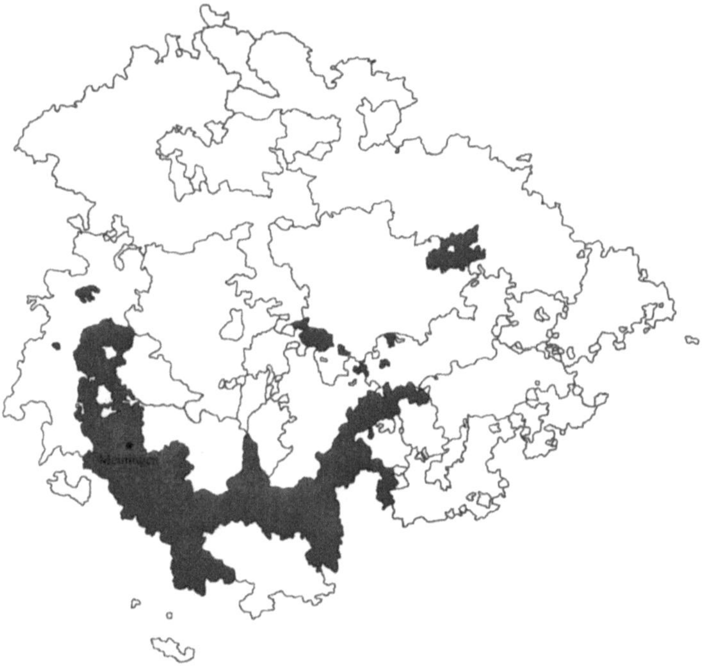

a) Vorbemerkungen zum Herzogtum

Hauptstadt: Meiningen (15.900 Einwohner 1910)
Landesherrn:
Herzog *Georg II.* (2.4.1826-25.6.1914) regierte von 1866 bis 1914. Er war verheiratet mit *Charlotte,* Prinzessin *von Preußen* (1831-1855), in zweiter Ehe mit *Feodora,* Prinzessin *zu Hohenlohe-Langenburg* (1839-1872) sowie morganatisch mit *Helene Franz,* verheiratete *Freifrau v. Heldburg* (1839-1923).

Herzog *Bernhard III.* (1.4.1851-16.1.1928) regierte von 1914 bis 1918. Er war verheiratet mit *Charlotte, Prinzessin v. Preußen* (1860-1919).

Landesfläche: 2.468 qkm[475]
Einwohner: 268.916 (im Jahre 1908)
Das Herzogtum war das größte der drei thüringischen Herzogtümer und der zweitgrößte Staat in Thüringen; im Gegensatz zu den anderen Staaten besaß es

[475] Mast, S. 152; Hof- und Staatshandbuch Sachsen-Meiningen, S. 77.

ein zusammenhängendes Staatsgebiet, mit 14 winzigen Enklaven.[476] Eine rege industrielle Produktion beschäftigte über die Hälfte der Bevölkerung: Glashütten, Porzellanherstellung, große Dachschieferbrüche, Spielwaren, Bergwerke.

Mit Herzog *Georg II.* begann ein neuer Abschnitt in der reichen thüringischen Theatergeschichte.[477] Das Hoftheater mit seinem Orchester unter der Leitung von *Hans von Bülow* erlangte internationale Bedeutung. Herzog *Georg II.* ist als „Theater-Herzog“ in die Geschichte eingegangen und galt als überaus berühmte Künstlerpersönlichkeit. Sein Sohn, Erbprinz *Bernhard III.*, übernahm erst mit 63 Jahren im Jahre 1914 die Regierung. In den vier Kriegsjahren gab es wenig Gelegenheit, an die Beliebtheit seines Vaters anzuknüpfen.

b) Die Regelung der Domänenfrage

aa) Entwicklung und Stand bis zum Jahr 1918

Bis zur Entstehung des neuen Herzogtums Sachsen-Meiningen im Jahre 1826 gab es für die damaligen Herzogtümer Sachsen-Meiningen und Sachsen-Hildburghausen unterschiedliche Regelungen über die Domänen: Das **landschaftliche Grundgesetz vom 4.9.1824**[478] für das **alte Herzogtum Sachsen-Meiningen** sprach den Ständen jede Einmischung in die Verwaltung der Domänen und über die Verwendung der Einkünfte ab. Erweitert wurden u.a. nur die Rechte der Stände, über die Substanz der Domänen (als Kammervermögen bezeichnet) zu wachen (§ 14, Ziff. 5).

Viel weiter ging die **landschaftliche Verfassung vom 19.3.1818**[479] für das **Herzogtum Sachsen-Hildburghausen**. Die Festlegung des Kammeretat musste mit den Ständen vereinbart werden (§ 2 lit. c) und bei Dispositionen über die Substanz der Domänen war neben dem agnatischen Konsens auch die Zustimmung der Landschaft erforderlich (§ 2 lit. f).[480] Nach § 51 waren Dispositionen über die Domänen ungültig, wenn diese den Interessen des Landes entgegenstanden. Dazu genügte bereits ein Einspruch der Landschaft, der auch vom Landesherrn anerkannt werden musste. Nach dem herzoglichen **Rescript vom 27.11.1817**[481] des **Herzogtums Sachsen-Hildburghausen** hatte die Landschaft für den Unterhalt des herzoglichen Hofes zu sorgen, soweit die Erträge der

---

476 Reichold, S. 51, 68 f.

477 Zu Georg II. siehe das beachtenswerte Buch von Erck/Schneider.

478 Pölitz, 1. Bd., S. 824 ff.

479 Pölitz, 1. Bd., S. 783 ff.

480 Nach Zachariae, Kammergut, S. 79 enthielten diese Regelungen „... *auch die Feststellung des sogenannten Kammeretats, insbesondere auch der für die Bedürfnisse und den Unterhalt des herzoglichen Hauses auszuwerfenden Summe, (der s.g. Civilliste) mit den Ständen vereinbart werden solle und außerdem das Anerkenntnis, daß die gesammten Kammereinkünfte zur Deckung des s.g. Staatsbedarfs (einschließlich der Civilliste) zu verwenden sein.*“

481 Pölitz, 1. Bd., S. 782.

Domänen dafür nicht ausreichten. Dazu heißt es im Rescript, dass diese Bestimmungen der fürstlichen Würde und *„zugleich den als fürstlichen Familiengut zu betrachtenden* ***Staatsdomänen*** (Hervorhebung durch den Autor) *angemessen sein sollten"*.[482] Im **Haus- und Grundgesetz vom 26.4.1820**[483] des **Herzogtums Sachsen-Hildburghausen** kam es zu einer neuen Regelung der Rechtsverhältnisse am Domänenvermögen: *„Zum Staatsgut gehören im Allgemeinen alle Bestandtheile des Landes, welche zusammen ein untheilbares, unveräußerliches Ganzes bilden. Insbesondere gehören dahin alle, vornehmlich zum Unterhalt der Herzogl. Regentenfamilie, dann zur Bestreitung anderer Staatsbedürfnisse, ..., vorhandene Domainengüter, Forsten,..., und zwar ohne Unterschied, ob sie zu dem Familienfideicommiß des Herzogl. S. Gesamthauses gehören ... oder dem Staate angefallen sind."* (Art. 1). Nach Art. 3 stand die Verwaltung der Domänen allein dem Landesherrn zu. Zum ersten Mal wurde in einem Gesetz eines thüringischen Staates von den Domänen als Staatsgut gesprochen.

Nach dem Teilungsvertrag vom 12.11.1826 kam das Herzogtum Sachsen-Hildburghausen zum Herzogtum Sachsen-Meiningen. Dadurch bestanden jetzt unterschiedliche Rechtsverhältnisse am Domänenvermögen, die eine einheitliche Regelung notwendig machten. Im **Grundgesetz vom 23.8.1829**[484] bestimmte Art. 38, dass das Domänenvermögen Eigentum des herzoglichen Spezialhauses war und von den Einnahmen zunächst die Kosten der Hofhaltung und der Unterhaltung der herzoglichen Familie zu bestreiten seien. Überschüsse in der Kammerkasse unterfielen der freien Disposition des Herzogs. Vor allem die Vertreter des ehemals hildburghäusischen Landesteils im Landtag hielten diese Bestimmung für unannehmbar.[485] Nur mit Mühe kam es zum Zustandekommen der Verfassung.[486] Ein besonderer Umstand für den sich jetzt anbahnenden jahrzehntelangen Streit über die Nutzungen aus den Domänen war deren beträchtlicher Umfang im Verhältnis zum Staatsgebiet und die Bedeutung der Forste innerhalb der Domänen, dabei handelte es sich um besonders ertragreiche Gebirgsforste. Fast die Hälfte des Staatsgebietes war damals bewaldet. Von 103.859 ha Gesamtwaldfläche entfielen auf die Domänen 44.059[487] (nach anderen Quellen 44.603 ha[488]). Das waren ca. 42 % des gesamten Waldes im Herzogtum. Zum Domänenvermögen gehörten auch ver-

---

482 Nach Heinze, ZgSTW, S. 281 stellt dies das Subsidiaritätsprinzip dar.
483 GS. S.-H. 1820, S. 34-41.
484 SVO 1829, S. 139-174.
485 Luther, S. 4 f.
486 Schneider in FS-Eberhardt, S. 430 f.
487 Schneider in FS-Eberhardt, S. 430.
488 Hässelbarth, S. 16.

schiedene Schieferbrüche und ein Eisenwerk. Bereits bei der ersten einberufenen Ständeversammlung wurde eine Revision des Grundgesetzes vom 23.8.1829 verlangt. Die nächste gesetzliche Regelung war das **Gesetz vom 27.4.1831.**[489] Dabei ging es weniger um die Eigentumsfrage als vielmehr um die Verwendungen der Einkünfte aus den Domänen. Die Stände hatten verlangt, dass die Domänen neben der Bestreitung der Hofhaltung grundsätzlich auch zur Deckung der Staatslasten heranzuziehen seien. Erst wenn diese Mittel nicht ausreichten, sollten Steuern erhoben werden. Nach dem Gesetz dienten die Domänen zunächst zur Bestreitung des Bedarfes des herzoglichen Hauses und Hofes und zur Erfüllung der ihm sonst obliegenden Leistungen und die Einnahmenüberschüsse seien zur Verwendung für die Zwecke der Landesverwaltung abzuliefern (Art. 1). Ein mit den Ständen zu vereinbarender Teil des Domänenüberschusses sollte dem Herzog zur eigenen Verfügung überlassen bleiben, um diesen Anteil im Interesse des Staatswohls zu verwenden (Art. 2).

Die Zeit zwischen den Jahren 1831 bis 1846 zeichnet sich durch das Bemühen der Regierung aus, den zu Landeszwecken abzuführenden Beitrag aus den Einnahmen als fixen Betrag festzulegen. Die Stände versuchten dagegen Einfluss auf die jährlichen Bedürfnisse des herzoglichen Hauses durch Vereinbarung eines Normaletats zu gewinnen. Dadurch sollten dem Land ein möglichst großer Teil der Domäneneinkünfte gesichert werden.[490] Seit dem Jahr 1830 forderten die Stände eine genaue Auflistung des Domänenvermögens, die bis zum Jahr 1846 nicht vorlag. Ebenso fehlte ein Plan über die Nutzung der Domänenwälder.[491] Ergebnis dieser gegenseitigen Bestrebungen war das **Gesetz vom 26.3.1846,**[492] das einen Erfolg der herzoglichen Bemühungen darstellte. Der jährliche an die Landeskasse abzugebende Teil der Domänenüberschüsse wurde auf 30.000 fl. festgesetzt (Art. 1). Die Beteiligung der Stände bei der Feststellung des Domänenetats und ihre Kontrolle über die Domänenverwaltung wurden aufgehoben (Art. 2). Dieses Gesetz sollte für die Dauer der Regierung des Herzogs Bernhard und dann noch weitere drei Jahre gelten (Art. 1). Wenn nach Ablauf dieses Zeitraumes keine neue Vereinbarung getroffen werden würde, dann sollte das Gesetz vom 27.4.1831 wieder in Kraft treten (Art. 7). Für den Fall einer Erhöhung der Domäneneinnahmen bedeutete dieses Gesetz erhebliche Nachteile für die Staatskasse.

Im März des Jahres 1848 kam es zu Forderungen, die eine Klärung des Domäneneigentums verlangten. Dies war auch Anlass für die ersten Unruhen im Herzogtum.[493] Herzog *Bernhard Erich Freund von Sachsen-Meiningen* ver-

---

[489] SVO 1831, S. 7-9.
[490] Kircher, S. 57.
[491] Schneider in FS-Eberhardt, S. 432.
[492] SVO 1848, 147-149.
[493] Patze/Schlesinger/Facius, 5. Bd. 2. Teil, S. 54, 59; Schocke, S. 12 f.

suchte mit seiner Erklärung vom 12.3.1848, die Unruhen zu besänftigen und räumte ein, die gesetzlichen Verhältnisse des Jahres 1831 wieder herzustellen. Er bezifferte den Bedarf des herzoglichen Hauses auf 225.000 bis 250.000 fl. Zur Teilung der Domänenüberschüsse schlug der Herzog vor, ein Drittel für sich zur Verfügung des Staatswohls zu behalten und zwei Drittel in den Landesetat fließen zu lassen. Durch das **Gesetz vom 13.3.1848**[494] erfolgte die Wiederherstellung des Gesetzes vom 27.4.1831. Trotzdem blieben die Forderungen nach einer Regulierung der Eigentumsfrage an den Domänen bestehen. Ein Bürgerausschuss der Stadt Sonneberg schrieb in der „Adresse vom 21.3.1848" u.a.: *„Das Volk erkennt in den Domänen Nichts, als sein Eigenthum und glaubt mit Recht die Anerkennung derselben in dieser Eigenschaft verlangen zu können."*[495] Diese Forderung machten sich viele Abordnungen des Herzogtums zu eigen. Am 25.3.1848 verkündete der Herzog, dass er bereit sei für die Umwandlung der Domänen zu Staatsgut, wenn die Stände ihm die Überzeugung geben, dass dieser Wunsch im ganzen Land geteilt würde. Diesen Wunsch bezeugten die Stände. Am nächsten Tag erklärte Herzog *Bernhard Erich Freund*, dass er sich entschlossen habe, dass Domänenvermögen zum Staatsgut zu erklären.[496] Dieser Stand wurde durch das **Gesetz vom 23.5.1849**[497] manifestiert. Das gesamte Domänenvermögen wurde Staatsgut und als solches anerkannt (Art. 1). Der Herzog erhielt eine jährliche Zivilliste in Höhe von 175.000 fl. und eine jährliche Summe von 11.000 fl. für den Aufwand der Hofhaltung nebst 500 Klafter Holz (Art. 9-11). Dieses Gesetz konnte aber nicht in Kraft treten, da Erbprinz *Georg* seine notwendige Zustimmung verweigerte. Als Begründung verwies er auf seine agnatischen Rechte und die Bestimmungen des gemeinen Staats- und des Privatfürstenrechts. Auch Herzog *Georg von Sachsen-Altenburg* und Prinzgemahl *Albert von Großbritannien* verwahrten sich als Agnaten gegen dieses Gesetz, da das gesamte Domänenvermögen Haus- und Familienfideikommiß aller Mitglieder des gothaischen Gesamthauses sei.[498] Gestützt auf diese Proteste, erklärte Herzog *Bernhard Erich Freund* dem im Jahre 1854 einberufenen Landtag, dass er sich außer Stande sähe, die Domänen als Staatsgut anzuerkennen und diesen Bestimmungen des Gesetzes Folge zu leisten.[499]

Nach Verhandlungen mit dem Landtag einigte man sich und es kam zur Verabschiedung des **Gesetzes vom 3.6.1854**.[500] Das Domänenvermögen wurde

---

494 SVO 1848, S. 3-4.
495 Schocke, S. 86 f.
496 Schneider in FS-Eberhardt, S. 433.
497 SVO 1849, S. 199-204.
498 Schneider in FS-Eberhardt, S. 435.
499 Heinze, ZgSTW 1863, S. 290.
500 SVO 1854, S. 325-330.

wieder Eigentum des herzoglichen Hauses in der Eigenschaft eines Familienfideikommisses. Dem Landtag sollte binnen eines Jahres ein Verzeichnis über die Bestandteile dieses Vermögens mitgeteilt werden. Wenn sich aus diesem Verzeichnis ergeben sollte, dass Domänen Eigentum des Landes seien, dann sollten diese an das Land abgetreten werden. Bei Streitigkeiten über die Eigentumslage sollte ein Schiedsgericht entscheiden (Art. 1). Es war weiterhin dazu bestimmt, die Kosten der Hofhaltung und der Unterhaltung der herzoglichen Familie zu bestreiten. Einen Teil der Überschüsse der Domäneneinkünfte hatte der Herzog zur Verwendung für die Zwecke der Landesverwaltung abzugeben (Art. 7). Der Herzog[501] und der Erbprinz[502] gewährleisteten durch besondere Zusicherungsurkunden, dass jährlich nicht mehr als 225.000 fl. aus den Domäneneinkünften vorweg entnommen und die Domänenüberschüsse zwischen herzoglichen Haus und Landkasse hälftig geteilt werden sollten. In einer weiteren Urkunde[503] sicherte der Herzog u.a. zu, dass die im Gesetz enthaltene allgemeine Anerkennung des Eigentumsrechts des herzoglichen Hauses kein Präjudiz für die Beurteilung des einzelnen zur schiedsgerichtlichen Entscheidung kommenden Falles bildet. Hauptbedenken des Landtages gegen dieses Gesetz waren: die prinzipielle Anerkennung des Eigentumsrechts der herzoglichen Hauses, der Verzicht auf die Zustimmung des Landtages zur Feststellung des Domänenetats und die dem jeweiligen Staatsoberhaupt eingeräumte Befugnis, die an die Landeskasse zu zahlende Summe nach eigenem Ermessen festzulegen. Trotzdem stimmte der Landtag mit 23 von 24 Stimmen für die Annahme dieses Gesetzes. Wahrscheinlich waren die Zusicherungen des herzoglichen Hauses der Grund, trotz der Bedenken diesem Gesetz zuzustimmen.[504] Am 10.4.1855 legte der Herzog dem Landtag das Verzeichnis über die Domänen vor.[505] Danach beanspruchte das herzogliche Haus mit Ausnahme einiger Gebäude **sämtliche** Teile des Domänenvermögens als fideikommissarisches Eigentum.[506] Der Landtag bildete daraufhin zur Prüfung

---

[501] LT.-Verh. S.-M. 1854-56, Beilage Nr. 43, S. 83.
[502] LT.-Verh. S.-M. 1854-56, Beilage Nr. 44, S. 90.
[503] LT.-Verh. S.-M. 1854-56, Beilage Nr. 45, S. 91.
[504] Kircher, S. 58.
[505] LT.-Verh. S.-M. 1854-56, S. 132.
[506] Dieses Verzeichnis heißt „Designation des Staatsguts im Herzogthum Sachsen-Meiningen und Designation des Domänenvermögens des Herzogthums Sachsen-Meiningen mit Einschluß des Chatull- und Allodial-Vermögens, worauf die Art. 1 und 11 des Gesetzes vom 3. Juni Anwendung finden“ (Meiningen 1855). Ein Exemplar befindet sich im ThHStAW. Der Name des späteren Staatsministers v.Harbou ist handschriftlich vermerkt, offenbar handelt es sich um sein persönliches Exemplar. (v.Harbou war 1854 Staatsrat und Vorstand des herzoglichen Staatsministeriums. Zusammen mit dem Staatsrat Oberländer führte er die Verhandlungen mit dem Landtag über das Domänenabkommen ab dem Jahr 1854).

dieses Verzeichnisses einen besonderen Ausschuss, dem der Abgeordnete *Luther* vorstand. Im Jahre 1857 erschien die Denkschrift[507] von *Luther*. Für ihn waren die Domänen Staatseigentum. Die Landesherren hätten die Domänen als solches erworben und das Volk habe ein fürstliches Eigentum nie anerkannt.[508]

Es kam jetzt zu einem bekannten wissenschaftlichen Streit, wobei im Vordergrund die Eigentumsfrage an den Domänen stand. Namhafte Wissenschaftler vertraten die verschiedenen Ansichten: Gegen die Ansichten von *Luther* wandte sich im Jahre 1858 eine anonyme Schrift („Kritik an Luther"). Danach seien die Domänen gemeinrechtlich anerkanntes fideikommissarisches Familieneigentum der Fürsten. Das Gesetz vom 3.6.1854 habe diesen seit langem anerkannten Rechtszustand lediglich bestätigt. Ansprüche des Landtages auf Teile der Domänen hätte dieser privatrechtlich nachzuweisen.[509] Diese Schrift soll eine Auflage einer früheren Regierungsdenkschrift, verfasst vom Staatsrat *Oberländer*, sein, die dieser zum Nachweis der Ansprüche des herzoglichen Hauses dem Landtag übergeben hatte.[510] In den Landtagsverhandlungen der Jahre 1854 bis 1856 wurde der Vortrag von *Oberländer* als Beilage abgedruckt.[511] Tatsächlich sind im Vergleich zwischen der anonymen Schrift und der Beilage große Gemeinsamkeiten zu finden, so dass als Autor *Oberländer* vermutet werden kann. Als nächstes erschien im Jahre 1861 ein Gutachten des Göttinger Rechtsprofessors *Zachariä*,[512] das die Ansichten des herzoglichen Hauses vertrat. In seinem Vorwort erwähnte er seine Beauftragung durch den Herzog nicht.[513] Nach *Zachariä* waren die Grundbesitzungen der landesherrlichen Familie ihrem Ursprung nach Privatgut. Spätere Erwerbungen (von Reichsgütern und die Säkularisierungen im Mittelalter) erfolgten stets an die Person des Landesherren. Auch der Reichsdeputationhauptschluß vom 25.2.1803 habe die zu diesem Zeitpunkt säkularisierten Güter den Landesherren zugewiesen. Eine Überweisung an den Staat würde im Reichsdeputationshauptschluß vom 25.2.1803 fehlen, daher

---

[507] Die Denkschrift von Luther wurde nur in 30 Exemplaren gedruckt (zu den Schwierigkeiten der Drucklegung siehe Schneider in FS-Eberhardt, S. 437) und nur an die Mitglieder des Landtages verteilt (Erst im April 1861 beschloss der Landtag die Vervielfältigung, LT.-Verh. S.-M. 1860-62, S. 107 f.) Der angekündigte zweite Band, der ein spezielles Gutachten über die einzelnen Domänenbestandteile enthalten sollte, wurde wegen eines Regierungsverbotes nicht gedruckt (Reyscher, Eigentum an den Domänen, S. 12).

[508] Luther, S. 96.

[509] Kritik an Luther, II. S. 263 ff.

[510] Heinze, Kritische Vierteljahresschrift, 4. Bd. (1862), S. 545, 547 f; Heinze führt auch Oberländer als Autor in seiner Zusammenstellung über die Literatur zum Meininger Domänenstreit auf.

[511] LT.-Verh. 1854-56, S. 38 ff.

[512] 1806-1875 (Frensdorff-ADB 44. Bd., S. 617 ff); zu Zachariä siehe Bandemer.

[513] Auf Anfrage des Landtags erklärte Staatsrat Oberländer, dass Zachariä im November 1860 den Auftrag des Herzogs angenommen habe (LT.-Verh. S.-M. 1860-62, S. 46).

seien auch diese Domänen kein Staatsgut.[514] Die Rheinbundakte vom 12.7.1806[515] hätte die Domänen als Eigentum der Landesherren bestimmt, da diese die Domänen ohne Ausnahmen behalten sollten (Art. 27). Daneben beschäftigte sich *Zachariä* auch mit dem Gesetz vom 3.6.1854 sowie dem Rescript vom 27.11.1817, wobei er seine Ansichten über den dort verwendeten Begriff des Staatsguts (der Domänen) darlegte. In der Besprechung des Zachariä-Gutachtens durch den Heidelberger Staatsrechtler *Zoepfl*[516] unterstützte dieser dessen Ansichten und zitierte seine eigenen Aufsätze zu diesem Problem mehrfach. Auch er vertrat, dass die Domänen Privateigentum der Fürsten seien. *Zoepfl* betonte ausdrücklich, dass die Schrift von *Zachariä* ebenso wie seine Besprechung ohne Auftrag und Wissen der betreffenden Regierung oder der Landstände erschienen sei.[517] Ebenfalls bejahte *Pözl* in seiner Besprechung von *Zachariä's* Gutachten dessen Ansichten.[518]

In seiner Darstellung der bis zu diesem Zeitpunkt erschienenen Literatur zum Meininger Domänenstreit unterstützte auch der Dresdner Staatsanwalt *Heinze* die Ansichten von *Zachariä* bezüglich des Eigentumsrechtes an den Domänen, folgte aber nicht in allen Ausführungen. *Heinze* warf *Zachariä* vor, dass dieser die Beauftragung durch den Herzog zur Erstellung des Gutachtens hätte nennen müssen. Er kritisierte auch *Luther* und die „Kritik an Luther" wegen fehlender wissenschaftlicher Bearbeitung, diese Schriften würden eher den Eindruck von *„weitläufigen Prozeßschriften"* machen.[519] *Heinze* schrieb danach im Jahre 1863 einen sehr ausführlichen Aufsatz über die Domänenfrage im Herzogtum Sachsen-Meiningen. Nach der Darstellung der geschichtlichen Entwicklung beschäftigte er sich mit den verschiedenen Gesetzen über die Domänen in den thüringischen Staaten und mit dem Gesetz vom 3.6.1854. In seiner Einschätzung wiederholte er seine Ansichten zu *Zachariä* und *Luther* aus dem Jahre 1862.[520] Im Jahre 1863 erschien ebenfalls ein umfangreiches Gutachten vom Heidelberger Rechtsprofessor *Reyscher*,[521] das im Auftrag der meiningischen Landschaft erstellte wurde. Im Gegensatz zu *Zachariä* erwähnte *Reyscher* diesen seinen Auftraggeber ausdrücklich.[522] Für *Reyscher* waren die Domänen oder die sogenannten Kammergüter untrennbar mit dem jeweiligen Land verbunden und genossen die Rechte eines Staatsgutes. Die Zuweisung der Güter durch den Reichsdeputationshauptschluß vom 25.2.1803 sei nicht als

---

[514] Zachariä, Kammergut, S. 17 ff.
[515] Huber, Dokumente, Bd. 1, S. 32.
[516] 1807-1877 (v.Schulte-ADB 45. Bd., S. 432 ff).
[517] Zoepfl, Heidelberger Jahrbücher, 54 Jahrgang, S. 449, 454.
[518] Pözl, Kritische Vierteljahresschrift, 3. Bd. (1861), S. 313 f.
[519] Heinze, Kritische Vierteljahresschrift, 4. Bd. (1862), S. 545 ff, 548 f, 555 f, 561 f.
[520] Heinze, ZgSTW 1863, S. 239 f, 296 ff.
[521] 1802-1880 (Riecke-ADB 28. Bd., S. 360 ff); zu Reyscher siehe Rückert.
[522] Reyscher, Rechte des Staates, S. V.

Privatgut erfolgt, sondern als Gut, das dem betreffenden Lande als solchen einverleibt wurde. Er kritisierte *Zachariä* mehrfach für dessen Ausführungen. Das Gesetz vom 3.6.1854 war für *Reyscher* nichtig, da die Domänen Staatseigentum seien und gerade kein Privateigentum des herzoglichen Hauses.[523] Gegen *Reyschers* Gutachten erschienen in den folgenden Jahren mehrere Aufsätze und Schriften. In der Besprechung von Reyschers Schrift im Literarischen Centralblatt aus dem Jahr 1864 wurde dessen Kritik als unwürdige Polemik bezeichnet. Der Rezensent befürwortete die Ansichten von *Zachariä*.[524] Auch *Zoepfl* verwarf alle Ansichten *Reyschers* in einem sehr scharf gehaltenen Ton. *Zoepfl* warf dabei der „*liberalen und dem politischen Fortschritt huldigender Seite*" vor, „*die moderne Staatsidee mit ihren Consequenzen anstelle der patrimonialstaatlichen*" zu sehen.[525] Die Erwiderung von *Zachariä* gegen *Reyscher* erschien im gleichen Jahr, in der die Ausführungen von *Reyscher* als „*unwürdig und gehässig*" zurückgewiesen wurden.[526] *Zachariä* beschäftigte sich in seinem Werk u.a. mit einem *Robert von Mohl* zugeschriebenen Aufsatz über die Meininger Domänenfrage in der politischen Zeitschrift „Die Zeit" vom 4.4.1861 und zitierte aus diesem. In diesem Aufsatz bejahte der Autor das Eigentumsrecht der Fürsten an den Domänen und verneinte ein derartiges Recht des Staates. Die Domänenfrage im Herzogtum Sachsen-Meiningen habe eine rechtliche und eine politische Seite. Die Rechtsfrage sei durch das Gutachten von *Zachariä* (1861) geklärt worden, d.h. das Gesetz vom 3.6.1854 sei verfassungsgemäß zu Stande gekommen. Hinsichtlich der politischen Seite befürwortete der Autor eine Abtretung der Domänen gegen Zahlung einer Zivilliste oder eine Teilung der Domänen zwischen Land und Herrscher. Bei derartigen Lösungen wäre „*das Gezänke für immer zu Ende*" und „*klare Verhältnisse machen überhaupt gute Freunde.*" An der Rechtsfrage würden diese politischen Erwägungen aber nichts ändern, da es keinen Zweifel an der Eigentumslage des Herrscherhauses geben würde. Da der Autor den Ausführungen von *Zachariä* in rechtlicher Hinsicht folgte, wurde er deshalb von *Zachariä* erwähnt. Zu den Hinweisen auf die politische Seite und die Lösungsvorschläge schrieb *Zachariä* lediglich, dass er weit davon entfernt sei, der vollständigen Beachtung der darin enthaltenen Fingerzeige entgegen zu treten.[527] Ebenfalls erschien im Jahre 1864 eine anonyme Regierungsschrift „Zur Compromißsache des Landtages des Herzogthums S.

[523] Reyscher, Rechte des Staates, S. 140, 83 f, 347 ff.
[524] Zarncke, Literarisches Centralblatt 1864, S. 205 f.
[525] Zoepfl, Heidelberger Jahrbücher, 57. Jahrgang, S. 250.
[526] Zachariä, Eigentumsrecht, S. 2; der Herzog von Sachsen-Meiningen verlieh Zachariä für die Unterstützung im Domänenstreit den Titel eines Staatsrats. Sein Staatsminister v.Harbou erreichte auch, dass der König von Hannover Zachariä die Erlaubnis zur Führung dieses Titels erteilte (Frensdorff-ADB 44. Bd., S. 625 f).
[527] Zachariä, Eigentumsrecht, S. 92 ff, 99.

Meiningen, Klägers, gegen seine Hoheit den Herzog von S. Meiningen, zugleich als Chef des Herzogl. Hauses, Beklagten, enthaltend eine Kritik der Schrift von A.L. Reyscher über die Rechte des Staates an den Domänen und Kammergütern.“ Diese Schrift konnte nicht gefunden werden. In seiner im Jahre 1865 erschienenen Erwiderung gegen *Zoepfl*, *Zachariä* und die anonyme Regierungsschrift erwähnte *Reyscher*, dass diese Schrift nur unter der Hand verbreitet und nicht dem Buchhandel übergeben wurde. Der Verfasser soll den Verhandlungen über das Gesetz vom 3.6.1854 nahe gestanden haben und wäre daher imstande gewesen, über die An- und Absichten der herzoglichen Regierung sehr gute Auskünfte zu geben. Es scheint, als ob *Reyscher* hier den bereits oben erwähnten Staatsrat *Oberländer* gemeint hat. Für diese Annahme spricht auch, dass ein im Jahre 1861 erschienenes Buch von *Oberländer* über die Domänenfrage auf dem Titel keinen Autor vermerkte und sich dieser erst aus dem Vorwort ergab. *Reyschers* Erwiderungen auf die Vorwürfe von *Zoepfl*, *Zachariä* und die anonyme Regierungs-Schrift waren in dem gleichen Ton gehalten wie der seiner Kritiker.[528] *Reyscher* bestand nach wie vor darauf, dass das Recht des Staates an den Domänen sich aus dem gemeinen Recht herleite.[529] Als Ergebnis des Streites standen sich zwei Meinungen gegenüber, die ihren Standpunkt vehement verfochten. Eine Entscheidung blieb letztlich offen.

Während dieses Streites handelten aber auch die Parteien des Streites selbst. Der im Jahre 1860 vom Landtag[530] bestellte Domänenausschuss kam im Januar des Jahres 1861 zu dem Ergebnis, dass die Rechtsgültigkeit des Gesetzes vom 3.6.1854 angefochten werden sollte und dass sämtliche aufgeführter Bestandteile des Domänenvermögens Eigentum des Landes seien. Der Ausschuss sah vor allem in den säkularisierten Gütern und Kammerkäufen das Eigentumsrecht des Landes begründet.[531] Seitens des herzoglichen Hauses wurde unter Bezugnahme der o.g. Zusicherungsurkunden behauptet, dass das Land seine Ansprüche durch privatrechtliche Nachweise geltend machen müsse. Das herzogliche Haus verwies auf die ausdrückliche Anerkennung des Eigentums an den Domänen nach dem Gesetz vom 3.6.1854 und auf das Eigentumsrecht des herzoglichen Hauses nach gemeinem bzw. sächsischem Recht. Aufgrund des Berichtes des Domänenausschusses des Landtages vom 18.1.1861 äußerte sich *Oberländer* durch „höchsten Auftrag“ dazu gutachterlich.[532] Er kritisierte die Ausführungen *Luthers*, betrachtete die Domänen als ein den fürstlichen Fami-

---

[528] Reyscher, Eigentum an den Domänen, S. 91, 193 ff, 240.
[529] Reyscher, Eigentum an den Domänen, S. 241.
[530] Wegen der Zeitspanne siehe Schneider in FS-Eberhardt, S. 437.
[531] LT.-Verh. S.-M. 1860-62, Beilage Nr. 13, S. 109 ff.
[532] Oberländer, Domänenfrage, S. 8.

lien zustehendes Vermögen und meinte, dass das Gesetz vom 3.6.1854 den bestehenden Rechtszustand nur bestätigen würde.[533]

Der Landtag trat aber mit großer Mehrheit den Ausführungen des Ausschusses bei.[534] Aufgrund der aussichtslos erscheinenden Vermittlungsversuche wurde als Schiedsgericht das Oberappellationsgericht Dresden angerufen[535]. Dieser Prozess dauerte insgesamt 13 Jahre. Das Schiedsgericht erklärte im November des Jahres 1867, dass mit Rücksicht auf die besonderen Schwierigkeiten und Zweifel in rechtlicher und tatsächlicher Hinsicht nur ein Vergleich den Interessen beider Seiten gerecht werden könne.[536] Für das Schiedsgericht war der Schwerpunkt der Domänenfrage nicht die Eigentumsfrage, sondern die Anerkennung der Verpflichtung des Domänenvermögens, zur Bestreitung der Bedürfnisse des herzoglichen Hofes **und** zur Deckung des Staatsbedürfnisses beizutragen.[537]

Nach langen Verhandlungen kam es im Jahre 1871 zu einem Vergleich, der im **Gesetz vom 20.7.1871**[538] veröffentlicht wurde. Das Domänenvermögen war unbeschadet seiner staatsrechtlichen Eigenschaft dazu bestimmt, den Aufwand für den herzoglichen Hof, die herzogliche Familie und den gesamten herzoglichen Haushalt zu bestreiten und mit einem Teil des Ertrages zur Deckung der Staatsbedürfnisse zu gewähren (Art. 1). Die Verwaltung der Domänen einschließlich des Kassenwesens erfolgte durch die Staatsbehörden unter Leitung des Staatsministeriums (Art. 6). Die herzogliche Hofhaltung sowie Hof- und Staatsbeamte erhielten Naturallieferungen von Brennholz, Getreide und Fourage (Art. 8). Der Herzog erhielt eine jährliche Rente von 230.000 fl. zur Bestreitung des Aufwandes des herzoglichen Hofes einschließlich der erforderlichen Apanagen und Wittümer. Ohne die Zustimmung des Herzogs durfte dieser Betrag nicht vermindert und ohne die Zustimmung des Landtages nicht erhöht werden (Art. 10). Nach Abzug der o.g. Rente und der auf den Domänen haftenden Lasten und Administrationskosten wurde der Überschuss zwischen Herzog und Staatskasse hälftig geteilt (Art. 11). Im Fall der Regierungsbeendigung des Sachsen-Meiningischen Spezialhauses sollten das Domänenvermögen geteilt werden. Das herzogliche Haus sollte drei Fünftel als fideikommissarisches Privateigentum erhalten und der Staat zwei Fünftel als Landeseigentum (Art. 12).

---

[533] Oberländer, Domänenfrage, S. 130 ff, 284, 611.
[534] LT.-Verh. S.-M. 1860-62, S. 108.
[535] LT.-Verh. S.-M. 1860-62, Beilage Nr. 28, S. 323 f.
[536] Schneider in FS-Eberhardt, S. 439.
[537] Kircher, S. 60.
[538] SVO 1871, S. 91-97.

Das Staatsministerium und das herzogliche Hofmarschallamt schlossen am **12.10.1893** einen **Vertrag**[539] über die Lieferung von Getreide und Fourage in Erfüllung des Art. 8 des Gesetzes vom 20.7.1871. Danach übernahm die Hofverwaltung zwei Magazine (§ 1) und die Vorhaltung von Getreide in Natur seitens der Domänenverwaltung an die Hofverwaltung wurde beendet (§ 2). Das Staatsministerium vergütete in bar an die Hofverwaltung speziell aufgeführte Getreidemengen. Am **2.8.1899** schlossen das Staatsministerium und das herzogliche Hofmarschallamt einen **Vertrag**[540] über die Lieferung von Brennholz in Ausführung des Art. 8 des Gesetzes vom 20.7.1871. Die Hofverwaltung erhielt 1907 Raummeter Holz und konnte jetzt bestimmen, ob die Lieferung in Natur oder in Geld gewährt wurde.

Das **Gesetz vom 9.3.1896**[541] ergänzte das Grundgesetz vom 23.8.1829 und das Gesetz vom 20.7.1871. Die Regelung des Domänenvermögens im Gesetz vom 20.7.1871 wurde ausdrücklich bestätigt (Art. 19). Die Apanagen der Prinzen und die Aussteuer und Ausstattung der Prinzessinnen wurden aus den Einnahmen des Herzogs bezahlt, wobei der Herzog die jeweilige Höhe nach billigem Ermessen bestimmte (Art. 8). Dieses Gesetz führte zu einer Mißstimmung innerhalb der Herrscherfamilien der sächsischen Herzogtümer. Zu den Mitgliedern des herzoglichen Hauses Sachsen-Meiningen gehörte auch Prinz *Friedrich von Sachsen-Meiningen*[542] und dessen Frau Prinzessin *Adelheid, Gräfin zur Lippe-Biesterfeld* (Art. 1, Ziff. 4 des Gesetzes vom 9.3.1896). Diese Ehe wurde von Herzog *Alfred von Sachsen-Coburg und Gotha* und seinem Staatsminister *v.Strenge*[543] aufgrund der Herkunft der Ehefrau für nicht ebenbürtig gehalten. Ursache war der sogenannte lippische Erbfolgestreit.[544] Nach Erörterungen mit seinem Amtskollegen *v.Helldorf* aus dem Herzogtum Sachsen-Altenburg wurden mit zwei gleichlautenden Schreiben durch die beiden Staatsminister vom 30.3.1996 an das Staatsministerium von Sachsen-Meiningen die Zweifel an der Ebenbürtigkeit dargelegt und eine Verwahrung des jeweiligen Herzogs eingelegt, *„insoweit seine Rechte durch das Gesetz betroffen werden.“*[545] Der Staatsminister von Sachsen-Meiningen *v.Heim* bestätigte am 24.4.1896 den Eingang des Schreibens gegenüber dem Staatsminister *v.Strenge* und erklärte lediglich: *„Die eingelegte Verwahrung vermag die*

---

539 ThHStAW, Thür. FinMin. Nr. 7971, Bl. 64r-67r.
540 ThHStAW, Thür. FinMin. Nr. 7971, Bl. 68r-70r.
541 SVO 1896, S 139-146.
542 1861-1914 (gefallen); auch sein Sohn Prinz Ernst von Sachsen-Meiningen ist im Jahr 1914 gefallen (Thüringen im und nach dem Weltkrieg, Bd. 1, S. 63 ff).
543 1861-1907 (Kaupp, S. 33 f).
544 Zu diesem Streit siehe Reichold, S. 233 ff.
545 ThStA Gotha, Staatsministerium, Dep. I., Loc. 1a Nr. 37, Bl. 39 und 49.

Staatsregierung weder für begründet noch ihr ernstliche Wirksamkeit zuzugestehen.“[546] Weitere offizielle Schritte erfolgten von keiner Seite mehr.[547]

Mehrfache Versuche der Sozialdemokratie[548] wegen der Zahlung von sehr hohen Überschüssen an die herzogliche Familie eine Neuregelung herbeizuführen, wiesen die Herzöge *Georg II.* und *Bernhard III.* kategorisch zurück.[549] Der Herzog bezog eine Domänenrente von 230.000 fl. (= 394.286 Mark) und die Hälfte des Domänenertrages. Im Staatshaushalt für die Jahre 1912 bis 1914 wurden dafür 814.765 Mark angesetzt. Damit ergab sich ein Einkommen i.H.v. 1.209.000 Mark. Der im Herzogtum Sachsen-Meiningen geschlossene Vergleich über die Domänenfrage wurde in der damaligen wissenschaftlichen Literatur als einzige Möglichkeit angesehen, einen interessengerechten Ausgleich zwischen den Parteien zu erreichen, besonders im Hinblick auf die komplizierten Eigentumslagen und Entwicklungen.[550]

Als *Ergebnis* ist festzuhalten, dass es zu keiner Entscheidung über die Eigentumsfrage kam. Es erfolgte nur eine Auseinandersetzung zwischen dem Landesherrn (bzw. der landesherrlichen Familie) und dem Staat über Verwaltung und Nutzung des Domänenvermögens in Form eines Vergleiches.

bb) Der Wert der herzoglichen Domänen

Das Domänenvermögen umfasste 46.768 ha, davon 45.211 Domänenwald und 2.346.000 Mark Barvermögen.[551] Der Wert des Grundbesitzes wird von *Jung* auf ca. 11,6 Mio. Goldmark eingeschätzt.[552] In einem Gutachten vom 10.9.1932 gab die Hofverwaltung den Wert des Domänenvermögens im Jahr 1918 mit 110 Mio. Mark, mit einem jährlichen Reinertrag von 4 Mio. Mark an.[553]

---

546 ThStA Gotha, Staatsministerium, Dep. I., Loc. 1a Nr. 37, Bl. 56.

547 Die beiden Staatsminister kannten sich seit ihrer Studienzeit in Jena, da sie beide Angehörige der Burschenschaft Arminia auf dem Burgkeller waren (Kaupp, S. 9, 33).

548 Hofmann, S. 67 ff (Diese Schrift befindet sich in der Akte des ThHStAW, Thür. FinMin. Nr. 7971, Bl. 238r-274r).

549 Schneider in FS-Eberhardt, S. 441 f; Erck/Schneider, S. 75 f.

550 Zimmermann FA 35. Bd., S. 525 f; Günther, S. 13.

551 Thür. FinMin. an den RMdI v. 11.1.1926 (als Manuskript gedruckt: “Die Entwicklung und der gegenwärtige Stand der Auseinandersetzungen zwischen den ehemaligen Thüringischen Staaten und den dort früher regierenden Landesherren.“); ThHStAW, Landtag v. Thür. Nr. 32/4, Bl. 4v [= S. 10 des Manuskriptes].

552 Jung, S. 302.

553 ThHStAW, ThürFinMin. Nr. 7969, Bl. 62r-63r; Die gleiche Summe erwähnt die Schiedsklageschrift des Herzogs Bernhard III. aus dem Jahre 1923 (ThHStAW, ThürFinMin. Nr. 7971, Bl. 205r-215r). Näheres dazu im 3. Kap. I. 1.

6. Das Großherzogtum Sachsen-Weimar-Eisenach

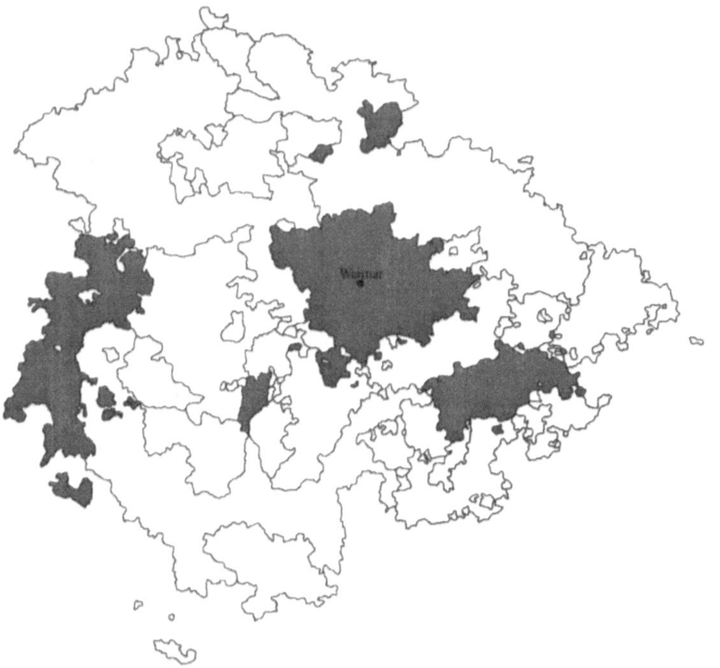

a) Vorbemerkungen zum Großherzogtum

Hauptstadt: Weimar (52.804 Einwohner im Jahre 1910)
Landesherr: Großherzog *Wilhelm Ernst* (10.6.1876-24.4.1923). Er regierte von 1901 bis 1918 und war verheiratet mit *Caroline,* Prinzessin *von Reuß ä.L.* (1884-1905) und in zweiter Ehe mit *Feodora,* Prinzessin *von Sachsen-Meiningen* (1890-1972)
Der Erbprinz war sein Sohn Erbgroßherzog *Carl August.*

Landesfläche: 3.609 qkm[554]
Einwohner: 417.149 (im Jahre 1910)

Das Großherzogtum Sachsen-Weimar- Eisenach zerfiel in drei große (aber von einander getrennte) sowie kleinere Gebiete, von „Splitter-Parzellen" anderer thüringischer Staaten durchsetzt. Das Großherzogtum galt als wohlhabend

---

[554] Staatshandbuch für das Großherzogtum Sachsen, S. 275 (seit dem Jahre 1903 erfolgte die Bezeichnung „Großherzogtum Sachsen" auch im RegBl. S.-W.-E.).

dank der Heiraten der (früheren) Landesherren mit der Zarentochter *Maria Pawlowna* und mit der Tochter des Königs der Niederlande.[555]

Im Zentrum des wirtschaftlichen Lebens standen Eisenach mit der Fahrzeugfabrikation und den Spinnereien, Jena mit den Optischen Werkstätten und Apolda mit rund sechstausend Beschäftigten in der Woll- und Strickwarenfertigung.[556] In der Innen- und Wirtschaftspolitik folgte das Staatsministerium einem konservativen Kurs, unterbrochen von einer kurzen liberalen Etappe in den Jahren 1908-1912 mit Innenminister *Paulssen*, der nach dem Jahr 1918 noch eine wesentliche Rolle spielen sollte. Den Landtag beherrschte der Streit zwischen Konservativen und Liberalen einerseits und den vier Sozialdemokraten und sechs Freisinnigen andererseits. Unter den Sozialdemokraten nahm der Abgeordnete *Baudert* eine herausragende Stellung ein.[557] Schon bei den Reichstagswahlen im Jahre 1912 errang die SPD in Weimar, Jena und Neustadt/Orla je 53 % der Stimmen.[558]

Der Großherzog übernahm mit 25 Jahren die Regierung und damit die Nachfolge seiner berühmten Vorfahren *Carl August* (1757-1828) und *Carl Alexander* (1818-1901).[559] Seine Interessen galten weniger dem politischen Leben, mehr der Jagd.[560] Wenn der Großherzog indes ein begründetes Vorhaben für gut befand – und mochte es noch so kostspielig sein – engagierte er sich dank seines großen Vermögens, so z.B. an der Schaffung der Kunstgewerbeschule im Jahre 1906. Die Landeshauptstadt Weimar gewann einen Ruf „als aufstrebende Stadt moderner Kunst und Literatur" auch dank der Bemühungen von *Harry* Graf *Kessler*, *Henry van de Velde* und vieler anderer. Großherzog *Wilhelm Ernst* finanzierte, größtenteils aus seinen Privatmitteln, den Neubau des Hoftheaters und die Erinnerungsstätten im Schloss Tiefurt. Er galt als schwierig zu behandelnder Mensch und war wegen seines cholerischen und jähzornigen Temperaments wenig angesehen.[561] In einer Zeit, die auch einem Landesherrn kritisch gegenüberstand, war er nicht nur in der Bevölkerung, sondern auch unter den Fürsten wegen seiner Rücksichtslosigkeit, Überheblichkeit und Grobheit verhasst.[562]

---

555 Reichold, S. 67, 108.
556 Reichold, S. 50; Hess, S. 463.
557 Hess, S. 458 f.
558 Patze/Schlesinger/Facius, 5. Bd. 2. Teil, S. 260.
559 Reichold, S. 286.
560 Hess, S. 454; immerhin legte er Wert auf Informationen aus der Reichshauptstadt und beauftragte 1916 seinen Bundesratsbevollmächtigten Dr. Paulssen, im Auswärtigen Amt herauszufinden, was mit den besetzten Gebieten Kurland und Litauen beabsichtigt sei, er habe in Posen Besitzungen und halte die Gründung eines Polnischen Staates für schädlich (Reichold, S. 250 f).
561 Hess, S. 454; Marwinski, Zweite Sammlung, S. 200 ff.
562 Patze/Schlesinger/Facius, 5. Bd. 2. Teil, S. 217.

b) Die Regelung der Domänenfrage

aa) Entwicklung und Stand bis zum Jahr 1918

Im **Grundgesetz vom 5.5.1816** erfolgte keine Regelung über die Domänen. In § 5 wurde den Landständen nur ein Ausgabenbewilligungsrecht zuerkannt.[563] Dieses Recht beschränkte sich aber nur auf „*die Staatsbedürfnisse nur aus Landschaftlichen Cassen und aus dem Vermögen der Staatsbürger zu bestreiten sind*". Diese Beschränkung kann als ein Nein zur Verstaatlichung der Domänen und zur Vereinheitlichung des staatlichen Finanzwesens gedeutet werden.[564] Ebenso wurde keine Pflicht zum Einsatz des Domänenertrages für die Staatsbedürfnisse festgelegt. Dass die Domänen im Eigentum des Landesherren standen, war anerkannt und bildete die Grundlage für weitere Verhandlungen.[565]

In der **Erklärungsschrift des Landtages vom 3.3.1817**[566] beantragte der Landtag die Vereinigung der Kammer- und Landschaftskasse und des Kammerkollegiums mit dem Landschaftskollegium. Dafür sollte das großherzogliche Haus eine Zivilliste erhalten. Alternativ wurde die Trennung der Einkünfte aus Liegenschaften und Regalien von den Steuereinkünften vorgeschlagen. Dabei sollten die Einkünfte aus den Liegenschaften und Regalien für die Bedürfnisse des großherzoglichen Hauses und bestimmte Staatsausgaben, die Steuereinnahmen hingegen für alle übrigen Staatsausgaben verwendet werden. Der Landtag sprach sich für den zweiten Vorschlag aus.[567] Der Großherzog nahm mit dem **Höchsten Dekret vom 1.11.1817**[568] den zweiten Vorschlag an und überwies zunächst die von der Kammer bisher erhobenen Steuern an die Landschaftskasse. Notwendige Konsequenz war, dass die großherzogliche Kammer nicht mehr als Steuerbehörde in Frage kam. Nach dem

---

[563] Pfitzner, Stat. Archiv, Bd. 9, S. 594 meinte, dass durch § 5 die Regelung der Domänenfrage angeregt wurde.
Pfitzner bezeichnet als Quelle seiner Darstellung die „Zusammenstellung der Verhandlungen, Gesetze und Verwaltungsvorschriften über die Bedeutung des Kammervermögens im Staatshaushalte des Großherzogtums Sachsen-Weimar-Eisenach und die Abgrenzung des Großherzoglichen Kammerguts." (Weimar 1863, als Manuskript gedruckt). Dieses Manuskript befindet sich im ThHStAW.

[564] Mußgnug, ZNR 2002, S. 303.

[565] Zimmermann, FA 35. Bd., S. 470.

[566] RegBl. S.-W.-E. 1817, S. 26 f.

[567] RegBl. S.-W.-E. 1817, S. 26 f.

[568] LT.-Verh. S.-W.-E. 1817-19, Bd. "Schriftenwechsel", S. 34 ff; siehe dazu auch die Beilage vom 15.10.1817 zum Höchsten Dekret vom 1. November 1817 (LT.-Verh. S.-W.-E. 1817-19, Bd. "Schriftenwechsel", S. 37 ff) und die Erklärungsschrift des Landtages vom 23.12.1818 (LT.-Verh. S.-W.-E. 1817-19, Bd. "Schriftenwechsel", S. 46 ff).

Höchsten Dekret vom 6.1.1819[569] sollte eine Veräußerung von Kammergutbestandteilen und eine Belastung mit neuen Schulden nur mit Zustimmung des Landtages erfolgen dürfen.

Ergebnis der Einigung zwischen Großherzog und Landtag war das **Gesetz vom 17.4.1821**[570], das zum Landesgrundgesetz erhoben wurde. Nach Art. 2 war das – als Kammergut bezeichnete – Domänenvermögen nach Abzug von Verwaltungskosten u.a. den Bedürfnissen des großherzoglichen Hauses und dessen Hofstaat gewidmet und hatte die ihm obliegenden Verpflichtungen zu erfüllen. Ergänzt wurde diese Regelung durch das **Gesetz vom 29.4.1821**[571], das auch zum Landesgrundgesetz erhoben wurde. Nach dem Vorspruch des Gesetzes sollten die Bedürfnisse des Landesfürsten, seiner Familie und seines Hofstaates nur aus dem Domänenvermögen (als Kammervermögen bezeichnet) bestritten werden. Auch die Kosten der Erhaltung und Verwaltung des Domänenvermögens mussten von diesem selbst getragen werden. Nur die übrigen Staatsbedürfnisse sollten durch Steuern aufgebracht werden. Diese verschiedenen Steuern wurden im Gesetz vom 29.4.1821 aufgeführt und erläutert. Die vor dem Jahr 1817 erworbenen Schatullgüter vereinigte der Großherzog jetzt mit dem Domänenvermögen (Kammergut).[572] Danach war der Großherzog Eigentümer der Domänen und konnte alle Einnahmen für sich und seinen Hofstaat verwenden, ohne dass es eine Verpflichtung gab, Teile dieser Einnahmen für Staatsaufgaben zu verwenden bzw. an die Landstände zu überweisen.

Die folgenden Jahre waren gekennzeichnet von einer bedeutenden Steigerung der Einnahmen aus den Domänen. Gleichzeitig stiegen die Steuerlasten für die Bevölkerung, wobei diese Einnahmen durch den Staat nicht angelegt werden konnten, sondern sofort verbraucht wurden.[573] Dies veranlasste den Landtag am 4.5.1847[574] dazu, vom Großherzog entweder die Vereinigung des Kammerguts mit dem Landschaftsvermögen gegen Zahlung einer festen Geldsumme zu verlangen oder das Grundvermögen der großherzoglichen Kammer der Steuerpflicht zu unterwerfen und die Kammerkasse zur Zahlung eines mit dem Landtag zu vereinbarenden jährlichen Zuschusses an die Landschaftskasse zu verpflichten. Der Großherzog bewilligte am 9.3.1848[575] den alternativen Antrag und erklärte, dass sämtlicher Grundbesitz des großherzoglichen Kammerfiskus nach Maßgabe der bestehenden Steuergesetzgebung besteuert

---

[569] LT.-Verh. S.-W.-E. 1817-19, Bd. "Schriftenwechsel", S. 49 ff; siehe auch Erklärungsschrift des Landtages v. 29.1.1818; LT.-Verh. S.-W.-E. 1817-19, Bd. "Schriftenwechsel", S. 53 ff.

[570] RegBl. S.-W.-E. 1821, S. 493-495.

[571] RegBl. S.-W.-E. 1821, S. 496-506.

[572] Pfitzner, Stat. Archiv Bd. 9, S. 595.

[573] Patze/Schlesinger/Facius, 5. Bd. 2. Teil, S. 39.

[574] LT.-Verh. S.-W.-E. 1847-48, Bd. "Schriftenwechsel", S. 185 ff.

[575] LT.-Verh. S.-W.-E. 1847-48, Bd. "Schriftenwechsel", S. 187 f.

werden sollte. Mit dem **Patent vom 9.3.1848**[576] beschloss der Großherzog, *„Um den... Wünschen Unser getreuen Unterthanen zu entsprechen...“*, die Vereinigung des Kammervermögens mit dem landschaftlichen Vermögen gegen die Gewährung einer Zivilliste. Die ihm vom Landtag angebotene Zivilliste von 280.000 Talern setzte er freiwillig durch die **Ministerial-Bekanntmachung vom 3.4.1848**[577], vorbehaltlich späterer Entscheidungen, auf 250.000 Taler herab. Das **revidierte Grundgesetz vom 15.10.1850**[578] enthielt keine Bestimmung über das Eigentum an den Domänen. Allerdings wurde in § 39 bestimmt, dass Domänen in bestimmten Fällen nur mit Zustimmung des Landtages veräußert werden konnten. Bei der Veräußerung minder bedeutender Teile war keine Einwilligung des Landtages erforderlich (§ 40).

Gegen die Vereinigung des Domänenvermögens mit dem Staatseigentum legten die Agnaten Protest ein, so dass eine Rückgängigmachung der Vereinigung erforderlich wurde. Der Großherzog erklärte aber am 16.12.1853, dass die im Patent vom 9.3.1848 ausgesprochene Verwaltung der Domänen durch den Staat nicht in Frage gestellt werden sollte.[579] Im Jahr 1854 erschienen Schriften, darunter zwei vom Juristen *Vollert*, in denen das Eigentum des großherzoglichen Hauses an dem Domänenvermögen festgestellt wurde[580] und dass die Abtretung der Domänen und die Vereinigung mit dem Staatsvermögen wegen fehlender Zustimmung der Agnaten ungültig sei.[581] Zur Neuregelung des Problems wurde durch das **Dekret vom 24.2.1854,**[582] mit einem Propositions-Entwurf vom 12.3.1854 als Anlage,[583] ein außerordentlicher Landtag einberufen. In der **Erklärungsschrift vom 4.4.1854**[584] unterbreitete der Landtag Gegenvorschläge, die vom Großherzog mit dem **Dekret vom 4.4.1854**[585] angenommen wurden. Die **Verordnung vom 4.5.1854**[586] setzte das Gesetz vom 17.4.1821 wieder in Kraft. Die Verwaltung des Domänenvermögens (als

---

[576] RegBl. S.-W.-E. 1848, S. 33-34; Schlösser und weitere Gebäude verblieben dagegen im Eigentum des großherzoglichen Hauses (Ministerial-Dekret vom 16.3.1848, LT.-Verh. S.-W.-E. 1847-48, Bd. "Schriftenwechsel", S. 194 ff).
[577] RegBl. S.-W.-E. 1848, S. 46-50; siehe dazu auch die Erklärungsschrift des Landtages vom 3.4.1848; LT.-Verh. S.-W.-E. 1847-48, Bd. "Schriftenwechsel", S. 204 f und das **Dekret vom 6.4.1848**; LT.-Verh. S.-W.-E. 1847-48, Bd. "Schriftenwechsel", S. 310 ff.
[578] RegBl. S.-W.-E. 1850, S. 615-634.
[579] LT.-Verh. S.-W.-E. 1853, Bd. "Schriftenwechsel", S. 758 ff.
[580] Vollert, Domainenfrage Sachsen-Weimar, S. 16, 46.
[581] Vollert, Domainenfrage Sachsen-Weimar, S. 47; Domainenfrage Sachsen-Weimar, S. 24.
[582] LT.-Verh. S.-W.-E. 1854, Bd. "Schriftenwechsel", S. 1.
[583] LT.-Verh. S.-W.-E. 1854, Bd. "Schriftenwechsel", S. 1 ff; siehe dazu Bericht des Ausschusses zur Beratung der höchsten Proposition über die Domainen vom 25.3.1854; LT.-Verh. S.-W.-E. 1854, Bd. "Schriftenwechsel", S. 13 ff.
[584] LT.-Verh. S.-W.-E. 1854, Bd. "Schriftenwechsel", S. 40 ff.
[585] LT.-Verh. S.-W.-E. 1854, Bd. "Schriftenwechsel", S. 43 f.
[586] RegBl. S.-W.-E. 1854, S. 229-230.

Kammervermögen bezeichnet) blieb der Staatsfinanzbehörde überlassen (Art. 1). Die Einkünfte flossen in die Staatskasse, dafür erhielt das großherzogliche Haus eine Domänenrente (als Domanial-Rente bezeichnet) (Art. 2). Das sog. Krongut (Schlösser, Parkanlagen u.ä.) standen dem Großherzog unbeschränkt und zur eigenen Nutzung und Verwaltung zu.[587]

Der Großherzog beantragte mit dem **Dekret vom 21.1.1859**,[588] dass der Restbetrag der Einkünfte des Domänenvermögens zu gleichen Teilen zwischen Krone und Staat geteilt werden möge. Der Landtag stimmte diesem Antrag nicht zu, sondern bot nur die Erhöhung der Domänenrente auf 280.000 Taler an.[589] Der Großherzog nahm diese Erhöhung mit dem **Dekret vom 11.5.1859**[590] an.

Mehrfach wiederholte der Großherzog seinen Antrag auf Aufteilung des Restbetrages. Dieser Wunsch wurde vom Landtag stets abgelehnt und stattdessen erfolgte immer eine Erhöhung der Domänenrente.[591] Die Gründe lagen in den beständig steigenden Einnahmen aus den Domänen, was bei einer gesetzlich festgelegten Aufteilung eine große Steigerung der Einkünfte des Großherzogs bzw. seiner Familie bedeutet hätten, ohne dass man um eine Erhöhung der Zivilliste beim Landtag „betteln“ musste. Diesem Wunsch wollte der Landtag wohl auf keinen Fall entsprechen, eine regelmäßige Erhöhung der Zivilliste war das kleinere Übel für die Abgeordneten. Der Landtag[592] und der Großherzog[593] vereinbarten im Jahr 1896, dass der Großherzog jährlich mindestens 960.000 Mark – höchstens 1.020.000 Mark, abhängig vom Reinertrag der Domäneneinkünfte, bis zum Jahr 1919 erhalten sollte. Die Rente wurde aufgrund des neunjährigen Durchschnitts des Reinertrages für je drei weitere Jahre festgesetzt.[594] Diese Lösung bezeichnete man als „Interimistikum“, aber wenigsten sei im Grundsatz festgestellt worden, dass die Domänenrente am jeweiligen Reinertrag der Domänen (Kammervermögen) bemessen werde.[595]

Als *Ergebnis der Domänenregelung* ist festzuhalten, dass der Landesherr bzw. die landesherrliche Familie Eigentümer der Domänen war. Die Verwal-

---

[587] Knetsch, S. 12.
[588] LT.-Verh. S.-W.-E. 1859, Bd. “Schriftenwechsel”, S. 38.
[589] Erklärungsschrift des Landtages vom 24.3.1859; LT.-Verh. S.-W.-E. 1859, Bd. “Schriftenwechsel”, S. 361 ff.
[590] LT.-Verh. S.-W.-E. 1859, Bd. “Schriftenwechsel”, S. 612 ff.
[591] Pfitzner, FA 33. Bd., S. 154 f.
[592] Erklärungsschrift des Landtages vom 15.4.1896 mit Einzelheiten über den Verteilungsmodus, LT.-Verh. S.-W.-E. 1896, Bd. “Schriftenwechsel”, S. 537.
[593] Dekret vom 20.6.1896; LT.-Verh. S.-W.-E. 1859, Bd. “Schriftenwechsel”, S. 565.
[594] LT.-Verh. S.-W.-E. 1906, Bd. “Schriftenwechsel”, S. 222, 395 f.
[595] Ortloff, ZgStW 1896, S. 744, 756; In den Beständen der Herzogin Anna Amalia Bibliothek Weimar wird als Autor Hermann Ortloff genannt. Der Aufsatz selbst ist nur mit „O“ gekennzeichnet.

tung und Nutzung erfolgte durch den Staat. Dafür erhielt der Herrscher eine Domänenrente, deren Erhöhung nur durch den Landtag erfolgen konnte. Daneben besaß das großherzogliche Haus noch Domänen zur freien Verfügung (Krongut).

bb) Der Wert der großherzoglichen Domänen

Das Domänenvermögen bestand aus 42 Kammergütern mit 8.796 ha und 297 ha sonstigem Grundbesitz sowie 47.696 ha an Kammerforsten.[596] Die Kammergüter wurden im Jahre 1921 mit 25 Mio. Mark, die Kammerforste mit 175 Mio. Mark bewertet. Hinzu kamen noch Kalibergbaubeteiligungen im Wert von 7 Mio. Mark und Kapitalvermögen von 4 Mio. Mark.[597]

7. Das Fürstentum Schwarzburg-Rudolstadt

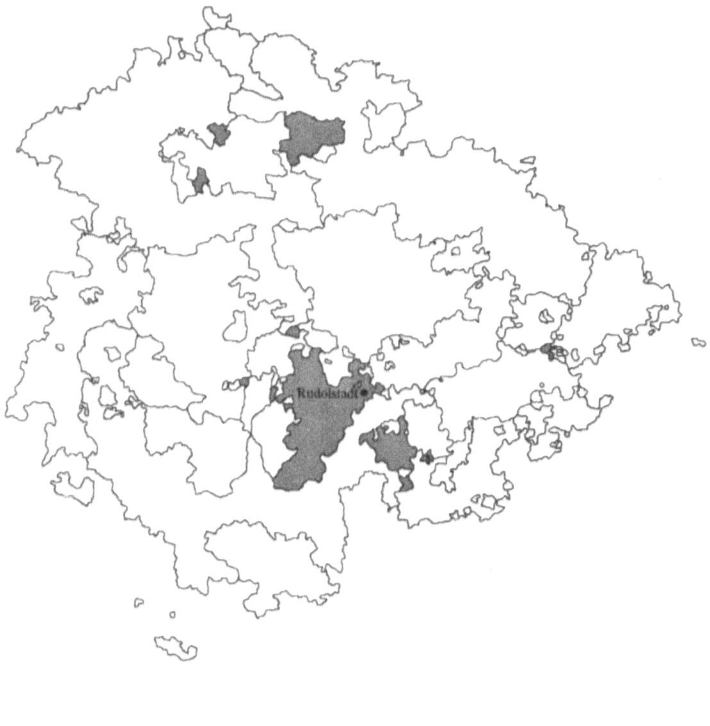

[596] Thür. FinMin. an den RMdI v. 11.1.1926 (als Manuskript gedruckt: "Die Entwicklung und der gegenwärtige Stand der Auseinandersetzungen zwischen den ehemaligen Thüringischen Staaten und den dort früher regierenden Landesherren."); ThHStAW, Landtag v. Thür. Nr. 32/4, Bl. 3v [= S. 8 des Manuskriptes].
[597] LT.-Verh. S.-W.-E. 1921, S. 21.

a) Vorbemerkungen zum Fürstentum

Hauptstadt: Rudolstadt (12.495 Einwohner im Jahre 1905)
Landesherr: Fürst *Günther* (21.8.1852-16.4.1925), er regierte von 1890 bis 1918, ab 1909 bis 1918 in Personalunion auch für das Fürstentum Schwarzburg-Sondershausen. Er war verheiratet mit *Anna-Luise,* Prinzessin *von Schönburg-Waldenburg* (1871-1951).[598]

Landesfläche: 940 qkm[599]
Einwohner: 96.835 (im Jahre 1905)[600]

Das Fürstentum bestand aus einem größeren Landesteil („Oberherrschaft") im Thüringer Wald und drei sehr kleinen Gebieten („Unterherrschaft") am Kyffhäusergebirge[601]. Die Industrie ist nur in Bezug auf die Porzellanmanufaktur erwähnenswert.[602]

Der Fürst lebte scheu und zurückgezogen, seine Leidenschaft war die Jagd.[603] Dennoch galt er als pflichtbewusster und ausgeglichener Fürst, der seinem Staatsminister *v.d.Recke*[604] völlig vertrauen konnte. Im Landtag hingegen war die „Versozialdemokratisierung" schon ab dem Jahr 1902 eingeleitet und bis zum Jahr 1912 vollzogen. Von den zwölf zu wählenden Abgeordnetensitzen errang die SPD neun Sitze und damit die absolute Mehrheit. Das war im Kaiserreich einmalig.[605] Nach dem Jahr 1912 überschüttete die SPD die Abgeordneten mit radikalen Anträgen zur Einschränkung der Rechte der Fürsten, zur Trennung von Staat und Kirche und zur Demokratisierung des Wahlrechts.[606] Aufgrund der haus- und landesrechtlichen Vereinbarungen übernahm Fürst *Günther von Schwarzburg-Rudolstadt* im Jahre 1909 auch die Regentschaft über das Fürstentum Schwarzburg-Sondershausen in Personalunion.

Fürst *Günther* hatte keine männlichen Nachkommen. Daher entstand wegen der offenen Thronfrage ein Konflikt über die Nachfolge. Gleichzeitig war mit dem Antritt seiner Herrschaft auch das Aussterben der Linie Schwarzburg-Sondershausen zu befürchten, da auch Fürst *Karl Günther von Schwarzburg-Sondershausen* ohne männlichen Nachfolger blieb. Ab dem Februar des Jahres 1896 kam es zu einem regen Briefwechsel[607] zwischen den Staatsministern *Pe-*

---

[598] Zum Leben der Fürstin siehe v.Westphalen.
[599] Mast, S. 154 f.
[600] Hof- und Staatshandbuch Sachsen-Meiningen, S. 102.
[601] Brachelli, Staatenkunde, S. 184 ff.
[602] Reichold, S. 52.
[603] Reichold, S. 101.
[604] 1854-1923 (Marwinski, Zweite Sammlung, S. 165 f).
[605] Hess, S. 484 ff.
[606] Reichold, S. 182.
[607] ThStA Rudolstadt, Ministerium Sondershausen, Staatsministerium Nr. 71, Bl. 1-65.

tersen (Schwarzburg-Sondershausen) und *v.Starck*[608] (Schwarzburg-Rudolstadt) über die Thronfolge und deren Modalitäten. Fürst *Karl Günther von Schwarzburg-Sondershausen* schlug den Prinzen *Sizzo von Leutenberg* (1860-1926) vor. Prinz *Sizzo* entstammte der zweiten nicht standesgemäßen Ehe des früheren Landesherren Fürst *Friedrich Günther von Schwarzburg-Rudolstadt* (1793-1867) mit der Gräfin *Helena von Reina* (1835-1860), war somit kein ebenbürtiger Prinz und wurde als solcher von seinen Verwandten auch nicht als solcher angesehen. Das **Grundgesetz von Schwarzburg-Rudolstadt vom 21.3.1854**[609] regelte die Frage der Thronfolge nicht. Maßgebend war daher das Hausrecht, das zur Zeit des Erlasses des Grundgesetzes bestand.[610] Der Erb- und Sukzessionsvertrag vom 7.9.1713 gab die Thronfolge nur ebenbürtigen Agnaten. Daher musste, wenn Prinz *Sizzo* als Nichtagnat in den Mannesstamm aufgenommen werden sollte, durch ein Gesetz gegenüber dem Staat dies auch wirksam gemacht werden. Diese ausführliche Darstellung erfolgt deshalb, da Prinz *Sizzo* nach dem Jahr 1918 mehrere Prozesse gegen den Fürsten *Günther*, die Freistaaten Schwarzburg-Rudolstadt und Schwarzburg-Sondershausen sowie das Land Thüringen führte, um seine vermeintlichen Rechte und Ansprüche bezüglich des Domänenvermögens einzufordern. Seine Stellung als Thronfolgeberechtigter stand dabei im Mittelpunkt der Streitigkeiten. (Näheres dazu im 3. Kap. III. 1.). Trotz der Vorbehalte wegen der unebenbürtigen Herkunft ließ sich Fürst *Günther von Schwarzburg-Rudolstadt* überzeugen, dass Prinz *Sizzo* sein Nachfolger werden sollte. Staatsminister *v.Starck* erklärte dazu jedoch in einem Schreiben vom 18.3.1896 an Staatsminister *Petersen*, dass für Schwarzburg-Rudolstadt erst nach dem Ableben von Fürst *Günther* die Nachfolge in Betracht käme. Wörtlich heißt es: „... *nach diesseitiger Auffassung jetzt nicht bereits Agnat, auch nicht Mitglied des Fürstlichen Hauses in anderer Weise und mit anderen Rechtsfolgen ... Das entstehende Rechtsverhältnis dürfte vielmehr nur als eine Anwartschaft auf die Thronerbfolge zu kennzeichnen sein.*“[611] In der Antwort von *Petersen* vom 28.3.1896 stellte dieser fest, dass jetzt in allen wesentlichen Punkten ein Einverständnis festzustellen sei. In der zu formulierenden Urkunde werde hervorgehoben, dass die Wirksamkeit der Sukzessionsfähigkeit erst mit dem Eintritt dieser Vorbedingung eintreten werde.[612] Am 14.4.1896 kam es zu einem Treffen der beiden Staatsminister in Erfurt, auf dem die bisherigen Ergebnisse besprochen und eine protokollarische Feststellung in Aussicht gestellt

[608] Zu v.Starck siehe Lengemann, ZVThürG, Bd. 48 (1994), S. 115 ff.
[609] GS. S.-R. 1854, S. 35-46.
[610] Rehm, Fürstenrecht, S. 17 ff und 187 ff.
[611] ThStA Rudolstadt, Ministerium Sondershausen, Staatsministerium Nr. 71, Bl. 34 f.
[612] ThStA Rudolstadt, Ministerium Sondershausen, Staatsministerium Nr. 71, Bl. 36 f.

wurde.[613] In der **Vereinbarung vom 21.4.1896**[614] – als Anerkennungsurkunde bezeichnet – erkannten die Fürsten *Karl Günther von Schwarzburg-Sondershausen, Günther von Schwarzburg-Rudolstadt* und *Leopold Prinz von Schwarzburg* (Sondershäuser Linie) als die *„alleinigen gegenwärtigen lebenden Agnaten des Fürstlichen Hauses Schwarzburg*", Prinz *Sizzo* als ebenbürtigen Angehörigen des Hauses Schwarzburg an. Mit der Maßgabe, „... *daß dieses agnatische Rechtsverhältnis mit dem gänzlichen Ausgang des Mannesstammes in der gegenwärtigen regierenden Linie des Fürstlichen Hauses Schwarzburg-Rudolstadt wirksam wird.*" [615] Diese Urkunde stellt das Ergebnis der Verhandlungen der beiden Staatsminister dar und enthält die vom Fürst *Günther* gewünschte Bedingung. Prinz *Sizzo* erkannte am 30.4.1896 in Leipzig in einer Niederschrift zu Protokoll der beiden Staatsminister an, dass das Inkrafttreten der Thronfolge vom Willen des Fürsten *Günther von Schwarzburg-Rudolstadt* abhängen würde.[616] Durch das **Gesetz vom 1.6.1896**[617] erfolgte dann eine Änderung des Grundgesetzes vom 21.3.1854 im Fürstentum Schwarzburg-Rudolstadt: Prinz *Sizzo* wurde zum Nachfolger der Regierung des Fürstentums und des Haus- und Fideikommissvermögens bestimmt, unter der Bedingung, dass Fürst *Günther* ohne männlichen Erben sterben würde (Art.1). Nach diesem Gesetz wurde Prinz *Sizzo* nur staatsrechtlich für nachfolgefähig erklärt. Die Mitgliedschaft des Hauses Schwarzburg bedurfte noch eines hausrechtlichen Aktes, da Prinz *Sizzo* kein Agnat des Hauses Schwarzburg war, sondern es noch werden sollte.[618] Im Ergebnis dieser Thronfolgeregelungen hatte Fürst *Günther* sein Ziel erreicht, dass die Rechtsstellung von Prinz *Sizzo* auf die Nachfolge und den Titel nur eine Anwartschaft war und letztlich von seinem Willen abhing. Die Ursachen für das sehr gespannte Verhältnis zwischen den beiden sind wahrscheinlich im persönlichen Bereich zu finden. Die Nachfolge zugunsten Prinz *Sizzo* wurde wohl nur durch das Bestreben der Sondershäuser Linie erreicht.[619] Durch den **Höchsten Erlaß vom 8.11.1896**[620] wurde Prinz *Sizzo* der Titel und Rang eines Prinzen von

---

[613] ThStA Rudolstadt, Ministerium Rudolstadt, Staatsministerium Nr. 1362, Bl. 34-35; ThStA Rudolstadt, Ministerium Sondershausen, Staatsministerium Nr. 71, Bl. 66 f.
[614] GS. S.-R. 1896, S. 59.
[615] Der vollständige Text ist in der GS. S.-R. 1896, S. 59-60 abgedruckt.
[616] ThStA Rudolstadt, Ministerium Sondershausen, Staatsministerium Nr. 71, Bl. 75 f.
[617] GS. S.-R. 1896, S. 57-58.
[618] Rehm, Fürstenrecht, S. 203 f.
[619] In der Akte des ThStA Rudolstadt, Ministerium Sondershausen, Staatsministerium Nr. 71, Bl. 96, befinden sich Abschriften von Dankesschreiben von Prinz Sizzo, darunter auch an Fürst Karl Günther v. Schwarzburg-Sondershausen, in denen er sich sehr für die Hilfe bedankt. Auf dem Umschlag wurde vermerkt, dass auf höchsten Befehl diese Abschriften in der entsprechenden Akte aufzubewahren sind.
[620] GS. S.-R. 1896, S. 143.

Schwarzburg verliehen und ab dem Jahr 1897 erhielt er eine Apanage von 10.000 Mark, die ab dem 1.1.1900 auf 18.000 Mark erhöht wurde. Diese Einzelakte stellten aber keine vollständige Hauszugehörigkeit dar und begründeten diese auch nicht. Es fehlte jeglicher Hinweis auf das Recht einer agnatischen Konsenserteilung, d.h. das Recht der Agnaten zur Zustimmung oder Genehmigung zu einer Erklärung des Landesherrn in der Funktion des Familienoberhauptes. Prinz *Sizzo* beanspruchte seine Stellung mit großer Heftigkeit und verärgerte zunehmend das Haus Schwarzburg. Ab dem Jahr 1909 hatte er Hausverbot im Rudolstädter und Sondershäuser Schloss.[621] Zusätzlich wurde durch den **Höchsten Erlaß vom 25.8.1911**[622] sein Titel in Prinz ***zu*** Schwarzburg geändert. Diese Änderung muss Prinz *Sizzo* tief getroffen haben, da die Unterscheidung von „zu" statt „von" ihn gegenüber den anderen Mitgliedern des Hauses Schwarzburg deutlich trennte. Die Verwaltung seines Ritterguts Groß-Harthau in Sachsen befriedigte ihn nicht und das Warten auf die Thronfolge dauerte ihm wahrscheinlich zu lang.[623] Fürst *Günther* regierte jedoch weiter bis zum Jahr 1918 und Prinz *Sizzo* trat somit nie die Regierung an. Auch sein Sohn *Friedrich Günther* (1901-1971[624]) blieb nur Prinz zu Schwarzburg.

b) Die Regelung der Domänenfrage

aa) Entwicklung und Stand bis zum Jahr 1918

Die **Landständische Verfassung vom 8.1.1816**[625] enthielt weder Regelungen über die Domänen und deren Eigentumsfrage noch über eine Verwendung von Domäneneinkünften zu Staatszwecken. Nach der Eröffnung des ersten Landtages am 8.4.1821 wurden die Rechte der Stände durch die **landesherrliche Erklärung vom 21.4.1821**[626] erweitert. Zu den aufgezählten Rechten gehörten die Beratung und Bewilligung aller zur Deckung der notwendigen Staatsbedürfnisse erforderlichen Steuern und die Festlegung, dass ohne ausdrückliche Einwilligung der Landesversammlung keine neuen Landesschulden gemacht werden konnten. Zu den Domänen und deren Nutzungsverteilung wurden keine Festlegungen getroffen.

Auch im Fürstentum kam es im Frühjahr des Jahres 1848 zu Forderungen, die Domänen sollten Staatsgut werden.[627] Fürst *Friedrich Günther* (1814-1867)

---

[621] Fürsten Schwarzburg-Rudolstadt, S. 169.
[622] GS. S.-R. 1911, S. 31.
[623] Reichold, S. 223 ff; Patze/Schlesinger/Facius, 5. Bd. 2. Teil, S. 237.
[624] Er starb als letzter Angehöriger des Fürstenhauses Schwarzburg (Fürsten Schwarzburg-Rudolstadt, S. 169, Fn. 41).
[625] Pölitz, Bd. 1, S. 1064 f.
[626] Pölitz, Bd. 1, S. 1066.
[627] Patze/Schlesinger/Facius, 5. Bd. 2. Teil, S. 55.

erklärte sich am 16.3.1848 bereit, die Verwaltung des Domänenvermögens mit der Verwaltung der Landeseinkünfte zu vereinigen und dafür eine Zivilliste anzunehmen.[628] Die Regierung von Schwarzburg-Sondershausen reagierte auf diese Vorschläge im Dezember des Jahres 1848. Ihr Schreiben wurde als „Protestation des Sondershäuser Gouvernements vom 21. Dezember 1848" in den Landtagsverhandlungen von Schwarzburg-Rudolstadt im Rahmen des Finanzausschussberichtes über die Feststellung der Zivilliste abgedruckt.[629] In diesem Schreiben wurde auf das Eigentum der regierenden Familie an den Domänen hingewiesen und ein Eigentum des Staates daran verneint. Falls es doch zu einer Umwandlung in Staatseigentum kommen sollte, so würde eine Zustimmung von Schwarzburg-Sondershausen niemals erteilt und mit allen zu Gebote stehenden Mitteln dagegen vorgegangen werden. Eine derartige Stellungnahme einer Regierung findet sich in den Landtagsverhandlungen der anderen thüringischen Staaten nicht. Meistens erfolgte erst nach dem Abschluss der Verträge ein Protest der betroffenen Agnaten. Für das Fürstentum Schwarzburg-Sondershausen ging es vor allem um die im Erb- und Sukzessionsvertrag des Jahres 1713 vereinbarten Erbrechte. Eine Umwandlung der Domänen im Fürstentum Schwarzburg-Rudolstadt hätte eine bedeutende Verringerung dieser Rechte im Fall des Erlöschens der Linie Schwarzburg-Rudolstadt bedeutet. Es folgten dann Verhandlungen zwischen Fürst und Landtag über die Domänen und die Zivilliste. Mit der **Erklärung** des Fürsten Günther **vom 8.6.1849**[630] ging die Verwaltung des gesamten Domänenvermögens (als Cameralhaushalt bezeichnet) vom 1.7.1849 auf das Land über. Ausgenommen waren ein aus Schlössern, Gütern u.a. bestehender Teil.[631] Dafür wurde zwischen Landtag und Fürst eine Zivilliste von 100.000 fl. und Kostentragung für die bestehenden Apanagen und Wittümer vereinbart.[632] Der im Herbst des Jahres 1848 neu gewählte Landtag beschloss die Überführung der Domänen in Staatseigentum. Der Fürst stimmte dieser Überführung aber nicht zu und der Landtag wurde vertagt. Ab dem Jahre 1850 kam es zu einer Behördenneugliederung im Fürstentum, die im Zusammenhang mit der Verwaltung der Domänen stand.[633]

---

[628] Schulze, Hausgesetze, Bd. 3, S. 335.
[629] LT.-Verh. S.-R. 148-50, S. 408 f.
[630] Schwarzburg-Rudolstädisches Wochenblatt vom 16.6.1849.
[631] LT.-Verh. S.-R. 1848-50, S. 414 ff.
[632] Schulze, Hausgesetze, Bd. 3, S. 335.
[633] Die **Verordnung v. 26.4.1850** (GS. S.-R. 1850, S. 319-323) richtete ein Ministerium als oberste Behörde der Staatsverwaltung ein (Art. 1) und eine Abteilung für die Finanzen (Art. 3, Ziff. 4). Weiterhin war Erwerbung und Veräußerung von Grundbesitz der unmittelbaren fürstlichen Genehmigung auch unterworfen (Art. 9, Ziff. 9). Nach Ziff. 4 der **Ministerial-Bekanntmachung v. 11.10.1850** (GS. S.-R. 1850, S. 475-476) war die erste Unterabteilung (die Abteilung für Finanzen) für die Domänenangelegenheiten zuständig.

Erst durch das **Grundgesetz vom 21.3.1854**[634] erfolgte eine gesetzliche Regelung über die Domänen und ihre Nutzungsverteilung, die bestimmte, dass das gesamte – als Kammervermögen bezeichnete – Domänenvermögen fideikommissarisches Eigentum des fürstlichen Hauses war (§ 9). Für die Verwaltung der Domänen galten besonderer Bestimmungen, die aber **nie** in Gesetzesform in Kraft traten. (Die Verwaltung des Domänenvermögens erfolgte seit dem Jahr 1849 durch den Staat und wurde auch nicht durch das Grundgesetz vom 21.3.1854 verändert.) Die Domänen durften nur mit Zustimmung des Landtages veräußert werden (§ 10).[635] Die Nutzungsverteilung des Domänenvermögens erfolgte so, dass, nach Maßgabe der darüber noch zu treffenden Bestimmungen, die gesamten Einkünfte zunächst zur Deckung der Kosten der Hofhaltung des regierenden Fürsten und zur Sustentation der fürstlichen Familie zu verwenden seien. Die Kosten der gesamten Landesverwaltung mussten aus den Überschüssen mitbestritten werden (§ 11).

Eine exakte Nutzungsverteilung auf gesetzlichem Wege nach der Vorgabe der §§ 9 bis 11 erfolgte nie. In Übereinstimmung von Landtag und Landesregierung bildete sich seit dem Jahr 1856 ein festes Verfahren heraus. Danach flossen sämtliche Einnahmen des Domänenvermögens in den Staatshaushalt. Nach § 28 des Grundgesetzes vom 21.3.1854 war für jede Finanzperiode von drei Jahren ein Staatshaushalt über alle Einnahmen und Ausgaben des Landes aufzustellen. Dieser Etat enthielt daher auch die Einnahmen aus den Domänen und die Ausgaben an das fürstliche Haus. Die dem Fürsten zustehende Rente wurde somit der Höhe nach für jede Finanzperiode festgelegt.[636] Eine Erhöhung der Rente bedurfte also der Zustimmung des Landtages. Die Rente, die der Fürst aus den Einnahmen erhielt, führte nach der **fürstlichen Entschließung vom 23.6.1854** die Bezeichnung „Kameralrente".[637] Neben diesen Einnahmen besaß der Fürst noch einen Teil am Domänenvermögen, der ihm seit dem 8.6.1849 zum ausschließlichen Eigentum mit Nutzungsrecht und Verwaltung zugestanden worden war.

Nach dem Staatshaushalt für die Finanzperiode 1879/81 betrug die Kameralrente jährlich 206.580 Mark. An weiteren Leistungen für das fürstliche Haus und den fürstliche Hof kamen noch 41.800 Mark für Apanagen, Wittümer und Sustentationsgelder sowie 32.600 Mark für die Hofkapelle hinzu. Insgesamt erhielt das fürstliche Haus 280.980 Mark. Als Brutto wurden in diesem Etat 990.000 Mark Einnahmen aus dem Domänenvermögen veranschlagt.[638] Der Staatshaushaltsplan für die Jahre 1912/14 beispielsweise enthielt folgende

---

[634] GS. S.-R. 1854, S. 35-46.
[635] Während in § 9 von „Kammervermögen" gesprochen wurde, steht in § 10 „Domainen".
[636] Schwarz, S. 6.
[637] Schulze, Hausgesetze, Bd. 3, S. 335.
[638] Schulze, Hausgesetze, Bd. 3, S.336, der diese Zahl vom Staatsminister v.Bertrab erhielt.

Ausgabenposten für das fürstliche Haus: Kameralrente des Fürsten 300.000 Mark; Naturalleistungen aus den Domänen 2.400 Mark; Hofbaukosten 30.000 Mark; Apanagen, Wittums- und Sustentationsgelder 33.667 Mark – insgesamt 366.067 Mark.[639]

Im Jahr 1881 wurde in Ausführung der §§ 9 bis 11 des Grundgesetzes vom 21.3.1854 erfolglos versucht, ein Gesetz zu verabschieden, das eine gesetzlich fixierte Verteilung der Einkünfte aus den Domänen vorsah. Am 10.12.1881 beriet der Landtag über einen Gesetzentwurf, der durch das Ministerialdekret vom 18.11.1881 in den Landtag eingebracht worden war.[640] Das Ministerialdekret betonte, ein förmliches Gesetz wäre im Interesse des Landes, obwohl ein rechtlich geordneter Zustand bestünde. Hinzu kämen die für beide Seiten unerfreulichen Diskussionen über die Erhöhung der Kameralrente des Fürsten bei den jeweiligen Verhandlungen mit dem Landtag.[641] Da im Fürstentum Schwarzburg-Sondershausen durch ein Gesetz im Sommer des Jahres 1881 eine derartige Regelung[642] erfolgt sei, bestünde die gleiche Notwendigkeit auch für das Fürstentum Schwarzburg-Rudolstadt. Nach dem Gesetzentwurf sollte der Hauptteil der Einkünfte dem fürstlichen Haus und Hof zugewiesen werden, da die bisherige Kameralrente nicht mehr ausreiche, und der Rest dem Land. Nach dem Gesetzentwurf sollte der Fürst die Hälfte der jährlichen Reineinkünfte aus dem Domänenvermögen, mindestens aber 250.000 Mark erhalten (§ 3, Ziff. 1). Die Apanagen, Wittümer usw. sollten vom Land bezahlt werden (§ 3, Ziff. 2) und der verbleibende Rest der jährlichen Überschüsse sollte zu den Kosten der Landesverwaltung verwendet werden (§ 3, Ziff. 3). In der Begründung zum § 3 wurde ausgeführt, dass, nach der Berechnung der Einkünfte der letzten zehn Jahre, das Land jetzt zwei Fünftel der jährlichen Einnahmen erhalten würde. Diese Neuverteilung der jährlichen Reinerträge sah das fürstliche Hauses als sehr günstig für das Land an. Zwei Gründe waren für diesen Gesetzentwurf ausschlaggebend. Zum einen wollte das fürstliche Haus eine Erhöhung der Kameralrente nach einem festen Verteilungsschlüssel für die Zukunft erreichen und zum anderen sah es die alle drei Jahre stattfindenden Verhandlungen über die Kameralrente mit dem Landtag als unwürdig an. Der Landtag beschloss aber, eine Beratung über diesen Gesetzesentwurf auszusetzen und wählte einen besonderen Ausschuss, der diesen Entwurf zu prüfen und gegebenenfalls ein Rechtsgutachten einzuholen habe. Daraufhin erklärte der Staatsminister sofort die förmliche Schließung des Landtages, womit auch die Grundlage für diesen Ausschuss entfalle. Eine besondere Genehmigung des Fürsten zu einer Weiterexistenz des Ausschusses werde wohl kaum in Aussicht

[639] Pfitzner, FA 33. Bd., S. 158.
[640] LT.-Verh. S.-R. 1881, S. 89 ff.
[641] LT.-Verh. S.-R. 1881, S. 91 f.
[642] Siehe dazu 1. Kap. III. 8. b).

gestellt werden.[643] Dass die Abgeordneten kurz vor Ende der Legislaturperiode ein derartiges Gesetz nicht so einfach akzeptierten, sondern umfängliche Beratungen durchführen wollten, entsprach augenscheinlich nicht dem Interesse des Fürsten. Die Abgeordneten müssen sich der Auswirkungen eines derartigen Gesetzes und Reaktionen darauf bewusst gewesen sein. Der vorgeschlagene Verteilungsmodus hätte zu einer erheblichen Steigerung der Einnahmen für das fürstliche Haus geführt, die auch noch gesetzlich festgelegt worden wäre. Für die nächsten Jahrzehnte blieb es bei dem bisherigen Verfahren.

Im Sommer des Jahres 1914 kam es zum erneuten Versuch einer gesetzlichen Regelung seitens der Regierung über die Verteilung der Einkünfte aus den Domänen.[644] Mit dem Ministerialdekret vom 24.6.1914 brachte man einen Gesetzesentwurf sowie dessen Begründung in den Landtag ein.[645] In der Begründung heißt es, das Fehlen einer gesetzlichen Regelung in Ausführung der §§ 9-11 des Grundgesetzes vom 21.3.1854 werde als *„schmerzlich empfunden"*. Bei fast jeder Etatberechnung käme es zu *„unerquicklichen"* Verhandlungen. Daher wäre es dringend erforderlich, eine gesetzliche Ordnung zu finden. Inhaltlich lehnten sich Ministerialdekret und Begründung stark an die Vorlagen des Jahres 1881 an. Für die jährliche Kameralrente wurde jetzt ein Drittel des jährlichen Reinertrages gefordert (§ 19 des Entwurfes). Von dieser Rente sollten die Kosten der Hofhaltung (§ 22 des Entwurfs), von den Einnahmen des Staates sollten die Apanagen, Wittümer u.ä. (§ 23 des Entwurfes) getragen werden. Der Landtag beriet am 10.7.1914 über die Vorlage und über einen Verkauf eines Domänengrundstückes, wozu der Landtag sein Einverständnis erklären musste. Die Regierung hatte den Verkauf des Domänengrundstückes, den Gesetzentwurf und den Wunsch nach Erhöhung der Kameralrente so miteinander verbunden,[646] dass für einige Abgeordnete keine Garantie bestand, dass bei einer Zustimmung überhaupt noch eine Gesetz über die Verteilung der Domäneneinkünfte zustande käme. Der Landtag lehnte einstimmig die erforderliche Zustimmung zum Verkauf und zur Erhöhung der Kameralrente ab. Alle weiteren Versuche, eine teilweise Lösung zu finden, scheiterten ebenfalls.[647] Noch im Jahr 1917 wurde die Forderung nach einer abschließenden gesetzlichen Regelung erhoben, um einen Rechtszustand zu schaffen, der jeden Zweifel über Ansprüche und Rechte des fürstlichen Hauses ausschließen sollte.[648]

---

[643] LT.-Verh. S.-R. 1881, S. 115 f.
[644] Im ThStA Rudolstadt, Ministerium Rudolstadt, Staatsministerium Nr. 1440, befinden sich die Vorarbeiten der Staatsregierung zum Gesetzesentwurf und dessen Begründung.
[645] LT.-Verh. S.-R. 1914, S. 816 ff.
[646] Gutachten des Rechtsausschusses; LT.-Verh. S.-R. 1914, S. 819 f.
[647] LT.-Verh. S.-R. 1914, S. 834 ff.
[648] Vater, S. 30.

Als *Ergebnis* dieser Regelung über das Domänenvermögen war der Landesherr bzw. die landesherrliche Familie Eigentümer, während die Verwaltung und Nutzung in vollem Umfang durch den Staat erfolgten. Für die umfassende Überlassung erhielt der Herrscher eine Rente aus den Domäneneinkünften, die jeweils nach der dreijährigen Finanzperiode neu festzulegen war.

bb) Der Wert der fürstlichen Domänen

Die Domänen bestanden aus 13 Gütern mit einer Fläche von 3.000 ha sowie Forsten mit ca. 19.000 ha Fläche.[649] Der Wert wurde im Jahr 1918 mit 60 bis 70 Mio. Mark angenommen[650], im Jahre 1928 mit etwa 40 Mio. Mark.[651]

8. Das Fürstentum Schwarzburg-Sondershausen

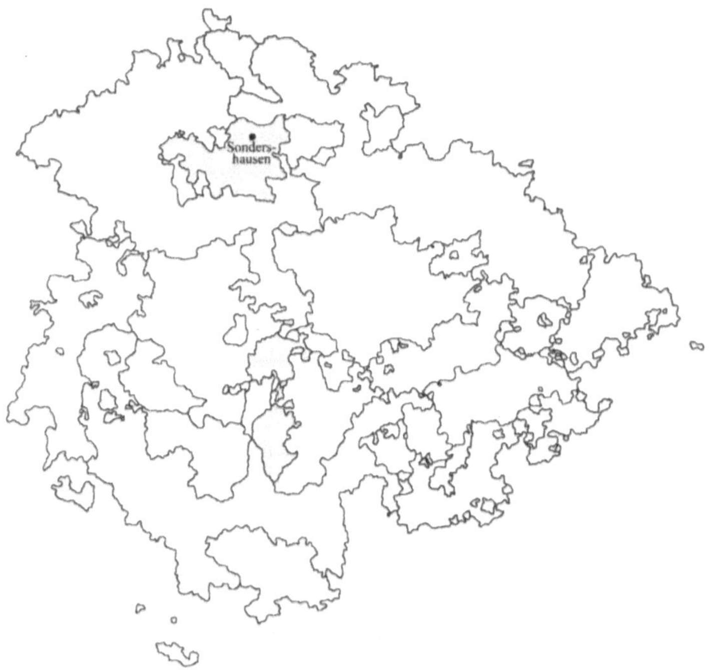

[649] Thür. FinMin. an den RMdI v. 11.1.1926 (als Manuskript gedruckt: "Die Entwicklung und der gegenwärtige Stand der Auseinandersetzungen zwischen den ehemaligen Thüringischen Staaten und den dort früher regierenden Landesherren."); ThHStAW, Landtag v. Thür. Nr. 32/4, Bl. 7r [= S. 15 des Manuskriptes].
[650] LT.-Verh. S.-R. 1918, S. 110.
[651] 4. LT.-Verh. Thür., Ds. Nr. 262 v. 11.9.1928, 1. Abt., S. 428.

a) Vorbemerkungen zum Fürstentum

Hauptstadt: Sondershausen (7.400 Einwohner)
Landesherr: Fürst *Karl Günther* (7.8.1830-28.3.1909), er regierte von 1880 bis 1909 und war verheiratet mit *Marie,* Prinzessin *von Sachsen-Altenburg* (1845-1930).
Die Linie Schwarzburg-Sondershausen ist im Jahre 1909 erloschen. Das Fürstentum wurde von 1908 bis 1918 durch Fürst *Günther von Schwarzburg-Rudolstadt* in Personalunion regiert.

Landesfläche: 862 qkm[652]
Einwohner: 85.152 (im Jahre 1905)

Auch das Fürstentum Schwarzburg-Sondershausen bestand aus einer Unterherrschaft (um Sondershausen) und der Oberherrschaft am Thüringer Wald mit der größten Stadt des Kleinstaates, Arnstadt.[653] Die Wirtschaft des Landes beruhte auf dem Kalibergbau, der in Sondershausen seinen Anfang nahm (im Jahre 1893) und mit seinen zahlreichen Schachtanlagen bald große Bedeutung erhielt, sowie Fabriken zur Produktion von Mineraldünger.[654] Das kleine Fürstentum wurde von dem an Regierungsgeschäften nicht sonderlich übermäßig beteiligten siebzigjährigen Fürst *Karl Günther* regiert, der im Jahre 1900 der älteste unter den regierenden Bundesfürsten war.[655] Das Landtagswahlrecht galt als besonders rückständig, seit dem Jahr 1856 bestand es bis zum Jahr 1918 unverändert.

Das Fürstenpaar blieb ebenso wie die Ehen der vier Geschwister des Fürsten kinderlos. Aufgrund der Vereinbarung des Schwarzburgischen Gesamthauses vom 21.4.1896 wurde das **Gesetz vom 14.8.1896**[656] erlassen, das das **Landesgrundgesetz vom 8.7.1857**[657] hinsichtlich der Thronfolge änderte. Nach Erlöschen des Mannesstammes des Hauses Schwarzburg-Sondershausen sollte zunächst Fürst *Günther von Schwarzburg-Rudolstadt* die Regierung übernehmen. Für den Fall des Ablebens von Fürst *Günther von Schwarzburg-Rudolstadt* ohne männliche Erben sollte Prinz *Sizzo zu Leutenberg* Nachfolger werden.[658]

Abgeschieden lebte *Karl Günther* im Unfrieden mit seiner Familie. Er stand im Ruf, grob und eigenwillig zu sein. Sein Interesse galt der Jagd, schließlich

---

652 Mast, S. 155.
653 Reichold, S. 53.
654 Hess, S. 492; Patze/Schlesinger/Facius, 5. Bd. 2. Teil, S. 274.
655 Reichold, S. 83.
656 GS. S.-S. 1896, S. 79-80.
657 GS. S.-S. 1857, S. 127-142.
658 Zu Prinz Sizzo siehe 1. Kap. III. 7. a).

starb er an den Folgen einer Jagdverletzung im Jahre 1909.[659] Nach dem Tod übernahm Fürst *Günther von Schwarzburg-Rudolstadt* die Regierung des Fürstentums. Im Jahre 1916 erfolgten Gespräche der Regierungen beider Staaten über eine Vereinigung beider Staaten, die aber wegen des Kriegsendes ergebnislos blieben.[660]

b) Die Regelung der Domänenfrage

aa) Entwicklung und Stand bis zum Jahr 1918

Im Fürstentum Schwarzburg-Sondershausen gab es im Gegensatz zu den anderen thüringischen Staaten eine sehr große Anzahl gesetzlicher Regelungen über die Domänen. Erstmals wurde in der **Landständischen Verfassungsurkunde vom 28.12.1830**[661] versucht, eine Regelung über die Domänen zu treffen. Danach hatten sich die Landstände weder in die Verwaltung der fürstlichen Kammer und deren Finanzen, in die Forstadministration noch in damit in Verbindung stehende Dinge einzumischen (§ 11). Die Landstände hatten nur das Recht zur Beratung und Bewilligung aller zu erhebenden Steuern (§ 8, Ziff 3). Da diese Verfassungsurkunde den Wünschen und Erwartungen des Landes nicht entsprach, erklärte der Fürst am 21.7.1831 „*..., weil die gegebene Verfassung nicht in Ausführung kommen könne, ..., daß alles in seiner bisherigen Ordnung bleiben und fortgehen müsse.*“ Daher trat die Verfassung vom 28.12.1830 nie in Kraft.

Mit dem **Landesgrundgesetz vom 24.9.1841**[662] kam es zu einer ersten gesetzlichen Regelung. Nach § 24 blieben die als Kammergut bezeichneten Domänen ein immerwährendes und unveräußerliches Fideikommiß der fürstlichen Familie. Die Einkünfte waren hauptsächlich zum standesgemäßen Unterhalt des Landesherrn, seiner Familie sowie zur Erhaltung und Verwaltung der Domänen bestimmt. Das Land war im Falle der Unzulänglichkeit der Domäneneinkünfte zur Bestreitung des Aufwandes nach § 24 verpflichtet, das Erforderliche nach der Bewilligung der Stände beizutragen (§ 25). Die Verwaltung der Domänen oblag dem Fürsten ohne Mitwirkung der Stände (§ 30). Gleichzeitig wurden durch das **Patent vom 24.9.1841**[663] bestimmte Einnahmen an das Land abgetreten. Dafür hatte das Land jährlich 19.000 Taler an die

---

[659] Reichold, S. 83; Patze/Schlesinger/Facius, 5. Bd. 2. Teil, S. 283. Mit Förderung der Fürstin entstand in Sondershausen in der zweiten Hälfte des 19. Jahrhundert eine Hofkapelle als Mittelpunkt der Musikpflege, das bis heute so bezeichnete „Loh-Orchester“, und ab dem Jahr 1893 wurde eine Hochschule für Musik eröffnet (Hess, S. 278).

[660] Langbein, Grenzboten (1916), S. 199 ff u. 229 ff; Lammert, ZVThürGA, 31. Bd. N.F. 23. Bd., S. 531 ff.

[661] Pölitz, Bd. 1, S. 1067 ff.

[662] GS. S.-S. 1841, S. 202-247.

[663] GS. S.-S. 1841, S. 247-251.

fürstliche Kammerkasse als Äquivalent zu zahlen (§ 2). Weiterhin wurden alle in Eigentum der fürstlichen Kammer stehenden Chausseen an das Land übertragen. Dafür sollten 100.000 Taler gezahlt werden. (§ 6). Durch die **Höchste Verordnung vom 7.9.1843**[664] verringerte der Fürst die im Patent vom 24.9.1841 festgelegten 19.000 Taler auf 11.000 Taler (§ 2). Zusätzlich erließ der Fürst dem Lande die Zahlung der 100.000 Taler nach § 6 des Patentes vom 24.9.1841 (§ 6). (In § 6 heißt es dazu, dass der Verzicht der 100.000 Taler dem Landesfiskus als Geschenk gemacht werde.) Diese Verordnung trat zeitgleich mit der Eröffnung des ersten Landtages in Kraft.[665]

Im Frühjahr des Jahres 1848 kam es auch im Fürstentum zu der Forderung, dass die Domänen zu Staatseigentum umgewandelt werden sollten.[666] Mit der **Höchsten Erklärung vom 14.3.1848**[667] erklärte Fürst *Günther Friedrich Carl II.* u.a., dass er "*geneigt* (sei), *die Verwaltung des Kammerguts unter Vorbehalt des Eigenthums an demselben dem Lande gegen eine zu vereinbarende Civilliste zu überlassen*" (Ziff. 11 der Erklärung). Bei den Beratungen im Landtag im Jahre 1849 wurde aber auf die Regelung des Landesgrundgesetzes vom 29.4. 1841 und die rechtlichen Probleme einer Umwandlung des Domänenvermögens in Staatseigentum hingewiesen.[668] Da der Fürst zur Übertragung der Verwaltung und Nutzung der Domänen an den Staat gegen Zahlung einer Zivilliste bereit war, bestanden für die Abgeordneten keine Bedenken, die Domänen weiterhin als fideikommissarisches Eigentum der fürstlichen Familie anzuerkennen. Mit dem **Verfassungsgesetz vom 12.12.1849**[669] wurde das Landesgrundgesetz vom 24.9.1841 aufgehoben (§ 5) und zugleich bestimmt, dass die als Kammergut bezeichneten Domänen ein immerwährendes Familienfideikommiß des fürstlichen Hauses waren. Die Verwaltung und die Nutzung wurden dem Staat überlassen, der dafür dem Fürsten eine Zivilliste gewährte. Aus dieser Zivilliste sollten alle Bedürfnisse des fürstlichen Hauses und Hofes bestritten werden. Die Ausgestaltung blieb einer weiteren gesetzlichen Regelung vorbehalten (§ 68).[670] Im **Gesetz vom 18.3.1850**[671] erfolgte eine

---

[664] GS. S.-S. 1843, S. 30-32.

[665] Pölitz, Bd. 4; S. 325; zu den Landtagen siehe Lengemann, Schwarzburg-Sondershausen, S. 20 ff.

[666] Lengemann, Schwarzburg-Sondershausen, S. 24.

[667] GS. S.-S. 1848, S. 15-16.

[668] LT.-Verh. S.-S. 1849, S. 145 ff, 234 f.

[669] GS. S.-S. 1849, S. 1-30.

[670] In Ausführung dieser Ausgestaltung wurde durch das **Gesetz v. 17.3.1850** (GS. S.-S. 1850, S. 17-23) ein Ministerium als oberste Staatsverwaltung gebildet (§ 1). Zur Erhebung der Einkünfte aus den Domänen, Forsten u.a. waren die Rentämter zuständig, die davon die Ausgaben für die Domänen u.a. zu bestreiten hatten (§§ 13, 25), Überschüsse waren an die Staatshauptkasse abzuliefern (§ 25). Mit dem **Gesetz v. 8.7.1852** (GS. S.-S. 1852, S. 157)

exakte Regelung über die Höhe und die Verpflichtungen der Zivilliste. Dem Fürst verblieben bestimmte Schlösser und Grundstücke (§ 3). Die Höhe der jährlichen Zivilliste betrug 120.000 Taler, die steuerfrei waren (§ 6). Aus der Zivilliste mussten u.a. folgende Ausgaben bestritten werden: die Schatullgelder des Fürsten und die Sustentationsgelder der Fürstin (§ 7 Ziff. 1); die Unterhaltskosten der fürstlichen Kinder (§ 7 Ziff. 2); die Apanagen, Wittümer, Ausstattungen und Mitgaben der Mitglieder des fürstlichen Hauses (§ 7 Ziff. 3); der gesamte Aufwand für Hof, Schlösser und Gärten (§ 7 Ziff. 5-8); der Aufwand für die Hofkapelle, deren Fortbestand zugesichert und mit mindestens 6.000 Taler festgelegt wurde (§ 7 Ziff. 9); die Kosten der Regentschaft (§ 7 Ziff. 11). Das **Gesetz vom 3.7.1852**[672] modifizierte einige §§ des Gesetzes vom 18.3.1850. Die Gesetze vom 18.3.1850 und vom 3.7.1852 sind durch das **Gesetz vom 29.6.1857**[673] ergänzt worden, ohne die Regelungen über die Domänen und die Zivilliste zu verändern. Die getroffenen Vereinbarungen blieben auch im **Landesgrundgesetz vom 8.7.1857**[674] bestehen. Die Domänen (als Kammergut bezeichnet) blieben fideikommissarisches Eigentum des fürstlichen Hauses (§ 19). Die Verwaltung und Nutzung der Domänen konnte durch den Staat erfolgen, gegen Zahlung einer festen (so bezeichneten) Domainenrente an den Fürsten. Er hatte aber das Recht, die Verwaltung und Nutzung wieder zu übernehmen, hätte dann aber mit dem Landtag neue Modalitäten treffen müssen (§ 20). Der Fürst entschied sich, die Verwaltung und Nutzung der Domänen dem Staat zu überlassen und bezog weiterhin eine Zivilliste. Das **Gesetz vom 25.12.1859**[675] erhöhte die Zivilliste ab dem 1.1.1860 auf 150.000 Taler. Nach wie vor lastete auf ihr die Verpflichtung, damit sämtliche Bedürfnisse des fürstlichen Hauses und Hofes zu bestreiten (§ 4).

Durch den im Jahre 1880 eingetretenen Regierungswechsel sollten neue Bestimmungen über Verwaltung und Nutzung des Domänenvermögens und die Höhe der Domänenrente getroffen werden.[676] Die Regierung legte am 5.3.1881 einen „Gesetzentwurf betreffend die Domainenrente" vor.[677] Der vom Landtag eingesetzte Ausschuss arbeitete diesen völlig um, legte seinen Bericht und den neuen Entwurf am 14.5.1881 vor. Die Regierung erklärte sich mit der neuen Vorlage einverstanden[678] und der Landtag nahm am 2.6.1881 diese einstimmig

---

wurde festgelegte, dass die Domänenverwaltung unmittelbar durch das Ministerium erfolgte.

[671] GS. S.-S. 1850, S. 29-36.

[672] GS. S.-S. 1852, S. 129-131.

[673] GS. S.-S. 1857, S. 100-101.

[674] GS. S.-S. 1857, S. 127-142.

[675] GS. S.-S. 1859, S. 203-205.

[676] Schulze, Hausgesetze 3. Bd., S. 333.

[677] LT.-Verh. S.-S. 1881, S. 17 ff; Gesetzentwurf und Motive, S. 71 ff.

[678] LT.-Verh. S.-S. 1881, S. 87 ff; Anlage, S. 1 ff.

an.[679] Mit diesem **Gesetz vom 14.6.1881**[680] wurden einzelne Normen, so die §§ 19 und 20 des Gesetzes vom 8.7.1857 sowie die Gesetze vom 18.3.1850, vom 29.6.1857 und vom 25.12.1859 aufgehoben und die Regelungen über die Domänen, Zivilliste u.a. neu gefasst. Im Ergebnis kam es aber zu keinen inhaltlichen Veränderungen, es erfolgte nur eine gesetzlich festgelegte Verteilung der jährlichen Einnahmen aus dem Domänenvermögen zwischen Staat und fürstlichem Haus.[681] Das fideikommissarische Eigentum des fürstlichen Hauses an den Domänen – als Kammergut bezeichnet – wurde wieder festgestellt (§ 2). Wenn der Fürst die Verwaltung und Nutzung der Domänen wieder übernehmen sollte, so waren an die Landesverwaltung jährlich 300.000 Mark zu zahlen (§ 8). Die Verwaltung und Nutzung der Domänen, mit Ausnahme der zur unmittelbaren Benutzung durch das fürstliche Haus bestimmten Bestandteile, hatte der Fürst der Landesverwaltung zu überlassen (§ 9). Bestimmte Teile der Domänen sowie Schlösser, Parks u.a. verblieben dem Fürsten uneingeschränkt (§ 10). Sämtliche Einnahmen aus den Domänen flossen in die Staatskasse. Die jährliche Domänenrente des Fürsten betrug bis zum 1.7.1881 450.000 Mark. Ab dem 1.7.1881 erhielt er 500.000 Mark (§ 11). Bei einem Jahresertrag über 832.000 Mark wurden zuerst bis zu 30.000 Mark an den Kammerschulden-Tilgungsfonds[682] abgeführt. Von dem dann noch bestehenden Überschuss[683] erhielt der Fürst drei Fünftel und der Staat zwei Fünftel (§ 12). Der Fürst hatte aus den Domänenbezügen den Unterhalt seiner Familie und die Kosten der Hofhaltung zu bestreiten (§ 14). Es wurde eine Karl-Günther-Stiftung gegründet, die zur Unterhaltung der höheren Schulen in Sondershausen und Arnstadt sowie weiteren kulturellen Zwecken diente (§§ 19, 20).[684] Die Regelungen über die Karl-Günther-Stiftung wurden durch die **Gesetze vom 15.6.1883**[685], vom **15.7.1897**[686] und vom **23.4.1902**[687] näher

---

[679] LT.-Verh. S.-S. 1881, S. 93 ff.

[680] GS. S.-S. 1881, S. 137-146.

[681] Zu den Verhandlungen über den ursprünglichen Gesetzentwurf und dem geänderten Entwurf durch die Landtagsdeputation siehe LT.-Verh. S.-S. 1881, S. 71 ff, 87 ff, 93 f.

[682] Dieser Fonds wurde bereits durch das **Höchste Rescript v. 11.12.1837** (GS. S.-S. 1837, S. 93-94) gebildet und sollte bis zur Tilgung der auf dem Kammergut liegenden Schulden bestehen bleiben (§ 5 des Gesetzes v. 14.6.1881).

[683] Die Ermittlungen des Überschusses erfolgten nach einem genau dargelegten Ermittlungsplan im § 12.

[684] Das Gesetz vom 14.6.1881 wurde durch die **Gesetze v. 16.12.1893** (GS. S.-S. 1893, S. 147), **v. 15.7.1897** (GS. S.-S. 1897, S. 49-51), **v. 29.3.1904** (GS. S.-S. 1904, S. 44), **v. 22.7.1905** (GS. S.-S. 1905, S. 47-49), **v. 24.2.1911** (GS. S.-S. 1911, S. 10) und **v. 6.8.1913** (GS. S.-S. 1913, S. 127) abgeändert und ergänzt, ohne die Bestimmungen bezüglich der Domänen, Verwaltung und Domänenrente zu verändern. Die Vertretung der Domänen in gerichtlichen und außergerichtlichen Fällen erfolgte durch das Ministerium gem. Art. 6 des **Gesetzes v. 1.4.1908** (GS. S.-S. 1908, S. 54).

setze vom 15.6.1883[685], vom **15.7.1897**[686] und vom **23.4.1902**[687] näher bestimmt.

Durch bestimmte Regelungen im Gesetz vom 14.6.1881 kam es zu einem sehr heftigen Streit mit dem Fürstentum Schwarzburg-Rudolstadt, der sich über Jahre hinzog und auch den Bundesrat des Deutschen Reiches beschäftigen sollte. Bereits bei Erscheinen des ursprünglichen Entwurfs missfielen der Regierung von Schwarzburg-Rudolstadt besonders zwei Vorschriften: Im § 14 Satz 1 des Entwurfs stand: „*Das Kammergut ist fideikommissarisches Privat-Eigenthum des Fürstl. Hauses.*“, im § 15 Abs. 2: „*Auf dem Kammergut ruht die Verpflichtung, an diese Stiftung* (Karl-Günther-Stiftung) *von dem Zeitpunkte ab, zu welchen der zur Regierung berufene Mannesstamm der Schwarzburg-Sondershäuser Linie des Fürstlich Schwarzburgischen Gesamthauses aussterben würde, eine unwiderrufliche Jahresrente von 300.000 Mark zu entrichten.*“, Abs. 3: „*Diese Verpflichtung ist auf Grund dieses Gesetzes auf die zum Kammergute gehörigen im Fürstenthume belegenen Grundstücke hypothekarisch einzutragen.*“ Die Regierung des Fürstentums Schwarzburg-Rudolstadt beauftragte noch im März des Jahres 1881 den Heidelberger Rechtsprofessor *Schulze* mit der Erstellung eines Gutachtens.[688] In seinem Gutachten kam er zu dem Ergebnis, dass die Regierung wegen dieser Bestimmungen Verwahrung einlegen könnte.[689] Im April erhob die Regierung von Schwarzburg-Rudolstadt gegenüber der Regierung von Schwarzburg-Sondershausen Einspruch gegen dieses Gesetz. Wenn der Entwurf ein Landesgesetz werden sollte, würde sie ihm die Anerkennung versagen und es für das Fürstentum Schwarzburg-Rudolstadt als nicht rechtsverbindlich ansehen. Als Begründung führte man die Veränderung in der rechtlichen Natur des Domänenvermögens (als Kammergut bezeichnet) durch das geplante Vorhaben an, da die Domänen Eigentum des Fürstlich-Schwarzburgischen Gesamthauses wären. Die geplanten Bestimmungen änderten diese Rechtslage dahingehend um, dass jetzt ein Schwarzburg-Sondershäuser fideikommissarisches Eigentum entstehen würde. Diese Änderung sei ohne die Zustimmung der Agnaten der Rudolstädter Linie geschehen, was gegen den Hausvertrag aus dem Jahre 1713 verstieße. Der Landtag von Schwarzburg-Sondershausen sollte über diesen Protest informiert werden. In der Antwort des Schwarzburg-Sondershäuser Ministeriums wurde der Einspruch jedoch als unbegründet abgewiesen. Auch weitere Schreiben führten zu keiner Änderung des Vorhabens im Fürstentum Schwarzburg-Sondershausen. In seinem im Jahr 1883 erschienenen Buch er-

---

685 GS. S.-S. 1883, S.75-78.
686 GS. S.-S. 1897, S. 52.
687 GS. S.-S. 1902, S. 35-36.
688 ThStA Rudolstadt, Ministerium Rudolstadt, Staatsministerium Nr. 1433, Bl. 1-4.
689 ThStA Rudolstadt, Ministerium Rudolstadt, Staatsministerium Nr. 1433, Bl. 83-107.

wähnte *Schulze* diesen Streit nicht. Auffälligerweise erläuterte er im Zusammenhang mit den Rechtsverhältnissen am Domänenvermögen, dass keine der beiden Linien über die Substanz der Domänen zum Nachteil der anderen verfügen darf. Grund sei die hausgesetzliche Betrachtung als ein Gesamthaus. Jede Veräußerung und bleibende Belastung bedürfe nicht nur der Zustimmung des betreffenden Landtags, sondern auch des Konsenses der Agnaten oder des Oberhauptes der anderen Linie.[690] Noch deutlicher brauchte *Schulze* nicht zu werden. Diejenigen, die Kenntnis von dem Streit hatten, kannten nun seinen Standpunkt.

Mit Inkrafttreten des Gesetzes vom 14.6.1881 wurden die umstrittenen Normen jetzt zu den §§ 2 Satz 1 und 19 Abs. 2.[691] Als nächstes versuchte die Regierung von Schwarzburg-Rudolstadt, in den Grundbüchern der betroffenen Amtsgerichte des Fürstentums Schwarzburg-Sondershausen eine Eintragung des Fürstlich Schwarzburgischen Gesamthauses für die Domänengüter zu erreichen, was die Gerichte aber ablehnten. Im Dezember des Jahres 1882 versuchte man eine Klärung zu erreichen, indem man die Einsetzung eines Schiedsgerichts (als „Austrägalinstanz" bezeichnet) nach Art. XIV. und XV. des Hausvertrages vom 7.9.1713 von der Regierung von Schwarzburg-Sondershausen verlangte. Die Schwarzburg-Sondershäuser Regierung lehnte auch dies ab. Die Domänenfrage sei eine Frage des Landes und werde deshalb nur im Wege der Landesgesetzgebung entschieden. Zum Abschluss richtete sie noch die Erklärung des Fürsten aus, „*... daß Höchstdieselben die Erklärungen in dieser Sache für abgeschlossen erachten und der Hoffnung Sich hingeben, durch weitere Korrespondenzen nicht in Anspruch genommen zu werden.*" Als Reaktion rief nun das Fürstentum Schwarzburg-Rudolstadt im Jahr 1883 den Bundesrat des Deutschen Reichs nach Art. 76 Abs. 1 („*Streitigkeiten zwischen verschiedenen Bundesstaaten, sofern dieselben nicht privatrechtliche Natur und daher von den kompetenten Gerichtsbehörden zu entscheiden sind, werden auf Anrufen des einen Theils von dem Bundesrathe erledigt.*")[692] der Reichsverfassung vom 16.4.1871 an. In dem Antrag vom 16.6.1883 forderte man eine Beseitigung des Gesetzes, da es einen Eingriff in die agnatischen Rechte des

---

[690] Schulze, Hausgesetze 3. Bd., S. 337.

[691] Der Wortlaut des jetzt geltenden § 19 Abs. 2 lautete: „*Auf dem Kammergut ruht die Verpflichtung, von dem Zeitpunkte ab, zu welchen der zur Regierung berufene Mannesstamm der Schwarzburg-Sondershäuser Linie des Fürstlich Schwarzburgischen Gesamthauses aussterben würde, oder aus irgend einem Grunde die Regierung nicht mehr führen sollte, anstatt eines Beitrages zu den Kosten der Landesverwaltung an diese Stiftung* (Karl-Günther-Stiftung) *eine unwiderrufliche Jahresrente von 300.000 Mark, mit Worten: Drei hundert tausend Mark, zu entrichten.*" und § 19 Abs. 3: „*Diese Verpflichtung ist auf Grund dieses Gesetzes auf die zum Kammergute gehörigen im Fürstenthume belegenen Grundstücke hypothekarisch einzutragen.*"

[692] Huber, Dokumente, Bd. 2, S. 401.

fürstlichen Hauses von Rudolstadt enthielte und beantragte neben dem Beschluss, dass die Schwarzburg-Sondershäuser Regierung eine Erklärung abzugeben habe, eine reichsverfassungsgemäße Erledigung der Sache.[693] Der Bundesrat beschloss daraufhin, dass eine derartige Erklärung von Schwarzburg-Sondershausen abzugeben sei.[694] Im Dezember des Jahres 1884 legte dann die Regierung von Schwarzburg-Sondershausen mit ihrer sehr umfangreichen Erklärung dem Bundesrat ihre Rechtsauffassung dar und wies alle Forderungen von Schwarzburg-Rudolstadt zurück. Mit dem Erwerb der Souveränität, seit der Auflösung des Alten Reichs, habe man die Befugnis und die Mittel zu einem derartigen Handeln.[695] Nun musste die Regierung von Schwarzburg-Rudolstadt daraufhin eine Gegenerklärung erstellen und informierte im März des Jahres 1885 die Abgeordneten des Landtags von Schwarzburg-Rudolstadt über die Streitsache, die das Vorgehen der Regierung billigten.[696] Jedoch kam es auf Anfrage der Schwarzburg-Sondershäuser Regierung zwecks einer gütlichen Einigung zu einem Treffen beider Staatsminister am 9.10.1885 in Erfurt. Dort schloss man ein Übereinkommen, das am 10. und 17.10.1885 die jeweiligen Landesherren genehmigten. Daraufhin nahm Schwarzburg-Rudolstadt seine Beschwerde beim Bundesrat zurück. In diesem Übereinkommen einigte man sich auf den kleinsten gemeinsamen Nenner. Man war sich nur einig, dass das im Besitze beider Linien befindliche Domänenvermögen (als Kammergut bezeichnet) fideikommissarisches Eigentum des fürstlichen Gesamthauses sei. Während die Regierung von Rudolstadt darunter förmliches Eigentum verstand, widersprach die Regierung von Sondershausen, sie erkannte nur ein gegenseitiges Successionsrecht an (Ziff. 1). Weiter wurde erwähnt, dass es nicht gelungen sei, eine Verständigung über die Befugnisse der beiden fürstlichen Linien zu Substanzverfügungen über den in ihrem Besitz befindlichen Teil der Domänen zu erreichen und die Regierung von Schwarzburg-Sondershausen ihre Zuständigkeit zum Erlass des Gesetzes vom 14.6.1881 nach wie vor behauptete. Aber die Regierung von Schwarzburg-Sondershausen erklärte „... *ausdrücklich, daß sie stets in loyaler Wahrnehmung der Interessen des Fürstlichen Gesamthauses jedem Versuche eine diese wirklich benachtheiligenden Verfügungen entgegentreten werde.*“ Die Abgeordneten des Landtags von Schwarzburg-Sondershausen wurden am 15.10.1885 über die Übereinkunft informiert.[697] Die Regierung von Schwarz-

[693] Drucksachen zu den Verhandlungen des Bundesrates des Deutschen Reichs 1883, Ds. Nr. 63, S. 1 ff.
[694] Protokolle zu den Verhandlungen des Bundesrates des Deutschen Reichs 1883, § 425, S. 231.
[695] Drucksachen zu den Verhandlungen des Bundesrates des Deutschen Reichs 1884, Ds. Nr. 120, S. 1 ff.
[696] LT.-Verh. S.-R. 1885, S. 64 ff.
[697] LT.-Verh. S.-S. 1885, S. 43 f.

burg-Rudolstadt teilte den Abgeordneten ihres Landtags erst im November des Jahres 1886 den Sachstand mit.[698] Neben der Übereinkunft vom 10./17.10.1885 wurde auch das Gutachten des Heidelberger Rechtsprofessors *Gierke* vom Mai des Jahres 1885 abgedruckt, der im Auftrag der Regierung von Schwarzburg-Rudolstadt ein Gutachten zur Sondershäuser Erklärung aus dem Jahr 1884 angefertigt hatte. *Gierke* zerpflückte alle Ansichten der Regierung von Schwarzburg-Sondershausen. Für ihn war der Antrag von Schwarzburg-Rudolstadt in vollem Umfang begründet.[699] Der Streit über das Gesetz vom 14.6.1881 war beendet.[700]

Das **Gesetz vom 14.8.1896**[701] bestimmte, dass beim Erlöschen der Linie Schwarzburg-Sondershausen die Domänen (als Kammergut bezeichnet) des fürstlichen Hauses zunächst auf Fürst *Günther von Schwarzburg-Rudolstadt* übergehen sollten. Für den Fall des Ablebens von Fürst *Günther von Schwarzburg-Rudolstadt* ohne männliche Erben sollte es dann auf Prinz *Sizzo zu Leutenberg* übergehen. Im Jahre 1914 bezog das fürstliche Haus neben den 500.000 Mark als Zivilliste noch 310.400 Mark als Überschuss aus den Reinerträgen, insgesamt 810.400 Mark.[702]

Im *Ergebnis der Domänenregelung* blieb der Landesherr bzw. die landesherrliche Familie Eigentümer der Domänen. Die Verwaltung und Nutzung wurde in vollem Umfang dem Staat übertragen. Als Ausgleich für diese vollständige Überlassung erhielt der Herrscher eine Domänenrente, aus der der gesamte Unterhalt des fürstlichen Hauses zu bestreiten war.

bb) Der Wert der fürstlichen Domänen

Die Domänen bestanden aus 21 Kammergütern mit ca. 6.600 ha und Kammerforsten mit ca. 18.000 ha Fläche.[703] Der Wert wurde im Jahr 1928 mit etwa 30 Mio. Mark angenommen.[704]

---

[698] LT.-Verh. S.-R. 1886, S. 54 ff.
[699] LT.-Verh. S.-R. 1886, S. 69 ff.
[700] Siehe dazu die Akten des ThStA Rudolstadt, Ministerium Rudolstadt, Staatsministerium Nr. 1433 bis Nr. 1438.
[701] GS. S.-S. 1896, S. 81-82.
[702] Pfitzner, FA 33. Bd., S. 158.
[703] Thür. FinMin. an den RMdI v. 11.1.1926 (als Manuskript gedruckt: "Die Entwicklung und der gegenwärtige Stand der Auseinandersetzungen zwischen den ehemaligen Thüringischen Staaten und den dort früher regierenden Landesherren."); ThHStAW, Landtag v. Thür. Nr. 32/4, Bl. 8v [= S. 18 des Manuskriptes].
[704] 4. LT.-Verh. Thür., Ds. Nr. 262 v. 11.9.1928, 1. Abt., S. 430.

9. Zusammenfassung zur Domänenfrage in den thüringischen Staaten zwischen den Jahren 1815 bis 1918

Zwischen den Jahren 1815 bis 1848 gab es in keinem der thüringischen Staaten eine zufriedenstellende Vereinbarung über das Eigentum an den Domänen und die Nutzungsverteilungen aus den Einnahmen. Mit Beginn des Konstitutionalismus betrachteten die Landesherren noch weitgehend die Domänen als ihr uneingeschränktes Privateigentum und überließen es dem Staat, sich die erforderlichen Mittel für die Staatsausgaben zu beschaffen. Steigende Staatsausgaben, fehlende Mittel des Staates, um seine Aufgaben zu finanzieren, standen einem fehlenden fürstlichen Verständnis, mit seinem Vermögen zur Erfüllung der Staatsaufgaben beizutragen, gegenüber. Befremdlich war dieses Verhalten der Landesherren vor allem deshalb, weil die seit langem anerkannte und ausgeübte Funktion die Domäneneinkünfte auch zur Erfüllung von Staatsaufgaben zur Verfügung zu stellen, von ihnen nicht akzeptiert wurde.

Die fehlende Lösung dieses Problems führte daher zu den „März-Forderungen" des Jahres 1848, eine Regulierung des Eigentums an den Domänen zugunsten des Staates vorzunehmen und dafür eine Zivilliste für das regierende Fürstenhaus einzurichten. Eine Klärung der Domänensituation war gerade für die thüringischen Staaten von großer Bedeutung im Hinblick auf die Größe der Domänen im Verhältnis zur Landesgröße und zu den benötigten Einnahmen. Für die Landesherren war die Domänenfrage ein Kernstück ihres monarchischen Prinzips,[705] eine Lösung, wie sie in Preußen seit dem Jahre 1713 existierte, kam für sie nicht in Frage. Die neu entstandenen Landtage beschäftigten sich sofort mit den Domänen und forderten diese als Staatseigentum gegen die Gewährung einer Geldzahlung an den Landesherrn. Unter diesem Druck kam es in dieser Zeit (in den Jahren 1848 bis 1851) zu Vereinbarungen über die Domänen, denen sich die Landesherren nur widerwillig fügten. In den meisten Staaten wurden die Domänen zu Staatseigentum erklärt. Zum Unterhalt des Herrschers, der Hofhaltung und der Unterhaltung der herrschaftlichen Familie erfolgten Zahlungen in Form einer Zivilliste. Dass der Herrscher überhaupt Zahlungen zu den erwähnten Zwecken erhalten sollte, stand nie zur Disposition. Zwei Herrscherhäuser behielten das Eigentum an den Domänen, während einer einen Teil der Einnahmen an der Staat überwies, übernahm im anderen Fall der Staat die Verwaltung und zahlte an den Fürsten eine Zivilliste.

Neben den Verhandlungen und Streitigkeiten mit den Parlamenten über das Domänenvermögen tauchte im Jahr 1848 für die thüringischen Landesherren

---

[705] Patze/Schlesinger/Facius, 5. Bd. 2. Teil, S. 138.

auch noch das „Gespenst“ der Mediatisierung auf. Bei einer Mediatisierung würde das Domänenvermögen, sofern es Staatseigentum wäre, in das Eigentum des neuen Staates übergehen. Somit bestand für die thüringischen Herrscherhäuser auch wegen dieser Gefahr das große Bedürfnis, die Domänen als Eigentum des fürstlichen Hauses zu belassen: Eine Mediatisierung hätte zwar zum Verlust der Landesherrschaft geführt, aber die Eigentumslage an den Domänen nicht betroffen, wenn diese dem Herrscher und seiner Familie gehörten. Insoweit war die Domänenfrage mit dem Problem einer wie auch immer gestalteten Mediatisierung eng verbunden. Bereits mit dem Ende des Alten Reiches bestand für die thüringischen Staaten die Situation einer Mediatisierung, die sich bis zum Jahre 1815 fortsetzen sollte.[706] Es gelang ihnen aber, ihre eigenstaatliche Existenz durch verschiedene Bündnisse mit dem jeweils Stärkeren zu retten. Ihre Zugehörigkeit zum Rheinbund konnten sie so rechtzeitig lösen, dass sie noch im Jahre 1813 auf Seiten der Allianz wieder auf der richtigen Seite standen. Bemerkenswert war, dass jeder Staat allein nach Möglichkeiten gesucht hatte, um zu Verbündeten zu gelangen. Nur vereinzelt kam es in Ansätzen zu einer gemeinsamen Absprache.[707] Aufgrund ihres Beitrags zum Kampf gegen *Napoleon* waren sie berechtigt, am Kongress zur Neuordnung Europas und Deutschlands in Wien teilzunehmen. Die Deutsche Bundesakte vom 8.6.1815[708] bestätigte und sicherte ihren Besitzstand und ihre Souveränität, sie waren nun vollberechtigte Mitglieder des Deutschen Bundes.

Der Entwurf der Reichsverfassung vom 26.4.1848 („Siebzehner-Entwurf“)[709] stellte erneut die Frage der Mediatisierung. Durch die Abtretung von Hoheitsrechten an die zukünftige Reichsgewalt erhob sich die Existenzberechtigung der kleineren Staaten als Problem. Die vielen thüringischen Staaten schienen davon besonders betroffen zu sein, denn für sie bedeutete die Frage nach der Weiterexistenz ihrer Staaten auch gleichzeitig die Frage, wie sie das Domänenvermögen für sich sichern konnten. Somit mussten sie sich in dieser Situation gegen eine Mediatisierung wehren und gleichzeitig versuchen, die Domänen als ihr Eigentum anerkennen zu lassen. Vorteilhaft war allerdings die nicht sonderlich ausgeprägte Stimmung in der Bevölkerung für ein Aufgehen von thüringischen Staaten in einen anderen Staat. Bei den Beratungen in der Nationalversammlung im Juni des Jahres 1848 in der Frankfurter Paulskirche sprach sich die Mehrheit dafür aus, die günstige Zeit zu nutzen, um zu einer vernünftigen Aufteilung der einzelnen Staaten zu kommen und die letzten Überbleibsel der territorialen Zersplitterung und wirtschaftlichen Hemmnisse zu beseitigen. Eine völlige Zerschlagung und neue Aufteilung schied mit Rück-

---

[706] Sehr informativ zu diesem Zeitkomplex ist Facius in FS-Tümmler, S. 163 ff.
[707] Facius in FS-Tümmler, S. 166.
[708] Huber, Dokumente, Bd. 1, S. 84 ff.
[709] Huber, Dokumente, Bd. 1, S. 352 ff.

sicht auf Österreich und Preußen aus. Deshalb wurde ein Mediatisierungsplan diskutiert, nach dem u. a. die thüringischen Staaten zu einem Staat zusammengefasst werden sollten. Aus Äußerungen von verantwortlichen Politikern im Frankfurter Parlament entnahmen die thüringischen Staaten, dass ihre Selbständigkeit äußerst gefährdet war.[710] Die größeren Mittelstaaten erkannten die günstige Gelegenheit, sich die angrenzenden Staaten einzuverleiben. Nur die Furcht vor Präzedenzfällen für eine noch weitergehende Mediatisierung hielt sie von einem offenen Vorgehen ab.[711] Jedoch beschloss die Nationalversammlung am 5.12.1848, über die Mediatisierungsanträge hinweg zur Tagesordnung überzugehen. Die mittlerweile entstandene Reichszentralgewalt wurde lediglich aufgefordert, bei einem eindeutigen Wunsch der Bevölkerung eines Staates zur Vereinigung mit einem anderen zu vermitteln. Die Gefahr, dass eine Mediatisierung durch die Nationalversammlung veranlasst würde, entfiel damit. Die Versuche der Reichszentralgewalt bei derartigen Vermittlungen trafen auf starken Widerstand der Landesherren, die dabei von ihren Parlamenten unterstützt wurden.[712]

In der Zeit zwischen Frühjahr und Dezember des Jahres 1848 versuchten einige thüringische Staaten selbst, Wege zu finden, um einer unerwünschten Mediatisierung zu entgehen. Dabei gingen sie einzeln und ohne gemeinsame Ziele vor. Wieder andere warteten ab und es schien, als ob sie sich mit dem Verlust ihrer Selbständigkeit abfinden wollten.[713] Zwei Möglichkeiten kristallisierten sich schnell heraus: Zum einen gab es Versuche der ostthüringischen Staaten Sachsen-Altenburg und der beiden Linien Reuß, sich an das Königreich Sachsen anzuschließen. Besonders Herzog *Joseph von Sachsen-Altenburg* suchte diesen Anschluss.[714] Er bot schon im Mai des Jahres 1848 die Auflassung seines Landes an und schlug auch den anderen Staaten der ernstinischen Linie diesen Anschluss an das Königreich Sachsen vor. Da diese Herrscher aber andere Wege gehen wollten, blieb sein Vorschlag erfolglos. Letztlich scheiterte auch sein eigener Wunsch nach einem Anschluss an Sachsen.[715] Im Herbst verzichtete er zugunsten seines Bruders auf die Regierung. Auch Fürst *Heinrich LXXII. von Reuß-Lobenstein und Ebersdorf* dankte in dieser Zeit zugunsten seines Vetters Fürst *Heinrich LXII. von Reuß-Schleiz* ab. Beide Verzichte stellten einen legalen Thronwechsel dar, der im zweiten Fall zur Entstehung des „Fürstentums Reuß jüngerer Linie“ führte. Ebenfalls im

---

[710] Wentzcke, ZVThürGA, N.F., 7. Beiheft, S. 114.
[711] Wentzcke, ZVThürGA, N.F., 7. Beiheft, S. 70 f.
[712] Huber, Bd. 2, S. 794 ff.
[713] Wentzcke, ZVThürGA, N.F., 7. Beiheft, S. 34 f.
[714] Albrecht regte sich noch im Jahre 1905 in seinem Werk (Domänenwesen, S. 82) über diese Forderung der Landtagsabgeordneten im Jahre 1848 auf. Dass dieser Anschluss auch von Herzog Joseph gefordert worden war, erwähnte er nicht.
[715] Wentzcke, ZVThürGA, N.F., 7. Beiheft, S. 35 ff.

Herbst verhandelten die Fürstentümer der beiden Linien Reuß mit dem Königreich Sachsen über einen Anschluss in der Hoffnung, durch diesen Anschluss ihren Domänenbesitz zu sichern. Die Verhandlungen gestalteten sich jedoch wegen des Vermögensrechts und der Staatsschulden sehr schwierig.[716] Am 30.12.1848 endeten die Verhandlungen, da die sächsische Regierung auf die Forderungen der reußischen Fürstenhäuser auf vollständige Überlassung des gesamten Domänenvermögens nicht einging.[717]

Die zweite Möglichkeit einer territorialen Neugestaltung der thüringischen Staaten war der vom Großherzogtum Sachsen-Weimar-Eisenach vorgeschlagene Staatenbund. Über diesen Vorschlag wurde seit Mai des Jahres 1848 in mehreren Treffen erfolglos verhandelt. Die nächste Überlegung ging dahin, eine Gemeinsamkeit in Fragen der Gesetzgebung, Verwaltung und Rechtspflege zu erreichen. Auch hier gab es Widerstand, am entschiedensten durch Herzog *Bernhard Erich Freund von Sachsen-Meiningen.* Das Großherzogtum Sachsen-Weimar-Eisenach erreichte für sich, dass Prinz *Wilhelm von Preußen* und Zar *Nikolaus I. von Russland* ihre Unterstützung im Fall einer drohenden Mediatisierung zusicherten.[718] Hier hatten die besonderen verwandtschaftlichen Beziehungen zwischen den drei Herrscherhäusern eine große Rolle gespielt und damit den Bestand gesichert. Im Ergebnis wurde jedoch auch der Plan des Großherzogtums abgelehnt, da man darin ein Streben des Großherzogtums nach Hegemonie sah, das die anderen Staaten fürchteten. Die Konferenzen im Dezember des Jahres 1848 und Januar des Jahres 1849 verliefen ergebnislos.[719] Vor allem am erbitterten und offen gezeigten Widerstand von Herzog *Bernhard Erich Freund von Sachsen-Meiningen* scheiterten letztlich alle Einigungsbemühungen.[720] Sogar die sächsischen Versuche zu einer militärischen Zusammenarbeit wurden von ihm abgelehnt. Seine Haltung soll auf seinem Groll über den Schiedsspruch des sächsischen Königs in den Verhandlungen im Jahre 1826 beruhen.[721]

Wie wichtig die Mediatisierungsproblematik für die thüringischen Fürstenhäuser war, zeigt sich besonders bei den Herzogtümern Sachsen-Coburg-Gotha und Sachsen-Altenburg. Herzog *Ernst II. von Sachsen-Coburg-Gotha* behielt sich – trotz Anerkennung der Domänen als Staatseigentum – die Rechte seines Hauses für den Fall der Mediatisierung vor. Dieses Recht wurde dann auch im Staatsgrundgesetz vom 26.3.1849 aufgenommen. Die Gefahr einer Mediatisie-

---

[716] In Sachsen waren die Domänen seit dem Jahr 1831 Staatseigentum, in den reußischen Fürstentümern gab es zu diesem Zeitpunkt noch keine Regelung.

[717] Flathe, S. 594.

[718] Patze/Schlesinger/Facius, 5. Bd. 2. Teil, S. 105 f.

[719] Weidner, S. 261.

[720] Schocke, S. 69.

[721] Wentzcke, ZVThürGA, N.F., 7. Beiheft, S. 78; siehe dazu 1. Kap. I. 2. b) ee).

rung war Grund genug für die Abgeordneten, sich gegen eine solche auszusprechen, um zu verhindern, dass durch den Verlust der Landesherrschaft das herzogliche Haus alle Domänen als Privateigentum zurück erhielt. Bereits im Januar des Jahres 1849 beschlossen sie, einen Vertreter zur Nationalversammlung zu entsenden, um genaue Erkundigungen über die Mediatisierungspläne einzuholen.[722] Auch im Herzogtum Sachsen-Altenburg gingen im Dezember des Jahres 1848 die Landtagsabgeordneten noch von der Gefahr einer Mediatisierung aus, so dass man im Vertrag vom 29.3.1849 einen solchen Eintritt und seine Auswirkungen regelte. Am 30. März des Jahres 1849 folgte der Landtag von Sachsen-Altenburg der Empfehlung des Ausschusses, der den möglichen Anschluss an Sachsen untersuchte, dass die Zeit dafür nicht gekommen sei und man zur Tagesordnung übergehen sollte.[723]

Das Scheitern des geplanten Gesamtstaates Thüringen muss in den staatsrechtlichen und ökonomischen Verhältnissen der thüringischen Staaten untereinander gesehen werden, die zu unterschiedlich waren, um eine gemeinsame Lösung zuzulassen.[724] Ein weiterer Aspekt für das Scheitern einer staatlichen Einheit war das Desinteresse der Bevölkerung. Der monarchische Gedanke, d.h. die in den Landesfürsten verkörperte Souveränität erwies sich als eine beständige Garantie für eine kleinstaatliche Eigenständigkeit, die tief im Bewusstsein der Bevölkerung verwurzelt war. Man fühlte sich nicht als „Thüringer“, sondern als Bürger eines – wenn auch kleinen – Staates.[725] Nirgendwo gab es eine separatistische Bewegung.[726] In diesem Zusammenhang ist die im September des Jahres 1848 erschienene Schrift des Pfarrers *Fleischhauer* (unter dem Pseudonym *Hugo Fischer*[727]) zu erwähnen. Dieser wandte sich gegen jegliche Mediatisierungs- und Vereinigungsbestrebungen.[728] Seine Ausführungen fanden in den thüringischen Staaten große Zustimmung.[729] Es gab auch Eingaben gegen die Mediatisierungsvorstellungen an die Nationalversammlung, die die Unterschriften Tausender Bürgern enthielten.[730] Auch manche Volksvertretung lehnte derartige Pläne ab oder hielt nur sich selbst für berufen, über einen An- oder Zusammenschluss zu befinden und setzte dies auch gegen den Willen des Landesherrn durch. So z.B. die ablehnende Haltung der Landtage von Sachsen-Coburg und Sachsen-Gotha, die eine Vereinigung der beiden Herzogtümer verhinderten.

---

[722] LT.-Verh. S.-G. 1848-49, S. 89.
[723] Einzelheiten siehe LT.-Verh. S.-A. 1849, 2. Bd., S. 199 ff.
[724] Patze/Schlesinger/Facius, 5. Bd. 2. Teil, S. 108.
[725] Flach, ZVThürGA, 43. Bd., N.F. 35. Bd., S. 35.
[726] Patze/Schlesinger/Facius, 5. Bd. 2. Teil, S. 121 f.
[727] Weidner, S. 256.
[728] Fischer, S. 20 f; 25 ff; Beantwortung Sachsen-Altenburg, S. 1 ff.
[729] Wentzcke, ZVThürGA, N.F., 7. Beiheft, S. 121.
[730] Schocke, S. 71.

Aus Gründen der Vollständigkeit muss kurz auf die Ereignisse des Jahres 1866 eingegangen werden. Der preußisch-österreichische Krieg drohte die thüringische Staatenwelt wieder ins Wanken zu bringen. Wegen des preußischen Ultimatums an die thüringischen Länder konnten diese nur noch wählen zwischen einem Bündnis mit Preußen, das den Erhalt des Staates, des Herrscherhauses und der Souveränität garantierte oder die Annexion durch Preußen.[731] Außer dem Herzogtum Sachsen-Meiningen und dem Fürstentum Reuß ältere Linie beugten sich alle anderen Staaten. Für diese beiden forderte *Bismarck* die „Einziehung". Erbprinz *Georg von Sachsen-Meiningen* erreichte als Schwiegerneffe von König *Wilhelm I. von Preußen*, dass um den Preis der Abdankung von Herzog *Bernhard Erich Freund von Sachsen-Meiningen* die Eigenständigkeit gerettet wurde. Dank der Vermittlung der Verwandtschaft der jüngeren Linie Reuß wurde ebenfalls das Weiterbestehen des Fürstentums Reuß älterer Linie gesichert.[732] Auch für diese Ereignisse lässt sich wieder das Fehlen von gemeinsamen Absprachen feststellen. Jeder Staat verhandelte gesondert mit Preußen und versuchte, sich allein zu retten.[733]
Die Darstellung der Mediatisierungsgefahren in den Jahren 1801 bis 1815 und 1848/49 zeigen ein besonderes Verhaltensmuster der thüringischen Herrscher auf. Sie handelten stets getrennt, es gab keine Abstimmungen für gemeinsame Pläne oder Überlegungen, wie man im Einvernehmen eine Mediatisierung abwehren könnte. Dieses Verhalten spiegelte sich auch in den Abschlüssen über das Domänenvermögen der Jahre 1848/49 wider. Bei aller Gemeinsamkeit der ausgehandelten Regelungen erfolgte keine Absprache untereinander. Der Gedanke liegt nahe, dass, wenn man sich schon als Einzelner gegen drohende Mediatisierungen wehrte, man sich über Regelungen des Domänenvermögens mit den benachbarten Herrscherhäusern erst recht nicht verständigen wollte.

Die Vereinbarungen über die Domänen der Jahre 1848/49 waren aber nicht von Dauer oder wurden nie umgesetzt. Es folgten ab dem Jahr 1850 völlig neue Bestimmungen. Es gab aber keine einzige Regelung, nach der die Domänen Staatseigentum waren und der Landesherr als Ausgleich eine Zivilliste erhielt. Für die thüringischen Herrscher und ihre Familien brachten diese neuen Vereinbarungen erhebliche Vermögensvorteile. Die bis zum Jahr 1918 geltenden Gesetze über das Domänenvermögen zeigten, dass letztlich jeder Staat die Domänenfrage gelöst hatte. Es gab allerdings sehr unterschiedliche Regelungen über Eigentum, Nutzung und Verwaltung der Domänen sowie über die Höhe einer eventuell vereinbarten Zivilliste. Die thüringischen Staaten können

---

[731] Patze/Schlesinger/Facius, 5. Bd. 2. Teil, S. 174 ff.
[732] Reichold, S. 24 f.
[733] Patze/Schlesinger/Facius, 5. Bd. 2. Teil, S. 179 f.

nach dem Schwerpunkt der jeweiligen Vereinbarung – die Eigentumslage an den Domänen – in verschiedene Gruppen eingeteilt werden: Im Ergebnis bildeten sich vier Gruppen heraus, wobei es innerhalb der Zugehörigkeit zu einer Gruppe trotzdem sehr unterschiedliche Ausgestaltungen gab. Über die Ursachen der Unterschiedlichkeit können nur Vermutungen angestellt werden. Es spricht vieles dafür, dass die unterschiedliche Größe des Landes, die Domänenfläche und die Höhe der Erträge Ursachen dafür waren.

1. Gruppe:
Das *Eigentum an den gesamten Domänen stand dem Landesherrn* bzw. der landesherrlichen Familie zu. Die *Verwaltung und Nutzung der Domänen waren vollständig dem Staat übertragen worden,* dafür zahlte der Staat einen festgelegten Geldbetrag (als Domänenrente bezeichnet), die zum Unterhalt des Herrschers und seiner Familie dienen sollte. Zu dieser Gruppe gehörten das *Großherzogtum Sachsen-Weimar-Eisenach* und die *Fürstentümer Schwarzburg-Rudolstadt* und *Schwarzburg-Sondershausen.*

2. Gruppe:
Das Eigentum an den gesamten Domänen, Verwaltung und die Nutzung stand dem Landesherrn bzw. der landesherrlichen Familie zu. Zu dieser Gruppe gehörten *die Fürstentümer Reuß ältere Linie, Reuß jüngere Linie* und das *Herzogtum Sachsen-Coburg*. Aus den Domänenerträgen wurde nur im Herzogtum Sachsen-Coburg dem Staat eine festgelegte Summe überwiesen, in den Fürstentümern Reuß ä.L. und j.L. gab es keine Zahlungen an den Staat.

3. Gruppe:
Das Eigentum an den Domänen wurde zwischen dem Landesherrn bzw. der landesherrlichen Familie *und dem Staat aufgeteilt*. Die Verwaltung der Domänen und die Nutzungsverwendungen erfolgten durch jede Seite gesondert. Es erfolgte keine Zahlung einer Domänenrente oder Zivilliste durch den Staat. Dazu gehörten die *Herzogtümer Sachsen-Altenburg* und *Sachsen-Gotha.*

4. Gruppe:
Im *Herzogtum Sachsen-Meiningen* erfolgte *keine Entscheidung über die Eigentumsfrage*. Es gab nur eine Auseinandersetzung in Form eines Vergleiches über die Verwaltung und die Nutzungsverwendungen der Domänen. Die Verwaltung erfolgte durch den Staat. Der Landesherr bzw. die landesherrliche Familie erhielten einen Teil der Einnahmen.

Für die erste Gruppe lässt sich als weitere gemeinsame Besonderheit feststellen, dass die Grundlage der Domänenregelung in den jeweiligen Verfassungen lag, die in den 50-er Jahren des 19. Jahrhundert in Kraft traten und nur in einem Fall es zu einer weiteren gesetzlichen Ausgestaltung kam. Bei der dritten Gruppe oblag vor der Aufteilung dem jeweiligen Staat die Verwaltung der Domänen. Nun wollten diese beiden Staaten selber Eigentum am Domänenvermögen erlangen, um dieses nach ihren Gutdünken nutzen zu können. Die Aufteilung selbst war für die Staaten nicht so günstig, in beiden Fällen erhielten sie nicht einmal die Hälfte des Domänenvermögens. Es war der Preis, den sie zahlen mussten, um Eigentum an einem Teil der Domänen zu erlangen. Die Auswertung der vier Gruppen zeigen Gemeinsamkeiten vor allem für die Staaten der Linien Reuß und Schwarzburg auf. Auch die Herzogtümer Sachsen-Altenburg und Sachsen-Gotha sind ebenfalls in einer Gruppe, aber die Länder der ernestinischen Linie sind insgesamt in drei Gruppen zu finden. Trotz der Gemeinsamkeiten innerhalb der einzelnen Gruppen gibt es aber wiederum markante Unterschiede im Hinblick auf die getroffenen Regelungen: Die Gemeinsamkeiten der Domänenregelungen für die **Fürstentümer Reuß älterer und jüngerer Linie** beschränken sich nur auf das Ergebnis der Vereinbarung, d.h. die völlige Übertragung des Domäneneigentums an die fürstliche Familie. Während im Fürstentum Reuß ä.L. die endgültige Entscheidung durch die Verfassung des Jahres 1867 erfolgte, kam es im Fürstentum Reuß j.L. erst 13 Jahre später zu einem endgültigen Vereinbarung in Form eines Gesetzes, das die Regelungen über die Entschädigungssumme, die an den Staat zu zahlen war, enthielt. Ein Verzicht des Staates auf eine Kompensation für die Überlassung der Domänen und deren Nutzungen (wie in Reuß ä.L.) war zu diesem Zeitpunkt für den Staat nicht mehr akzeptabel.

Die Vereinbarungen im **Herzogtum Sachsen-Altenburg** (im Jahr 1874) und im **Herzogtum Sachsen-Gotha** (im Jahr 1905) sind insofern gleichartig, als es zu einer vollständigen Aufteilung (nach dem jeweilig festgelegten gesetzlichen Modus) des Domänenvermögens zwischen Herrscherhaus und Staat kam. Im Herzogtum Sachsen-Altenburg gab es keine Zahlungen zum Unterhalt des herzoglichen Hauses durch den Staat. Dagegen bezahlte der Staat im Herzogtum Sachsen-Gotha (trotz des Verzichts des Herrschers auf staatliche Unterhalts- und Hofhaltungszahlungen) die Hälfte des jährlichen Wittums- und Nadelgeldbetrages. Insoweit gibt es einen Unterschied zwischen den beiden Regelungen. Für die Vereinbarung im Herzogtum Sachsen-Gotha konnte die letzte vor dem Jahr 1905 in Kraft getretene Regelung in einem thüringischen Staat (Reuß j.L. im Jahr 1880) als Modell wohl nicht in Frage kommen. Die Größe des Landes, die Staatsleistungen und die Größe und Wert der Domänen erlaubten es dem Staat nicht, vollständig darauf zu verzichten. Für das herzogliche Haus kam eine vollständige Verwaltung der Domänen durch den Staat (gegen Zahlung einer Rente aus den Erträgen, wie in der 1. Gruppe) nicht in Betracht.

Die **Fürstentümer Schwarzburg-Rudolstadt** und **Schwarzburg-Sondershausen** haben ihre Vereinbarungen in kurzem Abstand in ihren jeweiligen Grundgesetzen (im Jahr 1854 und im Jahr 1857) getroffen. Es scheint, als ob man sich im Fürstentum Schwarzburg-Sondershausen die im Fürstentum Schwarzburg-Rudolstadt geltende Regelung zum Vorbild genommen hat. Allerdings kam es dann im Fürstentum Schwarzburg-Rudolstadt, trotz des zweimaligen erfolglosen Versuchs seitens der Landesregierung, bis zum Jahr 1918 zu keiner weiteren gesetzlichen Regelung über Verwaltung, Nutzung und Domänenrente. Die Zahlungen an den Fürsten wurden alle drei Jahre neu geregelt. Im Fürstentum Schwarzburg-Sondershausen erfolgte im Jahre 1881 dagegen eine sehr detaillierte Vorschrift über die Verwaltung der Domänen und die Zahlungs- und Berechnungsmodalitäten der an den Fürsten zu zahlenden Beträge. Neben dem gesetzlich festgelegten Geldbetrag bestand in Abhängigkeit eines Überschussbetrages die Möglichkeit einer weiteren Geldzahlung aus den Erträgen. Daher beziehen sich die Gemeinsamkeiten nur auf das Ergebnis der getroffenen Vereinbarungen, Art und Weise der Ausgestaltung unterschieden sich.

Es erscheint im Hinblick auf die dargestellten Gemeinsamkeiten durchaus möglich, dass bei den Verhandlungen über die zu treffenden Domänenvereinbarungen die jeweiligen Landtage die Ergebnisse in den Nachbarstaaten verglichen und gegebenenfalls sich als Vorbild genommen haben. Dafür sprechen zum einen die Bindungen der Staaten der Linien Reuß, Schwarzburg und der Ernestiner miteinander. Zum anderen ist die vergleichbare wirtschaftliche Lage im jeweiligen Herzog- oder Fürstentum und die Größe der Domänen ein Indiz für diese Annahme. Ob es Absprachen zwischen den thüringischen Herrschern über die Regelung der Domänenfrage gab, ist zur Zeit nicht bekannt. Nach den bisherigen Kenntnissen haben die thüringischen Fürsten keine Absprachen im Vorfeld getroffen. Man kann vermuten, dass sie Einblicke in ihr Vermögen und in die eigene Finanzverwaltung vermeiden wollten. Für diese Annahme spricht, dass die Proteste der Verwandten (Agnaten) erst nach Abschluss der Vereinbarungen erfolgten. Nur einmal konnte ein „Protest" (der Regierung Schwarzburg-Sondershausen) ermittelt werden, als im Jahre 1848 bekannt wurde, welche Vereinbarungen das Fürstentum Schwarzburg-Rudolstadt abschließen wollte. Weiterhin erfolgte der Abschluss der jeweiligen Vereinbarungen zu den unterschiedlichsten Zeiten, was ebenfalls als Indiz dafür zu werten ist, dass ein geplantes und abgesprochenes gemeinsames Vorgehen der Landesherren gegenüber ihren Parlamenten nicht erfolgte. Der Streit zwischen Schwarzburg-Sondershausen und Schwarzburg-Rudolstadt in den Jahren 1881 bis 1885 ist ein Ausnahmefall. Während in den Jahren 1848/1849 sich die fürstlichen Häuser mit den Landtagen über die neuen Regelungen stritten, gab es hier einen Streit zwischen zwei Regierungen, ohne Beteiligungen der Landtage. Hier stritten sich zwei Linien eines fürstlichen Hauses, inwieweit ein Mitbestimmungsrecht an einem Gesetzgebungsverfahren des anderen Staates bestand, wenn Vermögensobjekte des Gesamthauses betroffen waren. Eine Einigung darüber wurde nicht erzielt, man einigte sich nur auf eine „*loyaler Wahrnehmung der Interessen des Gesamthauses*“. Ebenso fehlen Anzeichen für Absprachen der verschiedenen Landtage. Aus den Verhandlungsprotokollen ist nur zu entnehmen, dass die verschiedenen Regelungen in den Nachbarstaaten zur Kenntnis genommen wurden.

Zusammenfassend ist festzustellen, dass die thüringischen Staaten lange Zeit benötigten, ehe es in jedem Staat zu einer endgültigen Vereinbarung über die Domänen und ihre Nutzungsverteilung kam. Erst im Jahre 1905 wurde die letzte Vereinbarung geschlossen. Während dieser Zeit gab es die unterschiedlichsten Versuche, eine für beide Seiten einvernehmliche Lösung zu finden. Es lassen sich nur einem gewissen Umfang Gemeinsamkeiten in den Vereinbarungen feststellen, so dass die Unterschiedlichkeit der einzelnen Regelungen hervorsticht. Nur in den Gesetzen aus den Jahren von 1848/49 gab es gleichartige Vereinbarungen in den thüringischen Staaten, die aber nicht lange Bestand hatten bzw. nie ausgeführt wurden. Die Verschiedenartigkeit der Vereinbarungen ist als ein für die thüringischen Staaten typisches Merkmal hervorzuheben.

2. Kapitel: Die Neuregelungen über die Domänen in den thüringischen Staaten in den Jahren 1918 bis 1921

Die Novemberrevolution in den thüringischen Staaten und die Abdankungen der Monarchen waren der Ausgangspunkt für die gravierenden Veränderungen in den Finanzverfassungen und stellen den Beginn der Vermögensauseinandersetzung ab dem Jahr 1918 dar. Die Zersplitterung in zahlreiche kleine und kleinste Gebiete der acht thüringischen Länder konnte beseitigt werden und die Einzelstaaten schlossen sich im Jahre 1920 zum neuen Land, dem Freistaat Thüringen, zusammen.[734] Ihre vordringliche Aufgabe war die Regelung ihrer Staatsfinanzen, was eine schnelle Vermögensauseinandersetzung mit den ehemaligen Landesherren erforderte. So kommt es zu Verhandlungen mit dem Ziel von Neuvereinbarungen über die Domänen bereits kurz nach Ende der Monarchien in den thüringischen Kleinstaaten.

Um den Revolutionsverlauf in den thüringischen Staaten verständlich zu machen, wird dieser im zweiten Kapitel in gebotener Kürze dargestellt, ebenso die Bildung der neuen Staaten, da diese die Verhandlungs- und späteren Vertragspartner mit den ehemaligen Landesherren waren. Der Staat Thüringen musste sich bereits kurz nach seiner Bildung im Jahre 1920 mit den vermögensrechtlichen Auseinandersetzungen beschäftigen. Er übernahm die eingegangenen finanziellen Verpflichtungen der einzelnen Länder und wurde zum Prozessbeteiligten bei den weiteren Auseinandersetzungen in den 20-er und 30-er Jahren. Deshalb wird auch in diesem Kapitel kurz auf die Gründung des Staates Thüringen eingegangen.

I. Die Lage in Thüringen im November des Jahres 1918

Mit der Abdankung des Kaisers am 9. November 1918 war das monarchische Prinzip in ganz Deutschland schwer erschüttert. Die Aufständischen forderten – neben dem Thronverzicht des Kaisers – auch die sofortige Beseitigung der deutschen Fürstenhäuser und die Ausrufung der Republik.[735] Die Kriegsjahre hatten in Thüringen politische und wirtschaftliche Folgen hinterlassen: Die Landtage wollten Reformen vorbereiten, um die Gesetzgebung und Verwaltung zu demokratisieren und zu rationalisieren. Die politischen Kräfte griffen alte Gegensätze zwischen den Fürstenhäusern und den Volksvertretern auf und erörterten die (steuerfreien) Domäneneinkünfte der Fürsten.[736] Die Ernährungslage verschlechterte sich rapide, es bestand die Gefahr des Zusammenbruchs der Volksernährung. Zudem war die nicht kriegswirtschaftliche Industrie von der Rüstungsproduktion verdrängt worden. Ein thüringisches „Kriegsernäh-

---

[734] Patze/Schlesinger/Facius, 5. Bd. 2. Teil, S. 438; Facius in FS-Zahn, S. 63.

[735] Patze/Schlesinger/Facius, 5. Bd. 2. Teil, S. 313.

[736] Patze/Schlesinger/Facius, 5. Bd. 2. Teil, S. 298.

rungsamt“ (1917) und „Kriegswirtschaftsamt“ (1917) regelten zentral die wichtigsten Aufgaben der thüringischen Staaten. Streiks und Hungerdemonstrationen, Kriegsmüdigkeit und Trauer um die Menschenverluste bei den thüringischen Regimentern, Grippe-Epidemie und die allgemeine Hoffnungslosigkeit kennzeichneten die Lage der Bevölkerung in den thüringischen Staaten am Ende des Krieges.

Als Resultat der am 28.10.1918 geänderten Reichsverfassung und mit der Einführung des parlamentarisch-demokratische Prinzips mussten die thüringische Staaten als Bundesstaaten nun Konsequenzen zur Anpassung ihrer Länderverfassungen ziehen. Für die Landesherren und ihre Minister bedeutete dies die Pflicht zum politischen Handeln. Diese Staatsbeamten waren streng konservative und gewissenhafte Verwaltungsjuristen, aber nicht weitsichtige politische Berater ihrer Fürsten.[737] In der Bevölkerung wuchs jedoch die Unruhe, ebenso in den Parlamenten; in jedem Staat bahnte sich eine Regierungskrise an. Das militärische Chaos und die Befehlsverweigerungen in der Kriegsmarine verursachten eine schnelle Ausbreitung von Aufständen in allen Heeresorganisationen und ihrem Hinterland. Die massive revolutionäre Bewegung breitete sich vom Norden Deutschlands auch nach Mitteldeutschland aus. In den Großstädten übernahmen Arbeiter- und Soldaten-Räte die Macht. In Thüringen zeigten sich die ersten Unruhen am Abend des 7.11.1918. Abgeordnete und Funktionäre der SPD und USPD forderten die Bildung neuer Regierungen und die sofortige Beseitigung aller deutschen Fürstenhäuser. Sie wurden unterstützt durch radikale Mitglieder der Soldatenräte, die überall in Thüringen entstanden, weil in allen thüringischen Staaten zahlreiche militärische Formationen stationiert waren.[738] Nach dem Vorbild der Soldatenräte bildeten sich nun Arbeiterräte, vorbereitet durch die Parteizentralen, die auf engen Zusammenschluss mit den Soldatenräten zu Arbeiter-und Soldatenräten – nach russischen Vorbild – drängten, um ein Netz in Thüringen zu schaffen. Ständige Demonstrationen in „Massen“ sollten revolutionäre Forderungen unterstreichen, da nur sie „das Volk“ verkörperten. Die zwei wichtigsten Nahziele in dieser revolutionären Bewegung waren jedoch „Frieden“ und „Demokratie“.[739] Bis zum 11.11.1918 waren die Kämpfe an den Fronten eingestellt worden. Die Macht lag nun in den Händen der Arbeiter- und Soldatenräte, die nicht auf Gegenkräfte gestoßen waren und nun Macht ausübten – aber nicht wussten, wie dies geschehen sollte. Die neuen Herrschaftsverhältnisse in den Kleinstaaten konnten sich nur unvollkommen in die bisherigen Systeme der fürstlichen Landesverwaltung einfügen. Man setzte „Delegierte“ zur Kontrolle und Überwachung in den bisherigen Verwaltungs-

---

[737] Patze/Schlesinger/Facius, 5. Bd. 2. Teil, S. 300 ff, 308 f.
[738] Patze/Schlesinger/Facius, 5. Bd. 2. Teil, S. 314 ff.
[739] Patze/Schlesinger/Facius, 5. Bd. 2. Teil, S. 343.

apparat und in die Kommunalverwaltungen ein. Der vorhandene „obrigkeitsstaatliche Apparat" blieb überall bestehen und arbeitete weiter. Um die dringendsten Nachkriegsprobleme, insbesondere die Versorgung der Bevölkerung mit Nahrungsmitteln zu bewältigen, musste man sich nun entscheiden: Revolution mit einer „Diktatur des Proletariats" in einem Volksstaat oder einen konstitutionellen Staat mit dem Ziel, zu einer parlamentarischen Demokratie in einer Republik, und zwar für das ganze Land Thüringen, zu kommen. Bis auf die linksradikalen Kräfte in Gotha waren alle Revolutionsorgane bestrebt, parlamentarisch-demokratische Strukturen möglichst konfliktarm zu erreichen. Der Erhalt der Institution des Landtages als dem höchsten demokratischen Landesorgan, neue Verfassungen und die Wiederherstellung der Legalität blieben Ziele der Bemühungen auch der meisten Arbeiter- und Soldatenräte,[740] die sich als Provisorien betrachteten.[741] Allerdings hatte sich an der staatlichen Zerrissenheit zunächst nichts geändert, im Gegenteil: Die fürstlichen Personalunionen (Sachsen-Coburg und Gotha; Schwarzburg-Rudolstadt und Schwarzburg-Sondershausen) lösten sich auf.[742]

Als interessantes Zeitdokument zum Erhalt der Fürstentümer mag ein Auszug aus dem im Jahr 1940 erschienenen Buch von *Sebastian Haffner* „Germany: Jekyll and Hyde" dienen, in dem er das Verschwinden des Deutschen Reiches und die Neugliederung Deutschlands in acht Länder forderte.[743] *„Das benachbarte Thüringen ..., besitzt wie jedes Land seine individuellen und einzigartigen Möglichkeiten und Traditionen, die es verdienen, immer neu verwirklicht zu werden: ihre kleinen herzöglichen und großherzoglichen Höfe, unübertroffene Förderer der deutschen Kultur. Diese Herzogtümer und Großherzogtümer, die zu klein sind, um Politik zu betreiben, haben lange Zeit eines befördert – die Zivilisation. So pflegte Sachsen-Weimar eine große Tradition der Dichtkunst und des Geistes und Sachsen-Meiningen eine solche des Theaters. Daß man diese winzigen, aber hochkultivierten Länder mit ihren überkommenen Traditionen und Werten der Schaffung einer größeren und „praktischeren" Verwaltungseinheit willen beseitigte, ist eine große Dummheit, die nicht nur die Nazis zu verantworten haben, sondern auch ihre republikanischen Vorgänger. Weimar und Gera, Gotha und Meiningen waren interessant, solange sie Sitz ihrer kleinen, patriarchalischen, von den Musen regierten Höfe waren; sie haben in dem Moment jede Bedeutung verloren, da sie thüringische Provinzstädte mit Steuerbehörden und Verwaltungsbüros anstelle eines Prinzenpalais wurden. Es ist meine feste Überzeugung, dass die*

---

[740] Patze/Schlesinger/Facius, 5. Bd. 2. Teil, S. 347 f.
[741] Häupel, S. 48 ff.
[742] Häupel, S. 54.
[743] Frankfurter Allgemeine Zeitung v. 8.9.2001, S. 9-10.

thüringischen „Miniaturhöfe" wieder etabliert werden müssen, weil sie „verfassungsmäßige" Kuriositäten sind und etwas darstellen, was sonst nirgends existiert: Höfe der Musen, kulturelle Zentren, patriarchalische Idyllen, die staatlich gefördert und mit Stiftungsgeldern ihrer Herrschaft finanziert werden. Es wäre natürlich kaum ratsam, dass jeder Hof ein eigenes Außenministerium, seine eigenen Gesandten im Ausland und seine eigene Zollbehörde haben sollte. In allen diesen Fällen müssen die thüringischen Herzogtümer und Großherzogtümer mit dem Königreich Sachsen verbunden sein, wenn auch nicht auf Kosten ihrer Unabhängigkeit. Die größere Einheit Sachsen-Thüringen, die auf diese Weise ihre auswärtigen Angelegenheiten koordinieren würde, hätte etwa elf Millionen Einwohner."

Doch die Idee der Vereinigung der Kleinstaaten erfasste alle politischen Strömungen, so dass die Zeit von November 1918 bis April 1920 mit all ihren Maßnahmen als provisorisch betrachtet wurde, um nicht dem künftigen Staatsverband vorzugreifen. SPD und USPD errangen bei den Wahlen zur Nationalversammlung am 19.1.1919 in jedem thüringischen Staat die absolute Mehrheit. Jedoch trug die wachsende kritische Distanz der Wähler zu einer Verschiebung des Stimmenanteils der SPD zu gemäßigteren Parteien bei. Die Ausnahme war Sachsen-Gotha, hier herrschten die sog. Gothaer Unabhängigen (USPD), sie wählten bewusst einen anderen Weg.[744]

Innerhalb von nur 16 Tagen wurden die sechs verbliebenen Landesherren zum Thronverzicht gezwungen und damit die Monarchie nach einer mehr als 1000-jährigen Entwicklung beseitigt. Ihre staatliche Organisation bewahrte aber eine gefestigte Ordnung und damit das Land vor dem Chaos. Die Herrscher harrten bis zum bitteren Ende aus. Nirgendwo wurden sie oder ihre Familien tätlich angegriffen. Aus den kleinstaatlichen Monarchien wurden kleinstaatliche Republiken. Sie nannten sich Freistaat oder Volksstaat. Die revolutionäre Bewegtheit der thüringischen Arbeiter- und Soldatenräte war zu kraftlos geworden, um die Einheit des ganzen Landes Thüringen herbeizuführen. Diese Einheit wurde erst mühevoll am 1.5.1920 erreicht.[745] In vier Kleinstaaten (Sachsen-Weimar-Eisenach, Sachsen-Altenburg, Schwarzburg-Sondershausen und Reuß) entstanden neue und vollständige Länderverfassungen, wobei die Verfassung von Sachsen-Weimar-Eisenach besonderes Gewicht erhielt, denn sie sollte, so der Wille *Rosenthals*,[746] für die zukünftige Verfassung Thüringens maßgeblich sein.[747] So konnten sie sich „nahtlos" in die spätere Weimarer

---

[744] Patze/Schlesinger/Facius, 5. Bd. 2. Teil, S. 348 f.

[745] Facius in FS-Zahn, S. 62.

[746] Rosenthal, JöR 9 (1920), S. 226 ff.

[747] Die Verfassung des Ghzg. S.-W.-E. von 1816 spielte auch in der deutschen Verfassungsgeschichte des 19.Jahrhundert eine bedeutende Rolle (Häupel, S. 74 f).

Reichsverfassung einpassen und gehörten durch ihre ausgewogene Machtverteilung zu den modernen Verfassungen ihrer Zeit. Die Sozialdemokratie hatte zwar die Macht übernommen, „*mehr durch Umwandlung als durch Sturz*",[748] aber eine richtige Revolution hatte es nicht gegeben. Einige Unterschiede konnten während der Gründung der thüringischen Freistaaten minimiert werden, was die geplante Vereinigung zum Land Thüringen erleichterte. Im April des Jahres 1919 waren die gesetzmäßigen Vertretungen neu gewählt worden. Es entstanden sozialdemokratisch geführte Übergangsregierungen, die verwaltungstechnische Unterschiede konservierten und einem gewissen Länderegoismus frönten.[749]

II. Die Novemberrevolution in den einzelnen Staaten und die Bildung der neuen thüringischen Staaten

1. Reuß ältere Linie und jüngere Linie und die Bildung des Freistaates Reuß

a) Reuß ältere Linie

Die große Volksversammlung am 9.11.1918, auf der der USPD-Landtagsabgeordnete *Kiß* neben grundsätzlichen Forderungen auch den Rücktritt der Greizer Landesregierung, den Thronverzicht des Regenten *Heinrich XXVII. Reuß j.L.* und die Einsetzung eines Arbeiter- und Soldatenrats verlangte, war der Ausgangspunkt für das weitere Geschehen. Als dieser gebildet worden war (in Greiz gab es keine Garnison, deshalb lieh man sich für den 11.11.1918 eine Delegation des Geraer Soldatenrats aus) und der Landesregierung die Resolution übergeben wurde, trat diese unverzüglich zurück. „*Das Land war in die Revolution geglitten*".[750] Regierungspräsident *v.Meding*[751] erhielt am 11.11.1918 die **Abdankungserklärung vom 11.11.1918**[752] des Regenten, *Heinrich XXVII. Reuß j.L.*, samt Thronverzicht für seinen regierungsunfähigen (weil dauerhaft behindert) Vetter Erbprinz *Heinrich XXIV. Reuß ä.L.*. Daneben entband Fürst *Heinrich XXVII. Reuß j.L.* als Regent alle Beamten von ihrem Treueid mit der **Erklärung vom 11.11.1918.**[753] Im Land blieb es ruhig, ohne dass die vorhandene Ordnung gestört wurde. Die staatliche Verwaltung arbeitete weiter. Der Arbeiter- und Soldatenrat beauftragte *v.Meding* mit der Weiterführung der Regierungsgeschäfte.[754]

---

[748] Häupel, S. 76 ff.
[749] Häupel, S. 60 ff.
[750] Jung, S. 199.
[751] 1855-1928.
[752] GS. Reuß ä.L. 1918, S. 79.
[753] GS. Reuß ä.L. 1918, S. 79.
[754] Patze/Schlesinger/Facius, 5. Bd. 2. Teil, S. 329 f.

b) Reuß jüngere Linie

Nach Demonstrationen, Volksversammlung und Abfassung einer Resolution der Arbeiterschaft und des Soldatenrates am 10.11.1918 wurden am gleichen Tag dem Fürsten *Heinrich XXVII. Reuß j.L.* die sofort zu erfüllenden Forderungen überbracht: Abdankung des Fürsten und Führung der Regierungsgeschäfte durch den Staatsrat *v.Brandenstein*. Dieser zeigte sich zur Mitarbeit bereit, sobald er vom auf den Fürsten geleisteten Eid frei sei.[755] Fürst *Heinrich XXVII. Reuß j.L.* unterschrieb am 10.11.1918 seine Abdankung[756] und erklärte durch die **Urkunde vom 10.11.1918** seinen Verzicht auf sein Fürstentum Reuß j.L.[757] und entband alle Beamten des Landes von ihrem Treueid durch die **Erklärung vom 10.11.1918.**[758] Wenige Tage nach der Abdankung konnte Fürst *Heinrich XXVII. Reuß j.L.* in der ruhig gebliebenen Residenzstadt eine Aufführung im Hoftheater besuchen. Der Fürst behielt seinen Wohnsitz im Schloss Osterstein bei Gera, als Sommerresidenz bezog er Schloss Ebersdorf.[759]

c) Die Bildung des Freistaates Reuß

Schon Ende Dezember des Jahres 1918 traten der Greizer und der Geraer Arbeiter- und Soldatenrat als gemeinsamer Arbeiter-und Soldatenrat für beide Staaten Reuß auf, denn alle politischen Kräfte drängten auf einen raschen Zusammenschluss beider Teile. Dieser Zusammenschluss sollte nach den Vorstellungen *v.Brandensteins* in zwei Schritten erfolgen.[760] Zunächst einigte man sich auf die **Gesetze vom 21.12.1918**[761] sowie **die Verordnung und das Gesetz vom 1.1.1919,**[762] die den Zusammenschluss der beiden Freistaaten Reuß auf dem Gebiete der Gesetzgebung, Verwaltung und Rechtspflege vorbereiteten. Dieser Staatenkonföderation standen ein gemeinsamer Arbeiter- und Soldatenrat als Legislative und ein gemeinsamer Staatsrat als Exekutive vor. Die geschickte Politik *v.Brandensteins* ermöglichte den Beginn demokratischer Institutionen.[763] Im Februar des Jahres 1919 leitete ein zweiter Schritt die Vereinigung ein: Die Landtagswahlen fanden in den beiden Reuß-Staaten am 2.2.1919 statt. Bei einer hohen Wahlbeteiligung (Reuß ä.L.: 74,7 % und Reuß j.L.: 81,9 %) erhielt die USPD mit der SPD die meisten Stimmen.[764] Nur kurze

---

[755] Patze/Schlesinger/Facius, 5. Bd. 2. Teil, S. 326.
[756] Reichold, S. 262; Facius in FS-Zahn, S. 60, 71.
[757] GS. Reuß j.L. 1918, S. 95.
[758] GS. Reuß j.L. 1918, S. 95.
[759] Patze/Schlesinger/Facius, 5. Bd. 2. Teil, S. 327.
[760] Patze/Schlesinger/Facius, 5. Bd. 2. Teil, S. 359 f.
[761] GS. Reuß ä.L. 1918, S. 101-103; GS. Reuß j.L. 1918, S. 111-114.
[762] GS. für beide Freistaaten Reuß 1919, S. 1.
[763] Häupel, S. 56.
[764] Häupel, S. 66.

Zeit später tagten die neu gewählten Landtage. Sie setzten das **Gesetz über die Vereinigung der beiden Freistaaten Reuß zu einem Volksstaat Reuß, sowie über die vorläufige Verfassung und Verwaltung vom 4.4.1919**[765] in Kraft und bildeten das neue gemeinsame Parlament, das ab 19.2.1919 „Volksrat" hieß. Der Volksrat stimmte den o.g. Gesetzen zu, die damit Gesetzescharakter erhielten und die „*Verschmelzung beider Reuß besiegelte*".[766] Die bisherige Konföderation der beiden Freistaaten wurde zum „Volksstaat Reuß". Die neue Regierung („Staatsrat von Reuß") wurde paritätisch aus Vertretern beider Reuß-Länder gebildet: Minister *v.Brandenstein*[767] für Gera, Minister *Oberländer*[768] für Greiz und je vier weitere Staatsräte für Reuß ä.L. und j.L.[769] Das Vorgehen von *v.Brandenstein* sollte bald für Thüringen beispielgebend werden.[770]

2. Sachsen-Altenburg

Der SPD-Vorstand unter *Frölich*[771] musste sich sehr bemühen, die revolutionären Kräfte des Soldatenrates vom Militärflugplatz Leina und der Garnison Altenburg zu zügeln. Um die allgemeine Unruhe zu dämpfen, erließ der schnell gebildete provisorische Arbeiter- und Soldatenrat (unter der Leitung von *Frölich*) als erstes einen Aufruf zur Wahrung der Parteidisziplin, der öffentlichen Ordnung, Ruhe und Sicherheit und Garantie des Eigentums. Gleichfalls sollten der beliebte und respektierte Herzog *Ernst II. von Sachsen-Altenburg* und seine Familie geschützt werden. Eine große Volksversammlung bekräftigte am 10.11.1918 den Aufruf des Arbeiter- und Soldatenrates, dass im Herzogtum eine neue Ordnung eingetreten sei: „*Der Arbeiter- und Soldatenrat hat die Gewalt übernommen und hat hinter sich die Macht.*"[772]

Seit dem 9.11.1918 regierte Herzog *Ernst II.* in einem „republikanischen Herzogtum", bemühte sich jedoch darum, mit sozialdemokratischen Politikern die Möglichkeiten zu sondieren, wie die Krise beendet und eine Reformregierung gebildet werden könnte. Nach intensiven Verhandlungen seitens des Herzogs und seines Staatsrates mit dem Arbeiter- und Soldatenrat, den Parteien

---

[765] GS. für beide Freistaaten Reuß 1919, S. 27-30 u. **AusführungsVO vom 26.1.1920** (GS. Volksstaat Reuß, S. 15).
[766] Patze/Schlesinger/Facius, 5. Bd. 2. Teil, S. 360.
[767] 1875-1946, Jurist, Staatsminister in Reuß j.L.; 1920 Innenminister; 1921 Justizminister Thüringens (SPD) – eine der führenden Persönlichkeiten bei der Vereinigung thüringischer Staaten.
[768] 1869-1929, Jurist, DDP (1918), Staatsminister; 1920 Mitglied der Gebietsleitung Gera/Greiz.
[769] Heß, S. 406 ff; Häupel, S. 67; Patze/Schlesinger/Facius, 5. Bd. 2. Teil, S. 359.
[770] Häupel, S. 56.
[771] 1877-1960, späterer Staatsminister im Thüringischen Staatsministerium.
[772] Patze/Schlesinger/Facius, 5. Bd. 2. Teil, S. 330 ff.

und Gewerkschaften ernannte er am 13.11.1918 die neue Landesregierung mit dem Bürgermeister von Altenburg, *Tell*, als Staatsminister. Dieser bildete die Regierung mit vier Staatsräten (2 SPD, 1 bürgerlicher, 1 parteiloser).[773] Pflichtbewusst leitete der Herzog sein Land in die republikanische Ordnung über. Die Verhandlungen über die Abdankung vollzogen sich in ruhiger Form.[774] Am 13.11.1918 unterzeichnete Herzog *Ernst II.* zwei Urkunden, die am 14.11.1918 veröffentlicht wurden. Die eine enthält die Begründung zu seinem Verzicht und die andere den Dank des Herzogs an seine Beamten u.a.[775] [776] Beide Schriftstücke werden als offizielle Verzichtsurkunden auch aufgeführt.[777] Trotz der Streiks und Unruhen hielt man die staatliche Ordnung aufrecht. Es galt, die Wahl zum Parlament und für eine zeitgemäße Verfassung vorzubereiten. Die Landtagswahlen am 26.1.1919 erbrachten einen überragenden Gewinn der SPD mit 58,6 % der Stimmen. Trotzdem gingen die Sozialdemokraten mit der DDP (24,6 %) eine Koalition für die neue Regierung ein. *Tell* schied aus, leitender Staatsminister wurde *Frölich*[778] mit drei SPD- und zwei demokratischen Mitgliedern.[779] Am **29.3.1919** verabschiedete das Parlament die **vorläufige Verfassung des Freistaates Sachsen-Altenburg**,[780] die demokratischen Erfordernissen entsprach.

Der Herzog reiste umgehend schon im November des Jahres 1918 als Freiherr *v.Rieseneck* nach Eisenberg. Sein Schloss „Fröhliche Wiederkunft" in Wolfersdorf bei Stadtroda diente ihm später als ständiger Wohnsitz.[781] Er starb im Jahre 1955 als letzter der ehemaligen Bundesfürsten auf seinem Schloss in dürftigsten Verhältnissen.[782]

3. Sachsen-Coburg und Gotha

a) Sachsen-Gotha

Seit dem Jahr 1917 gab es in Gotha Streiks und radikale Forderungen. Im Herbst des Jahres 1918 beherrschten die Linkssozialisten und die USPD die

---

773 Patze/Schlesinger/Facius, 5. Bd. 2. Teil, S. 331 f, 355.
774 Jung, S. 218.
775 ThStA Altenburg, Hausministerium, Loc 5 Nr.16, Bl. 1-2.
776 Diese Urkunden sind auch in den LV.-Verh. S.-A., 2. Abt. 1919-1921, S. 71 abgedruckt worden und ebenso bei Müller, Altenburg, S. 119 und Wecker, S. 255 f. Während in der ersten Originalurkunde steht: *„Die inneren politischen Verhältnisse..."*, heißt es bei Müller: *„Die innerpolitischen Verhältnisse..."*, ebenso bei Wecker, S. 256.
777 Vgl. Thüringen-Handbuch, S. 70 f.
778 1877-1966, SPD, Gewerkschaftssekretär, MdL Sachsen-Altenburg, MdL Thüringen 1920-32, Wirtschaftsminister des Landes Thüringens 1920-23; (Häupel, S. 42, Fn 29).
779 Patze/Schlesinger/Facius, 5. Bd. 2. Teil, S. 355.
780 GS. S.-A. 1919, S. 25-30.
781 Ignasiak, S. 237.
782 Reichold, S. 101.

Residenzstadt, entschlossen, es auf Machtkämpfe ankommen zu lassen.[783] Da Herzog *Carl Eduard* keine Reaktion auf die Forderungen zeigte, herrschte in Gotha seit Ende Oktober 1918 eine gereizte und nervöse Stimmung[784], die revolutionäre Gewalt wurde jetzt spürbar: Schon am 8.11.1918 wählten die beiden in Gotha liegenden Truppenverbände (Ersatzbataillion des Infanterie Regiment Nr. 95 sowie Flieger-Ersatz-Abteilung Nr. 3[785]) einen Soldatenrat, dem frühesten und deutlichsten Kennzeichen der militärischen Rebellion,[786] aus dem sich der erste Arbeiterrat bildete. Zusammen mit Arbeitervertrauensleuten aus den Betrieben und USPD-Funktionären vereinigten sie sich am Abend des gleichen Tages zu einem Arbeiter- und Soldatenrat.[787] Flugblätter riefen die Gothaer Arbeiter zur Volksversammlung am 9.11.1918 zusammen, um „Gericht über die Schuldigen" zu halten und die „Übernahme der Zivilverwaltung an den Arbeiter- und Soldatenrat" zu fordern.[788] Die Garnisonstruppen marschierten unter roten Fahnen mit.

Ebenfalls am 8.11.1918 forderte der Abgeordnete *Bock* für die USPD-Fraktion des gemeinschaftlichen Landtags in seinem Schreiben an den Staatsminister *v.Bassewitz* die Einberufung des gemeinschaftlichen Landtags: „... *die großen gesellschaftlichen Umwälzungen erfordern eine gründliche Reform der Staatsverfassung. Das werktätige Volk fordere die Abdankung des Herzog, den Zusammenschluß Großthüringens, die Herausgabe des durch den Domänenvertrag dem Herzog ausgelieferten ehemaligen Staatsbesitz wieder als Staatseigentum und die sozialistische Reform des Wahlrechts.*"[789] Der Landtag des Herzogtums Sachsen-Gotha war bereits am 16.10.1918 vertagt worden.[790] Am nächsten Tag verlangten auch die bürgerlichen Abgeordneten in ihren Mindestforderungen für den gemeinschaftlichen Landtag vor allem eine Veränderung des Wahlrechts.[791] Der USPD-Abgeordnete *Bock*[792] zählte zu dieser Zeit zu den wichtigsten Persönlichkeiten in Sachsen-Gotha. Er rief am

---

783 Patze/Schlesinger/Facius, 5. Bd. 2. Teil, S. 304 ff.
784 Facius in FS-Zahn, S. 60.
785 Patze/Schlesinger/Facius, 5. Bd. 2. Teil, S. 317.
786 Patze/Schlesinger/Facius, 5. Bd. 2. Teil, S. 313 ff.
787 Jung, S. 235.
788 Patze/Schlesinger/Facius, 5. Bd. 2. Teil, S. 322 f; Einzelheiten zu dem Arbeiter- und Soldatenrat siehe Dille, S. 1 ff.
789 ThStA Gotha, Staatsministerium, Dep. I., Loc. 1a Nr. 51, Bl. 1-2; Bock erklärte am 14.11.1918, er habe am 7.11.1918 geschrieben (gem. LT.-Verh. S.-G. 1918, S. 420), auf dem Originalschreiben steht aber 8.11.1918.
790 LT.-Verh. S.-G. 1918, S. 733.
791 ThStA Gotha, Staatsministerium, Dep. I., Loc. 1a Nr. 51, Bl. 4-7.
792 1846-1931, Schuhmachermeister, wichtiger Vermittler bei der Einigung der Sozialdemokraten 1875 in Gotha, Mitbegründer der Sozialdemokratie in Thüringen. Seit 1884 mit Unterbrechungen bis 1924 MdR, 1901-1907 Landtagsvizepräsident, 1917 Mitbegründer der USPD (Häupel, S. 24 Fn 19).

9.11.1918 dazu auf, eine „soziale Republik“ zu errichten, erklärte, der Herzog sei bereits entthront und der Arbeiter- und Soldatenrat sei das oberste Machtorgan der „Republik Gotha“[793] Dem Arbeiter- und Soldatenrat wurden Waffen aus den Kasernen zur Verfügung gestellt, der damit alle militärische Macht im Standortbereich in den Händen hielt – er schien auch die zivile Macht innezuhaben. Aber der Herzog, der sich in Coburg aufhielt, dachte nicht an Rücktritt. Seinem Staatsminister *v.Bassewitz*[794] wurde mitgeteilt, dass die Regierung unter Kontrolle des Arbeiter- und Soldatenrates stünde. Jetzt reagierte auch der Herzog. Auf der Sitzung des gemeinschaftlichen Landtags vom 14.11.1918 wurde durch die **Erklärung** des Staatsministers *v.Bassewitz* **vom 14.11.1918** den Abgeordneten des gemeinschaftlichen Landtags mitgeteilt, dass der Herzog aufgehört habe, in den Herzogtümern Coburg und Gotha zu regieren und alle Beamten von dem ihm geleisteten Eid entbunden habe.[795] Einen ausdrücklichen Thronverzicht hatte also der Herzog nicht ausgesprochen. Danach verlas der Abgeordnete *Bock* für die USPD der Forderungen aus seinem Schreiben vom 8.11.1918 hinsichtlich der Abdankung des Herzogs und die Rückgabe der Domänen. Dann allerdings meinte *Bock*: *„Wo Kronen und Verfassungen stürzen, kann ein Vertrag, der unter ganz anderen Voraussetzungen geschlossen wurde, kein Hindernis der Lösung sein. Die Voraussetzung war, daß das Herzogliche Haus aus dem Domänenvermögen eine Revenue erhalten sollte. Die Voraussetzung fällt durch die Abdankung. Über die juristischen Zwirnsfäden geht unsere Zeit mit ehernen Schritten hinweg.“* Zudem verlangte er die sozialistische Republik sowie das allgemeine, gleiche, direkte und geheime Wahlrecht. Eine Begründung und Debatte erübrige sich, da diese Fragen jetzt von einem anderen Forum entschieden würden. Da die gesamte Staatsmacht in die Hände des Arbeiter- und Soldatenrates übergegangen sei, halte die USPD die Tätigkeit des Landtags für erloschen. Von seinem ursprünglichen Plan, den Landtag für die Reformen zu nutzen, war Bock völlig abgewichen.[796]Als Konsequenz verließen bis auf den Abgeordneten *Geithner*[797] alle Vertreter der SPD den Landtag. *Geithner* selbst hielt den Landtag jetzt für eine Versammlung von *„Privatleuten“*. Die Mehrheit der Abgeordneten sah sich aber nach wie vor legitimiert.[798] Nach dem Schluss der Debatte erschienen beim Präsidenten des gemeinschaftlichen Landtags *Liebetrau* (zugleich Oberbürgermeister von Gotha), die Vertreter *Löwengard* und *Geithner* des Arbeiter- und Soldatenrats der

---

[793] Patze/Schlesinger/Facius, 5. Bd. 2. Teil, S. 322; Roob Verfassungsgeschichte, S. 161
[794] Hans-Barthold v.Bassewitz (1867-1949, Huber, 5. Bd., S. 1057, Fn. 33).
[795] Gem. LT.-Verh. S.-C.-G. 1918, S. 420; Diese handschriftliche Erklärung des Staatsministers befindet sich in der Akte des ThStA Gotha, Staatsministerium, Dep.I., Loc. 1a Nr. 51, Bl. 9, es fehlte aber seine Unterschrift.
[796] Patze/Schlesinger/Facius, 5. Bd. 2. Teil, S. 361.
[797] 1876-1948 (Huber, 5. Bd., S. 171, Fn. 36).
[798] Gem. LT.-Verh. S.-C.u. G. 1913-1918, S. 420.

Stadt Gotha. *Löwengard* erklärte, dass der Arbeiter- und Soldatenrat eine weitere Tätigkeit des gemeinschaftlichen Landtags nicht zulassen könnte, da die Rechte des Landtags durch die Übernahme der Regierungsgewalt durch den Arbeiter- und Soldatenrat und den Regierungsverlust des Herzogs erloschen sein. Ausdrücklich betonte er, dass der Arbeiter- und Soldatenrat ein Zusammentreten des Landtags mit bewaffneter Macht verhindern würde. Nach kurzer Diskussion mit hinzugezogenen Abgeordneten nahm *Löwengard* seine Erklärung zurück. Die Anwesenden beschlossen, dem Landtag dann eine Erklärung vorzulegen, in der es u.a. hieß: *„Der auf Grund dieser Verfassung gewählte Landtag hält unter den obwaltenden tatsächlichen Verhältnissen seine weitere Wirksamkeit für unmöglich.“* Die Annahme erfolgte dann einstimmig, dann gingen die Mitglieder des gemeinschaftlichen Landtags auseinander.[799] Bemerkenswert war dabei, dass die beteiligten Personen *Bock*, *Geithner*, *Löwengard* und *Liebetrau* auch danach bei den Verhandlungen und zum Teil bei dem späteren Rechtsstreit über das herzogliche Vermögen wichtige Funktionen übernahmen.[800]

Durch die **Bekanntmachung vom 15.11.1918**[801] übernahm der „Vollzugssauschuß des Arbeiter-und Soldatenrats“ die staatsrechtliche Funktion des für abgesetzt erklärten Herzogs, aber *v.Bassewitz* hätte die Geschäfte vorläufig weiterzuführen.[802] *Bock* und der Gothaer USPD-Redakteur *Blechschmidt* waren anscheinend zufrieden mit der „Erklärung“ des unbeliebten Herzogs und damit, endlich die ersehnte Macht zu besitzen. Doch ihr Machtbereich ging nicht über Gotha hinaus. *Bock* war mit den jüngeren und radikaleren Funktionären *Blechschmidt, Geithner* und *Grabow* „nicht ganz eines Sinnes“.[803] Der „Vollzugssauschuß“ des Arbeiter- und Soldatenrates löste am 23.11.1918 die Stadtverordnetenversammlung und die Gemeindevertretungen auf, ersetzte sie durch örtliche Arbeiter- und Soldatenräte und betrachtete sich als Legislative, während drei „Volksbeauftragte“ am 2.12.1918 mit der obersten Regierungsgewalt beauftragt wurden.[804] Mit der **Verordnung vom 23.1.1919**[805] bereitete man die Wahl für eine Landesversammlung vor. Die Wahlen am 23.2.1919 er-

---

799 Gem. LT.-Verh. S.-C.u. G. 1913-1918, S. 421 f; Roob, Verfassungsgeschichte, S. 162 beschreibt diese Vorgänge nur sehr kurz und erwähnt insbesondere nicht den Protest der bürgerlichen Abgeordneten.

800 Liebetrau und Bock gehörten dem Landtag von S.-G. seit vielen Jahren an und waren schon seit dem Jahr 1900 an den Verhandlungen über das spätere Domänengesetz vom 19.7.1905 beteiligt (LT.-Verh. S.-G. 1901-04, S. 109 und 117 ff; LT.-Verh. S.-G. 1904-08, S. 16 ff).

801 RegBl. S.-G. 1918, S. 567.

802 Patze/Schlesinger/Facius, 5. Bd. 2. Teil, S. 360.

803 Patze/Schlesinger/Facius, 5. Bd. 2. Teil, S. 323.

804 RegBl. S.-G. 1918, S. 589.

805 GS. S.-G. 1919, S. 7-9.

brachten der USPD die absolute Mehrheit von 50,9 %.[806] Deren radikaler Kurs verstärkte sich, erste Entwürfe der neuen Verfassung sprachen von einer „Diktatur des Proletariats“, die vorgesehene Landesversammlung sollte nur von der proletarischen Klasse gewählt werden. Erbitterte parlamentarische Auseinandersetzungen verhinderten diese Verfassung. Allmählich setzte sich die Erkenntnis durch, dass der „Staat Gotha“ – auf den Namen Sachsen hatte man schon früh verzichtet – zu Ende ging: das **Gesetz vom 24.12.1919**[807] sanktionierte den erreichten Zustand; als letzter thüringischer Staat rang sich Gotha zu einer verfassungsähnlichen Regelung durch, verzichtete aber auf eine Verfassung.[808]

Herzog *Carl Eduard* wohnte weiter auf Schloss Callenberg und blieb unbehelligt. Die Verbindung zu Coburg war unterbrochen, die radikalen Kräfte überließen diesen Landesteil sich selbst. Auch die Schaffung eines gesamtstaatlichen Gotha-Coburg wurde nicht durchgeführt, so dass sich der Staat Sachsen-Coburg bildete.[809]

b) Sachsen-Coburg

In Coburg verliefen diese Tage wesentlich ruhiger, die Gothaer Revolutionäre kamen nicht in diesen Landesteil. Die Coburger Abgeordneten erkannten den Gothaer Arbeiter- und Soldatenrat nicht als oberstes Machtorgan an.[810] Mit der Erklärung des Herzogs *Carl Eduard*, verlesen am 14.11.1918 vom Staatsminister *v.Bassewitz* im gemeinschaftlichen Landtag,[811] zerbrach die gemeinsame Regierung und der gemeinschaftliche Landtag. Damit begann die Union der beiden Länder sich aufzulösen. Als noch schwere politische Differenzen hinzukamen, brach die seit dem Jahre 1826 bestehende Vereinigung zwischen Coburg und Gotha auseinander.[812] Der auch in Coburg gebildete Arbeiter- und Soldatenrat beanspruchte nur eine Woche lang die Regierungsgewalt, dann regierten das Ministerium und die Behörden aufgrund der **Bekanntmachung vom 21.11.1918**[813] weiter. Bei den Wahlen zum Coburger Landtag am 9.2.1919 erreichte die SPD die Mehrheit (7 Mandate) und ging mit der sozialliberalen „Einheitsliste“ (4 Mandate) eine Koalition ein.[814] Die Staatsregierung stand neben zwei ehrenamtlichen Staatsräten der SPD unter Vorsitz des Staats-

---

[806] Häupel, S. 68 ff.
[807] GS. S.-G. 1920, S. 5-6.
[808] Patze/Schlesinger/Facius, 5. Bd. 2. Teil, S. 362 f.
[809] Patze/Schlesinger/Facius, 5. Bd. 2. Teil, S. 335, 356 ff..
[810] Patze/Schlesinger/Facius, 5. Bd. 2. Teil, S. 357 f.
[811] Siehe 2. Kap. II. 3. a).
[812] Häupel, S. 47 f.
[813] GS. S.-C. 1918, S. 123-124.
[814] Häupel, S. 68.

rats *Quarck*.[815] Die Landesversammlung als oberstes Landesorgan verabschiedete das **Gesetz vom 10.3.1919**[816] und am **29.3.1919** die „Geschäftsordnung für die Staatsregierung des Freistaates Coburg".[817] *Quarck* manövrierte geschickt und vorsichtig, zusammen mit den Coburger Liberalen und unter ständiger Information des konzeptionslosen Arbeiter- und Soldatenrates, um sich den Gothaer radikalen Einflüssen zu entziehen und eine Coburger Selbständigkeit zu erreichen, u.U. auch einen Anschluss an Bayern vorzubereiten. Die Parole „Los von Gotha" wurde im April des Jahres 1919 realisiert und Coburg als achter thüringischer Staat konstituiert.[818] Der Anschluss an Bayern stand noch bevor.[819]

Das weitere Leben Herzogs *Carl Eduard* hob sich deutlich von dem der anderen abgedankten Landesherren ab. Seit dem Jahr 1922 war er mit *Hitler* bekannt und stellte die Veste Coburg und Schloss Callenberg als Stabsquartier für bestimmte Marschkolonnen (sog. „Marsch auf Berlin") zur Verfügung. Er hatte einen führenden Rang im „Bund Wiking" und im „Stahlhelm".[820] Im Dritten Reich besaß er mehrere Ehrenämter (z.B.: Präsident vom DRK). Er soll aber eine gewisse „reservatio mentalis" gegenüber dem Nationalsozialismus gehabt haben.[821]

4. Sachsen-Meiningen

Am 10.11.1918[822] erzwangen 40 Vertreter des Soldatenrates in einer isolierten Aktion vom 64-jährigen Herzog *Bernhard III.* die Unterschrift unter die ihm vorgelegte Abdankungsurkunde, nachdem er sich zwar widersetzt hatte, aber der Gewalt wich und unterschrieb.[823] Auch sein Bruder, Prinz *Ernst*, der Thronfolger, weigerte sich anfangs und gab erst zwei Tage später eine eigene Verzichtserklärung ab.[824]

Der Landtag zeigte sich besonnen und wahrte zusammen mit anderen Kräften Zurückhaltung. Die Bevölkerung blieb inaktiv, eine „revolutionäre Stimmung" fehlte.[825] Der Arbeiter- und Soldatenrat beschränkte sich auf die

---

[815] 1873-1932, Dr. iur., höherer Verwaltungsbeamter, nationalliberal, 1912-14 MdR, 1914-19 Staatsminister in Sachsen-Coburg.
[816] GS. S.-C. 1919, S. 25-28.
[817] GS. S.-C. 1919, S. 47-53.
[818] Patze/Schlesinger/Facius, 5. Bd. 2. Teil, S. 358, 377.
[819] Lesenswert dazu die Verhandlungen der Landesversammlung von Sachsen-Coburg v. 1.7.1919, LV-Verh. S.-C. 1919, S. 161 ff; siehe 2. Kap. IV. 1.
[820] Patze/Schlesinger/Facius, 5. Bd. 2. Teil, S. 468.
[821] Reichold, S. 275.
[822] RegBl. S.-M. 1918, S. 867.
[823] Abgedruckt in Thüringen-Handbuch, S. 69.
[824] Siehe 2. Kap. III. 2. a).
[825] Häupel, S. 41.

Stadt Meiningen und war nicht existenzfähig.[826] Der im Jahre 1909 gewählte Landtag, bestehend aus 15 bürgerlichen und 9 SPD-Abgeordneten, setzte seine Arbeit fort und bildete nach dem Rücktritt der herzoglichen Regierung einen „Gesamtstaatsrat" (ab Januar des Jahres 1919 wieder „Staatsministerium"), mit drei beamteten Staatsräten (*v. Türcke*,[827] *Marr* und *Benz*) und vier ehrenamtlichen Staatsräten (drei SPD, ein linksbürgerlicher, darunter *Hofmann*). Als neue Aufgabengebiete sah man die Volksernährung, Sozialpolitik, Volksschulen und Domänenfragen an. Das Kernstück seiner Arbeit war das verfassungsändernde **Gesetz vom 15.11.1918**[828], das die alte Verfassung anpasste und dem Landtag die oberste Staatsgewalt übergab. Am 30.12.1918 schloss der letzte „herzogliche" Landtag seine Tätigkeit ab und setzte Wahlen für einen neuen Landtag am 9.3.1919 an. Bei diesen Wahlen errangen die Sozialdemokraten und die neuen bürgerlichen Parteien eine solide Mehrheit, die die radikalen Veränderungsabsichten der USPD abwehren konnte. Die Koalition zwischen SPD und Demokraten war Grundlage für das Bestehen der neuen Regierung, man rechnete überdies mit einem baldigen Zusammenschluss der Kleinstaaten.[829]

Der Herzog zog sich auf Schloss Altenstein zurück, wo er sich besonders gern aufgehalten hatte. Dort verstarb er im Jahr 1928 und wurde im Park des Schlosses zur letzten Ruhe gebettet.[830]

5. Sachsen-Weimar-Eisenach

Schon am 29.10.1918 hatten SPD und die liberalen Kräfte verlangt, eine Verfassungsänderung mit dem Ziel der Demokratisierung, der Abdankung des Großherzogs und der Abschaffung von dessen Steuerfreiheit vorzubereiten.[831] Der Soldatenrat und die SPD unter Führung des zum Vorsitzenden des provisorischen Arbeiterrates aufgestiegenen *Baudert*[832] verlangten die Abdankung des Großherzogs *Wilhelm Ernst* am 31.10.1918 und 8.11.1918, bestärkt durch die gleichfalls in Apolda, Jena, Ilmenau und Eisenach heftig vorgebrachten gleichlautenden Forderungen der Arbeiterräte. Staatsminister *Rothe*[833] erklärte daraufhin vor dem Landtag, dass der Großherzog bereit sei, auf sein Steuerprivileg zu verzichten. Dies wurde vom gesamten Landtag begrüßt.[834] Am 9.11.1918 trat *Baudert* persönlich vor den Großherzog, um ihn zum Rücktritt

---

[826] Patze/Schlesinger/Facius, 5. Bd. 2. Teil, S. 350.
[827] 1857-1933 (Huber, 5. Bd., S. 1056, Fn. 27).
[828] SGV 1918, S. 103.
[829] Patze/Schlesinger/Facius, 5. Bd. 2. Teil, S. 351 f.
[830] Reichold, S. 265.
[831] Jung, S. 311.
[832] 1860-1942 (Huber, Bd. 5, S. 1055, Fn. 22).
[833] 1848-1921 (Kaupp, S. 27 f).
[834] LT.-Verh. S.-W.-E. 1918, S. 1449 f.

aufzufordern. Beide überschütteten sich gegenseitig mit Vorwürfen.[835] Die Besprechung blieb zunächst erfolglos, erst in den späten Abendstunden des 9.11.1918 unterzeichnete der Großherzog die ihm vorgelegte **Abdankungsurkunde vom 9.11.1918,**[836] weil ihm die Nachricht von der Abdankung des Kaisers den Ernst der Lage deutlich gemacht hatte. Dieser Thronverzicht war der erste der Thüringer Landesfürsten.[837] Er erfolgte nach hartnäckigem Widerstreben und erzwungen durch die drohende Verantwortung für einen blutigen Bürgerkrieg. Am 12.11.1918 verließ der Großherzog mit seiner Familie Weimar. Er zog sich auf seine schlesische Besitzung Heinrichau zurück. Bis zu seinem frühen Tod mit 47 Jahren kehrte er nicht mehr zurück.[838]

An der Spitze der neuen Revolutionsregierung stand *Baudert* als Staatskommissar, so beschlossen von der SPD-Fraktion und dem Arbeiter- und Soldatenrat. Er bildete eine neue Regierung aus je zwei Vertretern des Arbeiterrats und des Soldatenrats, verkündete die Absicht zum kontinuierlichen Übergang von der alten in die neue Zeit und versprach Neuwahlen für einen neuen Landtag in kürzester Zeit.[839] Die Landtagswahlen, die zur Überwindung der Provisorien führen sollten, fanden in Sachsen-Weimar-Eisenach erst am 9.3.1919 statt. Auch hier erreichte die USPD über 10 % der Stimmen. Die SPD wollte mit ihren 40,4 % doch lieber mit der DDP (21,6 %) eine Koalition eingehen, um eine Minderheitsregierung mit dem starken linksradikalen Flügel der USPD zu vermeiden, der immer noch in schärfster Opposition zur SPD verharrte.[840] Dem **Gesetz vom 14.4.1918**[841] folgte die **neue Verfassung des Freistaates Weimar-Eisenach vom 16.5.1919,**[842] beide vom Jenaer Staatsrechtler *Rosenthal* erarbeitet. Am 20.5.1919 kam die erste parlamentarische Landesregierung zustande.[843] Zu Staatsministern wurden *Paulssen*[844] als Vorsitzender (DDP) und *Baudert* (SPD) ernannt, zusammen mit 5 Staatsräten (3 SPD, 2 DDP).

---

[835] Patze/Schlesinger/Facius, 5. Bd. 2. Teil, S. 323 ff, Baudert, S. 19 ff.
[836] RegBl. S.-W.-E. 1918, S. 299; Baudert, S. 23.
[837] Facius in FS-Zahn, S. 59.
[838] Reichold, S. 259.
[839] Patze/Schlesinger/Facius, 5. Bd. 2. Teil, S. 354.
[840] Häupel, S. 71 f.
[841] RegBl. S.-W.-E. 1919, S. 121-122.
[842] RegBl. S.-W.-E. 1919, S. 149-159.
[843] Patze/Schlesinger/Facius, 5. Bd. 2. Teil, S. 354 f.
[844] 1864-1942, Dr. iur., 1908-1912 Staatsminister, 1919-20 Staatsminister und MdL, 1920-21 MdL Thüringens, 1920-21 leitender Staatsminister in Thüringen, 1927-28 Innen- und Wirtschaftsminister in Thüringen, 1928-29 Vorsitzender Staatsminister in Thüringen, 1929-30 leitender Staatsminister, Volksbildungs- und Finanzminister in Thüringen (Marwinski, Erste Sammlung, S. 149 f); führend an der Bildung des Landes Thüringen beteiligt (Häupel, S. 71).

6. Schwarzburg-Rudolstadt

In den beiden schwarzburgischen Staaten, die seit dem Jahr 1909 von Rudolstadt aus in Personalunion regiert wurden, blieb die Stellung des Fürsten *Günther von Schwarzburg-Rudolstadt* bis zum 15.11.1918 unangetastet. Die starke Stellung des sozialdemokratischen Landesvorstandes ermöglichte es, die Unruhen zu beherrschen und einen Arbeiter- und Soldatenrat zu organisieren. Der am 10.11.1918 gebildete Arbeiter- und Soldatenrat mit dem Landtagsabgeordneten *Otto* als Vorsitzenden übernahm die Kontrolle der zivilen und militärischen Verwaltung und forderte das beschleunigte Zusammentreten des Landtags.[845] Bereits durch die **Verordnung vom 28.10.1918**[846] war der Landtag für den 25.11.1918 einberufen worden und durch die **Verordnung vom 13.11.1918**[847] wurde nun der Termin auf den 15.11.1918 vorverlegt. In dieser Sitzung teilte Staatsminister *v.d.Recke* den Abgeordneten mit, dass Fürst *Günther* bereit sei abzudanken, sobald die notwendigen Übergangsbestimmungen erlassen seien. Daraufhin erklärte der Abgeordnete *Otto* in seiner Funktion als Vorsitzender des Arbeiter- und Soldatenrats, dass sich dieser als höchste gesetzgebende Macht im Land betrachtete. Alle Gesetze und Verordnungen müssten von einem Volkskommissar gegengezeichnet werden. Er forderte dann den Rücktritt des Fürsten und die Aufhebung des Thronfolgegesetzes des Jahres 1896.[848] Der Vorschlag von Fürst *Günther* entschied aber über das Schicksal des Landtages, der infolge der Erklärung von *Otto* eigentlich bereits ausgeschaltet war. Sollten die Forderungen des Arbeiter- und Soldatenrates nicht gewaltsam, sondern wie vorgeschlagen, ordnungsgemäß erfüllt werden, so war der Landtag unentbehrlich.[849] Das Plenum, in dem die Sozialdemokratie über die absolute Mehrheit verfügte, erkannte, dass der Landtag für die Durchführung der geforderten Maßnahmen unentbehrlich war, bekundete Bereitwilligkeit zur Zusammenarbeit mit dem Arbeiter- und Soldatenrat und tagte weiter.

Der Fürst blieb Landesherr und sein Staatsminister *v.d. Recke*[850] ebenso im Amt, sie arbeiteten unter „Überwachung" durch einen Beauftragten des Arbei-

---

[845] Jung, S. 349.
[846] GS. S.-R. 1918, S. 71.
[847] GS. S.-R. 1918, S. 73.
[848] LT.-Verh. S.-R. 1918, S. 86 ff.
[849] Patze/Schlesinger/Facius, 5. Bd. 2. Teil, S. 336.
[850] 1854-1923, 1903-18 Staatsminister in S.-R., 1909-18 Staatsminister in S.-S., 1918-1919 Staatsminister in S.-R. (Häupel, S. 29 Fn 47) Dieser schrieb rückblickend seiner Tochter: *„Seit dem April 1913 arbeite ich nun mit den Sozialdemokraten zusammen in bestem Frieden und bester Einigkeit. Und ich kann es versichern: unter vollster Wahrung der Rechte der Krone und ebenso der Interessen der bürgerlichen Staatsangehörigen. In der ganzen Kriegszeit hat es keinerlei politischen Schwierigkeiten gegeben. Also, es geht mit den Sozis."* (Reichold, S. 183).

ter- und Soldatenrates weiter. Ohne Zwischenfälle verlief nach den Vorschriften der konstitutionellen Staatsverfassung die Erarbeitung eines umfangreichen Gesetzeswerkes, das die Monarchie in die Republik überleiten sollte.[851] Der Landtag nahm diese Gesetze am 22.11.1918 an.[852] Fürst *Günther von Schwarzburg-Rudolstadt* legte dann durch den **Höchsten Erlaß vom 23.11.1918**[853] die Regierung nieder und verzichtete auf den Thron. Ihm wurde im Landtag öffentlich der Dank für seine Tätigkeit ausgesprochen.[854] Schwarzburg-Rudolstadt war bis zum 23.11.1918 de jure und de facto ein konstitutionelles Fürstentum.[855] Fürst *Günther* verließ als letzter deutscher Monarch seinen Thron. Er lebte weiter auf Schloss Schwarzburg und winters im Schloss in Sondershausen; er erschien selten in der Öffentlichkeit und starb sieben Jahre später. Ausgerechnet in Rudolstadt, wo die SPD im Landtag schon seit dem Jahr 1912 die absolute Mehrheit besaß, erfolgte der „Umsturz" erst verspätet.[856] Einmalig war außerdem, dass der Fürst den kleinen Staat legal in seine neue Form einer Republik überführte.[857] Eine Verfassung erachtete man aufgrund der neuen Gesetze für entbehrlich. Nachdem der Übergang zu parlamentarisch-demokratischen Verhältnissen so reibungslos vollzogen worden war, gewann der Landtag wieder an Bedeutung und übernahm die politische Führung. Von der SPD beherrscht, wählte er eine „Volksregierung" mit zwei sozialdemokratischen Abgeordneten, als Vorsitzenden *Hartmann*, zwei Abgeordneten der Fortschrittspartei und drei bisherigen Staatsministern, u.a. Freiherr *v.d.Recke.*[858] Auch im neuen Landtag, am 16.3.1919 gewählt, behielt die SPD ihre absolute Mehrheit und ging mit der DDP eine Koalition ein.[859] Staatsminister *v.d.Recke* und zwei weitere Staatsräte schieden aus der Regierung aus.

---

[851] Fürstin Anna Luise von Schwarzburg-Rudolstadt schrieb im Jahre 1924 ihre Sicht über den Ablauf der Geschehnisse (ThHStAW, Thür. FinMin. Nr. 8011, Bl. 241r-242v), die ein völlig anderes Bild zeichnen. Diese Darstellung wurde in einer Zeit verfasst, in der das Haus Schwarzburg sich mit dem Staat Thüringen erbittert über die Vermögensauseinandersetzung stritt und dürfte daher nicht den tatsächlichen Ablauf dargestellt haben. Vgl. auch Beger, ZVThürG, Bd. 49 (1995), S. 55 ff.

[852] Dazu im einzelnen im 2. Kap. III. 1. a).

[853] GS. S.-R. 1918, S. 87.

[854] LT.-Verh. S.-R. 1918, S. 119 f.

[855] Facius in FS-Zahn, S. 61 f.

[856] Reichold, S. 262; Patze/Schlesinger/Facius, 5. Bd. 2. Teil, S. 336.

[857] Rosenthal, JöR 9 (1920), S. 226.

[858] Er schrieb am 23.2.1919 an seine Tochter: *„Ich wollte gleichzeitig in den Ruhestand treten. Aber der sozialdemokratische Landtagspräsident bat mich, mein Amt wenigstens einstweilig weiterzuführen. Und so arbeite ich nun seit dem 25. November im Freistaate mit den Sozi weiter, und zwar in bester Eintracht und ohne dass in der Regierung auch nur die geringste Änderung gegen früher bemerkbar wäre...*" (Reichold, S. 263).

[859] Patze/Schlesinger/Facius, 5. Bd. 2. Teil, S. 352.

7. Schwarzburg-Sondershausen

Die revolutionäre Bewegung verlief in Sondershausen völlig anders als in den übrigen Landeshauptstädten Thüringens. Der aufgestaute Unmut der USPD-Abgeordneten im Landtag ließ Schlimmes befürchten, jedoch liefen die Beratungen über die Reform des Wahlrechts und des Regierungssystems seit dem 4.11.1918 im Landtag störungsfrei ab. In der kleinstädtischen Residenz konnte sich der Landtag gegen den kaum aktionsfähigen Arbeiter- und Soldatenrat behaupten.

In seiner Sitzung vom 12.11.1918 beschloss der Landtag auf Vorschlag der Regierung, dass ein sogenannter „Landesrat" geschaffen werden sollte. Dieser hätte die Aufgabe, bei der Ausarbeitung der Gesetze und Ausübung der Verwaltungstätigkeit der Staatsregierung beratend zur Seite zu stehen und auf diesem Gebiet, nach näherer Vereinbarung, mit der Regierung zusammen zu arbeiten.[860] Am 19.11.1918 berichtete der Abgeordnete *Bauer* im Landtag, dass die Erklärung des Fürsten *Günther von Schwarzburg-Rudolstadt* vor dem Landtag von Schwarzburg-Rudolstadt (über die Niederlegung der Regierung) auch für Schwarzburg-Sondershausen gelten würde, da die Staatsregierung ebenfalls die erwünschten erforderlichen Schritte getan habe, um die Übergangsvorschriften in gesetzlich geordnetem Wege zu ermöglichen. Dem Abgeordneten der SPD *Bärwinkel* reichte diese Bereitwilligkeit zum Regierungsverzicht nicht aus, da noch Unklarheiten bezüglich der komplizierten Rechtslage des Domänenvermögens – als Kammergut bezeichnet – und der Thronfolge bestünden. Erst deren Beseitigung würde zu einer glatten Überleitung führen. Der zusammentretende Landesrat werde sich mit diesen Fragen beschäftigen und Grundsätze zur Beschlussfassung vorlegen.[861] Der Landesrat erarbeitete dann sechs Landesgrundsätze.[862]

Am 25.11.1918 beschloss der Landtag einstimmig das **Gesetz über eine Ergänzung des Landesgrundgesetzes vom 25.11.1918,**[863] in dem der Übergang der Rechte des Fürsten auf das Ministerium und den Landtag für den Fall eines Thronverzichts geregelt wurden. Sodann verlas Staatsminister *v.d.Recke* die Beweggründe des Fürsten zum Regierungs- und Thronverzicht sowie den Text der **Abdankungsurkunde vom 25.11.1918.**[864] Das Landtagsprotokoll vermerkt, dass sich bis auf den Abgeordneten *Bärwinkel* alle Abgeordneten während der Verlesung von ihren Plätzen erhoben hatten. Mit diesem Verzicht

---

[860] LT.-Verh. S.-S. 1916-1919 „C", S. 840 ff; das Originalschreiben der Regierung befindet sich im ThStA Rudolstadt, Landtag Schwarzburg-Sondershausen Nr. 205, Bl. 2.

[861] LT.-Verh. S.-S. 1916-1919 „C", S. 854 ff.

[862] ThStA Rudolstadt, Landtag Schwarzburg-Sondershausen Nr. 205, Bl. 7; abgedruckt in den LT.-Verh. S.-S. 1916-1919 „C", S. 865 f.

[863] GS. S.-S. 1918, S. 153.

[864] LT.-Verh. S.-S. 1916-1919 „C", S. 868 f; abgedruckt in der GS. S.-S. 1918, S. 157.

legte Fürst *Günther von Schwarzburg-Rudolstadt* als letzter Bundesfürst des Deutschen Reiches Regierung und Krone nieder. Der Abgeordnete *Hallensleben* dankte dem Fürsten und bat alle Anwesenden, sich zu Ehren des Fürsten von ihren Plätzen zu erheben. Auch hier vermerkt das Protokoll, dass dies mit Ausnahme des Abgeordneten *Bärwinkel* durch alle anderen Abgeordneten geschah. Weiterhin stimmte der Landtag den sechs Landesgrundsätzen einstimmig zu.[865] Inmitten des revolutionären Umbruchs mutet das Verfahren sehr friedlich an. Schwarzburg-Sondershausen war als letzter aller deutschen Bundesstaaten bis zu diesem Tage im vollen Rechtssinn und tatsächlich eine Monarchie geblieben.[866] Nach demokratisch zustande gekommenem Wahlrecht wurde am 26.1.1919 der neue Landtag gewählt[867] mit einer starken USPD-Mehrheit. Das vom Landtag gewählte Ministerium bestand aus zwei – aus der Fürstenzeit – stammenden Beamten (u.a. dem Staatsminister *Bauer*) und vier Abgeordneten als ehrenamtlichen Mitgliedern, davon drei von der USPD. Leitender Staatsminister war *Bärwinkel.* Die USPD stellte in Sondershausen die politisch maßgebende Kraft, aber mit gemäßigter Tendenz, dar.[868] Das **Landesgrundgesetz vom 1.4.1919**[869] war die erste Leistung dieses neuen Landtages.

8. Bilanz zur „Revolution in Thüringen"

Zieht man eine Bilanz der Vorgänge im November 1918, zeigen sich zwischen den Kleinstaaten Übereinstimmungen: Keiner der Landesherren hatte mit solchen Ereignissen gerechnet.[870] Die Sozialdemokraten waren bis auf Schwarzburg-Rudolstadt überall in der Minderheit, sie widmeten sich den Reformen für eine Parlamentarisierung der Regierungen, um sich den Veränderungen im Reich und in Preußen anzupassen. Auf beiden Seiten herrschte der Wille vor, die staatliche Ordnung aufrechtzuerhalten. Die beibehaltene territoriale und organisatorische Struktur sollte die staatliche Kontinuität gewährleisten. Trotz der zeitweiligen Vorherrschaft der Arbeiter- und Soldatenräte in den Hauptstädten blieb der staatliche Behördenapparat mit seinen Strukturen überall bestehen und arbeitete weiter. Die bisherigen Bereiche der Einzelstaaten wurden respektiert.[871] Die Entscheidung, ob Räterepublik oder parlamentarische Demokratie, wurde, außer in Sachsen-Gotha, in den Kleinstaaten zugunsten einer demokratischen Republik getroffen und zwar

---

[865] LT.-Verh. S.-S. 1916-1919 „C", S. 869 ff.
[866] Facius in FS-Zahn, S. 62.
[867] Patze/Schlesinger/Facius, 5. Bd. 2. Teil, S. 352.
[868] Häupel, S.65 f.
[869] GS. S.-S. 1919, S. 41-53.
[870] Reichold, S. 263 f.
[871] Patze/Schlesinger/Facius, 5. Bd. 2. Teil, S. 340 ff.

schneller als im Reich und in den großen Bundesstaaten.[872] Alle Fürsten blieben zum Zeitpunkt der revolutionären Ereignisse in ihren Residenzen und gingen nicht außer Landes. Die Mehrheit der ehemaligen Landesherren hielt ihrem Land die Treue auch nach dem Jahr 1918.[873] Zu den Ansichten der ehemaligen Landesherren zur politischen Entwicklung gibt es wenig Anhaltspunkte. Meist prägten Verbitterung und Resignation ihre Urteile. Die Revolution des Jahres 1918 bedeutete kein Ende für den deutschen Adel.[874] Wenn auch die traditionellen Herrschafts- oder Einflussmechanismen weggebrochen waren, verteidigte der Adel auf lokaler Ebene seinen Elitestatus und setzte sich gegen die junge Republik erbittert zur Wehr.[875]

III. Die Neuregelungen über das Domänenvermögen in den einzelnen Staaten

Die Darstellung über den Verlauf der Verhandlungen und wesentliche Ergebnisse der Auseinandersetzungen zwischen den neuen Staaten und den fürstlichen Familien erfolgt in chronologischer Reihenfolge ihres jeweiligen Abschlusses.

1. Schwarzburg-Rudolstadt

a) Der Ablauf der Verhandlungen

Am 17.11.1918 erschien in der Landeszeitung von Schwarzburg-Rudolstadt ein Aufruf des Arbeiter- und Soldatenrats vom 15.11.1918, in dem es hieß: "*Sämtlicher Domänenbesitz wird als Landeseigentum erklärt werden.*" Im Rahmen der Verhandlungen über die neu zu schaffenden Gesetze kam es auch zu Verhandlungen zwischen der Landesregierung und Vertretern von Fürst *Günther von Schwarzburg-Rudolstadt* über das Domänenvermögen. Dem Landtag wurden am 21.11.1918 vier Gesetzentwürfe vorgelegt,[876] davon betrafen zwei Entwürfe das Domänenvermögen und die Abfindung des fürstlichen Hauses. Der Rechtsausschuss des Landtags befürwortete in seinem Gutachten die Entwürfe und sprach sich für eine einmalige Ablösungssumme zugunsten des Prinzen *Sizzo zu Schwarzburg* aus. Staatsminister *v.d.Recke* dankte dem Landtag für „*die größte Einsicht und das gezeigte größte Wohlwollen für das Fürstliche Haus.*" Der Abgeordnete *Otto* bemerkte, dass man die Lösung der Domänenfrage (als Kammergutfrage bezeichnet) überraschend schnell fand. Zwar würden mit dem Ergebnis viele nicht zufrieden sein, aber „*es würde sel-*

---

[872] Reichold, S. 264 ff.
[873] Ignasiak, S. 236.
[874] Nach Art 109 Abs. 3 der WRV wurden die Adelsbezeichnungen zum Bestandteil des Namens, durften aber nicht mehr verliehen werden.
[875] Umfassend dazu das Werk von Malinowski.
[876] LT.-Verh. S.-R. 1918, S. 89 ff.

ten einem Landtag gelungen sein, so friedlich alles verlaufen zu lassen, wie hier." Ausdrücklich lobte er dieses Werk, das in wenigen Tagen geschaffen worden sei. Einstimmig nahm der Landtag die vier Vorlagen an.[877] Fürst *Günther* stimmte den Gesetzen ebenfalls zu und unterzeichnete diese am 22.11.1918, danach erfolgte die Verkündung. Am 23.11.1918 verlas Staatsminister *v.d.Recke* im Landtag die Abdankungserklärung und den Thronverzicht des Fürsten sowie die Beweggründe für dessen Entscheidung, als **Höchster Erlaß vom 23.11.1918**[878] veröffentlicht. Der Abgeordnete *Bernhardt* würdigte die Verdienste des Fürsten und sein Verständnis in den Auseinandersetzungsfragen.[879] Danach wählte der Landtag eine neue Regierung. Als erste Vorlage brachte man die Außerkraftsetzung des Thronfolgegesetzes vom 1.6.1896 ein und nahm sie einstimmig an.[880] Bereits am 20.11.1918 hatten die Abgeordneten *Otto, Hartmann,*[881] *Scholl* und *Leder* von der Regierung verlangt, die entsprechende Vorlage dem Landtag zu unterbreiten.[882] Zwar wurde durch den Regierungsverzicht des Fürsten *Günther* das Gesetz vom 1.6.1896 gegenstandslos und brauchte nicht aufgehoben zu werden, aber den ausdrücklichen Wunsch einiger Abgeordneten wollte die Regierung nicht ablehnen.[883] Durch diesen Verzicht entfiel das Anwartschaftsrecht des Prinzen *Sizzo zu Schwarzburg* auf die Thronfolge, da eine Nachfolge nun nicht mehr stattfinden konnte. Das **Gesetz** wurde am **10.12.1918** ausgefertigt und veröffentlicht.[884]

Zu den Gesetzen vom 22.11.1918 im einzelnen: Mit dem **Gesetz vom 22.11.1918, betreffend die Gesetzgebung und Verwaltung in Schwarzburg-Rudolstadt,**[885] ging die gesetzgebende Gewalt, nach dem Verzicht des Fürsten auf die Regierung, in vollem Umfang auf den Landtag über (Art.1). Die **Gesetze vom 22.11.1918, über das Fürstlich Schwarzburg-Rudolstädtischen Hausfideikommißvermögen (Kammergut),**[886] und **vom 22.11.1918, betreffend die Abfindung des Fürstlichen Hauses nach dem Verzicht des**

[877] LT.-Verh. S.-R. 1918, S. 109 ff.
[878] GS. S.-R. 1918, S. 87.
[879] LT.-Verh. S.-R. 1918, S. 117 ff.
[880] LT.-Verh. S.-R. 1918, S. 120 ff.
[881] 1868-1942 (Huber, 5. Bd., S. 1058, Fn. 39), 1902-20 MdL von S.-R., 1920-33 MdL Thüringen; 1918-20 Staatsrat in S.-R.; 1920-21 Staatsrat in Thüringen, 1921-23 Finanzminister in Thüringen (Häupel, S. 44 Fn 39).
[882] Handschriftlicher Brief v. 20.11.1918, ThStA Rudolstadt, Ministerium Rudolstadt, Staatsministerium Nr. 1363, Bl. 240.
[883] LT.-Verh. S.-R. 1918, S. 122 f.
[884] GS. S.-R. 1918, S. 98.
[885] GS. S.-R. 1918, S. 75-76.
[886] GS. S.-R. 1918, S. 76-77.

Fürsten auf die Regierung,[887] regelten die vermögensrechtliche Auseinandersetzung.

Die wesentlichen Bestandteile dieser beiden Gesetze waren:[888]

- Mit dem Verzicht des Fürsten auf die Regierung geht das gesamte Hausfideikommißvermögen (Kammergut) – mit bestimmten Einschränkungen – in das Eigentum des Fiskus über (§ 1 des Kammergutgesetzes).
- Bis zum 31.3.1919 verbleibt dem Fürsten der unbeschränkte Nießbrauch des bisherigen vorbehaltenen Domänenvermögens (als Kammervermögen bezeichnet), auch behalten er und die Mitglieder des fürstlichen Hauses bis zu diesem Zeitpunkt ihre sonstigen in dem bisherigen Staatshaushaltsplan eingestellten Bezüge (Art. 1 des Abfindungsgesetzes).
- Vom 1.4.1919 ab steht dem Fürsten auf Lebenszeit nur noch zu: - der Nießbrauch am Schloss zu Schwarzburg mit Zubehör, am Schloss auf dem Rathsfeld und an einigen Räumen der Heidecksburg in Rudolstadt, - das Eigentum am wesentlichen Inhalt der Schlösser Heidecksburg, Schwarzburg und Rathsfeld, - eine lebenslange Rente im Betrag der halben Kameralrente in Höhe von 150.000 Mark (Art. 2 des Abfindungsgesetzes).
- Beim Ableben des Fürsten stehen seiner Witwe alle dem Fürsten gebührenden Gerechtsame und Ansprüche für das Sterbequartal und für ein Gnadenhalbjahr unvermindert zu. Nach Ablauf des Gnadenhalbjahres erhält die Fürstin[889] vom Staat ein jährliches Wittum von 40.000 Mark und den Witwensitz in den Schlössern Heidecksburg und Schwarzburg (Art. 3 des Abfindungsgesetzes).
- Prinzessin *Thekla*[890] behält ihr Wohnrecht in der Heidecksburg; außerdem hat ihr der Staat eine jährliche Rente von 12.000 Mark zu gewähren (Art. 4 des Abfindungsgesetzes).
- Prinz *Sizzo* erhält die ihm zustehende Rente[891] von jährlich 18.000 Mark nunmehr vom Staat. Anstelle der Rente wird ihm eine einmalige Abfindung von 360.000 Mark angeboten (Art. 5 des Abfindungsgesetzes).

---

[887] GS. S.-R. 1918, S. 78-83.

[888] Die Darstellung des Ergebnisses folgt dem Manuskript: "Die Entwicklung und der gegenwärtige Stand der Auseinandersetzungen zwischen den ehemaligen Thüringischen Staaten und den dort früher regierenden Landesherren." (Thür. FinMin. an den RMdI v. 11.1.1926; ThHStAW, Landtag v. Thür. Nr. 32/4, Bl. 7r-8r [= S. 15-17 des Manuskriptes]).

[889] Fürstin Anna Luise von Schwarzburg-Rudolstadt (1871-1951).

[890] 1859-1939, die unverheiratete Schwester des Fürsten Günther von Schwarzburg-Rudolstadt.

[891] Der Landtag wollte mit der jährlichen Rentenzahlung an Prinz Sizzo nicht mehr belastet werden und entschloss sich deshalb, eine Abfindungssumme in o.g. Höhe anzubieten. Staatsminister v.d.Recke wollte ursprünglich eine Mio. Mark, hielt dann aber 500.000 Mark

- Der verwitweten Prinzessin *Helene von Schönaich-Carolath*[892] und ihren Nachkommen wird die testamentarische Rente von jährlich 5.150 Mark nunmehr vom Staat gewährt (Art. 6 des Abfindungsgesetzes).
- Der Staat übernimmt vom 1.4.1919 an alle Verpflichtungen, die z.Z. des Erlasses dieses Gesetzes der Fürstlichen Hofkasse gegenüber der Hofkirche in Rudolstadt und der fürstlichen Hofkapelle obliegen (Art. 7 des Abfindungsgesetzes).
- Der Staat übernimmt die aus der fürstlichen Hofkasse zu zahlenden Pensionen und Witwengelder (Art. 8 des Abfindungsgesetzes).

Mit Schreiben vom 20.3.1919 fragte das Staatsministerium bei Prinz *Sizzo* an, ob er das Angebot annehmen wolle.[893] Seine Rechtsanwälte antworteten am 30.3.1919, dass Prinz *Sizzo* dem Angebot nicht ablehnend gegenüberstehen würde, die Summe aber zu niedrig sei. Es ginge nicht nur um die Ablösung seiner jährlichen Rente, sondern auch um die Abfindung seiner Ansprüche als präsumtiver Nachfolger, da es bei den Regelungen über die Domänen eines Konsenses aller Agnaten bedurft hätte.[894] Die Staatsregierung wies diese Forderungen jedoch zurück.[895] Prinz *Sizzo* nahm das Angebot des Staates nicht an. Er ließ durch seine Rechtsanwälte erklären, dass die Vereinbarungen vom 22.11.1918 anfechtbar seien, da er durch die Anerkennungsurkunde vom 21.4.1896 ebenbürtiger und unumschränkter Angehöriger des Mannesstammes des fürstlichen Hauses geworden sei. Seine Zustimmung zu der Abfindungsvereinbarung hätte von Fürst *Günther* vor dem Abschluss eingeholt werden müssen, da die fideikommissarische Eigenschaft des rudolstädtischen Domänenvermögen aufgrund des Hausgesetzes vom 7.9.1713 dies verlangen würde. Ohne seine Zustimmung sei Fürst *Günther von Schwarzburg-Rudolstadt* nicht verfügungsberechtigt gewesen.[896] Ein anderer Rechtsanwalt von Prinz *Sizzo* übersandte am 8.8.1919 dem Landtag eine Denkschrift über die Rechtslage aus Sicht von Prinz *Sizzo*, die scharfe Angriffe gegen Staatsminister *v.d.Recke* enthielt. Auf weiteren zehn Schreibmaschinenseiten wurde als „Rudolstädter Almanach" das schlechte Verhalten des Fürsten *Günther* und des Staatsministers *v.d.Recke* gegen Prinz *Sizzo* von den Jahren 1895 bis 1918 aufgelistet. Darin läge die Ursache für die Nichteinbeziehung in die Verhandlungen über

---

für angemessen. Der Landtag blieb jedoch bei seinem Angebot (LT.-Verh. S.-R. 1918, S. 110).

[892] Helene von Schönaich-Carolath war die Schwester von Prinz Sizzo.

[893] ThStA Rudolstadt, Ministerium Rudolstadt, Staatsministerium Nr. 1363, Bl. 246.

[894] ThStA Rudolstadt, Ministerium Rudolstadt, Staatsministerium Nr. 1363, Bl. 247-249.

[895] Schreiben v. 4.4.1919; ThStA Rudolstadt, Ministerium Rudolstadt, Staatsministerium Nr. 1363, Bl. 250.

[896] Schreiben v. 25.7.1919; ThStA Rudolstadt, Ministerium Rudolstadt, Staatsministerium Nr. 1362, nicht foliert.

die Abfindung im November 1918.[897] Der Landtag ging auf diese Ansichten jedoch nicht ein. Für ihn hatte Prinz *Sizzo* zum Zeitpunkt der Auseinandersetzung kein Recht zur Mitwirkung gehabt, da durch die Anerkennungsurkunde vom 21.4.1896 ein derartiges Recht erst nach dem Ableben von Fürst *Günther* entstanden wäre. Unter Hinweis auf die Urkunde vom 21.4.1896 und das Protokoll vom 30.4.1896[898] wies der Landtag die Ansprüche von Prinz *Sizzo* zurück.[899]

Durch die **Höchste Verordnung vom 22.11.1918,[900] betreffend die Günther-Stiftung**, wurde diese Stiftung errichtet und das Schloss Heidecksburg und die zugehörigen Grundstücke an die Günther-Stiftung für kulturelle Zwecke übereignet (I.). Dazu wurde sie mit Grundbesitz und Einnahmen aus Erträgen ausgestattet (II.). Nach Schaffung der Günther-Stiftung errichtete der Staat im Frühjahr des Jahres 1919 zwei selbständige und rechtsfähige Stiftungen des Freistaates Schwarzburg-Rudolstadt: Zum einen die „Günther-Stiftung für die Oberherrschaft" mit Sitz in Rudolstadt und die „Günther-Stiftung für die Unterherrschaft" mit Sitz in Frankenhausen. Grund dafür war die Trennung des Landes in zwei Gebietsteile, die Ober- und die Unterherrschaft. Während die „Günther-Stiftung für die Oberherrschaft" allein für die Pflege des Residenzschlosses Heidecksburg zuständig war, oblag es der anderen Stiftung, die Erhaltung und Pflege der Baudenkmäler u.a. im gesamten Land zu gewährleisten. Zur Sicherung der Stiftungszwecke wurden beiden Stiftungen große Vermögenswerte und Grundbesitz aus dem ehemaligen Domänenvermögen, welches der Staat im Rahmen der Vermögensauseinandersetzung erhalten hatte, zugeführt (§§ 1 ff des **Gesetz vom 15.3.1919**[901] in der Fassung der **Gesetze vom 17.3.1919**[902] und vom **21.1.1921**[903]).

b) Das Ergebnis der Auseinandersetzung

Der Staat erhielt durch die beiden Gesetze vom 22.11.1918 (über das Fürstlich Schwarzburg-Rudolstädtischen Hausfideikommißvermögen (Kammergut) und betreffend die Abfindung des fürstlichen Hauses nach dem Verzicht des Fürsten auf die Regierung) den gesamten Domänen-grundbesitz von 22.000 ha, davon 13 Güter mit ca. 3.000 ha Fläche und Forsten mit ca. 19.000 ha Fläche; eine Anzahl von Einzelgrundstücken und die Schlösser Heidecksburg, Rathsfeld und Schwarzburg und die Münzsammlung in Rudolstadt. Die Waf-

---

[897] ThStA Rudolstadt, Ministerium Rudolstadt, Staatsministerium Nr. 1363, Bl. 252-274.
[898] Siehe oben 1. Kap. III. 7. a).
[899] LT.-Verh. S.-R. 1919, S. 567 ff.
[900] GS. S.-R. 1918, S. 83-85.
[901] GS. S.-R. 1919, S. 61-66.
[902] GS. S.-R. 1919, S. 61-71 und S. 71-75.
[903] GS. S.-R. 1921, S. 20-21.

fensammlung im Zeughaus des Schlosses Schwarzburg sollte nach dem Tod des Fürsten an den Staat fallen. Die fürstliche Familie erhielt für diese Überlassung Rentenzahlungen und Nießbrauchrechte. Sie behielt weder Forst- noch Feldgrundstücke des ehemaligen Domänenbesitzes. Von der Auseinandersetzung war ihr Privatvermögen (Schatullgut) nicht betroffen.

2. Sachsen-Meiningen

a) Der Ablauf der Verhandlungen

Noch im September des Jahres 1918 kam es zu einer Veränderung über die bisherige Verteilung der Einnahmen aus den Domänen. So ersuchte der Landtag am 19.9.1918 den Herzog, aus seinem jährlichen Domänenüberschussanteil zu Kriegswohlzwecken eine Mio. Mark zu verwenden.[904] Der Herzog kam dem Ersuchen am 30.10.1918 nach und überwies 500.000 Mark an die Staatskasse. Gleichzeitig wurden 50.000 Mark zur Linderung von Notständen überwiesen. Herzog *Bernhard III.* stellte in Aussicht, dass bei zukünftigen Domänenüberschüssen
25 % bis 50 % davon an die Staatskasse überwiesen werden sollten.[905]

In der am 12.11.1918 von Prinz *Ernst von Sachsen-Meiningen* (als nächster Thronfolgeberechtigter) unterzeichneten Urkunde[906] verzichtete dieser auf die Regierung und „*zu Gunsten des Staates auf die Rechte am Domänenvermögen unter der Voraussetzung,* (dass ihm) ... *entsprechendes Kapital sowie eine Reihe von Gebäuden und Grundstücken, über die noch verhandelt werden soll, zu freiem Eigentum überlassen werde.*“ Er erwartete, dass die Auseinandersetzung zwischen ihm und dem Staate in loyaler Weise erfolgen würde. Der Vorsitzende des Staatsministeriums erklärte am 13.11.1918 im Landtag, dass die Neuregelung der Domänenfrage eine gewisse Entspannung bringen würde. „*Über Einzelheiten der Auseinandersetzungen zwischen Staat und herzoglichem Haus lassen sich heute Angaben nicht machen. Wir halten es aber für unsere Pflicht, zu erklären, dass die Auseinandersetzungen in loyaler Weise angebahnt und durchgeführt werden sollen.*“[907] Zwischen den herzoglichen Haus und Vertretern des Gesamtstaatsrates von Sachsen-Meiningen kam es dann zu Verhandlungen über das Domänenvermögen. Das Gesetz vom 20.7.1871 sah allerdings vor, dass im Fall der Beendigung der Regierung des herzoglichen Spezialhauses Sachsen-Meiningen dieses drei Fünftel des Domänenvermögens als fideikommissarisches Privateigentum und der Staat zwei Fünftel als Landeseigentum erhalten sollten (Art. 12). Diese Aufteilung wurde

---

[904] LT.-Verh. S.-M. 1918, Beilage Nr. 46, S. 47.
[905] RegBl. S.-M. 1918, S. 847.
[906] Anlage „a“ zum notariellen Protokoll v. 30.12.1918 (ThHStAW, Thür FinMin. Nr. 7967, Bl. 3r).
[907] LT.-Verh. S.-M. 1918, S. 98 f.

jetzt vom Gesamtstaatsrat nicht mehr für angemessen gehalten, man verlangte das gesamte Domänenvermögen. Der erste Entwurf mit den Grundsätzen für eine Abfindung wurde den Mitgliedern des Landtags bereits am 15.11.1918 in einer vertraulichen Sitzung vorgestellt.[908] Am gleichen Tag schrieb Hofmarschall *v.Roeder* an Staatsrat *Benz* und übermittelte den Dank des Herzogs für das wohlwollende Entgegenkommen.[909] Den Abgeordneten des Landtages wurde am 10.12.1918 mitgeteilt, dass der Rohvertrag fertiggestellt sei und noch geprüft werde.[910]

Die telegrafische Einladung der Volksbeauftragten von Gotha vom 12.12.1918[911] (näheres dazu im 2. Kap. III. 6.) zu einer Konferenz in Gotha, um eine einheitliche Auseinandersetzung sämtlicher thüringischer Staaten mit ihren ehemaligen Landesherren zu erreichen, wurde nicht angenommen. Der Gesamtstaatsrat beschloss am nächsten Tag, der Einladung keine Folge zu leisten. In seinem Antwortschreiben hielt man infolge der Verschiedenheit der Verhältnisse eine gemeinsame Erörterung für unzweckmäßig, hinzu kämen dringende Landtagssitzungen, die eine Entsendung eines Vertreters verhindern würden.[912] Auch die Einladung des coburg-gothaischen Hofkammerpräsidenten *v.Bassewitz* vom 14.12.1918 zu einer Vorbesprechung wurde ebenfalls abgelehnt und an Herzog *Bernhard III.* weitergeleitet.[913] [914]

Mit Schreiben vom 23.12.1918 übersandte Staatsrat *Benz* den geprüften und überarbeiteten Vertragentwurf an den Hofmarschall mit der Bitte der Übergabe an den Herzog. Dem Landtag würde dieser Entwurf am 28.12.1918 zugehen und die Unterzeichnung sollte am 30.12.1918 erfolgen.[915] Der Gesamtsstaatsrat billigte auf seiner Sitzung am 28.12.1918 den Entwurf und legte ihm den Landtag vor. Im dazugehörigen Begleitschreiben wurde eine schnelle Erledigung gefordert unter Hinweis auf die Zeitumstände. Eine Erörterung des Vertragsschlusses in Öffentlichkeit, Presse und Versammlungen hielt man für außerordentlich bedenklich. Grund sei die Möglichkeit, dass auswärtige Interessen am Abschluss geweckt werden könnten, deshalb sollte auch eine Veröffentlichung oder Weitergabe an Dritte seitens des Landes und die herzog-

---

[908] ThStA Meiningen, Staatsministerium, Abt. Finanzen Nr. 8926b, Bl. 14-20.
[909] ThStA Meiningen, Staatsministerium, Abt. Finanzen Nr. 8926b, Bl. 7.
[910] LT.-Verh. S.-M. 1918, S. 122.
[911] ThStA Meiningen, Staatsministerium, Abt. Finanzen Nr. 8926b, Bl. 94-96.
[912] Schreiben v. 13.12.1918; ThStA Meiningen, Staatsministerium, Abt. Finanzen Nr. 8926b, Bl. 97-98.
[913] ThStA Meiningen, Staatsministerium, Abt. Finanzen Nr. 8926b, Bl. 93.
[914] Der coburgische Staatsminister Quarck schrieb am 20.12.1918 an Staatsrat Benz, informierte diesen über die Ergebnisse der Konferenz in Gotha und bat um die Übersendung des Vertragsentwurfs. Auf dem Brief vermerkte Benz seine Ablehnung dieser Bitte (ThStA Meiningen, Staatsministerium, Abt. Finanzen Nr. 8926b, Bl. 35).
[915] ThStA Meiningen, Staatsministerium, Abt. Finanzen Nr. 8926b, Bl. 27.

lichen Familie vermieden werden. Dazu sollten beide Seiten vereinbaren, dass bis zwei Jahre nach Friedensschluss von einer Bekanntgabe des Vertrages, der Entwürfe sowie von Mitteilungen aus dem Vertrag an Dritte und an die Öffentlichkeit abgesehen werde. Diese Gründe sprächen auch für eine Genehmigung durch den Landtag in einer geheimen Sitzung. Der Presse sei nur die Tatsache des Vertragsschlusses mitzuteilen.[916] Am gleichen Tag informierte Prinz *Georg von Sachsen-Meiningen*, dass er wegen einer Grippeerkrankung am Erscheinen zur Vertragsunterzeichnung gehindert sei.[917] Es drohte jetzt die Gefahr einer Verzögerung des Vertragsschlusses, da Prinz *Georg* als Agnat des Hauses Sachsen-Meiningen unterschreiben musste. Herzog *Bernhard III.* schrieb noch am 28.12.1918 an Prinz *Georg* einen sehr eindringlichen Brief mit dem Vertrag als Anlage, in dem er darauf aufmerksam machte, was eine Unterschriftverweigerung bedeuten würde. In dem Brief heißt es u.a.: „... *zum letzten Mal aufmerksam, was Du thun würdest, wenn Du Deine Unterschrift verweigerst..., ... für die ganze Familie unsagbares Unglück ..., appelliere an ungeheure Verantwortung ..., wenn Du in Deinem jugendlichen Unverstande oder aus anderen Gründen nicht unterschreibst. Es ist der letzte Termin und Ausflüchte können in keiner Weise angenommen werden. Es handelt sich für Dich um Sein oder Nichtsein.*“[918] Herzog *Bernhard III.* ließ den Inhalt des Briefes Staatsrat *Benz* zukommen, um zu zeigen, dass er alles getan habe, damit Prinz *Georg* unterschreibt.[919] Am Vormittag des **30.12.1918** wurde der **Vertrag** in Meiningen mit notarieller Beurkundung unterschrieben. Für den Staat unterschrieben die Mitglieder des Staatsministeriums (bis auf einen), für das herzogliche Haus Herzog *Bernhard III. von Sachsen-Meiningen*, zugleich als Vormund für den Prinzen *Bernhard* und die Prinzen *Georg* und *Ernst* als Agnaten des herzoglichen Hauses. Die Parteien vereinbarten, vom 30.12.1918 an bis zu zwei Jahre nach Friedensschluss ohne Zustimmung des Gesamtstaatsrates der Vertrag und die Entwürfe dazu dritten Personen nicht bekannt zu geben seien.[920] Die **Anlage „a“** des Vertrages enthielt die Verzichtserklärung des Prinzen *Ernst von Sachsen-Meiningen* vom 12.11.1918, die **Anlage „B“** den Auseinandersetzungsvertrag (Nr. 35 des Notariatsverzeichnis). In einem weiteren Protokoll vom 30.12.1918 (Nr. 36 des Notariatsverzeichnisses) traten die Vertreter des Staates und Prinz *Ernst von Sachsen-Meiningen* dem Protokoll und den beiden Anlagen bei. Der Landtag beriet am Nachmittag über den Vertrag. Der Abgeordnete *Michaelis* – der als Notar auch die Beurkundung vorgenommen hatte –

---

916 ThStA Meiningen, Staatsministerium, Abt. Finanzen Nr. 8926b, Bl. 76-81.
917 ThStA Meiningen, Staatsministerium, Abt. Finanzen Nr. 8926b, Bl. 62.
918 ThStA Meiningen, Staatsministerium, Abt. Finanzen Nr. 8926b, Bl. 63.
919 ThStA Meiningen, Staatsministerium, Abt. Finanzen Nr. 8926b, Bl. 65.
920 ThHStAW, Thür. FinMin. Nr. 7967, Bl. 2r-40v; eine Ausfertigung des Vertrages befindet sich auch in der Akte des ThStA Meiningen, Geheimes Archiv, Urkunden, B2 Nr. 315.

berichtete als Vertreter des Finanzausschusses. Er erklärte, dass der Vertrag sehr umfangreich sei, *„er stelle ein ganzes Buch dar*, (deshalb würde er) *nur die wesentlichen Bestimmungen* (vortragen)". Er erwähnte den Übergang der Domänen in das Eigentum des Staates, die Abfindungssumme von 11 Mio. Mark sowie einige Regelungen über Theater, Parks u.ä.[921] Zum Schluss berichtete er, dass sich Herzog *Bernhard III.* nach der Unterzeichnung für die aufgewandte Mühe bedankt habe, ebenfalls Prinz *Ernst* für die loyale Erledigung der ganzen Angelegenheit. Die vereinbarte Nichtveröffentlichung wurde mit keinem Wort erwähnt. Den Anträgen des Finanzausschusses[922] folgend, stimmte der Landtag einstimmig zu.[923] Dem Abgeordneten *Michaelis* wurde durch den Landtag dafür gedankt, dass er als Notar den Vertrag ohne Kostenbuchung beurkundet habe.[924] Allerdings befinden sich auf den Ausfertigungen in den Archiven in Meiningen und Weimar Kostenrechnungen des Notars *Michaelis* vom 3.1.1919 in Höhe von 3709, 00 Mark. Die Art und Weise des Ablaufs zeigen, dass sich der Landtag genau an die Vorschläge des Gesamtstaatsrats gehalten hatte. Gleichzeitig stimmte der Landtag[925] auch dem **Gesetz vom 30.12.1918, über das Domänenvermögen**[926] zu. Dieses Gesetz stellte nur fest, dass durch den vertraglichen Verzicht Herzog *Bernhards III.* für sich und sämtliche Mitglieder des herzoglichen Hauses auf das Eigentum und die sonstigen Rechte am Domänenvermögen allein der Staatsfiskus Rechte auf das Domänenvermögen hätte. Alle diesem Gesetz entgegenstehenden Bestimmungen, insbesondere die Gesetze vom 23.8.1829, 20.7.1871 und 9.3.1896 wurden aufgehoben. Der Vertrag vom 30.12.1918 erhielt durch dieses Gesetz keine Gesetzeskraft und wurde in der Gesetzessammlung nie veröffentlicht.

Die wesentlichen Bestimmungen des **Vertrages vom 30.12.1918** waren:[927]

- Das herzogliche Spezialhaus verzichtet ausschließlich zugunsten des Staates Sachsen-Meiningen und dessen etwaigen Rechtsnachfolger auf alle Vermögensrechte am Domänenvermögen des bisherigen Herzogtums Sachsen-Meiningen (§ 1).

---

921 LT.-Verh. S.-M. 1918, S. 243 ff.
922 LT.-Verh. S.-M. 1918, Beilagen Nr. 179 u. 180; LT.-Verh. S.-M. 1918, S. 181 f.
923 LT.-Verh. S.-M. 1918, S. 246; Beilage Nr. 197, S. 190.
924 LT.-Verh. S.-M. 1918, S. 246 f; im Schreiben von Staatrat Benz an den Hofmarschall v. 23.12.1918 wurde dieser Verzicht ebenfalls erwähnt (ThStA Meiningen, Staatsministerium, Abt. Finanzen Nr. 8926b, Bl. 27).
925 LT.-Verh. S.-M. 1918, S. 246.
926 SVG 1918, S. 143.
927 Die Darstellung des Ergebnisses folgt dem Manuskript: "Die Entwicklung und der gegenwärtige Stand der Auseinandersetzungen zwischen den ehemaligen Thüringischen Staaten und den dort früher regierenden Landesherren." (Thür. FinMin. an den RMdI v. 11.1.1926; ThHStAW, Landtag v. Thür. Nr. 32/4, Bl. 4r-5r [= S. 9-11 des Manuskriptes]).

- Der Spezialhausfonds II mit einem Barbestand von 121.740,88 Mark, dessen Zinsen bisher der Domänenkasse zuflossen, und der durch den Verkauf von Grundstücken entstanden war, die zwar dem Spezialhaus gehörten, deren Ertrag aber zur Domänenkasse floss, wird mit vier Fünfteln seines Bestandes dem Herzoglichen Haus und mit einem Fünftel dem Staate überwiesen (§ 10).
- Die dem Spezialhaus gehörende herzogliche öffentliche Bibliothek wird unter gewissen Bedingungen in derselben Weise wie bisher der öffentlichen Benutzung zur Verfügung gestellt (§ 22).
- Die dem Spezialhaus in der Stadtflur Meiningen bzw. der Schlossgemarkung gehörenden Parkanlagen, insbesondere der sog. englische Garten, der Schlossgarten, die Karls-Allee und den Herrenberg, wird das Spezialhaus im bisherigen Umfang dem öffentlichen Verkehr offen halten, solange die Stadt Meiningen einen angemessenen Beitrag zu den Unterhaltskosten leistet (§ 24).
- Das Spezialhaus verpflichtet sich, das in seinem Eigentum stehende Meininger Theater nebst Fundus und allem sonstigen Zubehör dem Staate oder der Stadt Meiningen oder einem von beiden betriebenen Unternehmen pacht- bzw. mietweise zu überlassen § 26).
- Das Spezialhaus verkauft aus seinem Privatbesitz, teils mit Rücksicht auf die forstlichen Interessen des Staates, teils zur Abrundung des staatlichen Grundbesitzes, verschiedene Besitzungen – darunter das ehemalige Rittergut Rabelsgrube – mit einem Gesamtflächengehalt von rund 187 ha an den Staat (§ 28).
- Das Spezialhaus räumt dem Staat eine Anzahl von Wegerechten (§§ 31, 32), Vorkaufsrechten an der herzoglichen Bibliothek (§ 22), den herzoglichen Sammlungen, Kunstwerken und historisch wertvollen Gegenständen (§ 23) sowie an einer Anzahl Grundbesitzungen, insbesondere dem Residenzschloss nebst Rundbau, den Parkanlagen und dem Hoftheater, dem Schloss Landsberg und der Veste Heldburg ein (§§ 24, 25, 27).
- Der Staat übernimmt die aus der Domänenkasse zu zahlenden Besoldungen, Warte- und Ruhegehälter (§ 3 Abs. 2) sowie unter gewissen Bedingungen die Ruhegehälter, Witwen- und Waisengelder der Hofangestellten, soweit am 12. November 1918 solche Rechtsansprüche bereits bestanden (§§11-19) und die zwar ständigen, aber nicht auf Rechtstiteln beruhenden Unterstützungen und laufenden Beträgen zu Wohlfahrtszwekken, die bisher aus der Hofkasse geleistet worden sind (§ 20).
- Der Staat übernimmt die auf dem Domänengut ruhenden Schulden und sonstigen Belastungen (§ 3).

- Als Gegenleistungen für den in diesem Vertrag ausgesprochenen Verzicht auf die Rechte an dem Domänenvermögen, ferner als Kaufpreis für die in § 28 bezeichneten Liegenschaften, weiter zu dem Zwecke, dem Spezialhaus die Befriedigung der Ansprüche, die irgendwelche Mitglieder des Herzoglichen Hauses jetzt oder künftig auf Grund ihrer Familienbeziehungen auf Unterhalt, Aussteuer, Apanage, Wittum usw. haben könnten, zu ermöglichen, sowie endlich zur Abfindung der bisher als Verpflichtung des Domänenvermögens behandelten Leistung, den Aufwand für den herzoglichen Hof, die herzogliche Familie und den gesamten herzoglichen Haushalt zu bestreiten, zahlt der Staatsfiskus an das Spezialhaus die Summe von 11.000.000 Mark (§ 35). Es steht ihm frei, anstelle dieser Abfindungssumme eine jährliche Rente in Höhe von 4 ½ % der Abfindungssumme zu gewähren, solange ihm die Beschaffung der notwendigen Kapitalbeträge zu angemessenen Bedingungen nicht möglich ist (§ 38).
- Alle Streitigkeiten aus dem Auseinandersetzungsvertrag werden unter Ausschluss des ordentlichen Rechtswegs durch ein Schiedsgericht entschieden, das aus zwei Instanzen besteht (§ 41).

Beide Seiten hielten sich an die vereinbarte Nichtveröffentlichung. Ab Januar des Jahres 1919 gab es jedoch sehr viele Anfragen von den Staatsministerien und fürstlichen Hofkammern der deutschen Einzelstaaten an die Staatsregierung von Sachsen-Meiningen. Staatsrat *Benz* lehnte alle Anfragen unter Hinweis auf die fehlende Genehmigung des Gesamtstaatsrates ab.[928] Besonders bemerkenswert ist unter der Fülle der Anfragen eine persönliche Karte des coburgischen Staatsrates *Quarck* vom 8.1.1919, der neben Glückwünschen zum Abschluss auch die *„Zugänglichmachung"* des Vertrages wünschte. Dabei sicherte er zu, dass dies *„nicht illoyal ausgenutzt wird."*[929] Da am 10.1.1919 eine offizielle Anfrage des coburgischen Staatsministeriums erfolgte,[930] kann der Wunsch von *Quarck* nur für das Haus Sachsen-Coburg und Gotha erfolgt sein, obwohl er zu diesem Zeitpunkt immer noch Mitglied der Regierung war und die Vermögensauseinandersetzung mit Herzog *Carl Eduard* und dem Staat Coburg sich anbahnte.[931] Seinem Wunsch wurde jedoch nicht entsprochen. Einige Teile des Vertrages, die für bestimmte Institutionen des Staates wichtig waren, wurden diesen im benötigten Umfang zugänglich gemacht. Die Bitte der Stadt Meiningen im September des Jahres 1919 auf vollständige Überlas-

---

[928] ThStA Meiningen, Staatsministerium, Abt. Finanzen Nr. 8926b, Bl. 99-157.
[929] ThStA Meiningen, Staatsministerium, Abt. Finanzen Nr. 8926b, Bl. 108.
[930] ThStA Meiningen, Staatsministerium, Abt. Finanzen Nr. 8926b, Bl. 109.
[931] Näheres zu Quarck und den Ablauf in Coburg unter 2. Kap. III. 5.

sung der Abschrift wurde abgelehnt.[932] Erstmalig erfolgte eine vollständige Publizierung des Vertrages vom 30.12.1918 in dem Manuskript des Thüringischen Finanzministeriums an den Reichsminister des Innern vom 11.1.1926.[933] Der Staat Sachsen-Meiningen errichtete mit dem **Gesetz vom 8.7.1919**[934] eine Stiftung für Volkswohlfahrt, um die im Gebiet vorhandenen Kunstgegenstände, Sammlungen u.a. erhalten zu können. Die der Stiftung zur Verfügung gestellten Gelder stammten auch aus Erträgen des ehemaligen herzoglichen Domänenguts.

b) Das Ergebnis der Auseinandersetzung

Der Staat erhielt den gesamten Domänengrundbesitz von 46.768 ha, davon 45.211 ha Domänenwald und 1.557 ha Feldgrundstücke sowie 2.346.000 Mark Barvermögen, die Schlösser Hildburghausen und Saalfeld. Die herzogliche Familie behielt die Schlösser Meiningen, Landsberg und die Veste Heldburg und erhielt für die Überlassung eine Abfindungssumme von 11 Mio. Mark. Von den sehr umfangreichen ehemaligen Domänengrundstücken behielt sie nichts. Die Auseinandersetzungen betraf nicht ihr Privatvermögen (Schatullgut).

3. Schwarzburg-Sondershausen

a) Der Ablauf der Verhandlungen

Schon in den vom Landesrat erarbeiteten Landesgrundsätzen wurde als fünfter Punkt gefordert: *„Das Kammergut wird für Staatsgut erklärt. Das Gesetz vom 14. August 1896 ist aufzuheben.“*[935] Somit war der Weg vorgezeichnet, auch in Schwarzburg-Sondershausen das Domänenvermögen neu zu regeln. In der Abdankungsurkunde vom 25.11.1918, verlesen vom Staatsminister *v.d.Recke*, heißt es u.a. *„Ohne überall an den Uns am Kammervermögen Unseres Hauses zustehenden Rechten festhalten zu wollen, vertrauen Wir, daß eine billige Regelung der Kammergutsfrage zwischen Uns und dem Lande zu Stande kommen wird.“* Es kam darauf zu Verhandlungen zwischen dem schwarzburg-sondershäusischen Ministerium und dem Landesrat auf der einen Seite und Vertretern des Fürsten auf der anderen Seite über die Domänen und Abfindungszahlungen. Am **5./20.12.1918** unterschrieben beide Seiten einen

---

[932] ThStA Meiningen, Staatsministerium, Abt. Finanzen Nr. 8923, Bl. 44.

[933] "Die Entwicklung und der gegenwärtige Stand der Auseinandersetzungen zwischen den ehemaligen Thüringischen Staaten und den dort früher regierenden Landesherren." (Thür. FinMin. an den RMdI v. 11.1.1926; ThHStAW, Landtag v. Thür. Nr. 32/4, Bl. 16v-23r [= S. 11-22 der Anlage B des Manuskriptes]).

[934] SVG 1919, S. 195-201.

[935] ThStA Rudolstadt, Landtag Schwarzburg-Sondershausen Nr. 205, Bl. 7; abgedruckt in den LT.-Verh. S.-S. 1916-1919 „C“, S. 865 f.

Auseinandersetzungsvertrag und ein Schlussprotokoll, die unter dem Vorbehalt der Annahme durch den Landtag standen. Der Landtag beriet den Vertrag in zwei Lesungen[936] sowie ein Gesetz über das Kammergut und nahm am 7.1.1919 beide einstimmig an.[937] Mit dem **Gesetz vom 7.1.1919, betreffend Abfindung des Fürstlichen Hauses,**[938] erhielten der Vertrag vom 5./20.12.1918 und das Schlussprotokoll Gesetzeskraft.

Die wesentlichen Bestimmungen des Vertrages vom 5./20.12.1918 waren:[939]

- Nachdem der Fürst auf die Regierung verzichtet hat, ist er damit einverstanden, dass das Kammergut in das Eigentum des Staates übergeht. Der Fürst verzichtet für sich und das Fürstliche Haus auf alle bisherigen Rechte am Kammergut (§ 1).
- Bis zum 31.3.1919 verbleiben dem Fürsten alle seine bisherigen Einkünfte und Bezüge (§ 2).
- Ab dem 1.4.1919 übernimmt der Staat alle Verpflichtungen, die gegenwärtig dem Kammergut oder der Hofkasse gegenüber Bezugsberechtigten nach Gesetz, Vertrag oder Herkommen obliegen, insbesondere auch die Personallasten (§ 3).
- Dem ehemaligen Landesherren stehen von diesem Zeitpunkt ab nur noch zu: - eine lebenslängliche Rente von 210.000 Mark jährlich, - der Nießbrauch am Schloss in Sondershausen und Umgebung sowie am Schloss zu Gehren, - das Jagdrecht in den bisher zum Kammergut gehörigen Waldungen, - das Eigentum am wesentlichsten Inhalt der Schlösser zu Sondershausen und Gehren (§ 4).
- Das der Fürstin-Witwe *Marie von Schwarzburg-Sondershausen*[940] am Schloss in Sondershausen und am Schloss in Gehren sowie am Jagdschloss zum „Possen" und an der Einrichtung dieser Schlösser zustehende Wohn- und Benutzungsrecht bleibt unberührt (§ 6).
- Beim Ableben des Fürsten stehen seiner Witwe alle dem Fürsten gebührenden Gerechtsame und Ansprüche für das Sterbevierteljahr und ein Gnadenhalbjahr unvermindert zu. Nach Ablauf des Gnadenhalbjahres erhält die Fürstin vom Staat ein jährliches Wittum von 70.000 Mark und den Witwensitz in Teilen des Sondershäuser Schlosses (§ 7).

---

[936] LT.-Verh. S.-S. 1916-1919 „C", S. 875 ff; LT.-Verh. S.-S. 1916-1919 „A", S. 557 ff.
[937] LT.-Verh. S.-S. 1916-1919 „C", S. 887 ff.
[938] GS. S.-S. 1919, S. 10-19.
[939] Die Darstellung des Ergebnisses folgt dem Manuskript: "Die Entwicklung und der gegenwärtige Stand der Auseinandersetzungen zwischen den ehemaligen Thüringischen Staaten und den dort früher regierenden Landesherren." (Thür. FinMin. an den RMdI v. 11.1.1926; ThHStAW, Landtag v. Thür. Nr. 32/4, Bl. 8r-9r [= S. 17-19 des Manuskriptes]).
[940] 1845-1930, Witwe von Fürst Karl Günther von Schwarzburg-Sondershausen.

- Der Fürstin-Witwe *Marie von Schwarzburg-Sondershausen* und der Prinzessin *Marie von Schwarzburg-Sondershausen*[941] verbleiben alle ihre bisherigen Rechte und Ansprüche. Der Staat übernimmt sie in vollem Umfang (§ 8). Es handelt sich hierbei um ein Wittum der Fürstin-Witwe von 48.000 Mark und eine Rente der Prinzessin *Marie* von 13.500 Mark jährlich.

Das **Gesetz vom 7.1.1919, betreffend das Fürstlich Schwarzburg-Sondershäusische Kammergut,**[942] stellte u.a. fest, dass die Domänengüter (als Kammergut bezeichnet) in das Eigentum des Staates übergegangen sind und die Umschreibungen in den Grundbüchern zu erfolgen hätten (§ 1). Das Kammergutgesetz vom 14.6.1881 mit sämtlichen Nachträgen und Abänderungen sowie die das Domänenvermögen (als Kammergut bezeichnet) betreffenden Vorschriften des Landesgrundgesetzes vom 8.7.1857 wurden aufgehoben (§ 7). Ein weiteres **Gesetz vom 7.1.1919**[943] hob das Gesetz vom 14.8.1896 – welches die Thronfolge zugunsten Prinz *Sizzo* geändert hatte – auf. Im Vertrag vom 5./20.12.1918 wurde Prinz *Sizzo* **nicht** berücksichtigt. Da er vor dem Jahr 1918 auch keine Apanage aus den Einnahmen des Domänenvermögens des Fürstentums Schwarzburg-Sondershausen erhalten hatte, bedurfte es jetzt auch keiner Abfindungsregelung. Auch seine Mitbeteiligung bei den Abfindungsverhandlungen entfiel. Staatsminister *v.d.Recke* erklärte den Vertretern des Staates, dass erst nach dem Ableben des Fürsten *Günther von Schwarzburg-Rudolstadt* eine Beteiligung von Prinz *Sizzo* in Betracht kommen würde.[944] Allerdings machte Prinz *Sizzo* bereits am 30.12.1918 mit seiner Eingabe beim Landtag einen Anspruch auf Entschädigung aufgrund des Thronfolgeverzichts von Fürst *Günther* geltend. Der Landtag erkannte in der Verhandlung vom 7.1.1919 diesen Anspruch jedoch nicht an und hielt die Angelegenheit durch seine Zustimmung zum Vertrag vom 5./20.12.1918 für erledigt.[945] Weitere Forderungen von Prinz *Sizzo* nach Verhandlungen mit ihm aufgrund seines nach wie vor behaupteten Rechtsanspruchs aus der Anerkennungsurkunde vom 21.4.1896 und dem Gesetz vom 14.8.1896 lehnte der Landtag ab und erklärte alle Forderungen für erledigt, da zum Zeitpunkt des Abschlusses der Vereinbarungen keine Agnateneigenschaft von Prinz *Sizzo* vorgelegen habe.[946]

---

941 1837-1921, Schwester von Fürst Karl Günther von Schwarzburg-Sondershausen.
942 GS. S.-S. 1919, S. 20-22.
943 GS. S.-S. 1919, S. 23.
944 So die Erklärung des Abgeordneten Hartmann am 27.2.1928 im Thür. Landtag (4. LT.-Verh. Thür., 4. Abt., S. 2811).
945 LT.-Verh. S.-S. 1916-1919 „C“, S. 878.
946 LT.-Verh. S.-S. 1916-1919 „C“, S. 1404, 1408 f; LT.-Verh. S.-S. 1916-1919 „B“, S. 683.

Im April des Jahres 1919 errichtete der Freistaat Schwarzburg-Sondershausen die „Musik- und Theaterstiftung für Sondershausen“ zur Unterhaltung des Loh-Orchesters, des Konservatoriums und des Theaters in Sondershausen. Der Kapitalbetrag wurde aus dem sogenannten Kammergutgrundstock bereitgestellt (§§ 1 ff des **Gesetzes vom 22.4.1919**[947] in der Fassung vom 28.12.1919[948]). Daneben wurde eine „Museumsstiftung zu Arnstadt“ errichtet, um das ehemalige fürstliche Schloss dauernd als Museum zu erhalten. Auch hier wurden Mittel und Einrichtungsgegenstände aus dem ehemaligen fürstlichen Domänenvermögen bereitgestellt (§§ 1 ff des **Gesetzes vom 22.4.1919**[949] in der Fassung vom 28.12.1919[950]).

b) Das Ergebnis der Auseinandersetzung

Der Staat erhielt durch die Gesetze vom 7.1.1919 – betreffend Abfindung des Fürstlichen Hauses und betreffend das Fürstlich Schwarzburg-Sondershäusische Kammergut – den gesamten Domänengrundbesitz von 24.600 ha, davon 21 Kammergüter mit ca. 6.600 ha Fläche und Forsten mit ca. 18.000 ha Fläche. Die fürstliche Familie bekam für diese Überlassung Rentenzahlungen und Nießbrauchrechte. Sie behielt weder Forst- noch Feldgrundstücke des ehemaligen Domänenbesitzes. Von der Auseinandersetzung war ihr Privatvermögen (Schatullgut) nicht betroffen worden.

4. Sachsen-Altenburg

a) Der Ablauf der Verhandlungen

Über die Verhandlungen zur vermögensrechtlichen Auseinandersetzung zwischen den Vertretern des Herzogs und denen des Staates existieren keine schriftlichen Unterlagen oder Protokolle. Bereits im Jahr 1925 teilte das Staatsarchiv Altenburg dem thüringischen Finanzministerium diesen Sachstand mit.[951] Anfang der 20-er Jahre des 20. Jahrhunderts erschienen mehrere Druckschriften von Beteiligten, die Einzelheiten enthielten und zum Teil als Quelle neben den veröffentlichten Verhandlungen der Landesversammlung von Sachsen-Altenburg verwendet werden können; ferner gab es im Jahr 1925 Zeugenaussagen vor dem Landgericht Altenburg von Beteiligten (Einzelheiten im 3. Kap. III. 2.).

Kurz nach der Revolution (wahrscheinlich schon am 12.11.1918) fand unter Vorsitz des neu ernannten Ministers *Tell* eine Sitzung des Arbeiter- und Soldatenrates und mit dem Chef der Hofkammer *v. Wangenheim* als Vertreter des

---

[947] GS. S.-S. 1919, S. 117-120.
[948] GS. S.-S. 1920, S. 7.
[949] GS. S.-S. 1919, S. 121-123.
[950] GS. S.-S. 1920, S. 7.
[951] Schreiben v. 8.12.1925; ThHStAW, Thür. FinMin. Nr. 7937, Bl. 365r.

Herzogs *Ernst II. von Sachsen-Altenburg* statt. Der Arbeiter- und Soldatenrat verlangte die Aufhebung des Gesetzes vom 29.4.1874 und die Einziehung der Domänen zugunsten des Staates. *V. Wangenheim* berief sich auf die in diesem Gesetz festgelegte Eigenschaft des Domänenfideikommiß als Privateigentum der herzoglichen Familie (§ 4); im Fall des Regierungsverlustes des herzoglichen Hauses würden die Rechte des Staates an dem Domänenfideikommiß erlöschen und der herzoglichen Familie alle Rechte zustehen (§ 25). Er sicherte aber Entgegenkommen bei einer Neuvereinbarung zu und bereitete spezielle Vorschläge vor.[952] Am nächsten Tag wurde diese Vereinbarung zwischen den Beteiligten beraten. Vorbehaltlich der Zustimmung der demnächst zu wählenden Volksvertretung und unter Aufhebung des § 25 sollte vereinbart werden: Anerkennung des Privateigentums des herzoglichen Hauses am Domänenfideikommiß; Steuerwohnsitz blieb Altenburg; alle Rechte zur Erhaltung des Fideikommisses gingen auf die Staatsregierung über; die Erbfolge wurde beschränkt und beim Aussterben des Mannesstammes sollte das Nutzungsrecht auf den altenburgischen Staat übergehen.[953] Dieser Entwurf fand allgemeine Zustimmung, obwohl eine Unterzeichnung nicht erfolgte. Eine endgültige Regelung sollte späteren Verhandlungen mit der neuen Landesvertretung vorbehalten bleiben.[954] Das Gesetz aus dem Jahr 1874 wurde als nicht mehr zeitgemäß betrachtet, was offensichtlich auch der herzogliche Vertreter akzeptierte. Infolge dieser vorläufigen Vereinbarung arbeitete die herzogliche Domänenverwaltung ungehindert weiter und wurde von der neuen Regierung nicht behindert.

Am 13.11.1918 soll dann durch Herzog *Ernst II. von Sachsen-Altenburg* die Unterzeichnung eines Dokuments erfolgt sein, das hier wegen seines Inhalts vollständig abgedruckt wird:[955]

Verzichtsleistung auf den Thron für das Herzogtum Sachsen-Altenburg.

Der Unterzeichnete verzichtet für sich und seine Nachkommen auf den Thron für das Herzogtum Sachsen-Altenburg, als auch auf die Nutznießung und Rechte aus dem „Gesetz, die definitive Regulierung der Rechtsverhältnisse am Domänenvermögen betreffend, vom 29. April 1874" und auf alle Rechte, die aus Verträgen auf Grund dieses Gesetzes abgeleitet sind. Der Verzicht erfolgt zugunsten des Staates Sachsen-Altenburg. Bis zur Regelung einer Abfindung verbleibt dem Herzog ein Anteil aus den Erträgnissen des Domänenvermögens.

---

952 Aussage v.Wangenheims v. 18.9.1925; ThHStAW, Thür. FinMin. Nr. 7937, Bl. 317r.

953 Siehe Albrecht, Vertrag, Anlage 2, S. 43 f.

954 Müller, Altenburg, S. 118.

955 Abgedruckt bei Müller, Altenburg, S. 119; Diese Urkunde ist weder in der Gesetzessammlung noch in den Verhandlungen der Landesversammlung abgedruckt worden. Auch im ThStA Altenburg konnte diese Urkunde **nicht** gefunden werden. Nach Jung, S. 218, blieb diese Urkunde intern.

Die Festsetzung des Anteils sowie die endgültige Abfindung wird durch die zukünftige, auf demokratischer Grundlage gewählte gesetzgebende Körperschaft geregelt.

Der Unterzeichnete verpflichtet sich, alle Maßnahmen, die die provisorische Regierung trifft, für seine Person anzuerkennen.

Altenburg (S.-A.), den 13. November 1918. *(Unterschrift)*[956]

Nach der Wahl der neuen Regierung am 26.1.1919 begannen im Februar die ersten Verhandlungen über die Neuregelungen, an denen *v. Wangenheim* wieder teilnahm. Er wollte erreichen, dass bestimmter wertvoller Grundbesitz der herzoglichen Familie verblieb. Dieses Ziel kollidierte aber mit dem mittlerweile beim Herzog *Ernst II.* vorherrschenden Wunsch nach einer reinen Barabfindung. Deshalb entließ der Herzog *v. Wangenheim* und setzte *Albrecht* als Vorstand der Hofkammer und zum Verwalter des Domänenfideikommisses ein.[957] Sein Vorschlag, das Fideikommiß in eine Stiftung einzubringen und Teile der Einnahmen dem Staat zu überweisen, wurde von den Vertretern des Staates abgelehnt. Auf der Besprechung vom 10.3.1919 verlangten die Vertreter des Staates das gesamte Domänenvermögen gegen eine Barabfindung. Albrecht verlangte für diesen Fall 20 Mio. Mark. Nach seiner Darstellung überzeugte er die andere Seite, dass man dem Herzog 15 Mio. Mark zahlen und die restliche Summe vom Staat für die demnächst erfolgende Reichsnotopferabgabe gezahlt werden sollte.[958] Im März des Jahres 1919 erschien auch die Schrift von *Müller*, in der er sehr plakativ die geschichtliche Entwicklung der Domänen und der verschiedenen Gesetze im Herzogtum Sachsen-Altenburg darstellte und eine Vergleichslösung befürwortete. Über die Möglichkeit einer Abfindung äußerte er sein Missfallen und schrieb in seinem letzten Satz, gerichtet an die Landesversammlung: „*Werde hart!*".[959] Am 4.4.1919 stellte die Ortsgruppe der USPD aus Hermsdorf an die Landesversammlung den An-

---

[956] Bemerkenswert ist weiterhin, dass bei der von Müller veröffentlichten – aber nicht auffindbaren Urkunde – „*Unterschrift*" steht. Bei Wecker, S. 255 f, der diese Urkunde auch abdruckt, steht dagegen der Name „*Ernst*". Auch bei Patze/Schlesinger/Facius, 5. Bd. 2. Teil, S. 332, der nur den ersten Absatz veröffentlichte, steht „*Ernst*".
Bei den Verzichtsurkunden vom 13.11.1918 wurde bei der Veröffentlichung (LV.-Verh. S.-A., 2. Abt. 1919-1921, S. 71; Müller, S. 119; Wecker, S. 256) der Name „*Ernst*" abgedruckt.
Albrecht, Vertrag, S. 8 erwähnt, dass die Abdankung „*ohne Not mit der Domänensache verquickt wurde.*" Somit scheint eine Existenz dieser Urkunde möglich.

[957] ThHStAW, Thür. FinMin. Nr. 7937, Bl. 146r-147r.

[958] Albrecht, Vertrag, S. 10 ff; zu den Grundzügen dieses Vorschlags siehe Albrecht, Vertrag, Anlage 9, S. 71 f.

[959] Müller, Auseinandersetzung, S. 23; der Inhalt besteht aus mehreren Artikeln, die Müller in der Altenburger Volkszeitung veröffentlichte, und einigen Ergänzungen.

trag:„... *daß die vermögensrechtlichen Auseinandersetzungen im Sinne der Erwerbslosenfürsorge geregelt wird, da durch die Revolution das Besitztum des Herzoglichen Hauses dem Staate verfallen ist.*" Die Ortsgruppe der USPD aus Eisenberg beantragte am 5.4.1919, dem Herzog einem Erwerbslosen gleichzustellen. Als Begründung heißt es: "*Denn vor dem Revolutionsgesetz sind alle gleich.*"[960]

Die Höhe der Abfindungssumme erschien der Mehrheit der Abgeordneten der Landesversammlung aber zu hoch und man beschloss, dass Beauftragte der Landesregierung den Herzog persönlich aufsuchen sollten. Am 9.4.1919 trafen sich Herzog *Ernst II. von Sachsen-Altenburg* und die Beauftragten der Landesversammlung in Leipzig im Hotel Astoria. Das Ergebnis der Zusammenkunft, die vom Berichterstatter in der Landesversammlung als *„streng sachlich, aber trotzdem ziemlich langen Auseinandersetzung*" beschrieben wurde,[961] waren die „Grundzüge des Vertrages über die Auseinandersetzung mit dem früheren Landesherren".[962] Die Landesversammlung nahm in erster Lesung die Vorlage mit einigen Änderungen einstimmig an.[963] Über den Ablauf der Zusammenkunft gab es in späteren Jahren sehr unterschiedliche Darstellungen. Der Herzogs begründete seine spätere Anfechtung des Vertrages u.a. mit der Art und Weise, wie man dort mit ihm umgegangen worden wäre (Näheres im 3. Kap. III. 2.). Die Regierung erarbeitete dann einen Vertragsentwurf und brachte ihn in die Landesversammlung ein,[964] die den Vertragsentwurf in einigen Teilen abänderte und am 5.6.1919 einstimmig annahm.[965] Während der Verhandlung wurde bekannt, dass der herzogliche Vertreter *Albrecht* in der Vermögensaufstellung 2,7 Mio. Mark nicht mitangegeben hatte, was zu scharfen Stellungnahmen der Abgeordneten führte. (*Albrecht* hatte bei den Verhandlungen erreicht, dass diese Summe nicht miteinbezogen wurde.[966]) Die Unterzeichnung des Vertrages erfolgte am 6.6.1919 durch die Regierungsvertreter und am 14.6.1919 durch Herzog *Ernst II.* und Oberhofmarschall *v.Breitenbach* als Pfleger für die beiden minderjährigen Prinzen.[967] Dieser Vertrag wurde jedoch nicht notariell beurkundet.

---

960 ThStA Altenburg, Landtags-Acten 1919-1920 Nr. 21, Bl. 10-12. Der Text dieser Schreiben wurde in den LV.-Verh. S.-A. 1919-1921, 1. Abt., S. 116 abgedruckt.
961 LV.-Verh. S.-A. 1919-1921, 1. Abt., S. 116.
962 LV.-Verh. S.-A. 1919-1921, 2. Abt., Ds. 50a, S. 167 f.
963 LV.-Verh. S.-A. 1919-1921, 1. Abt., S. 118; LV.-Verh. S.-A. 1919-1921, 2. Abt., Ds. 50b, S. 168.
964 LV.-Verh. S.-A. 1919-1921, 2. Abt., Ds. 62a, S. 181 ff.
965 LV.-Verh. S.-A. 1919-1921, 1. Abt., S. 168 ff; LV.-Verh. S.-A. 1919-1921, 2. Abt., Ds. 62b, S. 184.
966 Albrecht, Vertrag, S. 19 ff.
967 Im ThHStAW, Thür. FinMin, Nr. 7935, Bl. 1r-3r befindet sich ein gedrucktes Exemplar dieses Vertrages mit einem Beglaubigungsvermerk der Amtsgerichts Altenburg. Ebenso im

Die wesentlichen Bestimmungen des **Vertrages vom 6./14.6.1919** waren:[968]

- Das gesamte zum Domänenfideikommiß des herzoglichen Hauses gehörende Vermögen, mit Ausnahme eines Teils der Wertpapiere, Hypotheken und Schuldbuchforderungen in Höhe von zusammen 4.800.000 Mark, geht mit allen Rechten, Pflichten und Lasten auf das Land als Eigentümer über (§ 2).
- Der ehemalige Landesherr erhält als Entschädigung für den Verzicht auf das Domänenfideikommiß eine einmalige Abfindungssumme von 5.200.000 Mark (§ 4).
- Weitere 2.000.000 Mark werden zur Errichtung einer Stiftung bestimmt zwecks Hebung der Wohlfahrtspflege und Förderung der kulturellen und sozialen Bestrebungen sowie zur Bekämpfung der Lungentuberkulose im Gebiet des Freistaates Sachsen-Altenburg (§ 4).
- Der Herzog erhält aus dem vom Staat übernommenen Domänenfideikommissvermögen das Schloss Fröhliche Wiederkunft mit Garten, Teichen und Wiesen sowie noch einige andere Grundstücke mit einem Gesamtflächengehalt von 5,475 ha, weiter vom Forstrevier Hummelshain den Waldteil Rieseneck mit dem Herzogsstuhl, Gesamtflächengehalt 164,653 ha, und schließlich die Gruft auf dem Friedhof, das Herzogspredigerhaus und das Timmlersche Haus in Altenburg zu freiem Eigentum (§ 7).
- Dem ehemaligen Landesherren wird für die Dauer seines Lebens für sich und seine Familie das freie Wohn- und Nutzungsrecht am Prinzenpalais, Torhaus und Verwaltungsgebäude des Schlosses in Altenburg mit einigen Gärten eingeräumt. Sollte der Herzog vor seiner Mutter, der Prinzessin *Auguste*, Witwe des Prinzen *Moritz von Sachsen-Altenburg*, versterben, so steht ihr auf Lebenszeit das freie Wohn- und Nutzungsrecht am Prinzenpalais nebst zwei Gärten zu (§ 11).
- Dem ehemaligen Landesherren und seiner Mutter wird je eine Loge im Theater zu Altenburg eingeräumt (§ 14).
- Die Einrichtungsgegenstände, die die Schlösser in Altenburg, Eisenberg und Hummelshain in dieser Eigenschaft kennzeichnen, sind in diesen Schlössern zu belassen, werden also Eigentum des Staates, alle übrigen

---

ThStA Altenburg, Akten der Gebietsregierung, Abt. der Finanzen zu Altenburg, Dep. II., Kap V., Loc. 102 Nr. 65.

[968] Die Darstellung des Ergebnisses folgt dem Manuskript: "Die Entwicklung und der gegenwärtige Stand der Auseinandersetzungen zwischen den ehemaligen Thüringischen Staaten und den dort früher regierenden Landesherren." (Thür. FinMin. an den RMdI v. 11.1.1926; ThHStAW, Landtag v. Thür. Nr. 32/4, Bl. 5r-6r [= S. 11-13 des Manuskriptes]).

Einrichtungsgegenstände bleiben Eigentum des herzoglichen Hauses (§ 15).

- Der Staat hat den Schlossgarten und die Anlagen am Pauritzer Teich in Altenburg im bisherigen Umfange dauernd zu unterhalten (§ 5).
- Die einmalige, voraussichtlich noch im Jahr 1919 zur Erhebung gelangende, außerordentliche Reichsvermögensabgabe von dem gesamten, den Gegenstand dieses Vertrages bildenden Domänenfideikommissvermögens trägt der Staat (§ 6).
- Als Entschädigung für die vorzeitige Aufgabe der Nutzung erhielt der Herzog noch 500.000 Mark (§ 16).
- Der Staat übernimmt die aus den Anstellungsverträgen zwischen den Domänen-, Haus- und Hofverwaltungen und ihren Beamten und Angestellten bzw. den Beamten und Angestellten in Pension oder auf Wartegeld und den Hinterbliebenen aller dieser Beamten und Angestellten begründeten Rechte und Pflichten sowie alle fortlaufend bewilligten Gnadenpensionen und Unterstützungen (§ 18).
- Alle Streitigkeiten über die Auslegung und Erfüllung des Vertrages entscheidet unter Ausschluss des Rechtswegs ein Senat des Oberlandesgerichts in Jena (§ 19).

Das Land zahlte am 1.7.1919 die vereinbarte Summe an den Herzog aus. Eine Veröffentlichung des Vertrages erfolgte in der Gesetzessammlung des Freistaates Sachsen-Altenburg nicht. Die Darstellung von *Müller* aus dem Jahr 1923 stellt nur einige Ergebnisse dar.[969] Der Vertrag ist dann in *Frölichs* Schrift abgedruckt worden, allerdings ohne die von der Landesversammlung beschlossenen Änderungen.[970] Erstmalig wurde der Vertrag vollständig in dem vom thüringischen Finanzministerium veröffentlichten Schreiben an den Reichsminister der Innern vom 11.1.1926[971] und im Jahr 1928 in den Landtagsverhandlungen[972] abgedruckt.

Bei den Auflassungsverhandlungen zur Umschreibung der Grundbücher wurde die Erteilung der vormundschaftsgerichtlichen Genehmigung (§§ 1821, 1822 BGB) vermisst. Der zum Kommissar für die Rechtsangelegenheiten des herzoglichen Hauses bestellte Richter *Fritzsche* erteilte Ende Juni des Jahres 1919 in einer Urkunde diese Genehmigung und die in Sachsen-Altenburg liegenden Grundstücke wurden auf den Staat umgeschrieben. Die außerhalb

---

[969] Müller, Altenburg, S. 125 f.

[970] Frölich, S. 29 ff.

[971] "Die Entwicklung und der gegenwärtige Stand der Auseinandersetzungen zwischen den ehemaligen Thüringischen Staaten und den dort früher regierenden Landesherren." (Thür. FinMin. an den RMdI v. 11.1.1926; ThHStAW, Landtag v. Thür. Nr. 32/4, Bl. 23r-25v [= S. 24-28 der Anlage B des Manuskriptes]).

[972] 4. LT.-Verh. Thür., Ds. Nr. 261 v. 11.9.1928, 1. Abt., S. 408-412.

genden Grundstücke wurden auf den Staat umgeschrieben. Die außerhalb von Sachsen-Altenburg liegenden Grundstücke wurden aber nicht umgeschrieben. Die fehlende Beurkundung und das Fehlen der Genehmigung des Vormundschaftsgerichtes sollten einige Jahre später eine maßgebliche Rolle für die Wirksamkeit des Vertrages spielen.

Im Mai des Jahres 1920 errichtete der Freistaat die „Altenburger Landesanstalt für Volksbildung". Zweck dieser Anstalt war es u.a., Schlösser, Gärten, Museen und Sammlungen zu pflegen und zu unterstützen. Dazu überwies der Staat neben dem jeweiligen Grundbesitz der betroffenen Objekte noch 4.450 ha Grundbesitz, zu dem auch Teile des ehemaligen Domänenvermögens gehörten (§§ 1 ff des **Gesetzes vom 5.5.1920**[973]).

b) Das Ergebnis der Auseinandersetzung

Der Staat erhielt aus dem Domänenvermögen insgesamt 13.270 ha, davon fünf geschlossene Güter von ca. 1.070 ha und 12 Forstreviere mit einer Fläche von 12.200 ha. Hinzu kamen Einzelgrundstücke und die Schlösser in Altenburg, Eisenberg und Hummelshain. Daneben verblieb dem Staat sein Ein-Drittel-Anteil am Domänenvermögen aus der Domänenteilung des Gesetzes vom 29.4.1874. Die herzogliche Familie erhielt für die Überlassung eine Abfindungssumme von 10 Mio. Mark und behielt das Schloss Fröhliche Wiederkunft und den Herzogsstuhl in Rieseneck. Aus dem Domänenbesitz behielt sie 170 ha an Feld- und Forstgrundstücken. Von der Auseinandersetzung war ihr Privatvermögen (Schatullgut) nicht betroffen worden.

5. Sachsen-Coburg

a) Der Ablauf der Verhandlungen

Zu den dringend zu lösenden Fragen im neu entstandenen Staat Sachsen-Coburg gehörte auch die Frage einer Auseinandersetzung über das herzogliche Vermögen. Am 18.11.1918 erklärte der Arbeiter- und Soldatenrat, er stehe auf dem Standpunkt, dass der Herzog unbedingt auf dem Weg eines Vertrages abgefunden werden sollte. Die ihm zur privaten Nutzung überlassenen Teile des Domänenvermögens (Schloss Callenberg und Teile des Parks in Rosenau) sollten ihm belassen bleiben.[974]

Auf einer Versammlung im Rathaussaal in Coburg, bei dem auch der Vollzugsausschuss des Arbeiter- und Soldatenrats anwesend war, betonte Staatsrat *Quarck*[975] neben der Notwendigkeit von Neuwahlen auch die einer „*Abschich-*

---

[973] GS. S.-A. 1920, S. 33-34.
[974] Niederschrift v. 18.11.1918; ThStA Gotha, Staatsministerium, Dep. I., Loc. 1b Nr. 79, Bd. 1, Bl. 3.
[975] 1873-1932 (Huber, 5. Bd., S. 1057, Fn. 30).

tung mit dem Herzog".[976] Gemeint war wohl eine Vermögensauseinandersetzung. Er erreichte auch, dass eine gemeinsame Auseinandersetzung der Landesteile Sachsen-Coburg und Sachsen-Gotha zusammen mit dem Herzog von Seiten Coburgs abgelehnt und die Vorverhandlungen abgebrochen wurden. Am 18.1.1919 wurde auf einem Treffen des Vollzugsausschusses des Arbeiter- und Soldatenrats von Coburg mit den Volksbeauftragten *Schauder* und *Löwengard* aus Gotha die Fortführung und Sicherung des ehemaligen Hoftheaters und die Verteilung der Lasten für die Versorgung der Hofbeamten besprochen. Es kam zwar zu keiner Einigung, es herrschte aber Einverständnis, dass die sogenannte Abschichtung des ehemaligen Landesherren aus den in Coburg befindlichen Domänen und Einkünften eine rein coburgische Sache sei und Coburg ein Viertel der Einnahmen aus den Schmalkaldischen Forsten zustehe. Am Lichtenberger Fideikommiß hätte Gotha und am Ernst-Albert-Fideikommiß hätte Coburg keinerlei Rechte.[977] Herzog *Carl Eduard* stimmte, veranlasst durch *Quarck*, auch den Sonderverhandlungen mit dem Staat Coburg zu. Der Versuch, mit diesem eine schnelle Übereinkunft zu erreichen, misslang, da der Vollzugsausschuß aufgrund eines Parteibeschlusses die Verhandlungen der neu zu wählenden Landesversammlung überlassen wollte.[978] In der ersten Sitzung der Landesversammlung am 1.3.1919 verlangte *Quarck*, dass die Auseinandersetzung mit dem Herzog nach den Grundsätzen der Billigkeit friedlich gelöst werden sollte. Bei einer Regelung über die Domänen sollten das Domänengut und die wichtigsten Sammlungen für die Bewohner des Landes sichergestellt werden.[979] Die Verhandlungen über das herzogliche Vermögen wurden für das Land durch *Quarck* – den die Landesversammlung als geschäftsführendes Regierungsmitglied bestellt hatte – und einen Abgeordneten der bürgerlichen Partei geführt, obwohl die SPD sieben von zehn Abgeordneten stellte. Der Vertreter des Herzogs war dessen Rechtsanwalt *Bretzfeld*. Die Verhandlungen wurden selbst von *Quarck* als sehr schwierig beschrieben.[980] Am Ende einigten sich beide Seiten und unterschrieben am **7.6.1919** einen **Vertrag** und ein Zusatzprotokoll, die am 1.7.1919 in der Landesversammlung beraten wurden.[981] Der Empfehlung des zuständigen Ausschusses folgend, nahm diese den Vertrag einstimmig an. Im Anschluss

---

[976] Quarck, S. 44.
[977] Protokoll der Sitzung v. 18.1.1919; ThStA Gotha, Staatsministerium, Dep. I., Loc. 1b Nr. 79, Bd. 1, Bl. 17-18.
[978] Quarck, S. 47 f.
[979] LV.-Verh. S.-C. 1919, S. 4.
[980] Quarck, S. 53 f; zur Rolle von Quarck und dessen Darstellungen siehe Jung, S. 79 ff, der ihn sehr kritisch beurteilt.
[981] LV.-Verh. S.-C. 1919, S. 151 ff.

wurde der Vertrag und das Zusatzprotokoll als **Gesetz vom 1.7.1919, über den Ausgleich mit dem Herzog,**[982] beschlossen und verkündet.[983]

Die wesentlichen Bestimmungen des Vertrages waren:

- Der Herzog gibt seine Rechte und die seines Hauses an dem Domänenvermögen zu Gunsten des Landes auf. Das gesamte Domänenvermögen wird Eigentum des Landes. Ausgenommen davon bleiben: das Schloss, der Schlosspark und das Gut Callenberg nebst dem Tierpark, der Eichhof und die Schweizerei Rosenau. Dieser Grundbesitz verbleibt dem Herzog frei von Ansprüchen des Landes und frei von privatrechtlichen Lasten. Er räumt dem Land oder der Landesstiftung ein Vorkaufsrecht an diesem Grundbesitz ein (§ 1).
- Dem Herzog und der Herzogin wird auf ihre Lebenszeit ein Wohnrecht auf der Feste Coburg eingeräumt, dessen Ausdehnung auf die Kinder vorbehalten bleibt (§ 2).
- Der Herzog überweist aus dem Hausallod die auf der Veste und im Hofgartenmuseum befindlichen Sammlungen an die Landesstiftung zu Eigentum, ebenso die zum Hausallod gehörenden Einrichtungsgegenstände des Schlosses Ehrenburg (§ 3).
- Aus seinem Privatvermögen überträgt der Herzog auf die Landesstiftung das Theater, den Theaterfundus und das Magazingebäude in Coburg (§ 4).
- Dem Herzog, seiner Gemahlin und seinen Kindern steht auf Lebenszeit die kleine herzogliche Loge im Theater zu (§ 4).
- Der Herzog überlässt aus seinem Privatvermögen die im Hofgarten befindlichen ihm gehörenden Sammlungsgegenstände (§ 5).
- Der Herzog ist damit einverstanden, dass seine Privatbibliothek im Schloss verbleibt und der Allgemeinheit zugänglich gemacht wird (§ 6).
- Solange dem Herzog und seiner Familie das Wohnrecht auf der Veste eingeräumt wird, bleiben die in seinem Privateigentum stehenden Einrichtungsgegenstände dort. Dem Staat wird ein Vorkaufsrecht eingeräumt (§ 7).
- Der Herzog erhält zum Ausgleich für die von ihm aufgegebenen Rechte den Betrag von 1,5 Mio. Mark (§ 9).
- Ein Viertel des Reinertrages aus den Schmalkaldener Forsten wird an die Staatskasse in Coburg abgeführt. Im übrigen wird der Staat auf die außerhalb des Landes liegenden herzoglichen Fideikommisse oder

---

[982] LV.-Verh. S.-C. 1919, S. 159 ff.
[983] GS. S.-C. 1919, S. 155-169.

Fideikommissteile, soweit sie dem herzoglichen Haus verbleiben, keine Ansprüche erheben (§ 13).[984]

- Meinungsverschiedenheiten, die über die Auslegung oder Durchführung des Vertrages entstehen, regelt ein Schiedsgericht, das aus dem Präsidenten des Oberlandesgerichts in Jena und zwei von ihm im voraus zu ernennenden Mitgliedern dieses Gerichts besteht (§ 15).

Im August des Jahres 1919 errichtete der Staat die „Coburger-Landesstiftung". Ihr Zweck war u.a., die durch den Vertrag vom 7.6.1919 an den Staat übertragenen Sammlungen und Einrichtungen zu erhalten. Die in Coburg befindlichen Sammlungen wurden der Stiftung als Eigentum und bestimmte Erträge aus den ehemaligen Domänen überwiesen (§§ 3 des **Gesetzes vom 9.8.1919**[985] in der Fassung vom 2.9.1919[986]). Im **Staatsvertrag zwischen den Freistaaten Coburg und Bayern über die Vereinigung Coburgs mit Bayern vom 14.2.1920**[987] wurde die Verwaltung des Domänenvermögens u.a. im Hinblick auf die Rechte der „Coburger Landesstiftung" ausdrücklich geregelt (§ 7).

b) Das Ergebnis der Auseinandersetzung

Der Staat erhielt aus dem Domänenvermögen insgesamt 5.690 ha, davon 690 ha Feldgrundstücke und 5.000 Forstgrundstücke. Hinzu kamen die Schlösser Coburg, Eichhof, Rosenau und Ehrenburg und die Veste Coburg. Die herzogliche Familie erhielt für die Überlassung eine Abfindungssumme von 1 ½ Mio. Mark und behielt das Schloss Callenberg. Aus dem Domänenbesitz behielt sie 442 ha an Feld- und Forstgrundstücken. Außer den vereinbarten Eigentumsübertragungen war von der Auseinandersetzung ihr Privatvermögen (Schatullgut) nicht betroffen worden.

---

[984] Quarck schrieb im Jahre 1932, dass er diese Klausel aufgenommen habe, um die Fideikommisse außerhalb von Coburg dem Herzog zu sichern. (Bay HStA München, Abt. II., Geheimes Staatsarchiv, Nr. 104356, Bl. 4-5).

[985] GS. S.-C. 1919, S. 257-262.

[986] GS. S.-C. 1919, S. 291-292.

[987] GVOBl. Bayern 1920, S. 335-343 in der Fassung der **Gesetze v. 16.6. u. 14.12.1920** (GVOBl. Bayern 1920, S. 344, 493-394).

6. Sachsen-Gotha

a) Der Ablauf der Verhandlungen

aa) Die Verhandlungen bis zum Sommer des Jahres 1919

Die Einmaligkeit der Vorgänge und die Vermögensauseinandersetzung in Gotha verdienen eine sehr detaillierte Darstellung. Über den Ablauf der Verhandlungen zwischen Vertretern des Herzogs und Vertretern des Arbeiter- und Soldatenrats und später den Abgeordneten der Landesversammlung wurde im Frühjahr des Jahres 1920 eine Broschüre durch die damalige Landesregierung herausgegeben – „Die vermögensrechtliche Auseinandersetzung zwischen der Republik Gotha und dem ehemaligen Herzog von Sachsen-Coburg-Gotha Carl Eduard.“[988] Diese Broschüre stellt den Ablauf und die Eigentumslage der betroffenen Vermögensobjekte nur sehr einseitig dar, dabei wird aus den Protokollen der verschiedenen Treffen nicht immer vollständig zitiert, obwohl die entsprechende Akte in Vorbereitung des Drucks zur Verfügung stand.[989] Bereits in der Einleitung wird auf die Herkunft von Herzog *Carl Eduard* als der *„landesfremde“* Herzog angespielt. Die Gesetze des Jahres 1917 und deren Auswirkungen gegenüber der englischen Verwandtschaft werden nicht erwähnt (siehe 1. Kap. III. 4.). Die Ansicht der revolutionären Regierung, dass durch den Rückzug des Herzogs in das Privatleben das Domänenvermögen *„herrenlos“* geworden sei, findet sich ebenfalls in der Einleitung.[990] Von den gedruckten 10.000 Stück wurden aber nur etwa 2.000 verteilt.[991] Durch die Einsicht in die entsprechende Akte im thüringischen Staatsarchiv Gotha konnten die jeweiligen Verhandlungsprotokolle mit der Broschüre verglichen und festgestellt werden, wie einseitig zitiert wurde und welche wichtige Äußerungen absichtlich nicht veröffentlicht wurden.

Die erste Zusammenkunft zwischen den Vertretern des Herzogs und den Vertretern des Arbeiter- und Soldatenrats fand am 19.11.1918 statt. Teilnehmer

---

[988] Zitiert als „Landesregierung Gotha, Auseinandersetzung, S.“ In dem Bestand der Forschungsbibliothek Gotha befindet sich eine Broschüre, auf der der Name *„Otto Geithner“* handschriftlich vermerkt und seine Adresse gestempelt ist. Offensichtlich handelt es sich dabei um sein eigenes Exemplar.

[989] In der Akte im ThStA Gotha, Staatsministerium, Dep. I., Loc. 1b Nr. 79, Bd. 1 finden sich Randzeichen, welche Stellen und in welchem Umfang aus den vorhandenen Gesprächsprotokollen zitiert werden sollten.

[990] „Landesregierung Gotha, Auseinandersetzung“, S. 5.

[991] Die Druckerei Wilhelm Bock in Gotha mahnte monatelang die Bezahlung und die Abholung an. Die Verteilung sollte über das „Gothaer Volksblatt“ erfolgen, ohne dass dazu ein schriftlicher Vertrag existierte. Im Jahre 1922 fragte die Gebietsregierung den ehemaligen Volksbeauftragten Grabow diesbezüglich an. Dieser konnte sich aber an keine Einzelheiten mehr erinnern. Zu diesem Vorgang insgesamt ThStA Gotha, Staatsministerium, Dep. I., Loc.1b Nr. 79 b.

waren Hofkammerpräsident *v.Bassewitz,*[992] Hofkammerrat *Zeyß* sowie *Geithner*, *Grabow*, *Löwengard* und *Schauder* für die andere Seite. Die Vertreter des Herzogs verwiesen auf eine Bestimmung des Vertrages vom 19.7.1905[993] – der zum Gesetz erhoben worden war –, wonach das herzoglich Sachsen-Gothaische Gesamthaus im Fall der Regierungsaufgabe verpflichtet war, an den Staat Grundbesitz zu überweisen, dessen jährlicher Reinertrag 96.000 Mark betragen würde (§ 6 Abs. 3). Für die Vertreter des Arbeiter- und Soldatenrats war dieser Vertrag *„nichtig"* und sie forderten das gesamte Domänenfideikommiß für den Staat. Wegen der Gewährung einer Rente bei dem Übergang des gesamten Domänenvermögens seien sie sich noch nicht ganz schlüssig und wollten Erkundigungen bei den Nachbarstaaten einziehen. Allerdings sollten bei der Vermögensauseinandersetzung weder das Privatvermögen noch das Ernst-Albert-Fideikommiß betroffen sein. Die herzoglichen Vertreter verwahrten sich gegen eine derartige Forderung, sie wären aber bereit, sich den Zwangsmaßnahmen des Staates zu fügen. Sie sicherten zu, die Verwaltung bis zu einer endgültigen Regelung weiter zu führen. Einigkeit herrschte dagegen, dass nur das Domänenfideikommiß des Gesetzes vom 19.7.1905 betroffen sein sollte. Über die notwendige Auseinandersetzung sollten weitere Kommissionsberatungen stattfinden.[994] Durch den Beschluss des Arbeiter- und Soldatenrats wurden *Bock*, *Schauder* und *Grabow* Volksbeauftragte und lösten den Vollzugsausschuss ab.[995] [996]

Bock lud Anfang Dezember des Jahres 1918 alle Regierungen und Vertreter der fürstlichen Häuser der thüringischen Einzelstaaten zu einer Konferenz nach Gotha für den 18.12.1918 ein, um eine möglichst einheitliche Abfindung in den jeweiligen Staaten zu erreichen.[997] Die Regierungen von Schwarzburg-Sondershausen, Reuß jüngere Linie und Sachsen-Meiningen lehnten eine Teilnahme ab. Für Schwarzburg-Sondershausen standen die Verhandlungen kurz

---

[992] Hans-Friedrich Adolf v.Bassewitz 1858-1930 – ein Vetter des Staatsministers von Gotha Hans Barthold v.Bassewitz.

[993] GS. S.-G. 1905, S. 81-90.

[994] ThStA Gotha, Staatsministerium, Dep. I., Loc. 1b Nr. 79, Bd. 1, Bl 1a. In „Landesregierung Gotha, Auseinandersetzung", S. 23 wird mit einem Satz nur das etwaige Rentenzahlungsangebot erwähnt, die erklärte Nichteinbeziehung des Ernst-Albert-Fideikommisses durch die Revolutionäre fehlt völlig.

[995] Beschluss v. 2.12.1918; RegBl. S.-G. 1918, S. 589.

[996] Hofkammerpräsident v.Bassewitz erwähnte in seinem Schreiben an die Volksbeauftragten vom 21.7.1919, auf dieser Beratung wäre ihm zugesagt worden, dass die herzogliche Familie in Gotha nicht schlechter behandelt werden sollte als die übrigen bisher regierenden Familien. (ThStA Gotha, Staatsministerium, Dep. I., Loc. 1b Nr. 79, Bd. 1, Bl. 144a-144k). Diese Aussage steht im Protokoll nicht.

[997] Ein Beleg der telegraphischen Einladung befindet sich im ThStA Meiningen, Staatsministerium, Abt. Finanzen Nr, 8926 b, Bl. 94-96.

vor dem Abschluss.[998] Zu diesem Zeitpunkt war in Schwarzburg-Rudolstadt schon eine Einigung erzielt worden und Sachsen-Meiningen verwies auf die Verschiedenheit der Verhältnisse, die eine gemeinsame Erörterung unzweckmäßig machten.[999] Hofkammerpräsident *v.Bassewitz* lud die Vertreter der fürstlichen Häuser zu einer Vorsprechung in seine Dienstwohnung für den 17.11.1918 ein.[1000] An der Konferenz am 18.12.1918 nahmen teil: für Sachsen-Weimar-Eisenach Staatsrat *Oswald* als Vertreter der Regierung und Graf *Finck v.Finckenstein* für den Großherzog; für Sachsen-Altenburg die Staatsräte *Mehnert, Metzschke* und *Tell* für die Regierung und *v.Wangenheim* für den Herzog; für Sachsen-Gotha die Volksbeauftragten *Bock, Schauder* als Vertreter des Arbeiter- und Soldatenrats und *Löwengard* sowie Staatsminister *v.Bassewitz* für die Regierung und Hofkammerpräsident *v.Bassewitz* und *Zeyß* für den Herzog; für Sachsen-Coburg Staatsrat *Quarck* für die Regierung und *Stegmer* als Vertreter des Vollzugsausschusses des Arbeiter- und Soldatenrats und *Bretzfeld* als Vertreter des Herzogs; für Reuß ältere Linie Staatsrat *Oberländer* für die Regierung und Hofkammerpräsident *v.Cornberg* für das Fürstenhaus, sowie *Hofmann* als Schriftführer. Über den Ablauf des Treffens wurde ein Protokoll gefertigt, das von *Bock, Schauder* und *Hofmann* unterzeichnet wurde.[1001] Zu Beginn erläuterte *Bock* den Zweck der Aussprache, ein möglichst gleichmäßiges Vorgehen in allen thüringischen Staaten zu erzielen. Die Vertreter der Regierungen von Sachsen-Altenburg, Sachsen-Weimar-Eisenach, Sachsen-Coburg und Reuß ältere Linie erklärten jedoch, dass eine derartige Regelung die ausschließliche Sache des jeweiligen Staates sei. Dies veranlasste dann *Schauder* zu seiner Erklärung, er würde daraus entnehmen, dass keine gemeinschaftliche Regelung erfolgen könne und somit das Verfahren einer gemeinschaftlichen Regelung gescheitert sei. Zwar wolle die Regierungsgewalt nicht, dass der Fürst in Not gerate, aber der Fürst könne nicht den Wald besitzen, den er als Landesherr zur Nutznießung hatte. „*Das Volksempfinden erachte diese Werte als Landeseigentum. Bei einer Revolution gehe es eben ohne größere, für einzelne schmerzhafte Eingriffe nicht ab*“. [1002] Dieser Auffassung widersprach *Mehnert*, da sie im Widerspruch zu der mehrfach von der Reichsleitung und den Arbeiter- und Soldatenräten geäußerten Meinung stehe, wonach Eingriffe in das Eigentum unzulässig seien. Desweiteren kritisierte er das Fehlen eines Planes für das Treffen. *Bock* erwiderte, dass die verschiede-

---

[998] ThStA Gotha, Staatsministerium, Dep. I., Loc. 1b Nr. 79, Bd. 1, Bl. 7a.

[999] ThStA Gotha, Staatsministerium, Dep. I., Loc. 1b Nr. 79, Bd. 1, Bl. 7c.

[1000] Eine Einladung befindet sich in der Akte des ThStA Greiz, Verwaltungsarchiv Osterstein Nr.1313, Bl. 34; siehe Jung, S. 237, Fn. 21.

[1001] ThStA Gotha, Staatsministerium, Dep. I., Loc. 1b Nr. 79, Bd. 1, Bl. 7h-7k; in „Landesregierung Gotha, Auseinandersetzung“, S. 23, wurden nur zwei Redebeiträge von Schauder und Bock abgedruckt.

[1002] Dieser Satz fehlt bei „Landesregierung Gotha, Auseinandersetzung“, S. 23.

nen Verhältnisse einen derartigen Plan unmöglich gemacht hätten. Man wolle nur eine möglichst weitgehende Übereinstimmung erreichen. In Gotha sei man bereit, durch eine Rente den Herzog in den Stand zu versetzen, als gutsituierter Bürger leben zu können. Die Abfindung könne aber nicht in der bisherigen Größe bemessen werden, da die Kosten für die Repräsentation weggefallen seien. Im Ergebnis vermerkt das Protokoll nur eine Einigung auf den Vorschlag des Staatsministers *v.Bassewitz*, dass sich die einzelnen Staaten bei zukünftigen Maßnahmen gegenseitig informieren würden.

Interessanterweise fertigte *Zeyß* ebenfalls ein Protokoll über dieses Treffen an.[1003] Inhaltlich stimmt es mit dem offiziellen Protokoll in der Hauptsache überein. Es enthält aber sehr detaillierte Äußerungen der Beteiligten. Bemerkenswert ist dabei vor allem die Kritik einiger Regierungsvertreter aus den anderen thüringischen Staaten an den Volksbeauftragten *Bock* und *Schauder*, die sich im offiziellen Protokoll nur geringfügig widerspiegelt. So erklärte ein Altenburger Vertreter, dass man nicht einfach per Dekret die Beseitigung des Eigentums der landesherrlichen Familie beschließen könne: *„Der einzig richtige und allein mögliche Weg sei die vertragliche Abfindung"*. *Bock* meinte zu diesen Vorwürfe, dass man im Land Gotha z.T. den Wunsch hätte, dem Fürsten überhaupt nichts zu geben. Für *Löwengard* war die Rechtslage klar: *„Unser Recht ist die durch die Revolution geschaffene gegenwärtige Lage, aber man könne über die Rechte des Einzelnen nicht zur Tagesordnung übergehen."* Diese Bemerkung wurde von anderen Teilnehmern scharf kritisiert, da eine Regelung nur auf dem Weg einer Vereinbarung erreicht werden könnte und geltendes Recht zu achten sei. Die Auffassung *Bocks* über das geltende Recht gipfelten in der Aussage: *„Die neue Regierung wolle zwar das Privateigentum schützen, es sei aber ein Unterschied, ob jemand ein Vermögen selbst erworben habe, oder ob er es dadurch erlangt habe, dass er eine Krone erbte."* Auch diese Erklärung erfuhr Ablehnung. Erst der Vergleich beider Protokolle lässt erahnen, wie das Treffen wohl abgelaufen sein muss.

Dass das Ziel der Volksbeauftragten von Gotha scheiterte, lag wohl an zwei Gründen: Zum einen sahen alle anderen Regierungsvertreter die Verhandlungen mit ihren ehemaligen Landesherren als alleinige Sache ihres Staates an, wobei die Verhältnisse im jeweiligen Land unbedingt berücksichtigt werden sollten. Zum anderen hatten sie die tatsächlichen Intentionen der Gothaer Vertreter schnell durchschaut. Diese wollte am liebsten überhaupt keine Entschädigung zahlen, sondern hielten eine Enteignung aufgrund der „Revolutionslage" für legitim. Dem konnten und wollten die anderen Vertreter nicht folgen.

[1003] ThStA Greiz, Verwaltungsarchiv Osterstein Nr. 1313, Bl. 57-61.

Am 8.1.1919 forderte *Löwengard* im Auftrag der Volksbeauftragten die Hofkammer auf, eine Zusammenstellung der Reineinnahmen der einzelnen Fideikommisse der letzten zehn Jahre in möglichst kurzer Zeit anzufertigen.[1004] Ab Januar des Jahres 1919 kam es zu mehreren Sitzungen der Kommission mit der herzoglichen Seite, um die Auseinandersetzung weiter zu besprechen. Am 30.1.1919 traf man sich wieder auf Schloss Friedenstein in Gotha. Diesmal nahmen Staatsminister *v. Bassewitz*, *Grübel*, *Liebetrau*, *Schauder* und *Löwengard* teil. Protokollführer war Regierungsassessor *Quarck* (der seltene Namen lässt auf eine Verwandtschaft mit dem coburgischen Staatsminister schließen). Beide Seiten waren sich einig, dass eine Auseinandersetzung im Wege einer Vereinbarung zu erfolgen hätte. *Löwengard* schlug vor, dass der Herzog das Lichtenberger- und Greinburger Fideikommiß behalten und eine Rente zur angemessenen Lebensführung erhalten sollte. Das Ernst-Albert-Fideikommiß müsse auf den Staat übergehen. Staatsminister *v.Bassewitz* verwies auf das Gutachten der Heidelberger Juri-stischen Fakultät vom 15.3.1854[1005], wonach dieses Fideikommiß dem herzoglichen Hause gehöre und im übrigen auf die Regelung des Gesetzes vom 19.7.1905.[1006]

Die Hofkammer legte am 3.2.1919 die geforderte Aufstellung über die durchschnittlichen Reinerträge der Fideikommisse von 1908/1909 bis 1917/1918, die Zuschüsse der herzoglichen Generalkasse sowie die Personalaufwendungen vor. Die Reinerträge setzten sich aus den Einnahmen und Ausgaben, ohne die Kosten der Hauptverwaltung, zusammen.[1007] Der durchschnittliche Reinertrag der Einnahmen betrug insgesamt 1.630.111,75 Mark. Die Zuschüsse der herzoglichen Generalkasse für denselben Zeitraum zum Theater betrugen im Durchschnitt 173.524,63 Mark (die Kosten für den Zeitraum 1908/1909 bis 1917/1918 beliefen sich auf 2.082.295,56 Mark) und für die Kosten an Gebäuden der herzoglichen Verwaltung 86.655,81 Mark. Für Aufwendungen für Park, Anlagen und Sammlungen wurden in den Jahren 1906 bis 1918 durchschnittlich 50.858,51 Mark ausgegeben. Als Personalaufwand wurde eine Summe von 731.536,49 Mark angegeben.[1008] In der Broschüre der Landesregierung werden nur die Einnahmen dargestellt, die sehr erheblichen Aufwendungen und Kosten werden auffälligerweise nicht mit abgedruckt.[1009]

[1004] ThHStAW, Thür. FinMin. Nr. 7947, Bl. 1r.

[1005] Siehe 1. Kap. III. 4. b) bb) (c).

[1006] ThStA Gotha, Staatsministerium, Dep. I., Loc. 1b Nr. 79, Bd. 1, Bl. 46-50.

[1007] Der durchschnittliche Reinertrag im o.g. Zeitraum betrug für den Gothaer Hausfideikommiß 1.003.135,19 Mark; für die Schmalkaldischen Forsten 245.002,06 Mark; für das Ernst-Albert-Fideikommiß 104.297,23 Mark und für das Lichtenberger Fideikommiß 277.677,27 Mark.

[1008] ThStA Gotha, Staatsministerium, Dep. I., Loc. 1b Nr. 79, Bd. 1, Bl. 52-59.

[1009] „Landesregierung Gotha, Auseinandersetzung", S. 8.

An der nächsten Sitzung am 4.2.1919 nahmen neben den gleichen Personen wie am 30.1.1919 auch *Bock* als Vorsitzender, der Volksbeauftragte *Grabow* und der Gothaer Rechtsanwalt und Landtagsabgeordneten *Gutmann* teil. [1010] *Gutmann* verlangte eine neue Regelung über die Domänen und wies auf die Gefahr der Besteuerung der Kriegsgewinne durch das Reich und eine geplante Vermögensabgabe hin.[1011] Dies würde für den Herzog einen hohen Verlust bewirken und deshalb sollte er lieber Vermögen an den Staat Gotha abtreten. Die Abfindung an den Herzog sollte aus Kapital und Rentenzahlungen bestehen. Auf den Hinweis *v.Bassewitz* auf die Rechtslage an den Fideikommissen und den Schmalkaldischen Forsten meinte *Löwengard*, dass der „*...Herzog auf das Eigentum an den Fideikommissen verzichten* (müsse) *und erhalte die ihm zuzubilligende Rente quasi als ein Geschenk.*“ Dagegen meinte *Gutmann*, im Wege der Gewalt sei ebensowenig zu erreichen wie im Jahre 1849. Der Herzog würde sich bei ordentlichen Gerichten auf bestehende Reichs- und Landesgesetze stützen können, daher müsse eine gütliche Einigung erstrebt werden. An den außerhalb des Landes liegenden Schmalkaldischen Forsten habe das Land kein Interesse. *Liebetrau* widersprach hinsichtlich der Schmalkaldischen Forsten dieser Ansicht. Der Vorschlag von *Löwengard* lautete nun, dass das Hausfideikommiß und das Ernst-Albert-Fideikommiß an den Staat übertragen werden sollten. Dafür sollte der Herzog ein Gut oder Kapital und eine Rente erhalten. Der Volksbeauftragte *Bock* meinte, man könne „*nicht allein die nackte, sondern man müsse die derzeitige Rechtslage betrachten.*“[1012] Beschlossen wurde nur, dass vor der nächsten Sitzung den Mitgliedern die Zusammenstellung der Einnahmen und Aufwendungen durch *Löwengard* zugänglich gemacht werden sollte. (Offenbar hatte nur dieser die Zusammenstellung der Hofkammer erhalten.)

Auf der Sitzung am 11.2.1919[1013] ließ die Landesregierung durch *Löwengard* erklären: „*Nach ihrer ganzen Entstehungsgeschichte habe der Herzog auch das Lichtenberger, Greinburger, das Ernst-Albert und vor allem das Hausfideikommiß, aber schließlich auch das Allod als Landesherr oder für Leistungen des Landes erworben; deshalb habe das Land auf sie ein Anrecht. Doch solle das Lichtenberger-Greinburger-Fideikommiß dem Herzog überlassen werden, ferner solle er eine Kapitalabfindung von 1 Million Mark und eine jährliche Rente von 100.000 Mark erhalten. Der Staat oder eine zu gründende*

[1010] ThStA Gotha, Staatsministerium, Dep. I., Loc. 1b Nr. 79, Bd. 1, Bl. 48-50.

[1011] Das Reich führte durch das **Gesetz vom 31.12.1919** auf große Vermögen ein „Reichsnotopfer“ als Sonderabgabe ein (RGBl. I. 1919, S. 2189-2207).

[1012] Die Äußerungen von Löwengard, Liebetrau und Bock fehlen in „Landesregierung Gotha, Auseinandersetzung“, S. 24 f.

[1013] ThStA Gotha, Staatsministerium, Dep. I., Loc. 1b Nr. 79, Bd. 1, Bl. 60-62; die Teilnehmer waren die gleichen Personen wie am 4.2.1919.

Stiftung solle den Grundbesitz übertragen bekommen, dafür aber auch alle damit verbundenen Lasten und Verwaltungskosten übernehmen." Zu diesem Zeitpunkt stellte die Forderung der Landesregierung gegenüber den bisherigen Angeboten für den Herzog eine weitere Verschlechterung dar. *Liebetrau* verlangte auf dieser Sitzung auch noch die Berücksichtigung der zu erwartenden Abfindung, die der Herzog in Coburg erhalten würde. Diese Forderung wurde auch nicht in der Broschüre der Landesregierung abgedruckt. Der Vorschlag von Staatsminister *v.Bassewitz* lautete dagegen: Belassung des Lichtenberger Fideikommisses im herzoglichen Vermögen, für das Ernst-Albert-Fideikommiß zahlt der Staat 2,5 Mio. Mark und aus den Einnahmen des Hausfideikommisses und der Schmalkaldischen Forsten soll der Herzog eine Rente erhalten. Zu einer Verständigung über die jeweiligen Vorschläge kam es nicht. Zwar versuchte man, dem Herzog dieses Angebot schmackhaft zu machen, indem man auf die doch hohen Einnahmen des Fideikommisses, das ihm belassen werden sollte, hinwies. Problematisch an dem letzten Angebot der Landesregierung war aber, dass die Besitzungen des Lichtenberg-Greinburgischen Fideikommisses in Gebieten lagen, die sich z.T. in der Republik Österreich und im Gebiet des jetzt entstehenden Staates Polen befanden. Auf die Besitzungen konnte man daher leicht verzichten, da ein Zugriff durch den Staat Gotha sehr schwierig sein würde. Hinzu kamen ungeklärte politische und rechtliche Verhältnisse in diesen Ländern und nicht absehbaren Auswirkungen eines zukünftigen Friedensvertrages. Auch lag die Domäne Wandersleben im Regierungsbezirk Erfurt und gehörte zu Preußen, was man aber seitens der Landesregierung zu dieser Zeit noch nicht bemerkt zu haben schien. Für die Vertreter des Herzogs war das alles leicht durchschaubar. Während die Vertreter der neuen Regierungsgewalt am 19.11.1918 das Ernst-Albert-Fideikommiß noch dem Herzog belassen wollte, verlangte sie jetzt dieses, da seine Besitzungen im Staat Gotha lagen. Deswegen wurden die ursprünglichen Forderungen auch später nicht veröffentlicht, um nicht vor dem Problem zu stehen, diesen Sinneswandel erklären zu müssen.

In dieser Zeit kommt es zu einer Zuspitzung der Lage in Gotha, die zu einer Konfrontation mit der in Weimar tagenden Nationalversammlung führte. Am 18.2.1919 besetzten Teile des Landesjägerkorps *Maercker* zeitweise die Stadt Gotha. Es kam daraufhin zu Unruhen, die in der Forderung gipfelten, der Freistaat Gotha solle aus dem Reich austreten. Während dieser Zeit fand am 23.2.1919 die Wahl zur Landesversammlung statt, die zu einer Mehrheit der USPD führte.[1014] Erst Mitte März des Jahres 1919 endete die Besetzung.

Als sich am 25.2.1919[1015] die Kommission wieder traf, nahmen jetzt als Vertreter des Herzogs Hofkammerpräsident *v.Bassewitz*, *Zeyß* und Rechtsanwalt

---

[1014] Näheres dazu siehe Patze/Schlesinger/Facius, 5. Bd. 2. Teil, S. 392 f.

[1015] ThStA Gotha, Staatsministerium, Dep. I., Loc. 1b Nr. 79, Bd. 1, Bl. 63-65.

Christ teil, es fehlten der Volksbeauftragte *Bock* und Staatsminister *v.Bassewitz*. Auf das Angebot vom 11.2.1919 meinte *v.Bassewitz*, dass er ein solches Angebot dem Herzog nicht zur Annahme empfehlen könne. Für *Christ* hatten die dem Herzog im Jahre 1905 zugewiesenen Vermögensteile einen Wert von 27 Mio. Mark, jetzt würden ihm dafür eine Mio. Mark angeboten. Der Herzog wäre bei einer angemessenen Entschädigung zu einem gütlichen Abkommen bereit; das Angebot der Landesregierung *„käme aber einer Vermögenskonfiskation gleich"*. Von den Äußerungen *Christs* wurde nur der letzte Satz in der Broschüre der Landesregierung abgedruckt, wohl aus gutem Grund entschied man sich, die von *Christ* angegebenen Werte nicht zu veröffentlichen. Hofkammerpräsident *v.Bassewitz* teilte in seinem Schreiben vom 28.4.1919 den Volksbeauftragten mit, dass der Vorschlag unverhältnismäßig niedrig sei und der Zusage vom 18.11.1918 (gemeint war wohl der 19.11.1918) widerspräche, wonach der Herzog nicht ungünstiger behandelt werden sollte als die anderen bisher regierenden Familien. Er erwähnt ferner die Abfindung, die in Sachsen-Meiningen (11 Mio. Mark) gezahlt wurde und Einzelheiten der Verhandlungen in Sachsen-Altenburg. Die von Gotha angebotene Abfindung sei *„hochgradig unbillig"*.[1016] Der Gegenvorschlag des Herzogs lautete: Von jeder Erörterung bleiben ausgeschlossen das Lichtenberger Fideikommiß, die Schmalkaldischen Forsten, das Ernst-Albert-Fideikommiß und das Hausallod. Obwohl das Land im Jahre 1905 fast die Hälfte des Gothaer Hausfideikommisses erhalten habe, sei der Herzog bereit, auf die andere Hälfte des Hausfideikommisses – bei entsprechender Übernahme der Lasten und der geplanten Vermögensabgabe des Reiches – gegen eine Abfindung von 10 Mio. Mark[1017] zu verzichten. Davon ausgenommen bleiben aber das Jagdschloss mit Nebengebäuden und das Hotel in Oberhof sowie die Gebäude der herzoglichen Sammlungen. Nur die Ablehnung und das Angebot des Herzogs werden später in der Broschüre der Landesregierung abgedruckt, es fehlten die Summe, die der Herzog von Sachsen-Meiningen erhalten hatte und der Hinweis auf Äußerungen während des ersten Treffens am 19.11.1918.

Bei der nächsten Zusammenkunft am 6.5.1919 wurde über den Vorschlag des Herzogs in der Kommission diskutiert. Teilnehmer waren der ehemalige Staatsminister *v.Bassewitz*, die Volksbeauftragten *Bock, Grabow, Tenner* und *Schauder*, die Abgeordneten der Landesversammlung *Grübel, Gutmann, Wolf* (der Präsident der Landesversammlung) sowie *Löwengard* und der Protokollant *Quarck*. Zunächst berichtete *Schauder* über seinen Besuch beim Herzog am 30.4.1919 auf Schloss Callenberg bei Coburg; dabei habe er dem Herzog erklärt, dessen Vorstellungen vor dem Land nicht verantworten zu können.

[1016] ThStA Gotha, Staatsministerium, Dep. I., Loc. 1b Nr. 79, Bd. 1, Bl. 68-70.

[1017] In „Landesregierung Gotha, Auseinandersetzung", S. 21 steht hinter der Summe ein in Klammer gesetztes Ausrufungszeichen. Im Brief ist es nicht vorhanden.

Weiterhin meinte er: „... *die Angelegenheit nun nicht länger hinausgezögert werden* (dürfe), *vielmehr müssten Maßnahmen getroffen werden, die den Herzog zu einer weitgehenden Nachgiebigkeit veranlassen und die Sache zum Abschluß brächten.*" Dagegen meinte *Gutmann*, dass über die Höhe der Abfindung und der Rente noch verhandelt werden könnte, allerdings müsse unbedingt daran festgehalten werden, dass das Ernst-Albert-Fideikommiß, das Hausallod und das Haus-Fideikommiß der Staat erhalten sollten. Da das Ernst-Albert-Fideikommiß die Abfindung für das Allod gewesen sei, gehöre letzteres dem Staat. Dem Herzog solle das außerhalb von Gotha liegende Lichtenberger Fideikommiß und die in Coburg liegenden Besitzungen behalten. Der Abgeordnete *Grübel* machte den Vorschlag, neben einer persönlichen Rente von 300.000 Mark, das Schloss in Oberhof oder Reinhardsbrunn und das Lichtenberger Fideikommiß, eventuell auch die Schmalkaldischen Forsten dem Herzog überlassen bzw. verbleiben sollten. Die restlichen Vermögensteile müssten an den Staat fallen. Dagegen meinte Bock, die angebotene Abfindung sei ausreichend, „*man müsse nunmehr an Maßnahmen denken, die dem Herzog die wirkliche Lage vor Augen führen*". Dieser Ansicht schloss sich auch der Präsident der Landesversammlung *Wolf*, an, der energische Schritte der Landesregierung forderte Die Äußerungen und Vorschläge von *Grübel*, *Bock* und *Wolf* fehlen in der Broschüre. Zustimmung aller Kommissionsmitglieder fand der Vorschlag *v.Bassewitz*, durch die Landesversammlung einen Ausschuss zu wählen und diesem die bisherigen Vorschläge zur Kenntnis zu geben. Die jetzige Kommission sei nach der Revolution gebildet worden und habe keine Aktivlegitimation mehr.[1018]

In seinem Schreiben vom 9.5.1919 an Herzog *Carl Eduard* teilte *Schauder* ihm mit, dass dessen Angebot vom 28.4.1919 als indiskutabel abgelehnt worden sei. „*Sollte kein Entgegenkommen gezeigt werden, so wird die Regierung mit allen ihr zu Gebote stehenden gesetzlichen Mittel dem Lande verschaffen, was des Landes ist*". Ein Treffen in Coburg wurde noch angeregt.[1019] Der Herzog lehnte jedoch ein Treffen ab, da er sich von einer nochmaligen Verhandlung keinen Erfolg versprach. Neue Vorschläge sollten der Hofkammer mitgeteilt werden.[1020] Die Landesversammlung wählte am 15.5.1919 die Kommission mit den Mitgliedern *Geithner, Gutmann, Grübel, Manteuffel, Wiegleb, Witzmann* und *Wolf*, die die weiteren Verhandlungen führen sollte.[1021]

[1018] ThStA Gotha, Staatsministerium, Dep. I., Loc. 1b Nr. 79, Bd. 1, Bl. 72 f.

[1019] ThStA Gotha, Staatsministerium, Dep. I., Loc. 1b Nr. 79, Bd. 1, Bl. 74a; der Brief ist in „Landesregierung Gotha, Auseinandersetzung", S. 28 f vollständig veröffentlicht worden.

[1020] Schreiben vom 12.5.1919 („Landesregierung Gotha, Auseinandersetzung", S. 29); in der Akte ThStA Gotha, Staatsministerium, Dep. I., Loc. 1b Nr. 79, Bd. 1, ist dieses Schreiben **nicht** vorhanden.

[1021] LV.-Verh. S.-G. 1919, S. 16.

Der Justitiar des Herzogs, *Zeyß*, berichtete auf der Besprechung der Hofkammervereinigung am 15.5.1919, dass man jetzt ein Gesetz erwarte, das den gesamten Besitz des Herzogs enteignen würde.[1022]

Am 30.5.1919 trafen sich die Kommissionsmitglieder, die Volksbeauftragten *Schauder, Grabow, Tenner* und der hinzugezogene *Löwengard* mit den Vertretern des Herzogs, Hofkammerpräsident *v.Bassewitz, Zeyß* und *Christ.*[1023] Das Protokoll (geführt durch *Hofmann*) ist in der Broschüre der Landesregierung vollständig abgedruckt worden.[1024] Neben der Erhöhung des Angebots für den Herzog auf vier Mio. Mark unter Einbeziehung der ursprünglichen Rente – wurde den herzoglichen Vertretern mitgeteilt, dass der Herzog bei diesem Angebot noch die Beträge, die er in der Auseinandersetzung in Sachsen-Coburg erhalten werde, sich anrechnen lassen müsse. Für die herzogliche Seite stellte dies keine Erhöhung in erwarteter Höhe dar. Es kam dann wiederum zum Austausch der jeweiligen Standpunkte über Entstehungsgeschichte, Kostenübernahmen, Rentenberechnungen und Wert des Domänenvermögens. Hofkammerpräsident *v.Bassewitz* meinte, man würde dem Herzog vier Mio. Mark für einen Grundbesitz von 27.000 ha bieten, der einen Wert von 75 Mio. Mark hätte. Das Herzoghaus Altenburg hätte für 12.000 ha vom Staat 10 Mio. Mark bekommen. Die Vertreter des Staates rechneten aber anders: der Herzog würde vier Mio. Mark von Gotha erhalten, hinzu kämen noch zwei Mio. Mark aus der Coburger Abfindung und das Lichtenberger-Fideikommiß brächten 10 Mio. Mark, zusammen 16 Mio. Mark.[1025] Aus dem Protokoll ist ein „Durchschimmern" einer für beide Seiten annehmbare Lösung nicht festzustellen. Bemerkenswert bei dieser Zusammenkunft sind die Äußerungen von *Schauder*: *„Die Kommission habe nicht die Absicht, sich auf eine streng juristische Auseinandersetzung einzulassen, sie stehe auf dem Boden der Revolution und beanspruche die von dem früheren regierenden Hause bisher genutzten Vermögenswerte für das Land."*[1026] Der hinzugezogene *Löwengard* meinte zwar, dass sich der Herzog formal-rechtlich in günstiger Stellung befände, aber dem Staat stünden Machtmittel zur Verfügung, „... *beispielsweise ein Gesetz zu erlassen, durch das das herzogliche Vermögen zu Leistungen des Staates herangezogen wird.*"[1027] Die pessimistischen Erwartungen von *Zeyß* am 15.5.1919 wurden durch derartige Äußerungen bestätigt. Die Vertreter des

---

[1022] Jung, S. 241 f.

[1023] ThStA Gotha, Staatsministerium, Dep. I., Loc. 1b Nr. 79, Bd. 1, Bl. 130-130g.

[1024] „Landesregierung Gotha, Auseinandersetzung", S. 29 ff.

[1025] ThStA Gotha, Staatsministerium, Dep. I., Loc. 1b Nr. 79, Bd. 1, Bl. 130e (RS); „Landesregierung Gotha, Auseinandersetzung", S. 37.

[1026] ThStA Gotha, Staatsministerium, Dep. I., Loc. 1b Nr. 79, Bd. 1, Bl. 130; „Landesregierung Gotha, Auseinandersetzung", S. 30.

[1027] ThStA Gotha, Staatsministerium, Dep. I., Loc. 1b Nr. 79, Bd. 1, Bl. 130f; „Landesregierung Gotha, Auseinandersetzung", S. 39.

Herzogs forderten zum Schluss eine schriftliche Darlegung des Angebots, verbunden mit einer Erklärungsfrist durch die Kommission.

Kurz nach dieser Besprechung tagten in Gotha der Arbeiterrat und die USPD-Fraktion. Die Volksbeauftragten *Bock und Schauder* sowie *Löwengard* berichteten am 3.6.und 11.6.1919 über den Stand der Verhandlungen. Es wurden dann zwei Resolutionen einstimmig beschlossen: In der ersten setzte man die Höchstgrenze der Abfindungssumme auf vier Mio. Mark fest. Außerdem sollte das Domänengut Wandersleben (das Teil des Lichtenberger Fideikommisses war, das dem Herzog ja belassen werden sollte) vom Staat zu erwerben sei, wobei der Kaufpreis nur eine Mio. Mark betragen sollte. Offenbar hatte man jetzt erst erkannt, zu welchem Vermögensteil die Domäne in Wandersleben gehörte und wollte auch diesen Teil dem Staat sichern. In der zweiten Resolution erklärte man: *„Unter Wahrung des prinzipiellen Standpunktes, der entschädigungslosen Rückgabe alles feudalen Kapitals an das Volk als einzig rechtmäßigen Eigentümer verlangt, hat die vermögensrechtliche Auseinandersetzung mit dem früheren Herzogl. Haus Sachsen-Coburg-Gotha jetzt im Wege des Vergleichs unter ausdrücklicher Festsetzung der von den Mitgliedern der USPD in der Kommission der Landesversammlung angebotenen Vergleichsobjekte als Maximalgrenze zu erfolgen. Dieser Vorschlag gilt als Ultimatum. Bei Nichtannahme durch das Herzogl. Haus sind von der Regierung alle gesetzlichen Mittel zur Erfassung der Abwürfe des Vermögens zu gebrauchen.“*[1028]

Am 13.6.1919 erfolgte die Übermittlung des endgültigen Vergleichsvorschlags an den Herzog: Der Herzog behält das Lichtenberger Fideikommiß und erhält ein Kapital von 5.000.000 Mark in bar; dem Herzog verbleiben die beweglichen Gegenstände, die sich in seinem oder der Herzogin Privateigentum befinden; der Herzog erhält das Jagdschloss in Oberhof. Er tritt das Gothaer Hausfideikommiß, das Ernst-Albert-Fideikommiß, die herzoglichen Waldungen im Kreis Schmalkalden, das Hausallod, das zum Lichtenberger Fideikommiß gehörige Gut Wandersleben und das Eigentum am Theatergebäude mit Fundus an den Staat ab. Auf den Staat gehen sämtliche Lasten über, die auf den übernommenen Vermögensmassen ruhen. Die Frist zur Beantwortung wurde auf den 23.6.1919 festgesetzt.[1029]

Die Hofkammer informierte die Kommission, dass wegen eines Eisenbahnerstreiks sie das Angebot erst am 23.6. 1919 erhalten habe, daher könne die Frist nicht eingehalten werden.[1030] Die Fristübertretung wird in der Broschüre der

---

[1028] Gothaer Volksblatt v. 13.6.1919.

[1029] ThStA Gotha, Staatsministerium, Dep. I., Loc. 1b Nr. 79, Bd. 1, Bl. 131; In „Landesregierung Gotha, Auseinandersetzung“, S. 40 f ist dieses Schreiben vollständig abgedruckt worden.

[1030] Schreiben v. 23.6.1919; ThStA Gotha, Staatsministerium, Dep. I., Loc. 1b Nr. 79 Bd. 1, Bl. 132.

Landesregierung stark kritisiert, das Schreiben vom 23.6.1919 überhaupt nicht erwähnt. Die Hofkammer prüfte das Angebot und holte verschiedene Stellungnahmen ein. So schrieb der Beauftragte des Herzogs für die Auseinandersetzung mit Coburg, Rechtsanwalt *Bretzfeld*, an den Herzog, dass nach seiner Auffassung für ihn die Fideikommisse reines Privatvermögen wären. Außerdem halte auch die Kommission die Güter des Lichtenberger Fideikommisses in Polen und Österreich für gefährdet, so dass man jetzt auch das Gut Wandersleben als einziges in Deutschland liegendes Gut haben wollte.[1031]

Auf die Anfrage der Hofkammer vom 25.6.1919 an die Volksbeauftragten,[1032] ob eine Vermögensabgabe geplant sei und was mit den Sammlungen, der Bibliothek und dem Münzkabinett sei, verneinten diese derartige Pläne, die Sammlungen u.ä. würden zu den Vermögenswerten gehören, die dem Land verbleiben sollten.[1033] In dieser Zeit verwahrten sich die Hofkammern von Sachsen-Meiningen und Sachsen-Altenburg gegen Eingriffe in die Sammlungen, da diese dem Gesamthaus gehören würden.[1034] Der von der Hofkammer beauftragte Rechtsanwalt *Lubszynski* erstellte sein Gutachten und legte es Anfang Juli des Jahres 1919 vor. Auch für ihn waren die betroffenen Vermögensteile Privateigentum des herzoglichen Hauses. Es gäbe keine gesetzliche Möglichkeit, den Rechtszustand zu ändern und das Angebot vom 13.6.1919 sei unzulänglich.[1035] Am 21.7.1919 erfolgte die Antwort die Hofkammer auf zehn Seiten. Das Schreiben beginnt: „*Der Herzog hat an uns geschrieben*: *Nach eingehender Prüfung und Beratung muß ich das mir gemachte Angebot vom 13. Juni diesen Jahres, das der Rechtslage in keiner Weise Rechnung trägt und weder der Billigkeit noch den in anderen Bundesstaaten angewandten Grundsätzen entspricht, ablehnen.*“ Im Anschluss werden der Ablauf der Verhandlungen, die Rechtslage aus Sicht der Hofkammer, die Abfindungen in anderen Staaten und die Differenzen zum letzten Angebot des Staates umfangreich dargelegt. Die „Erhöhung“ auf fünf Mio. Mark sei keine, da jetzt auch noch das Gut Wandersleben und der Theaterfundus, der Eigentum des Herzogs sei, verlangt würden. Der Wert dieser beiden Vermögensteile sei höher als die jetzt angebotene zusätzliche eine Mio. Mark. Somit wäre der neue Vorschlag in Wirklichkeit keine Verbesserung. Die Hofkammer verwies auf die schon früher gemachten Hinweise zur unsicheren Rechtslage und politi-

---

[1031] Schreiben v. 25.6.1919; ThStA Gotha, Staatsministerium, Dep. I., Loc. 1b Nr. 79 Bd. 1, Bl. 133 f.

[1032] ThStA Gotha, Staatsministerium, Dep. I., Loc. 1b Nr. 79 Bd. 1, Bl. 135.

[1033] ThStA Gotha, Staatsministerium, Dep. I., Loc. 1b Nr. 79 Bd. 1, Bl. 138.

[1034] Schreiben vom 3.7. und 15.7.1919; ThStA Gotha, Staatsministerium, Dep. I., Loc. 1b Nr. 79, Bd. 1, Bl. 139.

[1035] Schreiben v. 4.7.1919; ThStA Gotha, Staatsministerium, Dep. I., Loc. 1b Nr. 79, Bd. 1, Bl. 140-144.

schen Lage in Polen und Österreich. Als Anlagen wurden die Gutachten von *Bretzfeld* und *Lubszynski* beigefügt.[1036] Die Broschüre der Landesregierung druckte nur den ersten Satz ab und verlor kein Wort über den weiteren Inhalt und die Anlagen. Dem seinerzeitigen Leser wurde dadurch der Eindruck vermittelt, dass die Hofkammer keine Begründung für ihre Ablehnung hätte. Die Verhandlungen waren jetzt gescheitert, es erfolgte der erwartete Schritt des Landes.

bb) Das Gesetz vom 31.7.1919

Am 28.7.1919 legten die Volksbeauftragten einen Gesetzentwurf, der das gesamte herzogliche Domänenvermögen entschädigungslos einziehen sollte, den Abgeordneten vor.[1037] [1038]Die Rechtskommission der Landesversammlung beriet nur wenige Stunden am 30.7.1919 und am 31.7.1919 über die Vorlage.[1039] Die Volksbeauftragten und die USPD-Abgeordneten führten neben vielen politischen Gründen auch die Gefahr eines Staatsbankrotts als Grund für das Gesetz an, denn ohne die Einverleibung des Domänengutes würde der Staat zahlungsunfähig werden, daher sei Eile geboten.[1040] Als Kritik am Domänen-

---

[1036] ThStA Gotha, Staatsministerium, Dep. I., Loc. 1b Nr. 79, Bd. 1, Bl. 144a-144k.

[1037] ThStA Gotha, Staatsministerium, Dep. I., Loc. 1b Nr. 79, Bd. 1, Bl. 145-148.

[1038] Das Gesetz enthielt folgende Vorschriften: *§ 1.*

Das Gothaische Hausfideikommiß, das Lichtenberger Fideikommiß, das Ernst-Albert-Fideikommiß, die Schmalkaldener Forsten und das Hausallod des ehemaligen herzoglichen Hauses werden vorbehaltlich der Rechte anderer Staaten beschlagnahmt und in das Eigentum des Staates überführt.

Als Stichtag für den Eigentumsübergang gilt für das Gothaische Hausfideikommiß und das Hausallod der 1. Dezember 1918. Für das Ernst-Albert-Fideikommiß, das Lichtenberger Fideikommiß und die Schmalkaldener Forsten der 1. April 1919.

§ 2

Die Hofkammer wird aufgelöst. An ihre Stelle tritt als Abteilung des Staatsministeriums die Landes-Vermögens-Verwaltung mit einem von der Regierung zu bestimmenden Landeskommissar an der Spitze. Der Landeskommissar ist Beamter.

Ihm zur Seite steht ein von der Landesversammlung zu wählender Verwaltungsrat, über dessen Zusammensetzung und Befugnisse besondere Bestimmungen ergehen werden.

§ 3

Diejenigen Beamten, die im herzoglichen Dienst zu verbleiben wünschen, haben hierüber bis 1. September 1919 eine Erklärung abzugeben. Den übrigen Beamten gegenüber übernimmt der Staat die bisherige Verpflichtung des ehemaligen herzoglichen Hauses.

§ 4

Die Regierung wird ermächtigt, alle erforderlichen Maßnahmen zu treffen, um den Besitz des Staates sicher zu stellen.

§ 5

Alle diesem Gesetz entgegenstehenden gesetzlichen Bestimmungen sind aufgehoben.

[1039] LV.-Verh. S.-G. 1919, S. 152 ff.

[1040] LV.-Verh. S.-G. 1919, S. 156.

gesetz aus dem Jahre 1905 beanstandete man insbesondere die Wildschäden, verursacht durch falsche Forstwirtschaft,[1041] und die große und kostenintensive Hof- und Kammerverwaltung. Nur der Krieg mit der enormen Verteuerung der Holzpreise hätte die Erhöhung der herzoglichen Einnahmen gebracht. Das Bedürfnis nach einer schnellen Lösung wurde ebenso erwähnt wie die Schnelligkeit, mit der die Vorlage erarbeitet worden sei. In der Landesversammlung erörterte man auch eine Stiftungsgründung, die der Sicherung des herzoglichen Vermögens dienen sollte. Grund dafür war eine Bestimmung des Versailler Vertrages, wonach der gesamte Besitz und alle Einnahmen des Deutschen Reichs und der deutschen Staaten für die Bezahlung der Kosten der Wiedergutmachung und alle anderen Kosten hafteten (Art. 248 des **Friedensvertrages vom 16.7.1919**[1042]). Durch die Form einer Stiftung, in die das gesamte oder Teile des herzoglichen Vermögens gelangen sollten, hoffte man, diese Vermögensteile vor dem Zugriff der Entente zu bewahren. Gleichzeitig sollte die Stiftung zu bestimmten kulturellen und gemeinnützigen Zwecken dienen. Die Regierung lehnte aber ab, das herzogliche Vermögen in eine Stiftung zu überführen.[1043] Die Vertreter der bürgerlichen Opposition äußerten ihre Enttäuschung über die Ablehnung des letzten Angebots, warnten jedoch vor einer entschädigungslosen Enteignung. Da Teile des betroffenen Vermögens außerhalb von Gotha lägen, würden diese nicht durch ein derartiges Gesetz betroffen werden. Während einige das Gesetz ablehnten, plädierten andere für die Aufnahme der zuletzt vorgeschlagenen Entschädigungssumme in das Gesetz.[1044] Ebenso verwies man auf die Erfahrungen mit dem Gesetz des Jahres 1849, das nach kurzer Zeit einer für das Land ungünstigen Lösung weichen musste. Auf die Forderung eines Abgeordneten, man möge die Antwort des Herzogs verlesen, reagierte der Volksbeauftragte *Schauder* mit den Worten: *„Er wolle wenigsten die vier Zeilen, die eigentlich die Hauptsache der Antwort enthielten, verlesen.“* Dann verlas er den ersten Satz des Schreibens vom 21.7.1919. Dass diese Ablehnung mit einer sehr umfangreichen Begründung versehen war, wurde wohl in voller Absicht verschwiegen. Nach fünfstündiger Debatte stimmte die Landesversammlung über jeden Paragraphen einzeln ab, im Ergebnis wurde die Vorlage angenommen, gegen 15.15 Uhr endete die Versammlung und am gleichen Tag erfolgte die Ausfertigung.[1045] In der Broschüre der Landesregierung veröffentlichte man Auszüge aus dieser Verhandlung der

---

[1041] Ein Bericht des Hofkammerpräsidenten an den Herzog aus dem Jahre 1909 über die sehr großen Wildschäden befindet sich in den gedruckten Landtagsverhandlungen aus dem Jahre 1928 (4. LT.-Verh. Thür. Ds. Nr. 119 v. 10.1.1928, 2. Abt. S. 306 ff).

[1042] RGBl. I. 1919, S. 687-1349.

[1043] LV.-Verh. S.-G. 1919, S. 157.

[1044] LV.-Verh. S.-G. 1919, S. 157 ff, 164 ff.

[1045] LV.-Verh. S.-G. 1919, S. 172.

Landesversammlung, die jegliche Kritik an Vorlage und Redebeiträgen sowie die Gegenvorschläge der oppositionellen Vertreter verschwieg. So wurde z.B. vom Redebeitrag des Abgeordneten *Stoll*, der sich vehement gegen die entschädigungslose Enteignung aussprach und gegen die Vorlage stimmte,[1046] nur seine Kritik an den Forderungen des Herzogs dargestellt.[1047]

Neben dem im Landtag erklärten Grund des bevorstehenden Staatsbankrotts, der ein schnelles Handeln verlange, war der eigentliche Grund für die Beschleunigung des Verfahrens ein anderer. Seit dem 29.7.1919 debattierte man in Weimar in dritter Lesung den Entwurf der Reichsverfassung, u.a. auch den Art. 150. Nach diesem Artikel (später Art. 153 Abs. 2 Satz 2 RV) war eine Enteignung nur gegen angemessene Entschädigung möglich, soweit nicht ein Reichsgesetz etwas anderes bestimmte.[1048] Am 31.7.1919 kam es in Weimar zur Schlussabstimmung, die zur Annahme der Reichsverfassung führte und die Verhandlung endete um 20.53 Uhr.[1049] Am 11.8.1919 wurde die Reichsverfassung verkündet und trat am 14.8.1919 in Kraft.[1050] Die Entscheidung in Gotha erfolgte also nur wenige Stunden vor der Verabschiedung in Weimar. Da bis zum Inkrafttreten des Art. 153 der RV für die Landesregierung von Gotha Art. 109 EGBGB galt, wonach die Regelung des Enteignungsrechts der Landesregierung überlassen war,[1051] verstieß das Gesetz vom 31.7.1919 nicht gegen die Reichsverfassung, da es vor deren Inkrafttreten beschlossen wurde.

Die Schnelligkeit, mit der die Landesversammlung das Gesetz einbrachte und verabschiedete, lässt keinen anderen Schluss zu, als dass unbedingt noch vor dem Inkrafttreten der Reichsverfassung die entschädigungslose Enteignung des herzoglichen Vermögens erreicht werden sollte.[1052] Für diese Annahme spricht auch die Äußerung des Abgeordneten *Witzmann*, der im Jahre 1925 berichtete, dass die Abgeordneten der Landesversammlung am 31.7.1919 völlig überraschend aus den Parlamentsferien zurückgerufen worden waren und ihnen der Gesetzentwurf vorgelegt wurde. Als Begründung habe man ihnen ausdrücklich gesagt, dass in den nächsten Tagen die Reichsverfassung verabschiedet werden sollte und diese sähe keine entschädigungslose Enteignung mehr vor.[1053]

[1046] LV.-Verh. S.-G. 1919, S. 157 ff.

[1047] „Landesregierung Gotha, Auseinandersetzung", S. 42 ff.

[1048] Roob, Verfassungsgeschichte, S. 178; allerdings schreibt Roob dazu nur, *„Auch die bevorstehende Verabschiedung der neuen Reichsverfassung in Weimar legte den Volksbeauftragten, wollten sie noch zu einem Ergebnis in der Enteignungsfrage kommen, ehe diese Reichsangelegenheit würde, eine baldige Entscheidung nahe."*

[1049] Verhandlungen der Nationalversammlung, Bd. 329, S. 2176, 2196.

[1050] Huber, Dokumente, Bd. 4, S. 151 ff.

[1051] Näheres dazu siehe Staudinger-Kuhlenbeck, Art. 109 EGBGB.

[1052] So auch Jung, S. 246 f.

[1053] 3. LT.-Verh. Thür., 4. Abt., S. 5454.

Die Veröffentlichung des **Gesetzes vom 31.7.1919, über die Einziehung des Gothaischen Hausfideikommiß, des Lichtenberger Fideikommiß, des Ernst-Albert-Fideikommiß, der Schmalkaldener Forsten und des Hausallods,** [1054] erfolgte am 2.8.1919 in der Gesetzessammlung für den Staat Gotha. Bei der Veröffentlichung des Gesetzes fehlte die Formulierung, dass der Landtag diesem Gesetz zugestimmt habe. Diese Art der Verkündungsform verlangte das Staatsgrundgesetz vom 3.5.1855 (§ 108 Abs. 2: „*Zur wesentlichen Form eines Gesetzes gehört die Erwähnung der Zustimmung des Landtages zu demselben in den Verkündungsworten.*"). Dieses Versäumnis sollte sich in einigen Jahren zu Lasten des Landes auswirken.[1055] Ebenfalls fehlte die Gegenzeichnung durch das Staatsministerium bzw. die diese Aufgaben jetzt erfüllende neue Behörde. Die Verwaltung der betroffenen Vermögensobjekte und Sammlungen wurde von der eingerichteten Landesvermögensverwaltung übernommen und als Landeskommissar wurde *Tenner* eingesetzt.[1056] Als das Gesetz bekannt wurde, erfolgte eine heftige Kritik an der entschädigungslosen Enteignung.[1057] Mit dem **Gesetz über die vorläufige Regierungsgewalt in der Republik Gotha vom 24.12.1919**[1058] legte man fest, dass alle bisherigen Gesetze und Verordnungen in Kraft blieben. Zu diesen Gesetzen zählten auch alle vom Arbeiter- und Soldatenrat, dem Vollzugsausschuss und den Volksbeauftragten in der Gesetzessammlung verkündeten Gesetze und Verordnungen (Art. 6). Der Staat Gotha errichtete im Januar 1920 die „Landesstiftung Gotha". Neben Unterhaltung und Förderung des Landestheaters u.a. waren die Fürsorge für Kriegsopfer und die Durchführung von Bildungsmaßnahmen Stiftungszwecke. Die Ausführungsbestimmungen sollten noch festgelegt werden (§§ 1 ff des **Gesetzes vom 15.1.1920**).[1059]

cc) Ursachen für die entschädigungslose Enteignung

Da es ein derartiges Vorgehen in keinem anderen thüringischen Staat gab, muss nach den Ursachen gefragt werden. Das Scheitern der Verhandlungen beruhte im Ergebnis auf einer Vielzahl von Gründen. Bereits in der Abdankungsforderung wurde auch die sofortige Übergabe der Domänen an den Staat verlangt. Die USPD besaß die Mehrheit in der Landesversammlung, stellte die Regierung und ihre Vertreter waren Teilnehmer bei den verschiedenen Beratungen. Ihr Verhalten stand im Gegensatz zu dem Auftreten und Verhalten der

---

[1054] GS. S.-G. 1919, S. 105-106.
[1055] Näheres im 3. Kap. II. 1.
[1056] RegBl. S.-G. 1919, S. 397.
[1057] So z.B. o.N., DJZ 24 (1919), Sp. 814 f; Hachenburg, DJZ 24 (1919), Sp. 894.
[1058] GS. S.-G. 1919, S. 5-6.
[1059] GS. S.-G. 1920, S. 9-10; die Probleme wegen dieser Stiftung im Jahre 1922 mit dem Land Thüringen werden im 3. Kap. II. 1.näher beschrieben.

neuen Regierungen in den anderen thüringischen Staaten, denn für sie ging es um die Erfüllung ihrer alten Forderungen gegenüber dem Herzog; dabei interessierten ihre Vertreter ausschließlich die revolutionäre Lage und nicht die Rechtsgrundlagen, wie aus ihren Äußerungen immer wieder zu entnehmen ist. Die rechtlichen Probleme ihrer Forderungen im Hinblick zu der gesetzlich erfolgten Trennung der Domänen im Jahre 1905 – d.h. einer gesetzlich festgelegten Eigentumslage – interessierten sie nicht. Dieses Gesetz war eben nichtig, da der Herzog durch seine Abdankung *„Privatmann"* geworden sei. Bemerkenswert daran war, dass im Jahre 1905 alle Abgeordneten der SPD (darunter auch *Bock*) diesem Gesetz ihre Stimme gaben.

Die Vorschläge des Landes in den Verhandlungen an den Herzog, als großzügig und ausreichend für seine Lebensführung gepriesen, waren für die herzoglichen Vertreter leicht durchschaubar, weil gerade der Vermögensteil, der im Ausland lag, angeboten wurde. Die Einbeziehung der zu erwartenden Zahlungen des Staates Sachsen-Coburg an den Herzog konnte und wollte dieser nicht akzeptieren. Warum diese Forderung plötzlich erhoben wurde, ist auch nicht nachvollziehbar, da in beiden Herzogtümern ein voneinander getrenntes Domänenvermögen bestand. Ebenso standen die dem Herzog angebotenen Abfindungssummen in keinem Verhältnis zum Wert der Domänen, insbesondere, wenn man die in anderen thüringischen Staaten gezahlten Abfindungen zu den dort betroffenen Domänengrößen vergleicht. Aus Sicht der Revolutionäre waren die Forderungen des Herzogs unannehmbar. Zu Beginn der Verhandlungen waren sie zu einer Abfindungsmöglichkeit bereitgewesen. Seine Forderungen erschienen ihnen als Provokation auf ihren gezeigten guten Willen. Dabei darf jedoch der Hintergrund und der Inhalt der verschiedenen Angebote sowie der Wert und die Lage der einzelnen Domänenobjekte nicht außer Acht gelassen werden. Die Angebote sind erst dadurch in ihrem tatsächlichen Wert einschätzbar.

In den Beschlüssen der USPD vom 11.6.1919 war der Weg zur entschädigungslosen Enteignung vorgegeben, die bei Nichtannahme des letzten Vorschlags des Staates das entschädigungslose Einziehen des Vermögens vorsahen. Die USPD musste schnell handeln, da ihr bekannt war, welche Vorgaben in der zukünftigen Reichsverfassung geplant waren. Mit deren Inkrafttreten würde eine entschädigungslose Enteignung durch den Staat Gotha ausgeschlossen sein. Es scheint denkbar, dass die Gothaer Revolutionäre eine solche Enteignung nie ganz für ausgeschlossen hielten, als Drohmittel wurde sie jedenfalls verwendet. Die Beschlüsse vom Juni stellten zu diesem Zeitpunkt einen „Pflock" dar, von dem man nun nicht mehr wegkommen konnte. Es ist daher durchaus möglich, dass man die Ablehnung erwartete, ja provozierte, um so noch in letzter Stunde eine landesgesetzliche Beschlagnahme zu erreichen. Alles deutet daraufhin, dass sie wussten, dass das neue Angebot für den Herzog letztlich keine Erhöhung darstellen konnte. Man forderte für den Staat jetzt auch noch die letzte Domäne, die in Deutschland lag. Ihre Mehrheit in der Landesversammlung gab ihnen die Möglichkeit, ihre Interessen und ihre Vorstellungen umzusetzen. Weil die Zeit für eine Enteignung nach ihren Vorstellungen ablief, war es zu verlockend, dieses Machtmittel nicht zu nutzen, um zum gewünschten Erfolg zu kommen. Für diese Sicht spricht vor allem, dass kurz nach der letzten Verhandlung der Kommission am 30.5.1919 die USPD ihre ultimativen Forderungen beschloss, und mit welcher Schnelligkeit das Gesetz erarbeitet, eingebracht und verabschiedet wurde.

Für die herzoglichen Vertreter gab es eine eindeutige Rechtslage – das Gesetz aus dem Jahr 1905. Allerdings wurden in keinem thüringischen Staat die vor der Revolution abgeschlossenen Vereinbarungen mehr akzeptiert. Somit musste auch eine Neuregelung in Gotha erfolgen, deren Entschädigung dem Wert der abzutretenden Domänen zu entsprechen hatte. Der herzoglichen Seite muss hingegen bewusst gewesen sein, welche Auswirkungen eine derartige Zahlung für einen Staatshaushalt in dieser Zeit haben würde. Eine Bereitschaft zu einer Verringerung dieser Summe oder anderweitig gelagerte Zugeständnisse aus Gründen des Staatswohls sind aber in ihrem Verhalten nicht erkennbar. Während in anderen Staaten Möglichkeiten gefunden wurden, die Zahlungsmodalitäten auch für den Staat akzeptabel zu machen, kam man in Gotha bei den Verhandlungen nicht zu einem derartigen Übereinkommen. Einen Vergleich konnte und wollte man nicht um jeden Preis abschließen. Spätestens seit Anfang Juni des Jahres 1919 waren die Anzeichen klar erkennbar, was eine Ablehnung durch den Herzog bewirken würde. Man nahm diese Konsequenz offenbar in Kauf.

Zu dieser Zeit wurden in den Staaten Reuß und Sachsen-Weimar-Eisenach mit den jeweiligen Häusern auch noch über die Vermögensauseinandersetzung gerungen. Erst nach langen und z.T. zähen Verhandlungen waren diese von Erfolg gekrönt. Es ist nicht auszuschließen, dass bei weiteren Verhandlungen auch in Gotha eine einvernehmliche Lösung gefunden worden wäre. Dies hätte aber ein Nachgeben auf beiden Seiten bedeutet; im Juli des Jahres 1919 war aber niemand bereit, von seinen Standpunkten abzurücken und Verständnis für die andere Seite zu zeigen.[1060] Es fehlte auch eine Persönlichkeit auf Seiten der Regierung, die das Vertrauen der anderen Seite besaß, ohne die Position des Staates zu missachten und die auf die Verhandlungen dergestalt Einfluss nehmen konnte, dass am Ende ein für beide Seiten akzeptabler Abschluss zustande kam. In Schwarzburg-Rudolstadt, Schwarzburg-Sondershausen und Reuß gab es solche Persönlichkeiten, nicht aber in Gotha.

[1060] Zu den Gründen von Jung siehe S. 250 f.

b) Das Ergebnis der Auseinandersetzung

Der Staat erhielt durch das Gesetz vom 31.7.1919 das gesamte Domänenvermögen von ca. 42.700 ha, davon ca. 6.100 ha Feldgrundstücke und 36.600 ha Forstgrundstücke; daneben das Residenzschloss in Gotha und die Schlösser in Reinhardsbrunn und Oberhof.

7. Reuß

a) Reuß jüngere Linie

aa) Der Ablauf der Verhandlungen

Der Vollzugsausschuss des Arbeiter- und Soldatenrats verlangte am 19.11.1918 eine entschädigungslose Enteignung des fürstlichen Vermögens und bildete eine Kommission, die in Verhandlung mit der fürstlichen Kammer treten sollte.[1061] Bereits am 4.12.1918 kam es zu einer ersten unverbindlichen Besprechung über die Regelungen des fürstlichen Vermögens zwischen Minister *v.Brandenstein*[1062] und Hofkammerrat *Ebersbach* für die fürstliche Seite. Dabei erwähnte *v.Brandenstein*, dass ein Teil des Arbeiter- und Soldatenrats die Konfiskation des fürstlichen Vermögens verlange. Nach seinem Dafürhalten sollte sämtlicher Besitz beim Fürsten verbleiben, dieser aber dafür eine erhöhte jährliche Rente an den Staat zu zahlen hätte.[1063] Danach fanden von Dezember des Jahres 1918 bis Januar des Jahres 1919 noch mehrere Zusammenkünfte statt. Die Vertreter des Fürsten erklärten dabei ihre Vorbehalte zu dem von der Regierung vorgeschlagenen Modell einer Stiftung, in die das fürstliche Gesamtvermögen fließen sollte, da dem Fürsten damit jede Einwirkung auf sein Vermögen entzogen würde.[1064]

An der Besprechung am 20.1.1919 nahmen die Mitglieder des Vollzugsausschusses *Drechsler*[1065], *Beyer* und *Vetterlein*, *v.Brandenstein* als Vertreter des Ministeriums und *Ebersbach* für die Hofkammer teil. Letzterer erläuterte die Rechtslage, da im Gesetz vom 23.11.1880 das gesamte Domänenvermögen als Privateigentum des fürstlichen Hauses festgelegt worden war (§ 3). Für ihn „*konnte durch die Revolution auch kein neues Privatrecht geschaffen werden*", es bestünde aber Verhandlungsbereitschaft. Die Wünsche der Regierung richteten sich zunächst darauf, dass das Haus Reuß jüngere Linie die Rechte am Vermögen der älteren Linie abtrat sowie auf die Gewährung eines einmaligen Zuschusses „*zur Agitation für Ost-Thüringen in Höhe von 100.000 Mark.*"[1066]

[1061] Jung, S. 193.
[1062] 1875-1946 (Huber, 5. Bd., S. 1058, Fn. 43)
[1063] ThStA Greiz, Verwaltungsarchiv Osterstein Nr. 1313, Bl. 13-15.
[1064] Gesprächsnotiz von Ebersbach; ThStA Greiz, Verwaltungsarchiv Osterstein Nr. 1313, Bl. 49-53.
[1065] 1896-1951 (Huber, 5. Bd., S. 1059, Fn. 44).
[1066] ThStA Greiz, Ministerium Gera Nr. 25, Bl. 45-52.

Die fürstliche Hofkammer zahlte diesen Betrag, verlangte aber die Rückzahlung im Fall des Nichtzustandekommen eines Auseinandersetzungsvertrages.[1067] Trotz der eindeutigen Rechtslage zum Eigentumsrecht am Domänenvermögen hielten die Vertreter des Staates das Gesetz und den Vertrag aus dem Jahr 1880 für anfechtbar.[1068]

Der gemeinsame Staatsrat für Reuß stellte am 31.3.1919 den Antrag im gemeinsamen Landtag, für die Vermögensauseinandersetzung eine Kommission zu bilden, um die Verhandlungen mit den Häusern Reuß jüngere und ältere Linie getrennt zu führen. Grund sei die Verschiedenheit der Vermögensverhältnisse.[1069] Der Landtag stimmte dem Antrag zu und bildete eine Kommission mit sieben Mitgliedern. Die Abgeordneten der USPD brachten aber bereits am 2.4.1919 einen Antrag ein: Der gemeinsame Landtag der beiden Reuß wolle beschließen:, „*wegen Mangel landesgesetzlicher Zuständigkeit von der Reichsregierung unverzüglich gesetzgeberische Maßnahmen zu fordern, welche die Einzelstaaten ermächtigen, Eingriffe in die Privatrechte der Fürstenhäuser an Grund und Boden und deren Überführung in den Allgemeinbesitz ohne Entschädigung vorzunehmen*“,[1070] den der Landtag am 8.4.1919 annahm.[1071] Daraufhin brach die fürstliche Seite die Verhandlungen ab und legte vier Tage später dagegen Beschwerde beim Landtag ein.[1072] Erst Anfang Mai setzte man die Verhandlungen wieder fort, nachdem sich Staatsminister *v.Brandenstein* dafür persönlich eingesetzt hatte.[1073] Mittlerweile hatte die Hofkammer den preußischen Minister *Heine* um Vermittlung gebeten. Am 25.5.1919 trafen sich zunächst die sieben Ausschussmitglieder und die Vertreter der Regierung, darunter *v.Brandenstein* und *Oberländer*, zu einer Besprechung über das weitere Vorgehen. Dabei erzielten sie jedoch keine einheitliche Meinung über die Einzelheiten der Vermögensauseinandersetzung. Man dachte auch an eine Lösung wie in Schwarzburg-Rudolstadt, die eine vollständige Vermögensübertragung an den Staat gegen Zahlung einer Rente bedeutet hätte. Nach *v.Brandensteins* Einschätzung würde sich die Hofkammer darauf nie einlassen. Dann erschienen zu dieser Besprechung die Vertreter des Hauses Reuß jüngere Linie, Hofkammerpräsident *Kandler*, Hofkammerrat *Ebersbach* und Forstrat *Sieber*. *Kandler* legte noch einmal die Rechtslage dar, betonte aber die Verständigungsbereitschaft der Hofkammer, man sollte die

---

[1067] Schreiben v. 20.9.1919; ThStA Greiz, Ministerium Gera Nr. 28, Bl. 54.

[1068] Gem. LT.-Verh. Reuß 1919, „B“ Nr. 36, S. 125 ff.

[1069] Gem. LT.-Verh. Reuß 1919, „A“ Nr. 3, S. 11.

[1070] Gem. LT.-Verh. Reuß 1919, „B“ Nr. 5, S. 31; gem. LT.-Verh. Reuß 1919, „C“ Nr. 9, S. 50 f.

[1071] Gem. LT.-Verh. Reuß 1919, „C“ Nr. 10, S. 60.

[1072] ThStA Greiz, Verwaltungsarchiv Osterstein Nr. 1313, Bl. 194.

[1073] ThStA Greiz, Verwaltungsarchiv Osterstein Nr. 1313, Bl. 206.

Forderungen jedoch nicht überspannen.[1074] Zu einer Einigung kam es aber nicht, die Regierungsseite sah allein im Vergleich eine Lösung.

Die Regierungsvertreter und die Kommission trafen sich am 1.7.1919 erneut. Dabei herrschte weiterhin Streit über die geplanten Regelungen. Während *v.Brandenstein* mehrfach und sehr eindringlich auf ein einheitliches Vorgehen drängte, das bald zu einem Abschluss führen sollte, waren andere Kommissionsmitglieder mit dem was der Fürst an den Staat abtreten wollte, höchst unzufrieden. Auf den Hinweis *v.Brandensteins*, dass „*rechtlich nichts zu machen sei*", wendete das Kommissionsmitglied *Kahnt* ein: „*Ich lasse mich nicht von juristischen Gesichtspunkten leiten.*" Er wolle in der Öffentlichkeit diesen Abschluss nicht vertreten. *Oberländer* warnte vor einer gerichtlichen Auseinandersetzung, da durch Prozesse nichts zu erreichen sei.[1075] Noch immer war man sich nicht einig war, wie eine Vermögensverteilung erfolgen sollte. Zu diesem Zeitpunkt hatte man sich dem Fürsten so weit angenähert, das dieser solche Domänengrundstücke an den Staat übergeben wollte, die einen gewissen jährlichen Reinertrag erbringen konnten. Einige Teilnehmer sahen dies als schlechte Lösung an und verlangten alle Domänengrundstücke gegen Rentenzahlung. Der Einfluss *v.Brandensteins* war bei diesen Verhandlungen sehr maßgebend. Sein mehrfaches Betonen der notwendigen Einmütigkeit bei den Vereinbarungen und die ausgehandelte Lösung setzen sich schließlich durch. Über eine entschädigungslose Enteignung wurde bei den danach stattgefundenen Treffen kein Wort mehr verloren. Die geplante Stiftung sollte vor allem gegründet werden, um Güter vor dem Zugriff der Entente zu sichern.

Auf die Anfrage des Präsidenten des Volksrates von Reuß bezüglich des Antrags vom 8.4.1919 teilte der RMdI am 28.7.1919 den Standpunkt des Reiches mit: Unter Hinweis auf den zukünftigen Art. 153 der RV würde eine den Einzelstaaten erteilte Ermächtigung zur entschädigungslosen Enteignung des fürstlichen Vermögens diesem Artikel widersprechen.[1076] Die Verhandlungen zogen sich noch Monate hin.[1077] Erst am 15.11.1919 kam es zur Abschlussberatung über den nun vorliegenden Vergleichsentwurfs, dessen letzte Änderungen beschlossen wurden. In diesem Zusammenhang wurde seitens des Landes gefordert, über die Zahlung der 100.000 Mark nicht zu sprechen und der Vertragstext auch insoweit zu ändern wäre. Interessanterweise heißt es in dem Protokoll vom 15.11.1919 über die Zahlung der 100.000 Mark „für Agita-

---

[1074] ThStA Greiz, Ministerium Gera Nr. 25, Bl. 31-44.

[1075] ThStA Greiz, Ministerium Gera Nr. 25, Bl. 76-83.

[1076] ThStA Greiz, Kammer Greiz, Kapitel 63 Nr. 184, Bl. 40; teilweise auch abgedruckt in gem. LT.-Verh. Reuß 1919, „B" Nr. 36, S. 126.

[1077] Nach Lummer lag die Verzögerung daran, dass der Vertreter des Fürsten – RA Heine – „*niemals zu einer abschließenden Besprechung zu erreichen war.*" (LT.-Verh. Reuß 1919, „C" Nr. 52, S. 364). Heine war in den 20-er Jahren des 20. Jahrhunderts der Gutachter und Prozessvertreter des Landes Thüringens, Einzelheiten im 3. Kap. I.-III.

tion in *Groß*-Thüringen", während man am 20.1.1919 von „*Ost*-Thüringen" sprach.[1078]

Während der Verhandlungen informierte die fürstliche Hofkammer regelmäßig die „Vereinigung der deutschen Hofkammern" mit Sitz in Bückeburg über den Stand der Auseinandersetzung und nahm an deren Treffen teil.[1079] [1080]

Der Vergleichsentwurf und die Gesetzentwürfe wurden dann am 26.11.1919 in den Landtag eingebracht.[1081] Der Bericht des zuständigen Ausschusses über den Vergleich und das Gesetz über die Auseinandersetzung des fürstlichen Haus Reuß jüngere Linie mit dem Volksstaat Reuß erfolgte am 2.12.1919.[1082] Daneben musste noch ein Ausführungsgesetz beschlossen werden[1083] aufgrund der fideikommissarischen Bindung des Domänenvermögens des fürstlichen Hauses und der Vorgabe der neuen Reichsverfassung zur Auflösung der Fideikommisse (Art. 155 Abs. 2 Satz 2). Weiterhin wurde ein Gesetzentwurf zur Errichtung der Reußischen Anstalt für Kunst und Volkswohlfahrt eingebracht, um das Theater und die Kapelle in Gera sowie die fürstlichen Sammlungen zu erhalten und der Öffentlichkeit zugänglich zu machen.[1084] Am 11.12.1919 debattierte der Landtag über den Vergleich und die Gesetze und nahm sie einstimmig an.[1085] Die Vergleichsunterzeichnung erfolgte am 22.12.1919. Das **Gesetz vom 22.12.1919, über die Auseinandersetzung des fürstliches Haus Reuß j.L. mit dem Volksstaate Reuß,**[1086] **das Ausführungs-Gesetz vom 22.12.1919**[1087] und das **Gesetz vom 22.12.1919, über die Reußische Anstalt für Kunst und Volkswohlfahrt**[1088] wurden in der Gesetzessammlung veröffentlicht.

Die wesentlichen Bestimmungen des Vergleichs waren:[1089]

[1078] ThStA Greiz, Ministerium Gera Nr. 25, Bl. 53-62.

[1079] Teile des Schriftverkehrs befinden sich in den Akten ThStA Greiz, Kammer Greiz, Kapitel 63 Nr. 184, Bl. 46-48; Kammer Greiz, Kapitel 63 Nr. 182 und Nr. 190 und Verwaltungsarchiv Osterstein Nr. 1313, Bl. 37, 103-110 und Nr. 1315.

[1080] Zur „Vereinigung der Deutschen Hofkammern" siehe Jung, S. 575 ff. Jung hat als erster deren Akten im StA des Landes Niedersachsen in Bückeburg ausgewertet.

[1081] Gem. LT.-Verh. Reuß 1919, „A" Nr. 67, S. 387 ff.

[1082] Gem. LT.-Verh. Reuß 1919, „B" Nr. 36, S. 125 ff.

[1083] Gem. LT.-Verh. Reuß 1919, „A" Nr. 67, S. 387 u. 395 f.

[1084] Gem. LT.-Verh. Reuß 1919, „A" Nr. 67, S. 400 ff; gem. LT.-Verh. Reuß 1919, „B" Nr. 37, S. 129.

[1085] Gem. LT.-Verh. Reuß 1919, „C" Nr. 51, S. 364 ff; gem. LT.-Verh. Reuß 1919, „C" Nr. 52, S. 369 f.

[1086] GS. Volksstaat Reuß 1919, S. 351-362.

[1087] GS. Volksstaat Reuß 1919, S. 363.

[1088] GS. Volksstaat Reuß 1919, S. 364-366.

[1089] Die Darstellung des Ergebnisses folgt dem Manuskript: "Die Entwicklung und der gegenwärtige Stand der Auseinandersetzungen zwischen den ehemaligen Thüringischen

- Der ehemalige Landesherr überträgt dem Staat als Eigentum 12 Kammergüter mit ca. 1.560 ha Fläche, drei Forstreviere mit ca. 3.700 ha Fläche, drei Schlösser (Schleiz, Hirschberg, Tinz) mit ca. 18 ha Fläche und eine Anzahl Haus- und sonstiger Grundstücke mit ca. 142 ha Fläche (§ 1).
- An Teilen des Schlosses zu Schleiz bleibt dem ehemaligen Landesherren und seinen Erben ein Wohn- und Nießbrauchrecht vorbehalten (§ 1).
- Der ehemalige Landesherr verpflichtet sich, bis zu 425 ha Grundbesitz dem Staat zum Bau der Saaletalsperre ohne Entschädigung abzutreten. Kommt die Saaletalsperre bis zum 1.1.1940 nicht zustande, so tritt der Fürst das Kammergut Haueisen-Neuhammer mit Hüttenwerk, den Gasthof Neuhammer sowie verschiedene andere Grundstücke mit einem Flächengehalt von insgesamt 102,07 ha an den Staat ab (§ 2).
- Das Theatergrundstück in Gera mit Zubehör und Fundus sowie alle Rechte und Verpflichtungen aus den laufenden Verträgen mit den Beamten und dem Personal des Theaters und der Kapelle gehen auf die Reußische Anstalt für Kunst und Volkswohlfahrt über (§ 3).
- Der ehemalige Landesherr verpflichtet sich, die fürstlichen Sammlungen (Münzkabinett und Waffensammlung), das Archiv und die Schlossbibliotheken in Schleiz und Osterstein, ferner sämtliche Gartenanlagen, Parks und sonstigen schönen Naturanlagen, soweit sie im Besitz des fürstlichen Hauses verbleiben, in ihrem bisherigen Bestand zu erhalten und der Öffentlichkeit wie bisher zugänglich zu machen (§ 4).
- Der ehemalige Landesherr bestellt zugunsten des Staates eine seitens des Staates unkündbare Hypothek oder Grundschuld von 12.500.000 Mark an fünf ihm verbleibenden Forstbezirken, die einen Gesamtflächeninhalt von 5.285 ha haben. Das Kapital ist mit 3 % zu verzinsen. Die Zinsen sind der Reußischen Anstalt für Kunst und Volkswohlfahrt zur Erfüllung ihrer gesetzlichen Aufgaben zur Verfügung zu stellen (§§ 5 und 9).
- Der Staat erkennt an, dass das dem fürstlichen Haus verbleibende Vermögen unbeschränktes Privateigentum des Fürstenhauses ist (§ 8).
- Der Staat übernimmt die Verpflichtungen des ehemaligen Landesherrn gegenüber einer Anzahl von Beamten. In der Hauptsache sind es Beamte, die für die abgetretenen Grundbesitzungen angestellt sind bzw. waren (§ 11).
- Das Gesetz betreffend die Bildung eines Landesdomanialfonds vom 23.11.1880 und der Vertrag vom 29.11.1880 werden aufgehoben (§ 12).

Staaten und den dort früher regierenden Landesherren." (Thür. FinMin. an den RMdI v. 11.1.1926; ThHStAW, Landtag v. Thür. Nr. 32/4, Bl. 9r-9v [= S. 19-20 des Manuskriptes]).

- Über alle aus dem Vertrag entstehenden Streitigkeiten entscheidet ein Schiedsgericht, das aus dem Präsidenten des Oberlandesgerichts Jena und zwei weiteren Mitgliedern dieses Gerichts besteht (§ 16).

Der Volksrat von Reuß beschloss am 12.12.1919, eine weitere Stiftung zu errichten, die Bildungsaufgaben (Volkshochschulheim, öffentliche Landesbücherei u.a.) hatte. Dazu wurden aus dem ehemaligen fürstlichen Vermögen Schloss Tinz mit dem Kammergut Tinz, eine Villa sowie bestimmte Forstgrundstücke zur Verfügung gestellt.[1090] Der Volksrat genehmigte am 8.5.1920 die Satzung der „Volkshochschule Reuß" vom 20.2.1920 und veröffentlicht sie.[1091]

bb) Das Ergebnis der Auseinandersetzung

Der Staat erhielt durch diesen Vergleich Domänengrundbesitz von 5.394,43 ha, davon 13 Güter mit ca. 1.560 ha Fläche und drei Forstreviere mit ca. 3.700 ha Fläche, eine Anzahl von Einzelgrundstücken und die Schlösser Schleiz, Hirschberg und Tinz. Die fürstliche Familie behielt insgesamt 10.820 ha, davon 3.420 ha Feldgrundstücke und 7.400 ha Forstgrundstücke des ehemaligen Domänenbesitzes. Sie bestellte eine Sicherheit von 12.500.000 Mark an den ihr verbleibenden Forstgrundstücken. Weiterhin verblieben ihr das Residenzschloss Osterstein und Schloss Lobenstein. Von der Auseinandersetzung war ihr Privatvermögen (Schatullgut) nicht betroffen worden.

b) Reuß ältere Linie

aa) Der Ablauf der Verhandlungen

Aufgrund der Abdankung von Fürst *Heinrich XXVII. Reuß j.L.* als Regent vertrat die Volksvertretung die Ansicht, dadurch sei auch die Grundlage des Eigentums an den Domänen entfallen, die seit dem Jahr 1867 vollständig dem fürstlichen Haus Reuß älterer Linie überlassen worden waren; diese seien jetzt Eigentum des Staates geworden. Da die Einnahmen aus den Domänen zur Unterhaltung des Landesherrn gedient hätten, müssten diese nunmehr dem Staat zufließen. Durch die **Regierungs-Verordnung vom 16.11.1918**[1092] wurde das gesamte Domänenvermögen (als Kammergut bezeichnet) in Beschlag genommen. Die Verwaltung erfolgte durch die neue Landesregierung. (Das Privatvermögen von Fürst *Heinrich XXIV. Reuß ä.L.* wurde durch diese Verordnung nicht betroffen.) Auf der Konferenz der Regierungen und der fürstlichen Häuser der thüringischen Einzelstaaten am 18.12.1918 in Gotha äußerte Staatsrat *Oberländer*, dass die Verordnung nur

---

[1090] Amts- und Verordnungsblatt für Reuß jüngere Linie 1919, S. 1024.
[1091] Amts- und Verordnungsblatt für den Volksstaat Reuß 1920, S. 413 ff.
[1092] GS. Reuß ä.L.1918, S.82.

äußerte Staatsrat *Oberländer*, dass die Verordnung nur eine *„provisorische Sicherheitsmaßnahme darstellen würde"* und man beabsichtige, dem regierungsunfähigen Fürsten *Heinrich XXIV. Reuß ä.L.* eine dauernde Rente zu gewähren, der bisherigen Regent (Fürst *Heinrich XXVII. Reuß. j.L.)* sollte vertraglich abgefunden und die Rechte der bisherigen Agnaten durch eine gesetzliche Regelung beseitigt werden.[1093]

Im Januar des Jahres 1919 erschien die Denkschrift des Archivars *Schmidt*,[1094] in der er darlegte, sämtliche Besitzungen des Hauses Reuß (ältere und jüngere Linie) seien Privateigentum des Fürstenhauses. Als Anhang der Denkschrift gab Hofkammerpräsident *Kandler* eine „Kurze Darstellung der Rechtslage in der Domänenfrage". Er teilte die Ansicht von *Schmidt* und verwies auf die Gesetze der Jahre 1867 und 1880 mit einer klaren Regelung des Eigentums der beiden Fürstenhäuser. Am 31.3.1919 brachte der gemeinsame Staatsrat einen Antrag zur Bildung einer Kommission in den Landtag ein, um die Vermögensauseinandersetzungen mit dem ehemaligen Landesherrn der Linien Reuß ältere Linie und jüngere Linie zu führen.[1095] Nach der Bildung des Ausschusses mit sieben Mitgliedern wurden die Verhandlungen mit den beiden Linien Reuß getrennt geführt.

Erst jetzt begannen die Verhandlungen zwischen dem Staat und den Vertretern des Hauses Reuß ältere Linie. Auf der Besprechung vom 25.5.1919[1096] deutete sich schon an, dass zuerst eine Einigung mit dem Haus Reuß jüngere Linie getroffen werden müsste, bevor man sich mit der älteren Linie verständigen würde.[1097] Eine gemeinsame Verhandlungsführung der beiden Häuser Reuß mit dem Staat war nicht möglich wegen der unterschiedlichen die Vermögensverhältnisse der beiden Fürstenhäuser. Hinzu kam, dass wegen der Forderung des Hauses Reuß jüngere Linie auf das Schloss Burgk – das der älteren Linie gehörte – Streit mit dem Vormund des regierungsunfähigen Fürsten *Heinrich XXIV. Reuß ä.L.*, dem Fürsten *von Schaumburg-Lippe*, schwebte.[1098] Insoweit musste man mit jedem fürstlichen Haus Reuß gesondert verhandeln. Die rechtliche Situation des Domänenvermögens von Reuß ältere Linie war zwar nach der Verfassung aus dem Jahre 1867 eindeutig, nach der das gesamte Domänenvermögen dem fürstlichen Hause Reuß ä.L. übertragen worden war. Der Staat Reuß verlangte dennoch eine neue Vereinbarung über die Domänen.

1093 ThStA Greiz, Verwaltungsarchiv Osterstein Nr. 1313, Bl. 58 RS.

1094 In dem Bericht des Ausschusses über die Auseinandersetzung mit dem Fürstenhaus Reuß ä.L. vom 14.12.1919 heißt es, dass diese Denkschrift im Dezember 1918 herausgegeben worden sei (gem. LT.-Verh. Reuß 1919, „B" Nr. 40, S. 136). In dem gedruckten Manuskript steht jedoch „Januar 1919".

1095 Gem. LT.-Verh. Reuß 1919, „A" Nr. 3, S. 11.

1096 Siehe 2. Kap. III. 7. a) aa).

1097 ThStA Greiz, Ministerium Gera Nr. 24, Bl. 1-14.

1098 ThStA Greiz, Ministerium Gera Nr. 25, Bl. 79 RS.

Am 26.11.1919 kam es zu einem Treffen in Leipzig, auf der Regierungsseite *Oberländer, Pfeiffer, Nusch* und *Ludwig* und für das fürstliche Haus Hofkammerpräsident *v.Cornberg*, Rechtsanwalt *Eibes* und *Huschke*, wobei spezielle Vereinbarungen getroffen wurden,[1099] die dann bei der Besprechung am 11.12.1919 zum Abschluss eines Vergleichs führten.[1100] Dieser Vergleich zwischen dem Fürstenhaus Reuß ä.L. und dem Volksstaat Reuß wurde dem Landtag am 13.12.1919 übergeben.[1101] Der Bericht der Verhandlungskommission erfolgte am 14.12.1919, in dem diese die Ansichten von *Schmidt* ablehnte, die Annahme des Vergleichs aber empfahl.[1102] Der Landtag beriet am nächsten Tag den Vergleich und das notwendige Ausführungsgesetz[1103] und nahm beide einstimmig an.[1104] Die Veröffentlichung des Vergleichs erfolgte durch das **Gesetz vom 30.12.1919, über die Auseinandersetzung zwischen dem Fürstlichen Hause Reuß ä.L., vertreten durch den Fürsten Heinrich XXIV. Reuß ä.L. und diesen persönlich einerseits und dem Volksstaate Reuß, vertreten durch die Landesregierung andererseits,**[1105] am gleichen Tag erfolgte die Veröffentlichung des **Ausführungsgesetzes zu diesem Gesetz.**[1106]

Bei Abschluss des Vergleichs vom 11.12.1919 wurde wegen des Interesses des Staates an der Erhaltung eines geschlossenen Waldbesitzes sowie an einer Ausgestaltung der Rechte zwischen Fürst *Heinrich XXIV. Reuß ä.L.* und seinen Schwestern an dem Vermögensteil, der dem fürstlichen Haus verbleiben sollte, ein Vorbehalt vereinbart. Mit dem **Vertrag vom 22.12.1919**[1107] vereinbarten der Staat und das Haus Reuß ä.L., dass der dem Fürstenhaus verbleibende Besitz als Eigentum an die beiden Schwestern übergehen sollte, die mit einem deutschen Staatsangehörigen verheiratet und somit deutsche Staatsbürger waren.[1108] Der Fürst erhielt ein lebenslanges Nießbrauchsrecht an dem Besitz. Die beiden anderen mit ausländischen Staatsangehörigen verheirateten Schwestern[1109] sollten eine der Billigkeit entsprechende Abfindung erhalten. Im

---

[1099] Näheres darüber konnte im ThStA Greiz nicht gefunden werden. Hinsichtlich der Auseinandersetzung mit dem Haus Reuß ältere Linie gibt es nur sehr wenige Akten im ThStA Greiz.

[1100] ThStA Greiz, Kammer Greiz, Kapitel 56 Nr. 103, Bl. 2-8 und 19-20.

[1101] Gem. LT.-Verh. Reuß 1919, „A" Nr. 69, S. 405 ff.

[1102] Gem. LT.-Verh. Reuß 1919, „B" Nr. 40, S. 135 f.

[1103] Auch hier mussten die fideikommissarische Bindung und die Vorgaben des Art. 155 Abs. 2 Satz 2 RV beachtet werden (siehe bei Reuß j.L.).

[1104] Gem. LT.-Verh. Reuß 1919, „C" Nr. 56, S. 397 ff; gem. LT.-Verh. Reuß 1919, „C" Nr. 57, S. 405.

[1105] GS. Reuß ä.L. 1919, S. 95-99.

[1106] GS. Reuß ä.L. 1919, S. 100.

[1107] ThHStAW, Thür. JustizMin. Nr. 2252, Bl. 11r-11v.

[1108] Prinzessin Hermine von Schönaich-Carolath u. Fürstin Ida zu Stolberg-Roßla.

[1109] Emma Gräfin Künigl u. Freifrau Marie von Gnagnoni.

Vertrag vom 20.1.1920[1110] wurde vereinbart, dass beide jeweils 750.000 RM erhalten, die drei Jahre nach dem Tod des Fürsten fällig würden.

Die wesentlichen Bestimmungen des Vergleichs waren[1111]:

- Das Kammergut wird mit Ausnahme der dem Fürsten Reuß ältere Linie verbleibenden Vermögensgegenstände und Rechte dem Staat zu Eigentum überlassen (A).
- Dem ehemaligen Landesherren verbleiben: Schloss, Kammergut und Forstrevier Burgk mit ca. 1.500 ha Fläche, davon 1.400 ha Wald; das Mausoleum bei Waldhaus; das Recht, die neue Burg in Greiz als Wohn- und Verwaltungsgebäude zu benutzen und einen Teil des Küchengartens, den Bauhof, einen Teil des Marstallgebäudes nebst Zubehör sowie das Flurgrundstück Nr. 40 des Forstreviers Pohlitz zu nutzen (B).
- Der Staat tritt in alle zwischen dem Fürsten und den Kameral- und Forstbeamten, Hofbeamten und Hofbediensteten sowie sonstigen Angestellten bestehenden Dienstverträge einschließlich der Pensions-, Witwen- und Waisenversorgung ein (C).
- Der ehemalige Landesherr verpflichtet sich, von dem ihm verbleibenden Forstrevier Burgk zum Bau der geplanten Saaletalsperre bis zu 100 ha Fläche dem Staat unentgeltlich zu überlassen oder, falls der Bau bis zum 1.1.1940 nicht ausgeführt wird, als Ersatz eine gleiche Fläche unentgeltlich zur Verfügung zu stellen (D).
- Die in den beiden Zimmern der früheren Kapelle des Oberen Schlosses befindlichen Bücher, Bilder u.a. überlässt der Fürst dem Staat zu Eigentum (E).
- Das vorhandene Kapital und seinen Ertrag sowie die Kammergüter Grochlitz, Dölau und Trifle und ihren Ertrag, ferner die im Bezirk Greiz gelegenen Einzelgrundstücke hat der Staat zur Erfüllung kultureller Aufgaben dauernd vorzuhalten (F).

Im Sommer des Jahres 1920 wurde bekannt, dass sich in den beiden Räumen des Oberen Schlosses eine wertvolle Kupferstichsammlung befand, die zum Privateigentum des Hauses Reuß ältere Linie gehörte. Die Nachforschungen der Hofkammer ergaben, dass man im Rahmen der Verhandlungen mit dem Staat weder an diese Sammlung gedacht hatte noch deren tatsächlichen Wert kannte. Durch den Punkt „E“ des Vergleichs vom 11.12.1919 war diese Samm-

---

[1110] ThHStAW, Thür. JustizMin. Nr. 2252, Bl. 26r-26v.

[1111] Die Darstellung des Ergebnisses folgt dem Manuskript: "Die Entwicklung und der gegenwärtige Stand der Auseinandersetzungen zwischen den ehemaligen Thüringischen Staaten und den dort früher regierenden Landesherren.“ (Thür. FinMin. an den RMdI v. 11.1.1926; ThHStAW, Landtag v. Thür. Nr. 32/4, Bl. 9v-10r [= S. 20-21 des Manuskriptes]).

lung dem Staat überlassen worden. Zur Vermeidung einer gerichtlichen Auseinandersetzung kam es dann zu vertraulichen Gesprächen zwischen der Hofkammer und Minister *Oberländer*,[1112] die zum **Vergleich vom 8.2.1921**[1113] führten. Danach erkannte das Haus Reuß ältere Linie das Eigentumsrecht des Staates an der Kupferstichsammlung an (Ziff. 1). Der Staat verpflichtete sich, diese Sammlungen dauernd in Greiz zugänglich zu machen und zu pflegen (Ziff. 2). Die Sammlung hatte den Namen „Stiftung der älteren Linie des Hauses Reuß" zu führen (Ziff. 3). Ab dem Jahr 1922 wurde im Greizer Sommerpalais ein neues Kunstmuseum – die „Staatliche Bücher- und Kupferstichsammlung / Stiftung der Aelteren Linie des Hauses Reuß" – eröffnet.[1114]

bb) Das Ergebnis der Auseinandersetzung

Der Staat erhielt durch diesen Vergleich Domänengrundbesitz von 3.620 ha, davon fünf Güter mit ca. 320 ha Fläche und drei Forstreviere mit ca. 3.300 ha Fläche; eine Anzahl von Einzelgrundstücken, den Park in Greiz mit See und 2.300.000 Mark Barvermögen sowie das Stadtschloss – die „Neue Burg". Die fürstliche Familie behielt insgesamt 1.500 ha der ehemaligen Domänen, davon 100 ha Feldgrundstücke und 1.400 ha Forstgrundstücke und Schloss Burgk. Von der Auseinandersetzung war ihr Privatvermögen (Schatullgut) nicht betroffen.

8. Sachsen-Weimar-Eisenach

a) Der Ablauf der Verhandlungen

Am 14.11.1918 erließ *Baudert* als Staatskommissar der republikanischen provisorischen Regierung in Sachsen-Weimar-Eisenach die **Verordnung vom 14.11.1918, über die Aufrechterhaltung einer geordneten Staats- und Gemeindeverwaltung.**[1115] Darin wurde vom Arbeiter- und Soldatenrat die Aufrechterhaltung der neugeschaffenen Ordnung verlangt. Weiter heißt es: *„Bezüglich der Beschlagnahme von Schlössern und sonstiger Grundstücke, die man in der Bevölkerung vielfach irrtümlicherweise als Besitz des ehemaligen Großherzogs betrachtet, haben sich die örtlichen Arbeiter- und Soldatenräte jeglicher Maßnahmen zu enthalten. Die im Lande befindlichen Schlösser, Güter usw. (Hohe Sonne bei Eisenach usw.) sind nicht Eigentum des Großherzogs. Diese Liegenschaften gehören bereits dem Staat, sie sind entweder kronfiskalisch oder kammerfiskalisch. Der Ertrag aus diesen Liegenschaften fließt – fortab ohne weitere Teilung – in die Staatskasse.*" Mit

---

[1112] Zu den Einzelheiten siehe ThStA Greiz, Kammer Greiz, Kap. 11 Nr. 86, Bl. 1-28.
[1113] ThStA Greiz, Kammer Greiz, Kap. 11 Nr. 86, Bl. 29.
[1114] „70 Jahre Stiftung der Aelteren Linie des Hauses Reuß. Staatl. Bücher- und Kupferstichsammlung", ThStA Greiz, V 727/2.
[1115] RegBl. S.-W.-E. 1918, S. 301-302.

der **Bekanntmachung vom 20.2.1919**[1116] wurde das gesamte Vermögen des großherzoglichen Hauses beschlagnahmt. Die Verwaltung übertrug man dem Staatsministerium, Department Finanzen (§ 1). Verfügungen über Vermögensgegenstände des ehemaligen Großherzogs und über jetzt beschlagnahmte Gegenstände erklärte man für unwirksam (§ 2). Der Grund für diese Beschlagnahme war dessen Verkauf von Pferden aus dem Marstall, ohne darüber die provisorische Landesregierung informiert zu haben. *Baudert* erklärte dem Landtag, es habe dazu kein persönlicher oder sonstiger Hintergrund bestanden, die Beschlagnahme sei im Interesse des Landes erfolgt, bis eine einzusetzende Kommission eine weitere Regelung dieser Verhältnisse in die Wege geleitet hätte.[1117] Nach einigen unverbindlichen Vorbesprechungen über Art und Umfang der Vermögensauseinandersetzung kam es am 17.6.1919 zum ersten Treffen zwischen Vertretern des Staates und des Großherzogs (Oberhofmarschall *v.Fritzsch*, der ehemaligen Minister *Hunnius*[1118] und Rechtsanwalt *Kronfeld*).

Für den Staat nahm auch der zuständige Beamte des Finanzministeriums *Rinck*[1119] teil. Er arbeitete seit dem Jahre 1912 im Finanzdepartment des Großherzogtums Sachsen-Weimar-Eisenach. Nach der Rückkehr aus dem 1. Weltkrieg (als Frontoffizier mit Tapferkeitsauszeichnungen) arbeitete er weiter im Finanzministerium des Freistaates Sachsen-Weimar-Eisenach und war auf Seiten des Staates an den Verhandlungen mit den Vertretern des Großherzogs beteiligt. Im Jahre 1921 wurde er Beamter des Landes Thüringen und arbeitete als zuständiger Referent für die nun einsetzenden neuen Auseinandersetzungen mit den früheren Landesherren. Er war der Spezialist des Finanzministeriums für diese komplizierten und höchst unterschiedlichen Sach- und Rechtslagen. Im Frühjahr des Jahres 1939 wurde er pensioniert.

Der bereits vorher geäußerten Bitte der großherzoglichen Vertreter um Vertraulichkeit der Verhandlungen kam die Staatsregierung nach.[1120] Als Ergebnis dieser Zusammenkunft überreichte *Kronfeld* mit Schreiben vom 19.6.1919, ergänzt am 3.7.1919, der Staatsregierung einen „unverbindlichen" Vorschlag.[1121] Die Staatsregierung verlangte in ihrer Antwort u.a., dass *„alle kron- und kam-*

1116 RegBl. S.-W.-E. 1919, S. 49-50.

1117 LT.-Verh. S.-W.-E. 1919, Bd. 1, S. 207.

1118 1852-1943 (Marwinski, Zweite Sammlung, S. 138 f). Die Minister Rothe und Hunnius, der Staatsminister von Sachsen-Coburg und Gotha v.Strenge und der Staatsminister von Sachsen-Meiningen v.Heim waren Mitglieder der Burschenschaft Arminia auf dem Burgkeller-Jena (Kaupp, S. 9, 13 f; 27 f; 33 f). Bemerkenswert ist dabei, dass sie an herausragender Stellung in drei thüringischen Staaten wirkten.

1119 Dr. iur. Arno Rinck, geboren 1874; ThHStAW, Personalakten Finanzministerium R 56.

1120 ThHStAW, Staatsministerium, Department der Finanzen Nr. 841, Bl. 67r-58r und 94r.

1121 ThHStAW, Staatsministerium, Department der Finanzen Nr. 841, Bl. 71r-74r und 117r-118r.

merfiskalischen Vermögenswerte über die in diesem Vertrag nicht ausdrücklich verfügt ist, künftig als Staatseigentum stehend anerkannt werden, mit Ausnahme der von Maria Pawlowna gestifteten Fideikommisse."[1122] Die Antwort von *Kronfeld* fiel dementsprechend kritisch aus, neben der Feststellung von „*Differenzen*" zwischen den beiden Vorschlägen verlangte er eine Klarstellung, was unter „*kron- und kammerfiskalisch*" gemeint sei.[1123] In dem folgenden Schriftwechsel kam es zu keiner Einigung über diese Begriffe und über die Eigentumslage am Domänenvermögen. Beide Seiten legten ihre Rechtsansichten über das Eigentum wiederholt dar.

In dieser Zeit beschloss der Landtag mit dem **Übergangsgesetz vom 7.7.1919**[1124] u.a., dass alle von der provisorischen Regierung seit dem 11.11.1918 erlassenen und im Regierungsblatt verkündeten Verordnungen in Kraft blieben. Ein Verzeichnis dieser Verordnungen war dem Gesetz beigefügt. Außer Kraft traten alle nicht aufgeführten Verordnungen. In dieser Anlage fehlte die Bekanntmachung vom 20.2.1919, so dass diese – wenn es sich um eine Verordnung gehandelt hätte – außer Kraft hätte treten müssen.

Im Oktober des Jahres 1919 wurden die Abgeordneten in einer vertraulichen Sitzung über den Stand der Verhandlungen und die jeweiligen Vorschläge, mit dem vorherigen Einverständnis der großherzoglichen Seite, informiert.[1125] Gegen die Stimmen der USPD hatte sich die Mehrheit der Abgeordneten für eine vertrauliche Sitzung aus Gründen des Staatswohls entschieden.[1126] Am 15.12.1919 trafen sich beide Seiten erneut. Diesmal nahmen Staatsminister *Paulssen*, Staatsrat *Palm* und Referent *Rinck* für den Staat und der ehemalige Staatsminister *Rothe*, Oberhofmarschall *v.Fritzsch* und Rechtsanwalt *Kronfeld* teil. Die Vertreter des Staates erklärten, dass eine baldige Regelung im Interesse aller Beteiligten sei und man neue Vorschläge erwarte. Eine Aufhebung der Beschlagnahme wurde sofort nach dem Abschluss der Verhandlungen in Aussicht gestellt. Man betonte die bisherige „*loyale*" Handhabung der Beschlagnahme. Im Protokoll heiß es, dass sich „*die Vertreter des Großherzogs dem nicht verschließen konnten*", sich aber weitere Schritte vorbehielten.[1127] Eine Einigung konnte zu diesem Zeitpunkt nicht erzielt werden. Der ehemalige Großherzog klagte dann Ende Februar des Jahres 1920

1122 Schreiben v. 25.7.1919; ThHStAW, Staatsministerium, Department der Finanzen Nr. 841, Bl. 143r-145v.

1123 Schreiben v. 15.8.1919; ThHStAW, Staatsministerium, Department der Finanzen Nr. 841, Bl. 166r.

1124 RegBl. S.-W.-E. 1919, S. 282-283.

1125 ThHStAW, Staatsministerium, Department der Finanzen Nr. 841, Bl. 194r und 207r-223r.

1126 LT.-Verh. S.-W.-E. 1919, Bd. 2, S. 1333 f, 1356; der § 46 der Geschäftsordnung sah die Vertraulichkeit der Sitzung aus Gründen des Staatswohls vor.

1127 ThHStAW, Staatsministerium, Department der Finanzen Nr. 841, Bl. 281r-284r.

gegen den Fiskus Weimar und verlangte, die Einrichtung des Schlosses Ettersburg aus der Beschlagnahme freizugeben. Das Landgericht Weimar und das OLG Jena als Berufungsgericht wiesen die Klage jedoch ab, für beide Gerichte war der gewählte Rechtsweg unzulässig, da der Staat hier auf dem Gebiet der Staatstätigkeit gehandelt habe.[1128] [1129] Der Rechtsberater des Großherzogs *Kronfeld* schrieb dem Finanzministerium nach der Klageerhebung, dass er dieses Vorgehen wegen der fehlenden Akzeptanz durch die Regierung empfohlen habe. An die vereinbarte Geheimhaltung fühlte er sich nicht mehr gebunden, da in der Presse Einzelheiten bekannt geworden seien und dafür die staatliche Seite verantwortlich sei.[1130]

Im März des Jahres 1920 verlangte dann das Finanzministerium mehrfach vergeblich von der großherzoglichen Schatullverwaltung die sofortige Aufstellung des großherzoglichen Vermögens und berief sich auf die Beschlagnahmeanordnung vom 20.2.1919, die sie zu diesem Vorgehen berechtigen würde.[1131] Kurz darauf erklärte die Regierungsseite aber ihre Bereitschaft zur Fortsetzung der Gespräche, die die großherzogliche Seite erwiderte. Seit Juni des Jahres 1920 verhandelten beide Seiten wieder miteinander. Seitens der Regierung wurden drei sogenannte „vorläufige Abkommen" entworfen, die unter dem Vorbehalt der Genehmigung durch den Landtag standen. Zwei sahen die Verwendung von Teilen der Schlösser in Weimar und Eisenach zu Museumszwecken vor. Das dritte betraf die teilweise Aufhebung der Beschlagnahme vom 20.2.1919.[1132] In einem Aktenvermerk des Referenten *Rinck* heißt es über die Beratungen, *„daß noch keine Entscheidung über die Teilentwürfe erfolgt sei. Wegen der großen Meinungsverschiedenheiten könne nicht mit einer Verständigung gerechnet werden"*.[1133] Trotzdem setzte man die Gespräche über die drei Abkommen fort. Am 11.11.1920 kam es erneut zu einem Treffen. Für den Staat erschienen wieder *Paulssen, Palm, Rinck* und *Ortloff* (als Referent des Kultusministeriums), für die großherzogliche Seite *Rothe, Hunnius, Kronfeld, v.Beaulieu-Marconny* und *Fritzsche*, daneben erschienen noch die beiden Museumsdirektoren *Köhler* und *Wahl*. Man einigte

---

[1128] Urteil v. 13.10.1920, ThHStAW, Thür. Oberlandesgericht Jena, Karton 1002, Akte 11, Bl. 1r-3v.

[1129] Daneben hatte der Großherzog auf Herausgabe von Hypothekenpfandbriefen im Wert von 100.000 Mark geklagt, die ebenfalls von der Beschlagnahme betroffen waren. Daraufhin gab die Landesregierung die Pfandbriefe heraus und man stritt sich dann nur noch über die Prozesskosten. (Siehe dazu das Urteil vom OLG Jena v. 19.5.1920, ThHStAW, Thür. Oberlandesgericht Jena, Karton 1002, Akte Nr. 10, Bl. 1r-2r).

[1130] Schreiben v. 2.3.1920; ThHStAW, Staatsministerium, Department der Finanzen Nr. 841, Bl. 326r; 333r-334v.

[1131] ThHStAW, Staatsministerium, Department der Finanzen Nr. 841, Bl. 318r; 321r-322r.

[1132] ThHStAW, Staatsministerium, Department der Finanzen Nr. 841, Bl. 404r-406r.

[1133] ThHStAW, Staatsministerium, Department der Finanzen Nr. 841, Bl. 408v.

sich auf weitere Änderungen der drei vorläufigen Abkommen. Die großherzogliche Seite sollte den Entwurf einer „Wartburgstiftung", das Finanzministerium einen Auseinandersetzungsvertrag ausarbeiten.[1134] Die neuen Entwürfe der drei vorläufigen Abkommen und des Auseinandersetzungsvertrages[1135] fanden aber nicht die Zustimmung der großherzoglichen Seite, die immer wieder Änderungen wünschte. Auf der Sitzung der Gebietsregierung am 22.3.1921 stellte diese fest, dass die Gebietsvertretung den drei vorläufigen Abkommen nicht zustimmen werde, jedoch eine endgültige Regelung so schnell wie möglich erreicht werden müsste.[1136] Der Großherzog genehmigte Ende März des Jahres 1921, dass zwischen dem ehemaligen Staatsminister *Rothe* und dem Jenaer Rechtsprofessor *Rosenthal* vertrauliche Verhandlungen geführt werden sollten, um dessen Ansicht zu den Vorschlägen der großherzoglichen Seite festzustellen.[1137] *Rosenthal* vermittelte eine Wiederaufnahme der Verhandlungen im Frühjahr des Jahres 1921 zwischen *Paulssen* und *Rothe*.[1138] Die finanzielle Lage des Großherzogs in dieser Zeit lässt sich aus seinem Brief an *Hunnius* erahnen, in dem er ankündigt: „*Der große silberne Becher, den der Zar mir in den letzten Jahren vor dem Krieg geschenkt hat, soll sobald als möglich verkauft werden.*"[1139] Aufgrund der verwandtschaftlichen Beziehungen zwischen dem Haus Sachsen-Weimar-Eisenach und dem Haus Romanow dürfte die Entscheidung nicht leicht gefallen sein. Im Mai des Jahres 1921 lag dann der geänderte Entwurf des Auseinandersetzungsvertrages vor, der auf dem Treffen am 9.5.1921 erneut besprochen wurde.[1140] Das vom Großherzog angerufene Reichsgericht hob im Juni des Jahres 1921 in der Revision das Urteil des Oberlandesgerichts Jena auf und verwies die Sache zurück. Die Berufungsinstanz hätte die Entscheidung, ob durch das Gesetz vom 7.7.1919 die Beschlagnahme vom 20.2.1919 aufgehoben wurde oder nicht, nicht unbeantwortet lassen dürfen.[1141] Für die Landesregierung handelte es sich bei der Bekanntmachung vom 20.2.1919 um eine Verwaltungsmaßnahme, die deshalb nicht durch das Gesetz vom 4.8.1919 aufgehoben wurde.[1142] Das Reichsgericht sprach von einer „Be-

---

[1134] ThHStAW, Staatsministerium, Department der Finanzen Nr. 842, Bl. 46r-47r.

[1135] ThHStAW, Staatsministerium, Department der Finanzen Nr. 842, Bl. 49r-59r.

[1136] ThHStAW, Staatsministerium, Department der Finanzen Nr. 842, Bl. 109r.

[1137] Vermerk von Hunnius v. 29.3.1921, ThHStAW, Großherzogliches Hausarchiv A XXVIII Nr. 15, Bl. 115r.

[1138] GV.-Verh. S.-W.-E. 1921, Ds. Nr. 42, S. 43; Jung , S. 316.

[1139] Schreiben v. 20.3.1921, ThHStAW, Großherzogliches Hausarchiv A XXVIII Nr. 16, Bl. 3r-4r.

[1140] ThHStAW, Staatsministerium, Department der Finanzen Nr. 842, Bl. 143r-149r.

[1141] RGZ 102, 246 ff.

[1142] Schreiben des Finanzministerium an die großherzogliche Schatullverwaltung v. 14.8.1920 (ThHStAW, Staatsministerium, Department der Finanzen Nr. 841, Bl. 440r).

schlagnahmeverfügung". Letztlich kam es aber zu keiner gerichtlichen Entscheidung mehr.

Die großherzogliche Seite setzte in dieser Zeit noch weitere Änderungswünsche durch. Beide Seiten trafen sich noch einmal am 5.7.1921.[1143] Bis zum endgültigen Entwurf dauerte es aber noch Wochen, da die großherzogliche Seite ständig neue Forderungen erhob. Erst Anfang Oktober war der Auseinandersetzungsvertrag fertig und am 13.10.1921 stimmte die Gebietsregierung diesem Entwurf zu.[1144] In die Gebietsvertretung wurde der Entwurf am 17.10.1921 eingebracht,[1145] die darüber am 4.11.1921 in erster Lesung beriet;[1146] bei der zweiten Lesung am 17.11.1921 nannte man als Gründe für die sehr langen Verhandlungen die seit dem Jahr 1821 fehlende eindeutige gesetzliche Regelung über die Eigentumsfrage an den Domänen.[1147] Es sei auch nicht genau feststellbar, wem das Eigentum an den Sammlungen zustünde. Letztlich hielten beide Seiten eine Einigung auf dem Vergleichswege für zweckmäßiger als eine ungewisse Prozesslösung.[1148] Das Ergebnis der Auseinandersetzungen war der Vertrag vom 18./24.10.1921 zwischen der Gebietsregierung und dem ehemaligen Landesherren, der mit zwei Gegenstimmen am 17.11.1921 angenommen wurde.[1149] Am 18.11.1921 erfolgte die Veröffentlichung des **Auseinandersetzungsvertrages vom 18./24.10.1921** im Regierungsblatt.[1150] Erst die **Bekanntmachung vom 28.11.1921**[1151] hob die Beschlagnahme vom 20.2.1919 aufgrund des Auseinandersetzungsvertrages (§ 32) auf. Zur Ausführung der vereinbarten Regelungen bildete man eine Kommission.[1152]

Die wesentlichen Bestimmungen des Vertrages vom 18./24.10.1921 waren[1153]:

[1143] ThHStAW, Staatsministerium, Department der Finanzen Nr. 842, Bl. 172r-173r.

[1144] ThHStAW, Staatsministerium, Department der Finanzen Nr. 842, Bl. 268r.

[1145] ThHStAW, Staatsministerium, Department der Finanzen Nr. 842, Bl. 251r-257v.

[1146] GV.-Verh. S.-W.-E. 1921-1923, Ds. Nr. 24, S. 18 ff und Ds. Nr.42, S. 42 ff, 76 ff.

[1147] GV.-Verh. S.-W.-E. 1921-1923, S. 124 ff.

[1148] In der Akte des ThHStAW, Staatsministerium, Department des Kultus Nr. 15, befinden sich sehr viele Schreiben des Museumsdirektors Köhler über seine Sicht über das Eigentum an den großherzoglichen Sammlungen. Er schrieb mehrere Eingaben und verlangte eine bestimmte Anzahl von Kunstwerken aus dem großherzoglichen Besitz, die für die Errichtung der neu zu schaffenden Museen notwendig seien.

[1149] GV.-Verh. S.-W.-E. 1921-1923, S. 142.

[1150] RegBl. S.-W.-E. 1921, S. 127-136.

[1151] RegBl. S.-W.-E. 1921, S. 139-140.

[1152] Die Protokolle dieser Kommission befinden sich in den Akten des ThHStAW, Staatsministerium, Department der Finanzen Nr. 842 und Nr. 843.

[1153] Die Darstellung des Ergebnisses folgt dem Manuskript: "Die Entwicklung und der gegenwärtige Stand der Auseinandersetzungen zwischen den ehemaligen Thüringischen

- Der ehemalige Landesherr erkennt – unter gleichzeitigem Verzicht auf die Zahlung der Zivilliste – das gesamte Kammervermögen einschließlich des dazu gehörigen Kronguts als ausschließliches Eigentum des Gebiets Weimar oder dessen Rechtsnachfolger an, soweit nicht in dem Vertrag ausdrücklich etwas anderes vereinbart ist (§ 1).
- Die Wartburg mit kronfiskalischer Umgebung tritt in das Eigentum einer Stiftung des öffentlichen Rechts, der die ihrer geschichtlichen Bedeutung entsprechende Erhaltung der Burg und ihres Inhalts zur Aufgabe gemacht wird (§ 13).
- Die drei Dornburger Schlösser nebst Inhalt sollen, vorbehaltlich etwaigen späteren Rückfalls an den Staat, der Goethe-Gesellschaft unentgeltlich überlassen werden (§ 7).
- Die in den öffentlichen Anstalten und Museen einschließlich des Wittums-Palais, im Schloss zu Weimar, in den Schlössern zu Tiefurt, dem Lisztmuseum und Goethes Gartenhaus befindlichen Kunstgegenstände, sowie die in der Bibliothek zu Weimar befindlichen Büchereien und Kunstsammlungen, die bei der Universität Jena verwahrten Mineraliensammlungen und die Carl-Alexander-Bibliothek in Eisenach bleiben nach näherer Maßgabe des Vertrags wie bisher der öffentlichen Besichtigung vorbehalten, das großherzogliche Haus bleibt Eigentümer an diesen Kunstgegenständen und Sammlungen. Beim Aussterben der männlichen Nachkommenschaft des Großherzogs fallen diese Kunstschätze und Sammlungen in das Eigentum des Staates, ohne dass dann noch eine besondere Entschädigung dafür zu zahlen sei (§ 9).
- Im Wittumspalais und im Schlösschen zu Tiefurt belässt der Großherzog weiter das Mobiliar, mit geringen Ausnahmen, als Leihgabe (§ 10).
- Soweit für das im Schloss zu Weimar zu errichtende Museum sowie für das Schloss Belvedere Einrichtungsgegenstände benötigt werden, die nicht aus Staatsmitteln erworben sind, sollen sie dem Gebiet Weimar vom Großherzog käuflich zur Verfügung gestellt werden (§ 6).
- Den Fundus des Deutschen Nationaltheaters sowie die dort befindlichen Leihgaben
  überlässt der Großherzog gegen eine angemessene Abfindung dem Gebiet Weimar (§ 5 lit. a und § 19 Ziff. 1). Das Inventar der Kunsthochschule und Kunstgewerbeschule, das gesamte Wirtschaftsinventar der Gärtnereien sowie die eingetopften Gewächse in den Gärtnereien und Orangerien werden dem Gebiete Weimar unentgeltlich überlassen (§ 5 lit. b bis d).

Staaten und den dort früher regierenden Landesherren." (Thür. FinMin. an den RMdI v. 11.1.1926; ThHStAW, Landtag v. Thür. Nr. 32/4, Bl. 2v-4r [= S. 6-9 des Manuskriptes]).

- Die Zivilliste des Großherzogs, die zuletzt 1.020.000 Mark betrug, und sich vom Jahre 1920 an auf 1.445.486 Mark erhöht haben würde, entfällt ab 1. Januar 1919 (§ 1).
- Dem Großherzog verbleiben als Eigentum:
  - die Forstbezirke Zillbach mit ca. 2.468 ha und Wasungen mit ca. 2.228 ha Fläche; das Schloss in Wilhelmsthal mit nächster Umgebung; die Fürstengruft in Weimar (§ 14);
  - ein Insitz- und Nutzungsrecht an Teilen des Schlosses und des Marstalles in Weimar (§ 15);
  - das Recht der Benutzung der rechten Laube im Deutschen Nationaltheater in Weimar (§ 16);
  - Der Großherzog erhält vom Staat eine Rente von jährlich 300.000 Mark, womit sämtliche Ansprüche der Mitglieder des großherzoglichen Hauses auf Apanagen, Unterhalt und sonstige Zuwendungen zu bestreiten sind (§ 17). Mit Aussterben der männlichen Nachkommen des Großherzogs fallen die Rechte aus §§ 15 und 16 ganz fort, die jährliche Rente verringert sich nach Maßgabe des Vertrages auf jährlich 100.000 Mark (§ 15 letzter Abs.; § 16 letzter Abs.; § 17 vorletzter Abs.).
- Als Pauschalabfindung für die Be- und Überlassung der Sammlungen und Kunstgegenstände sowie als Entschädigung für verschiedene sonstige Zugeständnisse erhält der Großherzog eine besondere Zahlung von 3.000.000 Mark, die jedoch erst in zehn Jahren zu entrichten und bis zu Begleichung mit 4 % zu verzinsen ist (§ 17 letzter Abs.).
- Die großherzogliche Schatullverwaltung erhält noch einige Einzelbeträge überwiesen, zusammen 2.189.198 Mark, in der Hauptsache Gelder, die der Großherzog früher darlehensweise überlassen hatte (§ 19).
- Das Gebiet Weimar verpflichtet sich, das Wittumspalais, Goethes Garten und Gartenhaus, das Schlösschen zu Tiefurt, das Schloss in Belvedere, das Lisztmuseum, sowie die Parks in Weimar, Belvedere, Tiefurt und Ettersburg dauernd in würdiger Weise in ihrem bisherigen Umfang zu erhalten und der Öffentlichkeit den Besuch zu gestatten. Ebenso ist das Gebiet Weimar verpflichtet, das Deutsche Nationaltheater, die Kunsthochschule und die Kunstgewerbeschule sowie die Musikschule zu Weimar weiterzuführen (§ 18).
- Alle aus den bisherigen Dienstverhältnissen herrührenden Ansprüche der bei dem Deutschen Nationaltheater, der Theaterkapelle, der Kunsthochschule, der Kunstgewerbeschule, dem Lisztmuseum und der Musikschule angestellten und beschäftigten Personen sowie alle Ansprüche, die aus dem bisherigen Betrieb dieser Anstalten vom 1. Januar 1919 an gegen den Großherzog oder dessen Rechtsnachfolger geltend gemacht werden können, übernimmt das Gebiet Weimar. Vom gleichen Zeitpunkt

an sind die Zahlungen für Ruhe- und Wartegehälter, Witwen- und Waisengelder, Ruhelöhne, Gnadengehälter und Unterstützungen, die bisher aus der Hofhauptkasse und anderen Hofkassen in regelmäßiger Wiederkehr, insbesondere auch an frühere Mitarbeiter und Angestellte der Hofhaltung oder an deren Hinterbliebene gezahlt worden sind, vom Gebiet Weimar zu leisten (§ 23).

- Den im Dienst befindlichen Hofbeamten und Angestellten gewährleistet das Gebiet Weimar ihre Gehalts,- Ruhestands- und sonstigen Bezüge und Rechte (§ 24).
- Die zwischen dem Großherzog und dem Land schwebenden Prozesse werden als erledigt betrachtet. Das Gebiet Weimar übernimmt die Gerichtskosten, während jede Partei ihre außergerichtlichen Kosten selbst trägt (§ 29).
- Über alle aus dem Vertrag entstehenden Streitigkeiten entscheidet unter Ausschluss des ordentlichen Rechtswegs ein Senat des Oberlandesgerichts zu Jena als Schiedsgericht im Sinne von §§ 1025 ff ZPO (§ 34).

Im März des Jahres 1922 wurde im Gebiet Weimar[1154] die „Weimar-Stiftung" errichtet. Ihre Aufgaben waren u.a. die Erhaltung und Pflege des Goethe-Nationalmuseums, des Schlosses mit Schlossmuseum, des Schlosses Belvedere mit Park und weiterer bedeutender Einrichtungen (§§ 1 ff der Satzung der Weimar-Stiftung)[1155]

b) Das Ergebnis der Auseinandersetzung

Der Staat erhielt aus dem Domänenvermögen insgesamt 52.093 ha Grundbesitz, davon 42 Güter mit ca. 8.796 ha Fläche, ca. 297 ha sonstiger Grundbesitz und Forsten mit ca. 43.000 ha Fläche. Weiter erhielt er die staatlichen Beteiligungen an den Kalibergbauunternehmen, die im Jahre 1919 einen Wert von 7.000.000 Mark hatten und ein Kapitalvermögen im Wert von ca. 4.000.000 Mark. Hinzu kamen das Krongut, die Schlösser in Weimar und Tiefurt, das Wittumspalais, das Theater, der Marstall, das Reithaus in Weimar, der Karthausgarten in Eisenach, das Allstedter Gestüt und einer weiteren Anzahl teils bebauter, teils unbebauter Grundstücke. Der Vertrag sicherte dem Gebiet Weimar bestimmte Rechte an den sehr kostbaren Kunstschätzen und Sammlungen zu und gewährleistete die Erhaltung der zahlreichen Kultur- und Bildungsstätten. Das großherzogliche Haus erhielt für die Überlassung eine Abfindungssumme von drei Mio. Mark und eine jährliche Rentenzahlung von

---

[1154] Im Rahmen der Gründung des Staates Thüringen wurden die ehemaligen Freistaaten zu sogenannte Gebieten, die Kommunalverbände höherer Ordnung waren (§ 1 des Gesetzes vom 29.3.1923; GS. Thür. 1923, S. 199-207); siehe 2. Kap. IV.

[1155] Amts- und Nachrichtenblatt für Thüringen 1922, S. 975 ff.

300.000 Mark. Aus dem Domänenvermögen behielt es 4.696 ha Forstgrundstücke und das Schloss in Wilhelmsthal. Von den Auseinandersetzungen waren das Privatvermögen (Schatullgut), das Hauptfideikommiß des großherzoglichen Hauses, das Fideikommiß der Sekundogenitur und das Goethe-Schiller-Archiv sowie eine Stiftung der Großherzogin *Sophie*[1156] nicht betroffen.

9. Zusammenfassung zu den neuen Vereinbarungen

Für die Vermögensauseinandersetzung beim Ende der Monarchien in den thüringischen Staaten ist bemerkenswert, wie schnell die Verhandlungen begannen und wie schnell es zum Abschluss von Verträgen kam: Nach der Abdankung der Herrscher begannen sofort die Gespräche über das Domänenvermögen, die bis auf einen Fall binnen 13 Monaten zu einer Neuregelung führten. Auffällig ist, wie schnell man in Sachsen-Meiningen vorging. Während man sich im 19. Jahrhundert jahrzehntelang gestritten hatte und über Jahre hinweg prozessiert wurde, gelang nun binnen weniger Wochen ein Abschluss. Das Enteignungsgesetz des Staates Gotha hingegen ist als Sonderfall anzusehen.

In keinem Staat sind die bis zum Jahre 1918 bestehenden Vereinbarungen noch als dauerhafte Lösung akzeptiert worden. Trotz der zum Teil vorhandenen ausdrücklichen Bestimmungen, wie das Domäneneigentum beim Ende der Regierung durch den Landesherren zu verteilen wäre, verlangten die neuen Regierungen Neuverhandlungen mit dem Ziel, das Domänenvermögen vollständig dem Staat zu übertragen. Überwiegend vertrat man die Ansicht, die Revolution mache die früheren Regelungen jetzt endgültig überflüssig, da die Repräsentationspflichten wegfallen würden. Zum anderen empfand man die früheren Vereinbarungen als sehr ungünstig für den Staat; die politische Situation schuf jetzt die Möglichkeit, eine Neuregelung zu erreichen. Es ging letztlich darum, die vorhandenen sehr großen fürstlichen Feld- und Forstflächen in Staatseigentum umzuwandeln, denn nur dieses Vermögen konnte in dieser Zeit zur entscheidenden Einnahmequelle der Staaten werden, die es für alle Zeit zu sichern galt. Dass eine Entschädigung für die Vermögensmassen zu zahlen war, erkannten die neuen Regierungen an. Auch die ehemaligen Landesherren akzeptierten, nicht zuletzt wegen der Beendigung der Monarchie in Deutschland, wie wichtig die Neuregelung für die neuen Staaten war, so dass von ihrer Seite eine grundsätzliche Vergleichsbereitschaft vorlag. Zu Beginn der Verhandlungen wurde aber immer auf die bestehende Rechtslage hingewiesen, denn neben Vereinbarungen für den Fall einer Regierungsaufgabe waren in einigen Staaten durch Gesetze die Domänen zum

---

[1156] 1824-1897.

Privatvermögen des fürstlichen Hauses geworden. Sehr schnell mussten die fürstlichen Vertreter aber zur Kenntnis nehmen, wie die neuen Regierungen über diese Gesetze dachten. Die von der Revolution veränderte Lage wirkte sich gerade auch auf diejenigen Rechte aus, die „für alle Ewigkeiten" gelten sollten.

Wie im Fall einer Regierungsbeendigung das Domänenvermögen rechtlich zu behandeln war, beschäftigte die wissenschaftliche Literatur schon vor dem Jahr 1918. In seinem im Jahre 1904 erschienenen Werk vertrat *Rehm* die Ansicht, dass im Fall der Beendigung der Regierung – z.B. durch Einverleibung in einen anderen Staat – die landesherrliche Familie das Eigentumsrecht an dem Domänenvermögen verliere. Dieses Vermögen würde in das Eigentumsrecht des anderen Staates übergehen, ohne dass es einer Zwangsenteignung bedürfe. Dieser Verlust begründe aber einen Anspruch auf Entschädigung. Als Beispiel dafür beschrieb *Rehm* die Vorgänge im Jahre 1866 – als sich das Königreich Preußen das Königreich Hannover, das Kurfürstentum Hessen-Kassel und das Herzogtum Nassau einverleibte – und dass es zur Vereinbarung über das hessische Domänenvermögen kam.[1157] Seine Ansicht war jedoch schon vor dem Jahr 1918 nicht unumstritten.[1158] Gegen die Ansicht von *Rehm* wandte sich im Jahre 1919 *Langfeld*, der ihm vorwarf, dafür keine ausreichende Begründung zu liefern.[1159] Während *Rehm* sich nur auf die Vorgänge in jenen speziellen Ländern bezog, verallgemeinerte *Langfeld* jetzt dessen Aussage auch auf eine Änderung der Staatsform. Diese Aussage hat *Rehm* aber gerade nicht getätigt, er nannte aber auch Vereinbarungen, die eine Regelung im Fall der Regierungsbeendigung vorsahen (so bei den Herzogtümern Sachsen-Altenburg und Sachsen-Meiningen, ab dem Jahr 1905 gab es auch im Herzogtum Sachsen-Gotha eine derartige Regelung), insoweit trifft der Vorwurf von *Langfeld* nicht.

In Anlehnung an die Darstellungen im ersten Kapitel können auch die Vereinbarungen der Jahre 1918 bis 1921 zwischen den einzelnen Staaten und den betroffenen fürstlichen Familien nach ihren wesentlichen Ergebnissen in verschiedene Gruppen eingeteilt werden: Es bildeten sich, wie im 1. Kapitel dargelegt, vier Gruppen heraus, wobei es auch wieder sehr unterschiedliche Ausgestaltungen innerhalb der einzelnen Gruppe gab.

[1157] Rehm, S. 328 ff.

[1158] Meyer/Anschütz, § 94, S. 326, Fn. 21.

[1159] Langfeld, S.7; Sontag meinte dagegen, dass die Ansicht von Rehm auch für eine Umwandlung des Staates in eine Republik gelten würde (Sontag, S. 23).

1. Gruppe:
Der Staat erhielt das gesamte Domänenvermögen. Dafür erlangte die fürstliche Familie eine Entschädigung in Geld sowie Nießbrauchrechte. Diese wurden entweder als Renten oder als einmalige Abfindungszahlung ausgestaltet. Zu dieser Gruppe gehörten die Staaten *Schwarzburg-Rudolstadt*, *Schwarzburg-Sondershausen* und Sachsen-*Meiningen* sowie die jeweiligen Fürstenhäuser.

2. Gruppe:
Zwischen dem Staat und der fürstlichen Familie kam es zu einer Aufteilung des Domänenvermögens. Der Staat erhielt den überwiegenden Teil und zahlte an die Familien eine einmalige Abfindung. Zu dieser Gruppe gehörten die Staaten *Sachsen-Weimar-Eisenach*, *Sachsen-Altenburg* und *Sachsen-Coburg* sowie die jeweiligen Fürstenhäuser.

3. Gruppe:
Es wurde eine Aufteilung der Domänen zwischen Staat und fürstlichem Haus vereinbart, wobei der Staat zwischen 33 % bis 70 % des Domänenvermögens erhielt, jedoch keine Abfindungszahlungen durch den Staat erfolgten. Zu dieser Gruppe gehörten der Staat Reuß und die fürstlichen Häuser *Reuß ältere* und *jüngere Linie*.

4.Gruppe:
Der Staat erhielt das gesamte Domänenvermögen, ohne eine Entschädigung zu zahlen. Zu dieser Gruppe gehörte der Staat *Gotha* und das Haus *Sachsen-Coburg und Gotha*.

Allen Vereinbarungen der ersten drei Gruppen ist gemeinsam, dass das Privatvermögen unangetastet blieb. Nur im Fall der Regelung in Sachsen-Coburg waren ausgewählte Teile des fürstlichen Privatvermögens an den Staat gegen eine Abfindung abgetreten worden.

In der ersten Gruppe waren die Regelungen für die Staaten Schwarzburg-Rudolstadt und Schwarzburg-Sondershausen inhaltlich fast identisch. Der Staat leistete nur jährliche Rentenzahlungen an die fürstlichen Familien und diese erhielten nur Nießbrauchrechte an den von ihnen bewohnten Schlössern. Die Ursache der Gemeinsamkeit lag in der Personalunion des ehemaligen Landesherrn von Schwarzburg-Rudolstadt mit Schwarzburg-Sondershausen. Im Unterschied dazu erhielt der Staat Sachsen-Meiningen aus dem Domänenbarvermögen noch Geldzahlungen und zahlte eine einmalige Abfindungssumme von 11 Mio. Mark an die fürstliche Familie, die zwei Schlösser behielt. Die Ursache dieses Unterschieds lag in folgendem: Die fürstlichen Familien Schwarzburg-Rudolstadt und Schwarzburg-Sondershausen bestanden nur noch aus betagten Angehörigen, für die Rentenzahlungen und Nießbrauchrechte vorteilhafter waren. Bei der fürstlichen Familie Sachsen-Meiningen erwartete man aufgrund der Nachkommenschaft kein Aussterben, deshalb wollten diese eine einmalige Auszahlung, die zinsgünstig angelegt werden oder zum Erwerb neuer Güter dienen konnte.

Innerhalb der zweiten Gruppe gleichen sich im wesentlichen die Ergebnisse in den Staaten Sachsen-Altenburg und Sachsen-Coburg. In beiden Staaten verblieben den fürstlichen Familien nur geringe Flächen, wofür sie Abfindungszahlungen erhielten. Die Größe des Domänenvermögens in Sachsen-Altenburg war ausschlaggebend für die sehr große Abfindungssumme. Der Staat Sachsen-Weimar-Eisenach bekam neben 90 % des Domänenvermögens noch vier Mio. Mark. Die fürstliche Familie Sachsen-Weimar-Eisenach behielt jedoch ca. 10 % des Domänenvermögens und erreichte neben der Abfindungszahlung auch noch eine jährliche Rentenzahlung. Die Ursache gegenüber den anderen beiden Abschlüssen lag in den bedeutenden Kunstwerken und Sammlungen in Weimar, deren Sicherung und Erhalt der Staat eine sehr große Bedeutung zumaß, die sich in den dafür vorgesehenen Regelungen widerspiegelte.

Der Unterschied in der dritten Gruppe besteht nur bei der Aufteilung der Domänenflächen. Die fürstliche Familie Reuß jüngere Linie behielt zwei Drittel und räumte dem Staat dafür eine dingliche Sicherheit von 12,5 Mio. Mark ein. Dagegen erhielt der Staat von der fürstlichen Familie Reuß ältere Linie 70 % der Domänen und 2,3 Mio. Barvermögen. Gemeinsam war beiden Abschlüssen, dass es keine Entschädigungszahlung durch den Staat gab.

An den neuen Regelungen der Jahre 1918 bis 1921 ist auffällig, wie unterschiedlich die Gestaltung der Veröffentlichung der neuen Vereinbarungen waren: So gab es Gesetze oder Verträge, die Gesetzeskraft erhielten. Zwei Verträgen stimmten die Volksvertretungen zwar zu, sie wurden jedoch nicht veröffentlicht, wobei die Nichtveröffentlichung in einem Fall vereinbart war. In den jeweiligen Akten der thüringischen Staatsarchive befinden sich sehr viele veröffentlichte Verträge und Gesetze der anderen deutschen Bundesstaaten über die jeweiligen Vermögensauseinandersetzungen. Seitens der Staaten und der fürstlichen Vertreter erfolgten direkte Anfragen an alle deutschen Staaten, um Details zu erfahren und ob es Auseinandersetzungen gab. Wenn auch keine Absprachen zwischen den Staaten erfolgten, so war man jedoch bestrebt, sich über die verschiedenen Regelungen Klarheit zu verschaffen und gegebenenfalls günstige Vereinbarungen zu übernehmen.

Die wahrscheinlich erste Darstellung des Ablaufs der Verhandlungen über das Domänenvermögen in allen thüringischen Staaten stammt aus dem Jahr 1921 und findet sich in „Thüringen im und nach dem Weltkrieg“.[1160] Autor ist

[1160] Thüringen im und nach dem Weltkrieg, Bd. 2, S. 500 ff.

der Jenaer Historiker *Mentz*. Dort sind der Ablauf der Verhandlungen und die bis zu diesem Zeitpunkt geschlossenen Vereinbarungen sachlich geschildert. Der Autor bemerkte zum Vertrag in Sachsen-Altenburg: „*Man darf wohl sagen, daß dieser Vertrag gerechten Anforderungen genügte.*“ Allerdings griff der Herzog diesen Vertrag einige Jahre auch mit dem Vorwurf der Sittenwidrigkeit nach § 138 BGB an.

Zusammenzufassen bleibt, dass die Schnelligkeit bei den Verhandlungen und späteren Abschlüssen sowie die Unterschiedlichkeit der gewählten Vereinbarungen als herausragende Merkmale für diese Zeit gelten können. Bemerkenswert ist dabei, dass trotz der Revolution in den thüringischen Staaten die neuen Regierungen bestrebt waren, einen gerechten Ausgleich mit ihren ehemaligen Landesherren zu finden. Dies gilt auch für Sachsen-Gotha in der Anfangszeit. Für die von den Fürstenhäusern überlassenen Domänengrundstücke erhielten sie ein Äquivalent in Form von Abfindungs- und Rentenzahlungen. Diese Geldleistungen würden im Fall einer Inflation jedoch einem Wertverlust ausgesetzt sein. Beim Abschluss der Vereinbarungen hatte man weder daran gedacht noch konnte man sich vorstellen, welche Ausmaße dies annehmen würde. Somit stellten die neuen Verträge und Gesetze ein erhebliches Konfliktpotential dar, das in den kommenden Jahren aufbrechen sollte.

IV. Die Bildung des Landes Thüringen

1. Erste Schritte

Nach der Novemberrevolution und dem Sturz der Monarchien, was in den Thüringer Staaten zwar die Voraussetzungen für eine republikanische Staatsform geschaffen hatte, blieben die Kleinstaaten jedoch bestehen, denn die Forderungen der sozialistischen Parteien und der Arbeiter- und Soldatenräte richteten sich nicht präzise auf einen staatlichen Zusammenschluss. Erst Ende November des Jahres 1918 entwickelten sie etwas genauere Vorstellungen über ein „Großthüringen“ mit dem Zusammenschluss aller Kleinstaaten (unter Einbeziehung der preußischen Gebiete, die auf Thüringer Territorien lagen) zu einer Republik als Teil der Reichsrepublik.

Als das Reichsgesetz vom 10.11.1918 über die Wahlen zur Nationalversammlung die neuen Reichswahlkreise für die Länder bestimmte, regelte der „36. Reichswahlkreis“ zum ersten Mal einen territorialen Rahmen für ein „Großthüringen“. Mit der am 10.12.1918 in Erfurt stattfindenden Konferenz über das Problem „Großthüringen“, an der Vertreter der Kleinstaaten, des Regierungspräsidiums Erfurt und Delegierte der Arbeiter- und Soldatenräte teilnahmen, setzte eine lebhafte Debatte über die „Errichtung einer Provinz Thüringen als Teil der Einheitsrepublik Deutschland“ ein, deren Ergebnis in einer einstimmig angenommenen Resolution mündete. Aber der Wille zur Veränderung war bereits so schwach, dass er sich an kleinstaatlichen Widerständen brach. So wurden aus kleinstaatlichen Monarchien kleinstaatliche Republiken.[1161] Die Reichsentwicklung war jedoch schon weiter als die in Thüringen. Die Reichsregierung bereitete den Verfassungsentwurf vor, worin jedoch auch der Bestand der Bundesstaaten und damit deren Eigenstaatlichkeit gesichert wurden.[1162] Die kleinstaatlichen Regierungen mussten mit den wirtschaftlichen Problemen fertig werden und suchten die politischen Sorgen über zukünftige Wahlergebnisse durch die mehr oder weniger geheim betriebenen Sondierungen über einen Zusammenschluss mit wirtschaftlich leistungsfähigen, aber antipreußisch eingestellten Nachbarstaaten vorteilhaft zu lösen. Man tendierte in Richtung Sachsen und Bayern. Am nachdrücklichsten geschah das in Coburg, das weg von Gotha und hin zu Bayern wollte, und dieses Bestreben auch realisieren konnte. [1163] Alle anderen Projekte verliefen erfolglos. Die Kleinstaaten mussten mit ihrer Zerrissenheit und schwachen Leistungskraft selbst fertig werden.

Im März des Jahres 1919 traf man zur ersten, im Mai dann zur zweiten „Verwaltungskonferenz" Thüringens zusammen. Energisch strebten die Vertreter der Regierungen einen Gemeinschaftsvertrag an.[1164] Die Regierungsvertreter setzten sich dabei gegen die Rätebewegung durch.[1165] Die SPD hatte zwar überall die parlamentarische Mehrheit, aber die Schlüsselpositionen in Regierung und Verwaltung besetzten nach wie vor ehemals fürstliche Staatsbeamte.[1166] Grundlage ihrer Überlegungen bildete der Entwurf des weimarischen Staatsministers *Paulssen*, der ein demokratisches Verfahren vorsah für die Erstellung eines solchen Gemeinschaftsvertrages. Von einer zu wählenden verfassungsgebenden Landesversammlung sollte er beraten und verabschiedet werden. Die Mehrheit der Regierungsvertreter lehnte jedoch in Erwägung dessen, mit Preußen zu keinem Ergebnis hinsichtlich der preußischen Gebietsteile zu kommen, andererseits aber zu einem schnellen Ergebnis gelangen zu wollen, diesen Entwurf als zu zeitraubend ab. Und Zeitgewinn war wegen der gefährdeten politischen Stabilität und der schlechten Wirtschaftslage besonders wichtig.

[1161] Facius in FS-Zahn, S. 63, den Kleinstaaten wird bis heute der Vorwurf gemacht, dass sie nicht einmal den bürgerlich-demokratischen Ansatz der 1848-Revolution verwirklicht hätten. Die „entscheidungsscheue Sozialdemokratie" wäre vielmehr vom falschen Konzept der Rechtsnachfolge ausgegangen. „*Der Fürst und die Sozialdemokraten gingen zusammen zum Notar.*" (Jung, S. 588 ff).
[1162] Patze/Schlesinger/Facius, 5. Bd. 2. Teil, S. 363 ff.
[1163] Details bei Patze/Schlesinger/Facius, 5. Bd. 2. Teil, S. 376 ff.
[1164] Patze/Schlesinger/Facius, 5. Bd. 2. Teil, S. 371.
[1165] Häupel, S. 86 ff.
[1166] Hess, S. 398.

Der Jenaer Professor *Rosenthal*[1167] hatte zusammen mit dem Minister *v.Brandenstein* einen Vertrag entworfen, der durch die jetzt vorhandenen Landtage angenommen werden sollte. Inhaltlich sah man einen Volksrat und einen Staatsrat für die gesetzgeberische und exekutive Arbeit bis zur Bildung des Gesamtstaates Thüringen vor. Beide Organe sollten bis zum endgültigen Zusammentritt gewählter Organe tätig sein. Ohne die Zustimmung von Sachsen-Meiningen und Sachsen-Coburg-Gotha wurde der Gemeinschaftsvertrag am 20.5.1919 angenommen. Beiden Staaten sollte der Beitritt offen bleiben. Sachsen-Coburg entschied sich am 30.11.1919 gegen den Verbleib im Thüringer Verbund, was Meiningen zur Durchsetzung von Forderungen ultimativer Art[1168] benutzte, die man schließlich auch dem zweitgrößten thüringischen Staat zugestand.[1169] Am 16.12.1919 trat der Volksrat zur ersten Sitzung zusammen[1170] Das Inkrafttreten des **Gemeinschaftsvertrages vom 4.1.1920**[1171] begründete den Bundesstaat Thüringen. Dieser bestand zwar noch aus sieben Freistaaten: Reuß, Sachsen-Weimar-Eisenach, Sachsen-Gotha, Sachsen-Meiningen, Sachsen-Altenburg, Schwarzburg-Rudolstadt, Schwarzburg-Sondershausen, aber der Weg zum vereinbarten Einheitsstaat war bereitet. Der Volksrat erließ das **Gesetz vom 6.2.1920**,[1172] das Ziel war die rasche Sicherung des einzelstaatlichen Vermögens, um eine egoistische Finanzpolitik der Einzelstaaten auf Kosten des zukünftigen Gesamtstaates zu verhindern.[1173]

2. Vermögensrechtliche Regelungen der Einzelstaaten zu diesem Zeitpunkt

Mit dem Inkrafttreten dieses Gemeinschaftsvertrages wurden auch erste Regelungen geschaffen, um für zu erwartenden Vermögensauseinandersetzungen zwischen den jeweiligen Kleinstaaten und der neuen Gemeinschaft gerüstet zu sein (Art. 3 des Gemeinschaftsvertrages). Es handelte es sich um das schwierigste Problem, das auf dem Wege zur Einheit zu lösen war.[1174] Daher sollte die Behandlung derartiger Fragen nicht den neu geschaffenen Gemeinschaftsorganen überlassen werden, sondern durch eine besondere rechtliche Ausgestaltung für eine sachverständige Lösung gesorgt werden. Es wurde ein besonderer

---

[1167] 1853-1926, Geheimer Justizrat, Professor an der Universität Jena, Vorsitzender der Thür. Historischen Kommission, Mitglied des Landtags Sachsen-Weimar-Eisenach, Mitbegründer der DDP. Siehe Lingelbach, ZVThürG, 34. Beiheft (2004), S. 87 ff.

[1168] Näheres dazu bei Rosenthal, JöR 10 (1921), S. 366 f.

[1169] Patze/Schlesinger/Facius, 5. Bd. 2. Teil, S. 372 f.

[1170] Häupel, S. 94.

[1171] GS. Thür. 1920, S. 1-12 (verkündet auf der ersten Seite der neuen „Gesetzsammlung für Thüringen").

[1172] GS. Thür. 1920, S. 23-24.

[1173] Häupel, S, 90 ff; Facius, Staaten, S. 74.

[1174] Rosenthal, JöR 9 (1920), S. 242.

Ausschuss[1175] eingesetzt, in den alle Einzelstaaten ihre Vertreter entsenden sollten. Bei Nichtzustandekommen einer Einigung sah Art. 3 einen Instanzenzug vor.[1176]

In der späteren Verfassung des Landes Thüringens vom 11.3.1921[1177] wurde in § 64 auf diese Regelungen des Gemeinschaftsvertrages Bezug genommen.[1178] Mit dem **Gesetz vom 29.3.1923**[1179] wurden Vermögensauseinandersetzungen zwischen dem Land Thüringen und den ehemaligen Freistaaten geregelt. Die Verträge zwischen dem Freistaat und den ehemaligen Freistaaten über die Vermögensauseinandersetzungen nach § 64 der Verfassung waren als Anlagen A bis G diesem Gesetz beigefügt.[1180] Im Rahmen der vermögensrechtlichen Auseinandersetzungen wurden die von den ehemaligen Freistaaten errichteten Stiftungen und Anstalten: - die „Weimar-Stiftung" in Weimar; - die „Stiftung für Volkswohlfahrt" in Meiningen; - die „Volkshochschule Reuß" in Gera; - die „Altenburger Landesanstalt für Volksbildung" in Altenburg, - die „Landesstiftung" in Gotha; - die „Güntherstiftung für die Oberherrschaft des Freistaates Schwarzburg-Rudolstadt" in Rudolstadt, - die „Güntherstiftung für die Unterherrschaft des Freistaates Schwarzburg-Rudolstadt" in Frankenhausen und die „Musik- und Theaterstiftung für Sondershausen" in Sondershausen (§ 4 lit. a-h) aufgehoben und ihr Vermögen in das Vermögen des Landes Thüringen überführt. Mit der Auflösung der Stiftungen und dem Übergang ihrer Bestandteile ging die Pflicht zur Erhaltung dieser kulturellen Einrichtung auf das Land über und es übernahm ihre Aufgaben nach den jeweiligen Verträgen über die Vermögensauseinandersetzung iSd. § 64 der Verfassung (§§ 1 ff).[1181]

[1175] Siehe auch ThHStAW, Thür. FinMin. Nr.7925-7927, 7930, 7931, 7933; diese Akten betreffen die Vermögensauseinandersetzungen der ehemaligen thüringischen Freistaaten mit dem Lande Thüringen

[1176] Rosenthals Kommentierung in JöR 9 (1920), S. 242 irritiert durch das offensichtliche Fehlen des Wortes „nicht".

[1177] GS. Thür. 1921, S. 57-64.

[1178] ThHStAW, Thür. FinMin. Nr. 7925-7927 allgemein zu den Vermögensauseinandersetzungen der ehemaligen thüringischen Freistaaten mit dem Land Thüringen.

[1179] GS. Thür. 1923, S. 199-207 in der Fassung v. 19.4.1923 (GS. Thür. 1923, S. 241); **AusführungsVO v.15.4.1926** (GS. Thür 1926, S. 41-42) in der Fassung v. 3.8.1926 (GS. Thür. 1926, S. 366).

[1180] In folgenden Akten des ThHStAW befinden sich die Originalverträge: Für das Gebiet Reuß: ThHStAW, Thür. FinMin. Nr. 8018, Bl. 54r-55v; für das Gebiet Altenburg: ThHStAW, Thür. FinMin. Nr. 7936, Bl. 11r-12v; für das Gebiet Gotha: ThHStAW, Thür. FinMin. Nr. 7951, Bl. 16r-19r; für das Gebiet Meiningen: ThHStAW, Thür. FinMin. Nr. 7970, Bl. 63r-66v; für das Gebiet Weimar: ThHStAW, Thür. FinMin. Nr. 7977, Bl. 8r-10v; für das Gebiet Rudolstadt: ThHStAW, Thür. FinMin. Nr. 7989, Bl. 29r-32v; für das Gebiet Sondershausen: ThHStAW, Thür. FinMin. Nr. 8010, Bl. 30r-33v.

[1181] Siehe AusführungsVO v. 15.4.1926 (GS. Thür. 1926, S. 41-42) und **VO v. 3.8.1926** (GS. Thür. 1926, S. 366).

Als eigenständige Stiftungen blieben nur die Wartburg-Stiftung, die Reußische Anstalt für Kunst und Volkswohlfahrt und die Museumsstiftung Arnstadt bestehen.

3. Der Weg zum Land Thüringen

Kaum hatte sich die bundesstaatliche Gemeinschaft der thüringischen Staaten konstituiert, stand sie vor schweren Bewährungsproben.[1182] Der Kapp-Lüttwitz-Putsch im März des Jahres 1920[1183] gefährdete als Staatsstreichversuch den Thüringer Vereinigungsprozess.[1184]

Der Vorsitzende des thüringischen Staatsrates *Paulssen* vertrat energisch die thüringischen Interessen, so dass weiter an der Überleitung des Provisoriums zum „Land Thüringen" gearbeitet werden konnte. Nach Art. 18 Abs. 2 der RV konnte nur die Nationalversammlung mit einem Reichsgesetz über die Bildung eines neuen Landes entscheiden. Die Voraussetzung dafür, dass alle beteiligten (Klein)staaten durch ihr Landesparlament und ihre Landesregierung diesen Wunsch bestätigten, war mit dem Gemeinschaftsvertrag erfüllt. Somit genügte nach Art. 18 Abs. 2 der RV ein einfaches Reichsgesetz. Daher konnte die Nationalversammlung mit den Stimmen der 300 anwesenden Abgeordneten aller Parteien das **Gesetz vom 30.4.1920**[1185] („betreffend das Land Thüringen") mit Wirkung zum 1.5.1920 verkünden. (Darin geregelt war die Wahl einer Landesversammlung auf Grund eines vom Volksrat zu beschließenden Wahlgesetzes; das Recht des Volksrates zum Beschluss einer vorläufigen Landesversammlung und über die Angehörigkeit der Staatsangehörigen der sieben Länder als Angehörige des Landes Thüringen.) Die Landeshauptstadt sollte Weimar sein. Ein neuer deutscher Teilstaat war reichsrechtlich bestätigt worden. Gleichzeitig beschloss die Nationalversammlung das **Gesetz vom 30.4.1920.**[1186]

Das Erfordernis, eine Landesverfassung zu verwirklichen, erfüllte man mit einem vom Reich gebilligten abgekürzten Verfahren: Der Volksrat übertrug sich am 28.1.1920 selbst das Recht, dem Land eine vorläufige Verfassung zu geben mit dem Vorbehalt, die endgültige Verfassung vom ersten gewählten Landtag verabschieden zu lassen. Am 31.7.1920 bestätigte der erstmals zusammengetretene Landtag die vorläufige Verfassung mit wenigen Änderungen als **vorläufige Verfassung des Landes Thüringens vom 12.5.1920.**[1187] Der

---

[1182] Patze/Schlesinger/Facius, 5. Bd. 2. Teil, S. 437 ff.

[1183] Vergeblicher Versuch des Politikers Wolfgang Kapp (1858-1922), mit dem General und Reichswehrgruppenkommandeur Walther Freiherr v.Lüttwitz (1859-1942), die Reichsregierung zu stürzen.

[1184] Patze/Schlesinger/Facius, 5. Bd. 2. Teil, S. 402, 411 ff; Häupel, S. 98 ff.

[1185] RGBl. I. 1920, S. 841-842.

[1186] RGBl. I. 1920, S. 842, durch die **VO v. 21.6.1920** (RGBl. I. 1920, S. 1329) zum 1.7.1920.

[1187] GS. Thür. 1920, S. 67-74.

§ 1 lautete: „*Das Land Thüringen ist ein Freistaat und ein Glied des Deutschen Reiches.*" *Rosenthal*, der „Vater" der thüringischen Verfassung, vertrat im Verfassungsausschuss des Jahres 1919 die Meinung, dass mit dem Begriff Freistaat „*die demokratische Natur des Staates, die republikanische Grundlage des Gemeinwesens zum Ausdruck*" gebracht werde. „Thüringen" wurde zum ersten Mal als politisch-administrativer Begriff gebraucht.[1188] Das Land umfasste eine Fläche von 11.765 qkm und hatte 1.512.000 Einwohner. Es war die größte aller innerdeutschen Gebietsveränderungen seit dem Jahr 1866. Die Landesregierung führte die Bezeichnung „Staatsministerium"[1189] mit einem von den Mitgliedern der Regierung gewählten Vorsitzenden des Staatsministeriums. Noch unter seiner Ägide geschahen die Landtagswahl, der Zusammentritt des Landtags (Juni/Juli des Jahres 1920), die Regierungsbildung mit *Paulssen* an der Spitze und die Umwandlung der bisherigen Freistaaten in „Gebiete" des Landes Thüringens (November/Dezember des Jahres 1920). Deren Integration – in verwaltungsmäßiger Hinsicht – zog sich noch bis zum Jahr 1923 hin.[1190] Durch das **Gesetz vom 11.3.1921**[1191] und die **Bekanntmachung vom 11.3.1921**[1192] wurde die Verfassung ergänzt und in der veränderten Form als **Verfassung des Landes Thüringens vom 11.3.1921**[1193] bekannt gegeben. Die ehemaligen Kleinstaaten hatten ihren Staatscharakter verloren, sie bestanden zunächst als „Gebiete" weiter mit „Gebietsvertretungen" und „Gebietsregierung."[1194] Am 1.4.1923 endeten die Existenz der Gebiete und damit ihr Recht auf Selbstregierung.

4. Der Aufbau der neuen Landeszentralverwaltung

Zwar waren nunmehr die verfassungsmäßigen Voraussetzungen des neuen Freistaates gegeben, aber der eigentliche Aufbau der Verwaltung blieb zurück. Die erste Landesregierung vom November des Jahres 1920 hatte sich mit vier Fachministerien begnügt: Finanzen, Inneres, Justiz und Volksbildung sowie Wirtschaft. Jetzt, nach Bildung der Landesregierung im Jahre 1923, führte der Staatsrat in den ersten Monaten die Geschäfte mit kleineren „Abteilungen", den bisherigen Ressorts, fort (Finanzen, Inneres, Justiz, Wirtschaft, Volksbildung, Sozialwesen). Eine Präsidialabteilung stand dem Vorsitzenden des Staatsministeriums für allgemeine Fragen der Landesverwaltung und der Verfassung, der Beziehungen zum Reich und zum Landtag zur Seite. Der

---

[1188] Früher nur in geografischer und ethnografischer Bedeutung.
[1189] Bezeichnung für die Landesregierung im heutigen Sinne.
[1190] Patze/Schlesinger/Facius, 5. Bd. 2. Teil, S. 439 ff.
[1191] GS. Thür. 1921, S. 53-56.
[1192] GS. Thür. 1921, S. 56.
[1193] GS. Thür. 1921, S. 57-64.
[1194] Patze/Schlesinger/Facius, 5. Bd. 2. Teil, S. 441 f.

Vorsitzende des Staatsministeriums und sein Stellvertreter waren stets auch Ressortminister.[1195] Die Regierung musste mit einem höchst unbefriedigenden Zustand eines zersplitterten Territoriums fertig werden. 80 größere und unzählige kleinere Teile sollten zu leistungsfähigen, aber historisch vertretbaren neuen Kreisen und in kleiner Zahl zusammengeführt werden. Ihr Entwurf einer Neugliederung in 15 Landkreise und 8 Stadtkreise wurde im Dezember des Jahres 1921 vorgelegt, der heftigste Diskussionen hervorrief. Im Juni des Jahres 1922 konnte das Gesetz über die neue Kreiseinteilung angenommen werden, das am 1.10.1922 in Kraft trat. Es sah 15 Landkreise, eine selbständige Kreisabteilung und neun Stadtkreise vor. An diesem Tag erlosch die thüringische Kleinstaaterei.[1196] Die bisherigen „großen" Residenzstädte Altenburg, Gera, Greiz, Weimar und Gotha und die Industriestädte Jena, Apolda, Arnstadt, Eisenach (nach dem Jahr 1924 kam noch Zella-Mehlis als zehnter Stadtkreis hinzu) stellten die wichtigsten Orte im Freistaat Thüringen dar. Diese Neuordnung entwickelte sich zu einem starken Motor für das Zusammenwachsen der Landesteile.

5. Thüringen und Preußen

Offen geblieben war bei der Darstellung dieser Entwicklung die Frage, was mit der preußischen Enklave in Thüringen geschehen sollte.

Die Geschichte Preußens in Thüringen begann Anfang des 19. Jahrhunderts, als es in den mitteldeutschen Raum vordrang. Es erhielt ab dem Jahr 1802 die Besitzungen des Bischofs von Mainz, die dieser in Thüringen hatte: Erfurt, das Eichsfeld und die Reichsstädte Mühlhausen und Nordhausen. Nach dem Interregnum Napoleons und dem Wiener Kongreß fiel das kursächsische Gebiet in Thüringen an Preußen, ebenfalls die Orte Ziegenrück und Schleusingen.[1197] Im Jahre 1815 gründete das Königreich Preußen seine Provinz Sachsen mit dem Regierungsbezirk Erfurt. Es wurde zur stärksten politischen Macht auf dem Thüringer Gebiet. Im Jahr 1866 erhielt es die ehemalige kurhessische Herrschaft Schmalkalden, das hannoversche Hohnstein und die bayerische Exklave Kaulsdorf an der Saale. Als am 18.8.1866 der „Bündnisvertrag" zwischen 19 nord- und mitteldeutschen Kleinstaaten abgeschlossen wurde, zeigte sich bereits deutlich das preußische Bestreben, alle Verbündeten dem Königreich Preußen zu unterwerfen. Unwillen und Verstimmungen waren die Folge; die Differenzen bestanden bis zuletzt weiter. Als am 1.7.1867 die Verfassung des Norddeutschen Bundes durchgesetzt wurde, durften die thüringischen Staaten

---

[1195] Der ursprüngliche vertretene Grundsatz, die bisherigen sieben Einzelstaaten müssten mit Staatsräten vertreten sein, wurde nach kurzer Zeit fallengelassen zugunsten parteipolitischer und Koalitionsrücksichten.

[1196] Patze/Schlesinger/Facius, 5. Bd. 2. Teil, S. 443 ff.

[1197] Flach, ZVThürGA, N.F. 35. Bd., S. 31.

zwölf Abgeordnete entsenden – das preußische Thüringen jedoch sieben. Die Bundeskompetenzen waren sehr umfangreich, die thüringischen Fürsten verloren politische, militärische und wirtschaftliche Macht. Aber ihre Weiterexistenz blieb garantiert.[1198] Daraus leitete sich auch der hohe Rang der Kulturpflege in ihren Ländern ab.

Die seit dem Jahre 1867 nach preußischem Vorbild ausgebildeten Truppenverbände der thüringischen Staaten kämpften im deutsch-französischen Krieg (1870/71) als Teil der preußischen Armee. Seitdem näherten sich Thüringen und Preußen einander an. Die Kleinstaaten begrüßten den Deutschen Kaiser und die Gründung des Deutschen Reiches, blieben aber misstrauisch, ob Deutschland nicht nur ein Großpreußen wäre. Einige der Fürsten der thüringischen Kleinstaaten versuchten – je nach Wollen und Können – die ihnen verbliebenen Betätigungsfelder zum Nutzen aller auszufüllen.[1199] Aber Preußen trug *„mit seiner Herrschsucht“* zu einem unbefriedigenden Verhältnis bei.[1200] Daran änderte auch die Gründung der Republik von Weimar nichts. Im Jahre 1926 spitzten sich die Spannungen zwischen beiden zu. Thüringen sollte, so eine Denkschrift, in die preußische Provinz Sachsen eingegliedert werden. Die thüringische Regierung legte ihre Position im Februar 1929 dar und lehnte derartige Vorschläge ab.[1201]

Nach der Machtergreifung der NSDAP am 30.1.1933 versuchte der „Reichsstatthalter in Thüringen“[1202] *Sauckel* beständig, die Stadt Erfurt dem Land Thüringen einzuverleiben und kleinere preußische Kreise mit den thüringischen Nachbarkreisen zusammenzulegen. Erst am 1.7.1944 erhielt er die Zuständigkeit für die Verwaltung des Regierungsbezirkes Erfurt.[1203]

[1198] Patze/Schlesinger/Facius, 5. Bd. 2. Teil, S. 193 ff, 197.
[1199] Patze/Schlesinger/Facius, 5. Bd. 2. Teil, S. 207 ff, 210 ff.
[1200] Patze/Schlesinger/Facius, 5. Bd. 2. Teil, S. 287.
[1201] Patze/Schlesinger/Facius, 5. Bd. 2. Teil, S. 500 ff.
[1202] **Gesetz v. 30.1.1935**, RGBl. I. 1935, S. 65-66.
[1203] Patze/Schlesinger/Facius, 5. Bd. 2. Teil, S. 533 ff.

3. Kapitel: Die Auseinandersetzungen über die bestehenden Vereinbarungen

Mit dem Ende der Eigenständigkeit der thüringischen Einzelstaaten zum 1.4.1923 übernahm das Land Thüringen die finanziellen Lasten aus den mit den thüringischen Fürstenhäusern abgeschlossenen Abfindungsverträgen und Auseinandersetzungsgesetzen (§§ 1, 2 des Gesetzes vom 29.3.1923[1204]).

Die Vereinbarungen erfüllten jedoch nicht die Erwartungen der ehemaligen Landesherren und ihrer Familien, da die Inflation ab dem Jahr 1922 immer stärker zu einem Wertverlust der Mark führte.[1205] Unter der Inflation litten vor allem die Bezieher von festen Einkommen, deren Bezüge sich fast vollständig entwerteten.[1206] Zu diesem Personenkreis gehörten auch die thüringischen Fürstenhäuser, soweit sie Zahlungen des Staates erhielten. Bis auf die Häuser Reuß ältere und jüngere Linie, die ohne solche Zahlungen geblieben waren, handelte es sich um diejenigen ehemaligen thüringischen Landesherren und ihre Familien, die aus diesen Vereinbarungen Renten- und oder Abfindungszahlungen beanspruchen konnten und mit diesen Zahlungen ihren Lebensunterhalt, ihre verbliebene Hofhaltung, Apanagezahlungen an ihre Familienmitglieder und Pensionsansprüche an ehemalige Hofbediensteter bezahlten; sie spürten den Wertverlust des Geldes sehr schnell. Als Beispiel soll an dieser Stelle das Haus Sachsen-Meiningen dienen, das im Jahre 1918 eine Abfindungssumme von 11 Mio. Mark für die Überlassung seines gesamten Domänengrundbesitzes (darunter waren 45.000 ha Wald) vereinbart hatte, diese Summe hatte im August des Jahres 1923 einen Wert von *einem* Dollar.

Da die Fürstenhäuser bei den Vereinbarungen über das Domänenvermögen vom damaligen Geldwert ausgegangen waren, erwarteten sie jetzt, dass der Staat seine Zahlungsverpflichtungen dem tatsächlichen Wert der Abfindungssummen – entsprechend dem Wert der überlassenen Domänen – anpasste. Ihre Erwartungen auf Aufbesserung und Aufwertung erfüllten sich jedoch nur teilweise, auf jeden Fall nicht im erhofften Umfang, da der Staat nur mit Inflationsgeld zahlte und nicht mit wertbeständigen Zahlungsmitteln, die ihm in dieser Zeit auch nicht in dem Ausmaße zur Verfügung standen. Um ihre

---

1204 GS. Thür. 1923, S. 199-207.

1205 Zu den rechtlichen Problemen der Inflation und der Aufwertung siehe Eckert, S. 78 ff und Lingelbach, S. 203 ff; zur Statistik und zu den Preisentwicklungen siehe Stat. Reichsamt, Zahlen zur Geldentwertung, S. 33 ff.

1206 Man erhielt im Juni 1923 für einen Dollar 154.000 Mark; im Juli 1,1 Mio. Mark; im August 11 Mio. Mark und im September 160 Mio. Mark. Im Oktober sank der Wert der Papiermark oft von einem Tag auf den anderen um die Hälfte, so dass Ende Oktober 72 Milliarden Mark einem Dollar entsprachen. Am 7.11.1923 waren es 1.263 Milliarden, am 15.11.1923 2, 5 Billionen und am 20.11.1923 erreichte die Inflation ihren Höchststand mit 4,2 Billionen Mark zu einem Dollar.

Forderungen durchzusetzen, versuchten die Häuser Sachsen-Meiningen und Sachsen-Weimar-Eisenach ab dem Jahr 1923 mittels Schiedsverfahren eine Aufwertung ihrer Abfindungssummen zu erreichen. Dabei werden auch weitere Schiedsverfahren zwischen dem Haus Sachsen-Weimar-Eisenach und dem Gebiet Weimar – später dem Land Thüringen erläutert, da sie im Zusammenhang mit der erfolgten Auseinandersetzung standen.

Der Rechtsstreit des Hauses Sachsen-Coburg und Gotha gegen das Enteignungsgesetz vom 31.7.1919 wird aufgrund seiner Bedeutung für Thüringen und Deutschland gesondert besprochen. Die Entscheidung des Reichsgerichts im Jahr 1925 war Ursache für das weithin bekannte Volksbegehren und den Volksentscheid über eine Enteignung der Fürstenhäuser, daher erfolgt eine kurze Darstellung dieser beiden Vorgänge. Die Häuser Schwarzburg und Sachsen-Altenburg versuchten dagegen, ihre Vereinbarungen anzufechten mit dem Ziel der Rückgabe ihres gesamten Domänenvermögens. Dabei spielten auch die Berater und Beauftragten der fürstlichen Häuser eine beträchtliche Rolle. In einem Fall wurde der Streit erst im Jahre 1934 beendet. Hinzu kamen noch zusätzliche Klagen eines Mitglieds eines Hauses, der vermeintliche Rechte geltend machte. Im Jahre 1925 waren über 20 Prozesse gegen das Land anhängig. Da die Häuser Reuß ältere und jüngere Linie keine Prozesse um ihre Vergleiche aus dem Jahr 1919 führten, werden sie deswegen als Sonderfall dargelegt.

Im Jahre 1934 waren die vermögensrechtlichen Auseinandersetzungen beendet. Zwei erfolglose Versuche des Landes Thüringens in den 30-er Jahren des 20. Jahrhunderts, die abgeschlossenen Verträge zu ändern, werden gesondert behandelt. Aus Gründen der Vollständigkeit werden die in den Jahren 1945 bis 1948 erfolgten Beschlagnahmen und entschädigungslosen Enteignungen kurz dargestellt.

Neben diesen Vorgängen werden Hintergründe der Prozesse und ausgewählter Schriftverkehr dargelegt, wie sie sich aus den Akten der zuständigen Abteilung des thüringischen Finanzministeriums der Jahre 1922 bis 1945 ergeben, ebenso die Gutachten und Streitschriften der Parteien, die nur zum Teil veröffentlicht wurden oder intern blieben, da sie zur Abrundung des gesamten Geschehens und als Zeitmaterial einen wichtigen Beitrag leisten.

I. Aufwertungsprozesse mit den Häusern Sachsen-Meiningen und Sachsen-Weimar-Eisenach

1. Sachsen-Meiningen

Nach dem Auseinandersetzungsvertrag vom 30.12.1918 erhielt das Haus Sachsen-Meiningen 11 Mio. Mark als Abfindung für die vollständige Überlassung der Domänen (§ 35). Dem Gebiet Sachsen-Meiningen stand es dabei frei, anstelle dieser Summe eine jährliche Rente in Höhe von 4 ½ Prozent der

Abfindungssumme zu zahlen (495.000 Mark), solange ihm die Beschaffung der notwendigen Kapitalbeträge zu angemessenen Bedingungen nicht möglich war (§ 38). Von der Rentenzahlungsmöglichkeit machte das Gebiet Sachsen-Meiningen und später das Land Thüringen Gebrauch. Bereits zum Zeitpunkt des Vertragsschlusses war der Wert der elf Mio. Mark stark gesunken, betrug nach dem Dollarstand der Wert nur noch rund 5,8 Mio. Goldmark und die jährliche Abfindungssumme hatte noch einen Wert von 261.000 Goldmark.[1207] Die beginnende Inflation verringerte den Wert immer mehr. Die Zahlungen an die herzogliche Familie erfolgten jedoch weiterhin in Mark, so dass sich der Wertverlust auf die finanziellen Belastungen des herzoglichen Hauses auswirken musste.

Schon am 20.5.1922 schrieb Herzog *Bernhard III.* an das thüringische Staatsministerium und bat um eine Übernahme der Ruhestandsgehälter von Hofbediensteten durch die Staatskasse, da die gewährte Abfindung sich als völlig unzureichend für die Lebenshaltung erweise. Die ihm zu zahlende Abfindung sollte seine wirtschaftliche Existenz sichern sowie die von ihm zu tragenden Kosten. Dies sei nun nicht mehr möglich.[1208] Die Gebietsregierung von Sachsen-Meiningen lehnte in ihrer Stellungnahme eine Befürwortung dieses Gesuchs ab. Mit Rücksicht auf die geänderten Verhältnisse und aus einer Anstandspflicht heraus sollten dem Herzog aber weitere Mittel zur Verfügung gestellt werden. Dazu sei das Gebiet auch in der Lage, da der Domänenüberschuss der beiden letzten Jahre, aufgrund der enorm gestiegenen Holzpreise, nicht unter 20 Mio. Mark liegen würde.[1209] Auf der Besprechung am 12.7.1922 zwischen dem Thüringischen Staatsministerium und einigen Gebietsleitern, befürwortete der Gebietsleiter von Sachsen-Meiningen das Gesuch, da die Geldzahlungen an den Herzog zur Zeit auf keinen Fall reichen würde.[1210] Im September des Jahres 1922 unterbreitete das thüringische Finanzministerium dem Hofmarschall *v.Roeder* einen Vorschlag zur Bereinigung der finanziellen Schwierigkeiten des Herzogs. Das Haus Sachsen-Meiningen sollte danach die noch vorhandenen Besitzungen in eine zu gründende öffentlich-rechtliche Stiftung überführen. Als Gegenleistung sollten bestimmten Personen des Hauses laufende Unterstützungen gewährt werden. Über die Höhe und die Dauer der Zahlungen würde man noch gesondert verhandeln. Bei einem Zustandekommen dieses Vorschlags bot das Land dem Herzog ein Darlehen bis zu 500.000

[1207] Thür. FinMin. an den RMdI v. 11.1.1926, "Die Entwicklung und der gegenwärtige Stand der Auseinandersetzungen zwischen den ehemaligen Thüringischen Staaten und den dort früher regierenden Landesherren."; ThHStAW, Landtag v. Thür. Nr. 32/4, Bl. 5r [= S. 11 des Manuskriptes].

[1208] ThHStAW, Thür. FinMin. Nr. 7968, Bl. 87r-88r.

[1209] Schreiben v. 12.6.1922; ThHStAW, Thür. FinMin. Nr. 7968, Bl. 88v-89v.

[1210] ThHStAW, Thür. FinMin. Nr. 7928, Bl. 34r-37r.

Mark an. Ein Rechtsanspruch auf dieses Darlehen bestünde jedoch nicht.[1211] Der Herzog stimmte diesem Vorschlag nicht zu. In der Antwort *v.Roeders* heißt es, dass Herzog *Bernhard III.* auf einer Nachprüfung des Auseinandersetzungsvertrags vom 30.12.1918 bestehe, da dieser die Ursache für die Notlage wäre. Man sei damals davon ausgegangen, dass die Geldverhältnisse auf dem Stand des Jahres 1918 bleiben würden. Diesem Vertrag sei im Dezember des Jahres 1918 nur unter Druck auf den Herzog zugestimmt worden. Würden die neuen Geldverhältnisse nicht berücksichtigt werden, dann würde die Überlassung der Domänen an den Staat sich als eine Schenkung erweisen. Das Land Thüringen würde den Vertrag nur dann ordnungsgemäß erfüllen, wenn es entweder 770 Mio. Mark als Abfindungskapital oder eine Rente von 38 Mio. Mark zahlen würde. In die zu gründende Stiftung sollten Teile des ihm noch verbliebenen Privatvermögens fließen und das Land sollte Wald im Wert der Abfindungssumme einbringen, die zu ziehenden Nutzungen sollten der herzoglichen Familie dienen. Vorab sollte das Land einen Vorschuss von 500.000 Mark zur Linderung der dringendsten Notlage zahlen.[1212]

Das thüringische Staatsministerium beschloss daraufhin am 12.9.1922, dass man beschleunigte Verhandlungen über die Bildung einer Stiftung führen sollte. Die geforderte Zuwendung von staatlichem Grundbesitz in Form von Wald wurde abgelehnt. Das Gebiet Sachsen-Meiningen sollte den Rechtsanwalt *Heine*[1213] in Berlin mit der Anfertigung eines Rechtsgutachtens über die mögliche Anfechtung des Vertrages vom 30.12.1918 beauftragen.[1214] Insbesondere sollte von diesem geklärt werden, ob sich ein Anfechtungsrecht aufgrund der veränderten wirtschaftlichen Lage ergebe und ein Rechtsanspruch auf eine Erhöhung der Abfindungssumme bestehen würde.[1215] Das Land unterbreitete sein Angebot dem Herzog mit Schreiben vom 15.9.1922, wobei man betonte, dass keine rechtliche Verpflichtung für eine Nachprüfung des Vertrages vom 30.12.1918 bestehen würde.[1216] Im Oktober drohte *v.Roeder* eine Nachprüfung der Vertragsgrundlagen an, wenn keine sinnvollen Vorschläge kommen würden.[1217] Ende November des Jahres 1922 informierte das thüringische Finanzministerium das Staatsministerium, dass die Verhandlung über die geplante Stiftung gescheitert sei. Der Herzog wolle aufgrund der sich völlig geänderten wirtschaftlichen Situation eine Neuberechnung des Wertes der 11 Mio. Mark

---

[1211] Schreiben v. 1.9.1922; ThHStAW, Thür. FinMin. Nr. 7968, Bl. 112r-113r.

[1212] Schreiben v. 8.9.1922; ThHStAW, Thür. FinMin. Nr. 7968, Bl. 115r-119r.

[1213] Rechtsanwalt Heine war in den folgenden Jahren der Rechtsberater und Prozessvertreter des Landes bei den verschiedenen Vermögensauseinandersetzungen mit den ehemaligen Landesherren.

[1214] ThHStAW, Thür. StaatsMin.-Präs.abt. Nr. 248, Bl. 31r.

[1215] ThHStAW, Thür. FinMin. Nr. 7968, Bl. 128r.

[1216] ThHStAW, Thür. FinMin. Nr. 7968, Bl. 121r.

[1217] Schreiben v. 23.10.1922; ThHStAW, Thür. FinMin. Nr. 7968, Bl. 130r-132r.

erreichen. Das Finanzministerium hielt diese Forderung für rechtlich falsch. Sie würde bedeuten, dass alle Rechtsverhältnisse aus einer Zeit, aus denen eine fällige Geldleistung stammen würde, mit Rücksicht auf die Geldentwertung nachprüfbar wären. Da die bisherige Rechtssprechung diese Ansicht auch ablehnen würde, sei eine Erhöhung nur aus Billigkeitsgründen vorzunehmen. Das Finanzministerium hielt es aber nicht für ganz ausgeschlossen, dass ein Schiedsgericht zu einem anderen Ergebnis kommen würde. Daher sollten die Verhandlungen fortgeführt werden.[1218] Herzog *Bernhard III.* erhielt dann im Februar des Jahres 1923 einen Vorschuss von einer Mio. Mark unter der Bedingung, dass er davon 250.000 Mark an die Freifrau *v.Heldburg* (die Witwe Herzogs *Georg II.*) zu zahlen habe.[1219] Ebenfalls im Februar legte *Heine* sein umfangreiches Gutachten zur Rechtslage vor.[1220] Danach bestünden keinerlei Anfechtungsmöglichkeiten. Allerdings hielt auch er es für möglich, dass ein Schiedsgericht eine Erhöhung der Abfindung aus Billigkeitserwägungen vornehmen könne. Diese Passage im Gutachten strich der zuständige Referent *Rinck* an, da sie auch seiner Ansicht entsprach, die er gegenüber dem Staatsministerium bereits dargelegt hatte.

Im Juni des Jahres 1923 teilte *v.Roeder* dem thüringischen Finanzministerium mit, dass die monatliche Zahlung von 41.250 Mark durch die Geldentwertung jetzt einen Wert von einer Goldmark habe und verlangte einen Vorschuss von 100 Mio. Mark.[1221] Als Reaktion zahlte das Land Thüringen in den folgenden Monaten mehrfach Geldbeträge an das herzogliche Haus aus (im Juli 100 Mio. Mark; im September eine Milliarde Mark; im Oktober 10 Milliarden Mark; im November 200 Milliarden und dann noch 20 Billionen Mark).[1222] Dass man den Wertverlust ausgleichen musste und wollte, lassen die Zahlungen deutlich erkennen. Da aber diese Zahlungen nur in Papiermark erfolgten, konnten sie die Forderungen des herzoglichen Hauses auf wertgerechte Zahlung niemals erfüllen. Der Wertverlust durch die steigende Inflation wurde immer größer.[1223] Im September des Jahres 1923 ließ Herzog *Bernhard III.* dem thüringischen Finanzministerium anzeigen, dass man ein Schiedsgericht gemäß § 41 des Vertrages vom 30.12.1918 anrufen werde.[1224] Die Schiedskla-

---

[1218] Schreiben v. 30.11.1922; ThHStAW, Thür. FinMin. Nr. 7968, Bl. 135r-136r.

[1219] ThHStAW, Thür. FinMin. Nr. 7968, Bl. 156r.

[1220] Schreiben v. 8.2.1923; ThHStAW, Thür. FinMin. Nr. 7968, Bl. 158r-171r.

[1221] Schreiben v. 22.6.1923; ThHStAW, Thür. FinMin. Nr. 7968, Bl. 178r.

[1222] ThHStAW, Thür. StaatsMin.-Präs.abt. Nr. 248, Bl. 120r, 125r, 127r, 137r, 139r, 141r.

[1223] So informierte v.Roeder am 20.11.1923 das Thüringische Finanzministerium, dass die angewiesenen fünf Billionen Mark etwa 30 Goldmark und die später dazukommenden 15 Billionen Mark einen Wert von 20 Goldmark hätten. Er verlangte, dass die monatliche Rentenzahlung in Goldmark zu erfolgen hätte (ThHStAW, Thür. FinMin., Nr. 7968, Bl. 208r).

[1224] Schreiben seiner Rechtsanwälte v. 17.9.1923; ThHStAW, Thür. FinMin. Nr. 7971, Bl. 1r-2r.

ge erhob er am 15.11.1923 und verlangte die Aufwertung seiner Abfindung aufgrund des Wertverlustes durch die Inflation. Den Vorwurf der Druckausübung auf ihn bei Vertragsschluss im Jahre 1918 führte er wieder an.[1225] Die Erwiderung des thüringischen Finanzministeriums bestritt diesen Druck, einer Aufwertung der Abfindung wurde aber aus Billigkeitsgründen zugestimmt. Man führte an, dass bereits zum Zeitpunkt des Vertragsschlusses die Mark im Wert gefallen sei und dies die Parteien gewusst hätten.[1226] Unter Vorsitz des Jenaer Rechtsprofessors *Rosenthal* entschied am 11.12.1923 das Schiedsgericht:[1227] Die Kapitalabfindung von 11 Mio. Mark wurde auf 8.250.000 Goldmark aufgewertet. Solange diese Summe nicht ausgezahlt sei, habe eine monatliche Rentenzahlung von 30.937 Goldmark zu erfolgen. Als Entschädigung für die Inflationsverluste in der Vergangenheit sprach man dem Herzog 200.000 Goldmark zu. Es wurde keine vollständige Aufwertung vorgenommen, da die allgemeine wirtschaftliche Lage sich auch für den Herzog auswirken müsse. Durch seine Erfüllung des Vertrages habe das Land Werte erhalten (die gesamten Domänenbesitzungen), die „*dauerbeständig*" seien. Somit müsse dieser Wert der Abfindungssumme entsprechen. Das Vorbringen des Landes bezüglich Geldwert zum Vertragszeitpunkt zerpflückte das Schiedsgericht: Dass die Parteien bei Vertragsschluss eine Summe mit einem geringeren Geldwert zugrunde gelegt hätten, sei offensichtlich fernliegend. Weder die Vorgeschichte über die Domänenlage im Herzogtum Sachsen-Meiningen noch die Entstehung des Vertrages spielten bei der Entscheidung eine Rolle.[1228] Als Reaktion auf diesen Schiedsspruch beschloss das thüringische Staatsministerium am 28.12.1923, als Abschlag 30.000 Goldmark an den Herzog zu zahlen.[1229] Beide Seiten waren jedoch mit dem Ergebnis des Schiedsspruchs unzufrieden und gingen in Berufung.

Im Februar des Jahres 1924 legte *Heine* sein Gutachten über den Schiedsspruch vor, das vom Land Thüringen in Auftrag gegeben worden war. Für ihn war die vom Schiedsgericht vorgenommene Aufwertung viel zu hoch, da nach § 12 Abs. 1 der **3. Steuernotverordnung**[1230] nur eine Aufwertung um 15 % hätte vorgenommen werden können. Die Regelung des § 12 Abs. 1 galt aber nicht für Ansprüche aus gegenseitigen Verträgen sowie für Ansprüche auf

1225 ThHStAW, Thür. FinMin. Nr. 7971, Bl. 16r-26r.

1226 Schreiben v. 7.12.1923; ThHStAW, Thür. FinMin. Nr. 7971, Bl. 41r-42r.

1227 Einer der beiden anderen Schiedsrichter war der Sozialdemokrat Hofmann, der im Jahre 1909 mit seiner Schrift zu den Meininger Domänenverhältnissen versucht hatte, eine Neuregelung der Domänenverhältnisse im Herzogtum zu erreichen. Trotzdem akzeptierte das Haus Sachsen-Meiningen ihn als Schiedsrichter.

1228 Vgl. Schiedsspruch v. 11.2.1923; ThHStAW, Thür. FinMin. Nr. 7971, Bl. 79r-84v.

1229 ThHStAW, Thür. StaatsMin.-Präs.abt. Nr. 248, Bl. 142r.

1230 **Ermächtigungsgesetz v. 8.12.1923** (RGBl. I 1923, S. 179) iVm. **3. SteuernotVO v. 14.2.1924** (RGBl. I. 1924, S. 74 ff).

wiederkehrende Leistungen (§ 12 Abs. 2 der 3. Steuernotverordnung). Derartige Ansprüche konnten höher aufgewertet werden. *Heine* legte sehr ausführlich dar, dass der Vertrag vom 30.12.1918 kein gegenseitiger Vertrag in diesem Sinn sein würde, obwohl für die vollständige Überlassung des Domänenvermögens des herzoglichen Hauses der Staat 11 Mio. Mark als Abfindung zu zahlen hatte. Er räumte jedoch ein, dass man natürlich auch von einem gegenseitigen Vertrag ausgehen könnte.[1231] Für dieses Gutachten zahlte Thüringen 15.000 Goldmark.[1232]

Nachdem das herzogliche Haus mit dem Verkauf von Kunstgegenständen gedroht hatte, wenn man nicht sofort eine größere Summe in Goldmark erhalten würde und das Ministerium für Volksbildung auf die kulturelle Bedeutung der herzoglichen Sammlungen hingewiesen hatte, verbunden mit der Bitte, alles zu unternehmen, um die angedrohten Verkäufe zu verhindern, zahlte das Land im März des Jahres 1924 an den Herzog 200.000 Goldmark nebst 4 % Zinsen und überwies als Abschlagszahlungen seit November des Jahres 1923 bis August des Jahres 1924 monatlich 30.000 Goldmark an den Herzog.[1233]

Die Bemühungen des Landes in dieser Zeit um eine vergleichsweise Einigung in der Aufwertungsangelegenheit scheiterten jedoch. Das Land beauftragte Rechtsanwalt *Heine* mit der Vertretung beim Oberschiedsgericht.[1234] Am 10.11.1924 urteilte das Oberschiedsgericht unter Vorsitz der Präsidenten des Reichsgerichts *Simons*: Die Aufwertung der Abfindungssumme der ersten Instanz wurde bestätigt. Der Herzog erhielt zu den in der ersten Instanz zugesprochenen 200.000 Goldmark noch weitere 300.000 Goldmark als Entschädigung. Die monatliche Tilgungsrate wurde auf 41.250 Goldmark (jährlich 495.000 Goldmark) festgesetzt. Für das Oberschiedsgericht war der Vertrag vom 30.12.1918 ein gegenseitiger Vertrag, so dass eine Begrenzung der Aufwertung nach §§ 2 und 12 Abs. 1 der 3. Steuernotverordnung nicht in Betracht kam. Die Kosten des Schiedsstreits von 75.000 Goldmark wurden dem Land zu vier Fünftel auferlegt.[1235] Als Ergebnis des Schiedsstreits wurde die Abfindungssumme auf 75 % aufgewertet, die monatliche Tilgung sogar auf 100 %. Da vor der Unterzeichnung des Schiedsspruches noch ein Schiedsrichter starb, musste am 19.12.1924 der Schiedsspruch von einem neu zusammengesetzten Schiedsgericht noch einmal bestätigt werden.[1236]

Das Land Thüringen hatte nicht genügend Finanzmittel, um die aufgewertete Summe sofort zu tilgen, sondern konnte nur die jährliche Zahlung von 495.000

[1231] Schreiben v. 22.2.1924; ThHStAW, Thür. FinMin. Nr. 7971, Bl. 106r-123r.
[1232] ThHStAW, Thür. FinMin. Nr. 7971, Bl. 124v.
[1233] ThHStAW, Thür. FinMin. Nr. 7971, Bl. 74r-75r; 102r; 126r; 221r-222r.
[1234] ThHStAW, Thür. FinMin. Nr. 7971, Bl. 216r; 228r-229r.
[1235] ThHStAW, Thür. FinMin. Nr. 7971, Bl. 384r-396v.
[1236] ThHStAW, Thür. FinMin. Nr. 7971, Bl. 417r-429v.

Goldmark leisten, wobei die Zahlung in monatlichen Raten von 41.250 RM erfolgte. Aber auch das herzogliche Haus hatte finanzielle Probleme. So bat im Jahre 1927 *v.Roeder* das thüringischen Finanzministerium um eine Zahlung von 125.000 bis 150.000 Mark, da die monatliche Zuwendung des Landes nicht ausreiche, um die hohen finanziellen Verpflichtungen (durch den Tod von Herzog *Bernhard III.* musste eine sehr hohe Erbschaftssteuer gezahlt werden) und Unterhaltskosten zu decken.[1237] Das thüringische Finanzministerium lehnte dieses Verlangen wegen fehlender Mittel ab. Zwar habe das Land selbst ein großes Interesse, die Schuld zu tilgen, es würden aber die Mittel dazu fehlen und eine Beschaffung des notwendigen Kapitals sei unmöglich.[1238] Auch spätere Versuche des herzoglichen Hauses, höhere Zahlungen zu erhalten, scheiterten.[1239] Die aufgewerteten Zahlungsverpflichtungen belasteten den Staatshaushalt des Landes Thüringen sehr. So mussten von den im Haushaltsplan des Jahres 1931 bereitgestellten 719.300 RM für Zahlungen an die ehemaligen Landesherren allein 495.000 RM (68 %) an das Haus Sachsen-Meiningen gezahlt werden.[1240] Erst im Frühjahr des Jahres 1931 kam es zu einer Verständigung zwischen dem Land Thüringen und den Erben von Herzog *Bernhard III.* über zusätzliche Abschlagszahlungen. Das Land zahlte vom Jahr 1932 an bis zum Jahr 1934 eine zusätzliche Abschlagszahlung von je 150.000 RM pro Jahr und dann bis zum Jahr 1941 je 100.000 RM. Dafür einigten sich die Mitglieder des herzoglichen Hauses untereinander über die Auszahlungsmodalitäten.[1241] Durch die Abschlagszahlungen verringerte sich die monatliche Zahlung.[1242] Finanziell hatte Thüringen seine Zahlungsmöglichkeiten gegenüber dem Haus Sachsen-Meiningen voll ausgeschöpft. Als im Frühjahr des Jahres 1932 die Hofverwaltung das thüringische Finanzministerium darüber informierte, dass man einen Teil der herzoglichen Büchersammlung über das Auktionshaus *Sotheby* versteigern lassen wollte und anfragte, ob das Land sein vertraglich vereinbartes Vorkaufsrecht ausüben wolle,[1243] konnte das Land mangels Mittel dieses Recht nicht ausüben.[1244] Auch das herzogliche Haus konnte offenbar seine finanziellen Schwierigkeiten nicht bewältigen und bat im September des gleichen Jahres um die Rückerstattung von Waldgrundstücken, um die als ungünstig empfundenen Tilgungsvereinbarungen abzuändern.[1245]

[1237] Schreiben v. 2.8.11.1927; ThHStAW, Thür. FinMin. Nr. 7968, Bl. 253r.
[1238] Schreiben v. 8.12.1927; ThHStAW, Thür. FinMin. Nr. 7968, Bl. 254r.
[1239] Gesprächsnotiz über das Treffen von Staatsminister Baum mit dem Chef der Hofverwaltung v.Pfetten-Arnbach; ThHStAW, Thür. FinMin. Nr. 7969, Bl. 21r-22r.
[1240] 5. LT.-Verh. Thür., 4. Abt., S. 2682 f.
[1241] ThHStAW, Thür. FinMin. Nr. 7969, Bl. 35r, 42r-48r.
[1242] Siehe 5. LT.-Verh. Thür., 4. Abt., S. 3075.
[1243] Schreiben v. 19.4.1932; ThHStAW, Thür. FinMin. Nr. 7969, Bl. 60r.
[1244] Schreiben v. 19.5.1932; ThHStAW, Thür. FinMin. Nr. 7969, Bl. 61r.
[1245] Schreiben v. 29.9.1932; ThHStAW, Thür. FinMin. Nr. 7969, Bl. 62r-63r.

Dieses Ansinnen wurde abgelehnt, weil zur Rückübertragung von Staatsgrundstücken die Zustimmung des Landtages erforderlich sei und dieser nicht zustimmen würde, da das Staatsvermögen in seinem Bestand erhalten bleiben müsste.[1246]

Erst ab dem Jahr 1937 kam es neben der jährlichen Abschlagszahlung und der monatlichen Rate zu einer erheblichen Tilgung durch das Land Thüringen. Von Oktober des Jahres 1937 bis April des Jahres 1938 zahlte das Land insgesamt vier Mio. RM.[1247] Im Jahre 1941 waren somit noch 3.018.000 RM zu zahlen. Die Auszahlung erfolgte an die Erben des Herzogs, entsprechend eines zwischen diesen vereinbarten Verteilungsschlüssels.[1248]

Am 5.8.1942 erwarb das Land Thüringen das Schloss Altenstein mit ca. 110 ha Fläche für 521.000 RM.[1249] In dieser Zeit kam es zu einem Streit zwischen den Beteiligten, da das Land der Meinung war, sein vertraglich vereinbartes Vorkaufsrecht sei durch Verkäufe der Mitglieder der herzoglichen Familie verletzt worden. Diese bestritten den Vorwurf, es handle sich um Privateigentum des herzoglichen Hauses, welches nicht unter dem Vorbehalt eines Vorkaufsrechts des Landes stehen würde. Nach Rücksprache mit dem RMdJ über eine angemessene Reaktion informierte das thüringische Finanzministerium die Erben, dass das Land eine vollständige oder teilweise Rückzahlung in Erwägung zöge. Diese würde man jedoch zurückstellen, wenn die monatliche Rente ab dem 1.10.1943 nur noch mit 4 % verzinst würde.[1250] Die Erben nahmen, wenn auch widerstrebend, diesen Vorschlag an.[1251] Im Jahre 1944 betrug die Schuld des Landes noch 2.870.00 RM sowie eine jährliche Rente von 114.800 RM.

Ein weiterer Aspekt der vermögensrechtlichen Auseinandersetzung zwischen den ehemaligen Landesherren und dem Land Thüringen war die Auflösung des fideikommissarisch gebundenen Vermögens der Fürstenhäuser. Die Vorgabe des Art. 155 Abs. 2 Satz 2 RV („*Die Fideikommisse sind aufzulösen.*“) setzte

---

[1246] Schreiben v. 6.10.1932; ThHStAW, Thür. FinMin. Nr. 7969, Bl. 69r.

[1247] ThHStAW, Thür. FinMin. Nr. 7969, Bl. 36r; 51r; 52r; 53r. Für diese Zahlungen musste das Land eine zusätzliche Anleihe (siehe **Gesetz vom 29.9.1938** – GS. Thür. 1938, S. 87) aufnehmen und erhielt dazu die Genehmigung des Reichsministers der Finanzen (ThHStAW, Thür. FinMin. Nr. 7972, Bl. 43r; 63r).

[1248] Einzelheiten dazu ThHStAW, Thür. FinMin. Nr. 7934, Bl. 65r.

[1249] **Vertrag v. 5.8.1942**; ThHStAW, Thür. FinMin. Nr. 7934, Bl. 65r.

[1250] ThHStAW, Thür. FinMin. Nr. 7969, Bl. 231-235v; 237r; 239r. Rechtlich war diese Anfrage des Landes nicht durchsetzbar, da die bisher gezahlten 6 % durch den Schiedsspruch vom 10.11.1924 festgelegt worden waren. Obwohl man dies seitens des Thüringischen Finanzministeriums wusste, fragte man dennoch bei den Erben an.

[1251] Zu den einzelnen Summen, die an die Erben ausgezahlt wurden siehe ThHStAW, Thür. FinMin. Nr. 7934, Bl. 65r.

das Land Thüringen[1252] mit dem **Gesetz über die Auflösung der Familiengüter vom 5.5.1922**[1253] um. Im Jahre 1923 trat das **Nachtragsgesetz vom 14.3.1923**[1254] zum Gesetz vom 5.5.1922 dann in Kraft, und ein Jahr später erfolgte durch das **Gesetz vom 16.7.1924**[1255] eine weitere Modifizierung. Die Auflösung der fideikommissarisch gebundenen Vermögensteile des Hauses Sachsen-Meiningen erfolgte bis zum April des Jahres 1922.[1256]

Ergebnis des Rechtsstreits zwischen dem herzoglichen Haus und dem Land Thüringen war die Aufwertung der Abfindungssumme auf 8.250.000 Goldmark (d.h. 75 % der ursprünglichen Summe) und die der jährlichen Rente auf 495.000 Goldmark (100 %). Der Vertrag vom 30.12.1918 blieb aber unverändert.

2. Sachsen-Weimar-Eisenach

Aufgrund des Auseinandersetzungsvertrages vom 18./24.10.1921 erhielt das Haus Sachsen-Weimar-Eisenach eine jährliche Rente von 300.000 Mark (§ 17 Abs. 1) sowie drei Mio. Mark als Pauschalabfindung für die Überlassung der wertvollen Sammlungen und Kunstgegenstände, die mit 4 % verzinst und im Jahre 1931 fällig wurden (§ 17, letzter Abs.). Durch die Entwertung der Papiermark hatte die Rente (nach dem damaligen Dollarstand zum Zeitpunkt des Vertragsschlusses) nur noch einen Wert von 7.370 Goldmark und die drei Mio. Mark Abfindung entsprachen 73.700 Goldmark.[1257] Das Land Thüringen zahlte die vereinbarten Beträge auch in der Inflationszeit und dann mit Einführung der Rentenmark in entsprechenden Beträgen.

Den Wertverlust und die Zahlungen in Rentenmark akzeptierte das Haus Sachsen-Weimar-Eisenach nicht. Mit Schreiben vom 24.3.1924 forderte die großherzogliche Schatullverwaltung vom thüringischen Finanzministerium die Aufwertung der Rente auf Goldmark, denn die 300.000 Mark würden jetzt 0,000003 Goldmark entsprechen. Da von dieser Rente sämtliche Unterhaltsansprüche der Mitglieder des großherzoglichen Hauses erfüllt werden mussten,

---

[1252] Zu den Einzelheiten des Gesetzgebungsverfahrens siehe Brandner, S. 45 ff und 58 ff.

[1253] GS. Thür. 1922, S. 135-137 iVm. der **VO v. 9.5.1922** (GS. Thür. 1922, S. 137-136) iVm der **VO v. 29.8.1922** (GS. Thür. 1922, S. 385-387).

[1254] GS. Thür 1923, S. 247-248 iVm. der **Bekanntmachung v. 24.4.1923** (GS. Thür. 1923, S. 248-249) iVm **VO v. 24.4.1923** (GS. Thür. 1923, S. 249-259).

[1255] GS. Thür. 1924, S. 309; die VO v. 24.4.1923 wurde durch die **VO v. 8.7.1924** (GS. Thür. 1924, S. 309-314) geändert.

[1256] Zu den Einzelheiten siehe Brandner, S. 124 f.

[1257] Thür. FinMin. an den RMdI v. 11.1.1926, "Die Entwicklung und der gegenwärtige Stand der Auseinandersetzungen zwischen den ehemaligen Thüringischen Staaten und den dort früher regierenden Landesherren."; ThHStAW, Landtag v. Thür. Nr. 32/4, Bl. 4r [= S. 9 des Manuskriptes].

sah sich die Schatullverwaltung ihrerseits Aufwertungsforderungen und Klagedrohungen von Familienangehörigen ausgesetzt.[1258] Kurz darauf forderte man auch die Aufwertung der drei Mio. Mark und der Verzinsung in Höhe von 4 % und verwies auf § 12 Abs. 2 der 3. Steuernotverordnung, der bei gegenseitigen Leistungen eine höhere Aufwertung zuließ.[1259]

Das um Stellungnahme gebetene thüringische Justizministerium stellte sich jedoch auf den Standpunkt, dass nur eine 15 % Aufwertung nach § 12 Abs. 1 der 3. Steuernotverordnung in Betracht käme. Die vereinbarten drei Mio. Mark würden eine Vermögensanlage darstellen und keine gegenseitige Leistung.[1260] Aus den Vermerken des zuständigen Beamten im Finanzministeriums *Rinck* ergibt sich, dass dieser sehr wohl von einem gegenseitigen Vertrag ausging, insbesondere da diese Summe als Abfindung für die Überlassung der Sammlungen und Kunstgegenstände vereinbart worden war. Nach seiner Meinung sollte eine Aufwertung nach billigem Ermessen erfolgen.[1261] In der Antwort an die großherzogliche Schatullverwaltung machte sich das thüringische Finanzministerium jedoch die Rechtsansicht des Justizministeriums zu eigen und bot nur eine 15 % Aufwertung an. Unter Zugrundelegen des Dollarstandes vom 24.10.1921 ging man von 73.684 Goldmark aus, die bei einer 15 % Aufwertung 11.052,60 Goldmark entsprachen, bot diese Summe an und war bereit, sofort 7.000 Goldmark zu zahlen.[1262] Das thüringische Staatsministerium beschloss am 3.6.1924, die Rente auf 7.370 Goldmark aufzuwerten.[1263] Auf das Angebot des Staates reagierte die großherzogliche Schatullverwaltung ablehnend und äußerte ihr *„großes Erstaunen"*, dass das Land Thüringen jetzt 7.000 Goldmark anstelle der vereinbarten drei Mio. Mark anbot, die für die wertvollen Kunstsammlungen gezahlt werden sollten.[1264] Der Hinweis auf die „wertvollen Kunstsammlungen" kam nicht von ungefähr, sondern entsprach dem Vertragswortlaut.[1265] In den folgenden Monaten fragte die Schatullverwaltung wiederholt erfolglos nach einer Vereinbarung über eine Aufwertung der Zahlungen nach. Am 30.12.1924 kam es zu einer Besprechung zwischen Vertretern der Schatullverwaltung und des thüringischen Finanzministeriums, bei

---

[1258] ThHStAW, Thür. FinMin. Nr. 7980, Bl. 4r-6r.
[1259] Schreiben v. 29.4.1924; ThHStAW, Thür. FinMin. Nr. 7980, Bl. 7r-8r.
[1260] Schreiben des Thür. JustizMin. an Thür. FinMin. v. 29.4.1924; ThHStAW, Thür. FinMin. Nr. 7980, Bl. 12r.
[1261] ThHStAW, Thür. FinMin. Nr. 7980, Bl. 6v und 8v.
[1262] Schreiben v. 9.5.1924; ThHStAW, Thür. FinMin. Nr. 7980, Bl. 14r.
[1263] ThHStAW, Thür. StaatsMin.-Präs.abt. Nr. 248, Bl. 163r.
[1264] Schreiben v. 26.6.1924; ThHStAW, Thür. FinMin. Nr. 7980, Bl. 19r-20r.
[1265] „Als weiterer Ausgleich für die vom Großherzog gemachten Zugeständnisse, insbesondere die Be- und Überlassung **wertvollster Sammlungen und Kunstgegenstände** (Hervorhebung durch den Autor) wird dem Großherzog eine besondere Entschädigung von drei Millionen Mark gezahlt." (§ 17, letzter Abs. des Vertrages vom 18./24.10. 1921).

der neben zwei großen Streitpunkten (zu diesen siehe unten) auch das Aufwertungsverlangen zur Sprache kam, ohne dass man sich darüber einigen konnte.[1266] Die Erben des Großherzogs, der bereits im Jahre 1923 verstorben war, erhoben darauf am 16.2.1925 eine Schiedsklage nach § 34 des Vertrages vom 18./24.10.1921, um eine Aufwertung zu erreichen. Dabei führten sie an, dass man sich in dem Vertrag nicht auf Papiermark, sondern auf Goldmark geeinigt hätte.[1267] Das Land bestritt diese Ansicht und verwies auf den Vertragswortlaut, in dem nur von „*Mark*" gesprochen wurde, und beauftragte Rechtsanwalt *Heine* aus Berlin mit seiner Prozessvertretung.[1268]

Das angerufene Schiedsgericht war der 1. Zivilsenat des Thüringischen OLG in Jena,[1269] das durch den Teilschiedsspruch vom 24.10.1925 die jährliche Rente ab dem 1.10.1923 auf 100.000 RM (d.h. auf 33 % der ursprünglichen Summe) aufwertete. Für das Schiedsgericht gab es keine Anhaltspunkte für eine Goldmarkvereinbarung, insoweit war der Vertragswortlaut entscheidend, die vom Staat angebotene Summe von 7.370 RM sei aber viel zu niedrig. Bemerkenswert ist die Begründung, warum man dem großherzoglichen Haus nicht die verlangte 100 % Aufwertung zugesprochen hatte. Eine volle Aufwertung sei nicht billig, da zu berücksichtigen war, dass alle Staatsbürger in dürftigen Verhältnissen leben würden und sich Einschränkungen auferlegen müssten. „*Auch die Schiedskläger könnten daran nicht vorbeigehen sondern müssen nötigenfalls ihre Lebensführung vereinfachen.*"[1270] Da man keine weitere Schiedsgerichtsinstanz vereinbart hatte, gab es gegen diesen Teilschiedsspruch keine Rechtsmittel. Ab Ende November des Jahres 1923 erfolgte die Rentenzahlung in vierteljährlichen Raten.[1271]

Über die eingeklagte Aufwertung der drei Mio. Mark konnte das Schiedsgericht zunächst nicht entscheiden, da ab Mitte Februar des Jahres 1926 ein Reichs-Sperrgesetz galt, wonach auf Antrag einer Partei das schwebende Verfahren über die Auseinandersetzung mit den ehemaligen Landesherren bis zu einer reichsgesetzlichen Regelung ausgesetzt werden konnte.[1272] Von dieser Möglichkeit machte das Land Thüringen Ende Februar des Jahres 1926

[1266] ThHStAW, Thür. FinMin. Nr. 7980, Bl. 29r-30r.
[1267] ThHStAW, Thür. FinMin. Nr. 7980, Bl. 34r-44r.
[1268] ThHStAW, Thür. FinMin. Nr. 7980, Bl. 45r-48r.
[1269] Die Festlegung des 1. Senats erfolgte nach einer Abstimmung mit dem Preußischen Justizminister bereits im Februar des Jahres 1922; ThHStAW, Thür. FinMin. Nr. 7975, Bl. 13r.
[1270] ThHStAW, Thür. FinMin. Nr. 7980, Bl. 188r-202r.
[1271] ThHStAW, Thür. FinMin. Nr. 7980, Bl. 203r.
[1272] Dieses Reichsgesetz steht im Zusammenhang mit dem Volksbegehren und dem Volksentscheid über eine Enteignung des Fürstenvermögens. Die Einzelheiten dazu werden im 3. Kap. II. 4. näher erläutert.

Gebrauch und beantragte die Aussetzung des Schiedsstreits.[1273] Erst Ende Juni des Jahres 1927 lief die letzte Verlängerung des Reichs-Sperrgesetzes aus und ab Herbst des Jahres 1927 wurden die Verhandlungen vor dem Schiedsgericht wieder aufgenommen. Das Land beharrte nach wie vor auf dem Standpunkt, dass die vereinbarten drei Mio. Mark nur eine Vermögensanlage seien, die nach dem mittlerweile geltenden § 63 Abs. 1 des **Aufwertungsgesetzes vom 16.7.1925**[1274] nur in Höhe von 25 % aufgewertet werden durfte und dass es sich nicht um einen gegenseitigen Vertrag handeln würde. Das Haus Sachsen-Weimar-Eisenach blieb genauso hartnäckig dabei, dass man sich im Jahre 1921 auf Friedensmarkbasis geeinigt habe.

Durch den End-Schiedsspruch vom 5.11.1927 wurden die drei Mio. Mark auf 750.000 RM aufgewertet. Dass es sich bei dem Auseinandersetzungsvertrag vom 18./24.10.1921 um einen gegenseitigen Vertrag handelte, konnte für das Schiedsgericht *„ernstlich nicht bezweifelt werden"*. Noch deutlicher brauchte es den Rechtsstandpunkt des Landes nicht abzulehnen. Aber auch die Klägerseite konnte mit ihrer Argumentation nicht durchdringen. Man habe sich im Rahmen der Auseinandersetzung nicht über Goldmark, sondern über Papiermark geeinigt, urteilte das Schiedsgericht. Dass sich die Parteien erst im Jahre 1921 geeinigt hätten und die Mark bereits zu diesem Zeitpunkt schon an Wert verloren hatte, müsste bei der jetzt zugesprochenen Höhe mitberücksichtigt werden. Die Kosten des Schiedsstreites hatte das großherzogliche Haus zu drei Vierteln zu tragen.[1275] Im Ergebnis wurden die drei Mio. Mark nur auf 25 % aufgewertet, das Land Thüringen hatte insoweit sein Ziel erreicht. Entsprechend der vereinbarten Zehn-Jahresfrist zahlte man in den Jahren 1930 und 1931 die aufgewertete Summe in drei Raten an das Haus Sachsen-Weimar-Eisenach.[1276]

Im Jahre 1941 erwarb das Land Thüringen vom Erbgroßherzog das Schloss Wilhelmsthal mit 45 ha Fläche für 500.000 RM.[1277]

Neben dem Streit über die Aufwertung der vereinbarten Zahlungen herrschte zwischen dem Haus Sachsen-Weimar-Eisenach und dem Gebiet Weimar – später dann mit dem Land Thüringen – bereits ab dem Jahr 1922 Streit über die Durchführung von Vereinbarungen des Auseinandersetzungsvertrages vom 18./24.10.1921. Zunächst beanspruchte das Gebiet Weimar bestimmte Grundstücke, die nach § 3 des Vertrages vom 18./24.10.1921 unentgeltlich

---

[1273] Schreiben des Thür. FinMin an den 1. Zivilsenat des OLG Jena v. 26.2.1926; ThHStAW, Thür. FinMin. Nr. 7980, Bl. 228r.
[1274] RGBl. I. 1925, S. 117-132.
[1275] ThHStAW, Thür. FinMin. Nr. 7980, Bl. 294r-299r.
[1276] ThHStAW, Thür. FinMin. Nr. 7934, Bl. 4r; siehe 5. LT.-Verh. Thür., 4. Abt. S. 2682.
[1277] **Vertrag v. 24.9/10.10.1941**; ThHStAW, Thür. FinMin. Nr. 7934, Bl. 65r.

vom Großherzog an das Gebiet abzutreten waren[1278]. Diese Forderungen lehnte der Großherzog ab, da er die Voraussetzungen als nicht erfüllt ansah. Da man sich nicht einigen konnte, rief das Gebiet Weimar am 4.7.1922 das Schiedsgericht an und machte seine Rechte aus § 3 geltend.[1279] Daneben stritt man sich über mehrere Gobelins und die Waffensammlung des Schlosses Ettersburg, die der Großherzog auf sein Gut Heinrichau in Schlesien gebracht hatte. Das Gebiet Weimar war der Ansicht, diese Gegenstände gehörten zum Inventar des Schlosses und müssten deshalb zurückgebracht werden. Die großherzogliche Schatullverwaltung meinte dagegen, dass das Gebiet keinerlei Rechte an diesen Gegenständen hätte.[1280] Das Gebiet erhob daraufhin am 18.8. 1922 eine Schiedsklage und verlangte die Rückführung der Gobelins und der Waffensammlung.[1281] Am 25.10.1922 erfolgte der Schiedsspruch des 1. Zivilsenats des Thüringischen OLG Jena. Danach erhielt das Gebiet Weimar fast alle der geforderten Grundstücke und der Großherzog musste die Gobelins herausgeben. Die Forderung des Landes auf die Waffensammlung wurde zurückgewiesen.[1282]

Da der Tenor des Schiedsspruches nur von „Gobelins" sprach und weder eine Zahl noch die Darstellungen der beanspruchten Gobelins nannte, ging der Streit darüber weiter. Im März des Jahres 1923 informierte die Direktion der Staatlichen Kunstsammlungen das Thüringische Finanzministerium, man habe von den geforderten 22 nur 13 Gobelins erhalten. Die Schatullverwaltung hätte sich geweigert, den Rest herauszugeben, da es sich dabei um bemalte Leinwandteppiche handeln würde, die nicht vom Schiedsspruch betroffen wären. Auch die Befestigungsleisten für die Aufhängung der Gobelins seien nicht zurückgegeben worden.[1283] Die Schatullverwaltung beantwortete die Forderung auf Herausgabe mit dem Hinweis auf den Schiedsspruch, mehr könne das Land nicht beanspruchen.[1284] Der Streit über die Gobelins zog sich monatelang hin. Auf der Besprechung am 30.12.1924 zwischen den Vertretern der Schatullverwaltung und des Thüringischen Finanzministeriums sowie dem Direktor der Staatlichen Kunstsammlungen konnte man sich auch nicht über diese Frage einigen.[1285] Als Folge beantragte das Land Thüringen im April des Jahres 1925

[1278] Betroffen waren Grundstücke aus dem Privatbesitz des Großherzogs, die ganz oder zum größten Teil von staatlichem Grundbesitz umschlossen waren, sich zur Abrundung eigneten und dies vom Gebiet Weimar gefordert wurde.

[1279] ThHStAW, Thür. FinMin. Nr. 7975, Bl. 4r-8r.

[1280] Schreiben an die Gebietsregierung v. 6.8.1922; ThHStAW, Thür. FinMin. Nr. 7975, Bl. 15r-16r.

[1281] ThHStAW, Thür. FinMin. Nr. 7975, Bl. 17r.

[1282] ThHStAW, Thür. FinMin. Nr. 7975, Bl. 45r-54r.

[1283] Schreiben v. 7.2.1923; ThHStAW, Thür. FinMin. Nr. 7973, Bl. 235r.

[1284] Schreiben v. 30.5.1923; ThHStAW, Thür. FinMin. Nr. 7973, Bl. 127r-130r.

[1285] ThHStAW, Thür. FinMin. Nr. 7975, Bl. 80r-81r.

beim Landgericht Weimar einen Vollstreckungsbeschluss aus dem Schiedsspruch vom 25.10.1922, den das Landgericht Weimar am 27.7.1925 auch erließ.[1286] [1287] Eine Einigung in diesem Streit konnte erst im Jahre 1927 erfolgen und stand im Zusammenhang mit einem weiteren Streit zwischen dem großherzoglichen Haus und dem Gebiet Weimar, den das Land Thüringen weiterführen musste.

Aufgrund des Auseinandersetzungsvertrags vom 18./24.10.1921 verzichtete der Großherzog für sich und seine Familie auf das Domänenvermögen (als Kammervermögen bezeichnet) einschließlich des dazu gehörenden Krongutes und erkannte das ausschließliche Eigentum des Staates an diesem Vermögen an (§ 1 des Vertrages). In der Folgezeit kam es über den Begriff „Krongut" zu einem Streit zwischen dem großherzoglichen Haus und dem Staat, da man sich nicht einigen konnte, was unter diesen Begriff fiel. Hauptstreitpunkt war dabei, ob die als Kronfideikommiß bezeichneten Kunstgegenstände zum Krongut gehörten (und nach § 1 des Vertrages dann Eigentum des Landes geworden wären) oder ob sie Privateigentum des großherzoglichen Hauses waren und der Staat daran keine Rechte hätte.

Im Sommer des Jahres 1923 wurde das thüringische Volksbildungsministerium von der Direktion der Staatlichen Kunstsammlungen darüber informiert, dass die großherzogliche Schatullverwaltung sehr viele Gemälde aus ihren Sammlungen einem Berliner Kunsthändler angeboten hätte.[1288] Die Schatullverwaltung wies die Proteste der Direktion zurück, da die Gemälde sich im Eigentum des großherzoglichen Hauses befinden würden.[1289] Die im Dezember des Jahres 1923 tagende Auseinandersetzungskommission (die die zur Ausführung des Vertrages vom 18./24.10.1921 erforderlichen Maßnahmen treffen sollte) besprach dieses Problem, eine Einigung erfolgte jedoch nicht.[1290] Im März des Jahres 1924 legte die Schatullverwaltung auch gegenüber dem thüringischen Finanzministerium ihren Rechtsstandpunkt dar, nachdem die Kunstgegenstände als Teil des Kronfideikommiß nicht unter das Krongut fallen würden.[1291] Dagegen waren für den Staat die Begriffe „Kronfideikommiß" und „Krongut" gleichbedeutend und beinhalteten sowohl Liegenschaften als auch Kunstgegenstände. Da auch auf der bereits mehrfach erwähnten Bespre-

---

[1286] ThHStAW, Thür. FinMin. Nr. 7975, Bl. 89r-91r und 125r-127r.

[1287] In der sofortigen Beschwerde der Schatullverwaltung wurde erstmals erwähnt, dass die Befestigungsleisten beim Abtransport unbrauchbar geworden wären. Offenbar hatte man sich bis dahin gescheut, dies zuzugeben. Das OLG Jena verwarf im Herbst des Jahres 1925 die sofortige Beschwerde; ThHStAW, Thür. FinMin. Nr. 7975, Bl. 130r-132v und 177r-178r.

[1288] ThHStAW, Thür. FinMin. Nr. 7973, Bl. 149r-175r.

[1289] ThHStAW, Thür. FinMin. Nr. 7973, Bl. 286r-287v und 212r-216r.

[1290] ThHStAW, Thür. FinMin. Nr. 7973, Bl. 219r-223r.

[1291] Schreiben v. 28.3.1924; ThHStAW, Thür. FinMin. Nr. 7978, Bl. 36r-39r.

chung vom 30.12.1924 die Schatullverwaltung keine Rechte des Staates an Kunstsammlungen und dem Schlossinventar anerkannte,[1292] rief das Land am 12.1.1925 das Schiedsgericht an, um eine Klärung herbeizuführen.[1293] Auf der Sitzung des Schiedsgerichts vom 14.10.1925 unterbreitete dieses den Parteien einen Vergleichsvorschlag über an das Land herauszugebende Kunstgegenstände und Erstattungszahlungen durch das Land.[1294]

Neben den verschiedenen Ansichten über die beiden Begriffe und deren rechtlichen Inhalt kam hinzu, dass die großherzogliche Schatullverwaltung zu diesem Zeitpunkt bereits ca. 20 Gemälde veräußert hatte. Würden diese seit dem Jahr 1921 Eigentum des Staates sein, dann würden auf das Haus Sachsen-Weimar-Eisenach erhebliche Schadensersatzforderungen zukommen. Der Direktor der Staatlichen Kunstsammlungen legte dem thüringischen Ministerium für Volksbildung und Justiz ein Verzeichnis der veräußerten Gemälde vor (darunter waren auch Gemälde des italienischen Malers *Tiepolo* und von *Caspar David Friedrich*) und beschrieb diesen Verkauf als *„schweren Verlust für die Staatlichen Kunstsammlungen"*.[1295] In der Folgezeit begannen Verhandlungen über einen Vergleich zwischen der Schatullverwaltung und der Direktion der Staatlichen Kunstsammlungen. Das Verfahren vor dem Schiedsgericht wurde wegen des Reichs-Sperrgesetzes unterbrochen. Trotz aller Erwartungen auf eine schnelle Einigung war erst im Dezember des Jahres 1927 ein Vergleichsentwurf der beiden Seiten fertig, den das thüringische Staatsministerium auf der Sitzung am 12.12.1927 genehmigte.[1296] Am 21.12.1927 schlossen dann die Parteien diesen Vergleich vor dem Schiedsgericht. Die großherzogliche Familie erkannte das Eigentumsrecht des Staates an der sogenannten großherzoglichen Kunstsammlung an und hatte diese Sammlung – soweit noch vorhanden – herauszugeben. Weiterhin einigte man sich über die Eigentumslage an weiteren Kunstgegenständen und das Land überließ sechs Gobelins der großherzoglichen Familie als Eigentum.[1297]

In den folgenden Jahren gab es noch zwei weitere Schiedsgerichtsverfahren, die aus Gründen der Vollständigkeit erwähnt werden: Im Jahre 1928 rief der Erbgroßherzog das Schiedsgericht an, um eine Klärung über § 21f [1298]des Ver-

---

[1292] ThHStAW, Thür. FinMin. Nr. 7978 Bl. 78r-79r.

[1293] Seit September 1924 hatte man diese Schiedsklage vorbereitet; ThHStAW, Thür. FinMin. Nr. 7978, Bl. 82r.

[1294] ThHStAW, Thür. FinMin. Nr. 7978, Bl. 185r-192r.

[1295] ThHStAW, Thür. FinMin. Nr. 7978, Bl. 200r-201v.

[1296] ThHStAW, Thür. StaatsMin.-Präs.abt. Nr. 248, Bl. 288r.

[1297] ThHStAW, Thür. FinMin. Nr. 7974, Bl. 2r-13r.

[1298] Nach § 21f war der Großherzog (und damit seine Nachkommen) verpflichtet, den Forstarbeitern der Forstbezirke Zillbach und Wasungen die gleichen Arbeits- und Ruhelöhne sowie die sonstigen Vergütungen zu gewähren, die den Arbeitern in den staatlichen Forsten gewährt wurden.

trages vom 18./24.10.1921 zu erreichen.[1299] Das Schiedsgericht wies jedoch seine Klage vollständig ab.[1300] Seit dem Jahr 1930 stritten sich Land und das großherzogliche Haus über die Unterhaltung der öffentlichen Wege und Straßen in den Forstbezirken Zillbach und Wasungen.[1301] Beide Forstbezirke waren seit dem Vertragsschluss vom 18./24.10.1921 Privateigentum des großherzoglichen Hauses, das verpflichtet war, die durch die Forsten führenden öffentlichen Wege und Straße in einem dauernd brauchbaren Zustand zu halten (§ 21h des Vertrages). Da sich das Haus Sachsen-Weimar-Eisenach weigerte, solche Arbeiten durchzuführen, rief das Land am 30.6.1933 das Schiedsgericht an,[1302] welches im Jahre 1934 dem Land Recht gab und den Erbgroßherzog zu Unterhaltung der Wege und Straßen verurteilte.[1303] In der betreffenden Akte des thüringischen Finanzministeriums befindet sich in diesem Kontext ein interessantes Schreiben der NSDAP-Ortsgruppe Zillbach an den Reichsstatthalter und Gauleiter von Thüringen *Sauckel*. In diesem Schreiben wurden die Straßenverhältnisse im Zillbacher Forst und die Unterhaltungspflicht der großherzoglichen Verwaltung angesprochen.[1304] Dabei heißt es wörtlich in dem Schreiben: „..., *ist es meines Erachtens eine Selbstverständlichkeit das diese Person* (gemeint ist wohl der Erbgroßherzog) *dazu gezwungen wird, zumal hier bei uns die Reaktion der größte Marxistenzüchter war. Obengenannter Arbeitgeber leistet sich sonst auf allen Gebieten den größten Luxus. Es wäre verdammt notwendig hier einmal nachzuprüfen, ob nicht Zwang auszuüben ist.*“[1305] Aus dem Wort „Reaktion“ lässt sich entnehmen, was die Ortsgruppe der NSDAP von der großherzoglichen Familie hielt – für sie waren es Gegner des Nationalsozialismus.[1306] Dass zu diesem Zeitpunkt das Schiedsverfahren aber bereits eingeleitet worden war, wusste die Ortsgruppe nicht.

Ein Briefwechsel zwischen dem stellvertretenden Gauleiter von Thüringen und Ministerpräsidenten von Thüringen *Marschler* im Jahre 1941 steht im Zusammenhang mit dem Vertrag vom 18./24.10.1921 und ist ebenfalls wert, hier kurz dargestellt zu werden. Der stellvertretende Gauleiter bat in seinem

---

[1299] Klage v. 15.5.1928; ThHStAW, Thür. FinMin. Nr. 7974, Bl. 138r-139v.
[1300] Schiedsspruch v. 27.10.1928; ThHStAW, Thür. FinMin. Nr. 7974, Bl. 158r-151r.
[1301] Aktenvermerk v. 21.3.1930; ThHStAW, Thür. FinMin. Nr. 7974, Bl. 172r.
[1302] ThHStAW, Thür. FinMin. Nr. 7981, Bl. 6r-7v.
[1303] Schiedsspruch v. 19.1.1934; ThHStAW, Thür. FinMin. Nr. 7981, Bl. 44r-49v.
[1304] Schreiben v. 20.8.1933; ThHStAW, Thür. FinMin. Nr. 7981, Bl. 19r.
[1305] Ferner bat die Ortsgruppe um Hilfe bei der Gleichschaltung des örtlichen Raiffeisenverbandes, da viele Mitglieder auf geheimer Wahl bestünden: „*Wir besitzen verbissene SPD-Leute, die bei der Wahl alles aufbieten werden damit kein Platz für uns entsteht. Dieses muß selbstverständlich vermieden werden.*“ Ein betreffender Aktenvermerk zeigte die gewünschte Durchführung der Gleichschaltung an.
[1306] In der ersten Strophe des Horst-Wessel-Liedes besang man die Opfer, „...*die von Rotfront und Reaktion erschossen...*“.

Schreiben vom 22.2.1941, das man im Weimarer Schloss Büroräume für die Gauverwaltung (konkret für den Bereich der Gauwohnungsverwaltung) einrichten sollte und verwies auf die dafür bestehende gesetzliche Grundlage zur Durchsetzung dieses Wunsches. In Betracht sollte der Mittelbau des Schlosses kommen, in dem die großherzogliche Familie ein Wohnrecht besaß, dieses aber seit 22 Jahren nicht mehr nutzen würde. Die großherzogliche Familie könne in der Kriegszeit auch keine Forderungen stellen, für die man im nationalsozialistischen Sinne kein Verständnis haben könne. Wörtlich heißt es dann: *„Da mit dem fraglichen Teil des Schlosses noch besondere Absichten bestehen, wäre es angebracht, die heute durch den Krieg bedingte Zwangslage auszunutzen, um im später gewünschten Sinne vorzustoßen bzw. die Vorbedingungen zu schaffen.“*[1307] In seiner Antwort bestätigte *Marschler* die erwähnte gesetzliche Möglichkeit, bat aber, von der Forderung abzusehen: *„Diese Bitte stelle ich nach Rücksprache und im Einvernehmen mit dem Herrn Gauleiter (Sauckel).“*[1308] Welche Absichten bestanden und um welche Vorbedingungen es ging, wurde im Rahmen der Dissertation nicht weiter verfolgt. Der Ton des Schreibens lässt aber erahnen, wie tief der Graben zwischen der NSDAP und dem Hause Sachsen-Weimar-Eisenach gewesen sein muss. Es ging immerhin um das Wohnrecht im Schloss zu Weimar, das mit der Geschichte des Hauses Sachsen-Weimar-Eisenach und der weltweit bekannten Geschichte des Landes untrennbar verbunden war und ist. Eine Aufhebung dieses Wohnrechts, aus welchem Grund auch immer, wäre wohl innenpolitisch nur schwer zu erklären gewesen und hätte große Beachtung im deutschen Reich und im Ausland gefunden. Es erscheint daher nicht ausgeschlossen, dass deshalb der Ministerpräsident seine Bitte um Aufgabe des Vorhabens äußerte.

Die Auflösung der fideikommissarisch gebundenen Vermögensteile des Hauses Sachsen-Weimar-Eisenach erfolgte bis zum Jahre 1925.[1309]

Als Ergebnis des Rechtsstreits zwischen dem großherzoglichen Haus und dem Land Thüringen erfolgte die Aufwertung der Rente auf 100.000 RM (33 %) und die der Abfindungssumme auf 750.000 RM (25 %). Der Auseinandersetzungsvertrag vom 18./24.10.1921 blieb unangetastet.

3. Zusammenfassung zu den beiden Aufwertungsprozessen

Das Land Thüringen konnte und wollte sich nicht dem Wunsch der beiden Fürstenhäuser verschließen, dass der durch die Inflation entstandene Wertverlust der Zahlungen ausgeglichen werden müsste. So versuchte das Land seit dem Jahr 1922, durch fortdauernde zusätzliche Zahlungen an das Haus Sach-

---

[1307] ThHStAW, Thür. FinMin. Nr. 7974, Bl. 288r.

[1308] Schreiben v. 4.3.1941; ThHStAW, Thür. FinMin. Nr. 7974, Bl. 289r.

[1309] Einzelheiten siehe Brandner, S. 119 ff.

sen-Meiningen einen Wertausgleich zu erreichen. Dabei war es aber auch der eigenen Haushaltslage und der damit verbundene Zahlungsfähigkeit verpflichtet. Die immer mehr steigenden Inflation und der stetig schwindende Geldwert konnten aber nicht ausgeglichen werden. Dass der Wert des ehemaligen Domänenvermögens dem Papiergeld der Inflation nicht entsprechen konnte, war den Beteiligten auch stets bewusst. Aus den Akten des thüringischen Finanzministeriums ergeben sich auch keine Anhaltspunkte dafür, dass man die Gelegenheit der Inflation zu einer schnellen Tilgung ausnutzen wollte. Es gibt dagegen wiederholt Hinweise für die Absicht, die Zahlungen unter dem Gesichtspunkt der Billigkeit aufzuwerten.

Verständlich war auch, dass die beiden Häuser von der Schiedsgerichtsklausel Gebrauch machten, um eine Aufwertung zu erreichen, nachdem eine Verständigung mit dem Staat scheiterte. Das Haus Sachsen-Meiningen erreichte dabei eine sehr hohe Aufwertung der vereinbarten Geldzahlungen, die Rente wurde auf 100 % und die Abfindungssumme auf 75 % aufgewertet. Im Gegensatz dazu erhielt das Haus Sachsen-Weimar-Eisenach eine bedeutend geringere Aufwertung (die Rente wurde auf 33 % und die Abfindungssumme nur auf 25 % aufgewertet). Dieser Unterschied in den ausgeurteilten Höhen hat seine Ursache in den beiden Schiedsgerichten: Während das OLG Jena auf die allgemeine Notlage in Deutschland ausdrücklich Bezug nahm, die für jeden eine Einschränkung zur Folge hätten, findet sich dieser Ansatz nur bei dem erstinstanzlichen Schiedsspruch im Fall Sachsen-Meiningen. In diesem Zusammenhang müssen aber auch die Unterschiede der beiden Auseinandersetzungsverträge berücksichtigt werden. Während das Haus Sachsen-Meiningen das gesamte Domänenvermögen auf den Staat übertragen hatte und vollständig auf dessen Zahlungen angewiesen war, besaß das Haus Sachsen-Weimar-Eisenach neben den Renten- und Abfindungsansprüchen noch ca. 4.700 ha Wald aus dem ehemaligen Domänenvermögen, dessen Einnahmen auch zum Unterhalt des Hauses beizutragen hatten. Für das Land Thüringen erwies sich die Schiedsgerichtsklausel insgesamt als sehr nachteilig, da es sich in wirtschaftlich schwierigster Lage erheblichen – nun aufgewerteten – Zahlungsverpflichtungen ausgesetzt sah. Demgegenüber standen jedoch die erhaltenen Domänengrundstücke, für die man wieder angemessene Zahlungen zu leisten hatte, aber auch Anfang der 20-er Jahre aufgrund der immer noch großen Holznachfrage sehr hohe Einnahmen erzielte. Bemerkenswert ist in diesem Zusammenhang, dass das Land Anfang der 30-er Jahre die Anfrage des Hauses Sachsen-Meiningen auf Rückübertragung von Grundstücken, um eine teilweise Tilgung der staatlichen Schulden an das Fürstenhaus zu erreichen, vehement zurückwies. Hier lässt sich vermuten, dass man wegen des Wertes der ehemaligen Domänenwälder nicht bereit war, obwohl die Holznachfrage mittlerweile zurückgegangen war, diese wegen Haushaltsschwierigkeiten aufzugeben. Daneben spielte auch politische Konsequenzen im Land eine Rolle, da die ehemaligen Domänen und der jahrzehntelange Streit darüber in der Öffentlichkeit noch sehr präsent waren. Der Versuch des Landes, die jeweiligen Aufwertungen unter Hinweis auf die geltenden Aufwertungsvorschriften zu begrenzen, ist im Hinblick auf die Haushaltslage und die Finanzschwierigkeiten nachvollziehbar. Zumindest wollte man alle Möglichkeiten ausschöpfen, um zu einem günstigen Abschluss zu kommen.

Als Ergebnis der Aufwertungsprozesse bleibt festzustellen, dass es den beiden Häusern gelungen war, vom Land Thüringen hohe Abfindungs- und Rentenzahlungen zu erhalten und dies in einer Zeit, in der weite Teile des deutschen Volkes durch die Inflation enorme Vermögensverluste und Verarmung hinnehmen mussten. Die fürstlichen Familien hatten den Vorteil, den Staat als Schuldner zu haben, der für die Übereignung der ehemaligen fürstlichen Domänen wertangemessene Zahlungen leisten musste.

II. Der erfolgreiche Rechtsstreit des Hauses Sachsen-Coburg und Gotha gegen das Enteignungsgesetz vom 31. Juli 1919 und dessen Auswirkungen in Deutschland

Als einziger der thüringischen Staaten hatte Gotha keine Einigung mit seinem ehemaligen Landesherrn und dessen Familie erreicht, sondern durch das Gesetz vom 31.7.1919 das gesamte herzogliche Domänenvermögen entschädigungslos enteignet. In den folgenden Jahren gab es neben dem Versuch Herzogs *Carl Eduard*, auf dem Rechtsweg sein Vermögen wieder zu erhalten, auch intensive Verhandlungen mit dem Staat Gotha (dem späteren Gebiet Gotha) und später mit dem Land Thüringen, um doch noch zu einer Vereinbarung zu kommen, die aber erfolglos blieben. Durch die Entscheidung des Reichsgerichtes im Jahr 1925 wurde die entschädigungslose Enteignung aufgehoben und das Haus Sachsen-Coburg und Gotha erhielt sein Vermögen zurück. Diese Gerichtsentscheidung war der Anlass für den Volksentscheid und das Volksbegehren in Deutschland über eine entschädigungslose Enteignung des Fürstenvermögens. Im Jahre 1927 erfolgte eine erste vertragliche Vereinbarung zwischen dem Staat Thüringen und dem herzoglichen Haus über eine vermögensrechtliche Auseinandersetzung. Die sich anschließenden jahrelangen Verhandlungen führten jedoch zu keinem Ergebnis. Erst durch den Abschluss eines Vergleichs im Jahre 1934 wurde die Auseinandersetzung beendet.

Dieser fast 15 Jahre dauernde Streit war für das Land Thüringen von großer wirtschaftlicher Bedeutung. Die Größe der enteigneten Vermögensmasse stellte einen beträchtlichen Wert dar, der dem Staat verbleiben sollte. Dieses Vorhaben musste mit den völlig konträren Interessen des herzoglichen Hauses kollidieren. Die Zeitdauer des Streites macht es erforderlich, dass seine Darstellung in Zeitetappen und nach besonderen Ereignissen erfolgt, wobei einige Überschneidungen nicht zu vermeiden sind. Aufgrund der Vielzahl von Schreiben, Besprechungen, Verhandlungen und Gerichtsentscheidungen würde eine chronologische Darstellung nicht in jedem Fall von Vorteil sein.

1. Prozesse und Verhandlungen zwischen dem Staat (dem späteren Gebiet) Gotha und dem herzoglichen Haus in den Jahren 1919 bis 1923

Der Streit zwischen dem Staat Gotha und dem herzoglichen Haus begann bereits zwei Tage nach der Veröffentlichung des Enteignungsgesetzes. Am 4.8.1919 legte die herzogliche Hofkammer eine „Verwahrung" gegen das Gesetz ein wegen Verstößen gegen die Unverletzlichkeit des Eigentums sowie gegen das Domänenteilungsgesetz aus dem Jahre 1905.[1310] Am gleichen Tag begaben sich die Volksbeauftragten *Schauder*, *Grabow* und *Tenner* zur Hofkammer mit dem Ergebnis, dass Hofkammerpräsident *v.Bassewitz* beurlaubt, der Justitiar *Zeyß* freigestellt wurde und der Volksbeauftragte *Tenner* als Landeskommissar der Landesvermögensverwaltung die Geschäfte übernahm, worüber er die Beamten der ehemaligen Hofkammer informierte.[1311] *V.Bassewitz* und *Zeyß* berieten sich in diesen Tagen mit der Hofkammer-Vereinigung und besprachen sich mit einem Referenten im RMdI.[1312] Auch Herzog *Carl Eduard* legte „Verwahrung" gegen das Enteignungsgesetz ein und kündigte rechtliche Schritte an.[1313] Mit dem Schriftsatz vom 13.8.1919 verklagte er beim Landgericht Gotha die Volksbeauftragten *Schauder*, *Grabow* und *Tenner* sowie den Staat Gotha auf Wiedereinräumung seines entzogenen Besitzes[1314] [1315] und beantragte gleichzeitig den Erlass einer einstweiligen Verfügung.[1316] Bereits in diesem Schriftsatz wurde die fehlende Zustimmung der gesetzgebenden Körperschaft gerügt und dass ferner die Gegenzeichnung des Staatsministerium fehlte. Diese behaupteten Mängel sollten die Gerichte und verschiedene Gutachter in den nächsten Jahren noch beschäftigen. Die Regierung von Gotha bestritt die Zulässigkeit des gewählten Zivilrechtsweges, da

---

1310 Schreiben v. 4.8.1919; ThStA Gotha, Staatsministerium, Dep. I., Loc. 1b Nr. 79a, Bd. 1, Bl. 18.

1311 Protokoll v. 4.8.1919; ThStA Gotha, Staatsministerium, Dep. I., Loc. 1b Nr. 79a, Bd. 1, Bl. 19.

1312 Jung, S. 251 ff.

1313 Schreiben v. 9.8.1919; ThStA Gotha, Staatsministerium, Dep. I., Loc. 1b Nr. 79a, Bd. 1, Bl. 23.

1314 ThStA Gotha, Staatsministerium, Dep. I., Loc. 1b Nr. 79a, Bd. 1, Bl. 25-36.

1315 Vor dem Oberverwaltungsgericht in Jena klagte der Herzog ebenfalls auf Rückgabe, wobei dieser Prozess nur weiterverfolgt werden sollte, wenn der Zivilrechtsweg nicht zulässig wäre; ThHStAW, Thür. FinMin. Nr. 7928, Bl. 269r.

1316 ThStA Gotha, Staatsministerium, Dep. I., Loc. 1b Nr. 79a, Bd. 2, Bl. 13-27.

die Einziehung des herzoglichen Vermögens ein staatlicher Hoheitsakt sei. Diese Einrede führte zu einem sogenannten Kompetenzkonflikt. Es musste nun die Kommission zur Entscheidung der Kompetenzkonflikte über den zulässigen Rechtsweg entscheiden. Dass eine Behörde und nicht ein Gericht darüber zu befinden hatte, beruhte auf einem Gesetz aus dem Jahr 1879.[1317] Anfang September des Jahres 1919 unterbrach das Landgericht Gotha das Verfahren bis zur Klärung des Rechtsweges.[1318]

In diesen Streit wurde durch die Intervention der herzoglichen Bevollmächtigten jetzt auch die Reichsregierung einbezogen, die versuchte, eine gütliche Einigung zu erreichen. An diese wandten sich am 13.8.1919 *v.Bassewitz* und *Zeyß* als Hauptbevollmächtigte des Herzogs und baten, den Herzog in Schutz zu nehmen. Der RMdI *David* empfahl daraufhin den Volksbeauftragten von Gotha, es auf keinen Rechtsstreit mit dem Herzog ankommen zu lassen. Die Verhandlungen sollten wieder aufgenommen werden, um einen gütlichen Ausgleich zu erreichen. Er bot auch seine Vermittlung für ein schiedsgerichtliches Verfahren an.[1319] In ihrer Antwort vom 1.9.1919 zeigten sich die Volksbeauftragten für die Aufnahme einer Vergleichslösung aufgeschlossen. In ihrer Beschreibung des Ablaufs der Verhandlungen und der gemachten Vorschläge legten sie dar, dass sie für das Scheitern nicht verantwortlich seien. Erst durch die Ablehnung ihrer Angebote durch den Herzog sei es zum Enteignungsgesetz gekommen.[1320] Bereits Ende August des Jahres 1919 hatten sie dem RMdJ einen Fragekatalog zur Gültigkeit des Gesetzes vom 31.7.1919 zukommen lassen, um die Rechtsansicht des RMdJ zu diesem zu erfahren.[1321] Dabei bezogen sie sich auf eine Rücksprache, die *Tenner* und Rechtsanwalt *Gutmann* in dieser Angelegenheit mit Ministerialdirektor *Joel* und Geheimrat *Schlegelberger* gehabt hätten. Auf einer Besprechung im thüringischen Finanzministerium im Jahre 1924 erklärte *Gutmann*, dass er **vor** Erlass des Gesetzes mit den beiden Beamten in Berlin die Rechtslage besprochen hätte und diese keine Bedenken gegen das geplante Gesetz äußerten. Die damalige Rechtslage habe dem Staat Gotha ein derartiges Vorgehen erlaubt.[1322] Unterstaatssekretär *Del-*

[1317] **Gesetz v. 8.4.1879**; GS. S.-G. 1879 (Gemeinschaftliche GS für die Hzg. S.-C.u.G. Nr. 385), S. 159-162.

[1318] Die Beschwerde des Herzogs dagegen hatte keinen Erfolg (Beschluß des OLG Jena v. 12.9.1919; ThHStAW, Thür. OLG Jena, Karton 1002, Akte Nr. 4, Bl. 4r-6v).

[1319] Schreiben v. 21.8.1919; ThStA Gotha, Staatsministerium, Dep. I., Loc. 1b Nr. 79a, Bd. 1, Bl. 41-42.

[1320] ThStA Gotha, Staatsministerium, Dep. I., Loc. 1b Nr. 79, Bd.1, Bl. 173a-173c.

[1321] Schreiben v. 23.8.1919; ThStA Gotha, Staatsministerium, Dep. I., Loc. 1b Nr. 79a, Bd. 1, Bl. 56-57; abgedruckt in „Landesregierung Gotha, Auseinandersetzung“, S. 51 ff.

[1322] ThHStAW, Thür. FinMin. Nr. 7955, Bl. 17r-18r; Tenner erwähnte 1925 im thür. Landtag die Besprechung ebenfalls, wobei er den Zeitpunkt des Treffens als **nach** dem Gesetzeserlaß angab (3. LT.-Verh. Thür., 4. Abt., S. 5361).

brück vom RMdJ antwortete den Volksbeauftragten von Gotha, dass vor Inkrafttreten der Reichsverfassung vom 11.8.1919 durch Art. 109 EGBGB eine Enteignung der Landesgesetzgebung überlassen worden war. Somit stünde das Reichsrecht dem Erlass des Enteignungsgesetzes formal nicht entgegen.[1323] Mit dieser Auskunft waren die Volksbeauftragten offensichtlich hochzufrieden, da es ihre Ansicht zur Gültigkeit zu bestätigen schien. Der neue RMdI *Koch* warf ihnen in seinem Schreiben vom 1.9.1919 jedoch vor, das Enteignungsgesetz zu einem Zeitpunkt erlassen zu haben, an dem deutlich erkennbar war, dass die neue Reichsverfassung einen entgegengesetzten Standpunkt einnehmen würde. Damit stünde das Gesetz im Widerspruch zu der Rechtsüberzeugung, die zu diesem Zeitpunkt die Mehrheit der deutschen Volksvertretung gebilligt hätte. Selbst wenn das Gesetz formell gültig sein sollte, so würde es nicht dem allgemeinen Rechtsempfinden entsprechen. Aus diesem Grund könne es im Wege der Reichsgesetzgebung außer Kraft gesetzt werden. Er empfahl die Aufnahme von Verhandlungen, um zu einem endgültigen Abschluss zu kommen, die Beauftragten des Herzogs hätten ihre Vergleichsbereitschaft angezeigt.[1324] Trotz der deutlichen Mahnungen des RMdI machten die Volksbeauftragten keine Anstalten, um Vergleichsverhandlungen aufzunehmen. Man weigerte sich auch, Abschriften der Schreiben des RMdI den Bevollmächtigten des Herzogs zuzusenden, was diese sichtlich verärgerte. Sie beklagten Ende Dezember des Jahres 1919 die fehlende Bereitschaft der Landesversammlung zur Aufnahme von Verhandlungen auch gegenüber *Gutmann*.[1325]

In Gotha selbst gab es auch praktische Probleme bei der Aufnahme der Tätigkeit der Landesvermögensverwaltung. Im Büro der ehemaligen herzoglichen Generalkasse konnte man die Geldschränke nicht öffnen, da der Kurator *Forkel* die Schlüssel mit nach Coburg genommen hatte. Trotz mehrerer schriftlicher Aufforderungen im September und Oktober des Jahres 1919 gab er die Schlüssel und andere Gegenstände nicht heraus, was er mit dem fehlenden Einverständnis der englischen Agnaten des Herzogs und des Prinzen *von Connaught* begründete. Seinen Vorschlag, dass man den Ausgang des Prozesses abwarten sollte, wurde mit der Androhung der Tresoröffnung beantwortet. Anfang November schritt man zur Tat und ließ die Geldschränke öffnen.[1326] Unter Berücksichtigung der Aufgaben einer Generalkasse und der von ihr verwalte-

---

[1323] Schreiben v. 23.8.1919; ThStA Gotha, Staatsministerium, Dep. I., Loc. 1b Nr. 79a, Bd. 1, Bl. 59; abgedruckt in „Landesregierung Gotha, Auseinandersetzung", S. 53.
[1324] Schreiben v. 25.10.1919; ThStA Gotha, Staatsministerium, Dep. I., Loc. 1b Nr. 79a, Bd. 1, Bl. 84-85; zu den Absprachen zwischen RMdI und dem RMdJ siehe Jung, S. 254f.
[1325] Schreiben v. 23.12.1919; ThStA Gotha, Staatsministerium, Dep. I., Loc. 1b Nr. 79a, Bd. 2, Bl. 49.
[1326] Einzelheiten in der Akte des ThStA Gotha, Staatsministerium, Dep. I., Loc. 1b Nr. 83.

ten Werte verblüfft die Geduld, die man den Ausflüchten *Forkels* entgegenbrachte. In dieser Zeit weigerten sich auch etliche Banken, Auszahlungen an die Landesvermögensverwaltung zu leisten, da die herzoglichen Bevollmächtigten dagegen protestiert hatten.

Am 22.1.1920 erfolgte die Zusammenkunft der Kommission zur Entscheidung des Kompetenzkonfliktes. Der Vorsitzende dieser Kommission regte an, unabhängig vom Ausgang des Kompetenzkonfliktes, den Streit im Wege eines Vergleichs zu beenden und dazu einen Aus-schuss zu bilden. Die Parteien stimmten dem Vorschlag zu. Der Ausschuss bestand aus je einem Vertreter der beiden Seiten sowie aus Oberlandesgerichtsrat *Lummer* (der selbst Kommissionsmitglied war) als Ausschussvorsitzenden.[1327] In ihrer Entscheidung verwarf die Kommission die Einrede der Unzulässigkeit des Rechtsweges. Durch den Vertrag vom 19.7.1905 habe eine endgültige und vollständige Auseinandersetzung zwischen den Parteien stattgefunden, somit bestünden nur noch privatrechtliche Beziehungen.[1328] Für den Herzog war damit der Weg vor dem Landgericht Gotha geöffnet worden. In der schon erwähnten Broschüre der Landesregierung wurde der Tenor der Entscheidung und Teile der Begründung abgedruckt und kritisch besprochen. Dass man sich vor der Verhandlung über die Forstsetzung von Vergleichsverhandlungen geeinigt hatte, wurde mit keinem Wort erwähnt.[1329] Der Ausschuss nahm in den folgenden Monaten seine Arbeit auf.

Neben diesem Rechtstreit hatte Herzog *Carl Eduard* Mitte Januar des Jahres 1920 auch vor dem Landgericht Meiningen geklagt.[1330] In diesem Prozess ging es um die Feststellung und Wiedereinräumung seiner fideikommissarischen Eigentümerstellung des Grundstücks „Gebrannter Stein", das sich in den Schmalkaldischen Forsten befand. Dieses Gebiet gehörte jedoch zu Preußen, die Schmalkaldischen Forsten waren aber durch das Enteignungsgesetz ebenfalls zugunsten des Staates Gotha enteignet worden. Diesem Prozess sollte in den folgenden Jahren eine erhebliche Bedeutung zukommen.

In der Zwischenzeit benutzte die Landesregierung von Gotha das Schreiben des RMdJ vom 18.9.1919, um von Besitzern herzoglicher Grundstücke die Herausgabe zu verlangen. Dieses Vorgehen veranlasste den RMdJ *Schiffer* Anfang Februar des Jahres 1920 zu einer deutlichen Kritik an den Gothaer

---

[1327] Sitzungsprotokoll v. 22.1.1920; ThHStAW, Thür. FinMin. Nr. 7948, Bl. 41r. Lummer hatte den Vergleich zwischen dem Volksstaat Reuß und dem Fürstenhaus Reuß j.L. im Jahre 1919 mit herbeigeführt.

[1328] ThStA Gotha, Staatsministerium, Dep. I., Loc. 1b Nr. 79a, Bd. 1, Bl. 123-132.

[1329] „Landesregierung Gotha, Auseinandersetzung", S. 55 f.

[1330] Klage v. 16.1.1920; ThStA Gotha, Staatsministerium, Dep. I., Loc. 1b Nr. 79a, Bd. 2, Bl. 29-34.

Volksbeauftragten. Darin heißt es u.a., dass sich auch das RMdI mit seinem Schreiben vom 25.10.1919 über das Enteignungsgesetz geäußert habe und dieses weder eine Anerkennung der Rechtsgültigkeit noch eine Billigung des Inhaltes des Gesetzes enthalten würde. Dem Inhalt dieses Schreibens würde er beipflichten. Für den RMdJ war der Erlass des Gesetzes ein „... *den Bundespflichten widersprechender illoyaler Akt gegenüber dem Reich.*“ Auch er drohte eine Beseitigung durch ein Reichsgesetz an.[1331] Die Hauptbevollmächtigten des Herzogs standen in dieser Zeit in einem sehr engen Kontakt zum RMdJ und RMdI.[1332] Neben der deutlichen Haltung gegenüber der Landesregierung in Gotha versuchte das RMdI im März des Jahres 1920 auch, mit Hilfe der thüringischen Staatsregierung eine Lösung der verfahrenen Situation zu erreichen. Man bat die Staatsregierung, auf die Regierung von Gotha einzuwirken, da diese dem Hinweis auf eine Erledigung durch einen Vergleich keine Folge geleistet hätte. Gleichzeitig erfolgte wieder der Hinweis auf ein mögliches Reichsgesetz, dass das Enteignungsgesetz außer Kraft setzen könnte. In einem vertraulichen Teil wurde das besondere politische Interesse des Deutschen Reiches an der Beendigung des Streits hervorgehoben. Man befürchtete eine Intervention der englischen Regierung, die sich der Interessen der englischen Angehörigen des englischen Königshauses (die mit dem Haus Sachsen-Coburg und Gotha sehr eng verwandt waren) annehmen könnte. Es sei für das Ansehen und die Politik des Reiches unerwünscht, wenn die Reichsregierung unter dem Druck Englands und unter Berücksichtigung der Wünsche der englischen Prinzen die Vermögensauseinandersetzung durchführen müsste.[1333] Die thüringische Staatsregierung übersandte das Schreiben ohne den vertraulichen Teil nach Gotha und bat um eine Stellungnahme. In ihrer Antwort an das RMdJ verwies sie auf den im Januar des Jahres 1920 gebildeten Ausschuss und schien von einer baldigen Vergleichslösung auszugehen.[1334] Im RMdI war offenbar nicht bekannt, dass durch die vom Herzogtum Gotha beschlossenen Gesetze des Jahres 1917 die englischen Agnaten von jeglichen Vermögen in Gotha und Coburg ausgeschlossen worden waren und dies dem Herzog *Carl Eduard* wohl nie verziehen hatten. (siehe 1. Kap. III. 4. a). Trotz der deutlichen Drohung mit einer reichsrechtlichen Aufhebung des Enteignungsgesetzes konnte auch die Reichsregierung keinen Vergleich erreichen.

Für die Vergleichsverhandlungen im Frühjahr des Jahres 1920 erwies sich das Erscheinen der Broschüre der Landesregierung über die vermögensrechtli-

---

[1331] Schreiben v. 3.2.1920; ThStA Gotha, Staatsministerium, Dep. I., Loc. 1b Nr. 79, Bd. 1, Bl. 184.

[1332] Zu den Einzelheiten siehe Jung, S. 256 ff.

[1333] Schreiben v. 3.3.1920; ThHStAW, Thür. FinMin. Nr. 7948, Bl. 36r.

[1334] Schreiben v. 15.4.1920; ThHStAW, Thür. FinMin. Nr. 7948, Bl. 36v.

che Auseinandersetzung[1335] äußerst hinderlich. Im Wahlkampf zu der neuen Landesversammlung verteilte die USPD diese Schrift sowie Flugblätter, die keine Hinweise auf die Einigung vor der Kompetenzkommission sowie auf den gebildeten Ausschuss enthielten. Die Hauptbevollmächtigten des Herzogs waren so empört über den Inhalt der Broschüre, dass sie die Vergleichsverhandlungen für zwecklos hielten und den Prozess vor dem Landgericht Gotha fortführen wollten.[1336] Nach der Wahl bildeten die bürgerlichen Parteien die Regierung in Gotha unter dem Vorsitz von *Liebetrau*. Es gelang der neuen Regierung, die herzogliche Seite von einer Fortführung des Prozesses abzuhalten, da sie glaubhaft versicherte, von der Broschüre – die sie als Kampfschrift bezeichnete – keine Kenntnis gehabt zu haben.[1337] In der Regierungserklärung der neuen Gothaer Volksbeauftragten (*Liebetrau*, *Heyn*, *Pfeffer*) vom 7.7.1920 wurde als Ziel eine Vergleichslösung mit dem ehemaligen Landesherren genannt, wobei das Wohl des Staates zu wahren sei.[1338]

Im Prozess um die Parzelle „Gebrannter Stein" erklärte das Landgericht Meinigen im Juni des Jahres 1920 den Rechtsweg für zulässig.[1339] Da das OLG Jena die Berufung des Landes verwarf[1340], legte dieses Revision vor dem Reichsgericht ein.

Seit Juni des Jahres 1920 hatte der Ausschussvorsitzende *Lummer* die Landesregierung von Gotha regelmäßig über den Verhandlungsstand in der Auseinandersetzungsfrage informiert.[1341]

Besonders strittig war die Frage, ob der Herzog Waldbesitz in Gotha bekommen sollte oder nicht. Während der Staat Gotha dem Herzog möglichst keinen Besitz überlassen wollte, beanspruchte dieser das ehemalige Ernst-Albert-Fideikommiß und den größten Teil des Hausfideikommisses. Trotz dieser Schwierigkeiten hoffte *Lummer*, in ein bis zwei Monaten zu einer Entscheidung zu gelangen, entweder würde es einen Vergleich geben oder keine gütliche Auseinandersetzung.[1342] Im Oktober des Jahres 1920 schrieb er der

---

[1335] „Landesregierung Gotha, Auseinandersetzung"; s.o. 2. Kap. III. 5.

[1336] Schreiben v. 19.5.1920; ThStA Gotha, Staatsministerium, Dep. I., Loc. 1b Nr. 79, Bd. 1, Bl. 193-195.

[1337] Schreiben v. 23.5.1920; ThStA Gotha, Staatsministerium, Dep. I., Loc. 1b Nr. 79, Bd. 1, Bl. 194 RS-195.

[1338] LV.-Verh. S.-G. 1920, S. 17 f.

[1339] Zwischenurteil v. 7.6.1920; ThStA Gotha, Staatsministerium, Dep. I., Loc. 1b Nr. 79a, Bd. 2, Bl. 76-78.

[1340] Urteil v. 26.10.1920; ThStA Gotha, Staatsministerium, Dep. I., Loc. 1b Nr. 79a, Bd. 2, Bl. 90-93.

[1341] Schreiben v. 1.6. u. 23.6.1920; ThStA Gotha, Staatsministerium, Dep. I., Loc. 1b Nr. 79, Bd. 1, Bl. 196, Bl. 222-223.

[1342] Schreiben v. 11.8.1920; ThStA Gotha, Staatsministerium, Dep. I., Loc. 1b Nr. 79, Bd. 1, Bl. 225.

Landesregierung, dass der Herzog am 16.10.1920 bereit sei, sich mit Abgeordneten der Landesversammlung zu treffen, um die Gründe zu erfahren, die es unmöglich machen würden, der herzoglichen Familie Waldbesitz in Gotha zu belassen.[1343] Bei dem Treffen am 16.10.1920 auf Schloss Callenberg nahmen neben der Abordnung der Landesversammlung *Liebetrau* und *Lummer* teil. Die herzogliche Seite vertrat der ehemalige Oberpräsident der Provinz Posen *v.Ziller*,[1344] der kurz darauf der neue herzogliche Hauptbevollmächtigte werden sollte. *Liebetrau* schrieb fünf Jahre später über dieses Treffen, sie seien durch das Verhalten *v.Zillers* brüskiert worden.[1345] Das Auftreten *v.Zillers* muss auch *Lummer* befremdet haben. Er schrieb im Frühjahr des Jahres 1921 an *Liebetrau*, dass er bei dem Besuch in Callenberg den Eindruck hatte, dass durch Berater wie *v.Ziller* die Möglichkeit eines Vergleichs ausgeschlossen sei und dieser ihn von den Verhandlungen ausschalten wollte, nachdem *Lummer* nicht für den Vorschlag des Herzogs eingetreten sei.[1346] Als Ergebnis vereinbarte man, dass der Herzog einen Vergleichsvorschlag der Landesregierung unterbreiten sollte. Die Rechtsstreitigkeiten sollten während der Verhandlungen ruhen.[1347] Die herzogliche Seite sicherte das Ruhen des Prozesses aber nur für den Rechtsstreit in Gotha zu – der Prozess um die Parzelle „Gebrannter Stein“ sollte weitergehen.[1348]

Zu den Problemen bei den Verhandlungen kam hinzu, dass der Herzog aufgrund des Notopfergesetzes erhebliche Zahlungen an das Reich zu leisten hatte. Am 18.10.1920 verlangten seine Hauptbevollmächtigten die sofortige Herausgabe der Kriegsanleihen und den Rechnungsabschluss, um gegenüber dem Reich zahlen zu können.[1349] Die Landesregierung entschloss sich am 26.11.1920, unter Vorbehalt der endgültigen Auseinandersetzung, an den Herzog die Summe von 1.365.000 Mark zu zahlen.[1350] Über diese Zahlung gab es ein dreiviertel Jahr später eine heftige Auseinandersetzung in der Landesversammlung (zu diesem Zeitpunkt Gebietsvertretung genannt).[1351]

1343 Schreiben v. 8.10.1920; ThStA Gotha, Staatsministerium, Dep. I., Loc. 1b Nr. 79, Bd. 1, Bl. 263c-262d.

1344 1867-1929.

1345 Artikel von Liebetrau im Gothaischen Tageblatt v. 14.7.1925.

1346 Schreiben v. 11.3.1920; ThStA Gotha, Staatsministerium, Dep. I., Loc. 1b Nr. 79, Bd. 2, Bl. 90.

1347 Schreiben der Landesregierung an die Hauptbevollmächtigten v. 23.10.1920; ThStA Gotha, Staatsministerium, Dep. I., Loc. 1b Nr. 79, Bd. 1, Bl. 266.

1348 Schreiben v. 28.10.1920; ThStA Gotha, Staatsministerium, Dep. I., Loc. 1b Nr. 79, Bd. 1, Bl. 269.

1349 ThStA Gotha, Staatsministerium, Dep. I., Loc. 1b Nr. 79, Bd. 2, Bl. 7-8.

1350 ThHStAW, Thür. FinMin. Nr. 7947, Bl. 97r. In dieser Akte befindet sich ein sehr umfangreicher Schriftwechsel über die benötigten Aufstellungen, Rechnungsabschlüsse u.ä.

1351 GV.-Verh. S.-G. 1921, S. 54 ff.

Der Abgeordnete der Landesversammlung *Krüger* war am 30.10.1920 als Beauftragter der Landesregierung beim Herzog, um ihn zu einem Einlenken zu bewegen. Der Herzog – so *Krüger* im Jahre 1925 – habe ihm zugesichert, dass er sich nach dem Vergleich in Anhalt richten würde.[1352]

Im November des Jahres 1920 wurde die Landesregierung informiert, dass der Herzog *v.Ziller* mit der Führung der Auseinandersetzung beauftragt habe.[1353] Dieser begann mit der Ausarbeitung des besprochenen Vergleichsentwurfs und verlangte dazu umfangreiches Aktenmaterial von der Landesvermögensverwaltung.[1354] Ende Januar des Jahres 1921 trafen sich *v.Ziller*, *Liebetrau*, *Heyn*, *Pfeffer*, *Gutmann* sowie der Leiter der Landesvermögensverwaltung *Hildebrandt*. Dabei legte *v.Ziller* noch keinen konkreten Vorschlag vor, sondern wollte nur eine Verständigung über Grundfragen erreichen. Er betonte, dass der Herzog mit dem Land in Frieden auseinandergehen wolle. Die Vertreter des Landes verlangten die Zusendung des versprochenen Vergleichsvorschlages.[1355] Am 8.2.1921 erstellte *v.Ziller* einen „Vorschlag für eine neue Vermögensauseinandersetzung zwischen dem Herzoglichen Hause von Sachsen-Coburg-Gotha und dem Staate Gotha" und übersandte ihn der Landesregierung.[1356] Dieser fast 40 Schreibmaschinenseiten umfassende Vorschlag ist später gedruckt worden.[1357] Die Ausarbeitung enthält neben einem geschichtlichen Teil über die Eigentumsverhältnisse an dem Domänenvermögen in Gotha auch eine rechtliche Einschätzung aus der Sicht *v.Zillers* über die Wirksamkeit des Enteignungsgesetzes, wobei er mehrere Unwirksamkeitsgründe aufführte, so z.B. den Verstoß gegen § 108 des Staatsgrundgesetzes vom 1.5.1852 – das Zustimmungserfordernis in der Verkündungsformel eines Gesetzes. Der Vorschlag für eine Auseinandersetzung lautete im Ergebnis: Das herzogliche Haus behält das Ernst-Albert-Fideikommiß, das Lichtenberger-Greinburger-Fideikommiß, die Schmalkaldischen Forsten und das Hausallod. Von den Domänen des Hausfideikomisses sollte der Staat ca. 8.000 ha erhalten (die Berechnung der Hektargröße erfolgte nach den Reinerträgen). Der Staat sollte neben einer Vielzahl von Leistungen an das herzogliche Haus die gesam-

---

[1352] 3. LT.-Verh. Thür., 4. Abt., S. 5110.

[1353] Schreiben v. 13.11.1920; ThStA Gotha, Staatsministerium, Dep. I., Loc. 1b Nr. 79, Bd. 2, Bl. 18a.

[1354] Schreiben v. 8.12.1920 u. 3.1.1921; ThStA Gotha, Staatsministerium, Dep. I., Loc. 1b Nr. 79, Bd. 2, Bl. 57 und 63-64.

[1355] Protokoll v. 29.1.1921; ThStA Gotha, Staatsministerium, Dep. I., Loc. 1b Nr. 79, Bd. 2, Bl. 77a-77b und Schreiben v. 4.2.1920; ThStA Gotha, Staatsministerium, Dep. I., Loc. 1b Nr. 79, Bd. 2, Bl. 78.

[1356] Schreiben v. 9.2.1920; ThStA Gotha, Staatsministerium, Dep. I., Loc. 1b Nr. 79, Bd. 2, Bl. 79.

[1357] Ein Exemplar befindet sich in der Akte des ThHStAW, Thür. FinMin. Nr. 7948, Bl. 58r-66r.

ten bisher entstandenen Gerichtskosten des herzoglichen Hauses zahlen. Bis zum 31.5.1921 hielt sich der Herzog an diesen Vorschlag gebunden.

Die Gebietsregierung (die ehemalige Landesregierung) von Gotha war von diesem Vorschlag offensichtlich völlig überrascht worden und glaubte, dass dies nicht der abschließende Vorschlag gewesen sein könne. In ihrer Antwort vom 20.2.1921 teilten sie *v.Ziller* mit, dass sie seinen Vorschlag der Gebietsvertretung nicht vorlegen wollten, bevor nicht feststehen würde, dass das herzogliche Haus nicht auf anderer Grundlage verhandeln wollte. Der Vorschlag wurde als „*unannehmbar*" bezeichnet. „*Seine Bekanntgabe würde eine berechtigte tiefgehende Erbitterung der Bevölkerung auslösen und eine gütliche Auseinandersetzung ernstlich gefährden*". In wichtigen Teilen würde er „*an das Diktat der Entente über Wiedergutmachungen*" erinnern und im Gegensatz zu früheren Erklärungen des Herzogs stehen. Ausdrücklich fragte man, ob mit einem anderen Vorschlage gerechnet werden könne.[1358] Die Antwort *v.Zillers* fiel jedoch eindeutig aus: „*Es wird nicht beabsichtigt, einen anderen Vorschlag folgen zu lassen.*" Er war offenbar über die Vorhaltungen der Gebietsregierung – vor allem über den Vergleich mit dem Versailler Vertrag (in der damaligen Zeit war dieser Vergleich ein sehr heftiger Vorwurf) – äußerst verärgert. Man wollte offenbar keine Verständigung mehr, so dass man den Prozess fortsetzen müsse.[1359]

In seinem Brief vom 11.3.1921 schrieb *Lummer* an *Liebetrau*, dass der Vergleichsvorschlag *v.Zillers* mit seinem Eindruck, den er im Oktober des Jahres 1920 auf Schloss Callenberg gewonnen hätte, übereinstimme, da *v.Ziller* von Anfang an das Bestreben gehabt hätte, ihn von den Verhandlungen auszuschalten. Weitere Verhandlungen seien zwecklos und es sei für die Gebietsvertretung der Zeitpunkt gekommen, einen neuen Weg einzuschlagen, der „*das ist meine ehrliche Überzeugung – jedem Billigdenkenden als gerechtfertigt und notwendig erscheinen muß.*" *Lummer* bedauerte sehr den Misserfolg nach all der Mühe, er war von dem Misstrauen der herzoglichen Berater ihm gegenüber bitter enttäuscht. Er bot auch seinen Rücktritt als Ausschussvorsitzender an.[1360] Die Gebietsregierung glaubte immer noch an eine gütliche Einigung und bildete Mitte März des Jahres 1921 einen Ausschuss zur Wiederaufnahme der Verhandlungen.[1361] Anfang April des Jahres 1921 trafen sich der Ausschuss, die drei Volksbeauftragten sowie *Hildebrandt.* Man einigte sich darauf, bei der Reichsregierung um eine reichsrechtliche Regelung nachzusu-

---

[1358] ThStA Gotha, Staatsministerium, Dep. I., Loc. 1b Nr. 79, Bd. 2, Bl. 81.

[1359] Schreiben v. 2.3.1921; ThStA Gotha, Staatsministerium, Dep. I., Loc. 1b Nr. 79, Bd. 2, Bl. 82-83.

[1360] ThStA Gotha, Staatsministerium, Dep. I., Loc. 1b Nr. 79, Bd. 2, Bl. 90; Anfang Dezember 1921 legte er dann sein Amt nieder.

[1361] GV.-Verh. S.-G. 1921, S. 5 ff.

chen. Mit Schreiben 12.4.1921 bat die Gebietsregierung Gotha das thüringische Justizministerium um eine befürwortende Weitergabe ihres Gesuchs an die Reichsregierung für den Erlass einer Verordnung nach § 6 EGZPO, um damit die allgemeine Revisionsregel des § 549 ZPO[1362] zu umgehen.[1363] Trotz der Befürwortung durch das thüringische Justizministerium war der Versuch erfolglos, da das RMdJ dazu erhebliche Bedenken hatte. In seiner Antwort an das Justizministerium teilte man mit, dass Maßnahmen nicht in Aussicht gestellt werden können und ebenso kein Bedürfnis dafür erkennbar sei.[1364]
Im Frühsommer des Jahres 1921 verhandelte man nicht mehr. Die Gebietsregierung von Gotha informierte im August des Jahres 1921 das thüringische Staatsministerium vom Stand der Verhandlungen und bat um ein thüringisches Landesgesetz. Das Gesetz sollte die Beschlagnahme des fürstlichen Vermögens aufrechterhalten und den Gebieten die Durchführung der Vermögensauseinandersetzung mit den ehemaligen Landesherren übertragen.[1365] Der Staatsrat von Thüringen beschloss am 18.10.1921, dem Landtag einen derartigen Gesetzentwurf vorzulegen.[1366] Zu diesem Zeitpunkt war aber in den anderen thüringischen Gebieten die Vermögensauseinandersetzung mit den ehemaligen Landesherren bereits erfolgt oder stand kurz vor dem Abschluss (siehe 2. Kap. III.).

Kurz zuvor kam aber durch eine Entscheidung des Reichsgerichts Bewegung in die vermögensrechtliche Auseinandersetzung. Das Reichsgericht urteilte am 7.6.1921 als Revisionsinstanz im Zwischenstreit um die Parzelle „Gebrannter Stein“ und wies den Revisionsantrag von Gotha zurück. In seiner Entscheidung ging es davon aus, bei Erlass des Enteignungsgesetzes im Jahre 1919 habe der Staat Gotha öffentlich-rechtlich gehandelt. Da das streitige Vermögensobjekt jedoch in Preußen lag, konnte Gotha nicht durch einen Hoheitsakt darüber verfügen. Daher sei der Zivilrechtsweg der Klage zulässig.[1367] Mit Schreiben vom 24.6.1921 verlangten *v.Bassewitz* und *Zeyß* von der Gebietsregierung die Zusicherung, dass sich der am Landgericht Meiningen anhängige Rechtsstreit auf

---

[1362] Einzelheiten zu § 549 ZPO und § 6 EGZPO siehe Struckmann, § 549 ZPO u. § 6 EGZPO. Durch die VO v. 13.2.1924 wurde der § 549 ZPO aufgehoben (RGBl. I. 1924, S. 135).
[1363] Schreiben des Thür. JustizMin an das RMdJ v. 26.4.1921; ThHStAW, Thür. JustizMin. Nr. 2144, Bl. 42r-44r.
[1364] Schreiben v. 7.8.1921; ThHStAW, Thür. JustizMin. Nr. 2144, Bl. 45r-46r.
[1365] Schreiben v. 28.8.1921; ThHStAW, Thür. FinMin. Nr. 7948, Bl. 85r-88r.
[1366] ThHStAW, Thür. FinMin. Nr. 7948, Bl. 91r.
[1367] RGZ 102, 251 ff; Während der Verhandlungen in der Landesversammlung am 31.7.1919 über das Enteignungsgesetz hatte der Abgeordnete Stoll auf das Problem der auswärtigen Besitzungen hingewiesen (LV.-Verh. S.-G. 1919, S. 158) und nun recht behalten.

die gesamten Schmalkaldischen Forsten beziehe, da man nur aus Kostengründen den Streit auf eine Parzelle bezogen habe. Diese Zusicherung gab die Gebietsregierung.[1368] Im November des Jahres 1921 entschied das Landgericht Meiningen zugunsten des Herzogs. Es stellte dessen fideikommissarische Eigentümerstellung fest und verurteilte Gotha zur Wiedereinräumung des Besitzes und der Verwaltung.[1369] Gotha musste sich jetzt mit der Frage beschäftigen, ob man gegen dieses Urteil Rechtsmittel einlegen sollte. Auf der Besprechung am 12.12.1921 einigten sich die Volksbeauftragten, der Ausschuss der Landesvertretung sowie *Hildebrandt* und *Gutmann* darauf, keine Berufung einzulegen. Nach der Entscheidung des Reichsgerichts war mit keiner anderen Entscheidung des Landgerichtes zu rechnen, so dass auch Rechtsmittel aussichtslos erschienen und nur Kosten verursacht hätten.[1370] Man informierte die Hauptbevollmächtigten[1371] des Herzogs von der Entscheidung und machte gleichzeitig Vorschläge zur Übergabe der Forsten, der Übernahme der Beamten, Pensionslasten, Kostenbeteiligung u.a. Da Gotha seit dem Jahre 1866 ein Viertel der Einnahmen erhalten hatte,[1372] glaubte man, dass diese Rechte jetzt wieder aufleben würden.[1373] Die Antwort *v.Ziller* fiel aber deutlich anders aus. Die herzogliche Seite war nicht bereit, andere Modalitäten zu vereinbaren, als die im Urteil des Landgerichts Meiningen und in der Zusage der Gebietsregierung festgestellt worden waren.[1374] Mitte Januar des Jahres 1922 war *v.Ziller* bereit, sich mit Vertretern von Gotha zu treffen, um die Modalitäten der Rückgabe der Forste und Möglichkeiten einer endgültigen Vermögensauseinandersetzung zu erörtern. Dazu erwartete er aber einen be-

---

[1368] ThStA Gotha, Staatsministerium, Dep. I., Loc. 1b Nr. 79a, Bd. 2, Bl. 153.

[1369] Urteil v. 7.11.1921; ThStA Gotha, Staatsministerium, Dep. I., Loc. 1b Nr. 79a, Bd. 2, Bl. 172-174.

[1370] Protokoll v. 12.12.1921; ThStA Gotha, Staatsministerium, Dep. I., Loc. 1b Nr. 79, Bd. 2, Bl. 198-199.

[1371] Anfang November 1921 verlangte Herzog Carl Eduard den Rücktritt seines Hofkammerpräsidenten v.Bassewitz. Der Justitiar Zeyß bat ebenfalls um seinen Abschied und Mitte Januar 1922 schieden beide endgültig aus. Zeyß informierte Prinz Sizzo zu Schwarzburg in einem Brief im April 1922 darüber. Aus einer Bemerkung von Zeyß lässt sich entnehmen, dass der Herzog mit der bisherigen Tätigkeit v.Bassewitz unzufrieden gewesen sei. Da Zeyß alle wichtigen Dinge mit v.Bassewitz abgesprochen hatte, fühlte er sich zu seinem Rücktritt veranlasst (Schreiben v. 20.4.1922; ThStA Rudolstadt, Ministerium Rudolstadt, Staatsministerium Nr. 1367, nicht foliert).

[1372] Siehe 1. Kap. III. 4. b) (2) (ee).

[1373] Schreiben v. 14.12.1921; ThStA Gotha, Staatsministerium, Dep. I., Loc. 1b Nr. 79a, Bd. 2, Bl. 188-192.

[1374] Schreiben v. 31.12.1921; ThStA Gotha, Staatsministerium, Dep. I., Loc. 1b Nr. 79a, Bd. 2, Bl. 194.

gründeten Vorschlag seitens der Gebietsregierung.[1375] Für Gotha schien sich ein Hoffnungsschimmer aufzutun, da eine endgültige Regelung der Auseinandersetzung immer dringender wurde. Am 20.1.1922 traf man sich auf Schloss Friedenstein. Für die Gebietsregierung nahmen die drei Volksbeauftragten, Staatsrat *Muther*, *Gutmann* und *Hildebrandt* sowie Oberförster *Schenk* teil. Die Vertreter des Herzogs waren *v.Ziller* und der neuernannte Generaldirektor der herzoglichen Vermögensverwaltung *Voigts*. Wenn die Landesregierung auf eine Einigung gehofft hatte, dann wurde sie im Laufe der Besprechung eines Besseren belehrt. Die herzogliche Seite verlangte die Herausgabe der Schmalkaldischen Forsten sowie des Gutes Wandersleben (das zwar zum Lichtenberger-Greinburger Fideikommiß gehörte, aber auch in Preußen lag). Das Problem der Übernahme der Beamten gab es für die herzogliche Seite nicht. Da alle Staatsbeamte geworden wären, bestünde nun auch kein Vertragsverhältnis mit dem Herzog. Alle Forderungen des Gebietes Gotha wurden abgelehnt, da man mit eigenen (noch aufzustellenden) Schadensersatzforderungen aufrechnen wollte. Ebenfalls wurde eine Pensionsübernahme abgelehnt, da auch diese vollständig auf den Staat übergegangen sei. Bei der Darlegung der jeweiligen Rechtsansichten erwähnte *v.Ziller*, dass das Enteignungsgesetz gegen Reichsrecht verstieße und die Reichsregierung gemäß Art. 13 der RV den Staatsgerichtshof anrufen würde (im Protokoll ist diese Stelle rot markiert).[1376] Das schlechte Klima, das zwischen den Beteiligten geherrscht haben muss, ist beim Lesen des Protokolls spürbar. In einer Anlage zum Protokoll sind die Grundsätze der Gebietsregierung für die Rückgewähr der Schmalkaldischen Forsten an die herzogliche Vermögensverwaltung beigefügt. Diese betrafen neben der Wiedereinräumung des Besitzes alles Zubehör, u.a. Akten, auch die Beamten; zum 1.2.1922 sollten die bisher eingenommenen 5.200.000 Mark überwiesen werden.[1377] Weiterhin überreichte die Gebietsregierung ihren Auseinandersetzungsvorschlag[1378] und meinte, mehr sei zugunsten des Herzogs in der Gebietsvertretung nicht erreichbar. Die Vorschläge lauteten: Gotha gibt das Lichtenberger-Greinburger Fideikommiß – soweit es sich in seinem Besitz befindet – restlos heraus. Es verzichtet auf alle Ansprüche aus den Erträgen der Schmalkaldischen Forsten und gibt die Schlösser Reinhardsbrunn und Oberhof und bestimmte zum Hausallod gehörende Gegenstände u.a. heraus. Weiterhin

---

[1375] Schreiben v. 31.12.1921; ThStA Gotha, Staatsministerium, Dep. I., Loc. 1b Nr. 79a, Bd. 2, Bl. 197.

[1376] Protokoll v. 20.1.1922; ThStA Gotha, Staatsministerium, Dep. I., Loc. 1b Nr. 79, Bd. 2, Bl. 252-242.

[1377] Anlage 1 zum Protokoll; ThStA Gotha, Staatsministerium, Dep. I., Loc. 1b Nr. 79, Bd. 2, Bl. 241a-241d.

[1378] „Vorstellung der Gebietsregierung Gotha vorbehaltlich der Genehmigung der Gebietsvertretung", Anlage 2 zum Protokoll; ThStA Gotha, Staatsministerium, Dep. I., Loc. 1b Nr. 79, Bd. 2, Bl. 242.

übernimmt Gotha die Pflicht zur dauernden Unterhaltung der Anstalten und Kunstsammlungen und überführt zu diesem Zweck Grundvermögen in eine Landesstiftung sowie gegenüber den ehemaligen Hofbeamten alle Ruhe- und Wartegeldverpflichtungen. Da *v.Ziller* eine Begründung vermisste, erklärte *Liebetrau* daraufhin, dass diese ein ganzes Buch füllen würden. Die Gründe seien die Lebensnotwendigkeiten des Landes sowie die geringeren Lasten des Herzogs und die Tatsache, dass er die Fideikommisse nur als Landesherr erworben habe. Im Ergebnis unterschied sich dieser Vorschlag nicht besonders von dem des Jahres 1919. Auch die Begründung mussten die Vertreter des Herzogs als Affront auffassen. Da diese den Vorschlag prüfen wollten, endete die Besprechung ergebnislos. Anfragen der Gebietsregierung beantwortete *v.Ziller* danach ausweichend. Während er im März des Jahres 1922 den Vorschlag noch sorgfältig prüfen musste, um abschließend Stellung zu nehmen,[1379] schrieb er am 15.4.1922, dass es ihm nicht möglich sei, für eine Stellungnahme einen bestimmten nahen Zeitpunkt zuzusichern.[1380] Wenn man den Vorschlag der Gebietsregierung mit seinem sehr detaillierten Vorschlag des Jahres 1921 vergleicht, muten seine Begründungen merkwürdig an, da er die entsprechenden Unterlagen besaß und sehr schnell hätte antworten können, vor allem deshalb, da jene Vorschläge für das herzogliche Haus mit Sicherheit nicht annehmbar waren. Die Angabe von „umfänglichen Prüfungen“ sah aber für die nicht informierte Öffentlichkeit besser aus, als eine klare Ablehnung.

Die Rückübernahme der in den Schmalkaldischen Forsten beschäftigten Forstbeamten (die bis zum Jahr 1918 als herzogliche Beamte tätig waren) führte im Frühjahr des Jahres 1922 zu einer komplizierten Situation. Eine vollständige Übernahme lehnte *v.Ziller* ab. Er riet den Betroffenen zur Abgabe einer Erklärung, nach der diese Staatsbeamte bleiben wollten. Diese Erklärung sei nötig, um ihre Ansprüche gegen den Staat zu sichern. Mitte April des Jahres 1922 schrieb ihnen dann *v.Ziller*, dass wegen diesen mittlerweile erfolgten Erklärungen alle mit dem Herzog abgeschlossenen Verträge unwirksam seien. Da das Gebiet Gotha gleichzeitig seine Verträge gekündigt hatte (da man die gesamten Schmalkaldischen Forsten zurückgeben musste, bestand kein Bedürfnis und kein Grund, diese Forstbeamten weiter zu beschäftigen), standen die Forstbeamten plötzlich vor der Arbeitslosigkeit und in einer Existenzgefährdung. Hintergrund des Verhaltens *v.Ziller* war die Vermeidung der Übernahme aller Beamten und ihrer Pensionen.[1381]

[1379] Schreiben v. 22.3.1922; ThStA Gotha, Staatsministerium, Dep. I., Loc. 1b Nr. 79, Bd. 2, Bl. 250.

[1380] ThStA Gotha, Staatsministerium, Dep. I., Loc. 1b Nr. 79, Bd. 2, Bl. 269.

[1381] Einzelheiten dazu ThStA Gotha, Staatsministerium, Dep. I., Loc. 1b Nr. 92.

Ende Mai des Jahres 1922 kam es zu einer Besprechung zwischen Vertretern der Gebietsregierung von Gotha (*Liebetrau* und *Muther*), den Staatsministern *Frölich* und *Hartmann* und den zuständigen Beamten im Thüringischen Finanzministerium über den Stand der Auseinandersetzung. Seitens der Staatsregierung erfolgte der Hinweis auf ein mögliches Reichsgesetz (dazu mehr im 3. Kap. II. 2.) zu den vermögensrechtlichen Auseinandersetzungen. Einig war sich dieser Personenkreis, dass die Verhandlungen als aussichtslos betrachtet werden müssten und die Auseinandersetzung durch das Enteignungsgesetz endgültig abgeschlossen sei.[1382] Man wollte sich nach Eingang eines „Gesetzentwurfes über die Auseinandersetzung zwischen dem ehemaligen Herzog von Sachsen-Coburg und Gotha und dem Gebiet Gotha" weiter besprechen. Dieser Entwurf von *Lummer*, im April/Mai des Jahres 1922 ausgearbeitet, war der Gebietsregierung Ende Mai zugesandt worden.[1383] Als wichtigste Regelung sah er die Rückgabe des Lichtenberger-Greinburger Fideikommiß und der Schmalkaldischen Forsten nebst einigen Grundstücken (die Schlösser Reinhardsbrunn und Oberhof) vor. Als Kapitalabfindung sollte der Herzog fünf Mio. Mark erhalten.[1384]

Der Ausschuss der Gebietsvertretung von Gotha für die Auseinandersetzung mit dem herzoglichen Haus stellte das Scheitern der Verhandlungen ebenfalls fest.[1385] *Liebetrau*, *Muther* und *Hildebrandt* forderten, dass die Anstalten und Sammlungen durch eine Landesstiftung gesichert werden müssten. Vor allem die vermögensrechtliche Auseinandersetzung zwischen dem Land Thüringen und dem Gebiet Gotha erfordere eine Regelung dieser für Gotha wichtigen Frage. Ein thüringisches Landesgesetz bot für die Anwesenden keinen ausreichenden Schutz, da eine Änderung stets möglich sei. Daher wollte man Sicherungsmittel wie in den anderen Gebieten (diese hatten bei der Auseinandersetzung Stiftungen zur Bewahrung der Kunst- und Kulturgüter errichtet, siehe 2. Kap. III.). Man befürchtet in Gotha, dass ohne ein solches Sicherungsmittel das Land Thüringen ohne Rücksicht auf Gothaer Interessen über die wertvollen Sammlungen verfügen würde. Zwar war die Landesstiftung Gotha bereits durch das Gesetz vom 15.1.1920[1386] errichtet worden, bislang fehlte aber eine Satzung. Zur Sicherung der bedeutenden wissenschaftlichen und kulturellen Sammlungen wollte man jetzt sehr schnell zur Tat schreiten. Die von Gotha plötzlich forcierte Stiftungsfrage führte in den folgenden Monaten zu einem Streit mit der thüringischen Staatsregierung.

[1382] Protokoll v. 29.5.1922; ThHStAW, Thür. FinMin. Nr. 7948, Bl. 146r-149r.
[1383] ThStA Gotha, Staatsministerium, Dep. IV., Insgemein (neu), Loc. 14 Nr. 24, Bl. 1-49.
[1384] ThHStAW, Thür. FinMin. Nr. 7948, Bl. 152r-163r, Gesetzesbegründung Bl. 164r-200r.
[1385] Protokoll v. 7.6.1922; ThStA Gotha, Staatsministerium, Dep. IV., Insgemein (neu), Loc. 14 Nr. 24, Bl. 53-58.
[1386] GS. S.-G. 1920, S. 9-10.

Der Ausschuss stimmte dem Wunsch des Abgeordneten *Scholz* zu, noch einmal mit dem Herzog in Verbindung zu treten. *Scholz* traf sich im Sommer des Jahres 1922 mit *Voigts* (am 16.6.1922) und mit *v.Ziller* (am 25.7.1922), um über eine mögliche Einigung zu verhandeln. In seinem ausführlichen Bericht über die Treffen legte er die Rechtsansichten der herzoglichen Vertreter dar und erwähnte die Äußerung *v.Zillers* über einen möglichen Prozess vor dem Staatsgerichtshof des Reiches.[1387] Für sie beide bestünde jedoch eine Vergleichsmöglichkeit. *Scholz* erwähnte, dass eine Fortsetzung der Gespräche durch starke persönliche Gegensätze erschwert wäre, die zu den sachlichen hinzukommen würden. Er machte auch einen eigenen Vorschlag für eine Vermögensauseinandersetzung, danach sollte der Herzog u.a. 24.000 ha Wald erhalten. Auf der Sitzung der Auseinandersetzungskommission am 7.8.1922 berichtete *Scholz* über seine Treffen. Der Ausschuss beschloss aber, die Verhandlungen mit der herzoglichen Seite so lange nicht fortzuführen, bis diese eine Erklärung zum Vorschlag der Gebietsvertretung und einen angemessenen Gegenvorschlag unterbreitet hätte. Dazu sollte der Entwurf einer Satzung für die Landesstiftung der Gebietsvertretung so schnell wie möglich vorgelegt werden.[1388]

Am 18.9.1922 wurde der „Entwurf eines Gesetzes zur vermögensrechtlichen Auseinandersetzung des Gebietes Gotha mit dem ehemaligen Herzoglichen Hause“ in die Gebietsvertretung eingebracht[1389] und das thüringische Finanzministerium von der Vorlage informiert.[1390] Das Finanzministerium machte gegenüber der Gebietsregierung geltend, dass bei Maßnahmen in Verwaltungsangelegenheiten, vor allem bei Vereinbarungen mit den ehemaligen Landesherren, eine vorherige Zustimmung des Ministeriums erforderlich sei.[1391] Staatsminister *Frölich* erhob am 22.9.1922 gegenüber der Gebietsregierung *„schwerste Bedenken“* gegen diesen Gesetzesentwurf und verwies auf die Gesetzeslage. Aufgrund der **Gesetze vom 9.12.1920**[1392] und **vom 4.3.1922**[1393] bestand nämlich eine rechtzeitige Informationspflicht durch die Gebietsregierung, da durch die Festlegung eines Teils des Staatsvermögens für

[1387] ThStA Gotha, Staatsministerium, Dep. IV., Insgemein (neu), Loc. 14 Nr. 24, Bl. 86-93. Besonders zwischen Liebetrau und v.Ziller muss ein schlechtes Verhältnis geherrscht haben. Liebetrau hatte bei den Verhandlungen im Jahre 1919 in Gotha die Einbeziehung der Coburger Abfindung gefordert, was ihm die herzogliche Seite nie verziehen haben wird.

[1388] ThStA Gotha, Staatsministerium, Dep. IV., Insgemein (neu), Loc. 14 Nr. 24, Bl. 85.

[1389] GV.-Verh. S.-G. 1922. S. 79.

[1390] Schreiben v. 7.9.1922; ThStA Gotha, Staatsministerium, Dep. IV., Insgemein (neu), Loc. 14 Nr. 24, Bl. 111.

[1391] Schreiben v. 14.9.1922; ThStA Gotha, Staatsministerium, Dep. IV., Insgemein (neu), Loc. 14 Nr. 24, Bl. 113.

[1392] GS. Thür. 1920, S. 256-258.

[1393] GS. Thür. 1922, S. 42-44.

Sonderzwecke es zu einer Minderung und Belastung der bisherigen Staatseinnahmen käme.[1394] Diese Bedenken teilte die Gebietsvertretung nicht und hielt an ihrer Vorlage fest. Es ginge um die Sicherung der Vermögenswerte für Gotha und diese falle in die alleinige Zustimmung des Gebietes Gotha. Man wolle ebenfalls eine *„feste Unterlage“* für die Vermögensauseinandersetzung mit dem Land Thüringen schaffen.[1395]

Im Oktober des Jahres 1922 wurde in der Gebietsvertretung Gotha die Vorlage „Gesetz betreffend die Errichtung einer Landesstiftung und die Auflösung der Landesvermögensverwaltung“ beraten, inhaltlich entsprach sie der ursprünglichen Vorlage vom September.[1396] Zweck der Stiftung war es, die Sammlungen, bestimmte historische Gebäude, Museen, Park, Sternwarte und Bibliothek dauernd zu erhalten und der Öffentlichkeit zugänglich zu machen. Aus der Landesvermögensverwaltung, die das beschlagnahmte Vermögen des herzoglichen Hauses verwaltete, sollte dazu der Stiftung Vermögen zugeführt werden. Also betraf diese Vorlage die Auseinandersetzungsfrage und hätte dem thüringischen Finanzministerium zur Genehmigung vorgelegt werden müssen. Die Besprechung am 11.10.1922 zwischen den Staatsministern *Frölich*, *Hartmann*, *Brill* und *Liebetrau* sowie den Abgeordneten der Gebietsvertretung brachte keine Einigung. Beide Seiten beharrten auf ihren Standpunkten.[1397] In der Gebietsvertretung wurde am 13.10. und 14.10.1922 über die Vorlage beraten und angenommen.[1398] Eine Veröffentlichung im Thüringischen Amts- und Nachrichtenblatt verhinderte das Staatsministerium wegen des Fehlens einer Genehmigung[1399] und unterband damit das Inkrafttreten des Gesetzes.[1400] Im Rahmen der vermögensrechtlichen Auseinandersetzung zwischen dem Gebiet Gotha und dem Land Thüringen einigte man sich schließlich über diese Streitfrage. Der Zweck der Gothaer Landesstiftung, d.h. die Sicherung der Sammlungen u.a., wurde in dem Vertrag vom 29.3.1923 vereinbart (Anlage E zu § 7 des Gesetzes vom 29.3.1923).[1401]

[1394] ThStA Gotha, Staatsministerium, Dep. IV., Insgemein (neu), Loc. 14 Nr. 24, Bl. 121-122, abgedruckt in GV.-Verh. S.-G. 1922, S. 86 f.

[1395] Schreiben v. 25.9.1922; ThHStAW, Thür. FinMin. Nr. 7948, Bl. 207r-210r.

[1396] GV.-Verh. S.-G. 1922, S. 94 ff.

[1397] ThStA Gotha, Staatsministerium, Dep. IV., Insgemein (neu), Loc. 14 Nr. 24, Bl. 205-218.

[1398] GV.-Verh. S.-G. 1922, S. 103 ff und 118 ff. In der Akte des ThStA Gotha befindet sich ein von Liebetrau unterzeichnetes Exemplar (ThStA Gotha, Staatsministerium, Dep. IV., Insgemein (neu), Loc. 14 Nr. 24, Bl. 234-238).

[1399] Schreiben v. 20.10.1922; ThStA Gotha, Staatsministerium, Dep. IV., Insgemein (neu), Loc. 14 Nr. 24, Bl. 231.

[1400] Nach dem **Gesetz vom 6.10.1922** (GS. Thür. 1922, S. 479-480) bedurften alle Gesetze der ehemaligen Freistaaten der Genehmigung des thüringischen Staatsministeriums.

[1401] GS. Thür. 1923, S. 199-207.

Im Oktober des Jahres 1922 verklagte Herzog *Carl Eduard* das Gebiet Gotha auf Herausgabe von fünf Mio. Mark, das waren die Einnahmen der Jahre 1919 bis 1922 aus den Schmalkaldischen Forsten.[1402] In seiner Klageerwiderung versuchte das Gebiet Gotha, mit eigenen Forderungen aufzurechnen.[1403] Im Herbst des Jahres 1923 verurteilte das Landgericht Gotha das Gebiet zur Zahlung von vier Mio. Mark.[1404] Das OLG Jena änderte ein Jahr später in der Berufung das Urteil ab, so dass das Land Thüringen (als Rechtsnachfolger des Gebietes Gotha) noch 60.000 Goldmark nebst 8 % Zinsen an den Herzog zu zahlen hatte. Ursprünglich waren dem Herzog drei Mio. Mark zugesprochen worden, die dann in Goldmark aufgewertet wurden.[1405] Beide Seiten legten dagegen Revision ein. Durch die mittlerweile geltenden „Sperrgesetze" (Einzelheiten im 3. Kap. II. 4.) kam es aber zu einer Prozessunterbrechung. Erst im Jahre 1934 wurde dieser Rechtsstreit beendet (Einzelheiten im 3. Kap. II. 6.). Zusätzlich erhob der Herzog noch mehrere Schadensersatz- und Aufwertungsklagen (insgesamt vier), die aus der Zeit der Beschlagnahme der Schmalkaldischen Forsten herrührten.[1406] Auch diese Prozesse wurden erst im Jahre 1934 beendet.

Trotz der ungeklärten Situation aufgrund der Auseinandersetzungen und der verschiedenen Prozessen gab es in dieser Zeit einen regen Schriftwechsel zwischen *v.Ziller* und dem zuständigen Referenten im thüringischen Finanzministerium. Das Finanzministerium war jetzt für die Auseinandersetzung und alle sich anschließenden Fragen zuständig, da ab dem 1.4.1923 die Existenz der Gebiete endete (siehe 2. Kap. IV.). Jetzt ging es u.a. um die Herausgabe von Einrichtungsgegenständen, die nicht dem Beschlagnahmegesetz unterlagen.[1407] Nach Prüfung der Rechtslage beschloss das thüringische Staatsministerium am 3.3.1924, dem Antrag stattzugegeben und bestimmte Gegenstände herauszugeben, was das Finanzministerium veranlasste.[1408] In den Jahren 1924 und 1925 erhielt der Herzog aus demselben Grund ebenfalls meh-

---

[1402] Klageschrift v. 7.10.1922; ThStA Gotha, Staatsministerium, Dep. I., Loc. 1b Nr. 79 - Beiakte, Bl. 1-2.
[1403] ThStA Gotha, Staatsministerium, Dep. I., Loc. 1b Nr. 79 - Beiakte, Bl. 4-6.
[1404] Urteil v. 15.11.1923; ThStA Gotha, Staatsministerium, Dep. I., Loc. 1b Nr. 79 - Beiakte, Bl. 118-124.
[1405] Urteil v. 2.10.1924; ThStA Gotha, Staatsministerium, Dep. I., Loc. 1b Nr. 79 – Beiakte, Bl. 179-185.
[1406] Vgl. Prozessaufstellung v. 26.11.1925; ThHStAW, Thür. FinMin. Nr. 7928, Bl. 269r-270r; abgedruckt in 4. LT.-Verh. Thür., Ds. Nr. 119 v. 10.1.1928, 2. Abt., S. 404 f.
[1407] Schreiben v. 12.1.1924; ThHStAW, Thür. FinMin. Nr. 7949, Bl. 3r-4r.
[1408] ThHStAW, Thür. FinMin. Nr. 7949, Bl. 72r und 66r.

rere Grundstücke und daraus erzielte Überschüsse zurück.[1409] Die Schreiben der Beteiligten sind von sachlicher Atmosphäre geprägt.

Als Fazit dieses Abschnitts lässt sich feststellen, dass man trotz der beiderseitigen Bemühungen keine Einigung erzielte. Ursachen waren die zu hohen Forderungen beider Seiten und die fehlende Bereitschaft, in bestimmten Punkten nachzugeben. Auch die Bemühungen der Reichsregierung brachten keinen Erfolg. Durch die Entscheidung des Reichsgerichts über die Schmalkaldischen Forsten erhielt Herzog *Carl Eduard* ca. 8.700 ha Wald zurück. Für ihn war es ein erster Erfolg auf dem Weg, sein gesamtes Vermögen wieder zu erhalten. Das Gebiet Gotha und später das Land Thüringen dagegen hofften, dass das Enteignungsgesetz seine Gültigkeit behielte und man sich über kurz oder lang mit dem Herzog schon einigen werde.

2. Das Streben des Landes Thüringen nach einer reichsgesetzlichen Regelung über die Vermögensauseinandersetzung

Im Jahre 1922 versuchte das Land Thüringen vergeblich, ein Reichsgesetz zu initiieren, um eine endgültige Regelung der Vermögensauseinandersetzung zu erreichen. Dieser Versuch stand im Zusammenhang mit den zu diesem Zeitpunkt gescheiterten Verhandlungen zwischen dem Gebiet Gotha und seinem ehemaligen Landesherren Herzog *Carl Eduard*. Außerdem focht in dieser Zeit Fürst *Günther von Schwarzburg-Rudolstadt* die von ihm abgeschlossenen Vereinbarungen des Jahres 1918 an (dazu 3. Kap. III. 1.). Thüringen hatte deshalb ein großes Interesse, dass ein Reichsgesetz die Vermögensauseinandersetzung regelte, denn weitere Schwierigkeiten mit ehemaligen thüringischen Landesherren waren zu befürchten und der Streit mit Herzog *Carl Eduard* war noch immer nicht beendet.

Ende März des Jahres 1922 beschloss das thüringische Staatsministerium, sich wegen einer reichsgesetzlichen Regelung der Auseinandersetzungsfragen an die Reichsregierung zu wenden.[1410] Ende April berichtete außerdem die Gebietsregierung Gotha über den Stand der Verhandlungen,[1411] die aufgrund des Schreibens des herzoglichen Hauptbevollmächtigten *v.Ziller* als aussichtslos erschienen. Dieser hatte auf Nachfragen zum Vorschlag des Gebietes vom Januar des Jahres 1922 lediglich mitgeteilt, dass zur Zeit keine Stellung genommen und eine solche für einen bestimmten Zeitraum nicht zugesichert werden könne. [1412] Daraufhin informierte das thüringische Staatsministerium

---

[1409] ThHStAW, Thür. FinMin. Nr. 7957, Bl. 33r; 94r.
[1410] Beschluss v. 23.3.1922; ThHStAW, Thür. StaatsMin.-Präs.abt. Nr. 248, Bl. 26r.
[1411] ThHStAW, Thür. FinMin. Nr. 7948, Bl. 141r.
[1412] Siehe 3. Kap. II. 1. (Schreiben v. 15.4.1922; ThStA Gotha, Staatsministerium, Dep. I., Loc. 1b Nr. 79, Bd. 2, Bl. 269).

das RMdI; Staatsminister *Frölich* äußerte sich zu der Antwort *v.Zillers*, „..., *daß die Gegenseite doloser Weise einen Abschluß der Verhandlungen gerade zu hintertreiben sucht.*" Daher halte man eine reichsgesetzliche Regelung nach Art. 153 Abs. 2 RV (d.h. eine Enteignung zum Wohle der Allgemeinheit gegen Entschädigung) für notwendig.[1413] Am 22.5.1922 kam es zur Besprechung in Berlin über ein derartiges Reichsgesetz zwischen dem RMdI *Köster*, Staatsminister *Frölich* und dem stellvertretenden thüringischen Bevollmächtigten beim Reichsrat *Münzel*.[1414] Man vereinbarte, dass Thüringen einen Gesetzentwurf vorlegen und der RMdI mit Preußen Rücksprache über ein Bedürfnis nach einem Reichsgesetz halten sollte.[1415] Die Gebietsregierung von Gotha wurde von dieser Absprache kurz darauf informiert (siehe 3. Kap. II. 1.). Der Gesetzentwurf wurde dann im Herbst des Jahres 1922 dem RMdI übersandt.[1416] Er sah vor, die Länder zu ermächtigen, die Abfindungsfrage unter Ausschluss des ordentlichen Rechtswegs den jeweiligen Staatsgerichtshöfen zu übertragen (§ 1). Diese sollten sowohl über die noch offenen öffentlich-rechtlichen als auch die privatrechtlichen Fragen entscheiden (§ 2). Eine entschädigungslose Enteignung der ehemaligen Landesherren war möglich (§ 3), gegen diese musste binnen Monatsfrist Beschwerde eingelegt werden (§ 4). Eine endgültige Regelung durch ein Landesgesetz entschied über die Beschwerde (§ 5). Um Widersprüche der Agnaten zu verhindern, bestand ein Alleinvertretungsrecht der ehemaligen Landesherren (§ 5). Dieses Gesetz sollte auch auf bereits abgeschlossene und jetzt gerichtlich angefochtene Abfindungsfragen angewendet werden (§ 6). Der Staatsgerichtshof sollte eine von früheren Verfahren unabhängige Entscheidung treffen.[1417]

Die offizielle Übersendung erfolgte erst am 21.3.1923 mit der Bitte um Vorlage im Reichsrat. Thüringen begründete seinen Entwurf damit, dass wegen der unterschiedlichen Regelungen mit den ehemaligen Landesherren und ihren Familien immer noch die Unsicherheit bestünde, ob die Vereinbarungen gerichtlich angefochten würden. Dadurch herrsche Ungewissheit, wie die Vermögenslage des Landes tatsächlich aussehe.[1418] Preußen hatte aber an ei-

---

[1413] Schreiben v. 5.5.1922; ThHStAW, Thür. FinMin. Nr. 7948, Bl. 142r.

[1414] Die Vertretung Thüringens im Reichsrat (es hatte zwei Stimmen) wurde entweder von zwei Hauptbevollmächtigten (Staatsministern) oder dem stellvertretenden Bevollmächtigten wahrgenommen. Dieser nahm ständig an den Reichsratsitzungen teil (Heß, Behördenorganisation, S. 145).

[1415] ThHStAW, Thür. FinMin. Nr. 7948, Bl. 145r.

[1416] Beschluss des Thür. Staatsmin. v. 12.9.1922; ThHStAW, Thür. StaatsMin.-Präs.abt. Nr. 248, Bl. 48r.

[1417] ThHStAW, Thür. StaatsMin.-Präs.abt. Nr. 248, Bl. 49r-51r.

[1418] ThHStAW, Thür. StaatsMin.-Präs.abt. Nr. 248, Bl. 105r-106r.

nem solchen Gesetz kein Interesse und verfolgte einen anderen Lösungsweg.[1419]

Im Mai des Jahres 1923 reichte die SPD-Fraktion des Reichstages einen Gesetzentwurf im Reichsrat ein. Danach wurden die Länder ermächtigt, die noch offenen Vermögensauseinandersetzungen durch ein Landesgesetz vorzunehmen. Im Fall der Enteignung durch ein Land sollte dieses die Entschädigung nach freiem Ermessen unter Ausschluss des Rechtsweges bestimmen können.[1420] Dieser Entwurf wurde bei Bekanntwerden als „*brutal*" und als ein „*Einbruch in Gesetz, Verfassung, Gerechtigkeit*" bezeichnet.[1421] Der Vorstoß der SPD-Reichstagsabgeordneten erfolgte unabhängig von dem thüringischen Versuch und konnte bei einem Erfolg nur den Streit mit dem Haus Sachsen-Coburg und Gotha beenden, da mit den anderen ehemaligen Landesherren Vereinbarungen getroffen worden waren. Das Interesse Thüringens ging aber viel weiter, man wollte auch ein Gesetz haben, das den genauso wichtigen Fall – die Anfechtung von geschlossenen Verträgen – regeln sollte. Man befürchtete in Thüringen nicht zu Unrecht, dass nach der Anfechtung durch das Haus Schwarzburg noch weitere fürstliche Häuser diesen Weg wählen würden, um zu einer neuen Vereinbarung zu kommen. Am 1.6.1923 beriet man den Antrag in den Reichsratausschüssen. Thüringen hatte als einziges Land mehrere Auseinandersetzungen. Alle anderen Länder hatten sich nur mit einem ehemaligen Landesherrn vermögensrechtlich zu einigen gehabt oder mussten das noch tun. Darum zeigten die meisten Länder an einer reichsgesetzlichen Regelung kein Interesse und die Mehrheit beschloss, den Vorschlag nicht in den Reichsrat einzubringen. Das RMdI sah ebenfalls kein Bedürfnis für ein Reichsgesetz und empfahl den Ländern eine schiedsgerichtliche Klärung.[1422] Trotz dieses Misserfolges versuchte das thüringische Staatsministerium beim RMdI zu erreichen, dass der Gesetzentwurf verabschiedet würde. Es bestünde nach wie vor ein Bedürfnis einer reichsgesetzlichen Regelung.[1423] Der RMdI *Jarres* teilte jedoch mit, dass wegen der augenblicklichen politischen und parlamentarischen Lage weder der SPD-Antrag noch die thüringische Anregung weiter verfolgt werden könnten.[1424]

So waren Ende des Jahres 1923 die Bemühungen von Thüringen gescheitert – es musste sich nun weiter mit seinen ehemaligen Landesherren auseinandersetzen.

[1419] Jung, S. 270, Fn. 176.

[1420] 1. RT.-Verh., Ds. Nr. 5778 v. 4.5.1923, Bd. 377, S. 6723 f.

[1421] Krückmann, LZ XVII (1923), Sp. 520-523; Krause, JW 52 (1923), S. 591, 592.

[1422] Bericht des stellvertretenden Bevollmächtigten Münzel v. 1.6.1923; ThHStAW, Thür. StaatsMin.-Präs.abt. Nr. 248, Bl. 110r-113r.

[1423] Schreiben v. 26.10.1923; ThHStAW, Thür. StaatsMin.-Präs.abt. Nr. 248, Bl. 133r-134r.

[1424] Schreiben v. 24.12.1923; ThHStAW, Thür. StaatsMin.-Präs.abt. Nr. 248, Bl. 143r.

3. Das Normenkontrollverfahren vor dem Reichsgericht und seine Entscheidung vom 18. Juni 1925

Bereits bei Gesprächen mit Vertretern des Gebietes Gotha im Jahre 1922 erklärte der herzogliche Hauptbevollmächtigte *v.Ziller*, dass mittels eines Normenkontrollverfahrens nach Art. 13 RV das Enteignungsgesetz vom 31.7.1919 aufgehoben werden könne, weil ein Verstoß gegen Reichsrecht vorliege. Nach Art. 13 der RV konnte bei bestehenden Zweifeln oder Meinungsverschiedenheiten darüber, ob eine landesrechtliche Vorschrift mit dem Reichsrecht vereinbar sei, die zuständige Reichs- oder Landesbehörde die Entscheidung des obersten Gerichtshofes des Reiches anrufen.[1425] Diese Ankündigung nahmen die Vertreter des Gebietes Gotha zwar zur Kenntnis (in den Akten wurden diese Hinweise immer markiert), hielten sie aber nur für Drohgebärden, weil nur eine Landes- oder die Reichsregierung dieses Verfahren einleiten konnte, deshalb glaubte man nicht, dass ein solcher Fall eintreten würde.

Weil zwischen dem Gebiet Gotha und dem Herzog keine Einigung erfolgt war, musste der Herzog den Prozess vor dem Landgericht Gotha wieder aufnehmen, um zu seinem Vermögen zu kommen. Dabei war jetzt für ihn besonders misslich, dass aufgrund der Höhe des Vermögens sehr hohe Gerichtsgebühren anfielen. Um diese Kosten zu vermeiden, versuchte der Herzog mit Hilfe von Bayern ein Verfahren nach Art. 13 RV vor dem Reichsgericht einzuleiten, was den Prozess in Gotha unterbrechen würde. Bei einem Erfolg vor dem Reichsgericht würde das Enteignungsgesetz aufgehoben werden und der Herzog sein beschlagnahmtes Vermögen zurückerhalten. Im Januar des Jahres 1923 bat *v.Ziller* den Referenten des bayerischen Staatsministeriums der Finanzen *Blum* um eine Intervention der bayerischen Staatsregierung gegenüber dem Gebiet Gotha. Würde sich Gotha weigern, das beschlagnahmte Vermögen herauszugeben, dann sollte Bayern den Staatsgerichtshof nach Art. 13 RV anrufen.[1426] Für Bayern bedeutete das große finanzielle Vorteile, da bei einem Erfolg der Herzog erhebliche Steuerverpflichtungen gegenüber Bayern und Coburg (wo er wohnte) erfüllen konnte.[1427] Am 7.1.1923 erbat das bayerische Staatsministerium der Finanzen das RMdI, unter Hinweis auf die vom Herzog erbetene Hilfe und die finanziellen Bedeutung für Bayern, eine Stellungnahme zur Rechtslage und insbesondere, ob das Reich Schritte planen

---

[1425] Siehe Anschütz, Art 13; Das Verfahren richtete sich nach dem **Gesetz vom 8.4.1920** (RGBl. I. 1920, S. 510-511).

[1426] Aktenvermerk v. 2.1.1923; BayHStA München, Geheimes Staatsarchiv, MA 104356, Bl. 58.

[1427] Bereits im Herbst 1922 hatte der bayerische Ministerpräsident dem Herzog die Unterstützung Bayerns zugesagt; BayHStA München, Geheimes Staatsarchiv, MA 104356, Bl. 57 f.

würde. Eine Abschrift dieses Schreibens erhielt das thüringische Staatsministerium, verbunden mit der Forderung Bayerns auf Teile des beschlagnahmten Vermögens und mit der Bitte um eine gütliche Einigung.[1428] In ihrer Antwort vom 13.4.1923 bestand für die thüringische Staatsregierung kein Zweifel an der Rechtsgültigkeit des Enteignungsgesetzes und sie wies die bayerischen Forderungen zurück.[1429] Auch die Reichsregierung zeigte zunächst kein Entgegenkommen.

Im Oktober des Jahres 1923 erreichte *v.Ziller* aber, dass Bayern das Reichsgericht nach Art. 13 RV anrief.[1430] Am 30.10.1923 stellte das bayerische Staatsministerium der Finanzen seinen sehr knappen Normenkontrollantrag. Danach verstieße das Gesetz vom 31.7.1919 gegen Art. 153 RV und Bayern sei in seinen finanziellen Belangen sehr beeinträchtigt. Weitere Begründungen behielte man sich vor.[1431] Der Antrag lautete festzustellen, dass § 1 des Gesetzes vom 31.7.1919 mit dem Reichsrecht nicht vereinbar sei. D.h., man beschränkte sich nur auf den Paragraphen, der die Beschlagnahme des herzoglichen Vermögens betraf. Zwei Tage später beantragte der Herzog beim Landgericht Gotha wegen des Normenkontrollantrags die Aussetzung des anhängigen Verfahrens und im Januar des Jahres 1924 einigte man sich auf ein Ruhen des Verfahrens.[1432]

Seit Ende Dezember des Jahres 1923 hatte aber auch das RMdI einen Normenkontrollantrag des Reiches vorbereitet. Im Januar des Jahres 1924 erfuhr es von dem bayerischen Antrag.[1433] [1434] Am 6.3.1923 stellte das RMdI seinen Antrag beim Reichsgericht, nach dem gleichfalls angestrebt werden sollte, dass § 1 des Gesetzes vom 31.7.1919 mit Reichsrecht nicht vereinbar sei. In der Begründung wurden die Verstöße aus Sicht des Reiches dargelegt: ein fehlendes öffentliches Interesse nach Art. 109 EGBGB, die nicht ordnungsgemäße Verkündung des Gesetzes durch die Landesversammlung und die fehlende Gegenzeichnung des Staatsministeriums.[1435]

[1428] ThHStAW, Thür. FinMin. Nr. 7948, Bl. 235v-236v.

[1429] ThHStAW, Thür. FinMin. Nr. 7948, Bl. 277r-278v.

[1430] Schreiben v. 25.10.1923; BayHStA München, Ministerium der Justiz, MJu 12268, nicht foliert.

[1431] BayHStA München, Ministerium der Justiz, MJu 12268, nicht foliert.

[1432] ThHStAW, Thür. FinMin. Nr. 7952, Bl. 43r und 55r.

[1433] Zu den bemerkenswerten Hintergründen und Absprachen zwischen v.Ziller, den bayerischen Stellen und den Verantwortlichen im RMdI siehe Jung, S. 274 ff.

[1434] Im November 1923 erfolgte die Besetzung Thüringens durch die Reichswehr. Am 10.2.1924 wurde der 3. Thüringische Landtag gewählt, der einem bürgerlichen Bündnis den Sieg brachte. Einzelheiten siehe Patze/ Schlesinger/Facius, 5. Bd. 2. Teil, S. 465 ff und 476 ff.

[1435] ThHStAW, Thür. FinMin. Nr. 7955, Bl. 8r-11r.

Als das Land Thüringen vom Antrag des Reiches erfuhr, ermächtigte das thüringische Staatsministerium den schon mehrfach für das Land tätig gewordenen Rechtsanwalt *Heine* mit der Wahrnehmung der Interessen Thüringens.[1436] Zu der am 15.4.1923 im thüringischen Finanzministerium stattfindenden Besprechung über das weitere Vorgehen wurden *Liebetrau* und *Gutmann* aus Gotha hinzugezogen. Beide waren seit vielen Jahren mit der Domänensituation vertraut und *Liebetrau* hatte schon im Jahre 1900 die Verhandlungen über die Domänen begleitet. *Gutmann* teilte dabei mit, dass er schon vor Erlass des Gesetzes mit Beamten des RMdI über die Rechtsgültigkeit des Gesetzes gesprochen habe (siehe 3. Kap. II. 1.). Er fertigte ein sehr umfangreiches Gutachten an, nach dem keine Verstöße vorlagen und auch die Verkündung ordnungsgemäß wäre.[1437] In seinem Schriftsatz vom 26.7.1924 übernahm *Heine* sehr viele Teile des Gutachtens wortwörtlich.[1438]

Am 18.6.1925 verhandelte das Reichsgericht über die beiden Anträge, verband diese und entschied zugunsten der Antragsteller. Danach war der § 1 des Gesetzes vom 31.7.1919 mit dem Reichsrecht unvereinbar und deshalb ungültig.[1439] Das Gericht beschäftigte sich überwiegend mit dem Problem des behaupteten Verkündungsmangels: Die Nichterwähnung der Zustimmung der Landesversammlung im Gesetzestext sei ein wesentlicher Mangel bei der Veröffentlichung am 2.8.1919 in der Gesetzessammlung. Zu diesem Zeitpunkt galt noch § 108 Abs. 2 des Staatsgrundgesetzes vom 1.3.1852 und dieser verlangte die Erwähnung der Zustimmung in den Verkündungsworten. Die Nichtbeachtung dieser Vorschrift stelle eine nichtige Verkündung dar und deshalb konnte das Gesetz auch nicht am 6.8.1919 in Kraft treten. Erst durch Art. 6 des Gesetzes vom 24.12.1919 erfolgte ein tatsächliches Inkrafttreten, das aber nicht rückwirkend galt. Somit musste sich das Enteignungsgesetz an der Reichsverfassung messen lassen. Alle Darlegungen von Thüringen über ein wirksames Inkrafttreten ließ das Gericht nicht gelten. Die in § 1 festgelegte entschädigungslose Enteignung verstieße gegen Art. 153 RV und daher sei die beanstandete landesrechtliche Vorschrift mit dem Reichsrecht nicht vereinbar. In seinem Schreiben über die Verhandlung beim Reichsgericht schrieb *Heine*, dass der Senat ausdrücklich erklärt habe, hätte man die Entschädigung sich im Gesetz auch nur vorbehalten, wäre das Gesetz gültig gewesen wäre.[1440] Dieser Satz ist in der Akte rot markiert. Die Entscheidung wurde am 27.7.1925 im

---

[1436] ThHStAW, Thür. FinMin. Nr. 7955, Bl. 14r.

[1437] ThHStAW, Thür. FinMin. Nr. 7955, Bl. 23r-69r und 91r-103r.

[1438] ThHStAW, Thür. FinMin. Nr. 7955, Bl. 141r-185r.

[1439] RGZ 111, 123 ff.

[1440] Schreiben v. 19.6.1925; ThHStAW, Thür. FinMin. Nr. 7956, Bl. 93r-95r. Am 31.7.1919 hatte der Abgeordnete Gutmann in der Landesversammlung von Gotha erfolglos versucht, eine Entschädigungssumme in das Enteignungsgesetz aufnehmen zu lassen (LV.-Verh. S.-G. 1919, S. 154, 164). Dieses Fehlen hatte sich sechs Jahre später bitter gerächt.

Reichsgesetzblatt bekannt gemacht[1441] [1442] und hatte nach § 3 Abs. 3 des Gesetzes vom 8.4.1920 Gesetzeskraft.[1443] Herzog *Carl Eduard* bedankte sich später bei der bayerischen Staatsregierung für ihr Eintreten zugunsten des herzoglichen Hauses und sprach seinen und den Dank des Hauses aus.[1444]

Für das Land Thüringen war die Entscheidung eine schwere Niederlage in finanzieller und wirtschaftlicher Hinsicht. Da das Reichsgericht antragsgemäß nur über die Gültigkeit des § 1 des Enteignungsgesetzes entschieden hatte, blieben die restlichen Paragraphen gültig. Der Herzog erhielt nun sein ganzes Vermögen wieder und auf dem Staat lasteten weiter die Verpflichtungen zur Versorgung der übernommenen Beamten. Der zuständige Referent im thüringischen Finanzministerium *Rinck* vermerkte bereits einen Tag nach der Entscheidung, dass *v.Ziller* um eine Besprechung mit dem Finanzminister zwecks Rückgabe der Fideikommisse gebeten habe.[1445] Das Finanzministerium wurde ermächtigt, die Verhandlungen mit *v.Ziller* zu führen.[1446] Es beauftragte den Jenaer Rechtsprofessor *Koellreuter* mit einem Gutachten über die Fragen, die mit der Ungültigkeit des § 1 im Zusammenhang standen. Insbesondere wollte man wissen, ob eine neue Enteignung unter Zubilligung einer angemessenen Entschädigung vorgenommen werden könne.[1447] In seinem Gutachten hielt sich *Koellreuter* bedeckt und wies auf die Schwierigkeiten einer Enteignung unter der Voraussetzung „*zum Wohle der Allgemeinheit und nur gegen angemessene Entschädigung*“ hin.[1448] Für das Finanzministerium ergab sich aus dieser Antwort, dass ein neues Enteignungsverfahren nicht erfolgreich sein würde.[1449]

Am 9.7.1925 trafen sich die Vertreter des Staates (Finanzminister *v.Klüchtzner*, *Rinck* u.a.) und die des Herzogs (*Voigts* u.a.). Während die herzoglichen Vertreter die sofortige Herausgabe der Vermögensobjekte und

---

[1441] RGBl. I. 1925, S. 180.

[1442] Zum Problem der Enteignung durch ein Gesetz und Art. 153 RV siehe Grimm NJW 1997, S. 2719, 2723 ff.

[1443] Der Vertreter des RMdI beim Prozess Ministerialrat Lammers besprach später die Entscheidung, ebenso wie sein Kollege im RMdJ Mende, beide stimmten dem Beschluss ausdrücklich zu [Lammers, JW 54 (1925), S. 2429 ff; Mende, AöR 49. Bd., N.F. 10. Bd., S. 247 ff].

[1444] Schreiben v. 30.9.1925; BayHStA München, Geheimes Staatsarchiv, MA 104356, Bl. 41.

[1445] ThHStAW, Thür. FinMin. Nr. 7956, Bl. 88v.

[1446] Beschluss des Thür. Staatsministerium v. 22.6.1925; ThHStAW, Thür. FinMin. Nr. 7956, Bl. 101r.

[1447] Schreiben v. 11.7. u. 13.7.1925; ThHStAW, Thür. FinMin. Nr. 7956, Bl. 112r; 114r-116r.

[1448] Schreiben v. 14.7.1925; ThHStAW, Thür. FinMin. Nr. 7956, Bl. 123r-124r.

[1449] Auch Heine warnte vor einem neuen Beschlagnahmegesetz; ThHStAW, Thür. FinMin. Nr. 7956, Bl. 126r-129r.

Nutzungen verlangte, war für den Finanzminister wegen der schwierigen Finanzsituation des Landes die Frage eines Vergleichs vorrangig. *Voigts* meinte jedoch, dass man nicht auf die herzoglichen Vorschläge der Jahre 1920 und 1921 – die von der Gebietsregierung Gotha in „*schroffer Form*" zurückgewiesen worden war – zurückkommen werde. Der Herzog beabsichtige keine Aufgabe seines Eigentums, ein Vergleich sei aber sicherlich willkommen. Für die Vertreter des Staates war diese Haltung nicht verständlich, sie konnte für die zukünftigen Verhandlungen auch keine förderliche Einstellung sein. *Voigts* verlangte die Zahlung von 750.000 RM, als ersten Teil der erzielten Einnahmen aus dem beschlagnahmten Vermögen des Herzogs. Eine Verpflichtung für die künftigen Pensionsverpflichtungen erkannten die Vertreter des Herzogs nicht an.[1450] In den nächsten Tagen erfolgten weitere Beratungen. Nach wie vor zeigten die herzoglichen Vertreter keinerlei Bereitschaft, dem Land entgegenzukommen.[1451] Man einigte sich auf eine Zahlung des Landes in Höhe von 300.000 RM bis zum 1.8.1925 und von 450.000 RM bis zum 1.10.1925.[1452]

Die Drohung der herzoglichen Seite mit der Wiederaufnahme des Prozesses veranlasste die thüringische Staatsregierung, der Forderung auf Herausgabe Folge zu leisten, denn ein Fortsetzung des Prozesses musste mit einer Niederlage für das Land enden – es gab also keinen Ausweg. Zum 1.8.1925 erhielt der Herzog die Fideikommisse, das Hausallod, die gezogenen Nutzungen und alle beschlagnahmten Akten zurück, die herzogliche Generalkasse nahm in Gotha ihre Arbeit wieder auf. Aufgrund der gesetzlichen Bestimmung des Gesetzes aus dem Jahr 1905 (im Fall der Thronentsagung Grundstücke mit einem jährlichen Reinertrag von 96.000 Mark an den Staat zu übereignen, § 6) trat der Herzog die Hälfte des Forstreviers Stutzbach an das Land Thüringen ab.[1453]

Seine ehemaligen Beamten wollte der Herzog nicht vollständig übernehmen, was das Land von ihm aber erwartete. Außerdem weigerte sich das Land, Pensionen an die schon vor dem Jahre 1918 pensionierten Hofbeamten weiter zu zahlen, da diese Verpflichtung jetzt mit der Rückgabe des Vermögens beim Herzog liegen würde.[1454] *V.Ziller* lehnte diese Verpflichtung ab, die entsprechende Vorschrift aus dem Gesetz vom 19.7.1905 würde sich nur auf die Regierungszeit beziehen und diese sei seit dem Jahr 1918 beendet und durch

---

[1450] ThHStAW, Thür. FinMin. Nr. 7959, Bl. 21r-24r.

[1451] Vgl. Protokolle v. 17.7., 18.7., 20.7.1925; ThHStAW, Thür. FinMin. Nr. 7959, Bl. 55r-58v, 59r-62r, 71r-75r.

[1452] ThHStAW, Thür. FinMin. Nr. 7959, Bl. 149r.

[1453] Einzelheiten siehe ThHStAW, Thür. FinMin. Nr. 7959, Bl. 141r-142r, 143r-144v, 311r, 361r-362r, 328r-340r; Nr. 7960, Bl. 135r.

[1454] Schreiben v. 5.8.1925; ThHStAW, Thür. FinMin. Nr. 7959, Bl. 175r.

die Revolution sei nun diese Verpflichtung auf das Land übergegangen.[1455] Da man sich nicht einigen konnte, erhob im November des Jahres 1925 das Land Thüringen eine Schiedsklage beim OLG Jena, um feststellen zu lassen, dass das Land nicht für die Kosten der Hofhaltung, insbesondere für Pensionszahlungen, aufzukommen habe.[1456] Dieser Prozess zog sich über Jahre hin und wurde erst im Jahre 1930 beendet (Näheres dazu 3. Kap. II. 5.).

Die Öffentlichkeit erfuhr von dem Erfolg des Herzogs zuerst durch Zeitungsmeldungen.[1457] Der thüringische Landtagsabgeordnete *Witzmann*, der schon der Landesversammlung von Gotha angehört hatte, kritisierte in einem Artikel[1458] zur Reichsgerichtsentscheidung die Tätigkeit der USPD in der Landesversammlung von Gotha im Jahr 1919. Er kritisierte aber auch das Angebot *v.Zillers* im Jahre 1920 und dessen fehlendes Verständnis für die finanziellen Sorgen des Landes.[1459] Mitte Juli des Jahres 1925 brachte die KPD eine große Anfrage zur Entscheidung des Reichsgerichts in den thüringischen Landtag ein und verlangte Auskunft über geplante Maßnahmen.[1460] Da Parlamentsferien waren, brauchte die Regierung nicht sofort zu reagieren.[1461] Erst im November und Dezember des Jahres 1925 kam es während der Haushaltsdebatte zu einer Aussprache. In der sehr hitzigen Diskussion legten die Abgeordneten ihre Ansichten über die Entscheidung, die Verantwortlichen und die getroffenen und zu treffenden Maßnahmen dar. Interessanterweise trafen dabei wieder Kontrahenten aufeinander, die schon in der Landesversammlung von Gotha über das

---

[1455] Schreiben v. 21.8. u. 23.10.1925; ThHStAW, Thür. FinMin. Nr. 7959, Bl. 178r, 278r-281r.

[1456] Klage v. 26.11.1925; ThHStAW, Thür. FinMin. Nr. 7958, Bl. 1r-6r (Das OLG war nach § 25 des Gesetzes v. 19.7.1905 zuständig).

[1457] Liebetrau schrieb am 14.7.1925 im Gothaischen Tageblatt und erhob Vorwürfe gegen den Herzog und wehrte sich selbst gegen Vorwürfe, schuld am Nichtzustandekommen eines Vergleichs zu sein. Am 26.7.1925 druckte das Gothaische Volksblatt die Entscheidung des Reichsgerichtes ab.

[1458] Gothaisches Tageblatt v. 8.7.1925.

[1459] Über seine Bemerkungen waren die herzoglichen Vertreter nicht erfreut; ThHStAW, Thür. FinMin. Nr. 7959, Bl. 31r.

[1460] 3. LT.-Verh. Thür., 1. Abt., Nr. 305 v. 13.7.1925, S. 402. Am 24.7.1925 informierte der Finanzminister den Gesetzgebungs- und Haushaltsausschuss des Landtages (Gothaisches Tageblatt v. 25.7.1925).

[1461] Im August des Jahres 1925 schrieb Tenner in drei Beiträgen seine Sicht über das Eigentum an den Domänen des Herzogs, den Ablauf der Verhandlungen und erhob Vorwürfe gegen Liebetrau. Er warf den Richtern des Reichsgerichtes Rechtsbruch vor und verlangte die Beschlagnahme oder erneute Enteignung des Domänenvermögens (Thüringer Volksblatt v. 12., 13. u. 14.8.1925). Diese Ausführungen brachten ihm Kritik ein (Artikel ohne Verfasserangabe, Gothaisches Volksblatt v. 18.8.1925). Tenner bezichtigte später den Finanzminister v.Klüchtzner der Urheberschaft (3. LT.-Verh. Thür., 4. Abt., S. 5024 f).

Enteignungsgesetz gestritten haben. So beschimpfte *Tenner* (KPD) die Landesregierung wegen der Rückgabe des Vermögens, kritisierte massiv die Richter des Reichsgerichts, schilderte ausführlich den Ablauf der Verhandlungen im Jahre 1919 und seine Sicht der Eigentumsverhältnisse am Domänenvermögen. Die Abgeordneten *Krüger* (DDP) und *Witzmann* (DVP) kritisierten *Tenner*, da dieser im Jahre 1919 als Volksbeauftragter mit an der Entstehung des Enteignungsgesetzes mitgewirkt hatte.[1462] *Brill* (SPD) und *Tenner* wiederum warfen *Witzmann* seine eigene Rolle in den damaligen Verhandlungskommissionen vor. Finanzminister *v.Klüchtzner* legte die rechtliche Situation des Landes dar, wonach das Vermögen zurückgegeben werden musste.[1463] Die Reden der Abgeordneten, die Zwischen- und Ordnungsrufe zeigen ein Bild tiefen Misstrauens und der Zerrissenheit im Parlament. Jeder gab dem anderen die Schuld. Vor allem *Tenner* versuchte, die eigenen Versäumnisse im Jahre 1919 herunterzuspielen. Für ihn hatten die jetzige Regierung und das Reichsgericht Schuld. Man habe im Jahre 1918 nicht *„revolutionär"* genug gehandelt. Er verwies auf Rußland, dort würde kein Prozess den *Romanows* ihr Vermögen zusprechen, gleiches gelte für die französische Revolution des Jahres 1789.[1464] In Anbetracht gerade der Hinrichtung der Zarenfamilie – darunter fünf Kinder – befremdete diese Aussage sehr. Hinter seiner Äußerung stand der Zorn, dass die fürstlichen Familien – die man im Jahre 1918 geschont hatte – jetzt auf geltende Gesetze pochend, von unabhängigen Gerichten (mögen die Richter auch eine konservative Haltung gehabt haben) Recht bekamen. Die KPD brachte dann im Januar des Jahres 1926, neben einer weiteren Anfrage zu den geplanten Maßnahmen, eine Entschließung ein, dass das Vermögen des Herzogs sofort zu beschlagnahmen sei. Die Mehrheit im Landtag lehnte diese Forderung aber ab.[1465]

Das thüringische Finanzministerium ließ Abrechnungen u.ä. erstellen, die an *v.Ziller* übersandt wurden. Das Land versuchte dabei, mit eigenen Forderungen aufzurechen, was die herzogliche Seite jedoch nicht akzeptierte.[1466] Wenn auch der Herzog den Prozess gewonnen und sein Vermögen zurückbekommen hatte, müssen die komplizierten Abrechnungen und Prüfungen die herzogliche Vermögensverwaltung sehr belastet haben.

Durch die Rückgabe des Vermögens an Herzog *Carl Eduard* lebte die fideikommissarische Bindung wieder auf und die herzogliche Familie war verpflichtet, jetzt diese Fideikommisse aufzulösen. Ihr Vermögen unterlag

---

[1462] Witzmann und Tenner wiederholten dabei viele Einzelheiten aus ihren Artikeln im Sommer des Jahres 1925.

[1463] 3. LT.-Verh. Thür., 4. Abt., S. 5355 ff, 5466 ff.

[1464] 3. LT.-Verh. Thür., 4. Abt., S. 5479.

[1465] 3. LT.-Verh. Thür., 1. Abt., Nr. 366 v. 21.1.1926, S. 595 f; 4. Abt., S. 5592 ff, 5615 ff.

[1466] Vgl. ThHStAW, Thür. FinMin. Nr. 7960, Bl. 71r-72r, 77r-82r.

nunmehr den thüringischen Gesetzen zur Fideikommissauflösung und jede Verfügung oder Belastung des Vermögens bedurfte der Genehmigung. Neben seiner umfangreichen Zusammenarbeit mit dem Finanzministerium musste *v.Ziller* nun die Auflösung der Fideikommisse vorbereiten und die Auflagen des thüringischen Auflösungsamtes für die Familiengüter erfüllen. Im Dezember des Jahres 1925 wurde ein einheitliches Auflösungsverfahren in Gang gesetzt und das Finanzministerium informiert.[1467]

Im Frühjahr des Jahres 1926 war der Streit um die Pensionszahlungen an die ehemaligen Hofbeamten immer noch nicht gelöst, da das Land Thüringen keine Zahlungen mehr leistete und auch die herzogliche Seite sich weigerte zu zahlen, deshalb erhielten die ehemaligen Hofbeamten oder ihre Hinterbliebenen nun überhaupt nichts mehr. Ihre Schreiben an das thüringische Finanzministerium verdeutlichen ihre katastrophale Lage, viele mussten Darlehen aufnehmen, um überhaupt über Geld zu verfügen. Für die Hinterbliebenen waren die Pensionszahlungen oft die einzige Einnahmequelle. Erst im Oktober des Jahres 1926 erklärte sich die herzogliche Vermögensverwaltung bereit, die Zahlungen zu übernehmen.[1468] Der Prozess über diese Angelegenheit dauerte aber noch an und wurde nun durch die „Sperrgesetze" unterbrochen[1469] (Einzelheiten 3. Kap. II. 4. und 5.).

Für das Land Thüringen erwuchs durch Entscheidung des Reichsgerichtes eine weitere zusätzliche Bürde. Der hohe Finanzbedarf des Staates wurde zwar bislang durch die Einnahmen aus den Staatsforsten von ca. 168.000 ha Fläche (42 % der Gesamtwaldfläche) und aus über 100 Staatsgütern zu einem großen Teil gedeckt. Seit dem Jahre 1925 gingen aber alle Erträge zurück und auch Einsparungen konnten die steigenden Mehrausgaben nicht mehr ausgleichen. Das Land versuchte, mit Anleihen die Lücken im Staatshaushalt zu schließen.[1470] Jedoch verschlechterte die Rückgabe der Domänengrundstücke und die Auszahlung von bis dahin erzielten Gewinnen an den Herzog diese Situation noch mehr. Gleichwohl versuchte die Regierung Thüringens, die auf ihr lastenden Verpflichtungen zu erfüllen.

4. Reaktionen in Deutschland auf die Entscheidung des Reichsgerichts - Volksbegehren und Volksentscheid

Der Vollständigkeit halber soll hier knapp auf das Volksbegehren und den Volksentscheid im Jahre 1926 eingegangen werden.[1471] Das Interesse in Deutschland an einer reichsgesetzlichen Regelung über eine Enteignung der

---

1467 ThHStAW, Thür. JustizMin. Nr. 2144, Bl. 135r-137r, 139r.
1468 Einzelheiten in den Akten des ThHStAW, Thür. FinMin. Nr. 7960 und 7961.
1469 Beschluß des OLG Jena v. 20.3.1926; ThHStAW, Thür. FinMin. Nr. 7958, Bl. 99r.
1470 Patze/Schlesinger/Facius, 5. Bd. 2. Teil, S. 480 f.
1471 Zu Geschichte und Hintergrund wird auf die Arbeit von *Jung* verwiesen.

ehemaligen Landesherren diskutierte man bereits während der Revolution im Jahre 1918, aber fast überall in Deutschland wurden dann Verträge zwischen den neuen Staaten und den ehemaligen Landesherren geschlossen.

Einer einseitigen landesgesetzlichen Regelung der Vermögensauseinandersetzungen, d.h. Enteignung ohne Entschädigung, stand die Garantie des Art. 153 RV entgegen, die für den Landesgesetzgeber zwingend war. Wenn überhaupt, hätte nur ein Reichsgesetz diese Garantie einschränken oder ausschalten können. Deshalb entstand im Jahre 1925 der Plan, die Vermögensauseinandersetzungen zwischen den Ländern und den ehemaligen Landesherren durch ein Reichsgesetz einheitlich und unter Aufhebung der Garantie des Art. 153 RV zu regeln.[1472] Das öffentliche Interesse in Deutschland an einer gesetzlichen Regelung der Enteignung war mittlerweile angewachsen. Das Klima der politischen Auseinandersetzungen verschärfte sich nicht zuletzt durch die Situation in Thüringen,[1473] wo sich die Regierung des Freistaates fragen musste, ob sie noch über genügend Mittel verfügte, um ein modernes Staatswesen zu führen.[1474] Als nun im Juni des Jahres 1925 das Reichsgericht zugunsten des Herzogs von Sachsen-Coburg und Gotha entschied und auch hinsichtlich der Verträge mit den ehemaligen Landesherren von Sachsen-Altenburg und Schwarzburg weitere Vertragsstreitigkeiten hinzukamen (siehe 3. Kap. III. 1. und 2.), entstand erheblicher Streit zwischen den politischen Parteien.[1475] Ende 1925 waren bereits 23 Prozesse gegen das Land Thüringen anhängig und insgesamt schwebten in Deutschland noch ca. 100 Prozesse wegen der Auseinandersetzungen mit den ehemaligen Landesherren.[1476] Am 23.11.1925 wurde im Reichstag der Entwurf eines Gesetzes über die vermögensrechtliche Auseinandersetzung mit den früher regierenden Fürstenhäusern eingebracht, der Teile des thüringischen Entwurfs aus dem Jahre 1923 enthielt.[1477] Zwei Tage später brachte die KPD ihren Entwurf eines Gesetzes über die entschädigungslose Enteignung der früheren Fürstenhäuser ein.[1478] Das RMdI bat mit Schreiben vom 14.12.1925 die jeweiligen Landesregierungen um Bericht über den Stand der Auseinandersetzungen mit den früher regierenden

---

[1472] Huber Bd. 7, S. 578, Fn 6: *„Nämlich der Entschädigungsgarantie und der Rechtsweggarantie (Art. 153 Abs. 2 Satz 2 und 3 RV); dagegen war die Klausel, daß der Eigentumseingriff dem „Wohl der Allgemeinheit“ dienen müsse, auch durch ein Reichsgesetz nicht aufhebbar.“*

[1473] Jung, S. 28 schreibt, dass die Volksbewegung gegen die Fürsten ihren Anstoß in Thüringen erhielt.

[1474] Reichold, S. 271.

[1475] Schüren, S. 46 ff; Reichold, S. 272.

[1476] Schüren, S. 47, Fn 1.

[1477] 3. RT.-Verh., Ds. Nr. 1527 v. 23.11.1925.

[1478] 3. RT.-Verh., Ds. Nr. 1539 v. 25.11.1925.

Fürstenhäusern.[1479] Die sehr umfangreiche Antwort des Thüringischen Finanzministeriums wurde als Manuskript gedruckt[1480] und enthielt die Darstellung des augenblicklichen Standes der Vermögensauseinandersetzung in den ehemaligen thüringischen Staaten.

Die Linksparteien SPD und KPD forderten im Reichstag eine entschädigungslose Enteignung der ehemaligen Landesherren. Sie begründeten ihre Forderung mit dem Recht des Volkes, über die Fürsten zu entscheiden. Dieses Volksrecht stünde über dem formalen Recht. Neben dem parlamentarischen Gesetzgebungsverfahren bestand nach Art. 73, 74 und 76 RV die Möglichkeit einer Volksgesetzgebung durch ein Volksbegehren und einen Volksentscheid. Der Entwurf ihres Gesetzes über die Enteignung der Fürstenvermögen sollte nach den Vorstellungen der linken Parteien durch einen Volksentscheid untermauert werden.[1481] Die Voraussetzung für den angestrebten Volksentscheid war ein Volksbegehren[1482] über einen solchen Gesetzesentwurf.[1483] Die wachsende wirtschaftliche Krise, die hohen Arbeitslosigkeit und die Unzufriedenheit der Bevölkerung lösten eine große Volksbewegung[1484] zugunsten des Volksbegehrens über den Gesetzentwurf zur Fürstenenteignung aus. Die Höhe der Einzeichnung in die Listen des Volksbegehrens (die vom 4.-17.3.1926 auslagen) übertraf alle Erwartungen mit 12,5 Mio. positiv abgegebenen Stimmen zugunsten eines Volksbegehrens.[1485] Daraufhin wurde der Gesetzentwurf am 28.4.1926 dem Reichstag vorgelegt. Die Reichsregierung erklärte dazu in einer Vorlage, ein derartiges Gesetz sei mit einem Rechtstaat unvereinbar.[1486] Weiterhin befand ein beigefügtes Rechtsgutachten, der Entwurf habe verfassungsändernden Charakter, da die Anträge der SPD und KPD gegen Art. 153, 102, 109 RV verstießen.[1487] Zwei Lesungen im Plenum und die

---

[1479] ThHStAW, Thür. StaatsMin.-Präs.abt. Nr. 248, Bl. 226r-227r.

[1480] „Die Entwicklung und der gegenwärtige (Januar 1926) Stand der Auseinandersetzungen zwischen den ehemaligen Thüringischen Staaten und den dort früher regierenden Landesherren“; ThHStAW, Landtag v. Thür. Nr. 32/4. Dieses Manuskript wurde Günther zur Verfügung gestellte, der sich in seiner Dissertation mit den Vermögensauseinandersetzungen beschäftigte (Günther, S. VII).

[1481] Details bei Huber Bd. 7, S. 579 ff.

[1482] Zum Zustandekommen des Volksbegehrens und über den „Kuczynski-Ausschuß“ vgl. Schüren, S. 63 ff, 113 ff; Jung, S. 716 ff, 1032 ff.

[1483] Mit der VO über Zulassung eines Volksbegehrens (Dt. Reichsanzeiger und Preußischer Staatsanzeiger Nr. 39 v. 16.2.1926) hatte die Reichsregierung der politischen Forderung nach einem Volksbegehren Rechnung getragen, wenn sie auch die damit verbundenen gesetzlichen Forderungen ablehnte (Schüren, S. 119).

[1484] Schüren, S. 89 f, 96 f.

[1485] Schüren, S. 137; Patze/Schlesinger/Facius, 2. Teil, S. 491.

[1486] 3. RT.-Verh., Ds. Nr. 2229 v. 24.4.1926.

[1487] Zu den Positionen und Ideen vgl. E.W. Böckenförde: „Auf dem Weg zum Klassiker“ – Carl Schmitt in der Diskussion, Frankfurter Allgemeine Zeitung v. 11.7.1997, S. 35.

Überweisung an den Rechtsausschuss folgten.[1488] Als Ergebnis der grundsätzlichen Diskussion und in der Voraussicht, dass eine neue gesetzliche Regelung nicht so schnell erreichbar wäre,[1489] wurde am **13.2.1926** im Reichstag das von der KPD eingebrachte **„Reichs-Sperrgesetz“**[1490] verabschiedet.[1491] Danach konnte auf Antrag einer Partei das schwebende Verfahren bis zu einer reichsgesetzlichen Regelung ausgesetzt werden; das Gesetz sollte bis zum 30.6.1926 gelten. Am **3.4.1926** wurde das **Gesetz über die Aussetzung von Verfahren**[1492] im Reichstag verabschiedet. Danach konnten auf Antrag alle Verfahren zur Auflösung der Familiengüter der Fürstenhäuser ausgesetzt werden. Auch dieses Gesetz sollte nur bis zum 30.6.1926 gelten. (In dieser Zeitspanne sollte im Reichstag ein Gesetz zur Lösung der Probleme verabschiedet werden.). Die Geltungsdauer der beiden Gesetze wurden verlängert durch das **Gesetz vom 9.7.1926**[1493] bis zum 31.12.1926 und durch das **Gesetz vom 17.12.1926**[1494] bis zum 30.6.1927. Im letzten Gesetz wurden die Länder ermächtigt, durch ein Landesgesetz bestimmte Veräußerungen von strittigen Vermögensmassen von der Zustimmung des Landes abhängig zu machen. Das Land Thüringen machte von dieser Ermächtigung durch das **Gesetz vom 24.12.1926**[1495] Gebrauch. Der Landtag verabschiedete das Gesetz aber nicht. Erst durch die **Bekanntmachung vom 31.3.1928**[1496] erfolgte die Bestätigung des Gesetzes.

Nach der herrschenden Auslegung des Art. 75 RV musste nunmehr der Gesetzesentwurf im Rahmen eines Volksentscheides mit einem höheren Quorum, der Mehrheit der Stimmberechtigten am Abstimmungsverfahren, gebilligt werden. Die Zahl der Stimmberechtigten betrug 39,7 Mio. Die Abstimmung am 20.6.1926 erbrachte nicht die erforderliche Stimmenzahl: nur 15,5 Mio. Ja-Stimmen (39 %) reichten nicht, es hätten 20 Mio.[1497] sein müssen. Im Land Thüringen lagen die Ja-Stimmen mit fast 45 %, teilweise bis zu 69,8 %, über dem Reichsdurchschnitt, weil hier nicht nur die linken Kräfte, sondern auch der Mittelstand für die Enteignungsbewegungen eintraten.[1498] Die alten Verstimmungen über die Domänenstreitigkeiten zur Zeit der ehemaligen Landesherren hatten Spuren in den Residenzstädten hinterlassen und können

---

[1488] über die weitere Arbeit im Rechtsausschuss siehe Schüren, S. 103 ff.
[1489] Schüren, S. 70.
[1490] RGBl. I. 1926, S. 101.
[1491] Huber, Bd. 7, S. 578 f; siehe Erbe, DJZ 31 (1926), Sp. 337 ff.
[1492] RGBl. I. 1926, S. 191.
[1493] RGBl. I. 1926, S. 399.
[1494] RGBl. I. 1926, S. 503-504, siehe Erbe, DJZ 32 (1927), Sp. 154.
[1495] GS. Thür. 1926, S. 435.
[1496] GS. Thür. 1928, S. 158.
[1497] Huber, Bd. 7, S. 592.
[1498] Patze/Schlesinger/Facius, 2. Teil, S. 491.

als Ursache für dieses Abstimmungsverhalten angesehen werden.[1499] Im Jahre 1926 hatte das Land Thüringen immer noch keine Einigung mit dem früher regierenden Haus Sachsen-Coburg und Gotha gefunden und die Häuser Schwarzburg und Altenburg fochten ihre Auseinandersetzungsverträge an – eine Klärung war noch nicht in Sicht.

Somit hatte der Volksentscheid ebenfalls nicht zu einem gesetzeskräftigen Beschluss im Sinne des gestellten Antrages geführt. Also auch auf dem plebiszitären Weg war die entschädigungslose Fürstenenteignung misslungen.[1500] Nach dem gescheiterten Volksentscheid kehrte man zur „geordneten Gesetzgebung" zurück und suchte einen Weg zu einer Kompromisslösung. Die Reichsregierung legte den kaum veränderten Entwurf vom April des Jahres 1926 erneut vor, der angesichts der kritischen Stimmen sowie der Gefahr einer parlamentarischen Niederlage bis hin zu Neuwahlen schließlich am 2.7.1926 zurückgezogen wurde. Damit waren alle Versuche, einvernehmlich zu einem Gesetz zu gelangen, gescheitert und das *„Fürstendrama der Weimarer Republik"* war beendet.[1501] Die Länder hatten weiter mit den Fürstenhäusern eine vertragliche Lösung zu suchen.[1502] Das thüringische Staatsministerium versuchte im er-sten Halbjahr des Jahres 1927 erneut, das RMdI von einer reichsgesetzlichen Regelung sowie einer Verlängerung der Sperrgesetze zu überzeugen.[1503] Die Reichsregierung setzte dagegen auf Verhandlungen zwischen den fürstlichen Häusern und den Landesregierungen. Nach Ablauf der Sperrfrist endeten die Bemühungen des Staatsministeriums. Die noch jahrelang eingebrachten Anträge im Reichstag, insbesondere von der KPD unverdrossen eingereicht, blieben ergebnislos.[1504]

Das Dilemma eines Scheiterns des Volksbegehrens war auf dessen missglückte Regelung in Art. 73 ff RV zurückzuführen. *Lambsdorff* meint, es wäre eine sprachlich missglückte, ungeeignete, rechtliche und tatsächliche Fehlkonstruktion gewesen[1505]

5. Der Vertrag zwischen dem Land Thüringen und dem herzoglichen Haus vom 24./25. Oktober 1927

Nach dem Scheitern des Volksentscheids vermittelte im Juli des Jahres 1926 der frühere Staatsminister von Sachsen-Coburg *Quarck* ein Gespräch zwischen dem thüringischen Ministerpräsidenten *Leutheußer* und den beiden Vertretern

---

[1499] Dressel, S. 62 f.
[1500] Huber, Bd. 7, S. 592.
[1501] Schüren, S. 243 ff, 251.
[1502] Jung, S. 552; Huber, Bd. 7, S. 594.
[1503] ThHStAW, Thür. StaatsMin.-Präs.abt. Nr. 248, Bl. 261r.
[1504] Jung, S. 556 ff.
[1505] Lambsdorff, S. 245 ff.

des Herzogs *v.Ziller* und *Voigts*.[1506] Auch durch den Reichspräsidenten erfolgte ein Vermittlungsversuch.[1507] Mitte August des Jahres 1926 bat *v.Ziller* die thüringische Staatsregierung unter Hinweis auf diese Besprechung zu einem Treffen, um Möglichkeiten für einen gütlichen Ausgleich zu finden. Daran sollten auch *Quarck* und der frühere RMdJ *Heinze* teilnehmen.[1508] Der thüringische Finanzminister war zu einem Treffen bereit, aber ohne *Quarck* und *Heinze*.[1509] Warum *v.Ziller* diese beiden mit hinzuziehen wollte, ist nicht bekannt. Das Treffen fand am 23.9.1926 in Bad Kösen (im Hotel „Mutiger Ritter") statt. Der zuständige Referent *Rinck* vermerkte später nur: "*unverbindliches Gespräch*". Der bayerische Gesandte *v.Preger* berichtete Anfang November des Jahres 1926 an das bayerische Staatsministerium des Äußeren über den Stand der Verhandlungen. Dabei übte er deutliche Kritik an den herzoglichen Vertretern. Diese hätten die Verhandlungen hinausgezögert und durch die unmotivierte Hereinziehung von *Heinze* noch erschwert, auch seien die Angebote des Herzogs für das Land Thüringen nicht akzeptabel.[1510]

Die Wahlen zum 4. thüringischen Landtag im Januar des Jahres 1927 führten zu einer neuen Regierung,[1511] die die Verhandlungen mit dem Haus Sachsen-Coburg und Gotha fortsetzte. Der RMdI bot im März des Jahres 1927 seine Hilfe für Verhandlungen an, um eine baldige Beendigung der Streitigkeiten zu erreichen,[1512] und Staatssekretär *Zweigert* vom RMdI vermittelte dann zwischen den herzoglichen Vertretern und dem Finanzminister *Toelle* Gespräche. Ein wichtiger Grund für die Fortsetzung der Verhandlungen war der Wunsch, die Auflösungsverfahren über die Fideikommisse des Herzogs, die in Thüringen und Preußen lagen, einheitlich ablaufen zu lassen. Nach Verhandlungen ab Juni des Jahres 1927 wurde im September der Entwurf eines Vertrages über die vermögensrechtliche Auseinandersetzung zwischen Land und Fürstenhaus sowie ein Schlussprotokoll angefertigt.[1513] Der Vertragsinhalt hatte den gescheiterten Kompromissentwurfs des Reichstags über die Fürstenabfindung aus dem Jahre 1926 als Vorbild.[1514] Am **24./25.10.1927** wurden **Auseinander-**

[1506] Schreiben v. 7.7.1926; BayHStA München, Geheimes Staatsarchiv, MA 12268, nicht foliert.
[1507] Jung, S. 286 f.
[1508] Schreiben v. 19.8.1926; ThHStAW, Thür. FinMin. Nr. 7949, Bl. 256r.
[1509] Schreiben v. 6.8.1926; ThHStAW, Thür. FinMin. Nr. 7949, Bl. 257r.
[1510] Schreiben v. 5.11.1926; BayHStA München, Geheimes Staatsarchiv, MA 12268, nicht foliert.
[1511] Einzelheiten bei Patze/Schlesinger/Facius, 5. Bd. 2. Teil, S. 481 ff.
[1512] Schreiben v. 5.3.1927; ThHStAW, Thür. StaatsMin.-Präs.abt. Nr. 248, Bl. 255r-256r.
[1513] Der Vertragsentwurf und das Schlussprotokoll wurden dem Auflösungsamt für die Familiengüter vorgelegt und von diesem gebilligt (ThHStAW, Thür. JustizMin. Nr. 2148, Bl. 216r-228r).
[1514] Knauth, JöR 16 (1928), S. 3, 12.

setzungsvertrag und Schlussprotokoll unterzeichnet und am 1.11.1927 gerichtlich beurkundet. Die Genehmigung des Auflösungsamtes erfolgte am 11.11.1927.[1515] Zur Gültigkeit musste der thüringische Landtag dem Vertrag noch zustimmen, das thüringische Staatsministerium brachte den Vertrag vom 24./25.10.und das Schlussprotokoll vom 1.11.1927 im November des Jahres 1927 in den Landtag ein,[1516] der am 30.11.1927 darüber in erster Lesung beriet. Dort trafen die Kontrahenten der Jahre 1919 und 1925/26 wieder aufeinander. Während *Frölich* (SPD) und *Brill* (SPD); *Tenner* (KPD) und *Krüger* (DDP) den Entwurf z.T. scharf kritisierten, lobten ihn *Witzmann* (DVP), *Heyn* (Landbund) und *v.Bassewitz*[1517] (DNVP). Zum Teil glichen sich die Redebeiträge mit denen aus den Jahren 1925/26 (siehe 3. Kap. II. 3.).[1518] Nach der ersten Lesung ging der Entwurf in den Ausschuss für Gesetzgebung und Verwaltung. Dieser Ausschuss legte im Januar des Jahres 1928 seinen umfangreichen Bericht mit vielen Anlagen vor. Zusätzlich wurde von SPD und DBP noch eine Entschließung eingebracht, die die Regierung beauftragte, bestimmte Forderungen in den Auseinandersetzungen zu vertreten. Der Ausschuss empfahl die Zustimmung zur Regierungsvorlage und zur Entschließung.[1519] Am 26.1.1928 beriet der Landtag erneut. In der Diskussion waren die Redner fast wieder dieselben und wiederholten ihre Standpunkte.[1520] Der Auseinandersetzungsvertrag und das Schlussprotokoll wurden von der Mehrheit angenommen und traten durch das **Gesetz vom 16.1.1928**[1521] in Kraft.

Die Besonderheit am Vertrag vom 24./25.10.1927 war, dass man anstelle einer vermögensrechtlichen Auseinandersetzung im Detail nur eine Verfahrenslösung vereinbart hatte. Die Auseinandersetzung wurde einer Kommission (Auseinandersetzungskommission) übertragen (§ 1), deren Obmann der Staatssekretär im RMdI *Zweigert* war. In die Auseinandersetzungsmasse gehörte das gesamte herzogliche Domänenvermögen und das durch den Vertrag vom 19.7.1905 dem Staat Sachsen-Gotha übereignete Domänenvermögen (§ 2). Das Auseinandersetzungsverfahren, die Ermittlung der Eigentumsverhältnisse, die vorzunehmende Aufteilung u.a. wurden sehr detailliert geregelt. Die Kommission war als Schiedsgericht für bestimmte Streitigkeiten der Parteien zuständig (§ 13). Zur Erhaltung und Ausgestaltung der herzoglichen Sammlungen (darunter Sternwarte und Bibliothek) sollte bei der Auflösung des herzoglichen Vermögens eine Stiftung des

---

[1515] ThHStAW, Thür. JustizMin. Nr. 2149, Bl. 5r-15r, 23r-24v, 35r.
[1516] 4. LT.-Verh. Thür., 1. Abt., Ds. Nr. 143 v. 14.11.1927, S. 149 ff und 165.
[1517] v.Bassewitz war der letzte gothaische Staatsminister.
[1518] 4. LT.-Verh. Thür., 4. Abt., S. 711 ff.
[1519] 4. LT.-Verh. Thür., 2. Abt., Nr. 119 v. 10.1.1928, S. 257-424.
[1520] 4. LT.-Verh. Thür., 4. Abt., S. 1249 ff.
[1521] GS. Thür. 1928, S. 23-31.

herzoglichen Hauses mit dem Namen „Herzog von Sachsen-Coburg und Gotha'sche Stiftung für Kunst und Wissenschaft" errichtet werden (§ 19). Daneben sollte bei der Auflösung des Hausvermögens eine weitere Stiftung mit dem Namen „Stiftung der Herzog von Sachsen-Coburg und Gotha'schen Familie" errichtet werden. Ihr Zweck war, das Fortbestehen der ersten Stiftung zu sichern und den Mitgliedern des herzoglichen Hauses Unterhalt zu gewährleisten (§ 20). Der Auseinandersetzungskommission gehörten neben *Zweigert*, für das Land Thüringen Rechtsanwalt *Heine* und der ehemalige Leiter der gothaischen Landesvermögensverwaltung *Hildebrandt*, für das herzogliche Haus *Seelmann-Eggebert* und *Sachs* an. Zwischen Preußen und Thüringen wurde am 2.2.1928 eine Vereinbarung geschlossen, die regelte, dass die in Preußen liegenden herzoglichen Vermögensteile dem thüringischen Auflösungsrecht unterfielen und somit das gesamte herzogliche Vermögen einheitlich aufgelöst werden konnte.[1522] Das notwendige Auflösungsverfahren für die Fideikommisse endete Mitte Februar des Jahres 1928. Mit dem Familienschluss vom 17.2.1928 erlosch die Gebundenheit des gesamten Vermögens der herzoglichen Familie.[1523] Die Satzungen der beiden Stiftungen wurden am 23.3.1928 durch das Auflösungsamt genehmigt.[1524]

Wer geglaubt hatte, durch den abgeschlossenen Vertrag zu einer baldigen Lösung zu kommen, sah sich gründlich getäuscht. In den nächsten Jahren kam es zu keiner tatsächlichen Vermögensauseinandersetzung. Zur wichtigsten Aufgabe der Auseinandersetzungskommission gehörte es vorerst festzustellen, welche Vermögensbestandteile Staats- oder Privateigentum waren, wenn die Parteien darüber stritten (§ 4 des Vertrages vom 24./25.10.1927). Darüber herrschte von Anfang an Streit zwischen beiden Seiten. Das thüringische Finanzministerium stellte bereits im Juni des Jahres 1928 gegenüber der Kommission fest, dass das gesamte herzogliche Vermögen Staatseigentum sei.[1525] Die herzogliche Seite behauptete jedoch dagegen, dass es sich um Privatvermögen handeln würde.[1526] In weiteren Schreiben blieb jede Seite bei ihrer Ansicht und fügte umfangreiche geschichtliche Darstellungen bei.[1527] (Dieser Schriftwechsel konnte im Thüringischen Hauptstaatsarchiv nicht ge-

---

[1522] **VO v. 10.2.1928** (GS. Thür. 1928, S. 31-32).
[1523] Brandner, S. 161.
[1524] ThHStAW, Thür. JustizMin. Nr. 2150, Bl. 46r-60v und 61r-63v.
[1525] Schreiben v. 8.6.1928; BayHStA München, Geheimes Staatsarchiv, MA 104357, Bl. 66-133.
[1526] Schreiben v. 30.9.1928; BayHStA München, Geheimes Staatsarchiv, MA 104357, Bl. 238-275.
[1527] Schreiben des Thür. FinMin v. 27.12.1928; BayHStA München, Geheimes Staatsarchiv, MA 104357, Bl. 140-213; Schreiben von Voigts v. 15.7.1929; BayHStA München, Geheimes Staatsarchiv, MA 104357, Bl. 1-65.

funden werden.) Die Parteien stritten sich dabei auch über die Auslegung des § 2 Abs. 2 des Vertrages vom 24./25.10.1927, d.h. wie die Auseinandersetzungsmasse abgegrenzt werden sollte. Das Land beantragte deshalb eine Vorabentscheidung der Kommission.[1528] Daneben war die Kommission auch als Schiedsgericht für die Entscheidung in Bezug auf die Pensionslast der ehemaligen herzogliche Hofbeamten angerufen worden, da sich auch darüber bisher keine Einigung erzielen ließ.[1529] Am 4.6.1930 entschied die Auseinandersetzungskommission in beiden Fällen. Hinsichtlich der Auslegung des § 2 Abs. 2 des Vertrages vom 24./25.10.1927 entschied sie, dass für die Auseinandersetzungsmasse alle in § 2 Abs. 2 bezeichneten Grundstücke in Betracht kämen. Ob und inwieweit dies der Fall sei, habe sie unter Berücksichtigung nicht nur des Erwerbs, sondern der Gesamtumstände zu entscheiden. Hinsichtlich der Pensionslast entschied sie, dass der Herzog diese Pensionslasten zu tragen habe.[1530] In der hauptsächlichen Auseinandersetzung war man jedoch immer noch keinen Schritt weiter.[1531] In dieser Zeit versuchte Bayern erfolglos, eigene Ansprüche an den in Thüringen liegenden Vermögensteilen geltend zu machen.[1532] Der Landtag von Thüringen brachte im Jahr 1932 sein Befremden darüber zum Ausdruck, dass immer noch keine vermögensrechtliche Auseinandersetzung zwischen Land und der herzoglichen Familie erzielt worden wäre. Die Regierung sollte bei allen Beteiligten auf sofortige Beendigung hinwirken.[1533] Einen Erfolg brachte die Erklärung jedoch nicht.

Als Zwischenergebnis lässt sich nur feststellen, dass sich das Land und die herzogliche Familie auf den Abschluss eines Vertrages einigen konnten, was auf den ersten Blick als Erfolg erschien. Das gewählte Verfahren – mittels einer Kommission zu einer Lösung zu kommen – erwies sich jedoch als ungeeignet. Nach wie vor stritten sich beide um die Vermögensteile. Ein greifbares Ergebnis schien nach wie vor nicht in Sicht.

6. Die endgültige Einigung am 30. Mai 1934

Bis zum Februar des Jahres 1933 gelang es nicht, sich auf einen Vergleich zu einigen. „*Da erklärte sich schließlich das Herzogliche Haus im März 1933 be-*

1528 Schreiben v. 2.10.1929; BayHStA München, Geheimes Staatsarchiv, MA 104357, Bl. 214-237.

1529 Schreiben des Thür. FinMin. v. 2.10.1929; BayHStA München, Geheimes Staatsarchiv, MA 104357, Bl. 214-237.

1530 ThHStAW, Thür. StaatsMin.-Präs.abt. Nr. 248, Bl. 353r-359r.

1531 Im Jahre 1930 stritten sich beide Seiten auch über eine Unterhaltungspflicht des Herzogs am Theater in Gotha. Die angerufene Kommission wies den Antrag des Landes jedoch zurück; Schiedsspruch vom 21.2.1931; ThHStAW, Thür. FinMin. Nr. 7966, Bl. 373r-376v.

1532 Zu den Einzelheiten siehe BayHStA München, Geheimes Staatsarchiv, MA 104356.

1533 5. LT.-Verh. Thür., 4. Abt., S. 3242 und 3252 f.

reit, die Sache im Vergleichswege zu erledigen, um endlich den jahrelangen Streit beizulegen. Die Parteien traten in unmittelbaren Verhandlungen miteinander.“[1534] In den Akten des Hauptstaatsarchivs Weimar konnten dazu keinerlei Einzelheiten gefunden werden. Diese plötzliche Bereitschaft des Herzogs beruhte nicht auf wirtschaftlichen Gründen, da „*seine finanzielle Lage in dieser allgemein schwierigen Zeit durchaus stabil war*“.[1535] Vieles spricht dafür, dass es durch die Machtübernahme der NSDAP zu einer grundsätzlichen neuen politischen Überlegung seitens des Staates gekommen war. Man wollte sich offenbar möglichst zügig einigen und den in der Öffentlichkeit nach wie vor bekannten innenpolitischen Unruhe- und Konfliktherd beenden. Die Schiedsgerichtsvereinbarung aus dem Vertrag vom 24./25.10.1927 wurde durch das **Gesetz vom 12.1.1934**[1536] aufgehoben. Am 4./7.2.1934 schlossen das Land Thüringen und Herzog *Carl Eduard* einen Nachtragsvertrag, der durch das **Gesetz vom 16.2.1934**[1537] in Kraft trat und den Vertrag aus dem Jahr 1927 änderte. Danach konnten die Parteien auf Beisitzer verzichten, so dass die Auseinandersetzungskommission nur noch aus dem Obmann *Zweigert* bestand (§ 1a des Nachtragsvertrages). In Berlin schloss man dann den **Vergleich vom 30.5.1934**[1538] vor dieser Auseinandersetzungskommission, der den langjährigen Streit beendete.

Die wesentlichen Bestimmungen des Vergleiches vom 30.5.1934 waren:

- Das herzogliche Haus tritt an das Land Thüringen zur Abfindung aller Ansprüche ca. 2.000 ha Waldgrundstücke ab (§ 1).
- Weitere Vereinbarungen über Kostenübernahmen, Verzichte, Beamtenübernahmen, Pensionen u.a.[1539]
- Die Rücknahme der jeweiligen Klagen und eingelegten Rechtsmittel durch beide Seiten (§ 13).[1540]

[1534] Bericht v. 8.2.1938; ThHStAW, Thür. FinMin. Nr. 7934, Bl. 22r.

[1535] Auskunft des Generalbevollmächtigten der Stiftung der Herzog von Sachsen-Coburg und Gotha'schen Familie in seinem Schreiben v. 19.7.2005 an den Autor.

[1536] GS. Thür. 1934, S. 2. Die Ermächtigung dazu beruhte auf dem **Gesetz v. 10.10.1933** (RGBl. I.1933, S. 722-723).

[1537] GS. Thür. 1934, S. 83-84.

[1538] Niederschrift v. 30.5.1934; ThHStAW, Thür. JustizMin. Nr. 2153, Bl. 179r-205r.

[1539] So verzichtete das Land auf Einnahmen aus den Schmalkaldischen Forsten (§ 8) und übernahm die sehr hohen Gebührenkosten des Herzogs gegenüber seinem Prozessvertreter Bretzfeld (§14). In den Jahren 1929 bis 1931 stritten sich Bretzfeld und dann seine Erben mit dem Herzog über die Gebühren. Aufgrund des hohen Streitwertes ergaben sich hohe Anwaltsgebühren, die der Herzog nicht begleichen wollte. Erst nach langen Verhandlungen einigten sich beide auf einen Vergleich. Einzelheiten siehe ThHStAW, Thür. FinMin. Nr. 7952.

[1540] Siehe 3. Kap. II. 1.

Der Vertrag wurde nicht veröffentlicht und in der Öffentlichkeit durfte darüber nicht gesprochen werden.[1541] Das Auflösungsamt für die Familiengüter setzte im Jahr 1935 den Wert der Auflösungsmasse der Fideikommisse auf 15 Mio. Mark fest.[1542]
Der Herzog errichtete am 12.6.1934 zur Sicherstellung der Ansprüche auf Ruhe- und Hinterbliebenenversorgung die „Carl Eduard Pensionsstiftung".[1543] Im Jahr 1937 scheiterte erneut der Versuch des Landes, den Herzog zur Unterhaltung des Theaters in Gotha gerichtlich verurteilen zu lassen. Das Landgericht Weimar wies die Klage ab. Von einer Fortführung des Prozesses nahm das Land dann Abstand.[1544]

7. Ergebnis des Rechtsstreits

Als Ergebnis der Auseinandersetzung erhielt der Staat 2.000 ha Wald – mit denen im Jahre 1905 erhaltenen 16.200 ha (davon 15.700 ha Wald) – besaß er insgesamt 18.200 ha Grundbesitz. Das herzogliche Haus behielt 14.800 ha (davon 14.300 ha Wald). Hinzu kamen noch das Ernst-Albert-Fideikommiß (ca. 4.000 ha), das Lichtenberger-Greinburgische-Fideikommiß (ca. 13.000 ha), die Schmalkaldischen Forsten (ca. 9.000 ha) und das Hausallod.

8. Bemerkungen zum Rechtsstreit des Hauses Sachsen-Coburg und Gotha

Der Kampf des Herzogs *Carl Eduard* gegen das Enteignungsgesetz vom 31.7.1919 war zwar nach fast sechs Jahren durch das Reichsgericht zu seinen Gunsten entschieden worden, bis zu einer endgültigen Vereinbarung sollten aber noch fast acht Jahre vergehen. Für das Land Thüringen war es die längste und teuerste Auseinandersetzung mit einem der ehemaligen Landesherren und im Ergebnis erhielt man von diesem ca. 2.000 ha Wald. Das Haus Sachsen-Coburg und Gotha behielt bis auf diesen Teil sein gesamtes Vermögen, musste aber neben den eigenen familiären Versorgungsleistungen die großen finanziellen Verpflichtungen zur Unterhaltung der Kunstsammlungen und wissenschaftlichen Einrichtungen tragen.

Die nicht zustande gekommene Einigung Anfang der 20-er Jahre liegt zum einen an den Maximalforderungen beider Seiten. Der Staat (das spätere Gebiet) Gotha wollte dem Herzog keinen Waldbesitz im Staatsgebiet einräumen, da man Einnahmequellen zur Finanzierung der ständig steigenden Staatsausgaben benötigte, und ihm nur seine auswärtigen Besitzungen belassen. Die abgeschlossenen Einigungen der anderen thüringischen Staaten, die die fürstlichen

---

[1541] Witzmann, S. 182, Fn. 1.
[1542] Beschluss v. 11.3.1935; ThHStAW, Thür. JustizMin. Nr. 2155, Bl. 18r-31r.
[1543] ThHStAW, Thür. JustizMin. Nr. 2156, Bl. 29r-42r; 43r-78r.
[1544] ThHStAW, Thür. FinMin. Nr. 7966, Bl. 159r-186v, 178r.

Vermögen entweder vollständig oder zum größten Teil erhalten hatten, wollte man in Gotha im Ergebnis auch erreichen. Als Vergleichsangebot eigneten sich dafür besonders die Besitzungen außerhalb von Gotha, da man darauf leicht verzichten konnte. Der Herzog bestand aber gerade auf einem umfangreichen Waldbesitz in seinem ehemaligen Herzogtum. Neben dem historischen Grund – das herzogliche Haus lebte seit Jahrhunderten in Thüringen, hatte das Gebiet und die Geschichte mitgeprägt und war nicht bereit, dieses Gebiet zu verlassen – sollten die Einkünfte des Hauses gesichert werden, gerade wegen der Erfahrungen mit der Inflation. In einer solchen Zeit war die größte Absicherung der Wald- und Grundbesitz und dessen wirtschaftliche Nutzung. Dass ein Vergleich trotz jahrelangen Streits und mehreren Prozessen in dieser Zeit möglich war, zeigt das Beispiel Sachsen-Weimar-Eisenach. Dort einigte man sich im Herbst des Jahres 1921 (siehe 2. Kap. III. 8.) und der Großherzog erhielt neben Entschädigungs- und Rentenzahlungen auch Waldbesitz.

Der andere Grund des Scheiterns ist bei den Beteiligten selbst zu finden. Die vorhandenen persönlichen Animositäten müssen sich auf die Verhandlungen ausgewirkt haben. Das Klima bei den Verhandlungen geht aus Äußerungen von Beteiligten hervor, die, obwohl sie keine Revolutionäre waren, vom herzoglichen Hauptbevollmächtigten *v.Ziller* mit Misstrauen behandelt wurden. Auch aus dem Briefwechsel lassen sich Spannungen entnehmen. Während der Verhandlungen mit den Vertretern des Landes Thüringen und denen des Herzogshauses scheint das Verhältnis besser gewesen zu sein. Vielleicht akzeptierte man die Beamten des Finanzministeriums bereitwilliger als die Beauftragten von Gotha. Der Abschluss des Vertrages im Jahre 1927 zwischen Thüringen und dem herzoglichen Haus brachte keine sofortige Lösung der Probleme. Beide Seiten stritten nach wie vor erbittert um das Vermögen; daher hatte die vereinbarte Auseinandersetzungskommission eine Entscheidung zu fällen, was diese aber in den Jahren 1928 bis 1933 gerade nicht tat. Im Jahre 1934 erfolgte jedoch eine sehr schnelle Einigung der Beteiligten und zwar ohne Mitwirkung der Auseinandersetzungskommission, die vielleicht insgeheim eine solche Lösung erhofft hatte.

Die Schnelligkeit, mit der man die Auseinandersetzung unvermittelt beendete, ist genauso beeindruckend wie die getroffenen Vereinbarungen: Das Land Thüringen (und davor der Staat Gotha) hatten über zehn Jahre lang um einen Grundbesitz von ca. 42.800 ha (davon 36.300 ha Wald) gekämpft und dafür umfangreiche Stellungnahmen und Gutachten anfertigen lassen, um ihren Eigentumsanspruch zu beweisen. Bei allen Verhandlungen der vorangegangen Jahre hatte man versucht, den gesamten Vermögenskomplex oder große Teile davon als Staatseigentum zu sichern. Im Jahr 1934 war das Land Thüringen dann mit der Überweisung von „*nur*“ [1545] 2.000 ha zufrieden. Zu dieser Zeit wurde der durchschnittliche Wert mit 1.500 RM pro ha Waldfläche angesetzt. Somit erhielt das Land einen Grundbesitz im Wert von drei Mio. Mark. Das Haus Sachsen-Coburg und Gotha behielt dagegen fast seinen gesamten Waldbesitz und auch das Hausallod. Dass zur Unterhaltung der dafür errichteten Stiftungen Vermögen bereitgestellt werden musste, ist unbestreitbar. Trotzdem erscheinen 2.000 ha doch als gering im Vergleich zu der Fläche, um die man so lange gekämpft hatte. Es ist nicht auszuschließen, dass die mittlerweile herrschende nationalsozialistische Regierung eine schnellstmögliche Beendigung des Streites um fast jeden Preis erreichen wollte und dafür bereit war, auf viele frühere Forderungen zu verzichten. Die Nichtveröffentlichung des Vertrages spricht für diese Annahme. Gerade die Bevölkerung im ehemaligen Gebiet Gotha hätte diese Vereinbarungen sehr kritisch gesehen. Vermutlich war der politische Aspekt der Bildung und Verfestigung des „Führer- und Volksstaates“ der Grund, der den Staat zur Akzeptanz dieses Vergleiches bewegte.[1546] Zur Erreichung dieses Zieles war die wirtschaftliche Bedeutung u.U. nebensächlich.

In dieser Zeit wurde auch ein Vergleich zwischen dem Land Thüringen und dem Haus Sachsen-Altenburg geschlossen (Einzelheiten 3. Kap. III. 2.), der ebenfalls sehr vorteilhafte Regelungen für das Herzogshaus enthielt. Es erscheint daher möglich, dass mit der Machtübernahme durch die Nationalsozialisten alle Streitigkeiten mit den ehemaligen Landesherren schnell beendet werden sollten und mussten. Weitere langjährige Diskussionen und Verhandlungen über dieses Thema wollte man nicht zulassen. Mit Ausnahme des Streites um die Kosten der Theaterunterhaltung im Jahre 1937 ergeben sich aus den Akten keine weiteren Probleme oder Nachverhandlungen zwischen Land und dem Haus Sachsen-Coburg und Gotha.

Eine abschließende Bewertung dieser speziellen Auseinandersetzungen ist aufgrund der Vielschichtigkeit, des langen Zeitraums und der politischen Zeitumstände fast nicht möglich. Beide Seiten tragen für die jahrelange ergebnislose Auseinandersetzung die Verantwortung. Ob einer Seite eine überwiegende Schuld gegeben werden könnte, ist nicht mehr eindeutig feststellbar. Von einem Aufeinanderzugehen der beiden Seiten oder einem Verständnis für die Position der jeweils anderen Seite ist bis zum Jahre 1933 nichts zu spüren. Es scheint auch nicht ausgeschlossen, dass ohne die politi-

---

[1545] Das Wort „*nur*“ hat der Bearbeiter des Berichtes v. 8.2.1938 (zum Hintergrund dieses Berichtes siehe 3. Kap. V. 2.) ausdrücklich erwähnt; ThHStAW, Thür. FinMin. Nr. 7934, Bl. 24r.

[1546] Ansicht des Generalbevollmächtigten der Stiftung der Herzog von Sachsen-Coburg und Gotha'schen Familie in seinem Schreiben v. 19.7.2005 an den Autor.

sche Veränderung im Jahre 1933 sich die Verhandlungen noch weitere Jahre hingezogen hätten. Für das herzogliche Haus hatte sich der jahrelange Kampf ausgezahlt, die entstandenen Kosten dürften im Verhältnis zum Erreichten jedoch als sehr hoch zu veranschlagen gewesen sein.

III. Anfechtungsprozesse mit dem Häusern Schwarzburg und Sachsen-Altenburg

1. Schwarzburg

Die Rudolstädter und Sondershäuser Domänen wurden gemäß den beiden zwischen dem Für-sten *Günther von Schwarzburg-Rudolstadt* und den Staaten Schwarzburg-Rudolstadt und Schwarzburg-Sondershausen im Jahre 1918 abgeschlossenen Vereinbarungen dem Staat übereignet und in den Grundbüchern umgeschrieben. Die Mitglieder des Hauses Schwarzburg erhielten ihre Nießbrauch-, Nutzungs- und Wohnrechte sowie ihre Rentenzahlungen. Das Rudolstädter Domänenvermögen wurde zum Teil Eigentum des Staates Schwarzburg-Rudolstadt, zum Teil der Güntherstiftung für die Oberherrschaft und zum Teil der Güntherstiftung für die Unterherrschaft. Das Sondershäuser Domänenvermögen ging vollständig in das Eigentum des Staates über (siehe dazu 2. Kap. III. 1. und 3.).

Von allen ehemaligen thüringischen Herrscherhäusern führte das Haus Schwarzburg die meisten Prozesse, zuerst gegen die beiden neu gebildeten Staaten Schwarzburg-Rudolstadt und Schwarzburg-Sondershausen und dann gegen das Land Thüringen als Rechtsnachfolger. Die Ursache für die Prozessfülle lag zum einen in dem Versuch eines Familienmitgliedes, seine Rechte gegen die beiden Staaten und den Fürsten *Günther* geltend zu machen. Zum anderen griff der Fürst selbst die beiden Vereinbarungen an. Die Situation komplizierte sich außerdem wegen der unterschiedlichen Gerichtszuständigkeiten (Landgericht Rudolstadt und OLG Jena, für Sondershausen das Landgericht Erfurt und OLG Naumburg). Daneben fanden weitere Prozesse u.a. wegen der angestrebten Aufwertung der staatlichen Rentenzahlungen statt. Nach seinem Tod führte seine Witwe Fürstin *Anna Luise von Schwarzburg-Rudolstadt* diese Prozesse weiter. Der Vollständigkeit halber werden auch zusätzliche Vereinbarungen und Aufwertungen zugunsten von zwei weiteren Mitgliedern des Hauses Schwarzburg kurz erwähnt.

Die Prozesse hatten das Ziel, die getroffenen Vereinbarungen gerichtlich aufheben zu lassen und das Domänenvermögen zurückzuerhalten; daher unterschieden sich diese Rechtsstreite von denen der Häuser Sachsen-Meiningen und Sachsen-Weimar-Eisenach, obwohl auch hier ein Aufwertungsbegehren hinzukam.

a) Die Prozesse des Prinzen *Sizzo zu Schwarzburg*

Aufgrund der vermögensrechtlichen Auseinandersetzung zwischen dem Staat Schwarzburg-Rudolstadt und Fürst *Günther von Schwarzburg-Rudolstadt* erhielt Prinz *Sizzo zu Schwarzburg* eine jährliche Rente von 18.000 Mark (Art. 5 des Gesetzes vom 22.11.1918[1547]). Das Angebot einer einmaligen Ablösungssumme von 360.000 Mark hatte er abgelehnt. Aus der Auseinandersetzung zwischen Fürst *Günther* und dem Staat Schwarzburg-Sondershausen erhielt er nichts. Seine Forderungen und Rechtsansichten zu den beiden Vereinbarungen hatten die jeweiligen Landtage abgelehnt.[1548]

Da Prinz *Sizzo* damit nach wie vor nicht einverstanden war, wählte er den Rechtsweg, um seine vermeintlichen Ansprüche durchzusetzen. Im April des Jahres 1920 verklagte er vor dem Landgericht Rudolstadt den Freistaat Schwarzburg-Rudolstadt, Fürst *Günther* und die Güntherstiftung für die Unterherrschaft.[1549] Kurz darauf verklagte er auch den Freistaat Schwarzburg-Sondershausen und Fürst *Günther* vor dem Landgericht Erfurt.[1550] In beiden Klagen versuchte er jeweils feststellen zu lassen, dass ein bestimmtes Schloss noch fideikommissarisches Eigentum des Hauses Schwarzburg sei und nach dem Tod von Fürst *Günther* dem Prinzen *Sizzo* oder seinen Nachkommen zuzufallen habe. Hilfsweise verlangte er jeweils eine Entschädigung von 100.000 Mark. Die beiden Vereinbarungen aus dem Jahre 1918 seien ungültig, weil seine Zustimmung als Agnat nicht eingeholt worden sei. Die Entschädigungsforderungen beruhten auf dem Verlust seiner Ansprüche am schwarzburgischen Hausfideikommissvermögen. Da die Gebiete Schwarzburg-Rudolstadt und Schwarzburg-Sondershausen schon die Zulässigkeit des Rechtsweges bestritten, musste er bei beiden Klagen in drei Instanzen prozessieren, ehe das Reichsgericht den Zivilrechtsweg für beide Klagen bestätigte.[1551] In der Sache selbst unterlag Prinz *Sizzo* aber in beiden Klagen vollständig (in den Jahren 1924 und 1926 wies das Reichsgericht seine beiden Revisionen zurück).[1552] Es ging einzig und allein darum, ob er – als Fürst *Günther* über die beiden Domänenvermögen im Jahre 1918 verfügte – ein Agnat des schwarzburgischen Fürstenhauses war oder nicht. Die Gerichte verneinten eine derartige Stellung jedoch.[1553] Mittlerweile musste das Land Thüringen als Rechtsnachfolger der beiden Gebiete diese Prozesse fortführen. Es gab zwar

---

1547 GS. S.-R. 1918, S. 78-83.

1548 Siehe 2. Kap. III. 1. a) und 3. a).

1549 Klage v. 16.4.1920, ThHStAW, Thür. FinMin. Nr. 7982, Bl. 28r-48v.

1550 Klage v. 19.4.1920, ThHStAW, Thür. FinMin. Nr. 8002, Bl. 3r-20v.

1551 RGZ 109, 11 ff.

1552 Siehe dazu Bornhak, DJZ 32 (1927), Sp. 1140 ff.

1553 Zu den Prozessen insgesamt 4. LT.-Verh. Thür., 1. Abt. Nr. 262 v. 11.9.1928, S. 431 ff und ThHStAW, Thür. FinMin. Nr. 7986, 8003 und 8004.

auch Versuche, sich gütlich zu einigen, aber das thüringische Staatsministerium lehnte Prinz *Sizzos* Wunsch auf Rückübertragung von staatlichem Grundbesitz an ihn ab.[1554] Man hoffte auf einen gerichtlichen Erfolg.

In Vorbereitung auf seine beiden Prozesse hatte Prinz *Sizzo* seit dem Frühjahr des Jahres 1919 Kontakt zu dem Justitiar *Zeyß* des Herzogs von Sachsen-Coburg und Gotha aufgenommen und von diesem auch Unterstützung für seine behaupteten Agnatenstellung erhalten. Ihr Briefwechsel befindet sich in zwei Akten des Thüringischen Staatsarchivs Rudolstadt. Es handelt sich dabei um den privaten Schriftverkehr von *Zeyß*.[1555] In seinem Schreiben Anfang August des Jahres 1919 informierte *Zeyß* einen Rechtsanwalt des Prinzen über gefundene Nachweise einer Anerkennung der Agnatenstellung des Prinzen *Sizzo* durch Fürst *Günther*: Das ergebe sich aus Dankesschreiben des Fürsten an andere Fürstenhäuser, die diese anlässlich der Vermählung des Prinzen und der Geburt seiner Kinder ihm gesandt hatten. *Zeyß* bat aber um vertrauliche Behandlung, da er sich Abschriften davon von einem gothaer Beamten hatte machen lassen, der dazu nicht befugt war.[1556] Die Gerichte werteten jedoch diese Schreiben lediglich als Höflichkeitsakte, aus denen sich für die Agnatenstellung des Prinzen nichts herleiten ließe. Gleiches gelte für die Verleihung seines Titels im Jahre 1896 und seine Apanagezahlung durch den Fürsten. Die Stellung von Prinz *Sizzo* sei seit dem Jahre 1896 nur ein Anwartschaftsrecht auf die Thronfolge gewesen, das mit der Staatsumwälzung im Jahre 1918 entfiel.[1557]

Im Herbst des Jahres 1921 bemühte sich Fürst *Günther*, obwohl er von Prinz *Sizzo* verklagt worden war, um eine Entkrampfung des seit Jahrzehnten gespannten Verhältnisses. Er bot diesem an, den Sohn des Prinzen zu adoptieren. Das lehnte Prinz *Sizzo* ab, was den Fürsten noch mehr verärgerte.[1558] Der Prinz versuchte dagegen, die Anerkennung als Agnat durch den Für-sten zu erreichen. Bei einem Treffen im Mai des Jahres 1922 zwischen *Zeyß* – als Beauftragter des Prinzen – und dem Hofmarschall *v.Halem*[1559] (der seit einem Jahr die Leitung der Vermögensverwaltung innehatte), wurde dieser Wunsch

---

[1554] Beschluss v. 10.7.1923; ThHStAW, Thür. StaatsMin.-Präs.abt. Nr. 248, Bl. 123r.

[1555] Wie diese Briefe in das Archiv gelangt sind, ist heute nicht mehr festzustellen. Da die Archivakten mit alten Behördennummern versehen sind, kann man davon ausgehen, dass sich der Schriftwechsel seit Ende der 20-er Jahre des 20. Jahrhunderts in Rudolstadt befindet.

[1556] Schreiben v. 1.8.1919, ThStA Rudolstadt, Ministerium Rudolstadt, Staatsministerium Nr. 1367, nicht foliert.

[1557] Gutachten des OLG Jena v. 6.12.1928, ThHStAW, Thür. FinMin. Nr. 7984, Bl. 1r-10r.

[1558] v.Halem, S. 8; ein Exemplar befindet sich im ThHStAW, Thür. FinMin. Nr. 7985, Bl. 51r-56v.

[1559] 1871-1932; (Sein Sohn Nikolaus Christoph v.Halem wurde im Jahre 1944 als Widerstandskämpfer hingerichtet, v.Westphalen, S. 141 f).

und ein entsprechender Vertragsentwurf besprochen.[1560] Als *v.Halem* auf die geänderte rechtliche Situation in Thüringen hinwies, die einen derartigen Vertrag ausschließen würde,[1561] entgegnete *Zeyß*, dass *„die entsprechende Urkunde unbedenklich einige Wochen zurückdatiert werden könne."* (Für einen Juristen eine merkwürdige Einstellung). Die Reaktion *v.Halems* auf diesen Vorschlag erwähnt er aber nicht. *Zeyß* bewertete seine Mission als völlig gescheitert, da der Vertragsentwurf abgelehnt worden war, erwähnte aber die *„gute Stimmung"* der Zusammenkunft, da der Hofmarschall nichts gegen Prinz *Sizzo* haben würde. Weder *Zeyß* noch Prinz *Sizzo* wussten, dass Fürst *Günther* bereits im Februar des Jahres 1922 bestimmte Maßnahmen getroffen hatte, die im Fall seines Todes die Stellung von Prinz *Sizzo* völlig veränderten.[1562] Da *v.Halem* an diesen mitbeteiligt war, konnte er sich die Vorschläge anhören mit dem Wissen, dass längst andere Regelungen galten.

Die mittlerweile herrschende Inflation betraf auch die Rente von Prinz *Sizzo*. Auf dem Höhepunkt der Inflation im Oktober des Jahres 1923 zahlte das Land Thüringen nichts mehr.[1563] Im Jahre 1924 versuchte er, eine vollständige Aufwertung zu erreichen, denn finanziell ging es ihm – auch wegen der hohen Prozesskosten – sehr schlecht. Thüringen lehnte das jedoch ab[1564] und zahlte ohne Anerkennung einer Rechtspflicht 6.000 Goldmark als Vorschuss auf eine künftige Vereinbarung.[1565] Er versuchte noch mehrmals, eine höhere Aufwertung zu bekommen – das Land bot ihm aber nur eine 50 % Aufwertung seiner Rente an, wenn er auf alle anderen Ansprüche verzichtete,[1566] was der Prinz ablehnte.[1567] Thüringen ließ sich aber zu keinen höheren Angeboten umstimmen. Erst im Jahre 1930 (vier Jahre nach dem Tod des Prinzen) erfolgte durch einen Schiedsspruch eine endgültige Aufwertung der staatlichen Rente für seine Erben.[1568]

[1560] Schreiben v. Zeyß an Prinz Sizzo v. 27.5.1922; ThStA Rudolstadt, Ministerium Rudolstadt, Staatsministerium Nr. 1367, nicht foliert.

[1561] Durch das **Gesetz v. 6.5.1922** (GS. Thür. 1922, S. 138-143), die **PolizeiVO v. 9.5.1922** (GS. Thür. 1922, S. 143-144) und die **VO v. 9.5.1922** (GS. Thür. 1922, S. 144-145) waren in Thüringen die Standesrechte des Adels aufgehoben worden – insbesondere das Recht zur Hausgesetzgebung.

[1562] Näheres dazu gleich unter b).

[1563] Schreiben der Rechtsanwälte von Prinz Sizzo v. 4.7.1924; ThHStAW, Thür. FinMin. Nr. 7993, Bl. 39r-40r.

[1564] Beschluss v. 17.6.1924; ThHStAW, Thür. StaatsMin.-Präs.abt. Nr. 248, Bl. 171r.

[1565] Beschluss v. 18.11.1924; ThHStAW, Thür. StaatsMin.-Präs.abt. Nr. 248, Bl. 196r.

[1566] Schreiben v. 28.3.1925; ThHStAW, Thür. FinMin. Nr. 7993, Bl. 76r.

[1567] Schreiben v. 5.7.1925; ThHStAW, Thür. FinMin. Nr. 7993, Bl. 79r.

[1568] Einzelheiten unter b).

Im Ergebnis scheiterte Prinz *Sizzo* vollständig mit seinem Versuch. Er verlor seine Prozesse, überlebte Fürst *Günther* nur um elf Monate und wurde nie Chef des Hauses Schwarzburg. Sein jahrelanger Kampf (wenn man anders rechnet: jahrzehntelanger Kampf) war vergeblich und lässt ihn fast tragisch erscheinen. Hätte er das Angebot des Fürsten auf Adoption seines Sohnes angenommen, so hätte seine Familie später bedeutend mehr vom Staat bekommen. Da er aber glaubte, eines Tages die ihm zugedachte Funktion ausüben zu können, verwarf er diese Möglichkeit – er wollte Nachfolger von Fürst *Günther* werden. Zu einer Verständigung zwischen beiden und später mit der Fürstin-Witwe *Anna Luise* ist es nie gekommen.

Für das Land Thüringen war es eine der ganz wenigen erfolgreichen Rechtsstreitigkeiten.

b) Die Rechtsstreitigkeiten des Fürsten *Günther von Schwarzburg-Rudolstadt*

Fürst Günther erhielt aus der Auseinandersetzung mit dem Staat Schwarzburg-Rudolstadt 150.000 Mark als jährliche Rente neben weiteren Nießbrauch- und Besitzrechten (Art. 2 des Gesetzes vom 22.11.1918). Aus der sondershäuser Vereinbarung bekam er eine jährliche Rente von 210.000 Mark (§ 4 des Vertrages vom 5./20.12.1918). Zum Zeitpunkt der beiden Vereinbarungen betrug der Wert dieser Summe von 360.000 Mark nach dem Dollarkurs nur noch die Hälfte ihres Nennwertes.[1569] Die einsetzende Inflation verringerte den Wert derart, dass der Fürst schon bald begann, Kunstgegenstände zu veräußern – von diesen Verkäufen erfuhr man aber erst später.[1570] Die Bitte des Fürsten nach finanzieller Unterstützung wurde im Jahre 1920 vom Land Thüringen abgelehnt.[1571] Obwohl sich der Wert der Rentenzahlungen im Jahre 1922 immer weiter verringerte, war der Staat nicht bereit, dem Fürsten mehr zu zahlen. Dieses Verhalten muss ihn sehr getroffen haben und war wohl auch eine Ursache seiner folgenden Schritte.

Im Februar des Jahres 1922 traf er Maßnahmen, die nach seinem Tod bedeutende Auswirkungen hatten: Er löste als einziger stimmberechtigter Agnat des

---

[1569] Thür. FinMin. an den RMdI v. 11.1.1926, "Die Entwicklung und der gegenwärtige Stand der Auseinandersetzungen zwischen den ehemaligen Thüringischen Staaten und den dort früher regierenden Landesherren."; ThHStAW, Landtag v. Thür. Nr. 32/4, Bl. 8r u. 9r [= S. 17, 19 des Manuskriptes].

[1570] Das Gebiet Sondershausen erreichte den Erlass einer einstweiligen Verfügung zum Verbot von Veräußerungen aus den Schlössern Gehren und Sondershausen. Bei der Verhandlung ergab sich dann, dass vier Gobelins und 15 Ölgemälde (darunter sieben Holbeins), goldene Becher u.a. veräußert worden waren. Eine endgültige gerichtliche Entscheidung blieb bis zum Jahre 1928 aus. ThHStAW, Thür. FinMin. Nr. 8005, Bl. 159r u. 225r.

[1571] v.Halem, S. 3.

Hauses Schwarzburg die von der Familie gebildete Körperschaft auf und übertrug das Vermögen am 11.2.1922 auf die Für-stin *Anna Luise von Schwarzburg-Rudolstadt.*[1572] Am 12.2.1922 übertrug die Fürstin das Vermögen wieder auf den Fürsten.[1573] Diese Auflösung der Familienkörperschaft führte dazu, dass die agnatischen Anwartschaftsrechte von Prinz *Sizzo* endgültig entfielen. Dieser konnte wegen der Auflösung nicht mehr die Führung des Familienverbandes übernehmen. Da er kein Agnat war, bedurfte die Auflösung auch nicht seiner Zustimmung und zu diesem Zeitpunkt lag auch kein Vertrag zwischen beiden vor, der den Fürsten gebunden hätte. Der Fürst konnte diese Erklärungen zum Familienverband treffen, da Thüringen erst im Mai des Jahres 1922 durch das Gesetz vom 6.5.1922 und die beiden Verordnungen die Vorrechte des Adels beseitigte. Gleichzeitig setzte er seine Frau testamentarisch als Alleinerbin ein. Für den Fall seines Todes hatten sich die Nachfolge und die Vermögenssituation zum Nachteil des Prinzen *Sizzo* völlig verändert.

Durch die immer schlechter werdende wirtschaftliche Situation des Fürsten, der die ihm obliegenden Kosten fast nicht mehr erfüllen konnte, und die Weigerung des Staates, Hilfe zu leisten, überlegte man im Haus Schwarzburg, welche Schritte zur Abhilfe unternommen werden konnten. Der Idealfall wäre, dass man die Vereinbarungen des Jahres 1918 für ungültig erklären könnte, da dann der Fürst die Rückübertragung des gesamten Domänenvermögens hätte verlangen können. Die wirtschaftliche Bedeutung von Grund- und Waldbesitz war während der Inflation besonders deutlich geworden. Hinzu kam wohl die Angst, dass sich der Staat seinen Verpflichtungen mit immer wertloserem Geld entziehen wollte. Eine maßgebliche Rolle spielte bei diesen Überlegungen der Leiter der fürstlichen Vermögensverwaltung *v.Halem*. Er beauftragte die Professoren *Krückmann* und *Bredt* sowie den Oberregierungsrat im thüringischen Landesfinanzamt *Liebmann* mit der Erstellung von Gutachten zur Rechtslage. *Krückmann* wurde in den nächsten Jahren der Hauptgutachter des Hauses Schwarzburg. Er legte im Februar des Jahres 1922 sein erstes Gutachten vor. Für ihn waren der Vertrag vom 5./20.12.1918 (Schwarzburg-Sondershausen) und die Gesetze vom 22.11.1918 (Schwarzburg-Rudolstadt) wegen Nichteinhaltung der Vorschrift des § 313 Satz 1 BGB nichtig, da die notarielle Beurkundung fehlen würde. Auch eine Anfechtung aufgrund einer arglistigen Täuschung des Fürsten und eine Sittenwidrigkeit nach § 138 Abs. 1 BGB kämen in Betracht. Man habe rücksichtslos die Not- und Zwangslage des Fürsten sowie dessen verringerte Widerstandskraft ausgenutzt und sich *„mit roher Gewalt durchgesetzt*". Er kam zum Ergebnis, Fürst *Günther* wäre Eigentümer der

---

[1572] Notarielle Protokolle v. 10. u. 11.2.1922, abgedruckt 4. LT.-Verh. Thür., 1. Abt., Ds. Nr. 262 v. 11.9.1928, S. 446 f.

[1573] Notarielles Protokoll v. 12.2.1922, abgedruckt 4. LT.-Verh. Thür., 1. Abt., Ds. Nr. 262 v. 11.9.1928, S. 447.

beiden Domänenvermögen und der Zivilrechtsweg sei zur Durchsetzung der Ansprüche gegeben.[1574] Die Ausführungen von *Krückmann* sind von einem recht scharfen Ton geprägt. In seinem im April des Jahres 1922 erschienenen Gutachten[1575] folgte *Bredt* den Ansichten *Krückmanns* uneingeschränkt. Für ihn lag sogar ein Verstoß gegen die Reichsverfassung vor, da keine angemessene Entschädigung gegeben wurde. Der zuständige Beamte im thüringischen Finanzministerium *Rinck* vermerkte im Gutachten zutreffend, dass die Verfassung erst im August des Jahres 1919 beschlossen wurde und die angegriffenen Vereinbarungen noch aus dem Jahre 1918 stammten.

Das Gutachten von *Krückmann* enthielt die zahlreichen Gründe, die der fürstlichen Seite geeignet erschienen, um damit jetzt gegen die beiden Gebiete vorzugehen. In seinem Schreiben vom 1.3.1922 legte *v.Halem* der Gebietsregierung von Schwarzburg-Rudolstadt die Rechtslage aus Sicht des Fürsten dar (die auf den Argumenten von *Krückmann* beruhte) und verlangte die Rückerstattung aller beweglichen und unbeweglichen Vermögenswerte.[1576] Auf die Antwort der Gebietsregierung, selbst ein Gutachten einholen und sich danach melden zu wollen,[1577] reagierte *v.Halem* ablehnend, dass man nur dann mit der Klageerhebung warten würde, wenn die Gebietsregierung seine Forderungen vorbehaltlos annehmen würde. Als Frist bestimmte er eine Woche.[1578] Ebenfalls am 1.3.1922 schrieb er an die Güntherstiftung für die Unterherrschaft des Gebietes Schwarzburg-Rudolstadt und verlangte mit denselben Gründen die Herausgabe des Vermögens sowie die Mithilfe bei der Grundbuchumschreibung.[1579] Die Stiftung lehnte jedoch sofort eine Anerkennung des Anspruchs ab.[1580] Auch die Gebietsregierung von Schwarzburg-Sondershausen erhielt am 1.3.1922 ein Schreiben gleichen Inhalts.[1581] Da die Schreiben keinen Erfolg brachten, erhob Fürst *Günther* im Mai des Jahres 1922 zur Wiedererlangung der Rudolstädter und Sondershäuser Domänenvermögen vier Klagen, in denen er aus Kostengründen nur jeweils ein bestimmtes Grundstück zurückforderte.

[1574] Krückmann, Rechtsgutachten, S. 6, 12 ff, 38 f 42 ff. Ein Exemplar befindet sich im ThHStAW, Thür. FinMin. Nr. 7984, Bl. 61r-84v.

[1575] Bredt, Gutachten, S. 18 f. Ein Exemplar befindet sich im ThHStAW, Thür. FinMin. Nr. 7984, Bl. 34r-48v. Auch Liebmann hielt die rudolstädter Gesetze vom 22.11.1918 für ungültig aufgrund eines Verstoßes gegen die Reichsverfassung (Liebmann, Schwarzburg-Rudolstadt, S. 15 f. Ein Exemplar befindet sich im ThHStAW, Thür. FinMin. Nr. 7984, Bl. 50r-60r.)

[1576] ThHStAW, Thür. FinMin. Nr. 7987, Bl. 1r-2r.

[1577] Schreiben v. 30.3.1922, ThHStAW, Thür. FinMin. Nr. 7987, Bl. 4v.

[1578] Schreiben v. 11.4.1922; ThHStAW, Thür. FinMin. Nr. 7987, Bl. 5r.

[1579] ThHStAW, Thür. FinMin. Nr. 7982, Bl. 87r; (Auch gegenüber der Güntherstiftung für die Oberherrschaft erfolgte ein Herausgabeverlangen; 4. LT.-Verh. Thür., 1. Abt., Ds. 262 v. 11.9.1928, S. 433).

[1580] Schreiben v. 23.3.1922; ThHStAW, Thür. FinMin. Nr. 7982, Bl. 87v.

[1581] ThHStAW, Thür. FinMin. Nr. 8005, Bl. 9r.

Zwei Klagen betrafen Grundstücke im Gebiet Sondershausen („Fuchsleite" und „Fürstenberg") und zwei („Forsthaus Leutenberg" und „Jägerhof") im Gebiet Rudolstadt. Beide Gebietsregierungen beauftragten den bekannten Berater des Landes Thüringens *Heine* mit der Erstellung von Gutachten zur Rechtslage. Er legte diese im Juni des Jahres 1922 vor, hielt den Zivilrechtsweg für ausgeschlossen und verneinte die Ansichten von *Krückmann.*[1582] Gestützt darauf machten die Gebiete die Unzulässigkeit des Rechtswegs geltend und Fürst *Günther* musste nun bei allen Prozessen den Instanzenweg nehmen, ehe das Reichsgericht für alle Klagen den Zivilrechtsweg für zulässig erklärte.[1583] Zum Prozessverlauf insgesamt siehe die Aufstellungen in den Verhandlungen des Landtags von Thüringen im Jahr 1928.[1584]

Im Juli des Jahres 1922 kam es zu einer Besprechung im thüringischen Finanzministerium zwischen dem Staatsministerium und einigen Gebietsleitern über die Abfindungs- und Auseinandersetzungsverträge mit den früheren Fürstenhäusern, wobei es um die fortschreitende Geldentwertung, den Wunsch von einigen früheren Landesherren nach Übernahme von Pensionsverpflichtungen und die Prozesse des Hauses Schwarzburg ging. Als Ergebnis wollte man weiterhin mit der Unzulässigkeit des Rechtswegs argumentieren und gestattete den Gebietsleitern „*unverbindliche*" Gespräche mit früheren Landesherren, für die Gültigkeit von neuen Vereinbarungen wäre aber die Zustimmung des Staatsministeriums notwendig. Beim Reich wollte das Staatsministerium noch einmal einen Antrag zu einer reichsgesetzlichen Regelung der Auseinandersetzung stellen (siehe 3. Kap. II. 2.).[1585] Für das Land Thüringen wurde die finanzielle Situation immer bedrohlicher, allen war bewusst, dass eine Zahlung mit Inflationsgeld nicht als gerecht empfunden werden konnte. Es bestand jetzt die Gefahr, dass die anderen Fürstenhäuser die abgeschlossenen Verträge auch anfechten würden.

V.Halem versuchte im Oktober des Jahres 1922 erfolglos, Hilfe für den Abschluss eines Vergleiches beim RMdI zu erhalten.[1586] In dieser Zeit erschien auch das zweite Gutachten von *Krückmann*, das sich mit den Klageerwiderungen der beiden Gebietsregierungen beschäftigte. Diese hatten Teile der Gutachten von *Heine* verwendet. *Krückmann* vermutete zu Recht dessen Urheberschaft und kritisierte dessen Ansichten. Er übte aber scharfe Kritik an dem

---

1582 Gutachten für die Gebietsregierung Rudolstadt v. 20.6.1922; ThHStAW, Thür. FinMin. Nr. 7987, Bl. 30r-39r und Gutachten für die Gebietsregierung Sondershausen v. 30.6.1922; ThHStAW, Thür. FinMin. Nr. 8005, Bl. 106r-119r. Siehe auch sein Gutachten zu den Gutachten von Krückmann, Bredt und Liebmann; ThHStAW, Thür. FinMin. Nr. 7984, Bl. 170r-181r.

1583 Z.B. RGZ 109, 9 ff.

1584 4. LT.-Verh. Thür., 1. Abt., Ds. 262 v. 11.9.1928, S. 433 ff.

1585 Protokoll v. 12.7.1922; ThHStAW, Thür. FinMin. Nr. 7928, Bl. 34r-37r.

1586 Jung, S. 365, Fn. 19.

ehemaligen Staatsminister *v.d.Recke* und dem Mitglied der Staatsregierung des Fürstentums Schwarzburg-Sondershausen *Bauer.*[1587] Beide waren maßgeblich an der Ausarbeitung der jeweiligen Aus-einandersetzungsvereinbarungen beteiligt gewesen. *Krückmann* warf beiden vor, die *„hülflose Lage"* des Fürsten in *„rücksichtsloser Weise missbraucht"* zu haben und erneuerte seine Ausführungen über die Zwangsausübung gegenüber dem Fürsten. Diese Vorwürfe standen im Widerspruch zu den Darstellungen in den jeweiligen gedruckten Landtagsverhandlungen des Jahres 1918 und mussten den Protest der Gebiete herausfordern. Auch die Beteiligten selbst hatten andere Erinnerungen an die Abläufe, so z.B. erhielt *Bauer* nämlich im Januar des Jahres 1919 Briefe des Fürsten und der Fürstin, in denen sich beide für seine Hilfe beim Abschluss des sondershäuser Vertrages nachdrücklich bedankten und ihm als Anerkennung Fotos von sich übersandten.[1588] In Kenntnis dieser Schreiben und der Landtagsverhandlungen muteten die Darstellungen von *Krückmann* schon merkwürdig an.[1589] Der ehemalige Staatsminister *v.d.Recke* schrieb Ende Oktober des Jahres 1922 (ein halbes Jahr vor seinem Tod) wegen der Vorwürfe gegen ihn einen sehr persönlich gehaltenen Brief an den Fürsten *Günther.* Darin versicherte er seine nach wie vor bestehende Treue zum Fürsten. Seine Versuche im Jahre 1918, des Fürsten Eigentum an den Schlössern zu sichern, seien damals nicht akzeptiert worden. Im Landtag sei ihm, als er zu den Vorschlägen meinte, diese würden nicht ausreichen (die der Fürst dann jedoch akzeptierte), von den Sozialdemokraten zugerufen worden: *„Wenn der Fürst das nicht annimmt, ziehen die Sitzendörfer nach Schwarzburg und zwingen ihn dazu und rauben das Schloß aus.*"[1590] Eine Reaktion des Fürsten auf diesen Brief ist nicht bekannt. Die Bemerkung *v.d.Recke* über die ihm zugerufene Drohung wurde von der fürstlichen Seite später benutzt, um die Zwangslage des Fürsten zu untermauern.

Während sich die Prozesse hinzogen und die Rechtswegfrage immer noch nicht rechtskräftig entschieden war, strebte *v.Halem* mit dem mittlerweile gebildeten Staat Thüringen einen Vergleich an. Dazu kam, dass die fortschreitende Inflation den Geldwert immer weiter zusammenschmelzen ließ, so dass man auch über die Erhöhung von Zahlungen an die anderen Familienmitglieder des Hauses Schwarzburg verhandeln wollte (zu diesem Zeitpunkt

---

[1587] Krückmann, Zweites Gutachten, S. 4, 7, 19 f. Ein Exemplar befindet sich im ThHStAW, Thür. FinMin. Nr. 7984, Bl. 11r-32v.

[1588] ThHStAW, Thür. FinMin. Nr. 7985, Bl. 87r-99r.

[1589] Heine äußerte sich gegenüber der Gebietsregierung Sondershausen kurz über Krückmanns zweites Werk: *„Ich habe auch nicht die Absicht, mich mit diesem Herren, dessen Ausführungen von einer lächerlichen und geistlosen Unverschämtheit nach Inhalt und Form sprechen, in Erörterungen einzulassen.*" (ThHStAW, Thür. FinMin. Nr. 8005, Bl. 218r.).

[1590] Schreiben v. 23.10.1922; THStA Rudolstadt, Thür. Staatsanwaltschaft beim Thür. Landgericht Rudolstadt Nr. 601, nicht foliert.

hatte die jährliche Rente des Fürsten von 360.000 Mark einen Wert von 12 Dollar). In seinem Vorschlag vom 1.5.1923 verlangte *v.Halem* für den Fürsten u.a. das Schloss Schwarzburg, die Übernahme der Kosten für Instandhaltung und Betrieb von jährlich drei Mio. Mark, zwei Oberförstereien als Eigentum des Fürsten, eine weitere Oberförsterei im Gebiet Sondershausen, ein lebenslanger Nießbrauch des fürstlichen Ehepaares am Schloss Sondershausen nebst Zubehör. Alle Mobilien der Schlösser Schwarzburg, Rudolstadt, Rathsfeld, Sondershausen und Gehren sollten freies Eigentum des Fürsten werden. Ferner sollten 600 Mio. Mark als jährliche Rentenzahlungen an die Mitglieder des Hauses Schwarzburg gezahlt werden sowie alle Pensionsverpflichtungen und sämtlicher Prozesskosten durch den Staat übernommen werden. Seinen Vorschlag beendete *v.Halem* mit den Worten: *„Ich bin mir bewußt, daß bei Abschluß dieses Vertrages der Fürst unermessliche Werte aufgibt und sehr viel weniger erhält, als das worauf er Anspruch hat...es soll Ruhe und Zufriedenheit einkehren nicht nur in die wirtschaftliche Situation des Fürsten, sondern auch in das Verhältnis zwischen der 1000-jährigen fürstlichen Familie Schwarzburg und dem neuen Staate Thüringen.“*[1591] Die Reaktion des thüringischen Staatsministeriums auf diesen Vorschlag war eindeutig: In seinem Beschluss vom 8.6.1923 stellte es fest, dass die vermögensrechtliche Auseinandersetzung zwischen dem Fürstenhaus und den früheren Staaten Schwarzburg-Rudolstadt und Schwarzburg-Sondershausen völlig einwandfrei geregelt wurde. Die Rückgabe von Grundbesitz aus dem Staatsvermögen wurde abgelehnt. Man war nur bereit zu einem Vergleich über eine Anpassung der Geldzahlungen des Staates an die Geldentwertung, wobei dies nur aus Billigkeitsgründen und ohne Anerkennung einer Rechtspflicht erfolgen würde.[1592] Fürst *Günther* verlangte daraufhin eine Aufwertung der Rente, einen Vorschuss von 500 Mio. Mark und drohte rechtliche Schritte an.[1593] Thüringen war aber nur zu einer Aufwertung der Renten und einer Neuregelung des Wittums der Fürstin *Anna Luise* bereit, wenn beide auf alle bisher gestellten weitergehenden Ansprüche verzichteten und ein endgültiger Vergleich geschlossen würde.[1594] Man sah seitens des Landes offenbar die Möglichkeit, den Anfechtungsstreit rasch zu beenden, da die fürstliche Seite aus wirtschaftlichen Gründen gezwungen seien könnte, sich schnell zu einigen. Als Konsequenz jedoch verklagte Fürst *Günther* im September des Jahres 1923 das Land Thüringen auf Aufwertung seiner Rente. Das Landgericht Weimar[1595] wertete die

---

[1591] ThHStAW, Thür. FinMin. Nr. 8005, Bl. 186r-187v.
[1592] ThHStAW, Thür. StaatsMin.-Präs.abt. Nr. 248, Bl. 109r.
[1593] Schreiben v. 13.7.1923; ThHStAW, Thür. FinMin. Nr. 7984, Bl. 259r.
[1594] Schreiben v. 24.7.1923; ThHStAW, Thür. FinMin. Nr. 7984, Bl. 260r.
[1595] Urteil v. 27.11.1923; ThHStAW, Thür. FinMin. Nr. 7990, Bl. 80r-87r. Im Hauptprozess verlangte der Fürst eine monatliche Rente von 4.000 RM (ThHStAW, Thür. FinMin. Nr.

Rente im Wege einer einstweiligen Verfügung auf das dreifache Gehalt eines thüringischen Staatsministers auf. Der Fürst erhob noch weitere Klagen.

Die Aufwertungsforderungen machte der Fürst zwar während der Zeit seiner Anfechtungsklagen geltend, sein Begehren erscheint aber in diesem Fall völlig gerechtfertigt.[1596] Die Rentenzahlungen des Staates erfolgten als wertmäßige Gegenleistung für die völlige Übertragung des Domänenvermögens und sollten ihm und seiner Familie den Lebensabend sichern.[1597] Die Zahlungen in Papiermark während der Inflation standen aber dazu in keinem Verhältnis. Im Oktober des Jahres 1923 erreichte die Inflation ein solches Ausmaß, dass der Staat die Zahlungen einstellte. Da beide Seiten bei Abschluss der Vereinbarungen im Jahre 1918 jedoch den damaligen Wert der Mark zugrunde gelegt hatten, musste der Staat eine Aufwertung vornehmen; dass er dies mit einem endgültigen Verzicht des Fürsten auf seine anderen Klagen koppeln wollte, ist zumindest nachvollziehbar. (Aus Billigkeitserwägungen hatte Thüringen auch die Geldzahlungen an die Häuser Sachsen-Meiningen und Sachsen-Weimar-Eisenach angepasst, strittig war nur die Höhe, siehe 3. Kap. I.). Hinsichtlich der Aufwertung der Renten erreichte man einen ersten Zwischenschritt. Im April des Jahres 1924 schlossen *v.Halem* und Vertreter des thüringischen Finanzministeriums ein Abkommen, nach dem Fürst Günther *zunächst* 80.000 Goldmark und später noch weitere 40.000 Goldmark für die ihm zustehenden Rentenzahlungen erhielt. Die noch laufenden Prozesse sollten vertagt werden, da man sich auf dem Verhandlungswege einigen wollte.[1598] Das Staatsministerium bestätigte dieses Abkommen.[1599]

Seinen neuen Vorschlag legte *v.Halem* am 23.5.1924 vor. Dieser Vorschlag unterschied sich jedoch nicht sehr von dem aus dem vergangenen Jahr: Der Fürst verlangte das Schloss Schwarzburg und die dazugehörige Oberförsterei. Der Staat sollte das Schloss instandsetzen und mit Wasserversorgung und Zentralheizung versehen. Nach dem Tod des Fürsten sollte das Schloss im Eigentum der Familie bleiben. Weiterhin beanspruchte man alle außerhalb von Thüringen liegenden Kammergüter, die Domänen Allmenhausen und Ebeleben

---

7990, Bl. 1r-5r). Eine Entscheidung in dieser Sache erfolgte aber nicht. Beim OLG Naumburg erreichte der Fürst im Oktober 1923, dass er eine Unterhaltsrente von 400 Mark, gekoppelt an den Lebenshaltungsindex, erhielt.

1596 Anfang 1924 klagte er auf Auszahlung von Holzerlösen sowie auf Unterlassung jeder Besitzstörung im Schlosspark Sondershausen. Eine rechtskräftige Entscheidung erfolgte jedoch nicht (ThHStAW, Thür. FinMin. Nr. 8012, Bl. 10r-13r u. 39r-40v).

1597 Mit Bildung des Freistaates Thüringen und der Auflösung der beiden Güntherstiftungen (siehe 2. Kap. IV.) erfolgte auch eine Umschreibung der Grundbücher. Auch dagegen klagte der Fürst, im Ergebnis aber erfolglos. Siehe dazu Beschluss des OLG Jena v. 31.12.1924; JFG 2 (1925), S. 295 ff und ThHStAW, Thür. FinMin. Nr. 7991.

1598 Aktenvermerk v. 10.4.1924; ThHStAW, Thür. FinMin. Nr. 8006, Bl. 52r-54v.

1599 Beschluss v. 10.4.1924, ThHStAW, Thür. FinMin. Nr. 8006, Bl. 53r.

und zwei weitere Oberförstereien im Gebiet von Sondershausen. Die Mobilien der Schlösser sollten Eigentum des Fürsten werden. Der Staat sollte drei Mio. Goldmark als entgangene Nutzung aus den Kammergütern sowie als jährliche Rente an den Fürsten 60.000 Goldmark zahlen. Die Mitglieder des Hauses Schwarzburg sollten jährliche Renten von insgesamt 100.000 Goldmark erhalten. Hinzu kamen noch weitere einzelne Pflichten, die der Staat zu übernehmen hatte.[1600] Im Ergebnis entsprach dieser Vorschlag dem alten, nur die Umstellung der Geldbeträge auf Goldmark und die zusätzlichen drei Mio. Mark aus entgangener Nutzung waren neu. Es fehlte auch der Satz aus dem vorjährigen Vorschlag über die Aufgabe der *„unermeßlichen Werte*".

Mit einem solchen Vorschlag hatte das Staatsministerium offenbar nicht gerechnet und lehnte ihn *„als nicht geeignete Grundlage für weitere Verhandlungen*" ab.[1601] Daraufhin nahm *v.Halem* diesen Vorschlag zurück.[1602] Um eine Beendigung der Streitigkeiten zu erreichen, beschloss nun das Staatsministerium zu handeln und ließ im Oktober des Jahres 1924 übermitteln, man wolle sich beim Landtag dafür einsetzen, dass die staatlichen Geldzuwendungen in Anlehnung an die Aufwertungsgrundsätze der Schiedssprüche von Mecklenburg-Schwerin und an dem demnächst zu erwartenden Meininger Schiedsspruch angemessen aufgewertet würden.[1603] Die Prozessvertreter des Fürsten antworteten, dass diese Erklärung des Staates nicht Grundlage für einen Vergleich sein könnte.[1604] In der Sache kam man nicht weiter.

Entgegen den Erwartungen des Staates verurteilte das Landgericht Erfurt im Dezember des Jahres 1924 das Land Thüringen zur Herausgabe der beiden eingeklagten Grundstücke („Fuchsleite" und „Fürstenberg"). Für das Gericht war die Sittenwidrigkeit nach § 138 Abs. 1 BGB gegeben.[1605] Der Staat legte dagegen Berufung ein sowie Beschwerde gegen die Richter beim Preußischen Justizminister.[1606] Die Überprüfung durch den Präsidenten ergab, dass sich der Urteilsverfasser eines erheblichen Mangels an Sorgfalt schuldig gemacht hatte, ihm wurde eine Mahnung ausgesprochen.[1607]

[1600] ThHStAW, Thür. FinMin. Nr. 8006, Bl. 65r-68v.
[1601] Beschluss v. 16.6.1924; ThHStAW, Thür. StaatsMin.-Präs.abt. Nr. 248, Bl. 170r.
[1602] Schreiben v. 17.6.1924; ThHStAW, Thür. FinMin. Nr. 8006, Bl. 83r.
[1603] Beschluss v. 10.10.1924; ThHStAW, Thür. StaatsMin.-Präs.abt. Nr. 248, Bl. 177r.
[1604] Schreiben v. 18.10.1924; ThHStAW, Thür. FinMin. Nr. 8011, Bl. 53r.
[1605] Beide Urteile sind abgedruckt in 4. LT.-Verh. Thür., 2. Abt., Nr. 254 v. 30.1.1929, S. 830-833 u. 834-837.
[1606] Das Gericht hatte in seiner Urteilsbegründung die schwarzburg-**rudolstädtische** Gesetzeslage verwendet, die für die beiden Grundstücke nicht galt, da diese in Schwarzburg-**Sondershausen** lagen. Beim zweiten Urteil hatte man auch die Begründung des ersten vollständig übernommen.
[1607] ThHStAW, Thür. FinMin. Nr. 7983, Bl. 117r-118r u. 238r.

Die fürstliche Seite wandte sich im Frühjahr des Jahres 1923 direkt an den thüringischen Landtag. In seinem Gesuch vom 10.3.1925 schlug *v.Halem* vor, ein besonderes Schiedsgericht zu bilden, das über alle streitigen Fragen entscheiden sollte (die im Einzelnen aufgeführt und die Hauptstreitpunkte der Anfechtungsprozesse waren). Abschließend hieß es in dem Gesuch: *„Nach Wiedereinsetzung in seine Rechte ist Seine Durchlaucht der Fürst jederzeit bereit, mit dem Lande Thüringen sich nach dem bayerischen Muster schiedlich-friedlich auseinanderzusetzen“*.[1608] Somit ging *v.Halem* von einem vollständigen Obsiegen des Fürsten aus. Das thüringische Finanzministerium holte sofort die Ansichten des Ministeriums für Volksbildung und Justiz und seiner Prozessbevollmächtigten ein, äußerte dabei aber schon die eigenen Bedenken, da man mit Schiedsgerichten ungünstige Erfahrungen gemacht habe (gemeint war wohl dabei der Schiedsstreit mit Sachsen-Meiningen, nach dem dem herzoglichen Haus sehr hohe Aufwertungen zugesprochen wurden). Alle angerufenen Stellen stimmten diesen Bedenken zu und empfahlen die vollständige Ausschöpfung des Rechtsweges, Thüringen hatte kein Interesse an einer schnellen Entscheidung zugunsten des Fürsten, die dieser nur als Grundlage für neue Ansprüche benutzen würde.[1609] So gestärkt sprach sich auch das Staatsministerium gegen ein Schiedsgericht aus, dem sich der Haushaltsausschuss des Landtages anschloss und dem Landtag empfahl, zur Tagesordnung überzugehen. Der Landtag folgte am 25.5.1924 dieser Empfehlung.[1610]

Zehn Monate später einigten sich die Vertreter beider Parteien am 31.3.1925 auf einen möglichen Vergleichsvorschlag zu den Aufwertungen, den das OLG Jena entworfen hatte. Danach verpflichtete sich Thüringen bis zur endgültigen Entscheidung, die Unterhaltsrenten auf 65 % aufzuwerten. Alle weiteren Ansprüche blieben davon ausgenommen. Durch diesen Vergleich sollten bestimmte Prozesse für erledigt erklärt werden.[1611] Allerdings kam es nicht zu einem Abschluss eines solchen Vergleiches, da am 16.4.1925 Fürst *Günther von Schwarzburg-Rudolstadt* starb. Auf der kurz darauf im Finanzministerium stattfindenden Besprechung beschlossen die Vertreter des Landes, erst einmal abzuwarten, ob das Fürstenhaus und wer die Prozesse fortführen würde.[1612] Man erklärte den fürstlichen Vertretern, wegen der unklaren Nachfolgelage den Vorschlag vom 31.3.1925 nicht annehmen zu können.[1613] In seinem Gutachten vom 1.5.1925 über die Rechts- und Prozesslage kam der zuständige

---

[1608] ThHStAW, Thür. FinMin. Nr. 8006, Bl. 102r-103r (ein gedrucktes Exemplar).
[1609] Zu den Schreiben siehe ThHStAW, Thür. FinMin. Nr. 8006, Bl. 101v, 107r-124r.
[1610] 3. LT.-Verh. Thür., 2. Abt., Nr. 158 v. 15.5.1925, S. 415 und 4. Abt., S. 3974 f.
[1611] ThHStAW, Thür. FinMin. Nr. 7983, Bl. 129r.
[1612] ThHStAW, Thür. FinMin. Nr. 7983, Bl. 133r-134r.
[1613] Schreiben v. 25.4.1925; ThHStAW, Thür. FinMin. Nr. 7990, Bl. 188r.

Referent im Finanzministerium *Rinck* zu dem Ergebnis, dass Prinz *Sizzo* kein Agnat geworden sei und deshalb die Prozesse nicht fortführen könne. Auch die Fürstin *Anna Luise* könne dies nicht tun, da sie nur Ansprüche auf ihr Wittum habe. Somit dürften sich alle Prozesse erledigt haben.[1614] Allerdings sah die Rechtslage jedoch völlig anders aus: Fürstin *Anna Luise von Schwarzburg-Rudolstadt* konnte mit den o.g. Urkunden vom 10., 11. und 12. 2.1922 und mit dem ihr erteilten Erbschein – nach dem sie die alleinige Erbin des Fürsten Günther geworden war – in die Prozesse als Klägerin eintreten, da die Gerichte ihre Nachweise akzeptierten. Als Testamentsvollstrecker wurde *v.Halem* eingesetzt.

Prinz *Sizzo* musste seine vermeintliche Stellung als Agnat offenbar schon kurz nach dem Tod des Fürsten *Günther* erneut eingefordert haben. Da auch die Frage der Prozessfortführung immer dringender wurde, fertigte *Krückmann* am 30.4.1925 zwei kleine Gutachten über die „Rechtslage Seiner Durchlaucht des Prinzen Sizzo“ und „Die Rechtsaussichten Ihrer Durchlaucht der Fürstin Anna Luise“ an. In diesen verwarf er alle Ansprüche des Prinzen, wiederholte seine bekannten Ausführungen aus den schon erschienenen Gutachten und bestätigte die Prozessfortführung durch die Fürstin.[1615] Zwar fehlt der Name des Gutachters, aber der Hinweis auf die beiden anderen Gutachten von *Krückmann* lassen an *Krückmanns* Urheberschaft kaum Zweifel. Zu einem Gutachten vermerkte *Rinck*, dass *v.Halem* ihm dieses Exemplar zukommen ließ und vermutete *Krückmann* als Autor.[1616] Wie schlecht das Verhältnis zwischen der Fürstin und Prinz *Sizzo* gewesen sein muss, zeigt sich, wenn man dem Prozessgegner Material gegen den eigenen Verwandten zukommen lässt. Da aber Prinz *Sizzo* in der Wahl der Darstellung selbst nicht zimperlich war, verwundert das Verhalten von *v.Halem* wiederum nicht.

Da *v.Halem* Vergleichsbereitschaft anzeigte,[1617] legte das thüringische Staatsministerium Ende Juli des Jahres 1925 seinen Vorschlag vor. Dieser entsprach dem Vorschlag vom 30.3.1925, wonach das Land die Rentenzahlungen des Fürsten und der Fürstin (aus den beiden Auseinandersetzungen) auf 65 % aufwerten wollte.[1618] Die Antwort erfolgte in Form eines Gegenvorschlages. Zur vorläufigen Sicherstellung des Unterhalts der Fürstin sollte ihre Rente auf 100 % und die des Fürsten nachträglich auf 75 % aufgewertet werden. Außerdem sollte das Land eine einmalige Summe von 620.000 Mark zahlen. Von

---

[1614] ThHStAW, Thür. FinMin. Nr. 7983, Bl. 134r-144r.

[1615] Gutachten vom 30.4.1925, gedruckte Exemplare; ThHStAW, Thür. FinMin. Nr. 8011, Bl. 243r-246v.

[1616] Vermerk v. 22.6.1925; ThHStAW, Thür. FinMin. Nr. 7994, Bl. 2r. Bereits am 20.5.1925 hatte Rinck eine Abschrift an Heine übersandt mit dem Hinweis, diese von einer Mittelsperson von der Fürstin Anna Luise erhalten zu haben.

[1617] Schreiben vom 25.5.1925; ThHStAW, Thür. FinMin. Nr. 8006, Bl. 165-166r.

[1618] Beschluss v. 21.7.1925; ThHStAW, Thür. StaatsMin.-Präs.abt. Nr. 248, Bl. 217r.

diesem Abkommen sollten weder die Hauptstreitigkeiten über die Gültigkeit der Vereinbarungen des Jahres 1918 noch die Aufwertungen selbst betroffen werden.[1619] In einem weiteren Schreiben schlug *v.Halem* wieder die Einrichtung eines Schiedsgerichtes vor.[1620] Da gerade in dieser Zeit im Reichstag Gesetzesentwürfe über die vermögensrechtliche Auseinandersetzung eingebracht worden waren (siehe 3. Kap. II. 4.), schrieb ihm das Staatsministerium, dass man seine Vorschläge wegen dieser Gesetzesinitiativen *„zurückstellen"* würde.[1621] Thüringen hoffte jetzt auf eine reichsgesetzliche Lösung, die auch die Angelegenheit mit dem Haus Schwarzburg beenden sollte. Nach der Übersendung seiner Vorschläge hatte *v.Halem* beim RMdI versucht, ein Normenkontrollverfahren nach Art. 13 RV über die beiden Auseinandersetzungsvereinbarungen nach dem Vorbild des Rechtsstreites des Herzogs von Sachsen-Coburg und Gotha zu veranlassen.[1622]

Mit Fortführung der Prozesse verkündete Thüringen Prinz *Sizzo* den Streit, man befürchtete, dass er erneut seine Ansprüche auf die Domänenvermögen geltend machen würde.[1623] Der Prinz erhob deshalb zwei Hauptinterventionsklagen in den Anfechtungsprozessen mit der Begründung, dass er nach dem Tod des Fürsten *Günther* alleiniger Agnat sei und die eingeklagten Grundstücke ihm zustehen würden.[1624] Da er sich in verschiedenen Schreiben den Titel „Fürst" zugelegt hatte, wies ihn das thüringische Ministerium für Volksbildung und Justiz umgehend auf die Rechtslage hin, die ihm das Tragen dieses Titels untersagte. Er durfte sich nach wie vor nur „Prinz" nennen.[1625] Prinz *Sizzo* versuchte in den folgenden Monaten, seine behauptete Stellung durchzusetzen und ließ eine Broschüre drucken und verteilen, in der er seine Rechte und die schlechte Behandlung durch Fürst Günther und die Fürstin darlegte.[1626] Dass sich auch deswegen keine Verständigung zwischen dem Prinzen und der Fürstin ergab, verwundert nicht. Im März des Jahres 1926 verstarb Prinz *Sizzo*; jetzt versuchten seine Erben, ihre Rechte geltend zu machen.

Durch die Reichssperrgesetze (siehe 3. Kap. II. 4.) fand in allen anhängigen Prozessen eine Aussetzung der Verfahren statt.[1627]

1619 Schreiben v. 16.9.1925; ThHStAW, Thür. FinMin. Nr. 8006, Bl. 184r-190r.
1620 Schreiben v. 3.10.1925; ThHStAW, Thür. FinMin. Nr. 8006, Bl. 191r.
1621 Schreiben v. 15.12.1925; ThHStAW, Thür. FinMin. Nr. 8006, Bl. 193r.
1622 Jung, S. 367. In den Akten des ThHStAW finden sich keine Hinweise, dass das RMdI das Thür. Staatsministerium davon in Kenntnis setzte.
1623 ThHStAW, Thür. FinMin. Nr. 7983, Bl. 175r-176r.
1624 Einzelheiten zu den Klagen siehe ThHStAW, Thür. FinMin. Nr. 8013 und 7994.
1625 Schreiben v. 3.6.1925; ThHStAW, Thür. FinMin. Nr. 7994; Bl. 10r-11r.
1626 Einzelheiten dazu siehe ThStA Rudolstadt, Ministerium Rudolstadt, Staatsministerium Nr. 1368.
1627 Im Dezember 1925 erhob v.Halem als Testamentsvollstrecker zwei Klagen, mit denen er Teileinnahmen aus den Erträgen der beiden schwarzburgischen Domänenvermögen her-

Der Fürstin *Anna Luise* stand aus der rudolstädter und der sondershäuser Vereinbarung ein Wittum von insgesamt 110.000 Mark zu. Das Land zahlte im Januar und Mai des Jahres 1926 als Vorschuss 12.500 RM bis zu einer späteren Entscheidung.[1628] Als im Mai des Jahres 1926 bekannt wurde, dass die Fürstin und *v.Halem* aus dem Zeughaus des Schlosses Schwarzburg wertvolle Waffen veräußerten hatten (die Verkäufe erfolgten aufgrund der äußerst schlechten wirtschaftlichen Situation der Fürstin – man brauchte Geld und veräußerte wertvollste Gegenstände[1629]), ging das Land sehr konsequent vor. Es versuchte, die Verkäufe rückgängig zu machen und erwirkte eine einstweilige Verfügung, die jegliche Veräußerungen untersagte.[1630] Gleichzeitig stellte man die Zahlung der Rente ein. Das OLG Naumburg hob diese Entscheidung jedoch wieder auf, da sich die Fürstin beim Verkauf der Gegenstände in großer Not befunden hätte. Wenn Thüringen ihr angemessen aufgewertete Witwenbezüge zahlen würde, so bräuchten auch keine Verkäufe durchgeführt zu werden.[1631] Thüringen musste also weiterzahlen, um erneute Verkäufe zu unterbinden.[1632] Es erreichte aber, dass durch das Reichsgesetz vom 17.12.1926 die Länder zum Erlass von Landesgesetzen ermächtigt wurden, die Veräußerungen von der Zustimmung des Landes abhängig machten. Zwar erließ man ein derartiges Gesetz noch am 24.12.1926, aber erst am 20.3.1928 erfolgte die Bestätigung durch den Landtag. In der Sache selbst war immer noch kein Ergebnis erzielt worden.

Im Juli des Jahres 1926 ersuchte Rechtsanwalt *Everling* im Namen des Herzogs *Ernst II. von Sachsen-Altenburg* und der Fürstin *Anna Luise von Schwarzburg-Rudolstadt* bei der thüringischen Staatsregierung um eine Besprechung mit dem Ziel, einen Vergleich oder eine schiedsgerichtliche Regelung zu erreichen.[1633] Das Finanzministerium verlangte jedoch präzise Vorschläge auf der Grundlage des Gesetzentwurfes der Reichsregierung (siehe 3 Kap. II. 4.) über die Fürstenabfindung, vorher würde eine Besprechung kei-

---

ausverlangte (Klage v. 28.12.1925; ThHStAW, Thür. FinMin. Nr. 7996, Bl. 1r-2r und Klage v. 29.12.1925; ThHStAW, Thür. FinMin. Nr. 7995, Bl. 1r-3v).

[1628] Einzelheiten ThHStAW, Thür. FinMin. Nr. 7999.

[1629] Dabei soll auch die berühmte Rüstung des Kaisers Günther von Schwarzburg nach Holland für 32.000 RM verkauft worden sein.

[1630] Urteil des Landgerichts Erfurt v. 11.9.1926; ThHStAW, Thür. FinMin. Nr. 7997, Bl. 119r-121r.

[1631] Urteil v. 15.12.1926; ThHStAW, Thür. FinMin. Nr. 7997, Bl. 324r-332r.

[1632] Zwar erfolgte auch eine Anklageerhebung gegen die Fürstin und v.Halem, aber das zuständige Landgericht lehnte die Eröffnung der Hauptverhandlung ab. Da der Gutachter Krückmann die Fürstin belehrt habe, dass ihr das Eigentum an den veräußerten Waffen zustehen würde, fehlte es an dem erforderlichen Vorsatz. Einzelheiten siehe ThHStAW, Thür. FinMin. Nr. 7998.

[1633] Schreiben v. 9.7.1926 u. 21.7.1926; ThHStAW, Thür. FinMin. Nr. 7935, Bl. 154r u. 157r.

nen Sinn machen.[1634] Über dieses Schreiben an die Staatsregierung war der Beauftragte der Fürstin *v.Halem* nicht erfreut. Er teilte *Everling* eindrücklich mit, dass zwischen der Fürstin und *Everling* kein Mandatsverhältnis bestehe und nicht errichtet würde, da man schon sechs Anwälte und den Gutachter *Krückmann* hätte und im übrigen ohne Geld wäre. Die Übersendung des Schreibens habe er nur vorgenommen in der Erwartung, dass *Everling* der Fürstin keine Kosten in Rechnung stellen würde.[1635] [1636] Offenbar hatte es zwischen beiden fürstlichen Bevollmächtigten Gespräche
über das weitere Vorgehen gegeben (beide waren Mitglieder der Hofkammer-Vereinigung), wobei *Everling* wohl glaubte, für beide Angelegenheiten auftreten zu können. *V.Halem* verfolgte in der Vermögensauseinandersetzung aber eigene Pläne. Für die thüringische Staatsregierung blieb *v.Halem* der Beauftragte der Fürstin Anna Luise.

Am 14.9.1926 erschien Herzog *Adolf Friedrich von Mecklenburg* bei dem thüringischen Finanzminister *v.Klüchtzner*[1637]und übergab eine Denkschrift, die *v.Halem* verfasst hatte. Darin wiederholte dieser die Vorwürfe, dass der Fürst durch Drohung mit körperlicher Gewalt gezwungen worden sei, sein Domänenvermögen dem Staat zu übertragen und dass auch der Staatsminister *v.d.Recke* dem Fürsten gedroht habe. Die Dankesbriefe des Fürstenehepaares an den sondershäuser Ministerialdirigenten *Bauer* bezeichnete er als *„höfische Formalität“*. Auf mehreren Seiten legte er den Ablauf und die Rechtslage der Verhandlungen aus seiner Sicht dar und erklärte nach wie vor die Unwirksamkeit der Vereinbarungen.[1638] Die Vorwürfe gipfelten in dem Vorwurf, dass das Fürstenpaar *„vom Staat gequält werde“*. Handschriftlich vermerkte *Rinck* an dieser Stelle *„unglaublich“*. Das Finanzministerium holte sofort Stellungnahmen von Beteiligten an den beiden Auseinandersetzungen des Jahres 1918 ein, um für weitere Prozesse gewappnet zu sein. Am 19.9.1926 legte *Bauer* seine Bemerkungen über das Gutachten *v.Halems* vor und bestritt jegliche Drohungen mit Gewalt. Die Denkschrift würde viele *„tatsächliche Unrichtigkeiten“* enthalten, da z.B. *v.d.Recke* an der sondershäuser Auseinandersetzung überhaupt nicht beteiligt gewesen sei. Es sei auch keinerlei Benachteiligung des

---

[1634] Schreiben v. 29.7.1926; ThHStAW, Thür. FinMin. Nr. 7935, Bl. 158r; Everling war seit dem Jahr 1924 für den Herzog von Sachsen-Altenburg als Bevollmächtigter gegenüber der thüringischen Staatsregierung tätig (Einzelheiten 3. Kap. III. 2.).

[1635] Schreiben v. 29.7.1926; ThStA Altenburg, Haus- und Privatarchiv der Herzöge von S.-A., Nr. 671, nicht foliert.

[1636] Everling beschwerte sich gegenüber dem Vermögensverwalter des Herzogs von Sachsen-Altenburg Kronfeld über die Art und Weise, wie v.Halem ihn behandelte (Schreiben v. 16.8.1926; ThStA Altenburg, Haus- und Privatarchiv der Herzöge von S.-A., Nr. 671, nicht foliert).

[1637] ThHStAW, Thür. FinMin. Nr. 8006, Bl. 244r.

[1638] v.Halem , S. 1 ff.

Fürsten geplant gewesen und er selbst habe sich für eine ausreichende Rentenzahlung persönlich eingesetzt.[1639] Auch die Stellungnahmen von *Wissmann*, *Werner* (Mitglieder der Staatsregierung von Schwarzburg-Rudolstadt) und *Hartmann* (Abgeordneter im Landtag von Schwarzburg-Rudolstadt) beinhalteten alle dasselbe: Es gab keine Drohungen gegen den Fürsten und die Verhandlungen seien sachlich abgelaufen.[1640]

Da er noch keine Reaktion auf sein Gutachten erhalten hatte, fragte *v.Halem* im November des Jahres 1926 an, ob man jetzt gewillt sei, in Verhandlungen zu treten mit dem Ziel einer gütlichen Auseinandersetzung.[1641] Wenn er geglaubt hatte, dass sein Gutachten die Vertreter des Landes zum Umdenken gebracht hätte, dann sah er sich getäuscht. Die Antwort des Finanzministeriums enthielt lediglich die Bereitschaft zur Einigung in der Aufwertungsfrage. Die Forderung des Hauses Schwarzburg auf Herausgabe von Substanz wurde kategorisch abgelehnt – erst wenn man diese Forderungen fallen lassen würde, sei man zu Verhandlungen bereit.[1642] Der Schwerpunkt bei den Verhandlungen wurde hier deutlich: Das Haus Schwarzburg verlangte unbedingt nach Grundbesitz, da man sich wirtschaftlich absichern wollte, und erwartete eine hohe Aufwertung der Renten. Das Land Thüringen musste unbedingt verhindern, dass Grundeigentum zurück an die fürstlichen Familien gelangte. Ein Nachgeben in diesem Fall hätte mit Sicherheit Auswirkungen auf die anderen Verhandlungen (mit den Häusern Sachsen-Coburg - Gotha und Sachsen-Altenburg) gehabt.

Fast zeitgleich hatte *v.Halem* auch dem RMdI seine Denkschrift zukommen lassen und bat um Hilfe. Im Dezember des Jahres 1926 trafen sich RMdI *Külz* und der thüringische Finanzminister *v.Klüchtzner*. Dieser bat *Külz*, gegenüber *v.Halem* die unmissverständliche Haltung des Landes zu den Substanzforderungen zum Ausdruck zu bringen. Man war zu keiner Rückübertragung von Grundbesitz bereit. Man glaubte auch bei den Anfechtungsprozessen an einen Erfolg und wollte sich auch nicht auf ein Schiedsgericht einlassen.[1643] *Külz* übermittelte *v.Halem* diese Vorgaben und machte deutlich, dass das Festhalten an den Substanzforderungen zu keiner Vergleichsmöglichkeit führen würde.[1644] Im Januar beschloss das Staatsministerium dann aber, sich dem Spruch eines Schiedsgerichts nach den Vorgaben des Kompromissgesetzentwurfs (siehe 3.

[1639] ThHStAW, Thür. FinMin. Nr. 7985, Bl. 87r-99r.
[1640] ThHStAW, Thür. FinMin. Nr. 7985, Bl. 157r-116r, 169r-174v, 190r-196r, 234r-239r.
[1641] Schreiben v. 17.11.1926; ThHStAW, Thür. FinMin. Nr. 8006, Bl. 253r.
[1642] Schreiben v. 7.12.1926; ThHStAW, Thür. FinMin. Nr. 8006, Bl. 254r.
[1643] Aktenvermerk über die Besprechung v. 3.12.1926; ThHStAW, Thür. FinMin. Nr. 8006, Bl. 258r.
[1644] Schreiben v. 7.12.1926; ThHStAW, Thür. FinMin. Nr. 8007, Bl. 6r.

Kap. II. 4.) zu unterwerfen, die Entschließung darüber musste aber dem neuen Landtag vorbehalten bleiben.[1645]

Während in der Sache erneut ein Stillstand eintrat, erschienen erneut verschiedene Gutachten in dieser Angelegenheit: So versuchte *Bornhak* nachzuweisen, dass die Agnatenstellung von Prinz *Sizzo* bereits seit dem Jahre 1896 vorgelegen habe und daher dessen Erben durchaus Rechte ableiten könnten. Er kritisierte auch die Denkschrift *v.Halems* und bestritt auch die Rechtmäßigkeit der Erklärungen von Fürst *Günther* im Jahre 1922.[1646]

Der ehemalige Staatsrat *Budde* übergab dem überraschten Finanzministerium eine Abhandlung im April des Jahres 1927:[1647] Es war eine Entgegnung auf die *v.Halemsche* Denkschrift und wurde umgehend in 200 Stück gedruckt.[1648] *Budde* nahm zu den Abläufen der Verhandlungen im Jahre 1928 Stellung und bestritt ebenfalls die stets von der fürstlichen Seite vorgebrachten Drohvorwürfe. Der Fürst habe die Neuregelung der Domänenfrage als notwendige Folge seines Regierungsverzichtes erkannt und gewollt. Auch sei sein Thronverzicht freiwillig erfolgt. Für *Budde* war die Anfechtung der Vereinbarung eine Folge der Haltung der thüringischen Regierung, die sich während der Inflation geweigert habe, eine Aufwertung der Rentenzahlungen durchzuführen. Er empfahl einen Vergleichsvorschlag, der den Angehörigen des fürstlichen Hauses ein würdiges Auskommen sicherte.[1649]

Jetzt reagierte ebenfalls der Gutachter *Krückmann* und schrieb sein drittes Gutachten, in dem er seine Ansichten wiederholte und vehement die Ansichten von *Budde* und *Bornhak* bestritt.[1650] In seiner Replik ging *Budde* auf das neueste Gutachten von *Krückmann* ein und blieb bei seinen Ansichten. Besonders bemerkenswert ist, dass ihn der schon erwähnte *Bauer* ermächtigte, den heftigen Briefwechsel zwischen *Bauer* und *Krückmann* abzudrucken.[1651] Da die fürstliche Seite die Dankesschreiben des Fürsten und der Fürstin an ihn versuchte herunterzuspielen, reagierte *Bauer* nun selbst. Auf seine Forderung, doch die ihm gegenüber erhobenen Unterstellungen zu beweisen, reagierte *Krückmann* äußerst gereizt. *Budde* erhielt für seine Replik vom Finanzministe-

---

[1645] Beschluss v. 4.1.1927; ThHStAW, Thür. StaatsMin.-Präs.abt. Nr. 248, Bl. 251r.

[1646] Bornhak, Agnaten, S. 8 f, 15. Der zweite Teil seines Gutachtens ist sein Aufsatz aus der DJZ 30 (1927), Sp. 1140 ff. Ein Exemplar dieses Gutachtens befindet sich im ThHStAW, Thür. FinMin. Nr. 8007, Bl. 37r-42v.

[1647] Vermerk v. 6.4.1927; ThHStAW, Thür. FinMin., Nr. 8007, Bl. 18r.

[1648] ThHStAW, Thür. FinMin. Nr. 8007, Bl. 45r-50r.

[1649] Budde, Kammergut, S. 1 ff. Ein Exemplar dieses Gutachtens befindet sich im ThHStAW, Thür. FinMin. Nr. 8007, Bl 37r-42v.

[1650] Krückmann, Drittes Gutachten, S. 1 ff.

[1651] Budde, Replik, S. 1 ff. Ein Exemplar dieses Gutachtens befindet sich im ThHStAW, Thür. FinMin. Nr. 8007, Bl. 91r-97r.

rium 2.000 RM.[1652] Wenn man sich diese Honorierung und die Finanzsituation des Landes vor Augen hält, dann muss die Freude über dieses wichtige Gutachten sehr groß gewesen sein. Eine Verbreitung der Gutachten von *Budde* scheint aber nicht erfolgt zu sein, da nur in den Akten diese beiden Exemplare zu finden waren. Es scheint, als ob die fürstliche Seite von den Gutachten des Landes und der Reaktion von *Bauer* überrascht war. Vielleicht hatte man nicht erwartet, dass auch das Land ihm genehme Gutachten veröffentlichte.

Zu den Schwierigkeiten zwischen beiden Parteien kam plötzlich das Begehren der drei gräflichen Häuser *Stolberg-Wernigerode*, *Stolberg-Stolberg* und *Stolberg-Roßla* hinzu. Diese machten aus zwei Erbverbrüderungsverträgen der Jahre 1418 (!) und 1433 (!) Ansprüche auf das schwarzburgische Domänenvermögen geltend. Das Staatsministerium lehnte diese Ansprüche aber ab.[1653]

Da eine Einigung nicht real erschien, erbat das thüringische Staatsministerium die Vermittlung des Reiches, die vom Staatssekretär im RMdI *Zweigert* übernommen wurde[1654] und im Ergebnis erfolgreich war. Schon am 19.12.1927 konnte eine grundsätzliche Einigung getroffen werden.[1655] Im Frühjahr des Jahres 1928 erklärte *v.Halem* seinen Normenkontrollantrag für erledigt. Am 6.7.1928 schlossen das Land Thüringen, Fürstin *Anna Luise* und die Erben des Prinzen *Sizzo* einen Vertrag, der die Streitigkeiten beendete. Da er noch der Bestätigung durch den Landtag bedurfte, kam zu einer weiteren Verzögerung. Zwar versucht *v.Halem* noch, die Verabschiedung im Juli des Jahres 1928 zu erreichen, da große finanzielle Schwierigkeiten bestünden, aber der Landtag beriet nur noch über den Haushaltsplan und ging dann in die Ferien.[1656]

Die wesentlichen Bestimmungen des **Vertrages vom 6.7.1928** waren:

- Die Rudolstädter und Sondershäuser Fürstenabfindungen werden als vollgültig und rechtsverbindlich anerkannt. Auf jede weitere Anfechtung wird verzichtet (§ 1).
- Die zwischen den Parteien anhängigen Prozesse werden nicht weitergeführt. Jede Partei trägt ihre Prozesskosten, die Gerichtskosten fallen dem Land Thüringen zur Last (§ 2).
- Es wird ein aus einem Obmann und vier Beisitzern bestehendes Schiedsgericht gebildet. Dieses soll über die Aufwertungen der Rentenzah-

[1652] Schreiben v. 5.11.1927; ThHStAW, Thür. FinMin. Nr. 8007, Bl. 98r.
[1653] Beschluss v. 29.11.1927; ThHStAW, Thür. StaatsMin.-Präs.abt. Nr. 248, Bl. 284r.
[1654] Fürstin Anna Luise hatte sich an den Reichspräsidenten v.Hindenburg direkt gewandt, vgl. Jung, S. 371.
[1655] Das Staatsministerium hatte dem Entwurf am 12.12.1927 zugestimmt; ThHStAW, Thür. StaatsMin.-Präs.abt. Nr. 248, Bl. 287r.
[1656] Vermerk von Rinck v. 3.7.1928; ThHStAW, Thür. FinMin. Nr. 7999, Bl 34r.

lungen an die Mitglieder des schwarzburgischen Fürstenhauses sowie die Erben des Prinzen *Sizzo* entscheiden (§ 3).

- Als Abfindung für alle der Fürstin *Anna Luise* zu zahlenden Überschüsse aus den Domänenabrechnungen (als Kammergut bezeichnet) für die Jahre 1916 bis 1918 zahlt das Land Thüringen an die Fürstin 250.000 RM (§ 9).
- Der Besitz am Zeughaus auf Schloss Schwarzburg sowie Besitz und Eigentum am Inhalt des Zeughauses und am Inventar des Schlosses zu Gehren gehen auf den Staat über (§ 10).
- Der Staat übernimmt die Versorgung einiger Hofbediensteter (§§ 12 und 13).
- Prinz *Friedrich Günther* erhält nach dem Ableben der Fürstin-Witwe *Marie von Schwarzburg-Sondershausen* ein Insitz- und Nutzungsrecht an den von ihr bewohnten Teilen des Sondershäuser Schlosses und am Schloss Rathsfeld sowie ein Nutzungsrecht am Sondershäuser Schlossinventar.[1657]

Das Staatsministerium brachte den Vertrag und ein Mantelgesetz im September des Jahres 1928 in den Landtag ein.[1658] Der Landtag debattierte in erster Lesung im November über die Vorlage. Da man gleichzeitig auch den Vergleichsvorschlag mit dem Haus Sachsen-Altenburg (Näheres dazu unter 3. Kap. III. 2.) eingebracht hatte, griff die Opposition beide Vorlagen an, wobei der Schwerpunkt sich gegen den Vertrag mit Sachsen-Altenburg richtete. Der Ausschuss für Gesetzgebung und Verwaltung erstellte seinen Bericht am 30.1.1929 und empfahl die Annahme des Vertrages.[1659] Am 27.2.1929 beriet man wieder im Landtag und nahm nach z.T. heftiger Aussprache den Vertrag und das Mantelgesetz an.[1660] Das **Gesetz vom 27.2.1929**[1661] wurde dann in der Gesetzessammlung von Thüringen veröffentlicht.

Ein Jahr später verurteilte das Schiedsgericht unter dem Vorsitz von *Zweigert* das Land, an die Fürstin eine jährliche Rente von 60.000 RM sowie 900.000 RM zur Abgeltung der Aufwertungsansprüche seit dem 1.4.1920 zu zahlen.[1662] In seinem zweiten Schiedsspruch erhielten die Erben von Prinz *Sizzo* insgesamt 314.000 RM als Nachzahlung. Ihre Renten wurden festgesetzt auf

---

[1657] Durch den Vertrag v. 12./13.1.1931 hat der Prinz (der Sohn von Prinz Sizzo) auf seine Insitz- und Wohnrechte gegen Geldentschädigung verzichtet. Einzelheiten siehe 5. LT.-Verh. Thür., 4. Abt., S. 1550 f.

[1658] 4. LT.-Verh. Thür., 1. Abt., Ds. Nr. 262 v. 11.9.1928, S. 419 ff und 4. Abt., S. 2554 ff.

[1659] 4. LT.-Verh. Thür., 2. Abt., Nr. 254, S. 823 ff.

[1660] 4. LT.-Verh. Thür., 4. Abt., S. 2809 ff.

[1661] GS. Thür. 1929, S. 54-60.

[1662] Schiedsspruch v. 9.2.1930; ThHStAW, Thür. StaatsMin.-Präs.abt. Nr. 248, Bl. 341r-342r.

jährlich 5.150 RM für die Nachkommen von Prinz *Sizzo*; Prinzessin *Helene von Schönaich-Carolath*[1663] und ihre Nachkommen erhielten jährlich 5.150 RM; die Witwe von *Sizzo* (Prinzessin *Alexandra*) erhielt eine jährliche Rente von 12.000 RM; sein Sohn Prinz *Friedrich Günther* erhielt auf Lebenszeit 18.000 RM als Jahresrente (die nur in einem beschränkten Umfang vererblich war). Die beiden Töchter (Prinzessin *Marie Antoinette*, verheiratete Gräfin *zu Solms* und Prinzessin *Irene*) erhielten beide eine jährliche Rente von 6.000 RM auf Lebenszeit.[1664] [1665] Im Ergebnis wertete das Schiedsgericht die hohen Renten auf 55 % und die niedrigen auf 100 % auf. Damit waren im Jahre 1929 die Rechtsstreitigkeiten zwischen dem Land Thüringen und dem Haus Schwarzburg beendet. Die beiden schwarzburger Fideikommisse brauchten nicht aufgelöst zu werden, da durch den Übergang des Vermögens auf den Staat die fideikommissarische Bindung erloschen war.[1666]

Die hohen Zahlungen des Staates an die Fürstin wurden jedoch mit 40 % zur Einkommenssteuer herangezogen. Die Anfrage des Präsidenten des Landesfinanzamtes vom 6.6.1931, ob diese Versteuerung mit Sinn und Zweck des Vertrages noch vereinbar sei, beantwortete das Thüringische Finanzministerium kurz mit dem Hinweis, dass es Sache des Landesfinanzamtes sei zu entscheiden, ob die Steuer erhoben werde. Im Herbst des Jahres 1932 teilte man dem Finanzministerium mit, dass die Fürstin rechtskräftig zur Einkommenssteuer veranlagt worden sei.[1667]

Das Land Thüringen trat mit dem **Vertrag vom 22.10.1941** das Eigentum am Schloss Schwarzburg an das Reich ab und behielt nur ein beschränktes Nutzungsrecht. Das Reich zahlte zur Abgeltung ihrer Rechte am Schloss an Fürstin *Anna Luise* 180.000 RM und an Prinz *Friedrich Günther* 355.000 RM.[1668] [1669]

[1663] Sie war die Schwester von Prinz Sizzo.

[1664] Schiedsspruch v. 6.4.1930; ThHStAW, Thür. StaatsMin.-Präs.abt. Nr. 248, Bl. 344r-345r.

[1665] Da Prinz Günther die ihm obliegenden Schiedsgerichtsgebühren nicht zahlen konnte, wurde der Staat in Anspruch genommen. Dieser beglich die noch offene Summe von 47.859,01 RM. Da seine Rente von anderen Gläubigern bereits auf Jahre gepfändet war, verzichtete der Prinz deshalb auf seine Wohn- und Nutzungsrechte aus dem Vertrag vom 12./13.1.1931(Einzelheiten in ThHStAW, Thür. FinMin. Nr. 8001).

[1666] Schreiben der Gebietsregierungen von Rudolstadt v. 20.1.1923 sowie der Gebietsregierung Sondershausen v. 22.1.1923 an den Auflösungskommissar; ThHStAW, Thür. JustizMin. Nr. 2266, Bl. 9r u.10r.

[1667] ThHStAW, Thür. FinMin. Nr. 7999, Bl. 72r-75r. Im Jahre 1931 zahlte die Fürstin ca. 31.000 RM an Steuern (Schreiben v. 18.1.1932; ThHStAW, Thür. FinMin. Nr. 7932, Bl. 15r).

[1668] ThHStAW, Thür. FinMin. Nr. 7934, Bl. 67r.

c) Zwei weitere Neuvereinbarungen zwischen dem Land Thüringen und Mitgliedern des Hauses Schwarzburg

Während Fürst *Günther* und seine Frau *Anna Luise* um die Aufwertung ihre Renten prozessieren mussten, erfolgte in zwei Fällen eine Aufwertung durch den Staat freiwillig. Diese beiden Fälle sollen hier nur kurz dargestellt werden. Es handelte sich dabei um Prinzessin *Thekla von Schwarzburg-Rudolstadt* sowie Fürstin-Witwe *Marie von Schwarzburg-Sondershausen.*[1670]

Prinzessin *Thekla* bekam nach dem Gesetz vom 22.11.1918 eine jährliche Rente von 12.000 Mark und Fürstin-Witwe *Marie* erhielt ein Wittum von jährlich 48.000 Mark. Beide ersuchten im Jahre 1922 aufgrund der Geldentwertung um eine Erhöhung ihrer Bezüge nach.[1671] Das Staatsministerium erkannte keinen Rechtsanspruch an, beantragte aber aus Billigkeitsgründen eine Erhöhung, der der Landtag am 14.5.1923 auch zustimmte.[1672] Die zunehmende Inflation entwertete auch diese Erhöhung, deshalb beantragte das Staatsministerium eine Aufwertung der Rente von Prinzessin *Thekla* auf 100 % und die der Fürstin-Witwe auf 58 % beim Landtag. Der Haushaltsausschuss empfahl aber eine Aufwertung der Rente der Fürstin-Witwe auf 80 %, die davon die ihr obliegenden Pensionsverpflichtungen auf 60 % aufwerten sollte. Der Landtag folgte am 3.4.1925 dieser Empfehlung.[1673]

Im Rahmen der Einigung mit dem Haus Schwarzburg durch den Vertrag vom 6.7.1928
übernahm das Land die Versorgung von fünf Bediensteten der Prinzessin Thekla (§ 12). Nach den Schiedssprüchen vom 9.2.1930 und 6.4.1930, die bestimmte Renten auf 55 % aufwerteten, kürzte das Land die Rente von Prinzessin *Thekla* auf 6.600 RM mit Hinweis auf den Wegfall ihr obliegender

---

[1669] In den Verhandlungen des thüringischen Landtags vom 11.12.1948 erwähnte der Abgeordnete Eyermann (SED) noch einen Vertrag aus dem Jahre 1934, der dem ehemaligen Landesherrn eine *„lebenslängliche Rente von 210.000 Mark"* gewährte. Bei diesen Angaben handelt es sich entweder um einen Druckfehler oder eine Verwechslung. Im Jahre 1934 galt schon die RM-Währung und Fürst Günther von Schwarzburg-Rudolstadt – nur dieser konnte gemeint sein – erhielt durch den Vertrag mit dem Staat Schwarzburg-Sondershausen vom 5./20.12.1918 eine jährliche Rente von 210.000 Mark. (LT.-Verh. Thür. 1946-1952, Bd. I. 3., S. 1494).

[1670] Prinzessin Marie von Schwarzburg-Sondershausen (1837-1921), Schwester von Fürst Karl Günther von Schwarzburg-Sondershausen, erhielt eine jährliche Apanage von 13.500 Mark sowie eine Jahresrente von 15.000 Mark (§ 4 des Gesetzes v. 7.1.1919). Wegen ihres Todes erfolgte keine Aufwertung mehr.

[1671] Einzelheiten in ThHStAW, Thür. FinMin. Nr. 8005, 8009, 7988.

[1672] 2. LT.-Verh. Thür., Ds. Nr. 673 und 684 v. 14.9.1922, 1. Bd. S. 915, 926 f und 4. Bd., S. 4616 f, 4828.

[1673] 3. LT.-VErh. Thür., 1. Abt. Ds. 217 v. 6.2.1925, S. 231 ff; 2. Abt. Nr. 144 v. 31.3.1925, S. 401 f; 4. Abt., S. 3571 ff.

Pensionsverpflichtungen.[1674] Die Prinzessin wehrte sich dagegen und verwies mit Recht darauf, dass bei den Aufwertungsverhandlungen ihre Rente nicht in Erwägung gezogen worden sei.[1675] Das Staatsministerium setzte dann ihre Rente auf 10.000 RM herauf[1676] und ab April des Jahres 1931 zahlte man wieder 12.000 RM.[1677] Am 5.2.1939 verstarb die Prinzessin und die Zahlungen wurden eingestellt.

Seit dem Herbst des Jahres 1928 versuchte Fürstin-Witwe *Marie*, dass das Land den von ihr eingerichteten Pensionsfonds (für die Versorgung ihrer Hofbediensteten) übernahm. Das Land hatte große Bedenken, da der Fonds für seinen Zweck wohl nicht ausreichte. Nach langer Verhandlung einigte man sich schließlich auf eine Übernahme.[1678] Zu dem Fonds von ca. 76.000 RM übereignete die Fürstin-Witwe noch Mobiliar mit einem geschätzten Wert von ca. 87.000 RM. Das Finanzministerium übersandte den Vertrag[1679] und am 1.7.1930 unterschrieben die Fürstin-Witwe und ihre Bediensteten. Die Unterschrift von ihr ist so schwach und abrutschend, dass sie wohl mit letzter Kraft erfolgte – was sich auch bald bestätigte. Als das Finanzministerium zwei Tage später formale Mängel bei der Unterzeichnung geltend machte (der Vertrag war beim Notar nicht verlesen worden) und eine erneute Vornahme der Unterzeichnung verlangte,[1680] konnte die Hofverwaltung nur noch den Tod der Fürstin-Witwe am 5.7.1930 mitteilen.[1681] Der Vertrag wurde dann dem Staatsministerium vorgelegt und am 12.7.1930 unterschrieb Minister *Frick*[1682] (NSDAP) für das Land Thüringen. Am gleichen Tag wurde der Vertrag in den Landtag zur Bestätigung eingebracht. Obwohl der Haushaltsausschuss die Vorlage ablehnte, billigte der Landtag diesen Vertrag am 13.12.1930.[1683]

Auf den ersten Blick verwundert es schon, mit welcher Schnelligkeit das Land Thüringen die Rentenzahlungen der beiden aufwertete, gleiches gilt für die Übernahme ihrer Pensionsverpflichtungen. Es handelte sich aber um hochbetagte Damen und die meisten ihrer Bedienstete waren ebenfalls in einem Alter, das eine andere Erwerbsmöglichkeit ausschloss. Hier handelte das Land

---

[1674] Schreiben v. 13.2.1930; ThHStAW, Thür. FinMin. Nr. 7988, Bl. 58r-59r.
[1675] Schreiben v. 26.2.1930; ThHStAW, Thür. FinMin. Nr. 7988, Bl. 71r.
[1676] Beschluss v. 27.2.1930; ThHStAW, Thür. StaatsMin.-Präs.abt. Nr. 248, Bl. 310r.
[1677] Beschluss v. 8.1.1931; ThHStAW, Thür. FinMin. Nr. 7988, Bl. 78r.
[1678] Beschluss des Staatsministeriums v. 6.3.1930; ThHStAW, Thür. FinMin. Nr. 8014, Bl. 117r; Nr. 8015 und 8016.
[1679] Schreiben v. 24.6.1930; ThHStAW, Thür. FinMin. Nr. 8014, Bl. 177r-182r.
[1680] Schreiben v. 3.7.1930; ThHStAW, Thür. FinMin. Nr. 8014, Bl. 189r.
[1681] Schreiben v. 5.7.1930; ThHStAW, Thür. FinMin. Nr. 8014, Bl. 190r.
[1682] Wilhelm Frick (1877-1946), der spätere Reichsinnenminister.
[1683] 5. LT.-Verh. Thür., 1. Abt. Ds. Nr. 119 v. 12.7.1930, S. 112 ff; 2. Abt., Nr. 96 v. 4.12.1930, S. 229 ff; 4. Abt., S. 1546 ff, 1552.

großzügig, um unbillige Härten zu vermeiden. Beachtlich ist dabei, dass das Land seinen mit Sicherheit vorhandenen Unwillen über die vielen Prozesse des Hauses Schwarzburg nicht an den beiden ausließ – eine Tatsache, die benannt werden sollte. Ebenfalls ist bemerkenswert, wie sich die beiden Damen um die zukünftige Versorgung ihrer Angestellten sorgten. Dabei erreichte Fürstin-Witwe *Marie* buchstäblich im letzten Augenblick, dass eine Versorgungsübernahme durch den Staat erfolgen konnte. Trotz der vielfachen – vielleicht in bestimmten Fällen auch berechtigten – Kritik an den fürstlichen Familien zeigt dieses Verhalten, dass es fürstliche Personen gab, die ihre Stellung und Verantwortung auch für ihre Angestellten einsetzten.

d) Ergebnis der Rechtsstreitigkeiten mit dem Haus Schwarzburg

Nach sieben Jahren mit 15 Prozessen, die durch viele Instanzen gingen, war der Streit durch den Abschluss des Vertrages vom 6.7.1928 beendet worden. Zwar brauchte Thüringen keinen Grundbesitz zurückzugeben, aber die finanziellen Belastungen waren sehr hoch. Neben der Aufwertung der verschiedenen Rentenzahlungen an die Mitglieder des Fürstenhauses – die eine jährliche Belastung von 162.730 RM bedeuteten – musste man noch weitere 1.214.000 RM als Abfindung zahlen. Thüringen hatte zwar erreicht, dass die beiden vermögensrechtlichen Vereinbarungen aus dem Jahr 1918 weiterhin Bestand hatten, aber nur zu einem hohen Preis.

2. Sachsen-Altenburg

a) Der Verlauf des Rechtsstreits

Der ehemalige Landesherr Herzog *Ernst II. von Sachsen-Altenburg* erhielt aufgrund des Auseinandersetzungsvertrags vom 6./14.6.1919 zehn Mio. Mark als Abfindungssumme sowie das Schloss Fröhliche Wiederkunft und den Waldteil Rieseneck mit dem Herzogsstuhl, zusammen ca. 170 ha Fläche. Der Wert dieser Summe betrug zum Zeitpunkt des Vertragsschlusses nach dem Dollarstand nur noch ca. 3,11 Mio. Mark.[1684] Daneben waren ihm noch ca. 2,7 Mio. Mark an privaten Geldern verblieben, von denen der Staat wusste. Dass insgesamt sechs Mio. Mark zusätzliches Privatvermögen vorhanden waren, wusste man zu diesem Zeitpunkt nicht.

Der Herzog beteiligte sich in der Zeit nach dem Vertragschluss an mehreren wirtschaftlichen Unternehmungen und finanzierte auch private Projekte, die hohe Geldsummen erforderten.[1685] Neben wirtschaftlichen Misserfolgen kam es

---

[1684] Thür. FinMin. an den RMdI v. 11.1.1926, "Die Entwicklung und der gegenwärtige Stand der Auseinandersetzungen zwischen den ehemaligen Thüringischen Staaten und den dort früher regierenden Landesherren."; ThHStAW, Landtag v. Thür. Nr. 32/4, Bl. 5r [= S. 13 des Manuskriptes].

[1685] Einzelheiten bei Gillmeister, S. 72 ff.

durch die Inflation zu einer beträchtlichen Verringerung seines Vermögens. Er musste nun Kunstschätze veräußern, um seine Ausgaben zu finanzieren und seine Unterhaltsverpflichtungen gegenüber seiner geschiedenen Frau und seinen Kindern zu erfüllen. Die katastrophale finanzielle Situation des Herzogs veranlasste seine Berater zur Überlegung, wie man die im Jahre 1919 dem Staat übertragenen Vermögenswerte zurückbekommen könnte. Eine Aufwertungsklage erschien zu ungünstig, da der Herzog hoch verschuldet war.[1686] Eine Aufwertung hätte bei dieser Verschuldung keine dauerhafte Vermögenseinnahme dargestellt. Man wollte eine neue Vermögensauseinandersetzung mit dem Staat erreichen, die für die Zukunft inflationssichere Werte beinhaltete und deshalb die dem Staat überlassenen 13.000 ha Feld- und Forstflächen zurückerlangen. Bereits im Sommer des Jahres 1922 begann man mit den Vorbereitungen. Am 6.6.1922 stellte *Albrecht* sein Manuskript über den Vertrag vom 6./14.6.1919 fertig. Dieses sollte wohl veröffentlicht werden und die Stimmung für eine Änderung der Rechtslage vorbereiten. Dieses Vorgehen entsprach dem des Hauses Schwarzburg (siehe 3. Kap. III. 1.). Das Manuskript ist aber nie in dieser Form veröffentlicht worden.[1687] *Albrecht* schilderte den Ablauf der Verhandlungen bis zur Einigung im Juni des Jahres 1919 aus seiner Sicht. Er beschrieb seine Tätigkeit und die ausgearbeiteten Vorschläge detailliert, deutete aber bestimmte Vorgänge recht eigenwillig. So stellte er die Akzeptierung seines Vorschlags am 10.3.1919 durch die Vertreter des Staates als den Abschluss eines Abkommens dar, da er schließlich mit den Führern der SPD gesprochen habe, die Zustimmung der anderen Abgeordneten sei nur noch eine Formsache gewesen. Das Gespräch am 9.4.1919 in Leipzig beschreibt er so, dass man den anfänglichen Widerstand des Herzogs durch Behauptungen über die Stimmung im Land gebrochen habe. Über den Vorschlag des Landes habe er und der Herzog nicht verhandeln dürfen, sondern nur noch akzeptieren müssen. Nach seiner Darstellung habe der Herzog überhaupt keine Abfindung erhalten und deswegen sei der Vertrag für ihn sittenwidrig nach § 138 BGB; auf die weiteren Anfechtungsgründe wolle er nicht eingehen. Er forderte eine Revision des Vertrages vom 6./14.6.1919 und eine neue Abfindung, die aber nur *„aus Waldungen und landwirtschaftlichen Gütern"* bestehen könnte.[1688] In einem Anhang hatte er etliche Dokumente beigefügt.

Aus dieser Darstellung wird deutlich, dass man sich der gleichen Gründe und Forderungen bedienen wollte, die das Haus Schwarzburg im gleichen Jahr gegenüber den Gebieten Rudolstadt und Sondershausen vorgebracht hatte. Es

---

[1686] Im Jahre 1928 hatte er 682.000 RM Schulden mit einer jährlichen Zinsbelastung von 67.000 Mark (4. LT.-Verh. Thür, 2. Abt. Nr. 251 v. 7.2.1929, S. 803 f).

[1687] Es befindet sich im ThStA Altenburg, Haus- und Privatarchiv der Herzöge von S.-A. Nr. 2138.

[1688] Albrecht, Vertrag, S. 12, 14 ff, 24 f.

vergingen aber noch fast zwei Jahre, ehe der Herzog seine Forderungen gegenüber dem Staat erhob. Politisch schien im Frühjahr des Jahres 1924 die Zeit auch günstiger geworden zu sein, da der Ordnungsbund unter Staatsminister *Leutheußer* die Regierung übernommen hatte.

Am 24.3.1924 kam es im thüringischen Finanzministerium zu einer Besprechung zwischen Rechtsanwalt *Everling*[1689] und *Albrecht* als herzoglichen Vertretern und den zuständigen Beamten, darunter auch *Rinck*. *Everling* focht den Vertrag vom 6./14.6.1919 wegen Irrtums, Drohung und sittenwidrigen Zwangs an. Die nähere Begründung würde er schriftlich nachreichen. Deshalb gelte der § 25 des Gesetzes aus dem Jahre 1874, wonach bei Regierungsverlust die Domänen Privateigentum der herzoglichen Familie würden und der Staat keine Rechte mehr hätte. Er bemerkte noch, dass Staatsminister *Leutheußer* eine Bereinigung des angefochtenen Vertrages bereits mündlich zugesichert habe.[1690] Zwei Tage später ging seine umfangreiche Begründung der vorgetragenen Nichtigkeitsgründe ein. Der Schwerpunkt lag auf der Darlegung der Sittenwidrigkeit des Vertrages und dem Druck, dem der Herzog auf der Besprechung am 9.4.1919 in Leipzig ausgesetzt gewesen wäre.[1691] Während das Finanzministerium versuchte, von den damals Beteiligten Stellungnahmen einzuholen, schrieb *Everling* an *Leutheußer* und bat um beschleunigte Regelung der Angelegenheit, da die Vermögensverhältnisse des Herzogs eine schnelle Beseitigung der Wirkungen des nichtigen Vertrages erforderlich machten.[1692] Kurz darauf ersuchte er um ein Treffen mit dem Staatsminister; Grund seines Drängens sei, dass *Leutheußer* die Bereinigung der Angelegenheit außerparlamentarisch gern sehen würde (an dieser Stelle befindet sich ein handschriftliches Fragezeichen),[1693] was *Leutheußer* aber ablehnte. Beide hatten sich im Frühjahr des Jahres 1924 getroffen und *Everling* glaubte aus den Äußerungen entnehmen zu dürfen, die neue Regierung würde die Wünsche des Herzogs umgehend erfüllen. Nicht nur bei dieser Gelegenheit interpretierte er mehr in die Aussagen seiner Gesprächspartner als diese tatsächlich äußerten.

Das Finanzministerium informierte ihn in dieser Zeit von der Anordnung des Staatsministeriums vom 16.4.1924,[1694] die nötigen Erörterungen vorzunehmen und meinte, dass die Eingabe von *Everling* für die weiteren Verhandlungen „*keine geeignete Grundlage*" bilden würde.[1695] Mit dem Bekanntwerden der

---

[1689] 1891-1958, Mitglied des Reichstags (Schüren S. 296).
[1690] Aktenvermerk v. 34.3.1924; ThHStAW, Thür. FinMin. Nr. 7935, Bl. 9r-10r.
[1691] Schreiben v. 26.3.1924; ThHStAW, Thür. FinMin. Nr. 7935, Bl. 16r-38r. Teile des Schreibens sind in den Landtagsverhandlungen abgedruckt worden (4. LT.-Verh. Thür., 1. Abt. Ds. Nr. 261 v. 11.9.1928, S. 414 ff).
[1692] Schreiben v. 28.3.1924; ThHStAW, Thür. FinMin. Nr. 7935, Bl. 40r.
[1693] Schreiben v. 30.3.1924; ThHStAW, Thür. FinMin. Nr. 7935, Bl. 44r-45r.
[1694] ThHStAW, Thür. StaatsMin.-Präs.abt. Nr. 248, Bl. 157r.
[1695] Schreiben v. 23.4.1924; ThHStAW, Thür. FinMin. Nr. 7935, Bl. 51r.

Anfechtung durch den Herzog gab es in sozialdemokratischen Zeitungen scharfe Proteste. *Everlings* Reaktion war ein erneutes Schreiben an *Leutheußer*, in dem er ankündigte, die seit März des Jahres 1924 druckfertige Broschüre würde von *Albrecht* herausgegeben, welche "*absolut sachlich gehalten*" und „*Grundlage seiner Eingabe*" sei. Diese würde die Regierung in der ihnen zugesicherten Förderung der Angelegenheit einen Dienst erweisen (an dieser Stelle befindet sich wieder ein Fragezeichen auf dem Brief). Er bot *Leutheußer* die Broschüre zur Durchsicht an, um etwaige Korrekturen vornehmen zu lassen.[1696] Dieser muss äußerst befremdet gewesen sein und antwortete, er möge sich an das zuständige Finanzministerium wenden, um seine Wünsche und Vorstellungen vorzutragen. Erst bei einer Vorlage im Staatsministerium würde er sich damit beschäftigen. Eine Durchsicht lehnte er ab, da sonst der Eindruck entstehe, er sei mit dieser Veröffentlichung einverstanden.[1697] Beim Lesen dieser Briefe kann man sich nicht vorstellen, dass *Everling* den Staatsminister *Leutheußer* durch diese plumpen Versuche „einspannen" oder später bloßstellen wollte, da das den gegenteiligen Effekt gehabt hätte. Er schien tatsächlich an eine Zusage zur Bereinigung des Vertrages geglaubt zu haben.

Der herzogliche Berater *Albrecht* überreichte dem Finanzministerium am 22.5.1924 seine gedruckte Schrift, die im März fertiggestellt worden war; er wollte sogleich in eine Besprechung über die künftige Abfindung eintreten. Von den fünf Gütern mit 1.000 ha Fläche und den 12.000 ha Wald, die dem Herzog „*abgenommen*" worden sein, würde sich dieser bei Rückgabe von drei Gütern und 9.000 ha Wald als befriedigt ansehen. Der zuständige Beamte *Rinck* gab aber keine Stellungnahme ab.[1698] Es scheint so, als ob auch *Albrecht* davon ausging, dass man seitens der Regierung nur darauf wartete, das Vermögen zurückzugeben. Seine Schrift beruhte auf seinem Manuskript aus dem Jahr 1922, war aber in weiten Teilen verändert worden und z.T. auch unpräzise gehalten. Hauptsächlich beschäftigte er sich aus seiner Sicht mit dem Ablauf des Treffens in Leipzig im April des Jahres 1919. Er schilderte die ultimativen Forderungen gegenüber dem Herzog, den Zwang und die Drohungen der Abgeordneten. Die in den gedruckten Verhandlungen der Landesversammlung beschriebene sachliche Zusammenkunft beim Herzog wertete er als unrichtig. Daneben wiederholte er auch seinen Vorwurf, dass die zehn Mio. Mark, die der Herzog erhalten hatte, in Wirklichkeit keine Abfindung seien. Da der Vertrag nichtig sei, habe der Herzog Anspruch auf das gesamte Vermögen, auf die Gewährung einer Entschädigung für die in der Zwischenzeit veräußerten Werte und die Zahlung einer Entschädigung für die entgangenen Nutzungen. Für die angemessene Gewährung sollte man hauptsächlich landwirtschaftliche Güter

---

[1696] Schreiben v. 9.5.1924; ThHStAW, Thür. FinMin. Nr. 7935, Bl. 58r.
[1697] Schreiben v. 12.5.1924; ThHStAW, Thür. FinMin. Nr. 7935, Bl. 59r.
[1698] Vermerk v. 22.5.1925; ThHStAW, Thür. FinMin. Nr. 7935, Bl. 61r.

und Wald zurückgeben.[1699] Die Einschätzung *Everlings* zu dieser Broschüre, diese sei „*sachlich*" und sollte der Regierung einen Dienst erweisen, mutete schon etwas merkwürdig an. Wie der Ablauf des Treffens in Leipzig tatsächlich gewesen ist, war schon zu diesem Zeitpunkt schwer ermittelbar, da kein Protokoll oder andere Aufzeichnungen angefertigt worden waren. Man war nur auf die Aussagen der Beteiligten angewiesen. Im völligen Gegensatz zu den Ausführungen *Albrechts* steht nämlich ein Brief des Herzogs *Ernst II.* an seine Mutter. Er schrieb, dass die Verhandlung „*behaglich*" verlaufen und er mit der Abfindung zufrieden sei. Von Drohungen und Zwang erwähnte er nichts. Am Tag der Vertragsunterzeichnung schrieb er an einen Bekannten, die Ungewissheit über die zukünftige Lebensplanung sei weg, es hätte schlimmer kommen können.[1700]

Nachdem der ehemalige Staatsrat *Frölich* vom Finanzministerium zu den Ereignissen im Frühjahr des Jahres 1919 befragt wurde, erfuhr dieser von den Äußerungen *Everlings* über die angeblichen Zusagen von *Leutheußer*, der darauf im Landtag unter Druck geriet. Am 23.5.1924 kam es deshalb zu einer Anfrage der SPD an die Regierung, ob *Leutheußer* eine Vertragsänderung in Aussicht gestellt hätte und diese durch die Regierung gebilligt würde. In seiner Antwort wies *Leutheußer* alle Vorwürfe zurück. Er habe *Everling* lediglich eine sachliche Prüfung der erhobenen Einwendungen zugesagt. Auch Finanzminister *v.Klüchtzner* verwahrte sich gegen die Vorwürfe von *Frölich.*[1701]

Ein Teilnehmer des umstrittenen Treffens in Leipzig war der ehemalige Staatsrat von Sachsen-Altenburg und spätere Präsident des Landesfinanzamtes *Schneider*, der seine Sicht über den Ablauf dem Finanzministerium mitteilte. Für ihn hätten bestimmte Äußerungen der Sozialdemokraten den Herzog tief beeindruckt, der selbst schwer erregt gewesen sei. Unter diesem Druck habe der Herzog schließlich eingewilligt. Als Beispiel für den seelischen Druck, wonach der Herzog der Verhandlung nicht folgen konnte, gab er an, dass sich der Herzog ihm gegenüber vor sechs Monaten nicht daran erinnern konnte, dass man ihm damals als Teil der Abfindung zwei Forstreviere angeboten habe. Aufgrund dieser geschilderten Situation war für *Schneider* der Vertrag nichtig oder mindestens anfechtbar. (An dieser Stelle des Schreibens vermerkte *Rinck*, dass die Unterzeichnung des Vertrages erst im Juni des Jahres 1919 erfolgte und der Herzog genügend Zeit gehabt hätte, sich wieder zu sammeln und zur Besinnung zu kommen.). *Schneider* hielt eine schleunige Entscheidung für

---

[1699] Albrecht, Enteignung, S. 16 ff (Ein Exemplar befindet sich im ThHStAW, Thür. Fin-Min. Nr. 7935, Bl. 62r-73v).
[1700] Gillmeister, S. 66
[1701] 3. LT.-Verh. Thür. 4. Abt., S. 971, 1199, 5613.

erforderlich, da der Herzog kaum Einnahmen habe und von Krediten lebe.[1702] Aufgrund des Schreibens war nicht auszuschließen, dass *Schneider* – der noch gute Kontakte zum Herzog zu haben schien[1703] – die Version von *Albrecht* stützte. Für den Beamten *Rinck* bleiben die Zweifel jedoch nach wie vor bestehen, die Ausführungen von *Schneider* hatten ihn nicht überzeugt.

Kurz darauf machte *Everling* einen weiteren Unwirksamkeitsgrund geltend: Die Agnaten des gothaischen Gesamthauses hätten nicht zugestimmt. Er unterbreitete ein Angebot zur schnellen Regelung der Angelegenheit, wonach der Herzog einen solchen Teil des Domänenvermögens zurückerhalten sollte, der ihm und seiner Familie einen standesgemäßen Unterhalt böte. Dieser Teil sollte aus land- und forstwirtschaftlichen Grundstücken bestehen. Für den Fall einer Weigerung drohte er gerichtliche Schritte an.[1704] Anfang Juli des Jahres 1924 forderte er eine Besprechung, um einen vorläufigen Abschluss zu finden. Seine Bemerkung: *„Die mir bei der letzten Besprechung gütigst gegebene Zusage an der nunmehrigen Förderung der Angelegenheit...“*, ist von *Rinck* mit einem Fragezeichen versehen worden. Dieser lehnte wegen Zeitmangels aufgrund der eingehenden Prüfung wegen der politischen und wirtschaftlichen Bedeutung der Angelegenheit für Thüringen ein Treffen ab.[1705] *Everling* schien aus jeder Bemerkung zur sachlichen Prüfung eine Zustimmung zu seinen Argumenten zu entnehmen oder entnehmen zu wollen.

Frölich übersandte Mitte Juli des Jahres 1924 dem Finanzministerium seine kurz vorher fertiggestellte Gegenschrift zu der von *Albrecht*.[1706] Er legte darin seinen Rechtsstandpunkt zum Eigentum an den Domänen im Herzogtum Sachsen-Altenburg ausführlich dar und beschrieb seine Sicht des Ablaufs der Verhandlungen im Jahr 1919. Er widersprach den Behauptungen von *Albrecht* und erwähnte, dieser habe bei dem besagten Treffen in Leipzig dem Herzog die Annahme des Vertrages empfohlen. *Albrecht* hatte bisher immer behauptet, dem Herzog sei keine Wahl geblieben als zuzustimmen. Für *Frölich* war der Vertrag unanfechtbar und er wies jegliche Forderungen auf Rückgabe zurück. Von *Rinck* markiert ist die Bemerkung von *Frölich*, dass er wiederholt angeboten habe, der Herzog solle eine Domäne behalten, um volkswirtschaftlich etwas zu leisten. Dies sei aber abgelehnt worden. Diese Äußerung entsprach der von *Schneider*, nach der der Herzog damals eine Barabfindung und keinen Grundbesitz wollte, der eine Bewirtschaftung erforderte. Es häuften sich die

---

[1702] Schreiben v. 17.6.1924; ThHStAW, Thür. FinMin. Nr. 7935, Bl. 81r-83v.

[1703] Als der Herzog das Land verklagte, gab Schneider seine nahen Beziehungen zum Herzog zu und wollte auf die Klage nicht mehr eingehen als unbedingt nötig. (Vermerk v. 13.2.1925; ThHStAW, Thür. FinMin. Nr. 7937, Bl. 25r).

[1704] Schreiben v. 26.6.1924; ThHStAW, Thür. FinMin. Nr. 7935, Bl. 84r-86r.

[1705] Schreiben v. 4.7.1924; ThHStAW, Thür. FinMin. Nr. 7935, Bl. 91r, 92r.

[1706] Schreiben v. 14.7.1924; ThHStAW, Thür. FinMin. Nr. 7935, Bl. 100r.

Indizien, dass die Behauptungen der herzoglichen Berater nicht stichhaltig waren. Da das Land Thüringen immer noch nicht bereit war, auf die Forderungen einzugehen, drohte *Everling* in seinem Schreiben vom 2.9.1924 mit einer Klage, wenn nicht binnen zweier Wochen mit den Verhandlungen begonnen würden.[1707]

Drei Wochen später, am 22.9.1924, beschloss das thüringische Staatsministerium die Ablehnung der Ansprüche auf Herausgabe des Vermögens, da diese zu weitgehend wären und nicht beim Landtag befürwortet werden könnten.[1708] Das Finanzministerium – dazu vom Staatsministerium ermächtigt – teilte *Everling* diese Entscheidung mit.[1709] Von dieser Entscheidung offensichtlich überrascht, mussten die herzoglichen Vertreter ihre Klage erst vorbereiten, was Monate in Anspruch nahm. *Everling* beschwerte sich in einem Zeitungsartikel, das Land habe den Herzog ein halbes Jahr hingehalten, obwohl dieser nur um Prüfung der Angelegenheit gebeten und keine konkreten Forderungen gestellt hätte.[1710] Diese Äußerungen standen in einem völligen Widerspruch zu seinen bisherigen Schreiben, in denen man ja stets Grundbesitz zurückgefordert hatte. Zur Unterstützung des Herzogs ersuchte die Ortsgruppe Altenburg der Deutschen Adelsgenossenschaft den thüringischen Landtag um eine Änderung des Vertrages zugunsten des herzoglichen Hauses. Es sollte einen Teil des Grundbesitzes zurückbekommen. Es sei eine „*Schmach*“, dass der Herzog durch den Vertrag völlig schuldlos der Verarmung anheimfalle.[1711]

Offenbar hatten die Berater des Herzogs an einen schnellen Erfolg im Wege von Verhandlungen geglaubt, obwohl man durch den Rechtsstreit des Hauses Schwarzburg gewarnt sein musste. Das Land Thüringen akzeptierte nicht einfach eine Anfechtung des Vertrages verbunden mit Rückgabeforderungen, auch wenn die fürstliche Seite mittels Druckschriften ihre Behauptungen zu untermauern versuchte. Es ging um Millionenwerte, auf die man weder aus finanziellen noch aus politischen Gründen verzichten konnte. Aus dem Beschluss des Staatsministeriums kann man zwischen den Zeilen lesen, dass man zu einer Veränderung des Vertrages bereit war. Das kann sich aber nur auf eine Aufwertung der Abfindungssumme bezogen haben, eine völlige Neuregelung war nicht verhandelbar. Die herzogliche Seite hatte bis dahin auch keine diesbezüglichen Angebote gemacht, da man gerade keine Aufwertung wollte.

Mit seiner Klage vom 15.1.1925 verlangte der Herzog die Rückübertragung vorerst nur eines Grundstücks (aus Kostengründen) und führte die bekannten

---

[1707] ThHStAW, Thür. FinMin. Nr. 7935, Bl. 125r.
[1708] ThHStAW, Thür. StaatsMin.-Präs.abt. Nr. 248, Bl. 173r.
[1709] Schreiben v. 24.9.1924; FinMin. Nr. 7935, Bl. 130r.
[1710] Mitteldeutsche Zeitung v. 31.10.1924.
[1711] Schreiben v. 22.11.1924; ThHStAW, FinMin. Nr. 7935, Bl. 137r.

Nichtigkeitsgründe auf.[1712] Der vom Land beauftragte Rechtsanwalt *Heine* kam in seinem Gutachten, wie in allen anderen Prozessen, zu dem Ergebnis, dass der Rechtsweg unzulässig sei. Auch die Nichtigkeitsgründe lägen für ihn nicht vor.[1713] Obwohl die Einrede der Rechtswegsunzulässigkeit bisher noch in keinem Prozess Erfolg hatte, erhob sie das Land und scheiterte im Sommer des Jahres 1925 damit vor dem Landgericht Altenburg sowie in der Berufung vor dem OLG Jena.[1714] Auf eine Revision wurde wegen Aussichtslosigkeit verzichtet. In dem Hauptsacheverfahren sagten die Beteiligten als Zeugen aus. Für die herzogliche Seite konnte nur *Albrecht* auftreten. Die Beauftragten des ehemaligen Landes Sachsen-Altenburg verneinten einhellig den behaupteten Zwang und die Bedrohungen, auch der ehemalige Chef der Hofkammer *v. Wangenheim* war zur Aussage bereit. Er konnte über die ersten Verhandlungen Auskunft geben, u.a. sei die Barabfindung erst nach seinem Weggang ins Gespräch gekommen.[1715] Seine Aussage muss die herzogliche Seite sehr getroffen haben. Im Frühjahr des Jahres 1926 beantragte das Land Thüringen aufgrund des Sperrgesetzes die Aussetzung des Verfahrens.

Nach Scheitern des Volksentscheids im Sommer des Jahres 1926 versuchte *Everling* im Namen des Herzogs *Ernst II. von Sachsen-Altenburg* und der Fürstin *Anna Luise von Schwarzburg-Rudolstadt*, in der Altenburger und Schwarzburger Angelegenheiten einen Vergleich herbeizuführen.[1716] (Zu seinem plötzlichen Eintreten in der Schwarzburger Angelegenheit siehe 3. Kap. II. 1. b). Das Finanzministerium erwartete aber detaillierte Vorschläge, bevor es bereit war, in Verhandlungen einzutreten, die sich im übrigen auch nach dem Kompromiss-Gesetzentwurf der Reichsregierung zu richten hätten.[1717] Im Oktober des Jahres 1926 zeigte Rechtsanwalt *Fischer* gegenüber dem Finanzministerium seine Vertretung für die beiden Söhne des Herzogs an (Erbprinz *Georg Moritz* und Prinz *Friedrich Ernst*) an. Da der Herzog nicht in ausreichender Wiese für beide sorge, wollten sie in die Neuverhandlungen einbezogen werden,[1718] was ihnen das Finanzministerium auch gewährte.[1719] *Everling* bat in dieser Zeit auch den RMdI *Külz* um Vermittlungshilfe in der Altenburger Angelegenheit. Dieser zeigte gegenüber dem Land Thüringen sei-

---

[1712] ThHStAW, Thür. FinMin. Nr. 7937, Bl. 2r-18r.
[1713] Schreiben v. 16.2.1925; ThHStAW, Thür. FinMin. Nr. 7937, Bl. 43r-64r.
[1714] ThHStAW, Thür. FinMin. Nr. 7937, Bl. 156r-161r, 282r-285r. Beide Urteile sind abgedruckt in 4. LT.-Verh. Thür., 2. Abt. Nr. 251 v. 7.2.1929, S. 810 ff.
[1715] Zu den Zeugenaussagen siehe ThHStAW, Thür. FinMin. Nr. 7937, Bl. 292r- 324v.
[1716] Schreiben v. 9.7.1926; ThHStAW, Thür. FinMin. Nr. 7935, Bl. 154r.
[1717] Schreiben v. 29.7.1926; ThHStAW, Thür. FinMin. Nr. 7935, Bl. 158r.
[1718] Vermerk v. 14.10.1926; ThHStAW, Thür. FinMin. Nr. 7935, Bl. 172r.
[1719] Schreiben v. 25.10.1926; ThHStAW, Thür. FinMin. Nr. 7935, Bl. 173r.

ne Bereitschaft an.[1720] Thüringen hoffte zwar immer noch auf ein Reichsgesetz zur Regelung der Abfindungsfragen, aber nach dessen Scheitern musste die mittlerweile neue Landesregierung auf das Angebot des RMdI zurückkommen. Ab dem August des Jahres 1927 begannen die Verhandlungen mit beiden Seiten und dem Staatssekretär im RMdI *Zweigert*, die sich über Monate hinzogen.[1721] Nach fast einem Jahr schloss man den **Vertrag vom 28.8.1928**[1722] [1723], wonach eine Kommission gebildet werden sollte unter Vorsitz des ehemaligen RMdI *Külz* (§ 1). Dem herzoglichen Haus wäre eine wertbeständige Rente zuzusprechen, die auf die einzelnen Mitglieder aufgeteilt werden sollte (§§ 2-4). Dafür verzichtete das herzogliche Haus auf die Anfechtung des Vertrages vom 6./14.6.1919 (§ 5). Wie bei dem Vertrag mit dem Haus Schwarzburg, war das Land nur zu einer Aufwertungslösung bereit. Eine Rückgabe von Grundbesitz wurde strikt abgelehnt. Dafür unterwarf man sich einer Kommissionsentscheidung, die u.U. eine hohe Rente zusprechen konnte. Um völlige Rechtssicherheit zu erreichen, sollten die Verträge vom 28.8.1928 und vom 6./14.6.1919 zusammen durch ein Gesetz im Landtag bestätigt werden. Dieser Gesetzentwurf wurde am 11.9.1928 (gleichzeitig mit dem Gesetzesentwurf über den Vertrag mit Schwarzburg) in den Landtag eingebracht.[1724]

Kurz darauf scheiterte die Landesregierung, Anfang November des Jahres 1928 bildete sich eine neue Regierung unter dem Vorsitz von *Paulssen*.[1725] Am 20.11.1928 debattierte der Landtag in erster Lesung über beide Gesetzesvorlagen. Der Abgeordnete *Frölich* (SPD) griff den Altenburger Vertrag scharf an. Für ihn war der Vertrag aus dem Jahr 1919 rechtsgültig zustande gekommen und würde vor jedem Gericht Bestand haben. Man habe dem Herzog eine hohe Abfindungssumme für die Domänenübertragung gezahlt und die Inflationsverluste des Herzogs habe das Land nicht zu ersetzen.[1726] Die Vorlage ging in den Ausschuss für Gesetzgebung und Verwaltung, der diese ablehnte. Nach wie

---

1720 Schreiben v. 23.12.1926; ThHStAW, Thür. FinMin. Nr. 7935, Bl. 179r.

1721 Das Staatsministerium stimmte einer vertraglichen Verlängerung des Sperrgesetzes zu, um den Abschluss zu fördern (ThHStAW, Thür. StaatsMin.-Präs.abt. Nr. 248, Bl. 283r).

1722 Zu den Einzelheiten der Gespräche siehe die „Kurze Zusammenstellung der mit dem Lande Thüringen in der Frage der Auseinandersetzung mit dem Herzog von Sachsen-Altenburg geführten Verhandlungen“. Diese stammt wahrscheinlich von einem herzoglichen Berater vom Frühjahr des Jahres 1930, ist aber nicht immer korrekt in der Darstellung (ThStA Altenburg, Haus- und Privatarchiv der Herzöge von S.-A., Nr. 2143, nicht foliert, Aktenstück Nr. 53).

1723 Der Vertrag ist abgedruckt in 4. LT.-Verh. Thür., 1. Abt. Ds. Nr. 261 v. 11.9.1928, S. 404 ff.

1724 4. LT.-Verh. Thür., 1. Abt. Ds Nr. 261 v. 11.9.1928, S. 403 ff.

1725 Patze/Schlesinger/Facius, 5. Bd. 2. Teil, S. 482 f.

1726 4. LT.-Verh. Thür., 4. Abt., S. 2558 ff und 2587 ff.

vor hielt man eine gerichtliche Niederlage für unwahrscheinlich. Gegen die angebliche Sittenwidrigkeit des Vertrages sprach eine Information, die *Frölich* in dieser Zeit erhielt: Der Vertreter der beiden Prinzen *Fischer* hatte ihm einen vertraulichen Brief des damaligen Hofmarschalls *v.Breitenbuch* an die Prinzen vom 27.5.1919 zukommen lassen. Darin hieß es, der Herzog würde den Vertrag unterschreiben, da dieser seinen Vorstellungen entsprach und finanziell annehmbar sei, weil er neben den 10 Mio. Mark vom Staat noch sechs Mio. Mark an Ersparnissen habe. Diese Information sei aber geheim zu halten.[1727] Die Wut der SPD-Abgeordneten muss sich mit diesem Brief noch verstärkt haben, da man im Jahre 1919 von den Vertretern des Herzogs unrichtige Information über die tatsächliche Finanzlage erhalten hatte. Wenn der Vertreter der Prinzen ein derartig brisantes Schreiben dem ärgsten politischen Gegner zukommen ließ, dann muss das Verhältnis zwischen dem Herzog und seinen Söhnen sehr gespannt gewesen sein und auch *Fischer* muss bewusst gewesen sein, was dieser Brief auslösen würde. Im Ausschuss wurde auch die Befürchtung erhoben, dass man mit den Zahlungen nur die Gläubiger des Herzogs befriedigen würde und nicht dem Vertragszweck – Unterhalt der herzoglichen Familie – dienen würden. Die Verschuldung des Herzogs betrug nämlich nach Angaben im Ausschuss 682.000 RM, mit einer jährlichen Zinsbelastung von 67.000 RM. Man beschloss, die Regierung sollte die Sanierungsmöglichkeit des Herzogs prüfen und bei Bestehen einer derartigen Möglichkeit ein weiteres Abkommen mit dem Herzog abschließen. In diesem hätte der Herzog noch weitere Zugeständnisse machen müssen, bei den Rentenzahlungen sei die schwierige Haushaltslage zu berücksichtigen und er habe seine letzten Grundbesitzungen an den Staat zu veräußern.[1728]

Zur schlechten finanzielle Lage des Herzogs sind in einer Akte des Staatsarchivs Altenburg viele Nachweise zu finden: Sein Vermögensverwalter *Kronberg* verkaufte in Berlin sehr viele Kunstgegenstände (darunter Familiensilber und persönliche Kriegserinnerungsstücke) und überwies ständig Geld an den Herzog. Der Herzog beklagte in einem Brief an den ehemaligen König von Sachsen, er könne die nötigsten Aufwendungen nicht mehr bestreiten.[1729]

Der Ausschussbericht wurde am 6. und 7.3.1929 im Landtag diskutiert. Finanzminister *Toelle* erklärte, dass man von den Schulden des Herzogs erst spät erfuhr und jetzt Bedenken zur Aufrechterhaltung des Vertrages hätte und die Entschließung des Ausschusses unterstütze. Am 7.3.1929 lehnte der Landtag die Vorlage ab und verabschiedete die Entschließung, nach der die Regierung

---

[1727] Eine Abschrift dieses Briefes ließ Frölich dem Finanzministerium zukommen (Vermerk v. 5.10.1929; ThHStAW, Thür. FinMin. Nr. 7938, Bl. 126r-127r).

[1728] 4. LT.-Verh. Thür., 2. Abt., Nr. 251 v. 7.2.1929; S. 802 ff.

[1729] Schreiben v. 23.11.1930; ThStA Altenburg, Haus- und Privatarchiv der Herzöge von S.-A. Nr. 2145, nicht foliert.

die Sanierungsmöglichkeit des Herzogs zu prüfen habe.[1730] Ob die Regierung die tatsächliche Verschuldung des Herzogs nicht beim Vertragsschluss gekannt hat, ist fraglich. Schon im März des Jahres 1927 informierte die herzogliche Vermögensverwaltung, dass auf dem Waldstück Rieseneck (das dem Herzog gehörte) eine Grundschuld von 150.000 RM lag.[1731] In einem Gespräch mit dem Vertreter der Prinzen soll *Toelle* auch seine Bestürzung über die Vermögenssituation des Herzogs geäußert haben.[1732] Es spricht vieles für die Annahme, dass die Regierung zurückwich, als sie merkte, dass sie keine Mehrheit für ihre Vorlage erhalten würde.

Die Verhandlungen im Frühjahr und Sommer des Jahres 1929 führten zu keinem Ergebnis. Somit ging der Rechtsstreit weiter, den der Herzog nun auf Rückgabe des gesamten Vermögens erweiterte.[1733] Mit der Prozessführung hatte der Herzog die Rechtsanwälte *Schwersenz* (Berlin) und *Hase* (Altenburg) beauftragt. Diese fanden heraus, dass der Vertrag vom 6./14.6.1919 gegen Form- und Genehmigungsvorschriften verstieß: So fehlte die notarielle Beurkundung nach §§ 311, 313 BGB und die Genehmigung des Vormundschaftsgerichtes nach §§ 1821, 1822 BGB. Zwei Gutachter bestätigten diese Einschätzungen.[1734] Die neuen Nichtigkeitsgründe zeigte man dem Land an.[1735] *Schwersenz* unterbreitet dem Land einen neuen Vorschlag: Danach sollte der Herzog eine erbliche Rente von 150.000 RM erhalten, zur Abgeltung aller Verbindlichkeiten zahlt das Land 900.000 RM sowie die Kosten des Rechtsstreites und der Herzog erhält ein Waldrevier von 1.000 ha Fläche. Dafür würde man auf die Anfechtung verzichten.[1736] Das Land war aber nur bereit zu einer Rente von 100.000 RM, die auf alle Mitglieder der herzoglichen Familie verteilt werden sollte und sich bei Tod des Herzogs auf die Hälfte verringern würde. Für die Übernahme des Waldgebietes Rieseneck war man bereit, 430.000 RM und für den Abkauf von Nutzungsrechten am Altenburger

---

[1730] 4. LT.-Verh. Thür., 4. Abt. S. 2867 ff; 3. Abt., S. 133.

[1731] Schreiben v. 17.3.1927; ThHStAW, Thür. FinMin. Nr. 7935, Bl. 190r. Im Jahr 1930 erfolgte dann die Zwangsversteigerung.

[1732] Schreiben von Fischer an Everling v. 2.11.1927; ThStA Altenburg, Haus- und Privatarchiv der Herzöge von S.-A. Nr. 2142, nicht foliert.

[1733] Schriftsatz v. 25.6.1929; ThHStAW, Thür. FinMin. Nr. 7938, Bl. 4r-5r.

[1734] Gutachten von Kübler v. 11.6.1930 und von Koch-Weser v. 29.8.1930; ThStA Altenburg, Haus- und Privatarchiv der Herzöge von S.-A. Nr. 2142, gebundene Exemplare, nicht foliert.

[1735] Schreiben v. 24.6.1929 u. 3.1.1930; ThHStAW, Thür. FinMin. Nr. 7938, Bl. 7r, 303r-306r.

[1736] Schreiben v. 5.7.1929; ThHStAW, Thür. FinMin. Nr. 7938, Bl. 91r-92r.

Schloss 120.000 RM zu zahlen.[1737] Diesen Vorschlag lehnten die herzoglichen Vertreter ab.

Die Fortführung des Prozesses verlief für den Herzog nicht günstig. Man versagte ihm das beantragte Armenrecht wegen Aussichtslosigkeit des Prozesses. Bei der Fortführung vor dem Landgericht Altenburg war er nicht mehr in der Lage, 400 RM als Kostenvorschuss für die Zeugenvernehmungen aufzubringen. Er war gezwungen, sich am 8.2.1930 mit neuen Vergleichsvorschlägen an das Land zu wenden: Das Land sollte ihm 1 Mio. Mark ohne Gegenleistung, eine jährliche Rente von 150.000 RM bei seinem Tod verringert auf 60.000 RM, zahlen – oder ein Abkommen wie vom 28.8.1928 abschließen – oder Vergleichsverhandlungen vor dem OLG Jena führen.[1738] Auf der Besprechung am 20.2.1930 zwischen den Vertretern beider Parteien über einen Vergleich verlangte Finanzminister *Baum* kategorisch den Nachweis einer Einigung des Herzogs mit seinen Gläubigern. Die vom Land zu zahlende Rente müsse bei der herzoglichen Familie bleiben, erst dann würden Verhandlungen stattfinden. Der herzogliche Vertreter *v.Medem* konnte nur die Unmöglichkeit einer solchen Einigung feststellen. Sein Vergleichsvorschlag lautete: Eine Rente von jährlich 120.000 RM für die herzogliche Familie, 450.000 RM für die Übernahme des Waldstückes Rieseneck durch das Land, 120.000 RM für den Verzicht von Nutzungsrechten und die Überlassung von Rüstungen im Altenburger Schloss.[1739] Obwohl der Herzog mit seinen Forderungen sehr zurückgegangen war, lehnte das thüringische Staatsministerium auch diesen Vorschlag ab. Erst nach dem Abschluss einer Vereinbarung mit seinen Gläubigern wollte man mit ihm weiterverhandeln.[1740]

Das Landgericht Altenburg wies am 9.7.1930 die Klage in allen Punkten ab, da alle vorgetragenen Nichtigkeits- und Unwirksamkeitsgründe nicht vorliegen würden.[1741] Der Herzog ging in Berufung und verlangte nun die Herausgabe von vier Grundstücken. Das OLG Jena beschloss aufgrund der Fülle von zweifelhaften Rechtsfragen den Parteien Einigungsgespräche anzuraten. Die Zukunft der herzoglichen Familie sollte durch eine angemessene, der Not von Volk und Reich Rechnung tragende, für das Land tragbare Rente gesichert werden, fand der Senat.[1742] Dieser deutliche Hinweis sollte auch das Land zum Einlenken bringen. Beide Seiten trafen sich am 20.12.1930 in Jena, um mit dem zuständigen Richter Einigungsgespräche zu führen. Die herzogliche Seite

---

1737 Bericht des FinMin. v. 12.2.1930; ThHStAW, Thür. StaatsMin.-Präs.abt. Nr. 248, Bl. 323r-327r.

1738 ThHStAW, Thür. FinMin. Nr. 7938, Bl. 212r-216r.

1739 Schreiben v. 21.2.1930; ThStA Altenburg, Haus- und Privatarchiv der Herzöge von S.-A. Nr. 2142, nicht foliert.

1740 Beschluss v. 5.3.1930; ThHStAW, Thür. StaatsMin.-Präs.abt. Nr. 248, Bl. 322r.

1741 ThHStAW, Thür. FinMin. Nr. 7938, Bl. 314r-337r.

1742 Beschluss v. 27.11.1930; ThHStAW, Thür. FinMin. Nr. 7939, Bl. 56r.

– offenbar fühlte man sich durch die Hinweise des Gerichtes ermutigt – forderte unversehens die Hälfte des ursprünglichen Domänenvermögens und Geld. Nicht nur der Vertreter des Landes, auch der Richter war von dieser Forderung sehr überrascht, da bisher immer nur von einer Rentenzahlung ausgegangen worden war.[1743] Das Land stellte die von ihm übernommenen Leistungen zusammen, um sie den herzoglichen Beratern vorzuhalten.[1744] Beim nächsten Treffen stritt man sich über diese Aufstellung. Die herzogliche Seite verlangte in ihrem neuen Vorschlag eine Rente von 180.000 RM; 1.000 ha Grundbesitz (Wert 2 Mio. Mark) und 1,5 Mio. RM als Barabfindung. Wenn man die Geldforderungen mit dem Faktor 1,5 kapitalisierte, so bedeutete das eine Forderung von 6.235.000 RM. Dem Land war dieser Vorschlag viel zu hoch und man bot 100.000 RM Rente, 50 Morgen Land (Schloss Fröhliche Wiederkehr) und eine Barabfindung von 1,5 Mio. Mark an, die kapitalisiert eine Leistung von 2.993.000 RM darstellten. Die herzoglichen Vertreter hielten dieses Angebot für zu gering, wollten es aber mit dem Herzog besprechen.[1745] Das Finanzministerium wiederholte seinen Vorschlag und verwies auf die zu diesem Zeitpunkt sehr angespannte Finanzlage des Landes.[1746] Schließlich einigte man sich am 28.1.1931 auf eine neue Vergleichsvorschlag: Die herzogliche Familie sollte eine teilweise vererbliche Rente von 100.000 RM erhalten, eine Barabfindung von 1,5 Mio. Mark, für den Verzicht von Nutzungsrechten am Schloss Altenburg und an der Theaterloge noch einmal 120.000 RM, die beiden Prinzen sollten 250 ha Wald bekommen.[1747] Rechtsanwalt *Schwersenz* teilte zwei Tage später das Einverständnis des Herzogs zu diesem Vergleich mit.[1748] Das Finanzministerium informierte mehrere Parteien des Landtags (darunter DVP, NSDAP, DNVP) über den Rechtsstreit und den Vergleichsvorschlag, da man eine interfraktionelle Zustimmung vorbereiten wollte.[1749] Beim nächsten Treffen zwischen den Vertretern des Herzogs und *Rinck* berichtete dieser jedoch, dass es noch keine Mehrheit im Landtag gebe und wegen der Forderung über 250 ha Wald eine Zustimmung auch scheitern würde. Daraufhin unterbreiteten die Vertreter des Herzogs den Vorschlag, dass das Land statt der 1,5 Mio. Mark dafür dem Herzog Kunstschätze abtreten sollte.[1750] Auch über diesen Vorschlag wurden die ausgewählten Landtagsfraktionen informiert.[1751] Die Finanzsituation des Landes war so schlecht, dass man sich auf ein derartiges

---

[1743] Vermerk v. 20.12.1930; ThHStAW, Thür. FinMin. Nr. 7940, Bl. 1r-5r.
[1744] Schreiben v. 9.1.1931; ThHStAW, Thür. FinMin. Nr. 7940, Bl. 39r-47r.
[1745] Vermerk v. 17.1.1931; ThHStAW, Thür. FinMin. Nr. 7940, Bl. 52r-55v.
[1746] Schreiben v. 21.1.1931; ThHStAW, Thür. FinMin. Nr. 7940, Bl. 56r-66r.
[1747] Vermerk v. 29.1.1931; ThHStAW, Thür. FinMin. Nr. 7940, Bl. 81r-82r.
[1748] Schreiben v. 31.3.1931; ThHStAW, Thür. FinMin. Nr. 7940, Bl. 90r.
[1749] Schreiben v. 11.2.1931; ThHStAW, Thür. FinMin. Nr. 7940, Bl. 93r-98r.
[1750] Vermerk v. 18.2.1931; ThHStAW, Thür. FinMin. Nr. 7940, Bl. 100r-102r.
[1751] Schreiben v. 19.2.1931; ThHStAW, Thür. FinMin. Nr. 7940, Bl. 104r-106r.

Angebot einließ und nicht sofort ablehnte. Als das Haus Schwarzburg einige Jahre zuvor Kunstschätze veräußerte, unternahm man rechtliche Schritte. Dass es nicht um irgendwelche Kunstschätze gehen würde, war wohl auch eindeutig. Der Herzog beanspruchte Kunstschätze im Wert von 1,5 Mio. Mark, die er veräußern wollte.[1752]

Der Versuch, eine Landtagsmehrheit zu finden, scheiterte. Die NSDAP wandte sich gegen den Abschluss eines Vergleiches mit dem Herzog. Entweder sei der Vertrag vom 6./14.6.1919 ungültig, dann sollte der Herzog alles zurückbekommen. Wenn er jedoch gültig sei, dann brauche man keinen Vergleich abzuschließen.[1753] Über den Misserfolg informiert, erklärte *Schwersenz*, den Prozess fortsetzen zu wollen, man könne nicht länger warten.[1754] Im Haushaltsausschuss erfolgte am 1.4.1931 die offizielle Bekanntgabe des Scheiterns.[1755] Die Mehrheit der Abgeordneten glaubte noch immer an einen Sieg im Rechtsstreit. Die KPD brachte im Mai des Jahres 1931 einen Antrag ein, der die Regierung verpflichten sollte, jede weitere Verhandlung mit dem Herzog und eine nochmalige Abfindung abzulehnen. *Frölich* unterstützte diesen Antrag, für ihn war der Vertrag aus dem Jahr 1919 unangreifbar. Er sei *„von den besten Juristen des kleinen Landes Altenburg ausgearbeitet worden."* Die Hinweise auf die angezeigten rechtlichen Mängel wies er als unverständlich zurück. Am 27.5.1931 nahm der Landtag den Antrag der KPD an.[1756] Nun erwartete man die Entscheidung des OLG Jenas. Die Beamten im Finanzministerium waren sich des wichtigsten Einwandes der fehlenden vormundschaftsgerichtlichen Genehmigung bewusst und man bereitete sich auf eine Niederlage vor. Es wurden umfangreiche Zusammenstellungen über die vom Land Thüringen seit dem Jahr 1919 erbrachten Aufwendungen angefertigt und man machte im Prozess ein Zurückbehaltungsrecht in Höhe von 12,6 Mio. RM geltend.[1757]

Am 18.1.1932 entschied das OLG Jena zugunsten des Herzogs und verurteilte das Land zur Herausgabe der vier Grundstücke.[1758] Für das Gericht lagen weder die Sittenwidrigkeit, die Anfechtungsgründe noch die fehlende Zustimmung der Agnaten vor. Der Vertrag vom 6./14.6.1919 war aber unwirksam, da die Beurkundungen nach §§ 311, 313 BGB (eine Heilung nach § 313 Satz 2 BGB war nicht erfolgt, da bedeutende Teile des Vermögens nicht auf den Staat

---

[1752] Zu den Einzelheiten der betroffenen Kunstschätze siehe ThHStAW, Thür. FinMin. Nr. 7940, Bl. 113r-116r, 118r-124r.

[1753] Bericht v. 16.7.1932; ThHStAW, Thür. FinMin. Nr. 7942, Bl. 66r-73r.

[1754] Vermerk v. 21.3.1931; ThHStAW, Thür. FinMin. Nr. 7940, Bl. 125r.

[1755] 5. LT.-Verh. Thür., 2. Abt., S. 383.

[1756] 5. LT.-Verh. Thür., 4. Abt., S. 2003 ff.

[1757] Schreiben v. 3.10.1931; ThHStAW, Thür. FinMin. Nr. 7940, Bl. 234r-236r.

[1758] Teilurteil v. 18.1.1932; ThHStAW, Thür. FinMin. Nr. 7941, Bl. 23r-24v., 62r-180r.

umgeschrieben wurden[1759]) und die Genehmigung des Vormundschaftsgerichtes nach §§ 1822 Nr. 1, 1821 BGB fehlte. Dabei hatte *Frölich* noch vorher behauptet, die besten Juristen hätten den Vertrag ausgearbeitet. Im Landtag fragte er nur noch nach den Verantwortlichen, wollte diese Frage nicht in den Vordergrund stellen. Er meinte, dass der Vertrag rechtmäßig gewesen sei, *„nur die Durchführung sei bemängelt worden"*. Die rechtlichen Probleme schienen ihm immer noch nicht ganz bewusst gewesen zu sein.[1760] Es finden sich aber keine Hinweise, dass man diese Verstöße absichtlich vorgenommen hatte, sie beruhten wohl eher auf Nachlässigkeiten.[1761]

Gegen die Entscheidung gab es große Proteste, verschiedene Erwerbslosenausschüsse schrieben empört dem Finanzministerium.[1762] In ihrer Pressemitteilung wies die Landesregierung aber auf ihre dauernden Bemühungen für einen Vergleichsabschluss hin und das wiederholte Scheitern im Landtag. Sie habe alles getan, um diese Situation dem Land zu ersparen.[1763] Um alle Rechtsmittel auszuschöpfen, beschloss man auch, Revision einzulegen.[1764] Rechtsanwalt Heine beurteilte die Erfolgsaussichten aber als äußerst gering. Aus politischen Gründen sollte man aber Revision einlegen, um gegenüber dem Landtag den Nachweis zu erbringen, dass man alles getan habe.[1765]

Der Herzog war im Frühjahr des Jahres 1932 zu erneuten Verhandlungen bereit, seine Schulden betrugen mittlerweile 2,25 Mio. RM. Das Land war jedoch an den Landtagsbeschluss gebunden und musste Verhandlungen ablehnen.[1766] Das Reichsgericht wies am 9.7.1932 die Revision des Landes zurück.[1767] Für das Land Thüringen waren die schlimmsten Befürchtungen eingetreten. Zwar hatte der Herzog nur in einem Teilprozess gesiegt, aber er würde jetzt sein gesamtes Vermögen zurückfordern. Ein weiterer Rechtsstreit durch alle Instanzen erschien aussichtslos und würde nur weitere Kosten verursachen. Bei den Verhandlungen über die Rückgabe des gesamten Vermögens könnte das Land seine Gegenansprüche nur im Verhandlungsweg geltend machen. Die Regierung müsste sich nunmehr entscheiden.[1768]

Bei der Rückgabe des gesamten Vermögens an den Herzog lebte die fideikommissarische Bindung aber wieder auf und die thüringischen Bestimmungen

---

[1759] Siehe 2. Kap. III. 4. a)
[1760] 5. LT.-Verh. Thür., 4. Abt., S. 3093 f.
[1761] Jung, S. 229.
[1762] ThHStAW, Thür. FinMin. Nr. 7941, Bl. 20v-25r, 28r, 45r-55r.
[1763] Allgemeine Thür. Landeszeitung Deutschland v. 23.1.1932.
[1764] Beschluss v. 27.1.1932; ThHStAW, Thür. FinMin. Nr. 7941, Bl. 39r.
[1765] Schreiben v. 18.2.1931; ThHStAW, Thür. FinMin. Nr. 7941, Bl. 191r-210r.
[1766] ThHStAW, Thür. FinMin. Nr. 7941, Bl. 211r, 212r.
[1767] Einzelheiten siehe RGZ 137, 324 ff.
[1768] Bericht von Rinck an die neue Landesregierung über den gesamten bisherigen Verlauf v. 16.7.1932; ThHStAW, Thür. FinMin. Nr. 7942, Bl. 66r-73r.

zur Auflösung der Fideikommisse galten. Schon am 14.7.1932 wies das thüringische Justizministerium das thüringische Auflösungsamt für die Familiengüter an, der herzoglichen Vermögensverwaltung die neue Rechtslage mitzuteilen.[1769] In seinem Schreiben an diese warnte das Auflösungsamt sehr deutlich vor irgendwelchen Verfügungen des Herzogs, da diese vom Auflösungsamt genehmigt werden müssten.[1770] Rechtsanwalt *Schwersenz* verlangte vom Finanzministerium eine Entscheidung, ob man das vollständige Vermögen zurückgeben würde und drohte für den Weigerungsfall einen Prozess an.[1771] In der Antwort verwies das Finanzministerium auf den Rücktritt der Regierung, die Entscheidung in dem Streit würde der neuen Regierung und dem neuen Landtag vorbehalten bleiben. Unter Hinweis auf die bisher vom Land übernommen Verpflichtungen und Lasten bot man an, dem Herzog einen Teil des Vermögens zurückzugeben und den Rest als Entschädigung beim Staat zu belassen.[1772] *Schwersenz* Reaktion war das Verlangen eines substantiierten und angemessenen Vergleichsvorschlages des Landes, gleiches gelte für die Gegenansprüche.[1773] Anfang September des Jahres 1932 beschloss das Staatsministerium, dass man die rechtskräftige Entscheidung auf das gesamte Vermögensobjekt gelten lasse und keine weiteren Prozesse führen wollte. Zur Fortführung der Verhandlungen wurde das Finanzministerium ermächtigt.[1774]

Trotz dieses Erfolges blieb die finanzielle Situation für den Herzog unverändert schlecht. Durch die Vorschriften der Fideikommißauflösung konnte er über sein Vermögen nicht einfach verfügen und das Land machte jetzt seine geleisteten Aufwendungen ihm gegenüber geltend. Ende September des Jahres 1932 übermittelte das Finanzministerium *Schwersenz* eine Zusammenstellung der Einnahmen, Verpflichtungen und geleisteten Aufwendungen in Höhe von 4,935 Mio. RM und bat um die Erstattung.[1775] Erfüllen konnte sie der Herzog nicht, man musste sich im Wege des Vergleichs einigen.

Da die Auflösung des Fideikommisses[1776] mit der Vermögensauseinandersetzung zwischen Herzog und Land Thüringen in einem engen Zusammenhang stand, muss an dieser Stelle ausführlicher auf die Auflösungsverhandlungen eingegangen werden. Es war auch der einzige Fall in Thüringen, bei dem eine

---

[1769] ThHStAW, Thür. JustizMin. Nr. 2082, Bl. 1r.

[1770] Schreiben v. 28.7.1932; ThStA Altenburg, Haus- und Privatarchiv der Herzöge von S.-A. Nr. 2144, nicht foliert.

[1771] Schreiben v. 30.7.1932; ThHStAW, Thür. FinMin. Nr. 7942, Bl. 82r.

[1772] Schreiben v. 2.8.1932, ThHStAW, Thür. FinMin. Nr. 7942, Bl. 83r-84r.

[1773] Schreiben v. 25.8.1932; ThHStAW, Thür. FinMin. Nr. 7942, Bl. 157r-159r.

[1774] Beschluss v. 6.9.1932; ThHStAW, Thür. FinMin. Nr. 7942, Bl. 173r.

[1775] Schreiben v. 30.9.1932; ThStA Altenburg, Haus- und Privatarchiv der Herzöge von S.-A. Nr. 2144, nicht foliert.

[1776] Grundsätzlich zur Auflösung der Fideikommisse in Thüringen siehe die Arbeit von Brandner.

derart enge Verbindung vorgelegen hat. Nach Besprechungen mit dem Vorsitzenden des Auflösungsamtes, Oberlandesgerichtsrat *Müller*, beantragte *Schwersenz* die Auflösung des Domänenfideikommisses des herzoglichen Hauses von Sachsen-Altenburg.[1777] Gleichzeitig zeigte er gegenüber dem Finanzministerium die erdrückenden Verbindlichkeiten des Herzogs an. Es sei sein Wunsch nach loyaler Verständigung über Nutzungen und Lasten, das Land solle wenigsten einen Teil der Grundstücke herausgeben.[1778]

Die Lage wurde für den Herzog immer ernster. Am 29.10.1932 trafen sich die Vertreter des herzoglichen Familie *Schwersenz*, *Fischer*, *Kronberg* mit denen des Landes. Nach Diskussionen über die Aufstellungen des Landes, die Einsetzung eines Schiedsgerichtes und die Verpflichtungen des Herzogs für Theater und Pensionen, machten die Vertreter des Landes deutlich, dass sie nur mit dem Herzog und nicht mit seinen Gläubigern verhandeln wollten. *Schwersenz* verlangte die Hilfe des Landes, damit der Herzog seine Schulden von drei (!) Mio. RM tilgen könnte. Dazu sollte das Land dem Herzog Wald abkaufen, von dem Anteil, den er zurückerhalten sollte.[1779] Das Land dazu aber nicht in der Lage.[1780] Dafür genehmigte das Auflösungsamt die Veräußerung von Kunstschätzen, um an die Gläubiger Teiltilgungen zu leisten.[1781] Trotz dieser Verkäufe bat *Schwersenz* im Februar des Jahres 1933 um weitere Hilfe des Landes, da man einer *„geschlossenen Phalanx von ungeduldigen und rabiaten Gläubigern"* gegenüberstehe. Täglich drohe dem Herzog ein Konkursverfahren oder der Offenbarungseid.[1782] Da das Land nicht mit den Gläubigern verhandeln wollte, half es dem Herzog wieder sofort und gewährte ein weiteres Darlehen in Höhe von 75.000 RM.[1783] Der ständig steigende Druck der Gläubiger auf den Herzog lag auch daran, dass er sich persönlich hoch verschuldet und ihnen seine Ansprüche gegen das Land abgetreten hatte. Der Anspruch auf Rückgabe des Vermögens stand aber nur dem Domänenfideikommiß als juristische Person (mit dem Herzog als Vertreter) zu und das Finanzministerium wies deshalb die Ansprüche zurück.[1784] Um seine Lage zu verbessern und seine

---

[1777] Schreiben v. 10.10.1932; ThHStAW, Thür. JustizMin. Nr. 2082, Bl. 14r.

[1778] Schreiben v. 10.10.1932; ThStA Altenburg, Haus- und Privatarchiv der Herzöge von S.-A. Nr. 2144, nicht foliert.

[1779] Vermerk v. 29.10.1932; ThHStAW, Thür. JustizMin. Nr. 2082, Bl. 29r-46r.

[1780] Vermerk v. 5.12.1932; ThHStAW, Thür. JustizMin. Nr. 2082, Bl. 47r-48r.

[1781] ThHStAW, Thür. JustizMin. Nr. 2082, Bl. 49r-51r, 54r.

[1782] Schreiben v. 14.2.1933; ThStA Altenburg, Haus- und Privatarchiv der Herzöge von S.-A. Nr. 2144, nicht foliert. Schon im Oktober hatte das Land einen Kredit von 20.000 RM als Darlehen gewährt, um einen Offenbarungseid abzuwenden (ThHStAW, Thür. FinMin. Nr. 7944, Bl. 23r-24r.).

[1783] Schreiben v. 24.2.1933; ThHStAW, Thür. FinMin. Nr. 7944, Bl. 27r.

[1784] Einzelheiten in ThHStAW, Thür. FinMin. Nr. 7943.

Gläubiger zu befriedigen, genehmigte das Auflösungsamt den Verkauf von ca. 1.750 ha Feld- und Waldbesitz für ca. 1,6 Mio. RM.

Trotz der Hilfe des Landes gestalteten sich die Verhandlungen schwierig. In seinem Schreiben an das Justizministerium vom 12.7.1933 beklagte Oberlandesgerichtsrat *Müller* das Verhalten von *Schwersenz* während der Verhandlungen, dieser würde mit Hinweis auf die Rechtslage sich jeden Quadratmeter abhandeln lassen und nur zögernd Zugeständnisse machen. Der Herzog wäre wohl bei persönlicher Rücksprache zu größeren Zugeständnissen bereit. Er schlug vor, den herzoglichen Vertretern unter Hinweis auf die mittlerweile weitreichenden Befugnisse der Reichsregierung, die Verfassung zu ändern, und möglicher Enteignungen, zu weiteren Zugeständnissen zu bewegen. *„Der Grundsatz, Gemeinnutz geht vor Eigennutz, sollte beachtet werden*“. Da Thüringen bisher nur ca. 3.000 ha Fläche erhalten würde und der Herzog ca. 7.000 ha schuldenfrei erhalte, sollte man dem Land noch 500 ha freiwillig überlassen. Das Herzogshaus würde jetzt mehr erlangen, als es früher für eine standesgemäße Versorgung gefordert hätte. Desweiteren sei das Zusammenhalten des Besitzes in einer Stiftung aus wirtschaftlichen Gründen notwendig.[1785] Der Stil seines Briefes ist im Hinblick auf die „Hinweise“, die gegenüber den herzoglichen Vertretern ausgeübt werden sollten, bemerkenswert. Auf der nächsten Besprechung im Finanzministerium richtete *Rinck* die Forderungen *Müllers* fast wortwörtlich aus[1786] und diese wurden dann auch akzeptiert.

Im September des Jahres 1933 beschloss das Auflösungsamt die zwangsweise Auflösung des Domänenfideikommisses des herzoglichen Hauses Sachsen-Altenburg. Dieses Verfahren wurde gewählt, da zwischen dem Herzog und seinen Söhnen großer Streit über die Aufteilung des Vermögens herrschte.[1787] Man wollte eine Familienstiftung bilden, um die Versorgung der Familienmitglieder sicherzustellen. Bis zum endgültigen Abschluss erfolgten aber noch monatelange Verhandlungen über die Stiftung und ihre Satzung. Am 20.1.1934 drängte das Finanzministerium auf einen beschleunigten Vertragsabschluß[1788] und kurz darauf erfolgte die Übersendung eines Entwurfs.[1789] Nach Genehmigung des Auflösungsamtes wurde der **Vergleich- und Auseinandersetzungsvertrag vom 10.4.1934** von beiden Seiten geschlossen.[1790]

Die wesentlichen Bestimmungen waren:

[1785] ThHStAW, Thür. JustizMin. Nr. 1659, Bl. 116ar-116cr.

[1786] Vermerk v. 23.8.1933; ThHStAW, Thür. JustizMin. Nr. 2082, Bl. 142r-143r.

[1787] Beschluss v. 16.9.1933; ThHStAW, Thür. JustizMin. Nr. 2083, Bl. 24r, 43r-44r.

[1788] ThHStAW, Thür. JustizMin. Nr. 2084, Bl. 60r.

[1789] Schreiben v. 1.2.1934; ThHStAW, Thür. JustizMin. Nr. 2084, Bl. 68r-73r.

[1790] ThHStAW, Thür. JustizMin. Nr. 2085, Bl. 16r-41r.

- Das herzogliche Domänenfideikommiß mit ca. 13.200 ha Grundbesitz wird aufgeteilt wie folgt:
  - in eine noch zu gründende Herzog-Ernst-Stiftung mit ca. 6.000 ha Grundbesitz, davon ca. 5.200 ha Wald;
  - der Herzog persönlich erhält ca. 3.000 ha Grundbesitz, davon ca. 2.600 ha Wald und Kohlenabbaurechte;
  - das Land erhält ca. 4.200 ha Waldgrundbesitz,[1791] das Theater und Fundus in Altenburg und einige Fischereirechte (§§ 1, 2, 12).
- Das Land gewährt dem Herzog eine Barabfindung von 1.680.400 RM, die in Raten zu tilgen ist (§ 4).
- An ca. 705 ha dem Land zufallenden Forstbesitz verbleibt dem Herzog auf Lebenszeit der forstliche Reinertrag.[1792]
- Die Herzog-Ernst-Stiftung überlässt dem Land im Altenburger Schloss unentgeltlich ausreichende Räume zur Unterbringung des Thüringischen Staatsarchivs, das das herzogliche Hausarchiv unentgeltlich mit verwaltet (§ 6).
- Das Land übernimmt die Gerichtskosten, während jede Seite ihre außergerichtlichen Kosten selbst trägt (§ 7).

Dieser Vergleich ist nicht veröffentlicht worden. In einer Akte im thüringischen Staatsarchiv Altenburg befinden sich einige Zeitungsausschnitte (die Zeitungsnamen sind aber nicht mehr erkennbar) vom 11.4.1934, die den Vergleichsschluss erwähnen: „*Einzelheiten des Auseinandersetzungsvertrages sind wie bereits bei der Auseinandersetzung mit dem Gothaer Herzogshaus nicht zu erwarten.*“[1793] In groben Umrissen wurde kurz erläutert, was der Herzog erhielt.

Am 10.4.1934 wurde auch die Auflösung des Domänenfideikommisses beschlossen[1794] und ein Teil des Vermögens in die errichtete „Herzog-Ernst-Stiftung“ überführt.[1795] Zweck dieser Stiftung war die Erhaltung und Sicherung der ihr gehörenden Forsten. Schlösser, Sammlungen sowie die Versorgung der Mitglieder des herzoglichen Hauses Sachsen-Altenburg und der Angestellten des herzoglichen Hauses (§ 2 der Satzung). Im Februar des Jahres 1935 konnte

---

[1791] Das Begehren von Müller, das der Herzog noch 500 ha freiwillig abtritt, hatte Erfolg gehabt, da das Land neben den ca. 3.000 ha noch 700 ha für die Übernahme des Theater erhalten hatte.

[1792] Durch den **Vertrag v. 17.2.1936** wurde diese Leistung in eine jährliche Geldrente von 20.000 RM umgewandelt (ThHStAW, Thür. FinMin. Nr. 7934, Bl. 15r).

[1793] ThStA Altenburg, Haus- und Privatarchiv der Herzöge von S.-A. Nr. 2145.

[1794] Beschluss des Auflösungsamtes v. 10.4.1934; ThHStAW, Thür. JustizMin. Nr. 2085, Bl. 44r-48r.

[1795] Zur Satzung der Stiftung siehe ThHStAW, Thür. JustizMin. Nr. 2085, Bl. 49r-63r und Nr. 2091.

das Auflösungsamt dem Justizministerium den Abschluss des Auflösungsverfahrens und die Umschreibung aller Grundbücher mitteilen.[1796] [1797]

Das Land Thüringen zahlte am 1.4.1937 die letzte Rate der Barabfindung an den Herzog. Dieser veräußerte bis zum Frühjahr des Jahres 1938 seinen ihm überlassenen Waldbesitz fast vollständig.[1798] Die „Herzog-Ernst-Stiftung" wurde im Jahre 1942 aufgehoben.[1799] Zur Sicherung des Erhalts der zu betreuenden Kunstschätze wurde die „Herzog-Ernst-Kulturstiftung" errichtet. Das Vermögen der „Herzog-Ernst-Stiftung" wurde auf Herzog Ernst II., seine beiden Söhne, die Stadt Altenburg, die „Herzog-Ernst-Kulturstiftung" und das Land Thüringen aufgeteilt. Das Land erhielt von dem Waldbesitz der Stiftung ca. 4.000 ha Wald und zahlte dafür 4.960.000 RM. Die Summe wurde nach einem speziellen Verteilungsschlüssel unter den anderen Nutznießern der Stiftungsauflösung aufgeteilt.[1800]

b) Ergebnis des Rechtsstreits

Das Land Thüringen behielt aufgrund der Neuvereinbarung nur ca. 4.200 ha Wald und musste noch 1.268.000 RM als Abfindung an den Herzog zahlen. Die herzogliche Familie erhielt insgesamt ca. 9.000 ha Wald zurück.

3. Zusammenfassung zu den beiden Anfechtungsprozessen

Die Häuser Schwarzburg und Sachsen-Altenburg waren im Ergebnis mit ihrem Versuch erfolgreich, die Vereinbarungen der Jahre 1918 und 1919 anzugreifen, um Neuvereinbarungen mit dem Staat abzuschließen, die ihnen ihren Grundbesitz als inflationssichere Werte zurückbringen sollten. Ursache dieser Anfechtungen war die enorme Verschlechterung ihrer Vermögenssituation durch die Inflation, wobei im Fall von Sachsen-Altenburg auch verlustreiche wirtschaftliche Fehlentscheidungen des Herzogs hinzukamen.

Ihre ursprünglichen Anfechtungsgründe, sie seien durch Drohung, Zwang und Irrtum zum Abschluss gezwungen gewesen und der jeweilige Vertragsinhalt sei sittenwidrig, erwiesen sich als haltlos. Trotz vieler Schriften ihrer Gutachter und Berater konnten sie ein derartiges Verhalten nicht nachweisen. Es ist aus den zur Verfügung stehenden Materialien auszuschließen, dass man sie zum Abschluss der Verträge gezwungen hätte. Auch war der Vertragsinhalt nicht sittenwidrig, da sie für die Aufgabe ihres Vermögens hohe Rentenzah-

---

[1796] Schreiben v. 27.2.1935; ThHStAW, Thür. JustizMin. Nr. 2086, Bl. 103r.

[1797] Zwei private Fideikommisse des herzoglichen Hauses waren schon 1924 aufgelöst worden. Zu den Einzelheiten siehe ThHStAW, Thür. JustizMin. Nr. 2087, 2088, 2089.

[1798] ThHStAW, Thür. FinMin. Nr. 7934, Bl. 15r, 17r.

[1799] Vorstandsbeschluss v. 8.5./2.11.1942; zur Auflösung siehe ThHStAW, Thür. FinMin. Nr. 7945, 7946.

[1800] Einzelheiten siehe ThHStAW, Thür. FinMin. Nr. 7934, Bl. 66r-67r.

lungen und Barabfindungen erhielten. Dass die Inflation zum Wertverlust führen würde, war zum Zeitpunkt der Einigung nicht vorstellbar.

Nach jahrelangen Verhandlungen, die erst nach dem Scheitern des Volksentscheids durch Vermittlung des Reiches erfolgreich waren, schlossen beide Häuser im Jahr 1928 Vergleiche mit dem Land Thüringen. Diese enthielten aber nur Aufwertungen von Renten und Barabfindungen, deren Höhe durch Schiedsgerichte festgestellt werden sollte. Die von beiden Häusern ursprünglich geforderte Rückführung ihres Grundbesitzes war das Land nicht bereit zu erfüllen. Nur eine Geldlösung kam in Frage. Während der Vergleich mit dem Haus Schwarzburg vom Landtag genehmigt wurde, verweigerte man dies für den Altenburger Vergleich. Die in den Landtagsverhandlungen zum Ausdruck gebrachte Ablehnung war in der hohen Verschuldung des Herzogs begründet und seine Schulden wollte man nicht bezahlen. Man glaubte, bei einer erneuten Verschuldung erneut in Anspruch genommen zu werden. Ganz überzeugt das nicht. Zum einen hatte man das Anfechtungsrecht im Vergleich ausgeschlossen und zum anderen stand es dem Herzog zu, mit seinem Vermögen nach seinen Vorstellungen und Verpflichtungen zu verfahren. Plausibler erscheint, dass, nachdem der Herzog im Jahre 1919 die Abfindungssumme vollständig erhalten hatte, man seine jetzigen Forderungen als unverschämt empfand und für seine wirtschaftliche Fehlinvestitionen und privaten Schulden nicht aufkommen wollte. Die Intensität, mit der der SPD-Abgeordnete *Frölich*, als ehemaliger Beteiligter der Altenburger Abfindung des Jahres 1919, den Vergleich des Jahres 1928 bekämpfte, hat die Abgeordneten sicherlich beeindruckt, schließlich wich auch die Regierung zurück. Die Renten der Mitglieder des Hauses Schwarzburg aufwerten zu lassen, war eher hinnehmbar, obwohl auch das von den Linksparteien im Landtag heftig kritisiert wurde.

Auch die neuen Vergleichsvorschläge in der Altenburger Angelegenheit fanden keine Zustimmung im Landtag. Trotz der warnenden Hinweise des OLG Jena hielt man den Vertrag für unangreifbar, obwohl die mittlerweile geltend gemachten Form- und Genehmigungsverstöße ein völlig anderes Niveau hatten als die zuerst vorgebrachten Bedrohungsszenarien. Nachdem man den Prozess gegen das Herzogshaus verloren hatte, musste das Land das gesamte Domänenvermögen zurückgeben. In dieser Situation bewirkten aber die gesetzlichen Vorschriften der Fideikommißauflösung und die vom Staat verlangten Rückzahlungen der getätigten Aufwendungen, dass der Herzog sich im Wege des Vergleichs mit dem Staat einigen musste, um an sein Vermögen zu gelangen. Trotzdem dauerten diese Verhandlungen noch 18 Monate, ehe der Vergleich abgeschlossen werden konnte. Das Land musste ca. 70 % des Grundbesitzes zurückgeben und noch eine Barabfindung in Millionenhöhe zahlen. Diese Regelung war einmalig, da man neben der Rückgabe von Waldbesitz noch eine Geldzahlung gewährte. Diese Vereinbarung war für das Land im Ergebnis ungünstiger als die im Jahre 1928 vereinbarte Geldzahlung an das Haus Sachsen-Altenburg.

Das Haus Schwarzburg erhielt neben hohen Barzahlungen, die im Vergleich des Jahres 1928 schon festgelegt worden waren, noch weitere aufgewertete hohe Geldleistungen durch das Schiedsgericht zugesprochen.

Wenn auch beide Häuser einen gleichen Weg nahmen, um Neuvereinbarungen zu erreichen, die Ergebnisse der beiden neuen Vergleiche waren unterschiedlich. Für das Land Thüringen bedeuteten beide Abschlüsse eine weitere finanzielle Belastung.

IV. Das Haus Reuß – ein Sonderfall

Im Hinblick darauf, dass das Haus Reuß die abgeschlossenen Verträge nicht angriff oder Nachbesserungen verlangte, stellt es einen Sonderfall dar, der ein eigenständiges Kapitel bildet.

Als Ergebnis der Auseinandersetzung im Jahre 1919 besaß das Haus Reuß jüngere Linie 10.820 ha Grundbesitz und bestellte dem Staat zur Sicherheit eine Grundschuld von 12,5 Mio. Mark; dieser erhielt ca. 5.395 ha Grundbesitz des ehemaligen Domänenvermögens (Gesetz vom 22.12.1919). Das Haus Reuß ältere Linie behielt 1.500 ha und der Staat bekam 3.620 ha Grundbesitz und 2,3 Mio. Mark Barvermögen (Gesetz vom 30.12.1919).

Als einziges fürstliches Haus in Thüringen griff das Haus Reuß[1801] weder die beiden Vergleiche an noch machte es zusätzliche Ansprüche geltend. Das Festhalten an den beiden Vergleichen stand im Gegensatz zu den anderen thüringischen Fürstenhäusern und wird als Auffälligkeit regelmäßig erwähnt.[1802] [1803] Die Ursachen dafür liegen in den Ergebnissen der beiden Auseinandersetzungen: Es erfolgte nämlich eine Aufteilung des Domänengrundbesitzes zwischen dem jeweiligen fürstlichen Haus und dem Volksstaat Reuß, wobei der Staat **keine** Abfindungen oder Renten zu zahlen hatte. Diese Auseinandersetzung ist im Vergleich zu den anderen thüringischen Vereinbarungen einzigartig. Die Inflation konnte dadurch nicht zu einer Verringerung

---

[1801] Nach dem Tod von Fürst Heinrich XXIV. Reuß ä.L. im Jahre 1927 erlosch die Linie Reuß ä.L. Durch den Beschluss des Familienrates vom 5.6.1930 ist der Zusatz „j.L." (Fürst Heinrich XXVII. Reuß j.L. verstarb 1928) fortgefallen und alle Mitglieder führen den Namen „Prinz" bzw. „Prinzessin Reuß" (Genealogisches Handbuch, Fürstliche Häuser, Bd. 16., S. 128).

[1802] Jung, S. 202; Patze/Schlesinger/Facius, 5. Bd. 2. Teil, S. 490.

[1803] Im Sommer 1925 verlangte Prinzessin Hermine (mittlerweile Ehefrau des ehemaligen Kaisers Wilhelm II.) beim Präsidenten der fürstlichen Hofkammer von Schaumburg-Lippe eine Prüfung, ob die Entscheidung des Reichsgerichtes (RGZ 111, 123 ff) über das gothaische Enteignungsgesetz auch für den Vergleich des Hauses Reuß ältere Linie in Betracht käme. Dieser verneinte eine derartige Auswirkung jedoch (ThStA Greiz, Kammer Greiz, Kapitel 11 Nr. 86).

des Wertes von Geldleistungen führen, da es keine Zahlungen gab. Die dem Staat bestellte Grundschuld wurde dagegen von der Inflation getroffen und ist nach dem Aufwertungsgesetz auf 325.000 RM (25 % von 1,3 Mio. Mark) aufgewertet worden. Dass die beiden Vergleiche nicht angegriffen oder Aufwertungen gefordert wurden, beruhte also auf ihren speziellen Aufteilungsmodalitäten, die das wertbeständige Vermögen der beiden Linien über die Inflationszeit sicherten; damit gab es für eine Anfechtung keine Gründe. Das Haus Reuß j.L. schien mit seinem Vertrag auch zufrieden gewesen zu sein, wogegen die Fürstliche Rentkammer in Roßla (die das Vermögen der Linie Reuß ä.L. verwaltete) im Jahre 1932 gegenüber dem thüringischen Finanzministerium von einer *„außerordentlich ungünstigen Auseinandersetzung“* sprach.[1804] Diese Kritik gründet sich auf die unterschiedliche Aufteilung des jeweiligen Grundbesitzes: Während das Haus Reuß j.L. ca 70 % behalten konnte, behielt Reuß ä.L. nur ca. 33 %. Im November des Jahres 1928 bemängelte der SPD-Abgeordnete *Frölich* im thüringischen Landtag den Abschluss mit dem Haus Reuß: *„...denn leider ist dem ehemaligen Fürsten Reuß eine derartige Abfindung zuteil geworden, daß er keinen Grund hat, irgendwie zu klagen.“*[1805] Warum dies *„leider“* so war, ist unverständlich. Die beiden Abschlüsse machten spätere Neuregelungen nicht erforderlich. Bei den Klagen der anderen thüringischen Fürstenhäuser musste das Land Thüringen Aufwertungen und Neuvereinbarungen akzeptieren, die weitere hohe Zahlungen durch das Land bedeuteten. Im Fall des Hauses Reuß gab es so etwas nicht. Die Domänenfideikommisse des Hauses Reuß j.L. und ä.L. wurden bereits in den Jahren 1923 und 1924 aufgelöst.[1806]

Im Jahr 1939 versuchte das Land, einen Nachtrag zum Vergleich mit Reuß ä.L. abzuschließen. Nach diesem sollte der Staat die vereinbarten kulturellen Aufgaben weiterhin erfüllen und der dafür errichtete Fonds sollte aufgelöst werden. Die vier noch lebenden weiblichen Angehörigen der Reuß älteren Linie (die Töchter des Fürsten *Heinrich XXII. Reuß ä.L.*) waren damit einverstanden.[1807] Einziges Problem war, dass sich Prinzessin *Hermine* als *„Kaiserin Hermine“* bezeichnete, womit das Finanzministerium nicht einverstanden war.[1808] Am **31.7.1940** wurde der **Nachtrag** unterzeichnet.[1809]

Im *Ergebnis* ist das Bestehenbleiben der Verträge des Jahres 1919 als Sonderfall der vermögensrechtlichen Auseinandersetzung in Thüringen einzuschätzen. Die Ursachen liegen in der besonderen Vermögensaufteilung,

---

1804 Schreiben v. 24.1.1932; ThHStAW, Thür. FinMin. Nr. 7932, Bl. 19r.
1805 4. LT.-Verh. Thür., 4. Abt. S. 2558.
1806 Einzelheiten siehe Brandner, S. 184 ff.
1807 Schreiben v. 9.5.1939; ThHStAW, Thür. FinMin. Nr. 8017, Bl. 296r.
1808 Schreiben v. 9.6.1939 an das RMdI; ThHStAW, Thür. FinMin. Nr. 8017, Bl. 297r.
1809 ThHStAW, Thür. FinMin. Nr. 8017, Bl. 304r, 321r-322r.

die wegen der Aufteilung des Grundbesitzes keinen Anlass für Neuverhandlungen gab.

V. Versuche des Landes Thüringens, Änderungen in den Vereinbarungen herbeizuführen

1. Veränderungsversuch im Jahr 1931

Die vom Land Thüringen zu tragenden finanziellen Verpflichtungen gegenüber den fürstlichen Familien belasteten den Staatshaushalt zu Beginn der 30-er Jahre des 20. Jahrhunderts außerordentlich. An laufenden Jahresrenten mussten insgesamt 785.700 RM gezahlt werden und als einmalige Nachzahlung kamen noch 1.214.000 RM aus dem Streit mit dem Haus Schwarzburg hinzu.[1810] Im Haushaltsplan des Jahres 1931 musste neben den Rentenzahlungen von 719.300 RM noch die letzte Rate von 750.000 RM für das Haus Sachsen-Weimar-Eisenach bereitgestellt werden.[1811] (Insgesamt betrug der Haushalt 167 Mio. Mark.[1812])

Mittlerweile hatte die Weltwirtschaftskrise auch Deutschland schwer getroffen, was zu einer Finanzkrise des Reiches und der Länder führte. Die Reichsregierung kürzte durch Notverordnungen die Löhne und Gehälter von Beamten und Angestellten[1813] und ermächtigte durch die **Verordnung vom 24.8.1931**[1814] die Landesregierungen zu Herabsetzungen von Personalausgaben. Thüringen erließ daraufhin die **Verordnung vom 24.9.1931**[1815] und kürzte u.a. seine Personalausgaben. In diesem Zusammenhang ergab sich die Frage, ob auch die Rentenzahlungen an die Fürstenhäuser von dieser Kürzungsermächtigung betroffen sein könnten. Anfang September des Jahres 1931 fragte das thüringische Finanzministerium bei den anderen Bundesstaaten an, ob diese ihre Rentenzahlungen gekürzt hätten und auf welcher Rechtsgrundlage das geschehen würde. Für das thüringische Finanzministerium ergab sich aus der Ermächtigungsverordnung des Reiches keine geeignete Rechtsgrundlage, da die Rentenzahlungen keine Personalausgaben darstellten.[1816] Aus den vielen Antwortschreiben war ersichtlich, dass die Renten zahlenden Staaten diese ebenfalls wegen einer fehlenden rechtlichen Möglichkeit nicht gekürzt

---

[1810] Zusammenstellung der Barleistungen des Landes an die ehemaligen Landesherren und deren Familienangehörigen v. 8.4.1930; ThHStAW, Thür. FinMin. Nr. 7929, Bl. 19r-24v.
[1811] Siehe 3. Kap. I. 2.
[1812] 5. LT.-Verh. Thür., 4. Abt., S. 1715f; 3. Abt., S. 47 ff.
[1813] **VO v. 1.12.1930**, RGBl. I. 1930, S. 517-604; **3. VO v. 6.10.1931**, RGBl. I. 1931, S. 537-541.
[1814] RGBl. I. 1931, S. 453.
[1815] GS. Thür. 1931, S. 297-339.
[1816] Schreiben v. 7.9.1931; ThHStAW, Thür. FinMin. Nr. 7929, Bl. 28r-29r.

hatten.[1817] Somit gab es keine rechtliche Handhabe zu einer einseitigen Rentenkürzung. Die SPD-Fraktion brachte dann im Oktober des Jahres 1931 einen Antrag in den Landtag ein, wonach der Landtag die Regierung ersuchen sollte, alle Renten an die Fürstenhäuser auf einen Betrag von höchstens 9.000 RM zu beschränken; ferner die letzte Rate von 750.000 RM an das Haus Sachsen-Weimar-Eisenach nicht zu zahlen und mit allen Fürstenhäusern (mit Ausnahme Sachsen-Altenburg) in Verhandlungen einzutreten mit dem Ziel, Neuregelungen der vermögensrechtlichen Auseinandersetzung abzuschließen. Das Ziel der Neuregelungen sollte sein, dass der gesamte den Fürstenhäusern noch verbliebenen Grundbesitz in das Eigentum des Landes überführt und die Rentenzahlungen entsprechend der Not der Zeit herabgesetzt werden sollten.[1818] Am 5.11.1931 debattierte man die im Rahmen der thüringischen Notverordnung eingegangenen Gesuche über den Antrag und kritisierte die Regierung wegen der Auszahlung der 750.000 RM. Zu dieser Zahlung war das Land Thüringen aber vertraglich verpflichtet gewesen. Der Antrag wurde dann in den Haushaltsausschuss verwiesen.[1819] Der Ausschuss beriet Ende November des Jahres 1931 über den Antrag, wobei die SPD mittlerweile die Forderung bezüglich der Auszahlung an das Haus Sachsen-Weimar-Eisenach zurückgezogen hatte. Die beiden noch verbliebenen Forderungen lehnte der Ausschuss ab. Die Regierung hielt angesichts der bestehenden Auseinandersetzungsverträge Verhandlungen über die gewünschten Neuregelungen für undurchführbar. Trotzdem nahm der Landtag am 3.12.1931 den Antrag der SPD an und die Regierung wurde antragsgemäß ersucht, die Renten zu kürzen und in Neuverhandlungen einzutreten.[1820] Den erforderlichen Beschluss fasste das Staatsministerium am 17.12.1931.[1821]

Mit Schreiben vom 13.1.1932 wurden alle fürstlichen Vermögensverwaltungen und Rentenempfänger angeschrieben, vom Beschluss des Landtages informiert und um Stellungnahme ersucht.[1822] In ihren Antworten lehnten alle eine Kürzung ihrer Renten ab oder weigerten sich, in Neuverhandlungen einzutreten.[1823] Die fürstlichen Häuser und ihre Vermögensverwaltungen waren offenbar von dem Begehren des Landes unangenehm überrascht worden, da auch sie von den Auswirkungen der Weltwirtschaftskrise betroffen und eigene finanzielle Probleme hatten. Am schärfsten reagierte die großherzogliche Schatullverwaltung des Hauses Sachsen-Weimar-Eisenach: Die durch den Vertrag

---

1817 ThHStAW, Thür. FinMin. Nr. 7929, Bl. 32r-44r.
1818 Antrag v. 23.10.1931; 5. LT.-Verh. Thür. 1. Abt. Nr. 272, S. 307.
1819 5. LT.-Verh. Thür., 4. Abt., S. 2682 f.
1820 5. LT.-Verh. Thür., 2. Abt., S. 461 f; 4. Abt., S. 2863 ff.
1821 Vermerk v. 23.12.1931; ThHStAW, Thür. FinMin. Nr. 7932, Bl. 8r.
1822 ThHStAW, Thür. FinMin. Nr. 7932, Bl. 9r-10r.
1823 ThHStAW, Thür. FinMin. Nr. 7932, Bl. 13r-29r.

vom 18./20.10.1921 erhaltenen drei Millionen als Pauschalabfindung für die dem Staat überlassenen Sammlungen und Kunstgegenstände seien nur ein *„kleiner Bruchteil"* des Wertes. Daran sehe man, dass *„das Großherzogliche Haus nicht entschädigt, sondern um den größten Teil seines Vermögens gebracht worden ist. Jeder Angriff gegen den Auseinandersetzungsvertrag seitens des Landes ist daher nicht nur unberechtigt, sondern auch zwecklos und undankbar."*[1824] Ende Februar des Jahres 1932 wurde dem Staatsministerium der Sachstand mitgeteilt; dieses beschloss abzuwarten, ob der im Reichstag eingebrachte Gesetzentwurf über eine Kürzung der Fürstenrenten angenommen würde.[1825] Vom Herbst des Jahres 1931 bis Ende des Jahres 1932 hatte es schon Versuche gegeben, durch ein Reichsgesetz die Zahlungen an die Fürstenhäuser einzustellen, letztlich scheiterten diese Versuche jedoch.[1826] Der Landtag wurde vom Finanzminister am 31.3.1932 darüber informiert, dass man die Renten nicht einseitig beschränken könnte, da diese auf Verträgen und Urteilen beruhten, die man nicht einseitig abändern konnte. Die Neuverhandlungen mit den Fürstenhäusern hätten noch keinen Erfolg gebracht.[1827] Das Finanzministerium nahm auch keine weiteren Verhandlungen auf, die eindeutige Reaktion ließ jegliche Neuverhandlungen völlig zwecklos erscheinen. Die Akte schließt mit dem Vermerk vom 3.6.1933, die Sache sei mit Rücksicht auf die veränderten politischen Verhältnisse nicht mehr weiter zu verfolgen.[1828] [1829]

Der thüringischen Regierung muss von Anfang an bewusst gewesen sein, dass der Beschluss des Landtags undurchführbar war, handelte aber entsprechend dieses Beschlusses. Eine einseitige Kürzung der Renten konnte wegen den existierenden Verträgen nicht erfolgreich sein und die fürstlichen Familien würden auch nicht bereit sein, in Neuverhandlungen einzutreten, um sich ihre Renten kürzen zu lassen und ihren Grundbesitz freiwillig dem Staat zu übertragen. Das Begehren der SPD war von Anfang an ein hoffnungsloses Unterfangen.

[1824] Schreiben v. 29.1.1932; ThHStAW, Thür. FinMin. Nr. 7932, Bl. 25r.

[1825] Vermerk v. 24.2.1932; ThHStAW, Thür. FinMin. Nr. 7932, Bl. 32v.

[1826] Einzelheiten bei Jung, S. 558 ff.

[1827] 5. LT.-Verh. Thür., 4. Abt., S. 3075.

[1828] ThHStAW, Thür. FinMin. Nr. 7932, Bl. 33v.

[1829] Im Sommer des Jahres 1931 versuchte der Landtag auch mittels Neuvereinbarungen die Auseinandersetzungsverträge zwischen dem Land Thüringen und den ehemaligen Gebieten abzuändern. Man wollte die übernommenen Verpflichtungen auf kulturellem und wirtschaftlichem Gebiet einschränken, vor allem die Weiterführung der Theater (5. LT.-Verh. Thür., 3. Abt. Nr. 120, S. 51 ff). Da diese Verpflichtungen aber auf dem Gesetz vom 29.3.1923 beruhten, war diese Entschließung des Landtags ebenfalls nicht durchsetzbar (Schreiben des Finanzministeriums an das Justizministerium v. 17.10.1931; ThHStAW, Thür. FinMin. Nr. 7933, Bl. 34r).

2. Veränderungsversuch im Jahr 1938

Der Versuch des Landes Thüringens im Jahre 1938, zu einer Neuregelung der Auseinandersetzungsverträge zu kommen, stand im Zusammenhang mit den Plänen des RMdI, durch ein Reichsgesetz zu verhindern, dass abgeschlossene Auseinandersetzungsverträge im Prozesswege angegriffen werden konnten.[1830] Hinzu kam eine Anweisung *Hitlers* an den RMdI *Frick*, alle Auseinandersetzungsverträge auf Abänderungen zu überprüfen, die vom Standpunkt der Belange des Dritten Reiches notwendig wären sowie eine reichsgesetzliche Regelung vorzubereiten, die diese notwendigen Abänderungen ermöglichte.[1831] Am 10.11.1937 ersuchte das RMdI sämtliche Landesregierungen um sofortige Vorlage der mit den vormals regierenden Fürstenhäusern getroffenen Auseinandersetzungsverträge und Landesgesetze, die summarische Angabe der Streitobjekte, den Stand der Verhandlungen und Angabe der gewährten Nutzungs- und Wohnrechte an Vermögensgegenständen, die bei der Auseinandersetzung dem Staat zugesprochen wurden.[1832] Die Antwort des thüringischen Finanzministeriums erfolgte mit beeindruckender Schnelligkeit bereits einen Tag später – am 12.11.1937.[1833]

Der Gauleiter und Reichstatthalter von Thüringen *Sauckel* beschloss, offenbar durch die Anfrage und das Vorhaben im RMdI veranlasst, die Auseinandersetzungsfrage mit den ehemaligen thüringischen Landesherren neu zu regeln, und erteilte Anfang Januar des Jahres 1938 den Auftrag zur Anfertigung einer Zusammenstellung über die Auseinandersetzungen mit den Fürstenhäusern in Thüringen. Am 8.2.1938 legte der beauftragte Referent *Rinck*, der dank seiner langjährigen Tätigkeit den vollständigen Überblick besaß, eine 64-seitige Schrift mit dem Titel: „Die Auseinandersetzung der ehemaligen Freistaaten Thüringens mit ihren vormals regierenden Fürstenhäusern“ vor. Sie enthielt eine kurze historische Entwicklung und den Stand der Vermögensauseinandersetzung für jeden ehemaligen thüringischen Freistaat sowie Anlagen mit der Darstellung der Aufteilung des Domänengrundbesitzes, der Rentenzahlungen an Mitglieder der Fürstenhäuser (569.380 RM im Jahr 1938), noch bestehende Nutzungs- und Wohnrechte und sonstige Rechte des Staates an Vermögensgegenständen, die der Staat bei der Auseinandersetzung erhalten hatte. Die Zusammenstellung ergab, dass die ehemaligen Landesherren noch 40.816 ha Fläche (davon 35.596 ha Wald) des ehemaligen

---

[1830] Im Jahre 1934 hatte Thüringen, vom Reich durch das Gesetz vom 10.10.1933 ermächtigt, durch das Gesetz vom 12.1.1934 die vereinbarten Schiedsgerichtsvereinbarungen aufgehoben oder außer Kraft gesetzt.

[1831] Einzelheiten dazu siehe Jung, S. 562 ff.

[1832] Das Ersuchen wurde am Abend des 10.11.1937 mittels Polizei-Funkdienst übersandt; ThHStAW, Thür. FinMin. Nr. 7929, Bl. 45r-48r.

[1833] ThHStAW, Thür. FinMin. Nr. 7929, Bl. 50r-52v.

Domänenvermögens besaßen. Das entsprach ca. 18 % des Domänengrundbesitzes in Thüringen (224.424 ha).[1834] Diese Denkschrift stellte eine Ergänzung zur Anfrage des RMdI dar.

Der Ministerpräsident von Thüringen *Marschler* übersandte sie an *Sauckel*, er schätze den Wert des den Fürstenhäusern verbliebenen Grundbesitzes mit 60 Mio. RM ein (pro ha wurde ein durchschnittlicher Wert von 1.500 RM angenommen). Am Schluss heißt es: *„Die beiliegende Broschüre wird sicher genügen für eine Entscheidung, ob die Auseinandersetzungsfrage neu aufgerollt werden soll.“*[1835] *Sauckel* übersandte die Denkschrift an den Chef der Reichskanzlei *Lammers*[1836]. Er verwies auf die außerordentlichen Lasten, die Thüringen auf Dauer auferlegt seien, so dass es bei den vielen Häusern *„zweckmäßig erscheint, daß die ganze Auseinandersetzungsfrage nochmals grundsätzlich geklärt würde.“*[1837] Der zuständige Beamte vermerkte dazu, dass der „Führer“ eine allgemeine Wiederaufrollung der Auseinandersetzungsfrage mit den ehemaligen Landesherren nicht wünsche. Auch seien die Lasten des Landes Thüringens nicht besonders drückend, da der jährliche Betrag von 569.000 RM bei einem Jahrestetat von 112 Mio. RM nicht entscheidend ins Gewicht falle. Die Renten würden sich mit der Zeit verringern und Thüringen habe ca. 82 % des Domänengrundes in der Auseinandersetzung erhalten, was nicht ungünstig sei.[1838]

In der Zwischenzeit hatte das RMdI von einer umfänglichen Regelung Abstand genommen. Mit dem **Gesetz vom 1.2.1939**[1839] gab es zwar eine reichsgesetzliche Regelung über die vermögensrechtliche Auseinandersetzung. Es enthielt aber nur die Bestimmung, dass bei einer vor Gericht geltendgemachten Nichtigkeit einer vermögensrechtlichen Vereinbarung das Gericht von Amts wegen das Verfahren auszusetzen hatte (§ 1) und die Entscheidung über eine Fortsetzung des Verfahrens und das weitere Verfahren dem RMdI oblag (§§ 2-9). Ziel dieses Gesetzes war es zu verhindern, dass die getroffenen Vereinbarungen durch die Gerichte neu überprüft werden konnten. Für Thüringen

---

[1834] Diese Denkschrift befindet sich im ThHStAW, Thür. FinMin. Nr. 7934. Im Dezember des Jahres 1943 wurden noch Nachträge zur Schrift angefertigt, um den nunmehrigen Stand der Auseinandersetzung zu dokumentieren (ThHStAW, Thür. FinMin. Nr. 7934, Bl. 65r-68r).

[1835] Schreiben v. 12.2.1938; ThHStAW, Thür. FinMin. Nr. 7929, Bl. 91r.

[1836] Hans-Heinrich Lammers 1879-1962 (Rebentisch-NDB, 13. Bd., S. 449 f).

[1837] Schreiben v. 22.7.1938; Bundesarchiv, R43 II / 287, Bl. 219, 220-256. Nach Facius beabsichtigte Sauckel, alle Renten herabzusetzen oder überhaupt zu streichen (Patze/Schlesinger/Facius, 5. Bd. 2. Teil, S. 492). Aus der Formulierung des Schreibens kommt diese Absicht so deutlich nicht hervor.

[1838] Vermerk v. 16.8.1938; Bundesarchiv, R43 II / 287, Bl. 259-260

[1839] RGBl. I. 1939, S. 129-130.

hatte dieses Gesetz keine Auswirkungen mehr, die Fürstenhäuser griffen ihre Vereinbarungen nicht mehr an.

Für den von der Reichskanzlei um Stellungnahme zum Schreiben von *Sauckel* gebetenen RMdI war die Angelegenheit durch das Gesetz vom 1.2.1939 erledigt. Eine Wiederaufrollung von Amts wegen würde nach den Erfahrungen der letzten Jahre ungewöhnliche Schwierigkeiten bedeuten und war nicht beabsichtigt.[1840] In dem kurz gehaltenen Antwortschreiben der Reichskanzlei an *Sauckel* wurden diese Ansichten des RMdI als Begründung für die Unzweckmäßigkeit der Neuaufrollung erwähnt.[1841] Weitere Begründungen erfolgten nicht.

Im Ergebnis scheiterte auch dieser Versuch des Landes, die Vereinbarungen mit den Für-stenhäusern zu verändern. (Seit dem Jahr 1935 gab es auch Bestrebungen des Reiches zur Vereinheitlichung der Fideikommißauflösung, die bis zum Jahr 1940 andauerten.[1842])

VI. Beschlagnahme und Enteignung in den Jahren 1945 bis 1948

Da nach Kriegsende im Mai des Jahres 1945 schon sehr bald das Vermögen der thüringischen Fürstenhäuser betroffen war, sollen im folgenden kurz die Beschlagnahmen und Enteignungen dargestellt werden.

Nach der Besetzung Thüringens durch die amerikanische Militärregierung wurde Herzog *Carl Eduard von Sachsen-Coburg und Gotha* verhaftet und in ein Internierungslager gesperrt.[1843] Die noch von den Amerikanern eingesetzte Regierung für die Provinz Thüringen unter Leitung des Regierungspräsidenten *Brill*[1844] beschlagnahmte durch die **beiden Polizeiverordnungen vom 6.7.1945** das Vermögen des Herzogs und bestellte am 7.7.1945 einen Treuhänder.[1845] Mit der Besetzung Thüringens durch die sowjetischen Truppen Anfang Juli des Jahres 1945 übernahm die SMAD die oberste Gewalt, die das Land Thüringen wieder errichtete und ihre eigenen politischen und wirtschaftlichen Ziele durchsetzte.[1846] Durch das **Gesetz vom 10.9.1945**[1847] wurde der „*Grundbesitz*

[1840] Schreiben v. 3.4.1939; Bundesarchiv, R43 II / 287, Bl. 262.

[1841] Schreiben v. 15.4.1938; Bundesarchiv, R43 II / 287, Bl. 263 RS-264.

[1842] **Gesetz v. 26.6.1935** (RGBl. I. 1935, S. 785-788); **Gesetz v. 6.7.1938** (RGBl. I. 1938, S. 825-832); **VO v. 20.3.1939** (RGBl. I. 1939, S. 509-528); **VO v. 14.12.1939** (RGBl. I. 1939, S. 2417); **VO v. 17.5.1940** (RGBl. I. 1940, S. 806); **VO v. 14.11.1940** (RGBl. I. 1940, S. 1489-1490); Einzelheiten bei Brandner, S. 94 ff. Im Jahre 1933 hatte Thüringen durch die **beiden VO v. 23.11.1933** das Gesetz zur Auflösung der Familiengüter geändert (GS. Thür. 1933, S. 403 u. 404).

[1843] Sandner, S. 207 ff.

[1844] Patze/Schlesinger/Facius, 5. Bd. 2. Teil, S. 567.

[1845] RegBl. Thür. I. 1945, S. 3-4

[1846] Patze/Schlesinger/Facius, 5. Bd. 2. Teil, S. 568 ff.

[1847] RegBl. Thür. I. 1945, S. 13-16.

von führenden Personen des Hitlerstaates" (Art. II Nr. 2b) und der „*gesamte feudal-junkerliche Boden*" (Art. II Nr. 3) enteignet. Von dieser Enteignung war jetzt auch der gesamte Grundbesitz der thüringischen Fürstenhäuser betroffen. Einen Monat später wurde durch das **Gesetz vom 9.10.1945**[1848] das beschlagnahmte Vermögen des Herzogs Carl Eduard in das Eigentum des Landes überführt (§§ 11, 19). Als der oberste Chef der Sowjetischen-Militär-Administration mit seinen **Befehlen Nr. 124 vom 30.10.1945** und **Nr. 126 vom 31.10.1945**[1849] befahl, dass das Eigentum u.ä. der führenden Mitglieder der NSDAP zu beschlagnahmen sei, waren davon jetzt auch die schon beschlagnahmten Vermögen erneut betroffen und Thüringen musste durch das **Gesetz vom 4.12.1945**[1850] das Gesetz vom 9.10.1945 wieder aufheben. Im Sommer des Jahres 1946 wurde durch entsprechende Befehle der SMAD das beschlagnahmte Vermögen an das Land Thüringen zurück übergeben, das dieses Vermögen dann sogleich entschädigungslos enteignete (**Gesetz vom 24.7.1946**[1851]). Nach Angaben des Rechtsausschusses des thüringischen Landtags waren die fürstlichen Häuser durch die Bodenreform von insgesamt 55.280 ha Grundfläche (davon 49.442 ha Wald) enteignet worden.[1852] Außerdem wirkte sich die Besatzung auch auf die vom Land Thüringen an die Fürstenhäuser zu zahlenden Renten von insgesamt 364.600 RM aus. Ein Beauftragter des Hauses Schwarzburg fragte im August und September des Jahres 1945 nach den ausgebliebenen vierteljährlichen Ratenzahlungen.[1853] Die sowjetische Militär-Administration ordnete am 22.9.1945 an, dass die Zahlung der Fürstenrenten sofort einzustellen und nicht mehr im Etat anzuweisen sei.[1854] Diese Anordnung teilte das Landesamt für Finanzen dem Beauftragten mit.[1855]

Ein Gesetz sollte Ende des Jahres 1948 das gesamte in Thüringen noch vorhandene unbewegliche und bewegliche Vermögen der Fürsten und ihrer Familienangehörigen entschädigungslos enteignen und zum Eigentum des Volkes machen. Alle Rechte aus Gesetzen, Verträgen, Schiedsurteilen u.a. sollten aufgehoben werden (Art. 1). Das Gesetz sollte rückwirkend ab dem 8.5.1945 gelten (Art. 3) und der ordentliche Rechtsweg sowie das Verwaltungsstreitverfahren sollten ausgeschlossen sein (Art. 4). Als Grund für diese Enteignung gibt die Gesetzesbegründung an, dass das Vermögen der Fürstenhäuser (der landwirtschaftliche und forstliche Besitz war schon durch die Bodenreform enteignet worden) bei der Durchführung der Befehle Nr. 124 und

---

[1848] RegBl. Thür. I. 1945, S. 35-39.
[1849] ThHStAW, Sammlung der Befehle der SMAD 1945.
[1850] RegBl. Thür. I. 1945, S. 65.
[1851] RegBl. Thür. I. 1946, S. 111-112.
[1852] LT.-Verh. Thür. 1946-1952, Bd. II. 2., S. 1047.
[1853] Schreiben v. 6.8. u. 3.9.1945; ThHStAW, Thür. FinMin. Nr. 328; Bl. 45r, 46v.
[1854] Vermerk v. 9.10.1945; ThHStAW, Thür. FinMin. Nr. 328, Bl. 47r.
[1855] Schreiben v. 9.10.1945; ThHStAW, Thür. FinMin. Nr. 328, Bl. 49r-49v.

126 *„nur zu einem geringen Teil erfaßt worden“* sei und dass noch große Werte, z.T. von außerordentlich historischer und kultureller Bedeutung, formell noch in das Privatvermögen der Fürstenfamilien gehörten. Man wollte damit auch eine rechtliche Basis für die Einstellung der finanziellen Leistungen schaffen und alle Ansprüche von Sonderrechten durch das Gesetz beseitigen.[1856] Nachdem der Rechtsausschuss die Zustimmung zu diesem Gesetz empfohlen hatte,[1857] debattierte der Landtag am 11.12.1948 über die Vorlage. Unter den Abgeordneten waren auch einige schon in den 20-er und 30-er Jahren im Landtag über die Auseinandersetzungen mit den ehemaligen Landesherren Beteiligte. Landtagspräsident *Frölich* (mittlerweile Mitglied der SED) befürwortete das Gesetz. Er berichtete über die Geschichte der Vermögensauseinandersetzungen aus seiner Sicht, über die Auseinandersetzung mit dem Haus Sachsen-Altenburg, den Vertrag aus dem Jahre 1919 und die erneute Auseinandersetzung in den 20-er Jahren. Seine Ausführungen waren z.T. unrichtig und von vielen Vorurteilen geprägt. Der Abgeordnete *Eyermann* (SED) äußerte sich in der gleichen Art und Weise. Mit dem Finanzminister kam es zu einem Streit, wann genau die Zahlung der Fürstenrenten eingestellt worden sei, da dieser in seinem Bericht von einer Zahlung bis Ende des Jahres 1945 und der dann erfolgten Einstellung gesprochen hatte. *Frölich* und *Eyermann* merkt man in ihren Redebeiträgen die Genugtuung an, dass sie endlich die Macht besaßen, die Vermögensauseinandersetzung in ihrem Sinn, d.h. ohne Geltung rechtsstaatlicher Grundsätze, zu lösen. Die Abgeordneten der Liberaldemokratische Partei versuchten, eine Härtefallklausel einzufügen für bestimmte Personen, die Renten- und Pensionsansprüche an die den Fürstenhäuser hatten. Die Mehrheit des Landtags lehnte aber eine solche Klausel ab. Auch die Kritik an der geplanten Rückwirkung des Gesetzes wurde kommentarlos zur Kenntnis genommen. Der Landtag nahm das Gesetz einstimmig an, *Frölich* verkündete es sofort und es trat sofort in Kraft.[1858] Die Veröffentlichung des **Gesetzes vom 11.12.1948**, zusammen mit der **1. Ausführungsanordnung vom 13.12.1948**, erfolgte im Regierungsblatt des Landes Thüringen.[1859] [1860]

Die bis zum Jahr 1934 abgeschlossenen vermögensrechtlichen Auseinandersetzungsverträge zwischen dem Staat Thüringen und den ehemaligen Landesherren wurden durch die Beschlagnahmen und entschädigungslosen Enteignungen zugunsten des Staates ab dem Jahr 1945 beseitigt. Die neuen

---

[1856] LT.-Verh. Thür. 1946-1952, Bd. II. 2., Ds.-Nr. 493, S. 1017 f.
[1857] LT.-Verh. Thür. 1946-1952, Bd. II. 2., S. 1047 f.
[1858] LT.-Verh. Thür. 1946-1952, Bd. I. 3., S. 1488 ff.
[1859] RegBl. Thür. I. 1948, S. 115, 116.
[1860] Am 14.10.1950 wurden die „Stiftung der Herzog von Sachsen-Coburg und Gotha'schen Familie“ und die „Herzog von Sachsen-Coburg und Gotha'sche Stiftung für Kunst und Wissenschaft“ aufgehoben (RegBl. Thür. II. 1950, S. 294).

kommunistischen Machtverhältnisse verursachten diese vollständige Überführung des fürstlichen Vermögens in das Eigentum des Staates, auch wenn man es als Eigentum des Volkes deklarierte. Man kann diese Vorgänge nicht als Beendigung der vermögensrechtlichen Auseinandersetzung bezeichnen, da diese schon ein Jahrzehnt vorher erfolgt war. Es war eine plötzliche Enteignung auf der Grundlage komplexer neuer politischer und wirtschaftlicher Umwälzungen.

VII. Zusammenfassung zu den Auseinandersetzungen

Die mit den ehemaligen thüringischen Landesherren und den neugebildeten Staaten vereinbarten vermögensrechtlichen Auseinandersetzungsverträge waren schon bald nach ihrem Abschluss von den Auswirkungen der Inflation betroffen. Da bis auf die Abschlüsse mit den beiden Häusern Reuß alle anderen Fürstenhäuser Abfindungs- und Rentenzahlungen erhielten, verloren diese mit dem Ansteigen der Inflation immer mehr an Wert. Bereits im Jahre 1922 begannen die ersten Rechtsstreitigkeiten, die sich in den folgenden Jahren zu einer Prozessflut entwickeln sollten. Durch die Gründung des Staates Thüringen übernahm dieser die Zahlungen an die fürstlichen Häuser und wurde zum Prozessgegner bei den erneuten Auseinandersetzungen. Ende des Jahres 1925 waren 23 Prozesse anhängig.[1861] Erst im Frühjahr des Jahres 1934 wurden die vermögensrechtlichen Auseinandersetzungen mit den ehemaligen Landesherren endgültig beendet.

Die klagenden Fürstenhäuser gingen auf zwei Wegen vor, um eine Änderung der Vereinbarungen herbeizuführen: Durch die Anrufung der vertraglich vereinbarten Schiedsgerichte erreichten die Häuser Sachsen-Meiningen (im Jahr 1924) und Sachsen-Weimar-Eisenach (in den Jahren 1925 und 1927) eine Aufwertung ihrer Zahlungsansprüche. Demgegenüber versuchten die Häuser Schwarzburg und Sachsen-Altenburg, die abgeschlossenen Auseinandersetzungsverträge für nichtig erklären zu lassen und verlangten eine Rückübertragung ihres Domänenvermögens. Hintergrund dieses Begehrens war, dass man inflationssichere Werte bekommen wollte. Aufgrund der Einigung mit dem Haus Schwarzburg im Jahre 1928 erhielt dieses ebenfalls eine Aufwertung der Rentenzahlungen sowie zusätzliche Barabfindungen. Da der im gleichen Jahr abgeschlossene Vergleich mit dem Haus Sachsen-Altenburg nicht durch den thüringischen Landtag bestätigt wurde, kam es zu einer jahrelangen Fortführung des Prozesses, in dem das Land unterlag. Im Jahr 1934 einigte man sich in einem Vergleich, der eine neue vermögensrechtliche Auseinandersetzung beinhaltete. Das Haus Sachsen-Altenburg erhielt zwei Drittel seines Grundbesitzes zurück und eine Abfindung in Millionenhöhe.

[1861] Vgl. Zusammenstellung v. 26.11.1925; ThHStAW, Thür. FinMin. Nr. 7928, Bl. 269r-273r.

Die Häuser Reuß ältere und jüngere Linie machten keine Ansprüche geltend. Durch die Aufteilung des Domänenvermögens ohne Zahlungen des Staates hatten sie inflationssichere Werte erhalten und für eine erneute Auseinandersetzung mit dem Staat gab es keine Gründe. Ihr Verhalten wurde schon immer gewürdigt, ohne jedoch die Ursache in der Substanzaufteilung dabei zu erwähnen. Eine erwähnenswerte Besonderheit gerade in Thüringen bleibt dieses Verhalten auf jeden Fall. (Auch der Auseinandersetzungsvertrag zwischen dem Staat Coburg und dem Haus Sachsen-Coburg und Gotha hatte Bestand. Da Coburg seit dem Jahr 1920 ein Teil des Freistaates Bayern war, erfolgte keine Erwähnung im 3. Kapitel.)
Im Unterschied zu den o.g. Rechtsstreitigkeiten muss der des Hauses Sachsen-Coburg und Gotha gesehen werden, da er auf anderen Ausgangspunkten beruhte. Die im Jahre 1919 durch ein Gesetz erfolgte entschädigungslose Enteignung des gesamten Domänenvermögens des Hauses führte kurz nach Inkrafttreten zu Prozessen gegen dieses Gesetz. Durch die Entscheidung des Reichsgerichtes im Sommer des Jahres 1925 erhielt das Haus Sachsen-Coburg und Gotha sein gesamtes Vermögen zurück. Aufgrund der Gegenansprüche des Landes Thüringens verhandelte man noch jahrelang, ehe man sich im Jahre 1934 einigte. Erst nach 15 Jahren hatte man sich in diesem speziellen Fall vermögensrechtlich geeinigt.

Wie bereits im 1. und 2. Kapitel können auch hier die erzielten Ergebnisse der Rechtsstreitigkeiten und Vereinbarungen zwischen den Beteiligten in verschiedene Gruppen aufgeteilt werden:

1. Gruppe:
Aufwertung der Renten- und Abfindungszahlungen des Staates an die fürstlichen Häuser. Zu dieser Gruppe gehören die Häuser *Sachsen-Meiningen*, *Sachsen-Weimar-Eisenach* und *Schwarzburg*.

2. Gruppe:
Aufteilung des Domänenvermögens zwischen Staat und dem fürstlichen Haus sowie Zahlung einer Barabfindung durch den Staat als Ergebnis einer neuen vermögensrechtlichen Auseinandersetzung. Diese Vereinbarung betraf nur das Haus *Sachsen-Altenburg*.

3. Gruppe:
Der *Staat* erhielt *einen Teil des Domänenvermögens des fürstlichen Haus, als Ergebnis der vermögensrechtlichen* Auseinandersetzung. Dieses Ergebnis wurde mit dem Haus *Sachsen-Coburg und Gotha* vereinbart.

4. Gruppe:
Keine Änderung der abgeschlossenen Verträge und keine Aufwertungen. Zu dieser Gruppe gehören die Häuser *Reuß ältere Linie* und *Reuß jüngere Linie.*

Die Gemeinsamkeiten der ersten Gruppe beschränken sich auf die Tatsache der Aufwertung der Zahlungen und die Einigung darüber in den 20-er Jahren des 20. Jahrhunderts. Jedes Haus erhielt aber unterschiedliche Aufwertungsbeträge: Die Renten- und Abfindungsbeträge wurden für das Haus Sachsen-Meiningen auf 75 % und 100 %, für das Haus Sachsen-Weimar-Eisenach auf 25 % und 33 % und für das Haus Schwarzburg auf 55 % und 100 % aufgewertet. Während für den Streit mit dem Haus Sachsen-Weimar-Eisenach ein Zivilsenat des Oberlandesgerichtes Jena als Schiedsgericht urteilte, bei seiner Entscheidung ausdrücklich auf die allgemeine Not in Deutschland hinwies, das fürstliche Haus jedoch noch Waldgrundbesitz im Rahmen der Auseinandersetzung erhalten hatte, waren in den beiden anderen Fällen von den Parteien eingesetzte Schiedsrichter tätig und diese Häuser hatten keinen Grundbesitz im Rahmen der Auseinandersetzung erhalten.

Die im Jahre 1934 abgeschlossenen Vergleiche zwischen dem Land Thüringen und den Häusern Sachsen-Altenburg und Sachsen-Coburg und Gotha sind ebenfalls nur in gewisser Weise ähnlich: Bei beiden spielte offenbar eine große Rolle, dass die neuen Machthaber die zwei noch offenen Auseinandersetzungen in Thüringen so schnell wie möglich beenden wollten und daher bereit waren, auf frühere Forderungen des Staates zu verzichten. Man akzeptierte nun, dass beide Häuser große Teile des Waldbesitzes zurückbekamen bzw. behielten. Seit dem Jahr 1918 war es das Ziel gewesen, den gesamten Waldbesitz der ehemaligen Landesherren in das Eigentum des Staates zu überführen und man hatte in den 20-er Jahren jegliche Rückforderungen abgelehnt. Diese Haltung wurde nun aufgegeben, um die Streitigkeiten endlich zu beenden. Unterschiedlich waren die Art und Weise des Abschlusses und des jeweiligen Vertragsinhaltes. Im Fall Sachsen-Altenburg erfolgte die Einigung im Rahmen der Auflösung der fideikommissarischen Bindung des Vermögens. Dagegen übertrug das Haus Sachsen-Coburg und Gotha dem Staat Thüringen Grundbesitz. Über diese Verhandlungen waren in den thüringischen Archiven keine Unterlagen zu finden. Der Staat war sich bewusst, von seinen ursprünglichen Forderungen abgewichen zu sein, worauf die Nichtveröffentlichung der beiden Vergleiche hindeutet. Die Bevölkerung in den beiden Landesteilen von Gotha und Altenburg hatte die Streitigkeiten und gegenseitigen Forderungen noch in zu lebhafter Erinnerung, als dass sie nicht Vergleiche zu den jetzigen Abschlüssen hätte ziehen können.

Bei den Streitigkeiten der Häuser Schwarzburg, Sachsen-Altenburg und Sachsen-Coburg und Gotha nahmen die jeweiligen Generalbevollmächtigten des fürstlichen Hauses eine gewichtige Rolle ein. Über sie liefen die Verhandlungen mit dem Staat. Vor allem ihre Denkschriften und in Auftrag gegebenen und veröffentlichten Gutachten sollten den Boden für die neuen Auseinandersetzungen bereiten bzw. die Öffentlichkeit für die Argumente der fürstlichen Seite gewinnen. Das Land Thüringen gab zwar auch sehr viele Gutachten in Auftrag, die aber nur in den jeweiligen Akten zu finden sind. Lediglich zwei sind überhaupt gedruckt worden, ohne dass sie Verbreitung fanden. In einigen Akten sind Hinweise über Absprachen zwischen den Generalbevollmächtigten zu finden. Da über die Vereinigung der Hofkammern in Bückeburg ein reger Informationsaustausch lief,[1862] kann man annehmen, dass sie mit Sicherheit über den Stand der Prozesse, Verhandlungen u.ä. der anderen Fürstenhäuser informiert waren. Im Fall der Einigung mit den Häusern Schwarzburg und Sachsen-Altenburg im Jahre 1928 enthalten die Verträge viele Gemeinsamkeiten und es finden sich auch Hinweise auf ein gemeinsames Vorgehen gegenüber dem Staat. Das Haus Sachsen-Coburg und Gotha verfolgte aber zu diesem Zeitpunkt einen anderen Weg, um sich mit dem Staat zu einigen.[1863]

Für Thüringen bedeuteten die Neuvereinbarungen und die ausgeurteilten Abfindungen eine zusätzliche finanzielle Belastung. So mussten im Jahre 1931 785.700 RM an jährlichen Renten gezahlt werden. Hinzu kamen noch Abfindungszahlungen von zwei Mio. RM. Die vom Land in den Jahren 1924 bis 1929 gezahlten Prozesskosten betrugen 722.952 RM.[1864] Diese zusätzlichen Belastungen trafen das Land in einer Zeit großer finanzieller und wirtschaftlicher Probleme. Für die Öffentlichkeit waren derartige Zahlungen im Hinblick auf die allgemeine Notlage nur schwer vermittelbar. So betrug die jährliche Unterstützung für die 53.000 Kriegsopfer in Thüringen nur 73.000 RM, d.h. 1,50 RM für jedes Kriegsopfer. Veranlasst durch die Weltwirtschaftskrise kürzten Reich und Land die Gehälter und Löhne ihrer Beamten und Angestellten und führten weitere Sparmaßnahmen durch, die auch die Krisen- und Wohlfahrtunterstützung betrafen. Die rechtliche Verpflichtung der Zahlungen an die fürstlichen Häuser wurde von den Linksparteien nicht akzeptiert. Zwar hatte der Staat aufgrund der Auseinandersetzungen in den Jahren 1918 bis 1921 großen Waldbesitz erlangt (der Staatswald betrug 168.000 ha), der sich während der Inflation auch als wertbeständig erwies[1865] und Anfang der 20-er Jahre einen großen Teil der Staatsausgaben deckte. Aber mit dem Rückgang der Erträge Mitte der 20-er Jahre wurde die finanzielle Situation des Landes immer schlechter und nur durch Staatsanleihen konnten die Lücken im Haushalt geschlossen werden. Die Weltwirtschaftskrise zog auch die Forstwirtschaft

---

[1862] Einzelheiten bei Jung, S. 575 ff.

[1863] Schreiben v. 11.7.1926; Th StA Altenburg, Haus- und Privatarchiv der Herzöge von S.-A., Nr. 671, nicht foliert.

[1864] Vermerk v. 2.12.1930; ThHStAW, Thür. FinMin. Nr. 7929, Bl. 27r.

[1865] Plochmann, S. 203 f.

in starke Mitleidenschaft. Neben dem erheblichen Rückgang der Nachfrage an Holz war auch das Angebot billigster Holzangebote aus dem Ausland (vor allem aus der Sowjetunion) Ursache für das Sinken der Holzpreise auf immer neue Tiefstände. Eine Erholung der Holzwirtschaft setzte mit der allgemeinen Erholung der Volkswirtschaft und durch die umfangreichen Bauprogramme der nationalsozialistischen Regierung ab dem Jahr 1933 ein. Trotzdem versuchte das Land Thüringen im Jahr 1938 mit Hilfe des Reiches, Neuvereinbarungen mit den fürstlichen Häusern abzuschließen. Die jährlichen Zahlungen wurden als zu große Belastung des Haushaltes betrachtet. Aus politischen Gründen lehnte das Reich aber ein derartiges Vorhaben ab. Man war erleichtert, das mit großen Emotionen belastete Thema endlich erledigt zu haben und wollte kein Neuaufrollen dieser komplizierten Verhältnisse.

Zusammenfassend ist festzustellen, dass die Inflation die Ursache für die zahlreichen Rechtsstreitigkeiten über die abgeschlossenen Auseinandersetzungsverträge war. Den immer schnelleren Wertverfall der Papiermark konnten und wollten die ehemaligen Landesherren, die Rentenzahlungen durch die Einzelstaaten und dann durch den Staat Thüringen erhielten, nicht akzeptieren. Als einziges der thüringischen Fürstenhäuser hatte das Haus Sachsen-Altenburg die Abfindungssumme noch im Jahr 1919 erhalten und durch die verfehlten Finanzgeschäfte des Herzogs große Verluste erlitten, aber die Inflation wirkte sich auch auf diese Zahlung aus. Im Ergebnis erhielten sie hohe Aufwertungen ihrer Zahlungen und sogar die Rückgabe von Grundbesitz. Die fürstlichen Häuser konnten so die Schädigungen durch die Inflation bedeutend besser überstehen als die Mehrheit des deutschen Volkes. Dabei muss beachtet werden, dass man dem Staat enorme Werte übertragen hatte und dafür ein wertmäßiges Äquivalent erhalten musste. So unterschiedlich das Vorgehen der ehemaligen Landesherren war, so unterschiedlich waren auch die Ergebnisse, die auf Schiedssprüchen und oder Vergleichen beruhten. Erst die Bereitschaft der nationalsozialistischen Regierung, von ursprünglichen Forderungen abzugehen, führte zu einer Beendigung der letzten beiden Streitigkeiten. Auch für diesen Zeitabschnitt ist die Unterschiedlichkeit des Vorgehens und der erzielten Vereinbarungen als herausragendes Merkmal festzustellen.

4. Kapitel: Zusammenfassung

Für die thüringischen Einzelstaaten in der ersten Hälfte des 19. Jahrhunderts waren Vereinbarungen mit ihren Landesherren, die ihnen das Eigentum an den Domänen sicherten oder ihnen einen Teil der Einnahmen aus den Domänen zuwiesen, von herausragender Bedeutung, da die in Thüringen vorhandenen großen Domänenwälder die größte Einnahmequelle der Staatseinnahmen darstellten. Neben der rechtlichen Frage, in wessen Eigentum die Domänen standen, war vor allem die Verteilung der Domänenerträge wichtig. Jeder Staat musste seinen Haushalt für die ständig wachsenden Aufgaben finanzieren. Die industrielle Revolution verursachte großen Holzbedarf, wodurch sich die Einnahmen aus den Domänenwäldern derart erhöhten, dass es das Ziel eines jeden Staates war, dieses Vermögen als Staatseigentum zu sichern. Die thüringischen Herrscherhäuser beharrten dagegen auf ihrem ausschließlichen Eigentumsrecht an den Domänen. Nur wenige waren bereit, einen Teil ihrer Domäneneinkünfte den Staatshaushalten zur Verfügung zu stellen oder auf Zahlungen des Staates zu verzichten. Zwischen fürstlichem Selbstverständnis des Eigentumsrechtes und den finanziellen Erfordernissen eines modernen Staates musste ein Ausgleich gefunden werden.

Das Fehlen entsprechender Vereinbarungen führte im Frühjahr des Jahres 1848 in den thüringischen Kleinstaaten zu massiven Forderungen nach einer für den Staat akzeptablen Lösung. Jetzt wurde die Überführung der Domänen in das Eigentum des Staates verlangt, als Ausgleich sollten die Landesherren eine Zivilliste erhalten, die den Unterhalt ihrer Familien sowie den Repräsentationsverpflichtungen zu dienen hatte. Derartige Regelungen gab es in den großen Staaten des Deutschen Bundes längst. Von den neu gewählten Landtagen ging der Druck zum Abschluss von Verträgen mit diesem Inhalt aus. Da sich die thüringischen Fürstenhäuser zur selben Zeit auch mit Mediatisierungsbestrebungen konfrontiert sahen, fügten sie sich, wenn auch widerwillig. Schon zu diesem Zeitpunkt gab es bei der Ausgestaltung der einzelnen Abschlüsse markante Unterschiede: Einige Parlamente akzeptierten das Eigentum des Fürsten an den Domänen, wenn dieser dafür einen Teil der Einnahmen dem Staat überwies. Andere Volksvertretungen beharrten konsequent auf der Festschreibung der Domänen als Staatseigentum. Diese Unterschiedlichkeit der rechtlichen Ausgestaltung sollte in den folgenden Jahrzehnten zu einem herausragenden Merkmal in der thüringischen Domänengeschichte werden. Beide Seiten betrachteten diese Streitigkeiten als ihre höchst eigene Angelegenheit, so dass Absprachen mit anderen Parlamenten und Herrscherhäusern untereinander nicht erfolgten. So eng die Beziehungen in den kleinen und zersplitterten Territorien – die Vielzahl der Grenzbäume konnten dies nicht verhindern – und die verwandtschaftlichen Beziehungen der thüringischen Fürstenhäuser untereinander auch waren, hier ging es um das Selbstverständnis der

Finanzverfassung der kleinen aber souveränen Staaten und das Vermögen der Landesherren. Die Proteste einiger fürstlicher Familien gegen Abschlüsse in den Nachbarstaaten erfolgten daher erst nach deren Bekanntwerden.

Mit dem Scheitern der Revolution der Jahre 1848/1849 verlangten vor allem die thüringischen Fürsten, deren Domänen Staatseigentum geworden waren, sofort eine Revidierung der Vereinbarungen. Sie erreichten deren Aufhebung und erhielten durch neue Verträge ihr Eigentum an den Domänen zurück. Den Herrscherhäusern war aber deutlich geworden, dass ein Teil ihrer Domäneneinkünfte an den Staat abgeführt werden oder dass der Staat von Zahlungen an den Herrscher befreit werden musste und man sich darüber mit seinem Staat zu einigen hatte. In der folgenden Zeit schloss man daher neue Vereinbarungen ab. Im Großherzogtum Sachsen-Weimar-Eisenach und in den Fürstentümern Schwarzburg-Rudolstadt und Schwarzburg-Sondershausen behielt der Herrscher das Eigentum an den Domänen, übertrug jedoch die Verwaltung dem Staat und erhielt dafür einen bestimmten Teil der Erträge. Die kleinsten Staaten (die Fürstentümer Reuß ältere Linie und jüngere Linie) wurden von jeglichen Zahlungen an die Landesherren befreit, während im Herzogtum Sachsen-Coburg der Staat einen Teil der Domäneneinkünfte erhielt. Die Staaten Sachsen-Altenburg und Sachsen-Gotha erreichten sogar eine Aufteilung, wobei sie sich mit weniger als der Hälfte als Staatseigentum begnügen mussten; das war der Preis dafür, wenigsten einen Teil der Domänen als Staatseigentum zu erhalten. Im Herzogtum Sachsen-Meiningen beanspruchte der Landesherr nach wie vor das gesamte Domänenvermögen und stellte die Zahlungen an den Staat in sein Ermessen. Die Folge war ein langjähriger Streit mit dem Landtag, der diese Forderungen zurückwies und sich nicht scheute, durch ein Schiedsgericht sein behauptetes Eigentumsrecht feststellen zu lassen. Man einigte sich schließlich nur auf einen Verteilungsschlüssel für die Einnahmen und ließ die Frage nach der Eigentumslage offen. Neben der Ausgestaltung war auch die Art und Weise, wie man die Vereinbarungen traf, unterschiedlich. So gab es Bestimmungen in Landesverfassungen, die lediglich zu regelmäßigen Verhandlungen im Rahmen von Haushaltsaufstellungen darüber führten, welche Beträge der Herrscher zu bekommen hatte. In anderen Staaten war durch sehr detaillierte gesetzliche Regelungen die Verteilung genau vereinbart worden.

Die thüringischen Herrscherhäuser erhielten oder hatten beträchtliche Einnahmen aus den Domänen und sicherten diese als Fideikommisse für ihre Familien. Verschwendet haben sie diese Einnahmen aber nicht. Sie verwendeten sie zum großen Teil zur Schaffung von bedeutenden kulturellen Werten und zahlten für deren ständige Unterhaltung. Ihre Residenzstädte waren der geistige und kulturelle Mittelpunkt ihrer kleinen Länder. Auf dem Gebiet von Thüringen gibt es für Europa die größte Dichte an Schlössern, Museen, Sammlungen, Theatern und Kirchen – prägend für das gesamte Gebiet, was auch ein Verdienst ihrer Landesherren darstellt.

Die Unterschiedlichkeit der verschiedenen Abschlüsse setzte sich in der Folgezeit weiter fort. Von den in den 50-er Jahren des 19. Jahrhunderts geschlossenen Verträgen hielten einige bis zum Ende der Monarchie, in anderen Staaten erreichten die Landtage den Abschluss neuer Vereinbarungen mit dem Ziel, für die Staatsfinanzen einen höheren Einnahmenanteil zu erhalten. Der Zeitraum, bis alle thüringischen Staaten einen für beide Seiten akzeptablen Abschluss erreicht hatten, erstreckte sich über 50 Jahre. Im Jahr 1905 schloss man den letzten Vertrag – dreizehn Jahre vor dem Ende der Monarchie.

Mit dem Ende der Monarchie in Deutschland bildeten sich aus den thüringischen Kleinstaaten neue Einzelstaaten, wobei die Grenzen und die staatliche Ordnung erhalten blieben. Bereits mit oder kurz nach der Abdankung der Landesherren begannen die vermögensrechtlichen Auseinandersetzungen mit ihnen. Die neuen Regierungen und Parlamente hielten die bis dahin geltenden Vereinbarungen nicht mehr für zeitgemäß und forderten neue Regelungen über die Domänen, in einigen Fällen erfolgten diese Forderung schon bereits durch die Arbeiter- und Soldatenräte. Wegen der Abdankung entfielen die Kosten für die Stellung des Staatsoberhauptes und man wollte die Gelegenheit nutzen, um die jetzt als ungünstig empfundenen alten Vereinbarungen schnell abzuändern. Man verlangte energisch Neuverhandlungen und die vollständige Überführung der Domänen in Staatseigentum gegen Zahlung einer angemessenen Abfindung. Die neuen Staaten benötigten zur Sicherung ihres eigenen finanziellen Überlebens die ertragreichen Domänen. Die Fürsten mussten die völlig veränderte Situation notgedrungen akzeptieren. Da ihr Privatvermögen von den Forderungen der Staaten nicht betroffen war, sondern es nur um das Domänenvermögen ging, fügte man sich bereitwilliger. Die neuen Auseinandersetzungsverträge wurden zum Teil sehr schnell abgeschlossen (in drei Fällen noch im Jahr 1918) und bis zum Jahr 1921 hatten bis auf ein Land (Sachsen-Gotha) alle thüringischen Staaten mit ihren ehemaligen Landesherren einen entsprechenden Vertrag geschlossen. Trotz der Revolution waren sich die Regierungen einig, dass sie für die Übereignung der Domänen angemessene Gegenleistungen zu erbringen hatten. Auch dabei kann die Unterschiedlichkeit wieder festgestellt werden: Während die Fürstenhäuser Schwarzburg und Sachsen-Meiningen ihr gesamtes Domänenvermögen dem Staat gegen eine Abfindung oder Rentenzahlungen überwiesen, teilten die Häuser Reuß ältere Linie und jüngere Linie die Domänen mit dem Staat. Die Häuser Sachsen-Altenburg, Sachsen-Coburg und Sachsen-Weimar-Eisenach behielten kleinere Teile der Domänen und der Staat zahlte Abfindungen. In der Regel zahlten die thüringischen Staaten Geld für die erhaltenen großen Domänenvermögen. Gleichzeitig wurden die neuen Staaten auch für die Bewahrung von Teilen der kulturellen und künstlerischen Werte verantwortlich, die ihnen übertragen worden waren. Ab dem Jahre 1923 übernahm der mittlerweile gegründete Freistaat Thüringen die Zahlungs- und Unterhaltungsverpflichtungen.

Obwohl sich die politische Lage durch die Revolution verändert hatte, beharrten die Vertreter der neuen thüringischen Republiken in dieser Angelegenheit auf ihr Recht zur eigenen Regelungsbefugnis, begründet mit ihrer Unterschiedlichkeit. Deshalb war die im Dezember des Jahres 1918 von den USPD-Vertretern des Staates Gotha einberufene Konferenz über ein gemeinsames Vorgehen bei der Auseinandersetzung von Anfang an zum Scheitern verurteilt. Neben dem Festhalten an der eigenen staatlichen Unabhängigkeit war auch das Begehren der Gothaer Vertreter nach einer entschädigungslosen Enteignung Grund des Misserfolgs. In Gotha hatte sich mittlerweile eine radikale Haltung zur Vermögensauseinandersetzung ausgebreitet, die im Widerspruch zur Haltung der anderen Staaten stand.

Der Verlauf der Verhandlungen in Gotha und ihr Scheitern stellt den Ausnahmefall der vermögensrechtlichen Auseinandersetzung in Thüringen dar. Nach monatelangen ergebnislosen Verhandlungen wurde durch ein Gesetz im Sommer des Jahres 1919 das gesamte herzogliche Domänenvermögen entschädigungslos enteignet und durch den Staat Gotha eingezogen. Der Grund für diese Enteignung ist darin zu suchen, dass nur in Gotha die USPD die Regierung und Parlamentsmehrheit stellte. Neben deren Unmut über die ständige Ablehnung ihrer Vorschläge durch die herzoglichen Vertreter und deren eigene hohe Forderungen, drohte die unmittelbar vor der Verabschiedung stehende Reichsverfassung eine entschädigungslose Enteignung unmöglich zu machen. Infolgedessen beschloss man kurz vor deren Inkrafttreten das Enteignungsgesetz. Eine endgültige Regelung konnte dieses Gesetz aber nicht erzielen, da sich das Haus Sachsen-Coburg und Gotha sofort gerichtlich wehrte. In dieser Zeit verhandelten noch andere thüringische Staaten (Reuß und Sachsen-Weimar-Eisenach) mit ihren ehemaligen Landesherren und erreichten nach langen Verhandlungen eine Einigung. Sie wählten nicht den radikalen Weg und das sollte sich im Ergebnis als der richtige Weg erweisen.

Die meisten der neuen Verträge wurden jedoch schon kurz nach ihrem Abschluss von der einsetzenden Inflation erheblich betroffen, die den Wert der staatlichen Zahlungen immer schneller dahinschmelzen ließ. Seit dem Jahr 1922 begannen daher neue jahrelange Auseinandersetzungen, mit denen sich jetzt der neu gegründete Staat Thüringen beschäftigen musste. Dabei wählten die Fürstenhäuser verschiedene Wege: Die Häuser Sachsen-Meiningen und Sachsen-Weimar-Eisenach erreichten Mitte der 20-er Jahre durch Schiedsgerichtsverfahren zum Teil sehr hohe Aufwertungen ihrer Zahlungsansprüche gegen den Staat. Dagegen griffen die Häuser Schwarzburg und Sachsen-Altenburg die abgeschlossenen Verträge direkt an, machten mehrere Nichtigkeitsgründe gelten und verlangten die Rückgabe ihres Domänenvermögens, denn der Grundbesitz hatte sich als wertbeständig in der Inflation erwiesen. Mitte der 20-er Jahre waren über 20 Prozesse anhängig. Außerdem gab es einige gerichtliche Streitigkeiten in Folge der Durchführung der nach dem Jahre 1918 geschlossenen Vereinbarungen, wobei man sich auch um das Eigentum an einzelnen Kunstgegenständen stritt. Im Jahre 1928 konnte sich das Land Thüringen mit dem Haus Schwarzburg einigen, dem ein eingesetztes Schiedsgericht ebenfalls sehr hohe Aufwertungen seiner Zahlungsansprüche zusprach. Im Prozess mit dem Haus Sachsen-Altenburg unterlag das Land Anfang der 30-er Jahre und musste das gesamte Domänenvermögen zurückgeben. Erst im Jahr 1934 einigten sich beide Seiten; diese Einigung stellte im Ergebnis eine neue vermögensrechtliche Auseinandersetzung dar. Danach erhielt der Staat nur ein Drittel des ehemaligen herzoglichen Domänenvermögens und zahlte noch eine zusätzliche Abfindungssumme, der ehemalige Landesherr erreichte damit einen sehr vorteilhaften Ausgleich im Gegensatz zu dem Vertrag im Jahre 1919.

Von diesen Prozessen getrennt zu betrachten ist der jahrelange Rechtsstreit des Hauses Sachsen-Coburg und Gotha. Das Reichsgericht hob im Jahre 1925 das Enteignungsgesetz auf und das Haus erhielt das beschlagnahmte Vermögen zurück. Im Anschluss kam es zu neuen Verhandlungen über eine vermögensrechtliche Einigung. Die vertragliche Einigung im Jahre 1927 übertrug einer Kommission die Entscheidung, jedoch ohne Ergebnis. Das Land Thüringen einigte sich ebenfalls erst im Frühjahr des Jahres 1934 mit dem Haus und erhielt nur einen kleinen Teil des Domänenvermögens. Nach 15 Jahren war auch diese Auseinandersetzung beendet worden.

Die beiden Vergleichsabschlüsse des Jahres 1934 stehen im unmittelbaren Zusammenhang mit der neuen politischen Lage in Deutschland: Die Nationalsozialisten wollten eine schnelle Beendigung der beiden noch offenen Streitigkeiten erreichen und nahmen für das Land ungünstige Vereinbarungen in Kauf. Verglichen mit den Forderungen der Jahre 1918/1919, nämlich die Domänen vollständig in das Eigentum des Landes zu überführen und dem Festhalten an dieser Position in den jahrelangen Verhandlungen, war man nun den Wünschen der ehemaligen Landesherren weit entgegengekommen. Diese wollten wertbeständige Vermögensteile, um den Unterhalt ihrer Familien und die ihnen obliegenden Verpflichtungen für den Erhalt der kulturellen Werte zu sichern. Reine Geldzahlungen des Staates kamen nicht mehr in Frage. Solche Regelungen hätten im thüringischen Landtag vor dem Jahr 1933 niemals eine Mehrheit gefunden.

Allein die beiden Häuser Reuß ältere und jüngere Linie machten keine Ansprüche geltend und die mit ihnen abgeschlossenen Verträge blieben bestehen. Dieses Verhalten stellt zu den anderen thüringischen Fürstenhäusern einen Sonderfall dar. Da beide Häuser keine Geldzahlungen des Staates erhielten, erwiesen sich die Verträge als inflationssicher. Diese Besonderheit war aber schon bei der vermögensrechtlichen Einigung festzustellen, da sie als einzige der ehemaligen Landesherren eine Aufteilung der Domänen erreicht und keine Geldzahlung vereinbart hatten.

Bis zur Beendigung der vermögensrechtlichen Auseinandersetzung Anfang der 30-er Jahre des 20. Jahrhunderts bedeuteten die Aufwertungen und zusätzlichen Abfindungen für das Land Thüringen eine weitere Belastung des Staatshaushaltes, wozu noch die durch die umfangreichen Prozesse entstandenen Kosten kamen. Das Ziel, die Domänen in das Eigentum des Staates zu bringen, hatte man aber zum größten Teil erreicht und der Grundbesitz erwies sich in der Inflation als wertbeständig. Die Folgen der Weltwirtschaftskrise am Ende der 20-er Jahre führten jedoch zu erheblichen Einnahmenrückgängen, die sich auf die Finanzsituation des Staates auswirkten, erst mit Beginn der wirtschaftlichen Belebung verbesserte sich die Lage.

Aber auch die Beendigung der Auseinandersetzung im Jahre 1934 hatte nicht lange Bestand. Schon kurz nach der Besetzung Thüringens durch die Alliierten im Frühjahr des Jahres 1945 erfolgte die Beschlagnahme des Vermögens des Hauses Sachsen-Coburg und Gotha. Die Rentenzahlungen an die anderen fürstlichen Häuser wurden im Herbst des Jahres 1945 eingestellt und der landwirtschaftliche Besitz von der Bodenreform miterfasst und enteignet. Das noch vorhandene Vermögen wurde dann im Jahr 1948 entschädigungslos enteignet. Nur zwei Angehörige der ehemaligen Landesherren –Fürstin *Anna Luise von Schwarzburg-Rudolstadt* und Herzog *Ernst II. von Sachsen-Altenburg* – blieben bis zu ihrem Tod in Thüringen. Eine Epoche der thüringischen Landesgeschichte war zu Ende gegangen.

Die vermögensrechtliche Auseinandersetzung über das Domänenvermögen in den thüringischen Staaten zwischen den Staaten und den Fürstenhäusern war ein fast einhundert Jahre währender Prozess, der von mehreren markanten Zeitabschnitten geprägt war.

Für die Beantwortung der Frage, ob dem Staat oder dem Fürstenhaus das Eigentum an den Domänen zustand, waren wirtschaftliche und finanzielle Aspekte entscheidend: Zwischen dem Anspruch auf Ausstattung und Unterhalt des Landesherren und seiner Familie und dem notwendigen Einnahmen des Staates für seinen Finanzbedarf bestand ein Konfliktherd, der sich nur nach langjährigen Verhandlungen entschärfen ließ. Dabei spielte die politische Situation immer eine entscheidende Rolle, so dass der Streit über das Domänenvermögen in Abständen neu entflammte. Die vielen kleinen Staaten, die in dem doch überschaubaren Gebiet Thüringens existierten, entwickelten dabei eine bemerkenswerte Anzahl von unterschiedlichen Lösungsmöglichkeiten mit ihren jeweiligen Fürstenhäusern, die zum Teil pragmatisch, zum Teil aber auch von heftigen und langjährigen Streitigkeiten geprägt waren. Die Verschiedenartigkeit, wie man – jeder für sich allein – vorging und sich einigte, ist das bestimmende Merkmal der Domänenentwicklung. Es setzte sich auch nach der Revolution des Jahres 1918 fort und ebenfalls bei den erneuten Auseinandersetzungen in den 20-er und 30-er Jahren des 20. Jahrhunderts.

Quellen- und Literaturverzeichnis

I. Archivalische Quellen[1866]

1. Bayerisches Hauptstaatsarchiv München

Bestand:
- Geheimes Staatsarchiv
- Akten des Ministeriums der Justiz

2. Thüringisches Hauptstaatsarchiv Weimar

Bestand:
- Großherzogliches Hausarchiv
- Staatsministerium, Department der Finanzen
- Staatsministerium, Department der Kultur
- Thüringisches Staatsministerium-Präsidialabteilung
- Thüringisches Finanzministerium
- Thüringisches Justizministerium
- Thüringisches Oberlandesgericht Jena
- Landtag von Thüringen

3. Thüringisches Staatsarchiv Altenburg

Bestand:
- Hausministerium
- Landtags-Acten 1919-1920
- Haus- und Privatarchiv der Herzöge von Sachsen-Altenburg
- Akten der Gebietsregierung, Abt. d. Finanzen zu Altenburg

4. Thüringisches Staatsarchiv Gotha

Bestand:
- Staatsministerium

5. Thüringisches Staatsarchiv Greiz

Bestand:
- Verwaltungsarchiv Osterstein
- Kammer Greiz
- Ministerium Gera

6. Thüringisches Staatsarchiv Rudolstadt

Bestand:
- Ministerium Rudolstadt, Staatsministerium
- Ministerium Sondershausen, Staatsministerium

[1866] Die exakte Zitierung erfolgt in den Fußnoten.

- Landtag Schwarzburg-Sondershausen
- Staatsanwaltschaft beim Thüringischen Landgericht Rudolstadt

7. Thüringisches Staatsarchiv Meiningen
Bestand:
- Staatsministerium, Abt. Herzogl. Haus und Äußeres
- Staatsministerium, Abt. Finanzen
- Geheimes Archiv

II. Gesetzessammlungen

1. Fürstentum Reuß ältere Linie

15.03.1809	Landesgrundgesetz, ThHStAW, Denkschrift über das Reuß-Greizer Kammervermögen, R 2034, S. 16-22
28.03.1867	Gesetz, die Verfassung des Fürstenthums Reuß älterer Linie betreffend, GS. Reuß ä.L. 1867, S. 29-54
11.11.1918	Thronentsagungserklärung Fürst Heinrich XXVII. Reuß j.L. für Fürst Heinrich XXIV. Reuß ä.L., GS. Reuß ä.L. 1918, S. 79
11.11.1918	Regentschaftsentsagungserklärungen Fürst Heinrich XXVII. Reuß j.L. für Fürst Heinrich XXIV. Reuß ä.L., GS. Reuß ä.L. 1918, S. 79-80
16.11.1918	Regierungs-Verordnung, betreffend die Beschlagnahme des Kammervermögens, GS. Reuß ä.L. 1918, S. 82
21.12.1918	Gemeinschaftsnotgesetz, betr. den Zusammenschluß der beiden Freistaaten Reuß auf dem Gebiete der Gesetzgebung, Verwaltung und Rechtspflege, GS. Reuß ä.L. 1918, S. 101-103
30.12.1919	Gesetz über die Auseinandersetzung zwischen dem Fürstlichen Hause Reuß ä.L., vertreten durch den Fürsten Heinrich XXIV. Reuß ä.L., und diesem persönlich, einerseits und dem Volksstaate Reuß, vertreten durch die Landesregierung, andererseits. (Vergleich vom 11.12.1919), GS. Reuß ä.L. 1919, S. 95-99
30.12.1919	Ausführungsgesetz zum Gesetz über die Auseinandersetzung des Fürstlichen Hauses Reuß älterer Linie und des Fürsten Heinrich XXIV. mit dem Volksstaate Reuß, GS. Reuß ä.L. 1919, S. 100

2. Fürstentum Reuß jüngere Linie

30.11.1849	Staatsgrundgesetz für das Fürstenthum Reuß Jüngerer Linie, GS. Reuß j.L. 1849, S. 53-74
14.04.1852	Revidiertes Staatsgrundgesetz nebst dazu gehörigem Wahlgesetze, GS. Reuß j.L. 1852, S. 385-403
24.07.1852	Höchste Verordnung, die Verwaltung der Landesherrlichen Domanial- und Familienfideikommißgüter etc. betr., GS. Reuß j.L. 1852, S. 128-130
23.12.1853	Verordnung, die Stellung Fürstlicher Kammer im Verhältnisse zu den übrigen Behörden des Landes betreffend, GS. Reuß j.L. 1853, S. 215-216
07.07.1854	Nachtragsverordnung, die Verwaltung der Landesherrlichen Domanial- und Familien-Fideikommißgüter betr., GS. Reuß j.L. 1854, S. 267-268
20.06.1856	Gesetz, die Aenderung einiger Theile des unter dem 14. April 1852 erlassenen Verfassungsgesetzes betr., GS. Reuß j.L. 1856, S. 107-114
22.06.1868	Gesetz, die Einführung einer Klassen- und klassifizierten Einkommensteuer betr., GS. Reuß j.L. 1868, S. 231-247
23.11.1880	Gesetz, die Bildung eines Landes- Domanialfonds betreffend, GS. Reuß j.L. 1880, S. 233-235
12.07.1893	Hausgesetz für das Fürstliche Haus Reuß jüngerer Linie (Sonderdruck)
10.11.1918	Thronentsagungserklärung Fürst Heinrich XXVII. Reuß j.L., GS. Reuß j.L. 1918, S.95
21.12.1918	Notgesetz über die Verwaltungsgemeinschaft mit Reuß ä.L., GS. Reuß j.L. 1918, S. 111-114

3. Volksstaat Reuß

01.01.1919	Verordnung, betreffend das Inkrafttreten einiger Bestimmungen des Gesetzes über die Verwaltungsgemeinschaft zwischen Reuß ä.L. und Reuß j.L. vom 21. Dezember 1918, GS. für beide Freistaaten Reuß 1919, S. 1
02.01.1919	Gesetz, betreffend den Erlaß von Gesetzen und Verordnungen in den Einzelstaaten Reuß, GS. für beide Freistaaten Reuß 1919, S. 1
04.04.1919	Gesetz über die Vereinigung der beiden Freistaaten Reuß zu einem Volksstaat Reuß, sowie über die vorläufige Verfassung und Verwaltung,

GS. für beide Freistaaten Reuß 1919, S. 27-30

22.12.1919	Gesetz über die Auseinandersetzung des Fürstlichen Hauses Reuß j.L. mit dem Volkstaate Reuß (Vergleich vom 22.12.1919), GS. Volksstaat Reuß 1919, S. 351-362
22.12.1919	Ausführungs-Gesetz zum Gesetz über die Auseinandersetzung des Fürstlichen Hauses Reuß jüngerer Linie mit dem Volkstaate Reuß, GS. Volksstaat Reuß 1919, S. 363
22.12.1919	Gesetz über die Reußische Anstalt für Kunst und Volkswohlfahrt, GS. Volksstaat Reuß 1919, S. 364-366
26.01.1920	Ausführungsverordnung zum Gesetz über die Vereinigung der beiden Freistaaten Reuß zu einem Volksstaat Reuß, sowie über die vorläufige Verfas- sung und Verwaltung (Ges.-Sammlung für beide Freistaaten Reuß 1919, S. 27), GS. Volkstaat Reuß 1920, S. 15

4. Herzogtum und Freistaat Sachsen-Altenburg

18.04.1831	Edikt in Bezug auf einige Verhältnisse des Staatsdienstes und auf die Bildung und Geschäftsthätigkeit der Landes-Kollegien, GS. S.-A. 1831, S. 15-58
29.04.1831	Grundgesetz für das Herzogthum Sachsen-Altenburg, GS. S.-A. 1831, S. 71-180
06.12.1849	Ministerial-Bekanntmachung, den Vertrag über die Vereinigung des Kammer- und Obersteuer-Vermögens, sowie über die Feststellung der Herzoglichen Civiliste betreffend, GS. S.-A. 1849, S. 232-240
18.03.1854	Gesetz, wegen anderweitiger Regelung der Rechtsverhältnisse am Domanial-Vermögen, GS. S.-A. 1854, S. 126-130
23.12.1858	Novelle zu dem Gesetz wegen anderweitiger Regelung der Rechtsverhältnisse am Domanial-Vermögen vom 18. März 1854, GS. S.-A. 1858, S. 135
01.01.1860	Patent, den mit der Landschaft abgeschlossenen Rezeß wegen Abtretung der domanialfiskalischen Regalien an den Staatsfiskus etc. betreffend (Rezeß vom 29.12.1859), GS. S.-A. 1860, S. 7-11

14.01.1869	Novelle zu dem Gesetze wegen anderweitiger Regelung der Rechtsverhältnis- se am Domanialvermögen vom 18. März 1854, GS. S.-A. 1869, S. 27-30
29.04.1874	Gesetz, die definitive Regulierung der Rechtsverhältnisse am Domänenver- mögen betreffend, GS. S.-A. 1874, S. 9-17
23.09.1874	Gesammt-Ministerial-Bekanntmachung, die Verwaltung des Domänenfideikommisses betr., GS. S.-A. 1874, S.71-72
27.03.1919	Gesetz über die vorläufige Regelung der Verfassung, GS. S.-A. 1919, S. 25-30
05.05.1920	Gesetz über die Errichtung einer Landesanstalt für Volksbil- dung, GS. S.-A. 1920, S. 33-34

5. Herzogtum und Freistaat Sachsen-Coburg

08.08.1821	Gesetz, die ständische Verfassung betreffend, GS. S.-C. 1821, S. 28-62
29.12.1846	Gesetz, den Beitrag der Domäne zu den Staatslasten betref- fend, GS. S.-C. 1846, S. 320-324
29.06.1852	Verordnung, die Aufhebung des Kammer-Collegiums, der Landes-Regierung als Consistoriums und der Forstmeisterei und die Vereinigung dieser Behörden mit der Landes-Regierung betreffend, GS. S.-C. 1852, S. 159-162
21.02.1855	Gesetz, das Domainengut im Herzogthum Coburg betreffend, GS. S.-C. 1855, S. 85-87
18.05.1855	Gesetz, die Aufhebung der bisherigen Staatscasse, der Cam- mer- und Rentämter und der Justizamtssportelcassen, sowie der Einkommen- und Classensteuerhebestelle zu Coburg, und die Errichtung einer Staatscasse nebst Amtseinnahmen betreffend, GS. S.-C. 1855, S. 214-215
19.05.1855	Verordnung eines Domainenamtes betreffend, GS. S.-C. 1855, S. 221-223
30.06.1855	Gesetz, den Grund-Etat für die Domanial-Verwaltung des Herzogthums Coburg betreffend, GS. S.-C. 1855, S. 229-232

17.06.1858	Gesetz über die Organisation der Verwaltungsbehörden im Herzogthum Coburg, GS. S.-C. 1858, S. 509-528
06.12.1866	Nachtrag zum Hausgesetz für das Herzoglich Sachsen Coburg-Gothaische Haus, GS. S.-C. 1866 (Gemeinschaftliche GS. für die Hzg. S.-C.u.G. Nr. 172), S. 580-584 (Beilage: Vertrag v. 14.9.1866 über die Schmalkaldischen Forsten)
31.01.1874	Gesetz, einige Abänderungen des Staatsgrundgesetzes vom 3. Mai 1852 und der Beilagen I und II desselben betreffend, GS. S.-C. 1874 (Gemeinschaftliche GS. für die Hzg. S.-C.u.G. Nr. 311), S. 25-30
29.02.1896	Nachtrag zum Hausgesetz für das Herzoglich Sachsen Coburg-Gothaische Haus vom 1. März 1855 und zum Gesetz, die Einverleibung des Greinburger Fideicommisses in das Lichtenberger Fideicommiß betreffend, vom 29. März 1873, GS. S.-C. 1896 (Gemeinschaftliche GS. für die Hzg. S.-C.u.G. Nr. 587), S. 8-10
15.07.1899	Gesetz, die Thronfolge in den Herzogthümern Coburg und Gotha betreffend, GS. S.-C. 1899 (Gemeinschaftliche GS. für die Hzg. S.-C.u.G. Nr. 617), S. 46-48
21.03.1907	Nachtrag zum Hausgesetze für das Herzoglich Sachsen-Coburg-Gothaische Haus vom 1. März 1855, GS. S.-C. 1907 (Gemeinschaftliche GS. für die Hzg. S.-C.u.G. Nr. 753), S. 39-42
21.03.1907	Höchster Erlaß, betreffend die Verwaltung des Ernst-Albert-Fideikommisses und der Oldislebener Senioratsstiftung, GS. S.-C. 1907 (Gemeinschaftliche GS. für die Hzg. S.-C.u.G. Nr. 754), S. 43-46
04.09.1907	Gesetz, das Domänengut im Herzogtum Coburg betreffend, GS. S.-C. 1907, S. 129-132
04.09.1907	Nachtrag zum Hausgesetze für das Herzogl. Sachsen-Coburg-Gothaische Haus vom 1. März 1855, GS. S.-C. 1907 (Gemeinschaftliche GS. für die Hzg. S.-C.u.G. Nr. 762), S. 133-134
10.04.1917	Gesetz zur Ergänzung des Gesetzes vom 29. Dezember 1846, den Beitrag der Domänen zu den Staatslasten betreffend, GS. S.-C. 1917, S. 49-50

10.07.1917	Nachtrag zum Hausgesetz für das Herzoglich Sachsen Coburg-Gothaische Haus vom 1. März 1855, GS. S.-C. 1917 (Gemeinschaftliche GS. für die Hzg. S.-C.u.G. Nr. 909), S. 51-54
21.11.1918	Bekanntmachung über die Fortführung der Regierungsgeschäfte in Sachsen-Coburg, GS. S.-C. 1918, S. 123-124
10.03.1919	Vorläufiges Gesetz über die Gesetzgebung und Verwaltung im Freistaate Coburg, GS. S.-C. 1919, S. 25-28
29.03.1919	Geschäftsordnung für die Staatsregierung des Freistaates Coburg, GS. S.-C. 1919, S. 47-53
01.07.1919	Gesetz über den Ausgleich mit dem Herzog, GS. S.-C. 1919, 155-169 (Vertrag vom 7.6.1919 und Zusatzprotokoll)
09.08.1919	Gesetz über die Verwendung des bisherigen Domänengutes und über die Errichtung einer Landesstiftung, GS. S.-C. 1919, S, 257-262
06.09.1919	Druckfehler-Berichtigung zum Gesetz über die Verwendung des bisherigen Domänengutes und über die Errichtung einer Landesstiftung vom 9. August 1919, GS. S.-C. 1919, S. 291-292

6. Herzogtum und Freistaat Sachsen-Gotha

26.03.1849	Staatsgrundgesetz für das Herzogthum Gotha, GS. S.-G. 1849, S. 141-194
03.05.1852	Staatsgrundgesetz für die Herzogthümer Coburg und Gotha, GS. S.-G. 1852 (Gemeinschaftliche GS. für die Hzg. S.-C.u.G. Nr. 2), S. 1-80
01.06.1852	Einführungsgesetz zum Staatsgrundgesetz für die Herzogthümer Coburg und Gotha vom 3. März 1852, GS. S.-G. 1852 (Gemeinschaftliche GS. für die Hzg. S.-C.u.G. Nr. 1), S. 1-4
01.03.1855	Gesetz, die Aufhebung der Beilage III. zum Staatsgrundgesetz vom 25. März 1849 betreffend, GS. S.-G. 1855, S. 215-272; Anlage A: Vergleich vom 1.3.1855 über Ausscheidung des Domainenguts und Staatsguts aus dem bisherigen Cammer- und Domänenvermögen im Herzogthum Gotha; Anlage B: Vertrag vom 1.3.1855 über die Verwaltung und Nutzung des Domainenguts im Herzogthum Gotha

01.03.1855	Gesetz, die Emittierung von Schuldbriefen der Ablösungscasse im Betrage von 950.000 Thalern betreffend (Anlage: Vertrag vom 1.3.1855 über die Abtretung der Domanialgefälle an die Staats-Casse betreffend), GS. S.-G. 1855, S. 279-285
01.03.1855	Hausgesetz für das Herzoglich Sachsen-Coburg-Gothaische Haus, GS. S.-G. 1855 (Gemeinschaftliche GS. für die Hzg. S.-C.u.G. Nr. 35), S. 287-319
29.03.1873	Gesetz, die Einverleibung des Greinburger Fideicommisses in das Lichtenberger Fideicommiß und einige damit in Verbindung stehende Abänderungen des Hausgesetzes vom 1. März 1855 betreffend, GS. S.-G. 1873 (Gemeinschaftliche GS. für die Hzg. S.-C.u.G. Nr. 303), S. 27-28
08.04.1879	Gesetz, betreffend die Entscheidung von Streitigkeiten zwischen Gerichten und Verwaltungsbehörden über die Zulässigkeit des Rechtswegs, GS. S.-G. 1879 (Gemeinschaftliche GS. für die Hzg. S.-C.u.G. Nr. 385), S. 159-162
19.07.1904	Waldschutzgesetz, GS. S.-G. 1904, S. 91-95
19.07.1905	Gesetz, betr. die Vergünstigungen und Berechtigungen an den Waldungen des Herzoglich Sachsen-Gothaischen Gesamthauses und des Herzoglich Sachsen-Coburg-Gothaischen Spezialhauses, GS. S.-G. 1905, S. 77-80
19.07.1905	Gesetz betreffend die Domänenteilung (D.T.G.), GS. S.-G. 1905, S. 81-90
12.12.1908	Ministerialbekanntmachung, betreffend Ausführung des Vertrages über die Domänenteilung vom 19. Juli 1905, GS. S.-G. 1908, S. 105-107
11.03.1912	Nachtrag zum Hausgesetze für das Herzoglich Sachsen-Coburg-Gothaische Haus vom 1. März 1855, GS. S.-G. 1912 (Gemeinschaftliche GS. für die Hzg. S.-C.u.G. Nr. 819), S. 17-18
12.03.1917	Gesetz über die Abänderung des Staatsgrundgesetzes vom 3. Mai 1852 und des Gesetzes, betreffend die Thronfolge in den Herzogtümern Coburg und Gotha vom 15. Juli 1899, GS. S.-G. 1917 (Gemeinschaftliche GS. für die Hzg. S.-C.u.G. Nr. 907), S. 29-30

20.03..1917	Gesetz zur Ergänzung des Domänenteilungsgesetzes vom 19. Juli 1905, GS. S.-G. 1917, S. 37-39
23.01.1919	Verordnung über die Wahlen zu einer Landesversammlung für den Staat Gotha, GS. S.-G. 1919, S. 7-9
31.07.1919	Gesetz über die Einziehung des Gothaischen Hausfideikommiß, des Lichtenberger Fideikommiß, des Ernst-Albert-Fideikommiß, der Schmalkaldischen Forsten und des Hausallods, GS. S.-G. 1919, S. 105-106
24.12.1919	Gesetz für die vorläufige Regierungsgewalt in der Republik Gotha, GS. S.-G. 1920, S. 5-6
15.01.1920	Gesetz, betreffend Errichtung einer Landesstiftung, GS. S.-G. 1920, S. 9-10

7. Herzogtum Sachsen-Hildburghausen

19.03.1818	Grundgesetz der landschaftlichen Verfassung des Fürstenthums Hildburghausen, (Sonderdruck)
26.4.1820	Haus- und Grundgesetz über Staatsgüter und Staatsschulden, GS. S.-H. 1820, S. 34-41

8. Herzogtum und Freistaat Sachsen-Meiningen

23.08.1829	Grundgesetz für die vereinigte landschaftliche Verfassung des Herzogthums Sachsen Meiningen, SVO 1829, S. 139-174
27.04.1831	Gesetz über das Finanzwesen, SVO 1831, S. 7-9
26.03.1846	Mehrere Abänderungen des Gesetzes über das Finanzwesen vom 27. April 1831 betreffend, SVO 1848 S. 147-149
13.03.1848	Gesetz, die Verwendung der Domäneneinkünfte betreffend, SVO 1848, S. 3-4
23.05.1849	Gesetz, das Domänenvermögen und die Civilliste betreffend, SVO 1849, S. 199-204
03.06.1854	Gesetz über das Domänen-Vermögen und dasjenige Schatull- und Allodialvermögen, dessen Ertrag vor dem Jahre 1849 zur Domänen-Kasse geflossen ist, SVO 1854, S. 325-330

20.07.1871	Gesetz über das Domänenvermögen, SVO 1871, S. 91-97
09.03.1896	Gesetz zur Ergänzung des Grundgesetzes vom 23. August 1829, SVO 1896, S. 139-146
15.11.1918	Gesetz, betreffend Gesetzgebung und Verwaltung in Sachsen-Meiningen, SGV 1918, S. 103
30.12.1918	Gesetz über das Domänenvermögen, SGV 1919 S. 143
08.07.1919	Gesetz, betreffend Errichtung einer Stiftung zur Förderung von Kultur und Wohlfahrt im Staate Sachsen-Meiningen, SGV 1919, S. 195-201

9. Großherzogtum und Freistaat Sachsen-Weimar-Eisenach

04.05.1854	Verordnung, die Verwaltung des Großherzoglichen Kammervermögens betreffend, RegBl. S.-W.-E. 1854, S. 229-230
09.11.1918	Text der Abdankungsurkunde des Großherzogs Wilhelm Ernst, RegBl. S.-W.-E. 1918, S. 299
14.11.1918	Verordnung über die Aufrechterhaltung einer geordneten Staats- und Gemeinde-Verwaltung, RegBl. S.-W.-E. 1918, S. 301-302
20.02.1919	Bekanntmachung, betreffend Beschlagnahme des Vermögens des Großherzoglichen Hauses, RegBl. S.-W.-E. 1919, S. 49-50
14.04.1919	Gesetz über die vorläufige Ordnung der Staatsgewalt, RegBl. S.-W.-E. 1919, S. 121-122
19.05.1919	Verfassung für den Freistaat Sachsen-Weimar-Eisenach, RegBl. S.-W.-E. 1919, S. 149-159
07.07.1919	Übergangsgesetz, RegBl. S.-W.-E. 1919, S. 282-283
18.11.1921	Bekanntmachung, betreffend den Auseinandersetzungsvertrag zwischen dem Gebiet Weimar und dem ehemaligen Landesherrn (Auseinandersetzungsvertrag vom 18./24.10.1921), RegBl. S.-W.-E. 1921, S. 127-136
28.11.1921	Bekanntmachung, betreffend die Aufhebung der Beschlagnahme des Vermögens des Großherzoglichen Hauses, RegBl. S.-W.-E. 1921, S. 140

10. Fürstentum und Freistaat Schwarzburg-Rudolstadt

26.04.1850	Verordnung, die Organisation des Ministeriums betreffend, GS. S.-R. 1850, S. 319-323
11.10.1850	Ministerial-Bekanntmachung Nr. XLV, GS. S.-R. 1850, S. 475-476
21.03.1854	Grundgesetz für das Fürstenthum Schwarzburg-Rudolstadt, GS. S.-R. 1854, S. 35-46
01.06.1896	Gesetz, betreffend die Ergänzung des Grundgesetzes vom 21. März 1854 (Anlage: Anerkennungsurkunde vom 21.4.1896), GS. S.-R. 1896, S. 57-60
08. 11.1896	Höchster Erlaß, zur Ausführung des Gesetzes vom 1. Juni d. Js. wegen Ergänzung des Grundgesetzes vom 21. März 1854, GS. S.-R. 1896, S. 143
25.08.1911	Höchster Erlaß, betreffend die Namensführung Seiner Durchlaucht des Prinzen Sizzo, GS. S.-R. 1911, S. 31
28.10.1918	Verordnung, betreffend die Einberufung des Landtags des Fürstentums, GS. S.-R. 1918, S.71
13.11.1918	Verordnung, betreffend die Einberufung des Landtags des Fürstentums, GS. S.-R. 1918. S. 73
22.11.1918	Gesetz betreffend die Gesetzgebung und Verwaltung in Schwarzburg-Rudol- stadt, GS. S.-R. 1918, S. 75-76
22.11.1918	Gesetz über das Fürstlich Schwarzburg-Rudolstädtische Hausfideikommißvermögen (Kammergut), GS. S.-R. 1918, S. 76-77
22.11.1918	Gesetz betreffend die Abfindung des Fürstlichen Hauses nach dem Verzicht des Fürsten auf die Regierung, GS. S.-R. 1918, S. 78-83
22.11.1918	Höchste Verordnung betreffend die Errichtung einer Günther-Stiftung, GS. S.-R. 1918, S. 83-85
23.11.1918	Höchster Erlaß, betreffend die Niederlegung der Regierung, GS. S.-R. 1918, S. 87
10.12.1918	Gesetz über die Aufhebung des Gesetzes vom 1. Juni 1896, betreffend die Ergänzung des Grundgesetzes vom 21. März 1854, GS. S.-R. 1918, S. 98

15.03.1919	Gesetz, betreffend die Ergänzung und Erweiterung der durch Höchste Verordnung vom 22. November 1918 errichteten Günther-Stiftung, GS. S.-R. 1919, S. 61-66
17.03.1919	Gesetz, betreffend die Verfassung der Günther-Stiftung für die Oberherrschaft des Freistaates Schwarzburg-Rudolstadt, GS. S.-R. 1919, S. 67-71
17.03.1919	Gesetz, betreffend die Verfassung der Günther-Stiftung für die Unterherrschaft des Freistaates Schwarzburg-Rudolstadt, GS. S.-R. 1919, S. 71-75
21.01.1921	Gesetz, betreffend eine Abänderung des Gesetzes vom 15. März 1919, betreffend die Ergänzung und Erweiterung der durch Höchste Verordnung vom 22. November 1918 errichteten Günther-Stiftung (Ges. S. S. 61), GS. S.-R. 1921, S. 20-21

11. Fürstentum und Freistaat Schwarzburg-Sondershausen

11.12.1837	Höchstes Rescript, die Begründung einer Amortisationscasse zur Tilgung der Fürstl. Cammerschulden betr., GS. S.-S. 1837, S. 93-94
24.09.1841	Landesgrundgesetz für das Fürstenthum Schwarzburg-Sondershausen, GS. S.-S. 1841, S. 202-247
24.09.1841	Patent, die Abtretung mehrerer zeither in die Kammerkasse geflossenen Einnahmen an das Land und einige andere Gegenstände betreffend, GS. S.-S. 1841, S. 247-251
07.09.1843	Höchste Verordnung, die hinsichtlich der durch das Patent vom 24. September 1841 wegen Auseinandersetzung des Staats- und Kammergutes getroffenen Bestimmungen der Landschaftscasse bewilligten Erleichterungen betreffend, GS. S.-S. 1841, S. 30-32
14.03.1848	Höchste Erklärung auf die von den Deputierten vieler Gemeinden überreichten Petitionen, GS. S.-S. 1848, S. 15-16
12.12. 1849	Verfassungsgesetz für das Fürstenthum Schwarzburg-Sondershausen, GS. S.-S. 1849, S. 1-30 (Sonderabdruck)
17.03.1850	Gesetz über die Reorganisation der Staatsverwaltung, GS. S.-S. 1850, S. 17-23
18.03.1850	Gesetz über die Civilliste, GS. S.-S. 1850, S. 29-36

03.07.1852 Gesetz, einige Bestimmungen des Gesetzes über die Civilliste betreffend,
GS. S.-S. 1852, S. 129-131

08.07.1852 Gesetz, betreffend die Uebertragung der Geschäfte der Ablösungscommissionen auf die Bezirksvorstände,
GS. S.-S. 1852, S. 157

29.6.1857 Gesetz, betreffend die außerordentlichen Holzschläge in den zum Fürstlichen Kammergut gehörigen Forsten,
GS. S.-S. 1857, S. 100-101

08.07.1857 Landesgrundgesetz für das Fürstenthum Schwarzburg-Sondershausen,
GS. S.-S. 1857, S. 127-142

25.12.1859 Gesetz, die Erhöhung der Domainenrente betreffend,
GS. S.-S. 1859, S. 203-205

14.06.1881 Gesetz, betreffend das Kammergut des Fürstlichen Hauses Schwarzburg-Sondershausen,
GS. S.-S. 1881, S. 137-146

15.06.1883 Gesetz, die Karl Günther-Stiftung betreffend,
GS. S.-S. 1883, S. 75-78

16.12.1893 Gesetz, einen Zusatz zu dem Gesetze vom 14. Juni 1881 über das Kammergut des Fürstlichen Hauses Schwarzburg-Sondershausen betr.,
GS. S.-S. 1893, S, 147

14.08.1896 Gesetz, die Ergänzung des §. 13 des Landesgrundgesetzes vom 8. Juli 1857 betreffend,
GS. S.-S. 1896, S, 79-80

14.08.1896 Gesetz, die Ergänzung des §. 3 des Gesetzes über das Kammergut des Fürstlichen Hauses Schwarzburg-Sondershausen vom 14. Juni 1881 betreffend,
GS. S.-S. 1896, S. 81-82

15.07.1897 Gesetz, betreffend Aenderung des Kammerguts-Gesetzes vom 14. Juni 1881,
GS. S.-S. 1897, S. 49-51

15.07.1897 Gesetz, betreffend Aenderung des Gesetzes über die Karl-Günther-Stiftung vom 15. Juni 1883,
GS. S.-S. 1897, S. 52

23.04.1902 Höchster Erlaß, betr. die Stiftung eines Wohnungs-Baufonds,
GS. S.-S. 1902, S. 35-36

29.03.1904 Gesetz, betreffend Abänderung des §. 12 des Gesetzes über das Kammergut des Fürstlichen Hauses Schwarzburg-Sondershausen vom 14. Juni 1881,
GS. S.-S. 1904, S. 44

22.07.1905	Gesetz, betreffend Abänderung des Gesetzes vom 14. Juni 1881 über das Kammergut des Fürstlichen Hauses Schwarzburg-Sondershausen, GS. S.-S. 1905, S. 47-49
01.04.1908	Gesetz, betreffend Abänderung des Art. 6 des Ausführungsgesetzes zum Bürgerlichen Gesetzbuche vom 19. Juli 1899, GS. S.-S. 1908, S. 54
24.02.1911	Gesetz, betreffend einen Zusatz zum Kammergutsgesetz, GS. S.-S. 1911, S. 10
06.08.1913	Gesetz, betreffend Abänderung des Gesetzes vom 14. Juni 1881 über das Kammergut des Fürstlichen Hauses Schwarzburg-Sondershausen, GS. S.-S. 1913, S. 127
25.11.1918	Gesetz über die Ergänzung des Landesgrundgesetzes, GS. S.-S. 1918, S. 153
25.11.1918	Abdankungsurkunde des Fürsten Günther zu Schwarzburg-Rudolstadt und Sondershausen GS. S.-S. 1918, S. 157
07.01.1919	Gesetz, betreffend die Abfindung des Fürstlichen Hauses, GS. S.-S. 1919, S. 10-19, (Vertrag vom v. 5./20.12.1918 und Schlußprotokoll)
07.01.1919	Gesetz betreffend das Fürstlich Schwarzburg-Sondershäusische Kammergut, GS. S.-S. 1919, S. 20-22
07.01.1922	Gesetz, betreffend Abänderung des Landesgrundgesetzes, GS. S.-S. 1919, S. 23
01.04.1919	Landesgrundgesetz, GS. S.-S. 1919, S. 41-53
22.04.1919	Gesetz, betreffend Errichtung einer Musik- und Theaterstiftung für Sondershausen, GS. S.-S. 1919, S. 117-120
22.04.1919	Gesetz, betreffend die Errichtung einer Museumsstiftung zu Arnstadt, GS. S.-S. 1919, S. 121-123
28.12.1919	Gesetz, betreffend Abänderung der Gesetze vom 22. April 1919, betreffend Errichtung einer Musik- und Theaterstiftung für Sondershausen und Errichtung einer Museumsstiftung zu Arnstadt, GS. S.-S. 1919. S. 7

12. Land Thüringen ab 1920

04.01.1920	Gemeinschaftsvertrag über den Zusammenschluß der thüringischen Staaten, GS. Thür. 1920, S. 1-12 (Anlage A: Gemeinschaftsvertrag, Anlage B: Nachtrag zum Gemeinschaftsvertrag über den Zusammenschluß der thüringischen Staaten, Anlage C: Denkschrift über den Eintritt von Sachsen-Meiningen in die thüringische Staatengemeinschaft, Anlage D: Landtags-Beschluß zur Denkschrift über den Eintritt von Sachsen-Meiningen in die thüringische Staatengemeinschaft)
06.02.1920	Gesetz zur Verhinderung finanzieller Belastungen des Gesamtstaates Thüringen, GS. Thür. 1920, S. 23-24
12.05.1920	Vorläufige Verfassung des Landes Thüringen, GS. Thür. 1920, S. 67-74
09.12.1920	Gesetz über die Verwaltung der ehemaligen thüringischen Länder in der Übergangszeit (Übergangsgesetz), GS. Thür. 1920, S. 256-258
11.03.1921	Gesetz über die Abänderung und Bestätigung der vorläufigen Verfassung des Landes Thüringen, GS. Thür. 1921, S. 53-56
11.03.1921	Bekanntmachung, betreffend die Neufassung der Verfassung des Landes Thüringens (Verfassung des Landes Thüringens vom 11.3.1921) GS. Thür. 1921, S. 56-64
04.03.1922	Gesetz über die Verlängerung der Geltungsdauer und über Aenderung des Uebergangsgesetzes, GS. Thür. 1922, S. 42-44
05.05.1922	Gesetz über die Auflösung der Familiengüter, GS. Thür. 1922, S. 135-137
09.05.1922	Erste Verordnung zur Ausführung des Gesetzes über die Auflösung der Familiengüter vom 5. Mai 1922, GS. Thür. 1922, S. 137-138
06.05.1922	Gesetz über die Aufhebung der Standesvorrechte des Adels und andere Ausführungsbestimmungen zur Reichsverfassung, GS. Thür. 1922, S. 138-143
09.05.1922	Polizeiverordnung des Justizministeriums zur Ausführung von Artikel I und II des Gesetzes vom 6. Mai 1922 über die Aufhebung der Standesvorrechte des Adels und andere Ausführungsbestimmungen zur Reichsverfassung (Ges.-S. S.

	138), GS. Thür. 1922, S. 143-141
09.05.1922	Verordnung des Justizministeriums zur Ausführung von Artikel I des Gesetzes vom 6. Mai 1922 über die Aufhebung der Standesvorrechte des Adels und andere Ausführungsbestimmungen zur Reichsverfassung (Ges.-S. S. 138), GS. Thür. 1922, S. 144-145
29.08.1922	Zweite Verordnung zur Ausführung des Gesetzes über die Auflösung der Familiengüter vom 5. Mai 1922, GS. Thür. 1922, S. 385-387
06.10.1922	Notgesetz zur Ergänzung des Nachtragsgesetzes vom 4. März 1922 zum Übergangsgesetz vom 9. Dezember 1920, GS. Thür. 1922, S. 479-480
14.03.1923	Nachtragsgesetz über die Auflösung der Familiengüter, GS. Thür. 1923, S. 247-248
29.03.1923	Gesetz über die Vermögensauseinandersetzungen des Landes Thüringens mit den ehemaligen thüringischen Freistaaten GS. Thür. 1923, S. 199-207
19.04.1923	Verordnung über die Volkshochschule Reuß, GS. Thür. 1923, S. 241
24.04.1923	Bekanntmachung, betreffend die neue Fassung des Gesetzes über Auflösung der Familiengüter, GS. Thür. 1923, S. 248-249
24.04.1923	Verordnung zur Ausführung des Gesetzes über Auflösung der Familiengüter, GS. Thür. 1923, S. 249-259
16.07.1924	Gesetz zur Abänderung des Gesetzes über Auflösung der Familiengüter vom 5. Mai 1922 in der Fassung vom 24. April 1923 (Ges.-S. S. 248), GS. Thür. 1924, S. 309
08.07.1924	Verordnung zur Abänderung der Verordnung zur Ausführung des Gesetzes über Auflösung der Familiengüter, GS. Thür. 1924, S, 309-314
15.04.1926	Ausführungsverordnung zum Gesetz vom 29. März 1923 über die Vermögensauseinandersetzung des Landes Thüringens mit den ehemaligen thüringischen Freistaaten, GS. Thür. 1926, S. 41-42
03.08.1926	Verordnung zur Abänderung der Ausführungsverordnung vom 15. April 1923 zum Gesetz vom 29. März 1923 über die Vermögensauseinandersetzung des Landes Thüringens mit den ehemaligen thüringischen Freistaaten, GS. Thür. 1926, S. 366

24.12.1926	Notgesetz zur Sicherung der Auseinandersetzung mit den ehemals regierenden Fürstenhäusern, GS. Thür. 1926, S. 435
26.01.1928	Gesetz über die vermögensrechtliche Auseinandersetzung zwischen dem Lande Thüringen und dem früher in dem ehemaligen Herzogtum Sachsen-Gotha regierenden Fürstenhause, GS. Thür. 1928, S. 23-31 (Anlage: Vertrag vom 24./25.10.1927 über die vermögensrechtliche Auseinandersetzung zwischen dem Land Thüringen und dem früher in dem ehemaligen Herzogtum Sachsen-Gotha regierenden Fürstenhause, Schlußprotokoll)
10.02.1928	Verordnung über die einheitliche Auflösung des Hausvermögens des vormals Herzog von Sachsen-Coburg-Gotha'schen Hauses, GS. Thür. 1928, S. 31-32
31.03.1928	Bekanntmachung über die Bestätigung des Notgesetzes vom 24.12.1926 zur Sicherung der Auseinandersetzung mit den ehemals regierenden Fürstenhäusern, GS. Thür. 1928, S. 158
27.02.1929	Gesetz zur Ergänzung des schwarzburg-rudolstädtischen Gesetzes vom 22. November 1918, betreffend die Abfindung des fürstlichen Hauses nach dem Verzicht des Fürsten auf die Regierung, (Rudolstädter Gesetzsammlung Seite 78/83) und des schwarzburg-sondershäuser Gesetzes vom 7. Januar 1919, betreffend die Abfindung des fürstlichen Hauses, nebst diesem Gesetz als Anlage beigedruckten Vertrag vom 5./20. Dezember 1918 und Schlußprotokoll vom 20. Dezember 1918 (Sondershäuser Gesetzsammlung Seite 10/19), GS. Thür. 1929, S. 54-60 (Anlage: Vertrag vom 6.7.1928 zwischen dem Lande Thüringen und dem früher in den ehemaligen Fürstentümern Schwarzburg-Rudolstadt und Schwarzburg-Sondershausen regierenden Fürstenhause)
24.09.1931	Verordnung zur Sicherung der Haushalte des Landes, der Kreise und der Gemeinden, GS. Thür. 1931, S. 297-339
23.11.1933	Gesetz zur Abänderung des Gesetzes über Auflösung der Familiengüter, GS. Thür. 1933, S. 403

23.11.1933	Verordnung zur Ausführung des Gesetzes über Auflösung der Familiengüter, GS. Thür. 1933, S. 404
16.02.1934	Gesetz zur Änderung des Gesetzes über die vermögensrechtliche Auseinandersetzung zwischen dem Lande Thüringen und dem früher in dem ehemaligen Herzogtum Sachsen-Gotha regierenden Fürstenhause vom 26. Januar 1928 (Ges.-S. S. 23), GS. Thür. 1934, S. 83-84 (Nachtragsvertrag vom 4./7.2.1934)
12.01.1934	Gesetz zur Beseitigung gesetzlicher Bindungen an Schiedsgerichte bei Auseinandersetzungen mit vormals regierenden Fürstenhäusern, GS. Thür 1934, S. 2
29.09.1938	Gesetz über die Aufnahme einer Umschuldungsanleihe von 4.000.000 RM, GS. Thür. 1938, S. 87

13. Land Thüringen ab 1945

06.07.1945	Polizeiverordnung über die Beschlagnahme des Vermögens ehemaliger Mitglieder der Nationalsozialistischen Deutschen Arbeiterpartei, RegBl. Thür. I. 1945, S. 3
06.07.1945	Polizeiverordnung über die Beschlagnahme des Vermögens des früher in dem ehemaligen Herzogtum Sachsen-Gotha regierenden Fürstenhauses, RegBl. Thür. I. 1945, S. 3-4
10.09.1945	Gesetz über die Bodenreform im Lande Thüringen, RegBl. Thür. I. 1945, S. 13-16
09.10.1945	Gesetz über die Sicherstellung und Enteignung von Nazivermögen, RegBl. Thür. I. 1945, S. 35-39
04.12.1945	Gesetz betreffend Aufhebung des Gesetzes vom 9. Oktober 1945 über die Sicherstellung und Enteignung von Nazivermögen, RegBl. Thür. I. 1945, S. 65
24.07.1946	Gesetz betreffend die Übergabe von sequestrierten und konfiszierten Vermögens durch die Sowjet-Militär-Administration an das Land Thüringen, RegBl. Thür. I. 1946, S. 111-112

11.12.1948	Gesetz über die Enteignung der ehemaligen Fürstenhäuser im Lande Thüringen, RegBl. Thür. I. 1948, S. 115
13.12.1948	1. Ausführungsanordnung zum Gesetz über die Enteignung der ehemaligen Fürstenhäuser im Lande Thüringen vom 11. Dezember 1948 (Ges.-S. S. 115), RegBl. Thür. I. 1948, S. 116

14. Reichsgesetze

16.07.1919	Gesetz über den Friedensschluß zwischen Deutschland und den alliierten und assoziierten Mächten, RGBl. I. 1919, S. 687-1349
31.12.1919	Gesetz über das Reichsnotopfer, RGBl. I. 1919, S. 2189-2207
08.04.1920	Gesetz zur Ausführung des Artikels 13 Abs. 2 der Verfassung des Deutschen Reichs, RGBl. I. 1920, S. 510-511
30.04.1920	Gesetz, betreffend das Land Thüringen, RGBl. I. 1920, S. 841-842
30.04.1920	Gesetz, betreffend die Vereinigung Coburgs mit Bayern, RGBl. I. 1920, S. 842
21.06.1920	Verordnung des Reichspräsidenten, betreffend die Vereinigung Coburgs mit Bayern, RGBl. I. 1920, S. 1329
08.12.1923	Ermächtigungsgesetz, RGBl. I. 1923, S. 1179
14.02.1924	Dritte Steuernotverordnung, RGBl. I. 1924, S. 74-91
16.07.1925	Gesetz über die Aufwertung von Hypotheken und anderen Ansprüchen (Aufwertungsgesetz), RGBl. I. 1925, S. 117-132
27.07.1925	Bekanntmachung einer Entscheidung des Reichsgerichts auf Grund des Artikel 13 Abs. 2 der Verfassung des Deutschen Reichs vom 18. Juni 1925, RGBl. I. 1925, S. 180
13.02.1926	Gesetz über die Aussetzung der Rechtsstreitigkeiten über die Auseinandersetzung mit den ehemals regierenden Fürstenhäusern, RGBl. I. 1926, S. 101
03.04.1926	Gesetz über die Aussetzung von Verfahren, RGBl. I. 1926, S. 191

09.07.1926	Weiteres Gesetz über die Aussetzung von Verfahren, RGBl. I. 1926, S. 399
17.12.1926	Viertes Gesetz über die Aussetzung von Verfahren, RGBl. I. 1926, S. 503-504
01.12.1930	Verordnung des Reichspräsidenten zur Sicherung von Wirtschaft und Finanzen, RGBl. I. 1931, S. 517-604
24.08.1931	Verordnung des Reichspräsidenten zur Sicherung der Haushalte von Ländern und Gemeinden, RGBl. I. 1931, S. 453
06.10.1931	Dritte Verordnung des Reichspräsidenten zur Sicherung von Wirtschaft und Finanzen und zur Bekämpfung politischer Ausschreitungen, RGBl. I. 1931, S. 537-568
10.10.1933	Gesetz über die schiedsgerichtliche Erledigung privatrechtlicher Streitigkeiten des Reiches und der Länder, RGBl. I. 1933, S. 722-723
30.01.1935	Reichsstatthaltergesetz, RGBl. I. 1935, S. 65-66
26.06.1935	Gesetz zur Vereinheitlichung der Fideikommißauflösung, RGBl. I. 1935, S. 785-788
06.07.1938	Gesetz über das Erlöschen der Familienfideikommisse und sonstiger gebundener Vermögen, RGBl. I. 1938, S. 825-832
01.02.1939	Gesetz über die vermögensrechtliche Auseinandersetzung zwischen den Ländern und den vormals regierenden Fürstenhäusern, RGBl. I. 1939, S. 129-130
20.03.1939	Verordnung zur Durchführung und Ergänzung des Gesetzes über das Erlöschen der Familienfideikommisse und sonstiger gebundener Vermögen, RGBl. I. 1939, S. 509-528
14.12.1939	Verordnung über die Verlängerung von Fristen auf dem Gebiete der Fideikommißauflösung, RGBl. I. 1939, 2417
17.05.1940	Verordnung über Familienstiftungen, RGBl. I. 1940, S. 806
14.11.1940	Verordnung über die Verlängerung von Fristen des Fideikommiß- und Stiftungsrechts, RGBl. I. 1940, S. 1489-1490

15. Freistaat Bayern

16.06.1920 Gesetz über die Vereinigung des Freistaates Coburg mit dem Freistaate Bayern (Staatsvertrag und Schlußprotokoll vom 14.2.1920)
GVOBl. Bayern 1920, S. 335-343

16.06.1920 Gesetz zur Abänderung des Gesetzes über die Vereinigung des Freistaates Coburg mit dem Freistaate Bayern (Zusatzprotokoll vom 1.6.1920)
GVOBl. Bayern 1920, S. 344

14.12.1920 Gesetz zur Abänderung des Gesetzes über die Vereinigung des Freistaates Coburg mit dem Freistaate Bayern (Zusatzprotokoll vom 18.6.1920)
GVOBl. Bayern 1920, S. 493-494

III. Parlamentaria

1. Fürstentum Reuß jüngere Linie

Mittheilungen über die Verhandlungen des Landtags 1871/1874; 1878/1880; 1881/1883 (A. Ministerial-Vorlagen, B. Ausschuß-Berichte, C. Sitzungs-Protokolle)

2. Volksstaat Reuß

Verhandlungen Gemeinsamer Landtag Reuß 1919-1921, (A. Vorlagen, B. Anträge,
C. Sitzungsberichte

3. Herzogtum und Staat Sachsen-Altenburg

- Altenburger Landtagsblätter, Mitteilungen und Nachrichten vom Landtage in den Jahren: 1848-1850; 1851-1853; 1870-1873
  1. Abtheilung: Protokolle und dergl., 2. Abtheilung: Schriftenwechsel zwischen der Herzoglichen Staatsregierung und der Landschaft nebst anderen Beilagen
- Verhandlungen der Landesversammlung des Freistaates Sachsen-Altenburg 1919-1921: (1. Abteilung: Protokolle und dergleichen, 2. Abteilung: Schriftenwechsel zwischen der Staatsregierung und der Landesversammlung nebst anderen Beilagen)

4. Staat Sachsen-Coburg

Verhandlungen der Landesversammlung des Staates Sachsen-Coburg 1919

5. Herzogtum und Staat Sachsen-Gotha

- Verhandlungen der Abgeordneten-Versammlung des Herzogthums Gotha 1848-49; 1850-52; 1852

- Verhandlungen des Landtages des Herzogthums Gotha 1853-56; 1901-04; 1904-08; 1913-1918
- Verhandlungen der Landesversammlung für den Staat Gotha 1919, 1920
- Verhandlungen der Gebietsvertretung des Gebietes Gotha 1921, 1922

6. Herzogtum Sachsen-Coburg und Gotha

Verhandlungen des gemeinschaftlichen Landtags für die Herzogtümer Coburg und Gotha

1869-1872, 1897-1900, 1913-1918

7. Herzogtum und Staat Sachsen-Meiningen

- Verhandlungen und Beilagen des Landtags des Herzogthums Sachsen-Meiningen

1854-56; 1860-62

- Verhandlungen des Landtags von Sachsen-Meiningen 1918

8. Großherzogtum und Staat Sachsen-Weimar-Eisenach

- Verhandlungen des Landtags im Großherzogthum Sachsen-Weimar-Eisenach 1817-1819
- Verhandlungen des Landtags im Großherzogthum Sachsen-Weimar-Eisenach 1847-48; 1853; 1854; 1859; 1896; 1906; Bd. Schriftenwechsel
- Verhandlungen (Protokolle) des Landtags im Großherzogthum Sachsen-Weimar-Eisenach 1918
- Verhandlungen (Protokolle) des Landtags / Gebietsvertretung von Sachsen-Weimar-Eisenach 1919-21
- Verhandlungen (Stenographische Berichte, Drucksachen) der Gebietsvertretung von Weimar 1921-23

9. Fürstentum und Staat Schwarzburg-Rudolstadt

- Verhandlungen des ordentlichen Landtags für das Fürstenthum Schwarzburg-Rudolstadt 1848-1850; 1881; 1885; 1886; 1914
- Verhandlungen des Fürstlich Schwarzburg-Rudolstädtischen Landtags 1918
- Verhandlungen des Schwarzburg-Rudolstädtischen Landtags 1919

10. Fürstentum und Staat Schwarzburg-Sondershausen

- Verhandlungen des zur Vereinbarung der Verfassung berufenen Landtags des Fürstenthums Schwarzburg-Sondershausen 1849
- Verhandlungen des Landtags des Fürstenthums Schwarzburg-Sondershausen 1881, 1885
- Verhandlungen (Landtagsvorlagen, Berichte der Deputierten, Sitzungsberichte) des Landtags für Schwarzburg-Sondershausen 1916-1919

11. Land Thüringen 1920-33
Verhandlungen (Stenographische Berichte, Drucksachen, Ausschussberichte) des 1. bis 6. Landtags

12. Protokolle und Drucksachen zu den Verhandlungen des Bundesrathes des Deutschen Reichs
1883; 1884; 1885

13. Verhandlungen der verfassungsgebenden Deutschen Nationalversammlung
Band 329,
Von der 71. Sitzung am 31. Juli 1919 bis zur 90. Sitzung am 3. Oktober 1919.

14. Verhandlungen des Reichstages
I. Wahlperiode 1920, Anlagen zu den Stenographischen Berichten, Nr. 5616 bis 5875;
III. Wahlperiode 1924, Anlagen zu den Stenographischen Berichten, Nr. 1476 bis 1716 und Nr. 2220 bis 2340

15. Akten und Verhandlungen des Thüringer Landtages 1946-1952
Band I. 3. und II. 2.

IV. Literaturverzeichnis

Albrecht, Paul — Das Domänenwesen im Herzogtum Sachsen-Altenburg, Jena 1905,
(zitiert: Albrecht, Domänenwesen, S.)

Albrecht, Paul — Die rechtswidrige Enteignung ohne Entschädigung des Herzoglichen Grundbesitzes in Sachsen-Altenburg im Jahre 1919, Altenburg 1924
(zitiert: Albrecht, Enteignung, S.)

Albrecht, Paul — Der Vertrag zwischen Seiner Hoheit dem Herzog Ernst II. von Sachsen-Altenburg und dem Freistaate Sachsen-Altenburg über das Domänenfideikommiß des Herzoglichen Hauses vom 6./14. Juni 1919 (vom 6.6.1922), maschinengeschrieben und unveröffentlicht;
Thüringisches Staatsarchiv Altenburg, Haus- und Privatarchiv der Herzöge von Sachsen-Altenburg, Nr. 2138
(zitiert, Albrecht, Vertrag, S.)

Anschütz, Gerhardt	Die Verfassung des Deutschen Reiches vom 11.8.1919, ein Kommentar für Wissenschaft und Praxis, 14. Aufl., Bad Homburg v.d.H. Berlin Zürich 1933 (zitiert: Anschütz, Art., S.)
Arndt, Adolf	Art. "Fürstenrecht (Privatfürstenrecht)" In: Handwörterbuch der Rechtswissenschaft, (Hrsg. Fritz Stier-Somlo und Alexander Elster), 2. Bd., S. 566-570, Berlin Leipzig 1927 (zitiert: Arndt, Art. Fürstenrecht, S.)
Bandemer, Dagmar	Heinrich Albert Zachariae Rechtsdenken zwischen Restauration und Reformation, Frankfurt am Main Bern New York 1985 (zitiert: Bandemer, S.)
Baudert, August	Sachsen-Weimars Ende, Weimar 1923 (zitiert: Baudert, S.)
Beger, Jens	Die Revolutionstage von 1918 in Schwarzburg, Reflexionen und Aufzeichnungen der Fürstin Anna Luise von Schwarzburg, In: Zeitschrift des Vereins für Thüringische Geschichte, Bd. 49 (1995), S. 55-63 (zitiert: Beger, ZVThürG, Bd. 49 (1995), S.)
Beseler, Georg	System des gemeinen deutschen Privatrechts, 3. Aufl., Berlin 1873 (zitiert: Beseler, System, §, S.)
Bluntschli, Johann Kaspar	Allgemeines Staatsrecht, 2. Bd., 4. Aufl., München 1868 (zitiert: Bluntschli, S.)
Bojanowski, Eleonore ...und dem Kriegsarchiv der Universitätsbibliothek Jena (Hrsg.)	Thüringen im und nach dem Weltkrieg. Geschichtliches Erinnerungswerk an die Kriegsteilnahme, die politische Umwälzung und Erneuerung Thüringens in Wort und Bild, Band 1, Leipzig 1920, Band 2, Leipzig 1921, (zitiert: Thüringen im und nach dem Weltkrieg, Bd., S.)
Bornhak, Conrad	Die Agnaten des Hauses Schwarzburg und das Hausfideikommiß, Berlin 1927 (zitiert: Bornhak, Agnaten, S.)

Bornhak, Conrad — Hausgesetz und Hausvertrag, DJZ 32 (1927), Sp. 1140-1145
(zitiert: Bornhak, DJZ 32 (1927), Sp.)

Böttiger, A. — Ueber Kammergüter und Domainen in den sächsischen Landen, mit besonderer Beziehung auf das Herzogliche Haus Sachsen-Meiningen,
Leipzig 1846
(zitiert: Böttiger S.)

Brachelli, Hugo Franz — Deutsche Staatenkunde
Ein Handbuch der Statistik des Deutschen Bundes und seiner Staaten, mit Einschluss nichtdeutschen Provinzen Österreichs und Preussens,
2. Bd. Die Norddeutschen Bundesstaaten,
Wien 1857
(zitiert: Brachelli, Staatenkunde, S.)

Brachelli, Hugo Franz — Statistische Skizze des Deutschen Reiches nebst Luxemburg, 4.Aufl.,
Leipzig 1878
(zitiert: Brachelli, Statistische Skizze, S.)

Brandner, Barbara — Die Auflösung der Familienfideikommisse in Thüringen, Diss.,
Jena 1999
(zitiert: Brandner, S.)

Bredt, Johann Victor — Gutachten in Sachen des Kammergutes Seiner Durchlaucht des Fürsten zu Schwarzburg,
Cöthen 1922
(zitiert: Bredt, Gutachten, S.)

Brie, Siegfried — Art. "Landesherr" („Staatsoberhaupt“)
In: Wörterbuch des Deutschen Staats- und Verwaltungsrechts, (Hrsg. Karl Freiherr von Stengel und Max Fleischmann), 2. Band, 2. Aufl., S. 712-718,
Tübingen 1913
(zitiert: Brie, Art. Landesherr, S.)

Brie, Siegfried — Art. "Landesherrliches Haus"
In: Wörterbuch des Deutschen Staats- und Verwaltungsrechts, (Hrsg. Karl Freiherr von Stengel und Max Fleischmann), 2. Band, 2. Aufl., S. 718-721,
Tübingen 1913
(zitiert: Brie, Art. Landesherrliches Haus, S.)

Brie, Siegfried	Art. "Regentschaft und Regierungsstellvertretung" In: Wörterbuch des Deutschen Staats- und Verwaltungsrechts, (Hrsg. Karl Freiherr von Stengel und Max Fleischmann), 3. Band, 2. Aufl., S. 252-256, Tübingen 1914 (zitiert: Brie, Art. Regentschaft, S.)
Briegleb, Moritz	Zusammenstellung von Material zur Beurtheilung des Streites um das Hausallodium im Herzogthum Gotha und dafür bedungene Allodialrente, Gotha 1853 (zitiert: Briegleb, S.)
Budde, o. Vorn.	Das Kammergut des Fürstenhauses Schwarzburg-Sondershausen. Eine Entgegnung auf die Denkschrift des Herrn Hofmarschall von Halem: "Zur Auseinandersetzung zwischen dem Fürsten Günther zu Schwarzburg-Rudolstadt und-Sondershausen mit den Freistaaten Schwarzburg-Rudolstadt und-Sondershausen und dem Lande Thüringen", o. O. und o. J. (zitiert: Budde, Kammergut, S.)
Budde, o. Vorn.	Zum Vergleich über das Schwarzburgische Kammergut. Eine Replik auf das dritte Gutachten des Professors Krückmann in Sachen der Fürstin Anna Luise von Schwarzburg wider das Land Thüringen, o. O. und o. J. (zitiert: Budde, Replik, S.)
Deutsche Akademie der Wissenschaften zu Berlin, Zentralinstitut für Geschichte (Hrsg.), bearbeitet von Wolfgang D. Fritz	Die Goldene Bulle Kaiser Karls IV. vom Jahre 1356, Text in Monumentis Germaniae Historicis, Fontes, 11. Bd. Weimar 1972 (zitiert: MGH-Goldene Bulle, S.)
Dietze, C. von	Art. "Domänen" In: Wörterbuch der Volkswirtschaft, (Hrsg. Ludwig Elster), 1. Bd., 4. Aufl., S. 579-581, Jena 1931 (zitiert: Dietze, Art. Domänen, S.)

Dille, Curt	Arbeiter- und Soldatenrat, Volksbeauftragte im Staate Sachsen-Gotha, Diss., Gotha 1919 (zitiert: Dille, S.)
Dressel, Guido	Wahlen und Abstimmungsergebnisse 1920-1995, Quellen zur Geschichte Thüringens, Bd. 4, Erfurt 1995 (zitiert: Dressel, S.)
Eckert, Jörn	Privatrecht und Staatsbankrott In: Staatsfinanzen - Staatsverschuldung - Staatsbankrotte in der europäischen Staaten- und Rechtsgeschichte, (Hrsg. Gerhard Lingelbach), Köln, Weimar, Wien 2000, S. 87-106 (zitiert: Eckert, S.)
Endemann, Wilhelm	Rechtsgutachten zur Domänenfrage in dem Fürstentum Reuß j.L., o. O. 1876 (zitiert: Endemann, S.)
Erbe, Hans	Gesetz v. 13. Febr. 1926 über die Auseinandersetzung zwischen den Ländern und den ehemals regierenden Fürstenhäusern, DJZ 31 (1926), Sp. 337-339 (zitiert: Erbe, DJZ 31 (1926), Sp.)
Erbe, Hans	Vermögensrechtliche Auseinandersetzungen zwischen den Ländern und den ehemals regierenden Fürstenhäusern, DJZ 32 (1927), Sp. 154 (zitiert: Erbe, DJZ 32 (1927), Sp.)
Erck, Alfred; Schneider, Hannelore	Georg II. von Sachsen-Meiningen Ein Leben zwischen ererbter Macht und künstlerischer Freiheit, 2. Aufl., Zella-Mehlis 1999 (zitiert: Erck/Schneider, S.)
Erler, Adalbert Kaufmann, Ekkehard Schmidt-Wiegand, Ruth (Hrsg.)	Handwörterbuch zur deutschen Rechtsgeschichte (HRG), Bd. 1, Berlin 1971; Bd. 2, Berlin 1978; Bd. 3, Berlin 1984; Bd. 4, Berlin 1990; Bd. 5, Berlin 1998 (zitiert: Bearbeiter-HRG, Bd., Sp.)

Facius, Friedrich	Das Ende der kleinstaatlichen Monarchien Thüringens 1918 In: Festschrift für Friedrich von Zahn, Bd.1 Zur Geschichte und Volkskunde Mitteldeutschland, (Hrsg. Walter Schlesinger), Köln Graz 1968, S. 50-64 (zitiert: Facius in FS-Zahn, S.)
Facius, Friedrich	Zwischen Souveränität und Mediatisierung. Das Existenzproblem der thüringischen Kleinstaaten von 1806 bis 1813, In: Staat und Gesellschaft im Zeitalter Goethes, Festschrift für Hans Tümmler zu seinem 70. Geburtstag, (Hrsg. Peter Berglar), Köln Wien 1977, S. 163-205 (zitiert: Facius in FS-Tümmler, S.)
Facius, Friedrich	Die thüringischen Staaten 1815-1918 In: Büdinger Forschungen zur Sozialgeschichte 1980, (Hrsg. Klaus Schwabe), Boppard am Rhein 1983, S. 63-80 (zitiert: Facius, Staaten, S.)
Fauser, o. Vorn.	Art. "Domänen" In: Handwörterbuch der Staatswissenschaften, (Hrsg. Ludwig Elster, Adolf Weber, Friedrich Wieser), 3. Bd., 4. Aufl., S. 259-277, Jena 1926 (zitiert: Fauser, Art. Domänen, S.)
Fischer, Hugo (= Fleischhauer, Johann Heinrich)	Sollen die Staaten S.Weimar, S.Coburg-Gotha, S. Meiningen, S.Altenburg, die Schwarzburg'schen und Reußischen Lande in Zukunft fortbestehen oder sich zu einem Gesamtstaate verbinden oder in den größeren Nachbarstaaten gänzlich aufgehn? Ein gutachterliches Sendschreiben an die betreffenden Staatsangehörigen, Gotha 1848 (zitiert: Fischer, S.)
Flach, Willy	Die staatliche Entwicklung Thüringens in der Neuzeit In: Zeitschrift des Vereins für Thüringische Geschichte und Altertumskunde, 43. Bd., Neue Folge 35. Bd. (1941), S. 6-48 (zitiert: Flach, ZVThürGA, 43. Bd., N.F. 35. Bd., S.)

Flathe, Theodor	Geschichte des Kurstaates und Königreiches Sachsen, 3. Bd.: Neuere Geschichte Sachsens von 1806-1866, Gotha 1873 (zitiert: Flathe, S.)
Forkel, F.	Das Staatsrecht der Herzogthümer Sachsen-Coburg und Gotha In: Handbuch des Öffentlichen Rechts der Gegenwart in Monographien, (Hrsg. Heinrich Marquardsen), 3. Bd., 2. Halbbd., 2. Abteilung, Freiburg i.B. und Leipzig 1884 (zitiert: Forkel, S.)
Frölich, August	Der Abfindungsvertrag zwischen dem Land Altenburg und dem ehemaligen Herzog. Die Wiedergutmachung eines historischen Unrechts, Altenburg 1924 (zitiert: Frölich, S.)
Frühwald, Gertraud	Herzog Ernst II. von Sachsen-Coburg-Gotha und sein Herzogtum Coburg in der Revolution von 1848, Diss. phil.. München 1952 (zitiert: Frühwald, S.)
Fürstliche Kammer des Fürstentums Reuß j.L. (Hrsg.)	Rechtsgutachten der Juristenfakultät zu Leipzig die Domänenfrage im Fürstenthum Reuß jüngerer Linie betreffend, Schleiz 1878 (zitiert: Rechtsgutachten Domänenfrage Reuß j.L., S.)
Gerber, Carl Friedrich	System des Deutsches Privatrechts, 1. Abtheilung, Jena 1848 (zitiert: Gerber, Privatrecht, §)
Gerber, Carl Friedrich Wilhelm von	Grundzüge des deutschen Staatsrechts, 3. Aufl., Leipzig 1880 (zitiert: v.Gerber, Staatsrecht, §, S.)
Gersdorf, E. G.	Zur Territorialgeschichte des Herzogthums Sachsen-Altenburg. Ein Sendschreiben bei Gelegenheit der Domänenfrage, Leipzig 1854 (zitiert: Gersdorf, Territorialgeschichte Sachsen-Altenburg, S.)

Gierke, Otto	Deutsches Privatrecht, 1. Bd., Allgemeiner Teil und Personenrecht, Leipzig 1895 (zitiert: Gierke, S.)
Gierke, Otto	Die juristische Person des hochadligen Hauses. Abwehr und Befestigung, In: Zeitschrift für das Privat- und Öffentliche Recht der Gegenwart Bd. 5 (1878), S. 557-599 (zitiert: Gierke, Grünhut's Zeitschrift, Bd. 5 (1878), S.)
Gillmeister, Uwe	Vom Thron auf den Hund Das Leben des Herzogs II. von Sachsen-Altenburg. Vom Reichsfürsten zum DDR-Bürger, 2. Auflage, Borna 2003 (zitiert: Gillmeister, S.)
Grimm, Dieter	Das Reichsgericht in Wendezeiten, NJW 1997, S. 2719-2725 (zitiert: Grimm, NJW 1997, S.)
Günther, Theodor	Das Problem der Vermögensauseinandersetzung mit den ehemaligen Fürstenhäusern, Dissertation, Leipzig 1928 (zitiert: Günther, S.)
Hachenburg, Max	Juristische Rundschau, DJZ 24 (1919), Sp. 890-894 (zitiert: Hachenburg, DJZ 24 (1919), Sp.)
Halem, Gustav Adolph von	Zur Auseinandersetzung zwischen dem Fürsten Günther zu Schwarzburg-Rudolstadt und-Sondershausen mit den Freistaaten Schwarzburg-Rudolstadt und-Sondershausen und dem Lande Thüringen, Cöthen 1926 (zitiert: v.Halem, S.)
Hasel, Karl	Zur Geschichte des Waldbesitzes in Deutschland, In: Wirtschaftliche und soziale Strukturen im säkularen Wandel, Festschrift für Wilhelm Abel zum 70. Geburtstag, (Hrsg. Ingomar Bog), Bd. 1, Hannover 1974, S. 77-95 (zitiert: Hasel in FS-Abel, S.)
Hasel, Karl	Forstgeschichte, Ein Grundriß für Studium und Praxis, Hamburg Berlin 1985 (zitiert: Hasel, Forstgeschichte, S.)

Hässelbarth,Otto Fürchtegott	Das Staats- und Verwaltungsrecht des Herzogtums Sachsen-Altenburg In: Bibliothek des Öffentlichen Rechts, (Hrsg. F. Scholz und Storck), 7. Bd., Hannover 1909 (zitiert, Hässelbarth, S.)
Hattenhauer, Hans	Zwischen Hierarchie und Demokratie Eine Einführung in die geistesgeschichtlichen Grundlagen des geltenden deutschen Rechts., Karlsruhe 1971 (zitiert: Hattenhauer, S.)
Häupel, Beate	Die Gründung des Landes Thüringen, Staatsbildung und Reformpolitik 1918-1923, Weimar Köln Wien 1995 (zitiert: Häupel, S.)
Heinze, o. Vorn.	Die Literatur des Meininger Domänenstreites, In: Kritische Vierteljahresschrift für Gesetzgebung und Rechtswissenschaft, 4. Bd. (1862), S. 544-566 (zitiert: Heinze, Kritische Vierteljahresschrift, 4. Bd., S.)
Heinze, o. Vorn.	Die Domänenfrage im Herzogthum Sachsen Meinigen, In: Zeitschrift für die gesamte Staatswissenschaft 1863, S. 212-304 (zitiert: Heinze, ZgStW 1863, S.)
Held, Joseph	System des Verfassungsrechts der Monarchischen Staaten Deutschlands mit besonderer Rücksicht auf den Constitutionalismus, 2. Teil, Würzburg 1857 (zitiert: Held, S.)
Heß, Ulrich	Geschichte der Behördenorganisation der thüringischen Staaten und des Landes Thüringen von der Mitte des 16. Jahrhunderts bis zum Jahre 1952, (Veröffentlichung der Historischen Kommission für Thüringen, Bd.1), Jena Stuttgart 1993 (zitiert: Heß, Behördenorganisation, S.)
Heß, Ulrich (Hrsg. Volker Wahl.)	Geschichte Thüringens 1866-1914, Weimar 1991 (zitiert: Heß, S.)

Historische Commission bei der Königl. Akademie der Wissenschaften (Hrsg.)	Allgemeine Deutsche Biographie 28. Band, Leipzig 1889, 44. Band, Leipzig 1898, 45. Band, Leipzig 1899, 47. Band, Leipzig 1903 (zitiert: Bearbeiter-ADB,Bd, S.)
Historische Kommission bei der Bayerischen Akademie der Wissenschaften (Hrsg.)	Neue Deutsche Biographie, 13. Bd., Berlin 1982 (zitiert: Bearbeiter-NDB, Bd., S.)
Hofmann, Arthur	Ist die Domänenfrage in S.-Meinigen wirklich für alle Zeiten erledigt? Eine Entgegnung auf die diesbezügliche Erklärung der Mehrheit der bürgerlichen Landtags-Abgeordneten. Im Auftrage der sozialdemokratischen Fraktion des Landtags verfaßt., Saalfeld 1909 (zitiert: Hofmann, S.)
Huber, Ernst Rudolf	Deutsche Verfassungsgeschichte seit 1789, Bd. 1: Reform und Restauration 1789 bis 1830, Stuttgart 1957 (zitiert: Huber, Bd. 1, S.)
Huber, Ernst Rudolf	Deutsche Verfassungsgeschichte seit 1789, Bd. 2: Der Kampf um die Einheit und Freiheit 1830 bis 1850, Stuttgart Berlin Köln Mainz 1960 (zitiert: Huber, Bd. 2, S.)
Huber, Ernst Rudolf	Deutsche Verfassungsgeschichte seit 1789, Bd. 5: Weltkrieg, Revolution und Reichserneuerung 1914-1919, Stuttgart Berlin Köln Mainz 1978 (zitiert: Huber, Bd. 5, S.)
Huber, Ernst Rudolf	Deutsche Verfassungsgeschichte seit 1789, Bd. 6: Die Weimarer Reichsverfassung, Stuttgart Berlin Köln Mainz 1981 (zitiert: Huber, Bd. 6, S.)

Huber, Ernst Rudolf	Deutsche Verfassungsgeschichte seit 1789, Bd. 7: Ausbau, Schutz und Untergang der Weimarer Republik, Stuttgart Berlin Köln Mainz 1984 (zitiert: Huber, Bd. 7, S.)
Huber, Ernst Rudolf	Dokumente zur Deutschen Verfassungsgeschichte, Bd. 1, Deutsche Verfassungsdokumente 1803-1850, 3. Aufl., Stuttgart Berlin Köln Mainz 1961 (zitiert: Huber, Dokumente, Bd. 1, S.)
Huber, Ernst Rudolf	Dokumente zur Deutschen Verfassungsgeschichte, Bd. 2, Deutsche Verfassungsdokumente 1851-1900, 3. Aufl., Stuttgart Berlin Köln Mainz 1961 (zitiert: Huber, Dokumente, Bd. 2, S.)
Huber, Ernst Rudolf	Dokumente zur Deutschen Verfassungsgeschichte, Bd. 4, Deutsche Verfassungsdokumente 1919-1933, 3. Aufl., Stuttgart Berlin Köln 1991 (zitiert: Huber, Dokumente, Bd. 4, S.)
Hueck, Walter von (Hrsg. Deutscher Adelsverein e.V.)	Genealogisches Handbuch der fürstlichen Häuser, Fürstliche Häuser, Limburg a.d.Lahn (zitiert: Genealogisches Handbuch, Fürstliche Häuser, Bd., Jahr, S.)
Hufeld, Ulrich	Der Reichsdeputationshauptschluß von 1803. Eine Dokumentation zum Untergang des Alten Reiches, Köln Weimar Berlin Wien 2003 (zitiert: Hufeld, S.)
Hüllmann, Carl Friedrich	Geschichte der Domainen-Benutzung in Deutschland, Frankfurt a.d. Oder 1807 (zitiert: Hüllmann, S.)
Hunnius, Carl	Die Domänen nebst Bemerkungen zu der Schrift: der Weimarer Landtag von 1832, Weimar 1832 (zitiert: Hunnius, S.)

Ignasiak, Detlef	Regenten-Tafeln thüringischer Fürstenhäuser, Jena 1996 (zitiert: Ignasiak, S.)
Jacobsen, Roswitha / Bär-ninghausen, Hendrik (Hrsg.)	Residenz-Schlösser in Thüringen Kulturhistorische Porträts, Jena 1998 (zitiert: Jacobsen/Bärninghausen/Bearbeiter, S.)
Jagemann, o. Vorn. von	Art. "Domänen" In: Wörterbuch des Deutschen Staats- und Verwaltungsrechts, (Hrsg. Karl Freiherr von Stengel und Max Fleischmann), 1. Band, 2. Aufl., S. 585-591, Tübingen 1911 (zitiert: v.Jagemann, Art. Domänen, S.)
Jeserich, Kurt G.A.; Pohl, Hans; Unruh Georg-Christoph von (Hrsg.)	Deutsche Verwaltungsgeschichte, Bd. 1: Vom Spätmittelalter bis zum Ende des Reiches, Stuttgart 1983 (zitiert: Autor-Deutsche Verwaltungsgeschichte, Bd.1, S.)
Jung, Otmar	Volksgesetzgebung, Die "Weimarer Erfahrungen" aus dem Fall der Vermögensauseinandersetzungen zwischen Freistaaten und ehemaligen Fürsten, Teil 1, 2. Aufl., Habilitation, Hamburg 1996 (zitiert: Jung, S.)
Kaupp, Peter	Von Aldenhoven bis Zittler, Mitglieder der Burschenschaft Arminia auf dem Burgkeller-Jena, die in den letzten 100 Jahren im öffentlichen Leben hervorgetreten sind, Dieburg 2000 (zitiert: Kaupp, S.)
Kimminich, Otto	Deutsche Verfassungsgeschichte, 2. Aufl., Baden-Baden 1987 (zitiert: Kimminich, S.)
Kircher, W.	Das Staatsrecht des Herzogthums Sachsen-Meiningen In: Handbuch des Öffentlichen Rechts der Gegenwart in Monographien, (Hrsg. Heinrich Marquardsen), 3. Bd., 2. Halbbd., 2. Abteilung, Freiburg i.B. und Leipzig 1884 (zitiert: Kircher, S.)

Klein, Sven Michael (Hrsg.: Thüringisches Staatsarchiv Greiz und Verein für Greizer Geschichte e.V.)	Fürst Heinrich XXII. Reuß Aelterer Linie Sein Leben, sein Wirken und seine Zeit, Greiz 2002 (zitiert: Klein, S.)
Klinghammer, K.	Das Staatsrecht des Fürstenthums Schwarzburg-Rudolstadt In: Handbuch des Öffentlichen Rechts der Gegenwart in Monographien, (Hrsg. Heinrich Marquardsen), 3. Bd., 2. Halbbd., 2. Abteilung, Freiburg i.B. und Leipzig 1884 (zitiert: Klinghammer, S.)
Klüber, Johann Ludwig	Acten des Wiener Congresses in den Jahren 1814 und 1815, 6. Bd., Erlangen 1816 (zitiert: Klüber, Acten, 6. Bd., S.)
Klüber, Johann Ludwig	Acten des Wiener Congresses in den Jahren 1814 und 1815, 8. Bd., Erlangen 1819 (zitiert: Klüber, Acten, 8. Bd., S.)
Klüber, Johann Ludwig	Acten des Wiener Congresses in den Jahren 1814 und 1815, 9. Bd., Erlangen 1835 (zitiert: Klüber, Acten, 9. Bd., S.)
Klüber, Johann Ludwig	Öffentliches Recht des Teutschen Bundes und der Bundesstaaten, 4. Aufl., Frankfurt a.M. 1840 (zitiert: Klüber, §, S.)
Knauth, Rudolf	Die Entwicklung des öffentlichen Rechts Thüringens in den Jahren 1923 bis 1927 In: Jahrbuch des öffentlichen Rechts der Gegenwart Bd. 16 (1928), S. 1-50 (zitiert: Knauth, JöR 16 (1928), S.)
Knetsch, Alfons	Das Staats- und Verwaltungsrecht von Sachsen-Weimar-Eisenach In: Bibliothek des Öffentlichen Rechts, (Hrsg. F. Scholz und Storck), 14. Bd., Hannover 1909 (zitiert, Knetsch, S.)

Krätzer, Adolph	Über Ursprung und Eigenthum der Domainen in Deutschland und insbesondere in Bayern, mit vorzüglicher Rücksicht auf die Frage: Hat das königliche Haus in Bayern sein Familiengut an den Staat abgetreten?, München 1840 (zitiert: Krätzer, Domanium, S.)
Krause, Paul von	Justitia est fundamentum regnorum, JW 52 (1923), S. 591-592 (zitiert: Krause, JW 52 (1923), S.)
Krückmann, Paul	Rechtsgutachten betreffend die Fürstlich Schwarzburgischen Kammergüter, Köthen 1922 (zitiert, Krückmann, Rechtsgutachten, S.)
Krückmann, Paul	Zweites Gutachten in Sachen Sr. Durchlaucht Fürst Günther zu Schwarzburg wider Gebietsregierungen Sondershausen und Rudolstadt, Münster o. J. (zitiert: Krückmann, Zweites Gutachten, S.)
Krückmann, Paul	Drittes Gutachten in Sachen des Fürsten Günther und der Fürstin Anna Luise zu Schwarzburg wider Land Thüringen und den Prinzen Friedrich Günther zu Schwarzburg-Großhartau, o. O. und o. J. (zitiert: Krückmann, Drittes Gutachten, S.)
Krückmann, Paul	Der sozialdemokratische Antrag betr. Abfindung der landesherrl. Familien, LZ XVII (1923), Sp. 520-523 (zitiert: Krückmann, LZ XVII (1923), Sp.)
Lade, Karl	Staatsverfassung, Fürstenrecht und Hausvermögen, Diss., Marburg 1910 (zitiert: Lade, S.)
Lambsdorff, Hans Georg Graf	Die Weimarer Republik, Krisen-Konflikte-Katastrophen, Frankfurt a.M. Bern New York Paris 1990 (zitiert: Lambsdorff, S.)
Lammers, Hans-Heinrich	Urteilsanmerkung zu RG VI. ZS-B4/24 - Beschluß vom 18.6.1925, JW 54 (1925), S. 2429-2432 (zitiert: Lammers, JW 54 (1925), S.)

Lammert, Friedrich — Die Zusammenlegung thüringischer Staaten: Koburg-Gotha und beide Schwarzburg. Ein Vergleich, In: Zeitschrift des Vereins für Thüringische Geschichte und Altertumskunde, 31. Bd., Neue Folge 23. Bd. (1918), S. 527-534
(zitiert: Lammert ZVThürGA, 31. Bd., N.F. 23. Bd., S.)

Landesregierung Gotha, Hrsg. — Die vermögensrechtliche Auseinandersetzung zwischen der Republik Gotha und dem ehemaligen Herzog von Sachsen-Coburg-Gotha Carl Eduard, o. O. (Gotha) 1920
(zitiert: "Landesregierung Gotha, Auseinandersetzung", S.)

Langbein, A. — Das Staats- und Verwaltungsrecht des Fürstentums Schwarzburg-Sondershausen In: Bibliothek des Öffentlichen Rechts, (Hrsg. F. Scholz und Storck), 10. Bd., Hannover 1909
(zitiert: Langbein, S.)

Langbein, A. — Die Vereinigung der Fürstentümer Schwarzburg-Sondershausen und Schwarzburg-Rudolstadt, In: Die Grenzboten, 75. Jahrgang (1916), S. 199-208 und 229-237
(zitiert: Langbein, Grenzboten (1916), S.)

Langfeld, Adolf — Nach welchen Gesichtspunkten ist das Privateigentum der Landesherren aus dem fürstlichen Domanialvermögen (Kammergut) auszusondern?, Schwerin 1919
(zitiert: Langfeld, S.)

Lengemann, Jochen — Landtage und Gebietsvertretungen von Schwarzburg-Rudolstadt 1821-1923, Jena Stuttgart 1994
(zitiert: Lengemann, Schwarzburg-Rudolstadt, S.)

Lengemann, Jochen — Günther Fürst zu Schwarzburg, letzter regierender Fürst in Deutschland, und Wilhelm von Starck, sein erster Staatsminister. Eine Skizze mit einer fürstlichen Anmerkung zur Frage der Verschmelzung beider Schwarzburg, In: Zeitschrift des Vereins für Thüringische Geschichte, Bd. 48 (1994), S. 115-132
(zitiert: Lengemann, ZVThürG, Bd. 48 (1994), S.)

Lengemann, Jochen — Landtag und Gebietsvertretungen von Schwarzburg-Sondershausen 1843-1923,
Jena Stuttgart Lübeck Ulm 1998
(zitiert: Lengemann, Schwarzburg-Sondershausen, S.)

Liebmann, O. — Das Staatsrecht des Fürstenthums Reuß ältere Linie
In: Handbuch des Öffentlichen Rechts der Gegenwart in Monographien, (Hrsg. Heinrich Marquardsen), 3. Bd., 2. Halbbd., 2. Abteilung,
Freiburg i.B. und Leipzig 1884
(zitiert: Liebmann, S.)

Liebmann, Rudolf — Die Rechtsverhältnisse des zum bisherigen Schwarzburg-Rudolstädtischen Hausfideikommißvermögen (Kammergut) gehörenden Grundbesitzes nach der Staatsumwälzung,
Cöthen-Anhalt 1922
(zitiert: Liebmann, Schwarzburg-Rudolstadt, S.)

Lingelbach, Gerhard — Die Große Inflation 1923 - ein Staatsbankrott des Reiches?
In: Staatsfinanzen - Staatsverschuldung - Staatsbankrotte in der europäischen Staaten- und Rechtsgeschichte, (Hrsg. Gerhard Lingelbach), Köln, Weimar, Wien 2000, S. 203-235
(zitiert: Lingelbach, S.)

Lingelbach, Gerhard — Eduard Rosenthal (1859-1926)
Ein Würzburger schreibt in Thüringen Geschichte
In: Zeitschrift des Vereins für Thüringische Geschichte, 34. Beiheft, (2004), S. 87-100
(zitiert: Lingelbach, ZVThürG, 34. Beiheft (2004), S.)

Luther, Karl — Ueber die rechtliche Natur der Domänen in dem Herzogthum Sachsen-Meiningen und in den übrigen sächsischen und deutschen Staaten. (Denkschrift zur Wahrung der Volksrechte an den Domänen.),
Meiningen 1857
(zitiert: Luther, S.)

Malinowski, Stephan — Vom König zum Führer.
Sozialer Niedergang und politische Radikalisierung im deutschen Adel zwischen Kaiserreich und NS-Staat,
Berlin 2003
(zitiert: Malinowski, S.)

Mann, Thomas	Königliche Hoheit, Frankfurt am Main 1961
Marwinski, Felicitas (Hrsg.)	Lebenswege in Thüringen, Erste Sammlung, Weimar 2000 (zitiert: Marwinski, Erste Sammlung, S.)
Marwinski, Felicitas (Hrsg.)	Lebenswege in Thüringen, Zweite Sammlung, Weimar 2002 (zitiert: Marwinski, Zweite Sammlung, S.)
Mast, Peter	Thüringen Die Fürsten und ihre Länder, Graz Wien Köln 1992 (zitiert: Mast, S.)
Meier, Ernst	Art. "Apanage" In: Enzyklopädie der Rechtswissenschaft, (Hrsg. Franz von Holtzendorff), 1. Bd., 3. Aufl., S. 128-130, Leipzig 1880 (zitiert: Meier, Art. Apanage, S.)
Meier, Ernst	Art. "Domänen" In: Enzyklopädie der Rechtswissenschaft, (Hrsg. Franz von Holtzendorff), 1. Bd., 3. Aufl., S. 556-560, Leipzig 1880 (zitiert: Meier, Art. Domänen, S.)
Meier, Ernst	Art. "Civilliste" In: Enzyklopädie der Rechtswissenschaft, (Hrsg. Franz von Holtzendorff), 1. Bd., 3. Aufl., S. 467-468, Leipzig 1880 (zitiert: Meier, Art. Civilliste, S.)
Mejer, Otto	Zur Lehre der Geschlechtsgenossenschaft des hohen Adels. Eine Revision. In: Zeitschrift für das Privat- und Öffentliche Recht der Gegenwart, Bd. 5 (1878), S. 229-269 (zitiert: Mejer, Grünhut's Zeitschrift, Bd. 5 (1878), S.)
Mejer, Otto	Zur Lehre der Geschlechtsgenossenschaft des hohen Adels. Gegen Gierke. In: Zeitschrift für das Privat- und Öffentliche Recht der Gegenwart Bd. 6 (1879), S. 201-210 (zitiert: Mejer, Grünhut's Zeitschrift, Bd. 6 (1879), S.)

Mende, Helmuth	Die Aufhebung des Gothaischen "Konfiskationsgesetzes" durch das Reichsgericht auf Grund des Art. 13 Abs. 2 der Reichsverfassung, AöR 49. Bd.; Neue Folge 10. Bd. (1926), S. 247-256 (zitiert: Mende, AöR 49. Bd., N.F. 10. Bd., S.)
Meyer, Georg	Das Staatsrecht des Großherzogthums Sachsen-Weimar-Eisenach In: Handbuch des Öffentlichen Rechts der Gegenwart in Monographien, (Hrsg. Heinrich Marquardsen), 3. Bd., 2. Halbbd., 2. Abteilung, Freiburg i.B. und Leipzig 1884 (zitiert: Meyer, Sachsen-Weimar, S.)
Meyer, Georg/ Anschütz, Gerhardt	Lehrbuch des Deutschen Staatsrechts, 7. Aufl., München und Leipzig 1919 (zitiert: Meyer/Anschütz, §, S.)
Mischler, E.	Art. "Civilliste" In: Handwörterbuch der Staatswissenschaften, (Hrsg. J. Conrad, W. Lexis, L. Elster, E. Loening), 3. Bd., 2. Aufl., S. 48-54, Jena 1900 (zitiert: Mischler, Art. Civilliste, S.)
Mitteis, Heinrich / Lieberich, Heinz	Deutsche Rechtsgeschichte Ein Studienbuch, 19. Aufl., München 1992 (zitiert: Mitteis/Lieberich, S.)
Mizia, Robert Martin	Der Rechtsbegriff der Autonomie und die Begründung des Privatfürstenrechts in der deutschen Rechtswissenschaft des 19. Jahrhunderts, Frankfurt a.M. Berlin Bern New York Paris Wien 1995 (zitiert: Mizia, S.)
Mohl, Robert	Die Geschichte und Literatur der Staatswissenschaften In Monographien dargestellt, 2. Bd., Erlangen 1856 (zitiert: Mohl, Staatswissenschaften, S.)
Moser, Johann Jacob	Von der Teutschen Reichs-Stände Landen, deren Landständen, Unterthanen, Landes-Freyheiten, Beschwerden, Schulden und Zusam-menkünften, Frankfurt und Leipzig 1769 (zitiert: Moser, Reichs-Stände Landen, §, S.)

Moser, Johann Jacob — Von der Landeshoheit in Cameral-Sachen, Frankfurt und Leipzig 1773
(zitiert: Moser, Landeshoheit, S.)

Müller, Hermann — Was ist das Volk den früheren Fürsten schuldig? Eine Betrachtung über die Auseinandersetzung zwischen den früheren Fürsten und den Völkern, Altenburg 1919
(zitiert: Müller, Auseinandersetzung, S.)

Müller, Hermann — Geschichte der Arbeiterbewegung in Sachsen-Altenburg, Jena 1923
(zitiert: Müller, Altenburg, S.)

Müller, Jürgen — Monarchische Revolutionserfahrungen und ihre Folgen In: Die Revolution von 1848/49 in Thüringen, Aktionsräume, Handlungsebenen, Wirkungen (Hrsg. Hans-Werner Hahn und Werner Greiling), Rudolstadt Jena 1998
(zitiert: Müller, Revolutionserfahrungen, S.)

Müller, R. — Das Staatsrecht des Fürstenthums Reuß jüngere Linie In: Handbuch des Öffentlichen Rechts der Gegenwart in Monographien, (Hrsg. Heinrich Marquardsen), 3. Bd., 2. Halbbd., 2. Abteilung, Freiburg i.B. und Leipzig, 1884
(zitiert, Müller, Reuß jüngere Linie, S.)

Mußgnug, Reinhard — Der Haushaltsplan als Gesetz, Göttingen 1976
(zitiert: Mußgnug, S.)

Mußgnug, Reinhard — Das Finanzverfassungsrecht in den Thüringischen Fürstenhäusern, ZNR 2002, S. 290-311
(zitiert: Mußgnug ZNR 2002, S.)

Netzer, Hans-Joachim — Ein deutscher Prinz in England, Albert von Sachsen-Coburg und Gotha, Gemahl der Königen Victoria, München 1992
(zitiert: Netzer, S.)

o. N. — Sammlung der Gesetze, Vereinbarungen und Regulationen des Domaingut im Herzogtum S. Coburg betreffend, o. O. und o. J.
(zitiert: Sammlung Domaingut Coburg, S.)

o. N. Denkschrift, die Rechtsverhältnisse des Fürstlich Reuß-Greizischen Kammervermögens und die Frage wegen Abtretung desselben an das Land gegen Gewährung einer Civilliste betreffend,
Greiz 1848
(zitiert: Denkschrift Reuß-Greiz, S.)

o. N. Darlegung der Ansichten des H. Staatsministeriums über den von den hohen Agnaten des Herzogl. Hauses gegen verschiedene Bestimmungen des gothaischen Staatsgrundgesetzes erhobenen Protest und einige damit in Verbindung stehende Gegenstände,
o. O. und o. J.
(zitiert: Darlegungen, S.)

o. N. Sollen wir uns an das Königreich Sachsen anschließen? Eine neue Beantwortung dieser Tagesfrage von einem Altenburger,
Ronneburg 1849
(zitiert: Beantwortung Sachsen-Altenburg, S.)

o. N. Betrachtungen über die politischen Zustände des Herzogthums Sachsen-Altenburg bei Anlaß des gegenwärtigen Regierungswechsels,
Berlin 1853
(zitiert: Betrachtungen Sachsen-Altenburg, S.)

o. N. Die Domänenfrage im Herzogthume Sachsen-Altenburg, mit besonderer Rücksicht auf den zwischen dem jüngst verstorbenen Herzoge Georg und der Landschaft des Herzogthums abgeschlossenen Vertrag vom 29. März 1849 behandelt,
Frankfurt a.M. 1853
(zitiert: Domänenfrage Sachsen-Altenburg, S.)

o. N. Zur Domainenfrage im Großherzogthume Sachsen-Weimar,
Weida 1854
(zitiert: Domainenfrage Sachsen-Weimar, S.)

o. N. Versuch einer Beantwortung der Frage:
Ob die im Jahre 1849 zwischen dem regierenden Herzog von Sachsen-Coburg und Gotha und der damaligen Abgeordneten-Versammlung des Herzogthums Gotha getroffene Vereinbarung, den Staatshaushalt betreffend,

für den Regierungsnachfolger des Herzogs verbindliche Kraft habe? Ein Beitrag zur Domainenfrage des Herzogthums Gotha,
Erfurt 1854
(zitiert: Versuch einer Beantwortung, S.)

o. N. Kritik der von dem Geh. Regierungsrath Carl Luther zu Meiningen, Landtagsabgeordneten und derzeitigen landschaftlichen Referenten in der Domänensache, bearbeiteten Denkschrift zur Wahrung der Volksrechte an den Domänen über die rechtliche Natur der Domänen in dem Herzogthum Sachsen-Meiningen und den übrigen sächsischen und deutschen Staaten.
In zwei Abtheilungen,
Meiningen 1858
(zitiert: Kritik an Luther, S.)

o. N. Hof-und Staatshandbuch für die Herzogthümer Sachsen-Coburg und Gotha 1901,
Gotha 1901
(zitiert: Hof-und Staatshandbuch Sachsen-Coburg und Gotha, S.)

o. N. Hof-und Staatshandbuch für das Fürstentum Reuß Jüngere Linie 1906,
Gera 1906
(zitiert: Hof-und Staatshandbuch Reuß jüngere Linie, S.)

o. N. Hof -und Staats-Handbuch für das Herzogtum Sachsen-Meiningen 1908,
Meiningen 1908
(zitiert: Hof-und Staatshandbuch Sachsen-Meiningen, S.)

o. N. Staatshandbuch für das Großherzogtum Sachsen 1913,
Weimar 1913
(zitiert: Staatshandbuch Großherzogtum Sachsen, S.)

o. N. Staats-Handbuch des Herzogtums Sachsen-Altenburg 1914,
Altenburg 1914
(zitiert: Staatshandbuch Sachsen-Altenburg, S.)

o. N. Konfiskation des Hausvermögens in Gotha, DJZ 24 (1919), Sp. 814-815

O[rtloff, Hermann]	Die Domänen-Jahresrente des Großherzogs von Sachsen-Weimar-Eisenach, In: Zeitschrift für die gesamte Staatswissenschaft 1896, S. 744-756 (zitiert: Ortloff, ZgStW 1896, S.)
Oberländer, Ed.	Die Domänenfrage im Herzogthum Sachsen Meiningen. Gutachten über den Bericht des Domänen-Ausschusses vom 18. Januar 1861, betreffend die Prüfung der Domänen-Designation., Meiningen 1861 (zitiert: Oberländer, Domänenfrage, S.)
Oberländer, O.	Verfassung und Verwaltung des Herzogtums Sachsen-Meiningen In: Bibliothek des Öffentlichen Rechts, (Hrsg. F. Scholz und Storck), 12. Bd., Hannover 1909 (zitiert: Oberländer, S.)
Patze, Hans Schlesinger, Walter (Hrsg.)	Geschichte Thüringens, Fünfter Band, Politische Geschichte in der Neuzeit, 1. Teil, 1. Teilband, Köln, Wien 1982 (zitiert: Patze/Schlesinger/Bearbeiter, 5. Bd., 1. Teil, 1. Teilbd., S.)
Patze, Hans Schlesinger, Walter (Hrsg.)	Geschichte Thüringens, Fünfter Band, Politische Geschichte in der Neuzeit, 1. Teil, 2. Teilband, Köln, Wien 1984 (zitiert: Patze/Schlesinger/Bearbeiter, 5. Bd., 1. Teil, 2. Teilbd., S.)
Patze, Hans Schlesinger, Walter (Hrsg.)	Geschichte Thüringens, Fünfter Band, Politische Geschichte in der Neuzeit, 2. Teil, Köln, Wien 1978 (zitiert: Patze/Schlesinger/Bearbeiter, 5. Bd. 2. Teil, S.)
Pernice, Ludwig Wilhelm	Rechtsgutachten betreffend die Rechtsverbindlichkeit des im Herzogthum Sachsen-Altenburg unter dem 29. März 1849 zu Stande gekommenen sogenannten Civillisten-Vertrags und die eventuell zur Beseitigung desselben sich darbietenden Rechtswege., Halle 1853 (zitiert: Pernice, S.)

Pfitzer, P. A.	Art. "Apanage" In: Staats-Lexikon, Enzyklopädie der sämmtlichen Staatswissenschaften für alle Stände, (Hrsg. Carl von Rotteck und Carl Welcker), 1. Bd., S. 592-594, Altona 1845 (zitiert: Pfitzer, Art. Apanage, S.)
Pfitzner, Johannes	Die Ausgaben der deutschen Einzelstaaten für das Staatsoberhaupt, In: Finanz-Archiv, 33. Bd. (1916), S. 143-160 (zitiert: Pfitzner, FA 33. Bd., S.)
Pfitzner, Johannes	Die sog. privatwirtschaftlichen Einnahmen des Deutschen Reichs und der deutschen Einzelstaaten In: Allgemeines Statistisches Archiv von v.Mayr / Zahn, Bd. 9 (1915), S. 561-616 (zitiert: Pfitzner, Stat. Archiv Bd. 9, S.)
Plochmann, Richard	Bemerkungen zur Waldkultur Mitteleuropas, ZfP 1985, S. 195-207 (zitiert: Plochmann, ZfP 1985, S.)
Pölitz, Karl Heinrich Ludwig	Ergebnisse der Sachsen-Gotha-und Altenburgischen Landestheilung, In: Jahrbücher der Geschichte und Staatskunst, 1831, 2. Bd., S. 115-139 und 305-327 (zitiert: Pölitz, Jahrbücher der Geschichte und Staatskunst, 1831, 2. Bd., S.)
Pölitz, Karl Heinrich Ludwig	Die europäischen Verfassungen seit dem Jahre 1789 bis auf die neueste Zeit, 1. Bd., 2. Aufl., Leipzig 1832 (zitiert: Pölitz, 1. Bd., S.)
Pölitz, Karl Heinrich Ludwig	Die europäischen Verfassungen seit dem Jahre 1789 bis auf die neueste Zeit, 4. Bd., 2. Aufl., Leipzig 1847 (zitiert: Pölitz, 4. Bd., S.)
Pölzl, o. Vorn.	Art. "Fürst, fürstliches Haus" In: Deutsches Staats-Wörterbuch, (Hrsg. J.C. Bluntschli und K. Brater), 4. Bd., S. 5-21, Stuttgart und Leipzig 1859 (zitiert: Pölzl, Art. Fürst, S.)

Pölzl, o. Vorn. — Art. "Regentschaft"
In: Deutsches Staats-Wörterbuch, (Hrsg. J.C. Bluntschli und K. Brater), 8. Bd., S. 563-575,
Stuttgart und Leipzig 1864
(zitiert: Pölzl, Art. Regentschaft, S.)

Post, Bernhard; Wahl, Volker (Hrsg. Dieter Marek) — Thüringen-Handbuch;
Territorium, Verfassung, Parlament, Regierung und Verwaltung in Thüringen 1920 bis 1995, Weimar 1999
(zitiert: Thüringen-Handbuch, S.)

Pözl, J. — Bemerkungen zu H.A. Zachariä, Das rechtliche Verhältnis des fürstlichen Kammerguts, insbesondere im Herzogthum Sachsen-Meiningen, Göttingen 1861;
In: Kritische Vierteljahresschrift für Gesetzgebung und Rechtswissenschaft, 3. Bd. (1861), S. 313-315
(zitiert: Pözl, Kritische Vierteljahresschrift, 3. Bd., S.)

Quarck, Hermann — Aus den letzten Zeiten des alten Herzogthums Coburg, Coburg 1933
(zitiert: Quark, S.)

Rehm, Hermann — Modernes Fürstenrecht,
München 1904
(zitiert: Rehm, Fürstenrecht, S.)

Reichold, Helmut — Bismarcks Zaunkönige, Duodez im 20. Jahrhundert,
Paderborn 1977
(zitiert: Reichold, S.)

Reyscher, August Ludwig — Hannöversche Verfassungsfragen
In: Zeitschrift für deutsches Recht und deutsche Rechtswissenschaft, 2. Bd. (1839), S. 1-176
(zitiert: Reyscher, ZfdR 2. Bd., S.)

Reyscher, August Ludwig — Die Rechte des Staates an den Domänen und Kammergütern nach dem deutschen Staatsrecht und den Landesgesetzen, insbesondere der sächsischen Lande,
Leipzig 1863
(zitiert: Reyscher, Rechte des Staates, S.)

Reyscher, August Ludwig — Der Rechtsstreit über das Eigentum an den Domänen des Herzogthums Sachsen-Meiningen. Gegen Zoepfl, Zachariä und eine anonyme Regierungsschrift,
Leipzig 1865
(zitiert: Reyscher, Eigentum an den Domänen, S.)

Rintelen, L.	Art. "Apanage" In: Handwörterbuch der Staatswissenschaften, (Hrsg. J. Conrad, W. Lexis, L. Elster, E. Loening), 1. Bd., 3. Aufl., S. 559-561, Jena 1909 (zitiert: Rintelen, Art. Apanage, S.)
Rintelen, L.	Art. "Domänen" In: Handwörterbuch der Staatswissenschaften, (Hrsg. J. Conrad, W. Lexis, L. Elster, E. Loening), 3. Bd., 3. Aufl., S. 513-549, Jena 1909 (zitiert. Rintelen, Art. Domänen, S.)
Roob, Helmut	Verfassungsgeschichte Gothas von den Anfängen im 13. Jh. bis zur Bildung des Landes Thüringens am 1. Mai 1920, Ein Beitrag zur thüringischen Landesgeschichte, Diss. phil., Jena 1958 (zitiert: Roob, Verfassungsgeschichte, S.)
Roob, Helmut	Die Domänenfrage im Gothaer Land In: Jahrbuch für Regionalgeschichte 2. Bd., S. 50-61, Weimar 1967 (zitiert: Roob, Domänenfrage, S.)
Rosenthal, Eduard	Die Entwicklung des Verfassungsrechts in den thüringischen Saaten seit November 1918 und die Bestrebungen zur Bildung eines Staates Thüringen In: Jahrbuch des öffentlichen Rechts der Gegenwart Bd. 9 (1920), S. 226-244 (zitiert: Rosenthal, JöR 9 (1920), S.)
Rosenthal, Eduard	Die Verfassung des Landes Thüringen vom 11. März 1921 In: Jahrbuch des öffentlichen Rechts der Gegenwart Bd. 10 (1921), S. 366-385 (zitiert: Rosenthal, JöR 10 (1921), S.)
Rotteck, Carl von	Art. "Domaine" In: Staats-Lexikon, Enzyklopädie der sämmtlichen Staatswissenschaften für alle Stände, (Hrsg. Carl von Rotteck und Carl Welcker), 4. Bd., S. 87-99, Altona 1846 (zitiert: Rotteck, Art. Domaine, S.)

Rückert, Joachim	August Ludwig Reysches Leben und Rechtstheorie. 1802-1880, Berlin 1974 (zitiert: Rückert, S.)
Samwer, Karl	Der Streit um die gothaischen Domänen bis zum Jahre 1855, Gotha 1900 (zitiert: Samwer, S.)
Sandner, Harald	Das Haus Sachsen-Coburg und Gotha Eine Dokumentation zum 175-jährigen Jubiläum des Stammhauses in Wort und Bild (1826 bis 2001) Coburg o. J. (zitiert: Sandner, S.)
Schambach, C.	Das Staatsrecht des Fürstenthums Schwarzburg-Sondershausen In: Handbuch des Öffentlichen Rechts der Gegenwart in Monographien, (Hrsg. Heinrich Marquardsen), 3. Bd., 2. Halbbd., 2. Abteilung, Freiburg i.B. und Leipzig 1884 (zitiert: Schambach, S.)
Schlotter, Paul	Das Staats- und Verwaltungsrecht der Fürstentümer Reuss älterer und jüngerer Linie In: Bibliothek des Öffentlichen Rechts, (Hrsg. F. Scholz und Storck), 8. Bd., Hannover 1909 (zitiert: Schlotter, S.)
Schmidt, Berthold	Denkschrift über das Eigenthumsrecht der Fürstlichen Häuser Reuß an ihren Domänen (Schlössern, Kammergütern und Forsten), nebst einer kurzen Darstellung der Rechtslage in dieser Frage, Schleiz 1919 (zitiert: Schmidt, Domänen, S.)
Schneider, E.	Wem gehören die Kammergüter? dem Fürsten oder dem Volk? Eine staatsrechtliche Abhandlung mit besonderer Beziehung auf die sächsischen Regenten Ernestinischer und Albertinischer Linie., Leipzig 1831 (zitiert: Schneider, Kammergüter, S.)

Schneider, Hannelore	Der Domänenstreit in Sachsen-Meinigen In: Festschrift für Hans Eberhardt zum 85. Geburtstag am 25. September 1993, (Hrsg. Michael Gockel und Volker Wahl), Weimar Köln Wien 1993, S. 429-450 (zitiert: Schneider in FS-Eberhardt, S.)
Schocke, Ernst	Die deutsche Einheits- und Freiheitsbewegung in Sachsen-Meiningen 1848-1850 Ein Beitrag zur Geschichte der ersten deutschen Revolution, Diss. phil, Meiningen 1927 (zitiert: Schocke, S.)
Schroeder, Klaus-Peter	Das Alte Reich und seine Städte Untergang und Neubeginn: Die Mediatisierung der oberdeutschen Reichsstädte im Gefolge des Reichsdeputationshauptschlusses von 1802/03, München 1991 (zitiert: Schroeder, S.)
Schulze, Hermann	Die Hausgesetze der regierenden deutschen Fürstenhäuser, 2. Bd., Jena 1878 (zitiert: Schulze, Hausgesetze 2. Bd., S.)
Schulze, Hermann	Die Hausgesetze der regierenden deutschen Fürstenhäuser, 3. Bd., Jena 1883 (zitiert: Schulze, Hausgesetze 3. Bd., S.)
Schulze, Hermann	Lehrbuch des Deutschen Staatsrechtes 1. Buch: Das Deutsche Landesstaatsrecht, Leipzig 1881 (zitiert: Schulze, Staatsrecht, §, S.)
Schulze-Gävernitz, Hermann von	Das Deutsche Fürstenrecht In: Enzyklopädie der Rechtswissenschaft, (Hrsg. Franz von Holtzendorff), 1. Bd., 5. Aufl., S. 1349-1376, Jena 1890 (zitiert: v.Schulze-Gävernitz, Fürstenrecht, S.)
Schüren, Ulrich	Der Volksentscheid zur Fürstenenteignung, Düsseldorf 1978 (zitiert. Schüren, S.)

Schwartz, Hugo	Das Staats- und Verwaltungsrecht des Fürstentums Schwarzburg-Rudolstadt In: Bibliothek des Öffentlichen Rechts, (Hrsg. F. Scholz und Storck), 9. Bd., Hannover 1909 (zitiert: Schwartz, S.)
Schwarz, o. Vorn.	Art. "Apanage" In: Wörterbuch des Deutschen Staats- und Verwaltungsrechts, (Hrsg. Karl Freiherr von Stengel und Max Fleischmann), 1. Band, 2. Aufl., S. 139-140, Tübingen 1911 (zitiert: Schwarz, Art. Apanage, S.)
Schwarz, o. Vorn.	Art. "Civilliste" In: Wörterbuch des Deutschen Staats- und Verwaltungsrechts, (Hrsg. Karl Freiherr von Stengel und Max Fleischmann), 1. Band, 2. Aufl., S. 537-544, Tübingen 1911 (zitiert: Schwarz, Art. Civilliste, S.)
Seela, Reyk	Landtage und Gebietsvertretungen in den reußischen Staaten 1848/67-1923, Jena Stuttgart Lübeck Ulm 1996 (zitiert: Seela, S.)
Seelig, W.	Beiträge zur Domänenfrage In: Archiv der politischen Oekonomie und Polizeiwissenschaft, Neue Folge, 9. Bd., 1851, S. 29-120 (zitiert: Seelig, Archiv der politischen Ökonomie und Polizeiwissenschaft, N. F. Bd. 9, S. 27-120)
Sonnenkalb, K. Th.	Das Staatsrecht des Herzogthums Sachsen-Altenburg In: Handbuch des Öffentlichen Rechts der Gegenwart in Monographien, (Hrsg. Heinrich Marquardsen), 3. Bd., 2. Halbbd., 2. Abteilung, Freiburg i.B. und Leipzig 1884 (zitiert: Sonnenkalb, S.)
Sontag, Ernst	Fürstenabfindungen in den letzten 500 Jahren Eine rechtsgeschichtliche Studie, Halle 1926 (zitiert: Sontag, S.)

Statistisches Reichsamt (Hrsg.)	Zahlen zur Geldentwertung in Deutschland 1914 bis 1923 In: Sonderhefte zu Wirtschaft und Statistik, Sonderheft 1, Berlin 1925 (zitiert: Stat. Reichsamt, Zahlen zur Geldentwertung, S.)
Staudinger, Julius von	Kommentar zum Bürgerlichen Gesetzbuch und dem Einführungsgesetze, 6. Bd., 5./6. Aufl., Berlin 1911 (zitiert: Staudinger-Bearbeiter, Art. EGBGB)
Stier-Somlo, Fritz	Art. "Monarchie und monarchisches Staatsrecht" In: Handwörterbuch der Rechtswissenschaft, (Hrsg. Fritz Stier-Somlo und Alexander Elster), 4. Bd., S. 107-117, Berlin Leipzig 1927 (zitiert: Stier-Somlo, Art. Monarchie, S.)
Struckmann, Johannes; Koch, Richard	Die Zivilprozeßordnung für das Deutsche Reich nebst den auf den Zivilprozeß bezüglichen Bestimmungen des Gerichtsverfassungsgesetzes und den Einführungsgesetzen. In der Fassung vom 20. Mai 1898 und der Novellen von 1905 und 1909. 9. Auflage, Berlin 1910 (zitiert: Struckmann, § ZPO)
Strupp, Karl	Bericht über die wichtigeren Gesetze und Staatsverträge der thüringischen Staaten seit 1900, In: Jahrbuch des öffentlichen Rechts der Gegenwart Bd. 6 (1912), S. 287-304 (zitiert: Strupp, JöR 6 (1912), S.)
Thüringer Landesmuseum Heidecksburg Rudolstadt (Hrsg.)	Die Fürsten von Schwarzburg-Rudolstadt 1710-1918, 2. Aufl., Rudolstadt 1998 (zitiert: Fürsten Schwarzburg-Rudolstadt, S.)
Treitschke, Heinrich von	Art. "Civilliste" In: Deutsches Staats-Wörterbuch, (Hrsg. J.C. Bluntschli und K. Brater), 2. Bd., S. 515-523, Stuttgart und Leipzig 1857 (zitiert: Treitschke, Art. Civilliste, S.)
Treitschke, Heinrich von	Art. "Domänen" In: Deutsches Staats-Wörterbuch, (Hrsg. J.C. Bluntschli und K. Brater), 3. Bd., S. 162-176, Stuttgart und Leipzig 1858 (zitiert: Treitschke, Art. Domänen, S.)

Vahlkampf, Joseph Anton | Ueber die Domänenfrage im Herzogthume Sachsen-Meiningen. Zugleich ein Wort zur Verständigung über die rechtliche Natur der Domainen in Deutschland im Allgemeinen.,
Darmstadt 1847
(zitiert: Vahlenkampf, S.)

Vater, O. | Zur Domänenfrage im Fürstentum Schwarzburg-Rudolstadt
Sonderabdruck aus der "Schwarzburg-Rudolstädtischen Landeszeitung",
Rudolstadt 1917
(zitiert: Vater, S.)

Vollert, Anton | Die Domainenfrage im Großherzogthume Sachsen-Weimar-Eisenach,
Weimar 1854
(zitiert: Vollert, Domainenfrage Sachsen-Weimar, S.)

Vollert, Anton | Die Entstehung und die rechtliche Natur des Kammervermögens in Deutschland überhaupt und in den Sachsen-Ernestinischen Landen insbesondere,
Jena 1857
(zitiert: Vollert, Kammervermögen, S.)

Vollert, Anton | Rechtsgutachten zur Domänenfrage im Fürstentum Reuß j.L. (Hrsg. Fürstliche Kammer des Fürstentums Reuß j.L.),
Schleiz 1878
(zitiert: Vollert, Domänenfrage Reuß j.L., S.)

Wecker, Fritz | Unsere Landesväter. Wie sie gingen. Wo sie blieben.,
Berlin 1928
(zitiert: Wecker, S.)

Weidner, Friedrich | Gotha in der Bewegung von 1848.
Nebst Rückblicken auf die Zeit von 1815 an,
Gotha 1908
(zitiert, Weidner, S.)

Welcker, Carl | Art. "Civilliste"
In: Staats-Lexikon, Enzyklopädie der sämmtlichen Staatswissenschaften für alle Stände, (Hrsg. Carl von Rotteck und Carl Welcker), 3. Bd., S. 251-254,
Altona 1846
(zitiert: Welcker, Art. Civilliste, S.)

Wentzcke, Paul	Thüringische Einigungsbestrebungen im Jahre 1848, Ein Beitrag zur Geschichte der Deutschen Einheitsbewegung In: Zeitschrift des Vereins für Thüringische Geschichte und Altertumskunde, Neue Folge, 7. Beiheft, (1917) (zitiert: Wentzcke, ZVThürGA, N.F., 7. Beiheft, S.)
Westphalen, Gelinde Gräfin von	Anna Luise von Schwarzburg. Die letzte Fürstin, Jena 2005 (zitiert: v.Westphalen, S.)
Wilberg, Max	Regenten-Tabellen, Frankfurt a. Oder 1906 (zitiert: Wilberg, S.)
Willoweit, Dietmar	Deutsche Verfassungsgeschichte, Vom Frankenreich bis zur Wiedervereinigung Deutschlands, 4. Aufl., München 2001 (zitiert: Willoweit, S.)
Windhorst, Hans-W.	Geographie der Wald- und Forstwirtschaft, Stuttgart 1978 (zitiert: Windhorst, S.)
Witzmann, Georg	Thüringen von 1918-1933. Erinnerungen eines Politikers, Meisenheim am Glan 1958 (zitiert: Witzmann, S.)
Wydgodzinski, W.	Art. "Domänen" In: Wörterbuch der Volkswirtschaft, (Hrsg. Ludwig Elster), 1. Bd., 3. Aufl., S. 682-688, Jena 1911 (zitiert: Wydgodzinski, Art. Domänen, S.)
Zachariä, Heinrich Albert	Das rechtliche Verhältnis des fürstlichen Kammerguts, insbesondere im Herzogthum Sachsen-Meiningen, Göttingen 1861 (zitiert: Zachariä, Kammergut, S.)
Zachariä, Heinrich Albert	Das Eigenthumsrecht am deutschen Kammergut. Gegen A.L. Reyscher, die Rechte des Staats an den Domänen etc., Göttingen 1864 (zitiert: Zachariä, Eigentumsrecht, S.)

Zachariä, Heinrich Albert	Deutsches Staats-und Bundesrecht 2. Teil., 3. Aufl., Göttingen 1867 (zitiert: Zachariä, Staatsrecht, §, S.)
Zarncke, Friedrich	Bemerkungen zu A.L. Reyscher, Die Rechte des Staates an den Domänen und Kammergütern nach dem deutschen Staatsrecht und den Landesgesetzen, insbesondere der sächsischen Lande, Leipzig 1863; In: Literarisches Centralblatt für Deutschland, 1864, S. 206-207 (zitiert: Zarncke, Literarisches Centralblatt 1864, S.)
Ziller, Hermann Freiherr von	Vorschlag für eine neue Vermögensauseinandersetzung zwischen dem Herzoglichen Hause Sachsen Coburg-Gotha und dem Staate Gotha, Göttingen 1921 (zitiert: v.Ziller, S.)
Zimmermann, Friedrich Wilhelm Rudolf	Geschichtliche Entwicklung und derzeitiger Stand der Rechtsverhältnisse am Domanium in Deutschland In: Finanz-Archiv, 35. Bd. (1918), S. 395-526 (zitiert: Zimmermann, FA 35. Bd, S.)
Zimmermann, Friedrich Wilhelm Rudolf	Die Zivilliste in den deutschen Staaten In: Finanz- und volkswirtschaftlichen Zeitfragen, 60. Heft, Stuttgart 1919 (zitiert: Zimmermann, Zivilliste, S.)
Zoepfl, Heinrich	Grundsätze des Allgemeinen und Deutschen Staatsrechts, 2. Teil, 4. Aufl., Leipzig und Heidelberg 1856 (zitiert: Zoepfl, Staatsrecht, §, S.)
Zoepfl, Heinrich	Bemerkungen zu H.A. Zachariä, Das rechtliche Verhältnis des fürstlichen Kammerguts, insbesondere im Herzogthum Sachsen-Meiningen, Göttingen 1861, In: Heidelberger Jahrbücher der Literatur 54. Jahrgang (1861), S. 449-458 (zitiert: Zoepfl, Heidelberger Jahrbücher, 54. Jahrgang, S.)

Zoepfl, Heinrich | Bemerkungen zu A.L. Reyscher, Die Rechte des Staates an den Domänen und Kammergütern nach dem deutschen Staatsrecht und den Landesgesetzen, insbesondere der sächsischen Lande, Leipzig 1863;
In: Heidelberger Jahrbücher der Literatur 57 (1864), S. 241-282
(zitiert: Zoepfl, Heidelberger Jahrbücher, 57. Jahrgang, S.)

RECHTSHISTORISCHE REIHE

Band 1 Studien zu den germanischen Volksrechten. Gedächtnisschrift für Wilhelm Ebel. Vorträge gehalten auf dem Fest-Symposion anläßlich des 70. Geburtstages von Wilhelm Ebel am 16. Juni 1978 in Göttingen. Götz Landwehr (Hrsg.) 1982.

Band 2 Hans Poeschel: Die Statuten der Banken, Sparkassen und Kreditgenossenschaften in Hamburg und Altona von 1710 bis 1889. 1978.

Band 3 Thomas Kolbeck: Juristenschwemmen, Untersuchungen über den juristischen Arbeitsmarkt im 19. und 20. Jahrhundert. 1978.

Band 4 Norbert Hempel: Richterleitbilder in der Weimarer Republik. 1978.

Band 5 Rolf Stratmann: Die Scheinbußen im mittelalterlichen Recht. 1978.

Band 6 Martin C. Lockert: Die niedersächsischen Stadtrechte zwischen Aller und Weser. Vorkommen und Verflechtungen. Eine Bestandsaufnahme. 1979.

Band 7 Joachim Rückert/Wolfgang Friedrich: Betriebliche Arbeiterausschüsse in Deutschland, Großbritannien und Frankreich im späten 19. und frühen 20. Jahrhundert. Eine vergleichende Studie zur Entwicklung des kollektiven Arbeitsrechts. 1979.

Band 8 Peter Bender: Die Rezeption des römischen Rechts im Urteil der deutschen Rechtswissenschaft. 1979.

Band 9 Friedrich Karl Alsdorf: Untersuchungen zur Rechtsgestalt und Teilung deutscher Ganerbenburgen. 1980.

Band 10 Dietmar Willoweit/Winfried Schich (Hrsg.): Studien zur Geschichte des sächsisch-magdeburgischen Rechts in Deutschland und Polen (Sammelband). 1980.

Band 11 Brigitte Hempel: Der Entwurf einer Polizeiordnung für das Herzogtum Sachsen-Lauenburg aus dem Jahre 1591. 1980.

Band 12 Klaus-Detlev Godau-Schüttke: Rechtsverwalter des Reiches. Staatssekretär Dr. Curt Joël. 1981.

Band 13 Rainer Polley: Anton Friedrich Justus Thibaut (AD 1772-1840) in seinen Selbstzeugnissen und Briefen. Teil 1: Abhandlung. Teil 2: Briefwechsel. Teil 3: Register zum Briefwechsel. 1982.

Band 14 Michael Wettengel: Der Streit um die Vogtei Kelkheim 1275-1276. Ein kanonischer Prozeß.1981.

Band 15 Otto Wilhelm Krause: Naturrechtler des sechzehnten Jahrhunderts. Ihre Bedeutung für die Entwicklung eines natürlichen Privatrechts. 1982.

Band 16 Helga Spindler: Von der Genossenschaft zur Betriebsgemeinschaft. Kritische Darstellung der Sozialrechtslehre Otto von Gierkes. 1982.

Band 17 Holger Otte: Gustav Radbruchs Kieler Jahre 1919 - 1926. 1982.

Band 18 Rüdiger Teuner: Die fuldische Ritterschaft 1510 - 1656. 1982.

Band 19 Gerhard Dilcher/Rudolf Hoke/Gian Savino Pene Vidari/Hans Winterberg (Hrsg.): Grundrechte im 19. Jahrhundert. 1982.

Band 20 Karl-Hans Schloßstein: Die westfälischen Fabrikengerichtsdeputationen - Vorbilder, Werdegang und Scheitern. 1982.

Band 21 Birger Schulz: Der Republikanische Richterbund (1921-1933). 1982.

Band 22 Engelbert Krause: Die gegenseitigen Unterhaltsansprüche zwischen Eltern und Kindern in der deutschen Privatrechtsgeschichte. 1982.

Band 23 Meent W. Francksen: Staatsrat und Gesetzgebung im Großherzogtum Berg (1806-1813). 1982.

Band 24 Gerd von Sonnleithner: Bearbeitung des Handelsrechts durch Ignaz von Sonnleithner in seinem "Leitfaden über das österreichische Handels- und Wechselrecht". 1982.

Band 25 Rudolf Palme: Rechts-, Wirtschafts- und Sozialgeschichte der inneralpinen Salzwerke bis zu deren Monopolisierung. 1983.

Band 26 Helen Bosshard: Pestalozzis Staats- und Rechtsverständnis und seine Stellung in der Aufklärung. 1983.

Band 27 Jens Jessen: Die Selbstzeugnisse der deutschen Juristen. Erinnerungen, Tagebücher und Briefe. Eine Bibliographie. 1983.

Band 28 Günter Martin Jensen: Das Domanium Waldeck. Die rechtliche Zuordnung eines Fürstenvermögens. 1984.

Band 29 Johann Heinrich Kumpf: Petitionsrecht und öffentliche Meinung im Entstehungsprozeß der Paulskirchenverfassung 1848/49. 1983.

Band 30 Sabine Frey: Rechtsschutz der Juden gegen Ausweisungen im 16. Jahrhundert. 1983.

Band 31 Dietrich Joswig: Die germanische Grundstücksübertragung. 1984.

Band 32 Andreas Baryli: Konzessionssystem contra Gewerbefreiheit. Zur Diskussion der österreichischen Gewerberechtsreform 1835 bis 1860. 1984.

Band 33 Gerhard Oberkofler: Studien zur Geschichte der österreichischen Rechtswissenschaft. 1984.

Band 34 Rudolf Lauda: Kaufmännische Gewohnheit und Burgrecht bei Notker dem Deutschen. Zum Verhältnis von literarischer Tradition und zeitgenössischer Realität in der frühmittelalterlichen Rhetorik. 1984.

Band 35 Jens Jensen: Die Ehescheidung des Bischofs Hans von Lübeck von Prinzessin Julia Felicitas von Württemberg-Weiltingen AD 1648-1653. Ein Beitrag zum protestantischen Ehescheidungsrecht im Zeitalter des beginnenden Absolutismus. 1984.

Band 36 Horst Schröder: Friedrich Karl von Savigny. Geschichte und Rechtsdenken beim Übergang vom Feudalismus zum Kapitalismus in Deutschland. 1984.

Band 37 Andreas Hatzung: Dogmengeschichtliche Grundlagen und Entstehung des zivilrechtlichen Notstands. 1984.

Band 38 Matthias Klasen: Das Billwerder Landrecht. Landrecht und Landgericht in den Hamburger Elbmarschen. 1985.

Band 39 Rainer Jamin: Aufbau, Tätigkeit und Verfahren der Auseinandersetzungsbehörden bei der Durchführung der preußischen Agrarreformen. 1985.

Band 40 Henry Winter: Teilschuld, Gesamtschuld und unechte Gesamtschuld. Zur Konzeption der §§ 420 ff. BGB - Ein Beitrag zur Entstehungsgeschichte des BGB. 1985.

Band 41 Hermann Eichler: Verfassungsbewegung in Amerika und Europa. 1985.

Band 42 Dagmar Bandemer: Heinrich Albert Zachariae. Rechtsdenken zwischen Restauration und Reformation. 1985.

Band 43 Eva-Christine Frentz: Das Hamburgische Admiralitätsgericht (1623-1811). Prozeß und Rechtsprechung. 1985.

Band 44 Karl Lillig: Rechtsetzung im Herzogtum Pfalz-Zweibrücken während des 18. Jahrhunderts. Ein Beitrag zur Geschichte der territorialen Rechtsbildung. 1985.

Band 45 Walter Weber: Die Entwicklung der Sparkassen zu selbständigen Anstalten des öffentlichen Rechts. Ein Beitrag zur Entwicklung des Anstaltsbegriffs im 19. Jahrhundert. 1985.

Band 46 Bärbel Baum: Der Stabreim im Recht. Vorkommen und Bedeutung des Stabreims in Antike und Mittelalter. 1986.

Band 47 Hans Popp: Die nationalsozialistische Sicht einiger Institute des Zivilprozeß- und Gerichtsverfassungsrechts. 1986.

Band 48 John Karl-Heinz Montag: Die Lehrdarstellung des Handelsrechts von Georg Friedrich von Martens bis Meno Pöhls. Die Wissenschaft des Handelsrechts im ersten Drittel des 19. Jahrhunderts. 1986.

Band 49 Volker D. Anhäusser: Das internationale Obligationenrecht in der höchstrichterlichen Rechtsprechung des 19. Jahrhunderts. 1986.

Band 50 Udo Beer: Die Juden, das Recht und die Republik. Verbandswesen und Rechtsschutz 1919-1933. 1986.

Band 51 Herbert Grziwotz: Der moderne Verfassungsbegriff und die "Römische Verfassung" in der deutschen Forschung des 19. und 20. Jahrhunderts. 1986.

Band 52 Ralf Conradi: Karl Friedrich Eichhorn als Staatsrechtslehrer. Seine Göttinger Vorlesung über "Das Staatsrecht der deutschen Bundesstaaten" nach einer Kollegmitschrift aus dem Wintersemester 1821/22. 1987.

Band 53 Dieter Dannreuther: Der Zivilprozeß als Gegenstand der Rechtspolitik im Deutschen Reich 1871 - 1945. Ein Beitrag zur Geschichte des Zivilprozeßrechts in Deutschland. 1987.

Band 54 Stephan Felix Pauly: Organisation, Geschichte und Praxis der Gesetzesauslegung des (Königlich) Preußischen Oberverwaltungsgerichtes 1875 - 1933. 1987.

Band 55 Rüdiger Schulz: Die Entstehung des Seerechts des Allgemeinen Deutschen Handelsgesetzbuches unter besonderer Berücksichtigung der Bestimmungen über die Reederei, den Schiffer und die Schiffsmannschaft. 1987.

Band 56 Reinhold Reis: Deutsches Privatrecht in den Weistümern der Zenten Schriesheim und Kirchheim. 1987.

Band 57 Jürgen Christoph: Die politischen Reichsamnestien 1918 - 1933. 1987.

Band 58 Gerhard Oberkofler/Eduard Rabofsky: Hans Kelsen im Kriegseinsatz der k.u.k.-Wehrmacht. Eine kritische Würdigung seiner militärtheoretischen Angebote. 1988.

Band 59 Arne Wulff: Staatssekretär Prof. Dr. Dr. h.c. Franz Schlegelberger. 1876-1970. 1991.

Band 60 Gerhard Köbler (Hrsg.): Wege europäischer Rechtsgeschichte. Karl Kroeschell zum 60. Geburtstag. 1987.

Band 61 Rüdiger Hütte: Der Gemeinschaftsgedanke in den Erbrechtsreformen des Dritten Reichs. 1988.

Band 62 Markus Göldner: Politische Symbole der europäischen Integration. Fahne, Hymne, Hauptstadt, Paß, Briefmarke, Auszeichnungen. 1988.

Band 63 Wolfgang Kröner: Freiheitsstrafe und Strafvollzug in den Herzogtümern Schleswig, Holstein und Lauenburg von 1700 bis 1864. 1988.

Band 64 Werner Gaile: Die Norder Theelacht. 1988.

Band 65 Karl v. Kempis: Andreas Gaill (1526 - 1587). Zum Leben und Werk eines Juristen der frühen Neuzeit. 1988.

Band 66 Wolf-Rüdiger Osburg: Die Verwaltung Hamburgs in der Franzosenzeit. 1811-1814. 1988.

Band 67 Christian Schudnagies: Hans Frank. Aufstieg und Fall des NS-Juristen und Generalgouverneurs. 1988.

Band 68 Otmar Jung: Senatspräsident Freymuth. Richter, Sozialdemokrat und Pazifist in der Weimarer Republik. Eine politische Biographie. 1989.

Band 69 Joachim Lohner: Das landeshauptmannschaftliche Gericht in Oberösterreich zu Beginn der Neuzeit. Eine Darstellung des oberösterreichischen Prozeßrechts am obersten Territorialgericht des Landes anhand der oberösterreichischen Landtafel. 1989.

Band 70 Bernd Klemann: Rudolf von Jhering und die Historische Rechtsschule. 1989.

Band 71 Adalbert Langer: Männer um die österreichische Zivilprozeßordnung 1895. Zusammenspiel / Soziales Ziel. 1990.

Band 72 Robert-Dieter Klee: Die Landessuperintendentur Lauenburg. Ursprung und Entwicklung sowie Ende der Sonderstellung des Kirchenkreises Herzogtum Lauenburg durch die nordelbische Kirchenvereinigung. 1989.

Band 73 Heinrich Herrmann: Die Gehöferschaften im Bezirk Trier. 1989.

Band 74 Wilhelm Brauneder, Franz Baltzarek (Hrsg.): Modell einer neuen Wirtschaftsordnung. Wirtschaftsverwaltung in Österreich 1914 - 1918. 1991.

Band 75 Thomas Dreyer: Die "Assecuranz- und Haverey-Ordnung" der Freien und Hansestadt Hamburg von 1731. 1990.

Band 76 Bernhard Sendler: Die Rechtssprache in den süddeutschen Stadtrechtsreformationen. 1990.

Band 77 Brigitte Lehmann: Ehevereinbarungen im 19. und 20. Jahrhundert. 1990.

Band 78 Michael Sunnus: Der NS-Rechtswahrerbund (1928-1945). Zur Geschichte der nationalsozialistischen Juristenorganisation. 1990.

Band 79 Stefan Schulz: Die historische Entwicklung des Rechts an Bienen. (§§ 961 - 964 BGB). 1990.

Band 80 Gerhard Lingelbach, Heiner Lück (Hrsg.): Deutsches Recht zwischen Sachsenspiegel und Aufklärung. Rolf Lieberwirth zum 70. Geburtstag dargebracht von Schülern, Freunden und Kollegen, herausgegeben von Gerhard Lingelbach und Heiner Lück. 1991.

Band 81 Manfred Krohn: Die deutsche Justiz im Urteil der Nationalsozialisten 1920 - 1933. 1991.

Band 82 Angelika Kühn: Privilegierung nationaler Minderheiten im Wahlrecht der Bundesrepublik Deutschland und Schleswig-Holsteins. 1991.

Band 83 Georg Brun: Leben und Werk des Rechtshistorikers Heinrich Mitteis unter besonderer Berücksichtigung seines Verhältnisses zum Nationalsozialismus. 1991.

Band 84 Wolfgang Simon: Claudius Freiherr von Schwerin. Rechtshistoriker während dreier Epochen deutscher Geschichte. 1991.

Band 85 Friedrich-Carl Wachs: Das Verordnungswerk des Reichsdemobilmachungsamtes. Stabilisierender Faktor zu Beginn der Weimarer Republik. 1991.

Band 86 Jens-Uwe Petersen: Die Vorgeschichte und die Entstehung des Mieterschutzgesetzes von 1923 nebst der Anordnung für das Verfahren vor dem Mieteinigungsamt und der Beschwerdestelle. 1991.

Band 87 Ulrike Haibach: Familienrecht in der Rechtssprache. Die historische Entwicklung zentraler Ausdrücke des geltenden Familienrechts. 1991.

Band 88 Joern Christian Nissen: Die Beratungen des Seeversicherungsausschusses der Akademie für Deutsches Recht zu einem neuen Seeversicherungsgesetz (1934-1939). Ein Beitrag zur Entwicklung der allgemeinen Lehren des Seeversicherungsrechts unter besonderer Berücksichtigung des Handelsgesetzbuchs und der Allgemeinen Deutschen Seeversicherungs-Bedingungen 1919. 1991.

Band 89 Diethard Bühler: Die Entstehung der allgemeinen Vertragsschluß-Vorschriften im Allgemeinen Deutschen Handelsgesetzbuch (ADHGB) von 1861. Ein Beitrag zur Kodifikationsgeschichte des Privatrechts im 19. Jahrhundert. 1991.

Band 90 Gerhard Oberkofler: Die Vertreter des Römischen Rechts mit deutscher Unterrichtssprache an der Karls-Universität in Prag. Vom Vormärz bis 1945. 1991.

Band 91 Ulrich Andermann: Ritterliche Gewalt und bürgerliche Selbstbehauptung. Untersuchungen zur Kriminalisierung und Bekämpfung des spätmittelalterlichen Raubrittertums am Beispiel norddeutscher Hansestädte. 1991.

Band 92 Heinz Marcus Hanke: Luftkrieg und Zivilbevölkerung. Der kriegsvölkerrechtliche Schutz der Zivilbevölkerung gegen Luftbombardements von den Anfängen bis zum Ausbruch des Zweiten Weltkrieges. 1991.

Band 93 Kirsten Kraglund: Familien- und Erbrecht. Materielles Recht und Methoden der Rechtsanwendung in der Rechtsprechung des Oberappellationsgerichts der vier Freien Städte Deutschlands zu Lübeck. 1991.

Band 94 Reinhard Lorenz: Die politische und rechtliche Stellung des Proletariats in Preußen in der Zeit zwischen den Reformen und der Revolution 1848/49. 1991.

Band 95 Eric Hilgendorf: Die Entwicklungsgeschichte der parlamentarischen Redefreiheit in Deutschland. 1991.

Band 96 Hans J. Reiter: Die Handelsgesellschaft Villeroy & Boch von der Gründung 1836 bis zum Jahr 1878. 1992.

Band 97 Martin Johannes Heller: Reform der deutschen Rechtssprache im 18. Jahrhundert. 1992.

Band 98 Michael Kotulla: Die Tragweite der Grundrechte der revidierten preußischen Verfassung vom 31.01.1850. 1992.

Band 99 Michael Siefener: Hexerei im Spiegel der Rechtstheorie. Das crimen magiae in der Literatur von 1574 bis 1608. 1992.

Band 100 Andreas Ebert-Weidenfeller: Hamburgisches Kaufmannsrecht im 17. und 18. Jahrhundert. Die Rechtsprechung des Rates und des Reichskammergerichtes. 1992.

Band 101 Enno Bommel: Die Entstehung der Verwirkungslehre in der Krise des Positivismus. 1992.

Band 102 Ralph Steppacher: Die Berücksichtigung der bäuerlichen Postulate bei der Entstehung des ZGB und der Revision des OR. Ein Beitrag zur schweizerischen Kodifikationsgeschichte (1893 - 1912). 1992.

Band 103 Martin Fleckenstein: Die Todesstrafe im Werk Carl Joseph Anton Mittermaiers (1787 - 1867). Zur Entwicklungsgeschichte eines Werkbereichs und seiner Bedeutung für Theorie- und Methodenbildung. 1992.

Band 104 Jörn Eckert: Der Kampf um die Familienfideikommisse in Deutschland. Studien zum Absterben eines Rechtsinstitutes. 1992.

Band 105 Jörg Grotkopp: Beamtentum und Staatsformwechsel. Die Auswirkungen der Staatsformwechsel von 1918, 1933 und 1945 auf das Beamtenrecht und die personelle Zusammensetzung der deutschen Beamtenschaft. 1992.

Band 106 Andreas Rohde: Die Garantiehaftung des Vermieters und ihr Verhältnis zum Unmöglichkeitsrecht in dogmengeschichtlicher und modernrechtlicher Sicht. 1992.

Band 107 Tjark Siefke Kunstreich: Gesamtvertretung. Eine historisch-systematische Darstellung. 1992.

Band 108 Jürgen Krüger: Blindheit und Königtum. Die Blindheit des Königs Georg V. von Hannover als verfassungsrechtliches Problem. 1992.

Band 109 Wolfgang Putschek: Ständische Verfassung und autoritäre Verfassungspraxis in Österreich 1933-1938 mit Dokumentenanhang. Verfassung und Verfassungswirklichkeit. Mit einem Anhang: Denkschriften von Rechtsanwalt Dr. Erich Führer 1936/37. 1993.

Band 110 Klaus Hofmann: Die Verdrängung der Juden aus öffentlichem Dienst und selbständigen Berufen in Regensburg 1933-1939. 1993.

Band 111 Franz Kilger: Die Entwicklung des Telegraphenrechts im 19. Jahrhundert mit besonderer Berücksichtigung der technischen Entwicklung. Telegraphenrecht im 19. Jahrhundert. 1993.

Band 112 Wilhelm Brauneder (Hrsg.): Heiliges Römisches Reich und moderne Staatlichkeit. 1993.

Band 113 Thomas Heinrich: Das preußische Nichtehelichenrecht: Von der Aufklärung zur Reaktion. 1993.

Band 114 Gerald Kohl: Jagd und Revolution. Das Jagdrecht in den Jahren 1848 und 1849. 1993.

Band 115 Christian Schudnagies: Der Kriegs- oder Belagerungszustand im Deutschen Reich während des Ersten Weltkrieges. Eine Studie zur Entwicklung und Handhabung des deutschen Ausnahmezustandsrechts bis 1918. 1994.

Band 116 Elisabeth Bellmann: Die Internationale Kriminalistische Vereinigung (1889-1933). 1994.

Band 117 Julia Pfannkuch: Volksrichterausbildung in Sachsen 1945-1950. 1993.

Band 118 Jörg Offen: Von der Verwaltungsgemeinschaft des BGB von 1896 zur Zugewinngemeinschaft des Gleichberechtigungsgesetzes von 1957. 1994.

Band 119 Dorothee Kohlhas-Müller: Untersuchungen zur Rechtsstellung Theoderichs des Großen. 1995.

Band 120 Monika Rose: Das Gerichtswesen des Herzogtums Pfalz-Zweibrücken im 18. Jahrhundert. Ein Beitrag zur territorialen Gerichtsbarkeit im Alten Reich. 1994.

Band 121 Jörn Eckert / Hans Hattenhauer (Hrsg.): Bibel und Recht. Rechtshistorisches Kolloquium 9. - 13. Juni 1992 an der Christian-Albrechts-Universität zu Kiel. 1994.

Band 122 Robert Martin Mizia: Der Rechtsbegriff der Autonomie und die Begründung des Privatfürstenrechts in der deutschen Rechtswissenschaft des 19. Jahrhunderts. 1995.

Band 123 Walther Graf von Plettenberg: Das Fortleben des Liber Iudiciorum in Asturien/León (8. - 13. Jh.). 1994.

Band 124 Wolfgang Schulz: Das deutsche Börsengesetz. Die Entstehungsgeschichte und wirtschaftlichen Auswirkungen des Börsengesetzes von 1896. 1994.

Band 125 Frank Hagemann: Der Untersuchungsausschuß Freiheitlicher Juristen. 1949 – 1969. 1994.

Band 126 Andreas Rethmeier: "Nürnberger Rassegesetze" und Entrechtung der Juden im Zivilrecht. 1995.

Band 127 Edith Grether: Die Poesie der Throne. Die Juristen in der Fruchtbringenden Gesellschaft. 1995.

Band 128 Anna Bartels-Ishikawa: Der Lippische Thronfolgestreit. Eine Studie zu verfassungsrechtlichen Problemen des Deutschen Kaiserreiches im Spiegel der zeitgenössischen Staats. 1995.

Band 129 Jörg Schmidt: Otto Koellreutter 1883-1972. Sein Leben, sein Werk, seine Zeit. 1995.

Band 130 Christian Hattenhauer: Wahl und Krönung Franz II. AD 1792. Das Heilige Reich krönt seinen letzten Kaiser - Das Tagebuch des Reichsquartiermeisters Hieronymus Gottfried von Müller und Anlagen. 1995.

Band 131 Jutta v. der Decken: Das Seearbeitsrecht im Hamburger Stadtrecht von 1301 bis 1603. 1995.

Band 132 Detlev Schmidt: Die Reform des Rechts der Handelsvertreter von 1953. 1995.

Band 133 Gabi Roßdeutscher: Privatautonomie im Scheidungsrecht. Scheidungsbezogene Vereinbarungen in den letzten 200 Jahren. 1995.

Band 134 Harald Kahlenberg: Leben und Werk des Rechtshistorikers Walther Merk. Ein Beispiel für das Verhältnis von Rechtsgeschichte und Nationalsozialismus. 1995.

Band 135 Michael Steitz: Adelbert Düringer am Reichsgericht (1902-1915). Seine aktienrechtlichen Entscheidungen und sein Einfluß auf das Aktienrecht in Deutschland. 1995.

Band 136 Christian Becker: Beata Justorum Translatio. Juristen in schleswig-holsteinischen Leichenpredigten. 1996.

Band 137 Christoph Seiler: Vom Allgemeinen Landrecht zum Bürgerlichen Gesetzbuch. Dargestellt am Beispiel der höchstrichterlichen Judikatur zum kaufrechtlichen Sachmängelgewährleistungsrecht. 1996.

Band 138 Bernd Mayer: Die Vertrauensmännerausschüsse auf den preußischen Steinkohlegruben an der Saar. Entstehung und Wirken. Eine rechtshistorische Untersuchung. 1996.

Band 139 Rochus Scholl: Juden und Judenrecht im Herzogtum Pfalz-Zweibrücken. Ein Beitrag zur Rechtsgeschichte eines deutschen Kleinstaates am Ende des alten Reiches. 1996.

Band 140 Meike Bursch: Judentaufe und frühneuzeitliches Strafrecht. Die Verfahren gegen Christian Treu aus Weener/Ostfriesland 1720-1728. 1996.

Band 141 Markus Hillenbrand: Fürstliche Eheverträge. Gottorfer Hausrecht 1544 - 1773. 1996.

Band 142 Ulf Häder: Das gemeinschaftliche Oberappellationsgericht thüringischer Staaten in Jena. Ein Beitrag zur Geschichte des Gerichtswesens im 19. Jahrhundert. 1996.

Band 143 Andreas Bauer: Das Gnadenbitten in der Strafrechtspflege des 15. und 16. Jahrhunderts. Dargestellt unter besonderer Berücksichtigung von Quellen der Vorarlberger Gerichtsbezirke Feldkirch und des Hinteren Bregenzerwaldes. 1996.

Band 144 Christian Wirth: Der Jurist Johann Andreas Georg Friedrich Rebmann zwischen Revolution und Restauration. 1996.

Band 145 Stefanie Müller: Die Rechtsprechung des Hanseatischen Oberlandesgerichts zum persönlichen Eherecht in Hamburgischen Gerichtsfällen von 1879 -1900. 1996.

Band 146 Jean-Nicolas Morisset: Der Frachtvertrag in der *Ordonnance de la marine* von 1681. 1996.

Band 147 Dirk Lentfer: Die Glogauer Landesprivilegien des Andreas Gryphius von 1653. 1996.

Band 148 Wencke Mull: Die Haftung für Einsturzschäden nach den §§ 836-838 BGB in der Rechtsprechung des Reichsgerichts. 1996.

Band 149 Renate Zelger: Teufelsverträge. Märchen, Sage, Schwank, Legende im Spiegel der Rechtsgeschichte. 1996.

Band 150 Guido Kraß: Das Arrestverfahren in Frankfurt am Main im Spätmittelalter. 1996.

Band 151 F. Benedict Heyn: Die Entwicklung des Eisenbahnfrachtrechts von den Anfängen bis zur Einführung des Allgemeinen Deutschen Handelsgesetzbuches (ADHGB). 1996.

Band 152 Thomas Lang: Die Staats- und Verfassungslehre Carl Salomo Zachariaes. 1996.

Band 153 Michael Hebeis: Karl Anton von Martini (1726-1800). Leben und Werk. 1996.

Band 154 Gerald Hubert: Die Diskussion um die rechtliche Natur der Bizone in den Jahren 1947-1949. 1996.

Band 155 Christof Horn: Die Rechtsprechung des Reichsgerichts in Ehescheidungssachen der Jahre 1900 bis 1905. 1996.

Band 156 Hermann Nehlsen / Georg Brun (Hrsg.): Münchener rechtshistorische Studien zum Nationalsozialismus. 1996.

Band 157 Jan Otto Clemens Kehrberg: Die Entwicklung des Elektrizitätsrechts in Deutschland. Der Weg zum Energiewirtschaftsgesetz von 1935. 1997.

Band 158 Johannes Tradt: Der Religionsprozeß gegen den Zopfschulzen (1791-1799). Ein Beitrag zur protestantischen Lehrpflicht und Lehrzucht in Brandenburg-Preußen gegen Ende des 18. Jahrhunderts. 1997.

Band 159 Dietmar Olsen: Das kaufrechtliche Sachmängelgewährleistungsrecht des Code civil in der Rechtsprechung deutscher Gerichte im 19. Jahrhundert. Ein Beitrag zur Ablösung der Partikularrechte durch das BGB. 1997.

Band 160 Ulrich Bernhardt: Die Deutsche Akademie für Staats- und Rechtswissenschaft „Walter Ulbricht" 1948-1971. 1997.

Band 161 Claudia Susan Hoppe: Die Bürgschaft im Rechtsleben Hamburgs von 1600 bis 1900. 1997.

Band 162 Franz-Rudolf Ecker: Die Entwicklung des Bergrechts im Saarbrücker Steinkohlenrevier bis zum Ende des 18. Jahrhunderts. Ein Vergleich mit dem älteren deutschen Bergrecht. 1997.

Band 163 Anne Katrin Rückert: Politik und Privatrecht in der „konservativen Revolution". 1997.

Band 164 Gisbert Laube: Der Reichskunstwart. Geschichte einer Kulturbehörde 1919-1933. 1997.

Band 165 Nicolas Lührig: Die Diskussion über die Reform der Juristenausbildung von 1945 bis 1995. 1997.

Band 166 Regula Gerber Jenni: Die Emanzipation der mehrjährigen Frauenzimmer. Frauen im bernischen Privatrecht des 19. Jahrhunderts. 1997.

Band 167 Mischa A. Färber: Das gemeinschaftliche Testament in der höchstrichterlichen Rechtsprechung zum Allgemeinen Preußischen Landrecht und zum BGB. Ein Beitrag zur Ablösung der Partikularrechte durch das BGB. 1997.

Band 168 Catherine Antoinette Gasser: Philipp Lotmar 1850-1922. Professor der Universität Bern. Sein Engagement für das Schweizerische Arbeitsrecht. 1997.

Band 169 Lars Immisch: Der sozialistische Richter in der DDR und seine Unabhängigkeit. Der Versuch eines Rechtsvergleiches zum Unabhängigkeitsbegriff in der bundesdeutschen Rechtsordnung. 1997.

Band 170 Jessica Jacobi: Besitzschutz vor dem Reichskammergericht. Die friedenssichernde Funktion der Besitzschutzklagen am Reichskammergericht im 16. Jahrhundert, dargestellt anhand von Kameralisten. 1998.

Band 171 Ewald Hügemann: Die Geschichte des öffentlichen und privaten Mietpreisrechts vom Ersten Weltkrieg bis zum Gesetz zur Regelung der Miethöhe von 1974. 1998.

Band 172 Lutz Rentzow: Die Entstehungs- und Wirkungsgeschichte der Vernewerten Landesordnung für das Königreich Böhmen von 1627. 1998.

Band 173 Sabine Stürmer: Mühlenrecht im Herzogtum Pfalz-Zweibrücken während des 18. Jahrhunderts. Ein Beitrag zum Wirtschaftsrecht eines deutschen Kleinstaates im Alten Reich. 1998.

Band 174 Mario Bogisch: *Nemo testis in re sua*. Das Problem der Zeugnisfähigkeit bei der Anwendung der deutschen Zivilprozeßordnung von 1877. 1998.

Band 175 Rainer Oßwald: Pactane sunt servanda? Freiwilligkeit, Zwang und Unverbindlichkeitserklärungen im islamischen Vertragsrecht malikitischer Schule. 1998.

Band 176 Bettina Kern: Der preußische BGB-Entwurf von 1842. 1998.

Band 177 Inken Fuhrmann: Die Diskussion über die Einführung der fakultativen Zivilehe in Deutschland und Österreich seit Mitte des 19. Jahrhunderts. 1998.

Band 178 Annette Rieck: Der Heilige Ivo von Hélory (1247-1303). Advocatus pauperum und Patron der Juristen. 1998.

Band 179 Frank Bottenberg: Die Hamburgische Strafprozeßordnung von 1869. 1998.

Band 180 Matthias Krauß: Das kursächsische Postrecht von seinen Anfängen bis zum Ende des Alten Reichs. 1998.

Band 181 Torsten Schmidt: Die Entmündigung von den Anfängen des BGB bis zu ihrer Ablösung durch das Institut der Betreuung. 1998.

Band 182 Christian Nunn: Rudolf Müller-Erzbach. 1874-1959. Von der realen Methode über die Interessenjurisprudenz zum kausalen Rechtsdenken (Leben und Werk). 1998.

Band 183 Christian Ortloff: Das staatskirchenrechtliche System Wilhelm Traugott Krugs. Glaubens- und Gewissensfreiheit – eine Forderung der Vernunft. 1998.

Band 184 Christian Hattenhauer: Schuldenregulierung nach dem Westfälischen Frieden. Der sog. § *de indaganda* und seine Umsetzung im Jüngsten Reichsabschied (AD 1648 und 1654). 1998.

Band 185 Werner Schubert: Preußen im Vormärz. Die Verhandlungen der Provinziallandtage von Brandenburg, Pommern, Posen, Sachsen und Schlesien sowie – im Anhang – von Ostpreußen, Westfalen und der Rheinprovinz (1841-1845). 1998.

Band 186 Silvia Schumacher: Das Rechtsverhältnis zwischen Eltern und Kindern in der Privatrechtsgeschichte. 1999.

Band 187 Kai Sommer: Die Strafbarkeit der Homosexualität von der Kaiserzeit bis zum Nationalsozialismus. Eine Analyse der Straftatbestände im Strafgesetzbuch und in den Reformentwürfen (1871-1945). 1998.

Band 188 Jan Erik Backhaus: Volksrichterkarrieren in der DDR. 1999.

Band 189 Ralf Ruhnau: Die Fürstlich Thurn und Taxissche Privatgerichtsbarkeit in Regensburg. Ein Kuriosum der deutschen Rechtsgeschichte. 1999.

Band 190 Antonio Grilli: Die französische Justizorganisation am linken Rheinufer 1797-1803. 1999.

Band 191 Stephanie Kammerloher-Lis: Die Entstehung des Gesetzes über die religiöse Kindererziehung vom 15. Juli 1921. 1999.

Band 192 Jan Telp: Ausmerzung und Verrat. Zur Diskussion um Strafzwecke und Verbrechensbegriffe im Dritten Reich. 1999.

Band 193 Kurt von Pannwitz: Die Entstehung der Allgemeinen Deutschen Wechselordnung. Ein Beitrag zur Geschichte der Vereinheitlichung des deutschen Zivilrechts im 19. Jahrhundert. 1999.

Band 194 Sylvia Busch: Die Entstehung der Allgemeinen Gerichtsordnung für die Preussischen Staaten von 1793/95. Ein Beitrag zur Geschichte der Kodifikationsbewegung und der Reform des Zivilprozesses in Preußen im 18. Jahrhundert. 1999.

Band 195 Dirk Bieresborn: Klage und Klageerwiderung im deutschen und englischen Zivilprozeß. Eine rechtshistorische und rechtsvergleichende Untersuchung unter besonderer Berücksichtigung der Beeinflussung durch das römisch-kanonische Verfahren. 1999.

Band 196 Andreas Thier / Guido Pfeifer / Philipp Grzimek (Hrsg.): Kontinuitäten und Zäsuren in der Europäischen Rechtsgeschichte. Europäisches Forum Junger Rechtshistorikerinnen und Rechtshistoriker München 22.-24. Juli 1998. 1999.

Band 197 Franz Smola: Die Fürstlich Liechtenstein'sche Kunstsammlung. Rechtsfragen zur Verbringung der Sammlung von Wien nach Vaduz in den Jahren 1944/45. 1999.

Band 198 Frank Martin Krauss: Das geteilte Eigentum im 19. und 20. Jahrhundert. Eine Untersuchung zum Fortbestand des Teilungsgedankens. 1999.

Band 199 Matthias Frey: Die spanische Aktiengesellschaft im 18. Jahrhundert und unter dem Código de Comercio von 1829. 1999.

Band 200 Alexandra Gilde: Die Stellung der Frau im Reichsstrafgesetzbuch von 1870/71 und in den Reformentwürfen bis 1919 im Urteil der bürgerlichen Frauenbewegung. Eine Analyse ausgewählter Straftatbestände. 1999.

Band 201 Malte Dießelhorst / Arne Duncker: Hans Kohlhase. Die Geschichte einer Fehde in Sachsen und Brandenburg zur Zeit der Reformation. 1999.

Band 202 Jörg Hillmann: Territorialrechtliche Auseinandersetzungen der Herzöge von Sachsen-Lauenburg vor dem Reichskammergericht im 16. Jahrhundert. 1999.

Band 203 Carsten Engler: Die Kommanditgesellschaft (KG) und die stille Gesellschaft im Allgemeinen Deutschen Handelsgesetzbuch (ADHGB) von 1861. 1999.

Band 204 Vesta Hoffmann-Steudner: Die Rechtsprechung des Reichsgerichts zu dem Scheidungsgrund des § 49 EheG (EheG 1938) in den Jahren 1938-1945. 1999.

Band 205 Michaela Thiele: Die Auflösung von Arbeitsverhältnissen aufgrund Anfechtung und außerordentlicher Kündigung nach der Rechtsprechung des Reichsarbeitsgerichts (1927-1945). 2000.

Band 206 Peter Landau / Hermann Nehlsen / Mathias Schmoeckel (Hrsg.): Karl von Amira zum Gedächtnis. 1999.

Band 207 Marcus Flinder: Die Entstehungsgeschichte des Zivilgesetzbuches der DDR. 1999.

Band 208 Boris Franz Leo Bromm: Die Entstehungsgeschichte des Berufs des Handelsvertreters. Unter besonderer Berücksichtigung der Sozialgesetzgebung in den Jahren von 1871-1933. 2000.

Band 209 Winfried C. J. Eberstein: Das Tierschutzrecht in Deutschland bis zum Erlaß des Reichs-Tierschutzgesetzes vom 24. November 1933. Unter Berücksichtigung der Entwicklung in England. 1999.

Band 210 Patrick Deller: Der „nach dem Vertrage" vorausgesetzte Gebrauch (§ 459 Absatz 1 Satz 1 BGB). Eine kaufrechtliche Untersuchung unter Berücksichtigung rechtshistorischer wie rechtsvergleichender Grundlagen. 2000.

Band 211 Eckard Freiherr von Bodenhausen: Haftung des Geschäftsherrn für Verrichtungsgehilfen im Straßen- und Schienenverkehr. Eine Analyse der Entscheidungen des Reichsgerichts zu § 831 BGB (1900-1945). 2000.

Band 212 Birte Gast: Der Allgemeine Teil und das Schuldrecht des Bürgerlichen Gesetzbuchs im Urteil von Raymond Saleilles (1855-1912). 2000.

Band 213 Hansjörg Michael Huber: Koloniale Selbstverwaltung in Deutsch-Südwestafrika. Entstehung, Kodifizierung und Umsetzung. 2000.

Band 214 Ulf Björner: Die Verfassungsgerichtsbarkeit im Norddeutschen Bund und Deutschen Reich (1867-1918). Eine rechtshistorische Untersuchung über Gerichtsbarkeit im Spannungsfeld von Politik und Recht innerhalb der von Bismarck geschaffenen deutschen Bundesstaaten. 2000.

Band 215 Mathias Freiherr von Rosenberg: Friedrich Carl von Savigny (1779-1861) im Urteil seiner Zeit. 2000.

Band 216 Reinhard Binder-Krieglstein: Österreichisches Adelsrecht 1868-1918/19. Von der Ausgestaltung des Adelsrechts der cisleithanischen Reichshälfte bis zum Adelsaufhebungsgesetz der Republik unter besonderer Berücksichtigung des adeligen Namensrechts. 2000.

Band 217 Claudia-Regine Nerius: Johannes Lehmann-Hohenberg (1851-1925). Eine Studie zur völkischen Rechts- und Justizkritik im Deutschen Kaiserreich. 2000.

Band 218 Ludger Meuten: Die Erbfolgeordnung des Sachsenspiegels und des Magdeburger Rechts. Ein Beitrag zur Geschichte des sächsisch-magdeburgischen Rechts. 2000.

Band 219 Christoph Alexander von Wilcken: Die Reformbestrebungen zum Genossenschaftsgesetz in der Frühzeit der Bundesrepublik. Die Beratungen der Sachverständigenkommission zur Überprüfung des Genossenschaftsrechts 1954 bis 1958 und der Referentenentwurf von 1962. 2000.

Band 220 Verein Junger RechtshistorikerInnen Zürich (Hrsg.): ¿Rechtsgeschichte(n)? ¿Histoire(s) du droit? ¿Storia/storie del diritto? ¿Legal Histori(es)? Europäisches Forum Junger Rechtshistorikerinnen und Rechtshistoriker Zürich 28.-30. Mai 1999. 2000.

Band 221 Hans Christian Schüler: Die Entstehungsgeschichte der Bundesnotarordnung vom 24. Februar 1961. 2000.

Band 222 Nils-Eberhard Schramm: Die Vereinigung demokratischer Juristen (1949-1999). 2000.

Band 223 Silke Anke Torp: Das Rechtsverhältnis zwischen den Eltern und ihren Kindern. Dienstleistungspflicht, Aussteuer und Ausstattung. Eine Analyse der Rechtsprechung des Reichsgerichts und des Reichsarbeitsgerichts zu den Vorschriften der §§ 1616 bis 1625 des Bürgerlichen Gesetzbuches in der Zeit von 1900 bis 1945. 2000.

Band 224 Martin Jürgen Maaß: Die Geschichte des Eigentumsvorbehalts, insbesondere im 18. und 19. Jahrhundert. 2000.

Band 225 Stefanie Langer: Rechtswissenschaftliche Itinerarien. Lebenswege namhafter europäischer Juristen vom 11. bis zum 18. Jahrhundert. 2000.

Band 226 Ulrich Schmitz: Der Unterhaltsanspruch des nichtehelichen Kindes gegen seinen Erzeuger. Die rechtsgeschichtliche und dogmatische Entwicklung im deutschen Recht. 2000.

Band 227 Sebastian Günther: Friedrich Carl von Savigny als Grundherr. 2000.

Band 228 Henning Ibs: Hermann J. Held (1890-1963). Ein Kieler Gelehrtenleben in den Fängen der Zeitläufe. 2000.

Band 229 Matthias Rücker: Wirtschaftswerbung unter dem Nationalsozialismus. Rechtliche Ausgestaltung der Werbung und Tätigkeit des Werberats der deutschen Wirtschaft. 2000.

Band 230 Hendrik Sandmann: Die Entwicklung von Begriff und Inhalt des Wirtschaftchsrechts durch die Rechtswissenschaft in der Weimarer Republik. 2000.

Band 231 Sibylle Müller: Gibt es Menschenrechte bei Samuel Pufendorf? 2000.

Band 232 Karin Olechowski-Hrdlicka: Die gemeinsamen Angelegenheiten der Österreichisch-Ungarischen Monarchie. Vorgeschichte – Ausgleich 1867 – Staatsrechtliche Kontroversen. 2001.

Band 233 Johannes Mierau: Die juristischen Abschluß- und Diplomprüfungen in der SBZ/DDR. Ein Einblick in die Juristenausbildung im Sozialismus. 2001.

Band 234 Jörg Wolff (Hrsg.): Stillstand, Erneuerung und Kontinuität. Einsprüche zur Preußenforschung. 2001.

Band 235 Friedo Schröder: Die anwaltliche Tätigkeit während der nationalsozialistischen Herrschaft. Eine Analyse der anwaltlichen Argumentation in Zivilprozessen anhand der vorhandenen Prozeßakten der Landgerichte Frankenthal, Wiesbaden, Limburg und Frankfurt und der Handakten der *jüdischen Konsulenten* des OLG-Bezirks Frankfurt. 2001.

Band 236 Der Code pénal des Königreichs Westphalen von 1813 mit dem Code pénal von 1810 im Original und in deutscher Übersetzung. Herausgegeben und mit einer Einleitung versehen von Werner Schubert. 2001.

Band 237 Klaus Richter: Deutsches Kolonialrecht in Ostafrika 1885-1891. 2001.

Band 238 Kai von Lewinski: Deutschrechtliche Systembildung im 19. Jahrhundert. 2001.

Band 239 Alexander Herzog: Sittenwidrige Rechtsgeschäfte in der höchstrichterlichen Rechtsprechung aus den Jahren 1948-1965. 2001.

Band 240 Claudia Rönnau: Die Beratungen des Wasserrechtsausschusses der Akademie für Deutsches Recht zu einem Reichswassergesetz (1934-1941). Ein Beitrag zur Dogmatik der Begriffe *Gemeingebrauch* und *Sondergebrauch* in der Zeit des Nationalsozialismus. 2001.

Band 241 Momme Rohlack: Kriegsgesellschaften (1914-1918). Arten, Rechtsformen und Funktionen in der Kriegswirtschaft des Ersten Weltkrieges. 2001.

Band 242 Rolf Geyer: Der Gedanke des Verbraucherschutzes im Reichsrecht des Kaiserreichs und der Weimarer Republik (1871-1933). Eine Studie zur Geschichte des Verbraucherrechts in Deutschland. 2001.

Band 243 Felix Lorenz Benjamin Lehmann: Der Rote Adlerorden. Entstehung und rechtliche Grundlagen (1705-1918). 2002.

Band 244 Marc Ludwig: Der Pfändungsschutz für Lohneinkommen. Die Entstehungs- und Entwicklungsgeschichte der Vorschriften zum Schutz vor Lohnpfändung in Deutschland. 2001.

Band 245 Alexander Wachter: Dorfschule zwischen Pastor und Schulmeister. Zur Säkularisierung des niederhessischen Schulwesens im 19. Jahrhundert. 2001.

Band 246 Richard Scholz: Analyse der Entstehungsbedingungen der reichsgerichtlichen Aufwertungsrechtsprechung. Untersuchung unter besonderer Berücksichtigung der konservativen Geldpolitik der Reichsbank und der Inflationspolitik der Reichsregierung. 2001.

Band 247 Judith Laeverenz: Märchen und Recht. Eine Darstellung verschiedener Ansätze zur Erfassung des rechtlichen Gehalts der Märchen. 2001.

Band 248 Christina Schenk: Bestrebungen zur einheitlichen Regelung des Strafvollzugs in Deutschland von 1870 bis 1923. 2001.

Band 249 Nils Werner: Die Prozesse gegen die Landvolkbewegung in Schleswig-Holstein 1929/32. Ein Beitrag zur Justizkritik in der späten Weimarer Republik. 2001.

Band 250 Wolfgang Walter: Das Duell in Bayern. Ein Beitrag zur bayerischen Strafrechtsgeschichte. 2002.

Band 251 Jörn Eckert / Kjell Å. Modéer (Hrsg.): Geschichte und Perspektiven des Rechts im Ostseeraum. Erster Rechtshistorikertag im Ostseeraum 8.–12. März 2000. 2001.

Band 252 Jan Könighaus: Die Inauguration der Christian-Albrechts-Universität zu Kiel 1665. Symbolgehalt und rechtliche Bedeutung des Universitätszeremoniells. 2002.

Band 253 Andreas Görgen: Rechtssprache in der Frühen Neuzeit. Eine vergleichende Untersuchung der Fremdwortverwendung in Gesetzen des 16. und 17. Jahrhunderts. 2002.

Band 254 Ralf Schäfer: Die Rechtsstellung der Haigerlocher Juden im Fürstentum Hohenzollern-Sigmaringen von 1634-1850. Eine rechtsgeschichtliche Untersuchung. 2002.

Band 255 Regine Schmalhorst: Die Tierhalterhaftung im BGB von 1896. Die Entstehung und Änderung des § 833 BGB sowie eine Analyse der Rechtsprechung des Reichsgerichts bis 1908. 2002.

Band 256 Thomas Hense: Konrad Beyerle. Sein Wirken für Wissenschaft und Politik in Kaiserreich und Weimarer Republik. 2002.

Band 257 Christian Mahlmann: Die Strafrechtswissenschaft der DDR. Klassenkampftheorie und Verbrechenslehre. 2002.

Band 258 Henning Kahmann: Die Bankiers von Jacquier & Securius 1933–1945. Eine rechtshistorische Fallstudie zur "Arisierung" eines Berliner Bankhauses. Mit einem Geleitwort von John Kornblum. 2002.

Band 259 Volker Friedrich Drecktrah: Die Gerichtsbarkeit in den Herzogtümern Bremen und Verden und in der preußischen Landdrostei Stade von 1715 bis 1879. 2002.

Band 260 Andreas Klass: Standes- oder Leistungselite? Eine Untersuchung der Karrieren der Wetzlarer Anwälte des Reichskammergerichts (1693-1806). 2002.

Band 261 Wolfgang Eder: Das italienische Tribunale Speciale per la Difesa dello Stato und der deutsche Volksgerichtshof. Ein Vergleich zwischen zwei politischen Gerichtshöfen. 2002.

Band 262 Albrecht Cordes / Bernd Kannowski (Hrsg.): Rechtsbegriffe im Mittelalter. 2002.

Band 263 Thomas Hildebrandt: Die Brandenburgischen Provinziallandtage von 1841, 1843, und 1845 anhand ausgewählter Verhandlungsgegenstände. 2002.

Band 264 Jan Finzel: Georg Adam Struve (1619–1692) als Zivilrechtler. 2003.

Band 265 Björn Carsten Frenzel: Das Selbstverständis der Justiz nach 1945. Analyse der Rolle der Justiz unter Berücksichtigung der Reden zur *Wiedereröffnung* der Bundes- und Oberlandesgerichte. 2003.

Band 266 Nils Reichhelm: Die marxistisch-leninistische Staats- und Rechtstheorie Karl Polaks. 2003.

Band 267 Raik Schneider: Altrechtliche Personenzusammenschlüsse. Ihre Entwicklung unter besonderer Berücksichtigung des Rechts des Großherzogtums Sachsen-Weimar-Eisenach sowie der Herzogtümer Sachsen-Meiningen und Sachsen-Gotha. 2003.

Band 268 Anke Meier: Die Geschichte des deutschen Konkursrechts, insbesondere die Entstehung der Reichskonkursordnung von 1877. 2003.

Band 269 Stefan Jens Jordan: Leben und Werk des Tübinger Rechtsprofessors Wilhelm Gottlieb Tafinger 1760–1813. 2003.

Band 270 Stefanie Hubig: Die historische Entwicklung des § 23 ZPO. Zum Ursprung und Fortleben des Vermögensgerichtsstandes im deutschen Prozeßrecht des 19. Jahrhunderts. 2003.

Band 271 Michael G. Perband: Der Grundsatz der freien Beweiswürdigung im Zivilprozeß (§ 286 ZPO) in der Rechtsprechung des Reichsgerichts. 2003.

Band 272 Mathias Bouveret: Die Stellung des Staatsoberhauptes in der parlamentarischen Diskussion und Staatsrechtslehre von 1848 bis 1918. 2003.

Band 273 Barbara Széchényi: Rechtliche Grundlagen bayerischer Zensur im 19. Jahrhundert. 2003.

Band 274 Sylvia Scharfenberg: Die Entstehungsgeschichte des Beurkundungsgesetzes vom 28. August 1969. 2003.

Band 275 Urte Nesemann: Die schwedische Familiengesetzgebung von 1734 bis zu den Reformgesetzen von 1915 bis 1920 und deren Einfluss auf die Gesetzgebungsprojekte der Weimarer Republik. Unter besonderer Berücksichtigung der Rechtsstellung der Frau und des unehelichen Kindes. 2003.

Band 276 Alexandra Brück: Die Polizeiordnung Herzog Christians von Braunschweig-Lüneburg vom 6. Oktober 1618. 2003.

Band 277 Torsten Landwehr: Das Kommissionsgeschäft in Rechtswissenschaft, Gesetzgebung und Rechtspraxis vom 16. bis zum Ende des 18. Jahrhunderts. 2003.

Band 278 Tassilo Wilhelm Maria Englert: Deutsche und italienische Zivilrechtsgesetzgebung von 1933–1945. Parallelen in der Rechtsetzung und gegenseitige Beeinflussung unter besonderer Berücksichtigung des Familien- und Erbrechts. 2003.

Band 279 Tobias Prang: Der Schutz der Versicherungsnehmer bei der Auslegung von Versicherungsbedingungen durch das Reichsgericht. 2003.

Band 280 Thorsten Lieb: Privileg und Verwaltungsakt. Handlungsformen der öffentlichen Gewalt im 18. und 19. Jahrhundert. 2004.

Band 281 Michael Rühling: Das Ladenschlussgesetz vom 28. November 1956. Vorgeschichte, Entstehung des Gesetzes und weitere Entwicklung. 2004.

Band 282 Kathrin Nawotki: Die schleswigsche Deichstavengerechtigkeit. Vom 17. Jahrundert bis in die Gegenwart. Eine gewohnheitsrechtliche Superfizies an nordfriesischen Deichgrundstücken und ihre Entwicklung. 2004.

Band 283 Erik Nils Voigt: Die Gesetzgebungsgeschichte der militärischen Ehrenstrafen und der Offizierehrengerichtsbarkeit im preußischen und deutschen Heer von 1806 bis 1918. 2004.

Band 284 Dorothea Riedi Hunold: Die Einführung der allgemeinen Wechselfähigkeit in der Schweiz in der zweiten Hälfte des 19. Jahrhunderts. Unter besonderer Berücksichtigung der politischen, wirtschaftlichen und sozialen Verhältnisse. 2004.

Band 285 Thomas Gergen: Pratique juridique de la paix et trêve de Dieu à partir du concile de Charroux (989–1250). Juristische Praxis der Pax und Treuga Dei ausgehend vom Konzil von Charroux (989–1250). 2004.

Band 286 Kathrin Bethkenhagen: Die Entwicklung des Luftrechts bis zum Luftverkehrsgesetz von 1922. 2004.

Band 287 Heiko Lüpkes: Die Verbrechen der Diener des Staats im Allgemeinen Landrecht für die Preußischen Staaten von 1794 und ihre Entwicklung zu den Vergehen und Verbrechen im Amte im Strafgesetzbuch für die Preußischen Staaten von 1851. 2004.

Band 288 Mirco Peter Hirsch: Von der Erbbescheinigung des Preußischen Rechts zum Erbschein des Bürgerlichen Gesetzbuchs. 2004.

Band 289 Bettina Günther: Die Behandlung der Sittlichkeitsdelikte in den Policeyordnungen und der Spruchpraxis der Reichsstädte Frankfurt am Main und Nürnberg im 15. bis 17. Jahrhundert. 2004.

Band 290 Seunghyeon Seong: Der Begriff der *nicht gehörigen Erfüllung* aus dogmengeschichtlicher und rechtsvergleichender Sicht. 2004.

Band 291 Steffen-Werner Meyer: Bemühungen um ein Reichsgesetz gegen den Büchernachdruck. Anläßlich der Wahlkapitulation Leopolds II. aus dem Jahre 1790. 2004.

Band 292 Ulrich Löffler: Instrumentalisierte Vergangenheit? Die nationalsozialistische Vergangenheit als Argumentationsfigur in der Rechtsprechung des Bundesverfassungsgerichts. 2004.

Band 293 Norbert Koch: Die Entwicklung des deutschen privaten Immissionsschutzrechts seit Beginn der Industrialisierung. Unter besonderer Berücksichtigung des Einflusses der höchstrichterlichen Rechtsprechung. 2004.

Band 294 Julius Ludwig Pfeiffer: Das Tierschutzgesetz vom 24. Juli 1972. Die Geschichte des deutschen Tierschutzrechts von 1950 bis 1972. 2004.

Band 295 Bert-Hagen Strodthoff: Die richterliche Frage- und Erörterungspflicht im deutschen Zivilprozeß in historischer Perspektive. 2004.

Band 296 Tim Kannewurf: Die Höfeordnung vom 24. April 1947. Entstehungsgeschichte und Einordnung in die Entwicklung des Anerbenrechts. 2004.

Band 297 Steffi Heine: Die Methodendiskussion nach Inkrafttreten des Bürgerlichen Gesetzbuches und die Gründung des Vereins *Recht und Wirtschaft*. 2004.

Band 298 Anne Marlene Simon-Holtorf: Geschichte des Familienwahlrechts in Frankreich (1871 bis 1945). 2004.

Band 299 Jürgen Busch: Das Germanenbild der deutschen Rechtsgeschichte. Zwischen Wissenschaft und Ideologie. Mit einem Vorwort von Herwig Wolfram. 2004.

Band 300 Jan Kohlmann: Der Marsch zu den Gräbern von Karl und Rosa. Geschichte eines Gedenktages. 2004.

Band 301 Christian Rainer Schlicht: Die kumulative Schuldübernahme in der Rechtsprechung des Reichsgerichts und in der zeitgenössischen Literatur. 2004.

Band 302 Hans Peter Glöckner: Positive Vertragsverletzung. Die Geburt eines Rechtsinstituts. 2006.

Band 303 João Manuel Azevedo Alexandrino Fernandes: Die Theorie der Interpretation des Gesetzes bei Francisco Suárez. 2005.

Band 304 René Funk: Die Wahlprüfung der volksgewählten Abgeordneten der Volksvertretungen im Frühkonstitutionalismus. Eine Untersuchung der Wahlprüfung in den Kammern der Abgeordneten des Großherzogtums Baden, des Königreichs Württemberg und des Großherzogtums Hessen. 2005.

Band 305 Carolin O'Sullivan. Die Ahndung von Rechtsbrüchen der Seeleute im mittelalterlichen hamburgischen und hansischen Seerecht (1301–1482). 2005.

Band 306 Martin Jürgens: Staat und Reich bei Ernst Rudolf Huber. Sein Leben und Werk bis 1945 aus rechtsgeschichtlicher Sicht. 2005.

Band 307 Florian G. Dürselen: Franz Beyerle (1885–1977). Leben, Ära und Werk eines Rechtshistorikers. 2005.

Band 308 Kai Bandilla: Urheberrecht im Kaiserreich. Der Weg zum Gesetz betreffend das Urheberrecht an Werken der Literatur und Tonkunst vom 19. Juni 1901. 2005.

Band 309 Stefan Mieth: Die Entwicklung des Denkmalrechts in Preußen 1701–1947. 2005.

Band 310 Catharina Lodemann: Die Geschichte des französischen *acte de gouvernement*. 2005.

Band 311 Christina Wicke: Kodifikationsbestrebungen und Wissenschaft in Hessen-Darmstadt im vorkonstitutionellen Zeitalter. Zu der Beteiligung der Gießener Rechtsprofessoren an den Gesetzgebungsarbeiten in Hessen-Darmstadt in der Zeit zwischen 1769 und 1820. 2005.

Band 312 Christiane Chlosta: Nur dem Gesetz unterworfen? Eine rechtsgeschichtliche Untersuchung zu Idee und Wirklichkeit richterlicher Gesetzestreue unter besonderer Berücksichtigung der Aufwertungsrechtsprechung und des richterlichen Prüfungsrechts. 2005.

Band 313 Kathrin Dirr: Hoheitsrechtliche Streitigkeiten zwischen den Kölner Erzbischöfen und der Stadt Köln auf Grundlage reichskammergerichtlicher Verfahren des 16. und 17. Jahrhunderts. 2005.

Band 314 Michael Racky: Die Diskussion über Gewaltenteilung und Gewaltentrennung im Vormärz. 2005.

Band 315 Petra Thiemrodt: Die Entstehung des Staatshaftungsgesetzes der DDR. Eine Untersuchung auf der Grundlage von Materialien der DDR-Gesetzgebungsorgane mit zeitgeschichtlichen Bezügen. 2005.

Band 316 Julius F. Reiter: Entstehung und staatsrechtliche Theorie der italienischen *Carta del Lavoro*. 2005.

Band 317 André Book: Die Justizreform in der Frühzeit der Bundesrepublik. Die Beratungen der Kommission zur Vorbereitung einer Reform der Zivilgerichtsbarkeit in den Jahren 1955 bis 1961. 2005.

Band 318 Frank Zentz: Das amerikanische Strafverfahren als Element der Besatzungspolitik in Deutschland. Erziehung zur Demokratie durch den *Court of Appeals* 1948–1955. 2005.

Band 319 Friederike Quaisser: Mietrecht im 19. Jahrhundert. Ein Vergleich der mietrechtlichen Konzeptionen im Allgemeinen Landrecht für die Preußischen Staaten von 1794 und dem gemeinen Recht. 2005.

Band 320 Stefan Burghard: Professor Dr. Wilhelm Kahl – Leben zwischen Wissenschaft und Politik. 2005.

Band 321 Günter Baranowski: Die *Russkaja Pravda* – ein mittelalterliches Rechtsdenkmal. 2005.

Band 322 Christina Schneider: Die SS und „das Recht". Eine Untersuchung anhand ausgewählter Beispiele. 2005.

Band 323 Werner Schubert (Hrsg.): Zivilprozessreform in der Weimarer Zeit. Quellen zur Emminger-Zivilprozessverordnung vom 13.2.1924 und zu den Arbeiten der Zivilprozesskommission des Reichsjustizministeriums (1922–1930). Eingeleitet und herausgegeben von Werner Schubert. 2005.

Band 324 Felix Gaul: Der Jurist Rudolf Isay (1886–1956). Ein verantwortungsbewusster Vermittler im Spannungsfeld zwischen dynamischer Rechtsschöpfung, ökonomischem Wandel und technischem Fortschritt. 2005.

Band 325 Konstanze Braun: Dr. Otto Georg Thierack (1889–1946). 2005.

Band 326 Eckart Klein / Stefan Chr. Saar / Carola Schulze (Hrsg.): Zwischen Rechtsstaat und Diktatur. Deutsche Juristen im 20. Jahrhundert. 2006.

Band 327 Stefan Botor: Das *Berliner Sühneverfahren* – Die letzte Phase der Entnazifizierung. 2006.

Band 328 Andreas Köhler: Die Sorgerechtsregelungen bei Ehescheidung seit 1945. Scheidungsstrafe und verordnete Gemeinsamkeit. 2006.

Band 329 Lars Düwel: Die Nichtigkeit und Anfechtbarkeit der Ehe in der Rechtsprechung des Reichsgerichts zwischen 1900 und 1945. 2006.

Band 330 Katalin Polgar: Das Oberappellationsgericht der vier freien Städte Deutschlands (1820–1879) und seine Richterpersönlichkeiten. 2006.

Band 331 Julia Schweitzer: Schiffer und Schiffsmann in den Rôles d'Oléron und im Llibre del Consolat de Mar. Ein Vergleich zweier mittelalterlicher Seerechtsquellen. 2006.

Band 332 Diana-Catharina Kurtz: Das Institut der Adoption im preußischen Allgemeinen Landrecht und im französischen Code civil zwischen Rezeption römisch-rechtlicher Prinzipien und verändertem Familienverständnis. 2006.

Band 333 Dino Joakim Duderstadt: Spiel, Wette und Differenzgeschäft (§§ 762–764 BGB) in der Rechtsprechung des Reichsgerichts und in der zeitgenössischen Literatur. 2006.

Band 334 Ronald Hoffmann: Die Domänenfrage in Thüringen. Über die vermögensrechtlichen Auseinandersetzungen mit den ehemaligen Landesherren in Thüringen nach dem Ersten Weltkrieg. 2006.

Band 335 Joachim Windmüller: *Ohne Zwang kann der Humanismus nicht existieren...* – „Asoziale" in der DDR. 2006.

Band 336 Sven Christian Gläser: Die Mediatisierung der Grafschaft Wertheim. Der juristische Kampf eines kleinen Reichsstandes gegen den Verlust der Landesherrschaft und seine Folgen. 2006.

Band 337 Benjamin Schleyer: Friedrich Wilhelm Bornemann (1798–1864). Eine Juristenkarriere im Preußen des 19. Jahrhunderts. 2006.

www.peterlang.de

Peter Lang · Europäischer Verlag der Wissenschaften

Leopold Robert Fürst OSB

Das Vermögensrecht der österreichischen Ordensleute

Frankfurt am Main, Berlin, Bern, Bruxelles, New York, Oxford, Wien, 2004.
246 S., 4 Abb.
Wissenschaft und Religion.
Herausgegeben von Hans Paarhammer und Alfred Rinnerthaler. Bd. 3
ISBN 3-631-51578-2 · br. € 42.50*

Maria Theresia und Joseph II. beschränkten durch das Amortisationsverbot die Vermögensvermehrung der Klöster. Um zu verhindern, daß sich die Klöster durch das mitgebrachte Vermögen bzw. durch Erbschaften ihrer Mitglieder bereichern, verlor das Ordensmitglied mit der Ablegung der feierlichen Profeß sein gegenwärtiges Vermögen und erlitt den Klostertod. Damit verlor der Religiose seine Vermögens- und Erbfähigkeit. Die Einführung des Allgemeinen Bürgerlichen Gesetzbuch ließ diesen Zustand bestehen. Im Vormärz lockerte sich das Amortisationsverbot. Mit Abschluß des Konkordates 1855 wurden die Klöster wieder unbeschränkt erwerbsfähig. Die Rechtsbeschränkungen für den einzelnen Religiosen blieben bis 1974 aufrecht. 1974 stellte die päpstliche Religiosenkongregation die Ordensleute mit feierlicher Profeß den Religiosen mit einfacher Profeß gleich.

Aus dem Inhalt: Sonderrecht im ABGB · Hofnormen · Judikatur · Kirchliche Rechtslage · Konkordatsrecht · Verfassungsrecht · Andere Lösungsmöglichkeiten

Frankfurt am Main · Berlin · Bern · Bruxelles · New York · Oxford · Wien
Auslieferung: Verlag Peter Lang AG
Moosstr. 1, CH-2542 Pieterlen
Telefax 0041 (0)32/376 17 27

*inklusive der in Deutschland gültigen Mehrwertsteuer
Preisänderungen vorbehalten

Homepage http://www.peterlang.de

FSC
www.fsc.org
MIX
Papier | Fördert
gute Waldnutzung
FSC® C083411

Kolibri 360 GmbH
Ferdinand-Jühlke-Straße 7
99095 Erfurt, Deutschland
produktsicherheit@kolibri360.de

Druck:
CPI Druckdienstleistungen GmbH
im Auftrag der
Kolibri 360 GmbH
Ferdinand-Jühlke-Str. 7
99095 Erfurt